中国古代兵器大百科

Encyclopedia of Ancient Chinese Weapons

指文烽火工作室 著

台海出版社

图书在版编目（CIP）数据

中国古代兵器大百科 / 指文烽火工作室著．-- 北京：台海出版社，2023.2
ISBN 978-7-5168-3451-0

Ⅰ．①中… Ⅱ．①指… Ⅲ．①兵器（考古）－中国－图集 Ⅳ．①K875.82

中国版本图书馆 CIP 数据核字（2022）第 224665 号

中国古代兵器大百科

著　　者：指文烽火工作室

出 版 人：蔡　旭　　责任编辑：戴　晨
装帧设计：王　涛　　策划编辑：朱章凤　郭丽娅　王晓兰

出版发行：台海出版社
地　　址：北京市东城区景山东街20号　　邮政编码：100009
电　　话：010 - 64041652（发行，邮购）
传　　真：010 - 84045799（总编室）
网　　址：www.taimeng.org.cn/thcbs/default.htm
E - mail：thcbs@126.com

经　　销：全国各地新华书店
印　　刷：重庆长虹印务有限公司
本书如有破损、缺页、装订错误，请与本社联系调换

开　　本：889mm × 1194mm　　1/12
字　　数：689千　　印　　张：24
版　　次：2023年2月第1版　　印　　次：2023年4月第1次印刷
书　　号：ISBN 978-7-5168-3451-0

定　　价：258.00元

序

兵器源于工具，而人类学会制造、运用工具，是从原始过渡到文明的重要一步。当工具的一部分逐渐分离成专属兵器时，人类创造的物质财富与资源，已经需要有一部分人用武器专门来进行守护、保卫了，这时候人的对手已不仅仅是动物、猛兽，而是更具危险性、攻击性的人的同类——敌人。与敌人的争斗、掠夺，那就是战争，战争是兵器发展的根本动力。古代社会从旧石器时代、新石器时代、青铜时代一直发展到铁器时代，几乎每一阶段都是以制造不断优化的兵器来展示当时的科学技术以及社会生产力的提高、进步的。因此研究古代兵器，不啻研究这个国家的历史。

中国古代的兵器种类非常多，出土实物数量非常巨大，研究内容涉及非常广的一个范畴，作为研究基础，很需要具备那么几本能全面集中归纳那些研究对象的、资料性质的图书，这本《中国古代兵器大百科》达到了这一目的。虽然在这之前，出版过不少这方面的专著，如成东、钟少异先生编著的《中国古代兵器图集》，周玮编著的《中国兵器史稿》，兵器研究专家杨泓教授的《杨泓文集》中关于古代兵器方面的论著等，从涵盖面的广度到精深度都各有千秋，给我们显示出中国古代兵器最吸引人的一面，但这本《中国古代兵器大百科》的高清图录一定能让你看到别的书中没有发现的东西。尤其称道的是，为了更好地体现古代文献的记载，本书用3D绘图的方式复原了《武经总要》《神器谱》中记述的现已失传的兵器，用高质量的图像呈现出了与古籍插图完全不一样的视觉效果，让我们对这些失传物品具有新维度的认识。

古代的冷兵器有攻有防，而防护类兵器最主要的是铠甲。我的主要研究方向是戎服铠甲、车舆马具，对兵器的了解程度，仅限于针对铠甲的发展而引起的兵器变化。事实上，在每一个历史时期，当铠甲足以抵挡兵器的时候，就会出现新一代的利器，以致南北朝时期丧心病狂的赫连勃勃，为了提高兵器质量，采用了“又造五兵之器，精锐尤甚。既成，呈之，工匠必有死者：射甲不入即斩弓人；如其入也，便斩铠匠”的极端手段（《晋书·赫连勃勃传》）。在这种血腥手段下，不知有多少能工巧匠付出了生命的代价，我们今天在博物馆观赏的那些兵器背后又隐藏了多少人间悲剧。

兵器的发展有时还受到其他因素的影响，比如马具。马具最初只有马络头、马鞍以及固定马鞍的带具，并没有马镫。在马镫还没有发明前，骑马是有一定难度的技术体力活，作为骑马作战的骑兵，在没有马镫的情况下左右开弓、双手使用兵器，一般人是做不到的，即便如武圣关云长在挥动其八十二斤的青龙偃月刀时，所产生的惯性也很难使他在马背上保持身体平衡，只有双脚踩在马镫上才能做到。因此一副小小的马镫不仅引发了新式兵器的发明高潮，也改变了全世界的战争形式，这方面本书也做了阐述介绍。

古代兵器折射的是古代文化、古代军事、古代科学技术，通过它们，我们能了解中国古代社会的方方面面。中国古代兵器是一个需要不断深入探讨的研究领域，也是一个需要不断更新的知识富矿，希望更多的像这本这样优秀的资料性图书能出现、出版。

刘永华

2022年11月于上海

前言

自2014年创立伊始，指文团队就在潜心策划中国古代兵器大百科。我们对中国古代的兵器进行了全面梳理，将其按实战作用分成了六大类——枪矛、戈戟、短兵、弓弩、火器、护具，每一大类都找了一位或两位专攻于此的作者参与创作。

太极白熊、文韬、赵开阳、肇英、王龙润、虎符、巨侠七位作者的研究成果让我们欣喜不已，所写内容不仅考据专业、全面系统，更难能可贵的是文字深入浅出、旁征博引、风趣幽默。我们有了做好一本适合中国人阅读的兵器大百科的基础。接下来如何在此基础上，完成视觉化创作就是关键了。照片、手绘、图解……我们尝试了各种各样的手段，大体上都不能令人满意，创作几度陷入困顿，以致停滞。

经过几次与外部视觉化团队的失败合作后，我们痛定思痛，最终选择了创建自己的视觉化团队，希望通过最新的技术手段，全面系统地复原中国五千年的实战兵器原貌。2021年6月，以王涛为首的视觉创作团队一边物色建模、渲染伙伴，一边尝试各种建模软件。与此同时，以朱章凤为主的编辑团队，开始重新整理文字稿件，分门别类地搜集相关图片资料，为视觉创作团队提供图文参考，计划在半年内完成创作。

2021年9月，创作团队组织召开了第一次公司层级的大会议，相关人等聚集一堂，观看视觉创作团队的创作成果。成果是震撼、惊艳的，超出了所有人的预期。这次会议就像当年沃卓斯基兄弟找华纳投资拍《黑客帝国》一样。起初，华纳只愿意投1000万美元，沃卓斯基兄弟就用这1000万美元拍了一个10分钟的宣传片给投资方。大受震撼的华纳陆续将投资追加到9000万美元。拍完第一部后，沃卓斯基兄弟又将电影扩充成了三部曲，华纳继续投资到3亿美元。和华纳一样，在这次会议上，公司做出一致决定，将该项目升级为头号重点产品，决心将其做成一个能打动读者、改变产品生态的大项目。公司决定加大项目的人力、资金投入，项目不再设置期限，直到做到满意为止。创作团队得到了莫大的鼓舞，感觉这三个月来的探索非常值得。

重新定位后的项目组每周定期召开工作进度研讨会，共同磋商工作过程中遇到的问题。视觉创作团队提出的第一个难题是，现有图文资料不足以支撑完成建模的所有细节。为了解决这个迫在眉睫的难题，除了调精兵强将加入编辑团队外，我们还组建了遍布全国的专家顾问团队，落实创作所需的各类细节。视觉团队提出的第二个难题是，现有电脑配置太低，严重影响了建模渲染的工作进度。当时显卡正贵，一张都要上万元，为了加快创作进度，公司一咬牙，更新了设计团队的所有电脑。

2021年11月，项目开发已经推进了五个月，不论是视觉创作团队，还是编辑团队都已经度过了最初的亢奋期，整个项目团队充满了犹疑麻木、自我否定、狂躁愤怒。随着技术的精进、创作经验的累积，以及对兵器领域认识的加深，作为视觉创作的领头人王涛全盘否定了这五个月以来的所有视觉创作，认为不够完善，难登大雅之堂。他提出目前的视觉创作团队还没有能力做出令人满意的作品，需要整个团队成员进一步学习。而顶着巨大压力的编辑团队主编朱章凤，随着内容细化到一个个兵器具体细节的考证，也濒临崩溃。创作首先要打动自己，然后才能做出超出读者期待的东西。她一次次地将一个个兵器的资料整理落实，又一次次被否定：这远远不够！她茫无头绪，感觉怎么努力都达不到团队想要的要求，整个工作琐碎繁杂，难以为继。

为了提振士气，也为了破开当前僵化的局面。公司组织团队冷静沟通，化繁为简，找出突破点。最后，所有人达成共识：排除纷争、干扰，将全部人力集中到枪矛的创作开发上来，优先把这一部分最终的视觉创作以及版面设计做出来，其他五类兵器的创作统统靠后。视觉创作团队首先要找到当前最满意的建模以及材质的渲染方式，按最新的技术手段将所有的枪矛建模和材质设计重新做了一次。其次，请专家顾问团队考虑一个课题：兵器最终的呈现状态是以兵器锻造时，还是作战中，抑或考古发掘后的状态为准？因为不同的状态下兵器的颜色、光影，甚至造型都是完全不一样的。这里既要考虑兵器的真实状态，也要考虑读者的接受程度，毕竟这本书是创作给当下的读者看的。编辑团队除了集中精力将具体各朝代的枪矛细节落实清楚，提供足够多的细节参考资料和图片外，还有两项工作需要突破：一是进一步调整正文文稿，将其改造成适合大百科版面需要的文字。原文稿内容缜密，连贯性强，要改编成以图为主，碎片化的大百科文字，需要对原文稿深度解构。二是研究读者的需求，结合版面设计，构思兵器相关的图解，用图文结合的视觉方式展示复杂兵器的构造、技术、实战技巧、发展演变等。

集合人力的重点攻关，成果显著。2022 年 2 月份，枪矛部分的创作基本完成了，图书的整体版面效果也有了雏形。兵器展现出来的细节、图解的方式、文字层次，以及整个版面的视觉效果，再一次惊艳了所有人。当然问题也暴露了不少，有些兵器材质的细节不到位，有些兵器的配色欠妥。而图解部分问题更多，很多图解的方案还没有落实到位，只是草草勾勒。不管细节怎么样，版面呈现的整体效果是令人震撼的，创作团队重新拾起了必胜的信心，对戈戟、短兵、火器三部分的创作心里也有了底，但弓弩、甲胄两部分的制作仍然充满了不确定性。弓弩是因为可参考的历史图片资料太少，复原难度较大；而甲胄部分则是由于建模过于复杂，让人望而生畏。

2022 年上半年，项目团队一直处于疯狂的创作状态中，首席视觉设计师王涛自始至终都在寻求建模和材质处理上的突破，走上了一条从肯定到否定，再到肯定的反复推敲之路。其间，他整宿整宿地睡不着觉，苦不堪言。好在团队团结一心，相互体谅，硬撑着把进度往前赶。2022 年 6 月份，经过团队一年来的努力，枪矛、戈戟、短兵的创作总算完成了，火器的建模也基本完成了。几经努力，弓弩的建模也有了眉目，综合众多资料，团队对弓弩章节做了优化修订。到 2022 年 8 月，甲胄建模也有了突破，这为本书的创作全面落实奠定了基础。2022 年 10 月，编辑团队终于攻克了全书的内容构思，视觉团队也完成了所有的建模和渲染。

此后，经过审校定版后的书稿，被送到印刷厂，彩色打印装订了十多本，分别寄往全国各地的审阅专家。我们还请到了刘永华老师为此书作序。2022 年 12 月，汇集了大量审阅意见的编辑团队开始逐条核实查阅。大量关于图片的修改意见，让视觉创作团队左右为难，最终决定对部分兵器重新建模、渲染。这样做，一方面是因为细节不够精细或有误，另一方面则是随着经验的积累，对前面的很多建模不甚满意。

为了实现制作该项目的初心，做一本打动读者，超出读者预期的大百科，指文前后投入了策划、撰稿人、绘图、编辑、美编、建模等人员总计 19 位，顾问 21 人，参与最终内容审阅的专家 12 位，总计历时 8 年，集中创作 2 年。本书文字编辑不下 20 次，总计建模 2000 多个，参考图片素材 12000 多幅、文章 900 多篇、图书 80 多本，才做出这部展现中国五千年实战兵器的图文史诗。它是一部中国战争史，也是一部中国科技史，更是一部中国人的奋斗史。

本书只是试图用视觉化的方式呈现中国文化的一个尝试，虽全力以赴，但仍可能存在诸多谬误，我们恳请读者朋友不吝赐教，多提意见，因为它是我们继续前行的动力。中国文化源远流长，博大精深，希望有志同道合的朋友加入我们，一起用最新的技术手段，用视觉化的方式重新呈现我们的历史。

CONTENTS
目录

中国古代兵器大百科

序 I
前言 II

第一章　枪矛 1
枪矛的起源 2
夏商两代枪矛 4
西周枪矛 8
东周枪矛 10
秦汉枪矛 14
魏晋南北朝枪矛 18
隋唐五代枪矛 20
宋代枪矛 26
明代枪矛 32
清代枪矛 36

第二章　戈戟 39
戈的起源与结构 40
青铜戈出现 44
戈的多样化 46
戈的发展和繁盛 52
戈的完善和衰落 56
青铜戈最后的辉煌 60
戟的结构 62
戟的出现与兴盛 64
铁戟的兴起 66
战戟之绝唱 74
句兵消亡 76
钩与钩镶 78

第三章　短兵 81
匕首的起源 82
匕首的发展 84
匕首的形制 86
匕首的属性 88
刀的起源 92
金属刀具出现 94
环首刀登上历史舞台 98
唐刀威名赫赫 106
宋代刀八色 112
明代腰刀 116
清代腰刀 118
剑的起源 120
剑与匕首的区别 122
剑的形制与工艺 124
剑从巅峰到被取代 126

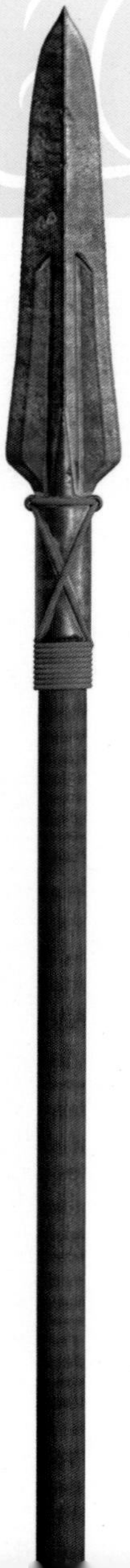

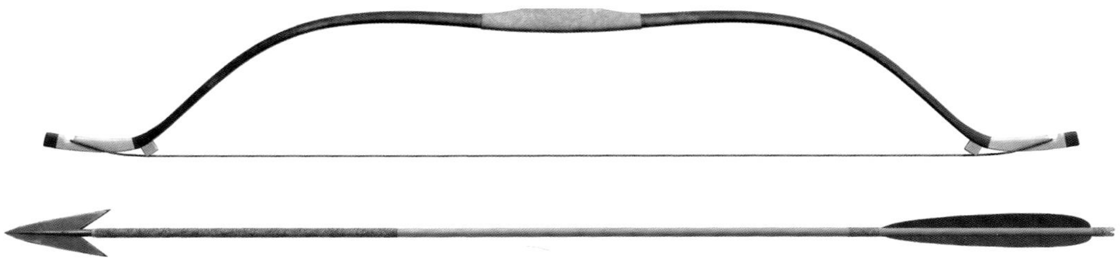

剑退出战场 128
剑的使用方式 130
刀剑佩带方式 132
刀剑锻造工艺 134
斧钺的起源 136
青铜钺 138
斧钺形制变化 140
斧钺逐渐退场 142
斧钺的作用 144
锤的起源与发展 146
骨朵 148
流星锤 152
鞭 154
锏 156
鞭锏的使用 158
鞭锏的没落 160

第四章　弓弩 163
弓的起源 164
弓的分类 166
传统复合弓及其附件 168
夏商时期的弓箭 170
周代弓箭 172
秦汉时期的弓箭 174
魏晋至唐代的弓箭 176
宋代弓箭 178
辽夏金元时期的弓箭 180
明代弓箭 182
清代弓箭 184
弩的起源 186
弩机和弩箭 188
战国至秦代的弩 190
汉弩 194
魏晋南北朝时期的弩 196
唐弩 198
宋弩 200
明清时期的弩 204

第五章　火器 207
纵火类火器 208
投石机 210
爆炸类火器 214
管状火器出现 216
元代火铳 218
明代火铳 220
明代快枪 223
明代三眼铳 224
明代鸟铳 226
明代佛郎机铳 228
明代身管火炮 230
清代火器 232

第六章　护具 239
商代护具 240
西周护具 242
东周护具 244
秦代护具 248
汉代护具 252
魏晋南北朝护具 256
隋唐五代护具 260
宋代护具 264
元代护具 268
明代护具 272
清代护具 276

第一章
Chapter 1: Spears

枪矛

文 / 太极白熊

明代军事典籍《武备志》的作者茅元仪，曾追随孙承宗在辽东与后金征战多年。在《武备志》中，茅元仪如此点评枪矛："阵所实用者，莫枪若也。"明末清初人吴殳在《手臂录》中的《枪王说》一篇里同样高度评价道："枪为诸器之王，以诸器遇枪立败也。"

作为"诸器之王"，在数千年的中国古代军事史上，枪矛的身影从未消失过，不管是步战、骑战，还是曾经风行一时的车战，枪矛都不曾失却它的风采。

枪矛的起源

远古时期，原始人类需要在漫长的进化过程中跟种种猛兽甚至是同类族群对抗。在这种频繁的对抗中，他们学会了制造简陋的工具。这样的行为将他们同低等动物彻底区分开来，揭开了人类统治地球的序章。

“枪，谓木两头锐者也。”

——《仓颉篇》

在拥有1万多年历史的拉斯科岩洞壁画上，一头野牛被猎手用长矛刺破肚子，内脏流出，而猎手则躺在地上，生死未卜。

在标志着人类进化到关键节点的一批工具中，有相当一部分，都是原始武器。而原始武器中最为常见的，就有枪。将身边随处可见的树枝、竹竿削尖一端，便可以用来刺杀敌人、猎物，这就是最原始的枪。

然而，仅仅用削尖的木杆并不足以杀伤敌人。原始人不仅要面对有厚重皮毛的猛兽，还要跟披着兽皮、木甲的原始部族抗争。为了进一步提升枪类武器的穿刺能力和杀伤后效，人类开始将石块、兽骨磨尖，用绳索捆绑在木杆上，这就制成了矛。

竹枪（复原）

木枪（复原）

这样的加工方式，代表着人类走入了石器时代。矛类武器乍一出世，立刻凭借简单的制作方式、显著的杀伤性能以及无可比拟的实用性在原始武器中独占鳌头。在肉搏器械中，矛的长度远胜于同期的石斧、石匕，让原始人类有了在肉搏战中用距离优势保全自己生命的可能。

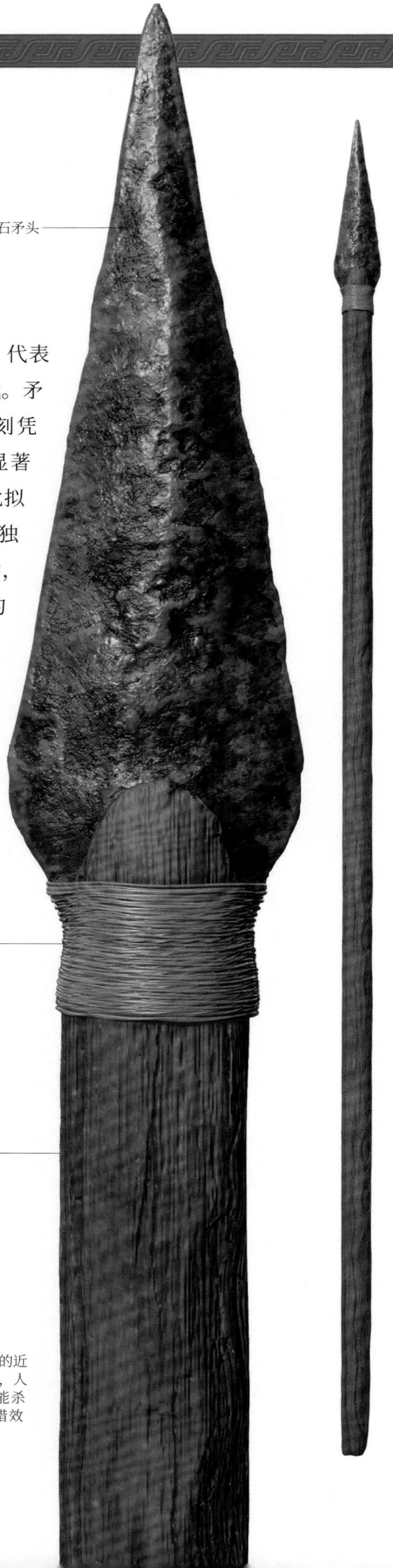

原始矛（复原）

矛的出现，大大提高了人类的近战能力。依靠它的攻击长度，人类可以不用靠近猎物，就能杀死对方，极大地提高了狩猎效率和生存能力。

骨矛

在新石器时代，人类已经可以将易于加工的动物骨头打磨成颀长光滑的骨矛。

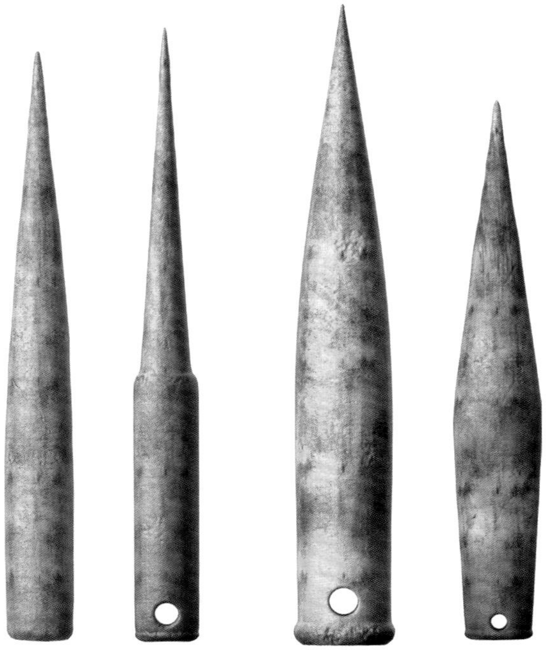

旧石器时代出土的原始石器打制方式多种多样，如碰砧、摔击、锤击、间接打击等。其制造手法简单粗陋，除了勉强可以视作锋锐的边缘外，几乎没有什么共性可言。然而就是这样不规则的粗糙石制品，让人类在与大自然的对抗中保持着优势，牢固地站在食物链的顶层，积攒着继续进化的能量。

时间来到了距今一万多年前的新石器时代，此时社会经济有了不小的发展，足以支撑石器的研磨加工，人类的石器加工水平有了长足的进步。这一时期，无论是石器还是骨器，人类都能够将刃体和边缘打磨得较为光滑，使其形状趋于固定，甚至还在刃体上钻出了用于固定的孔洞。这样均匀、光滑、大体对称的矛头既方便穿刺目标，也更容易让操作者掌控，使得矛的实用杀伤力更上一层楼。

石矛

由于石头较为脆硬，石矛的加工就显得更为粗糙，不仅造型扁平，长度也稍逊于骨矛。

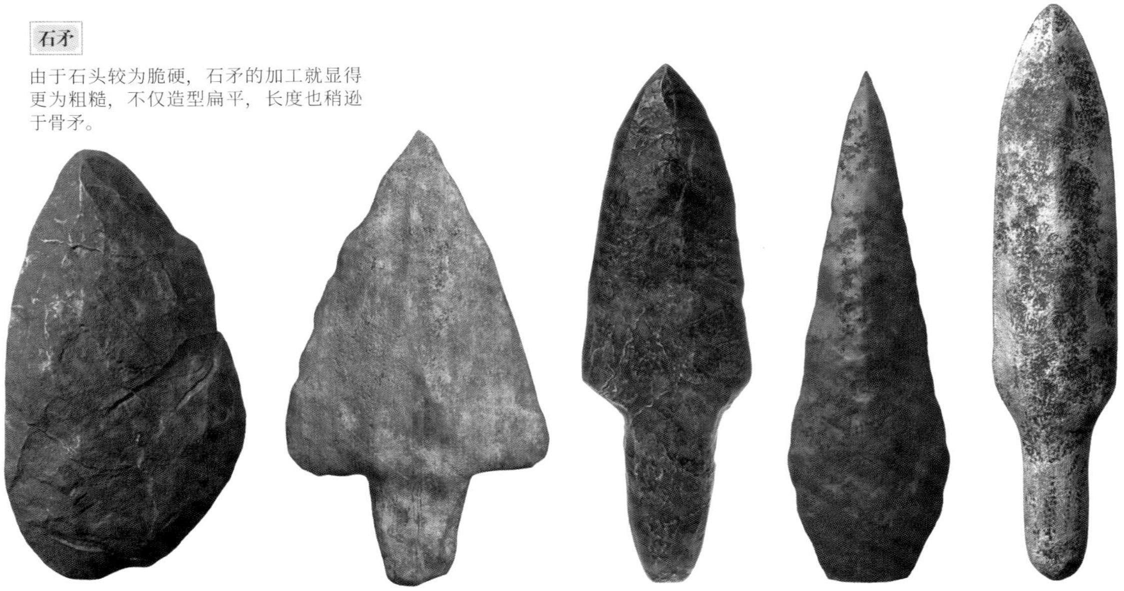

受到材质和加工水平的影响，新石器时代出土的石矛短则七八厘米，长则20多厘米，它们长短不一，形状各异，甚至有宽有窄，有扁有圆。从实用角度来讲，新石器时代的武器尽管仍旧粗陋，却已经足以有效穿透野兽的皮毛，戳破原始人类简陋的兽皮护具，给带来威胁的敌人以致命伤害。

在石器时代，人类从蒙昧走向了文明，从混乱走向了规制。矛类武器同样如此。

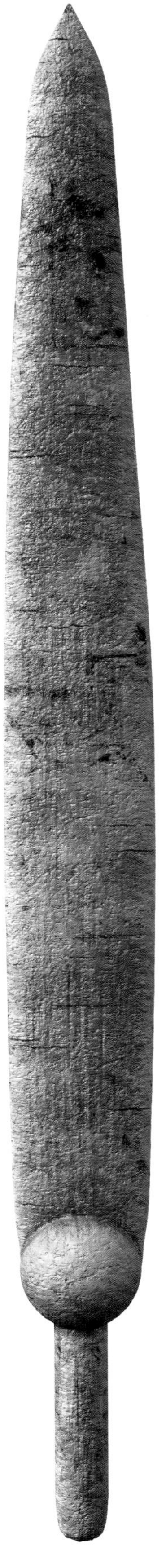

木矛

尽管石材随处可见，骨器的原料获取也并不艰难，然而在石器时代仍然有相当数量的木矛存在。这类木矛虽然较为脆弱，却便于加工。

铜骹玉矛

新石器时代晚期，人类发现玉石更为坚硬耐磨，因此较多地选择该类矿物生产武器。这种对玉石加工的审美风格严重影响了其后的整个中华文明。在玉石武器失去实用价值以后，这种加工风格延续至商代的艺术品，构成了青铜器和玉器的结合。

夏商两代枪矛

历史的车轮滚滚向前，永不停歇。粗陋脆硬的石器、骨器渐渐无法满足需求，人类在不断的摸索中，探寻着新的技术。金属武器呼之欲出。

在夏商期间，中华文明走入了决定性的时期——青铜时代。金属制品的出现，给枪矛类武器带来了革命性的变化和蓬勃的生命力。

青铜矛头的基本构造为：中间凸起成脊，两侧为刃身，后留有便于插入柲的骹。

矛的结构及各部位名称

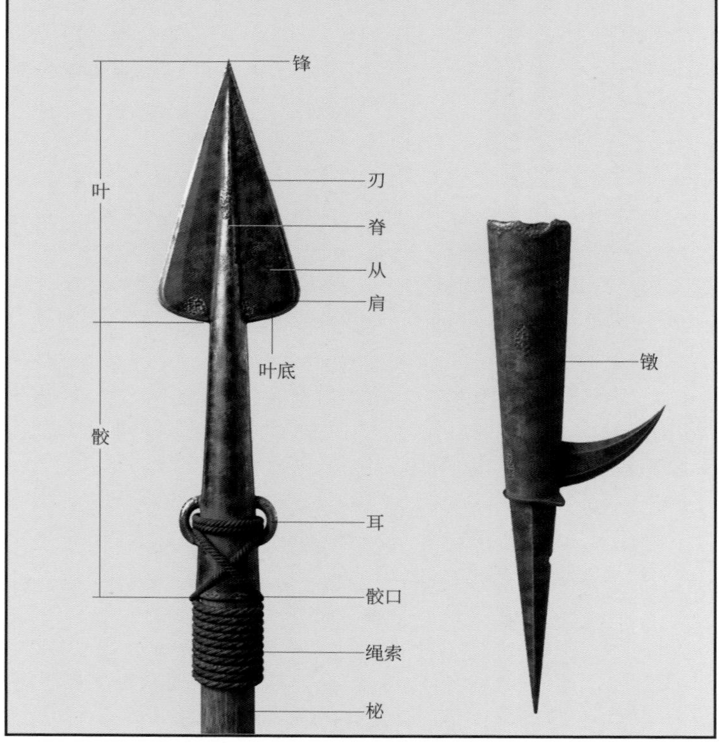

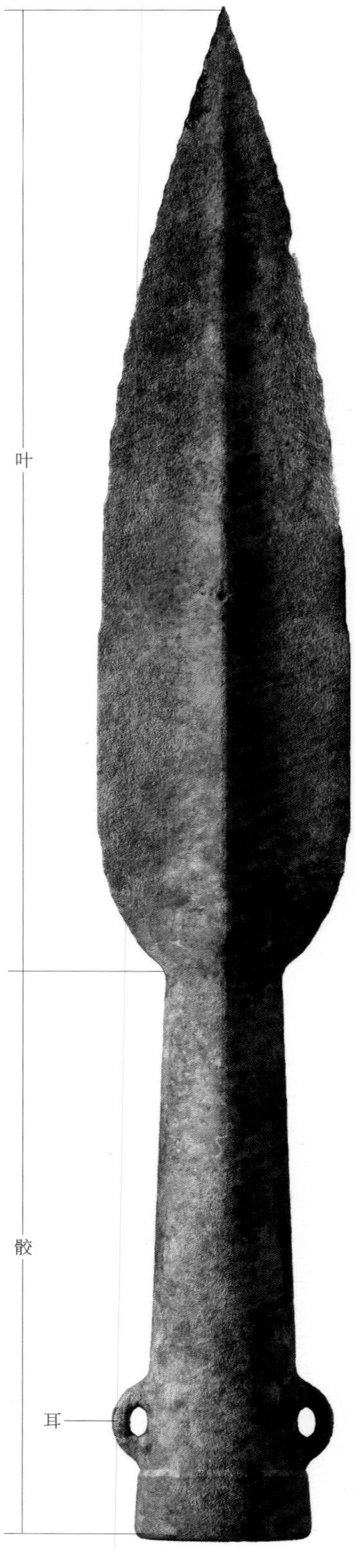

商代柳叶形双耳矛

通体素面，中间起脊，骹为圆形，近骹口处有一对半环形的耳。柳叶形矛出现时间最早，是商代青铜矛中较为常见的款式。

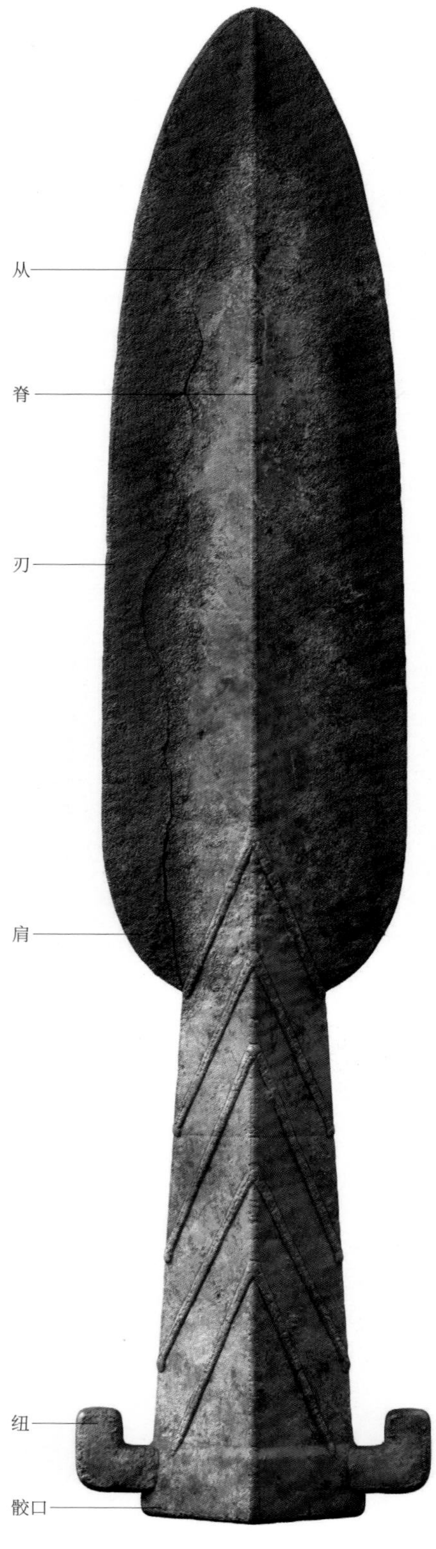

商代叶脉纹矛

矛头呈柳叶形，脊部凸起，骹作菱形，骹口旁附钩状纽，骹上饰叶脉纹。

商代柳叶形双耳矛

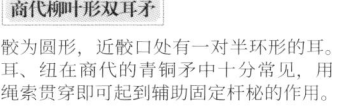

骹为圆形，近骹口处有一对半环形的耳。耳、纽在商代的青铜矛中十分常见，用绳索贯穿即可起到辅助固定杆柲的作用。

商代云雷纹矛

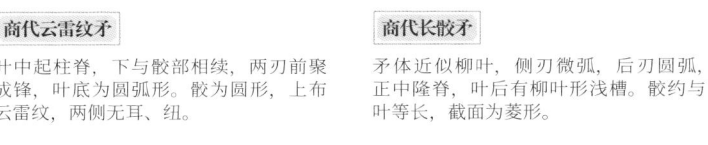

叶中起柱脊，下与骹部相续，两刃前聚成锋，叶底为圆弧形。骹为圆形，上布云雷纹，两侧无耳、纽。

商代长骹矛

矛体近似柳叶，侧刃微弧，后刃圆弧，正中隆脊，叶后有柳叶形浅槽。骹约与叶等长，截面为菱形。

青铜的发明与使用

通常意义上，我们所说的青铜，是铜和锡、铅的合金，这种金属克服了红铜过于柔软的缺憾，硬度更大，熔点更低，非常适合浇铸。

早在尧舜禹时代，我国就已经制造出了青铜器。人们在马家窑文化（约公元前3300年～公元前2050年）遗址中发现了中国最古老的青铜器——马家窑青铜刀。也就是说，大约在5000年以前古人就已经发明了青铜冶炼技术，并学会利用青铜浇铸器物。

到了夏代，人们已经可以利用打磨石范和陶范来铸造青铜器了。青铜能够提供更为强劲和精良的产品，在性能上远远超越了那些脆硬粗糙的石头、骨头，因此一经普及就迅速取代了原始的石器、骨器。

随着产量和工艺的提升，青铜不仅被用来制作生产生活工具，还被用来制作武器和礼器。青铜的发明给人类的生活带来了巨大的改变，使人类社会发生了质的飞跃——人类正式从石器时代进入青铜时代！

青铜矛的形制

由于制造矛头的材料强度大幅度提高，青铜矛头的样式可以做得更为纤长。一方面，它的锋刃加工得更为精细，能够生产出极其锐利的矛刃，大大提高了矛头的穿透力和杀伤力；另一方面，因为强度的提升和造型的方便，矛在青铜时代抛弃了单纯用绳索捆绑的原始固定方式，可以直接在矛头下方制造出套入竹柲（柲指武器的柄）、木柲的空心骹部，让矛头和杆柲的结合更为稳固，同时也大大提升了矛能够承受的力量，进而加强了穿刺能力和杀伤力。

青铜矛作为第一种实用的金属矛类武器，奠定了枪矛武器的基本形制。其后枪矛武器虽然产生过许多种变化，但多数情况下都没有脱离其基本构造：矛头中间凸起成脊，两侧为刃身，后留有便于插入柲的骹，骹两侧有时还会留有耳或钮。耳、钮起初用来辅助固定，后来则用来挂缨饰、旌旗等装饰物。

除了矛头、柲以外，此时的矛还有了新部件。根据商代的出土文物显示，该时期少量的矛还配备了铜镦。镦，就是安装在柲尾部的物件，能够起到保护柲的作用。有了镦，军士持矛将矛尾立于地面时，不至于磨损柲的尾部，还能利用镦将矛插在地上，空出双手进行射箭。此外，铜镦还可以反刺、砸击敌人。

商代青铜矛的装备情况

原始的部族争斗，在青铜时代发展成了真正的战争。早在夏代和商代前期，就已经出现了战车的身影，但步兵作战仍然是最重要、最主流的决胜手段。而此时的步兵，多用戈配盾，矛并不是主流武器。

20世纪70年代，我国在对安阳殷墟西区的中小型墓葬群进行发掘时，得到铜矛70余件，其数量占同地出土铜戈的三分之一，足见两者在装备数量上的差距。

尽管在数量上不如干（盾牌）、戈，但矛仍是最主要的步兵武器之一，并且拥有无法替代的地位。《尚书·牧誓》中记载，武王伐纣前，宣读檄文激励士气，将士们“称尔戈，比尔干，立尔矛，予其誓”，可见在正式的军事场合中，矛与干、戈同样不可或缺。

在出土文物中，我们也可以看到类似的证据。河南安阳侯家庄商代王陵的墓道中曾出土大批成捆存放的铜矛，每捆10支，共700余支。这足以说明殷王的武士们大量装备青铜矛。

商代青铜矛头的变化

从具体的出土文物中，我们可以看到时代变迁给青铜矛头带来的细微变化。商代早期的铜矛造型受石器时代惯性的影响，多为简单的柳叶形。叶部两边较为开阔，宽度较大，叶中保留了贯通首尾的脊部以加强矛头强度。骹部两侧多有耳或钮，此时它们的用途更多是用来辅助矛头固定，防止拔矛时矛头脱落。

商代中后期的铜矛头则更为多样化，而且还出现了带有精美纹饰、造型成熟的个别作品。虽然受到个体制作时间和制作者工艺水准差异的影响，但是就整体而言，此时的青铜矛头叶部宽阔、扁平。这应当是因为此时的人类社会仍较原始，士卒们仅有少量简陋防护，无法对青铜武器形成有效的抵挡。所以宽大的叶部可以明显扩大敌人的伤口，加强对目标的杀伤效果。

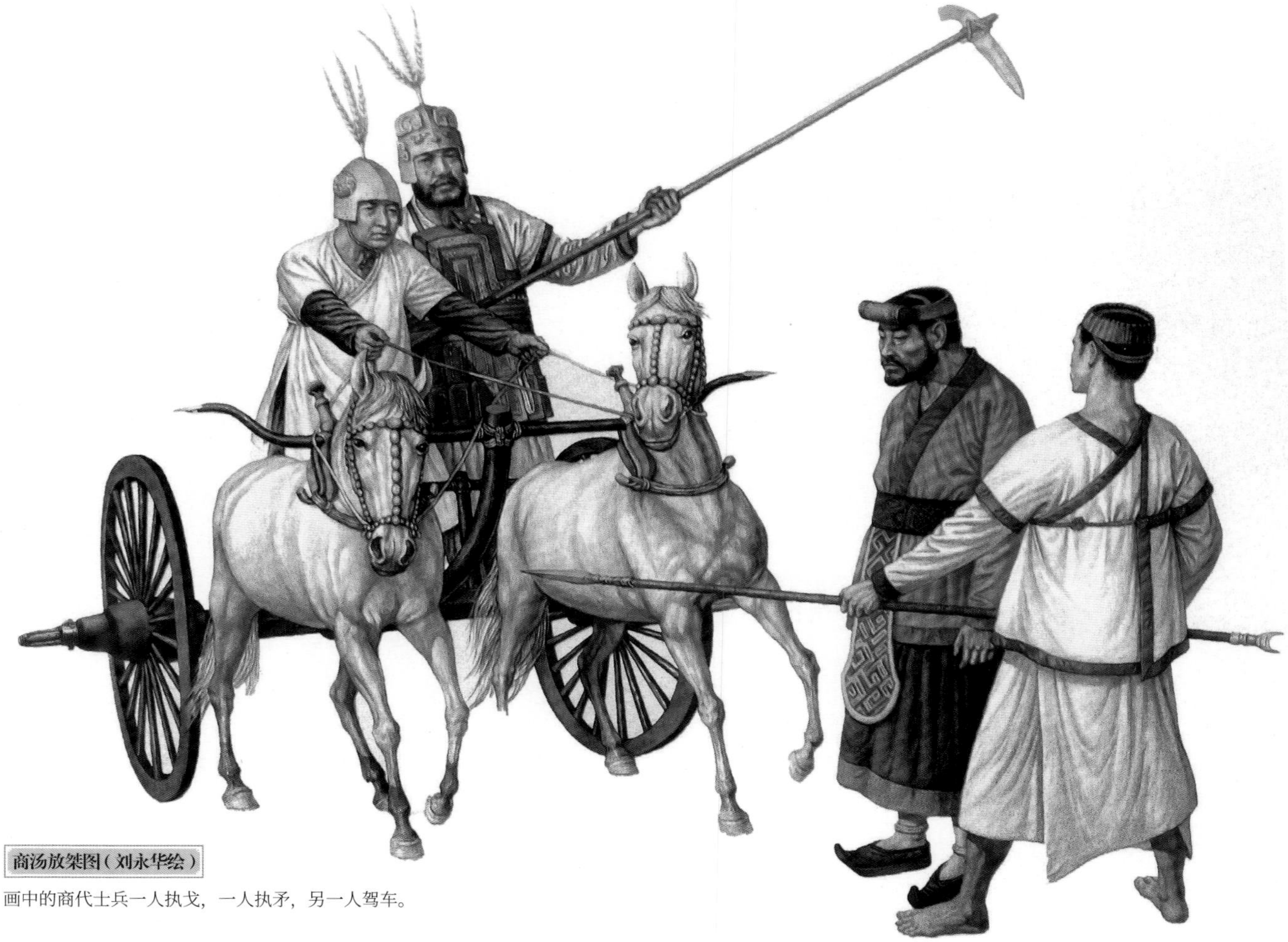

商汤放桀图（刘永华绘）

画中的商代士兵一人执戈，一人执矛，另一人驾车。

商代六棱短骹矛

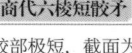

骹部极短，截面为六边形，两侧有环钮状小系。叶中起脊，下与骹相续，脊上有镂空燕尾纹，其上嵌有绿松石。

矛类武器为何可以在干、戈占主导地位的时代获得一席之地？

这要从两者的差异和兵器的实用性上去寻找答案。汉代名臣晁错在《言兵事疏》中曾如此阐述："两阵相近，平地浅草，可前可后，此长戟之地也，剑盾三不当一；萑苇竹萧，草木蒙茏，支叶茂接，此矛鋋之地也，长戟二不当一。"

步兵作战中，遇阵形密集或周遭草木茂密时，作为一种主要用于钩、啄的格斗兵器，戈、戟很难运用自如，只有长矛威力不减，故而其地位仍然不容撼动。

商代菱形长骹矛

侧刃微弧，正中隆脊，叶上有浅槽。骹约与叶等长，截面为菱形。

商代四棱锥矛

矛头为细长的四棱锥形，四面平直，汇成尖锐前锋。这种形制的矛在商代较为少见，但穿透力极强。

商代束腰尖叶形矛

叶部较宽，最宽处在中段；侧刃前半部向上前聚成锋，后半部内弧、下垂，叶末再度外撇并折成平底，上有对称穿孔一对。骹部很短，截面或为椭圆形，或为菱形。这种形制的矛在商代颇为流行。

商代尖叶形双耳矛

侧刃直接汇聚成前锋，叶底为圆弧形，骹部有左右对称的双耳。这种形制的矛同样是商代的常见款式，许多墓葬都有出土。

商代菱形骹双耳矛

叶部中间有一水滴形浅槽，骹部有一对半环形的耳。

西周枪矛

商末和周代，是中国青铜器制作的鼎盛时期。进入西周以后，青铜器的制作越发精良，诸多精美的青铜器具令人叹为观止。材料和工艺的革新同样促进了兵器的进化，枪矛武器的具体变化体现在叶部加长，矛体变窄，锋刃加厚，骹部变短。

凡兵无过三其身，过三其身，弗能用也，而无已，又以害人。

——《考工记·庐人》

矛乃车战五兵之一

西周时，战车已成为陆地军事斗争的头号主角，绝大多数战术都围绕着战车制定。车战这种战争形式在中原的日益兴起，给单兵武器带来了巨大影响。围绕着车战，产生了车战兵器的搭配问题。虽然这种搭配在不同时期和地区都有诸多变化，但大体规律还是十分相似的：通常以矛、戈等兵器提供肉搏保护，以弓弩提供远程火力，成员多配备短剑，但在大量步卒的掩护下，短剑并没有太多使用机会。

古代典籍中有许多关于车战兵器搭配的记载。《诗经·鲁颂·閟宫》记载："公车千乘，朱英绿縢，二矛重弓。"东汉郑玄笺注云："兵车之法，左人持弓，右人持矛，中人御。"《五经正义》则将车之五兵总结为矛、戟、剑、盾、弓。无论哪种记载，矛都在兵器中占有不可或缺的地位。

从出土文物方面来看，河南三门峡西周虢季墓中，有五件铜矛伴车马器一同出土；北京昌平白浮的3号西周中期墓中，共出土格斗兵器戟一、戈九、矛二、钺一、铜斧两柄。可见此时的枪矛装备数量虽然仍旧远不及戈，同时还面临糅合戈、矛特征的戟的竞争，却依旧保有一席之地。

战国战车复原图（刘永华绘）

图中，左侧之人持弩，右侧之人持矛，中间之人驾车。

商末周初柳叶形矛

骹部两侧有双纽，中间则开有钉孔，可以用钉子固定矛头和柲。柳叶形矛流行时间较长，在西周时期依然很受欢迎。

西周柳叶形双耳矛

叶部为柳叶形，骹部为菱形，骹部两侧有双耳。菱形与圆形是骹部常见的形状。

西周窃曲纹矛

带有百越地区的地域特色。窃曲纹是西周时期的重要装饰纹样，由鸟纹、龙纹衍化而来，表现为一个个卷曲的细长条纹。

西周柳叶形柱脊矛

叶中起柱脊，骹部有钉孔。这一时期，中原地区的矛叶部开始变窄变长，钉孔也十分常见。

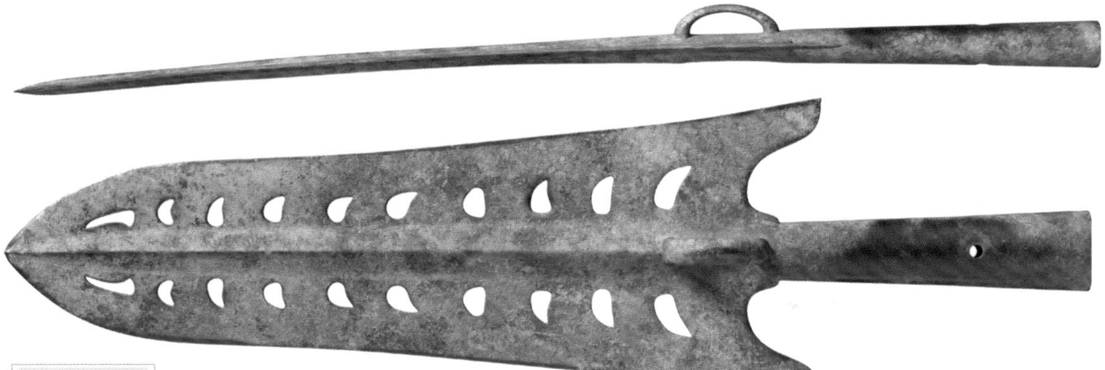

西周镂空衡末矛

衡是接车辕前端的一根横木，其上再接轭以驾车，衡末即衡的末端。衡末矛是套在车衡末端的矛，可以保护战车不被敌人接近。此矛叶中起柱脊，两侧装饰有对称的镂空水滴纹。叶末两侧起倒刺，柱脊末端有单耳，骹上有钉孔。

为何车战要追求极限攻击距离？

周代的战车已经从商代的两驾发展成四驾，在冲击力上有了很大的提高，车体也得到了加宽加固，这让车上的卫士可以在两车相互冲击时进行错毂格斗。在错毂格斗中，长柄武器有了决定性的优势。所谓“一寸长，一寸强”，为了让车上卫士在攻击对手时不致受创，这才将杆柲延伸至极限的“三其身”。

夷矛的长度

《考工记·庐人》记载，周人将步卒所用的矛称为“酋矛”，柄长约为2丈，按周尺（1尺约23厘米）计算，合约4.6米；车战用矛称为“夷矛”，柄长约2丈4尺，合约5.5米。车战兵器中，戟长1丈6尺，约3.7米；戈长6尺6寸，约1.5米，如此一来夷矛的长度自然大为领先。

《考工记·庐人》中又写道：“凡兵无过三其身，过三其身，弗能用也，而无已，又以害人。”这意味着，在周代，古人已经发现实用长柄武器的长度最好不要超过人的3倍身高，倘若越过这条界限，则非但不能增加威力，反而会让使用者感到累赘，从而降低效能。按人身高8尺计算，“三其身”则为2丈4尺，恰恰等同于夷矛的理论长度，可见夷矛的出现，就是为了追求车战肉搏兵器的极限攻击距离。

从实际考古挖掘的结果来看，该时期的矛确实少有打破“三其身”长度的例外。长沙春秋晚期楚墓中发掘的两支带柄矛，柲长分别为2.97米和2.8米；而湖北随州曾侯乙墓出土的战国楚矛，柲长超过4米，算上矛头，恰好符合古文常载的“丈八矛”规格。

为何戈、戟不能通过“三其身”来替代长矛？

戈是钩啄兵器，戟是融合了戈、矛特点的长兵，其用途多为依靠侧刃对敌人发起啄击或者钩割。当柲长达到一定程度时，刃部严重偏向一边的戈、戟就会因为重心失衡而让卫士难以操控。唯有长矛作为单纯的刺杀兵器，能够将矛头加工得匀称、轻盈，不至于干扰重心，而且即使在“三其身”的长度上，单纯的戳刺攻击也不至于减少杀伤力。所以，当手中武器的长度成为决定生死的关键因素时，只有矛才能胜任，而戈、戟显然更适合近距离对敌人发起攻击。

东周枪矛

东周时期，青铜兵器的制作走向了顶点，人们已经能成熟地通过控制合金成分的比例来满足青铜武器不同性能的需求，这大大提高了武器的质量。与此同时，武器的装备数量越发庞大，兵器生产开始更为重视材料、人力等成本，并且为了在制作中加强管理，铭纹开始普遍出现。矛类武器在这个时期，工艺上逐渐完善，形制变得更为适应大规模装备。

春秋：矛的形制出现革命性变化

春秋时期的青铜矛头延续了西周时逐渐变窄、变狭长的趋势。到春秋晚期，冶金水平的进步使矛头形成了固定的特征——叶部狭长颀直，筒形骹多延续至叶部中段。这样的矛头更为轻便尖锐，更适合在盔甲日渐普遍的情况下，穿透敌人的良好防护，造成有效杀伤。

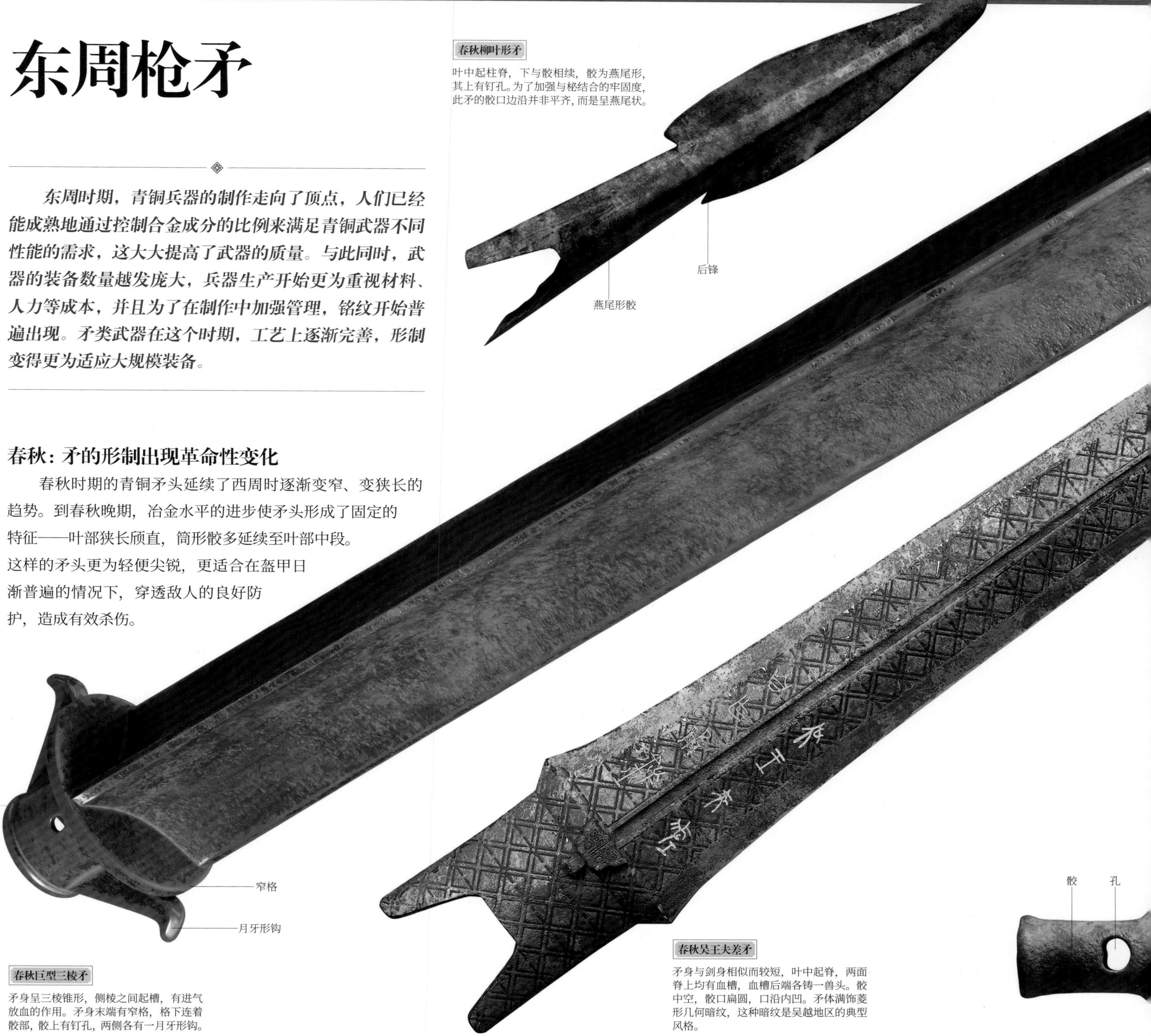

春秋柳叶形矛

叶中起柱脊，下与骹相续，骹为燕尾形，其上有钉孔。为了加强与柲结合的牢固度，此矛的骹口边沿并非平齐，而是呈燕尾状。

春秋巨型三棱矛

矛身呈三棱锥形，侧棱之间起槽，有进气放血的作用。矛身末端有窄格，格下连着骹部，骹上有钉孔，两侧各有一月牙形钩。

春秋吴王夫差矛

矛身与剑身相似而较短，叶中起脊，两面脊上均有血槽，血槽后端各铸一兽头。骹中空，骹口扁圆，口沿内凹。矛体满饰菱形几何暗纹，这种暗纹是吴越地区的典型风格。

不仅仅是矛头，矛柄也出现了革命性的变化。许多长矛的柄不再使用单一的竹木材料制造，而是选用了一种崭新的复合材料——积竹柲。

积竹柲选用坚固顺直的木杆为芯，外层以相对柔软、弹性良好的竹条篾合，然后用丝麻或者藤条紧紧缠裹，最后再涂漆制成。作为东周时期的工艺革新产品，积竹柲将多种不同性能的材料复合在一起，比单纯的竹木杆柄更为坚韧适手，成了当时提高长柄武器质量的一种常见手段。

此时的矛，随着骹部的延长和钉孔的普遍使用，牢固度得到了极大的加强，于是耳、纽的另一项功能得到了开发，那就是挂“毛羽”，以防止鲜血喷溅并流到柄上，妨碍持矛之人继续使用。《说文》：“矛者，刺兵也，其饰县毛羽。”“毛羽”指的是动物的毛发或禽类的羽毛。挂有这类装饰的矛，可以说是后世红缨枪的鼻祖。

春秋时期，诸侯们多以收藏精美的兵器为荣，因此后世人们常在该时期的诸侯墓穴中发现制作华美的兵器。现出土的这一时期的矛头中，精品当以夫差矛为最。夫差矛通体狭长如剑，遍布精美的菱形暗纹装饰。即使时隔数千年，出土后的夫差矛仍然锋利如新，与越王勾践剑并列为该时期出土兵器中的珍品。

春秋吴王余眛矛

通体素面，叶中起脊，脊线从矛尖一直连通到骹口，骹口内凹，属于典型的越式矛。

频繁的军事斗争使矛头发生了革命性变化——叶部狭长，骹部多延续至叶部中段，矛脊开始出现血槽。

春秋吴国矛

叶中起脊，叶末两侧起倒刺。骹口内凹，为燕尾形，其上有钉孔。

春秋楚国侧矛

叶部较宽，两侧饰镂空窃曲纹，骹侧有一耳，以系缨饰，骹口部饰两组兽面纹。

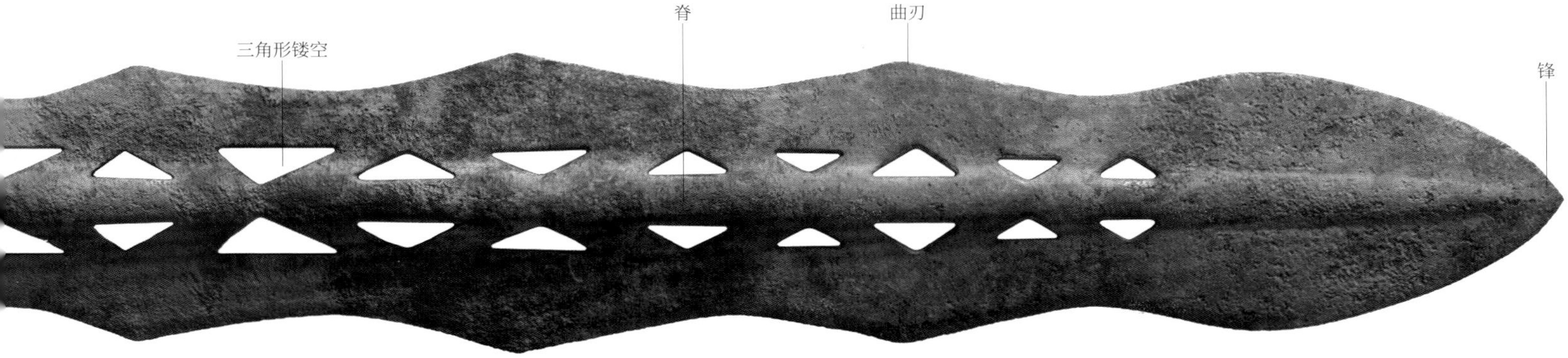

春秋镂空曲刃矛

矛尖和两侧曲刃相当锋利，直刺的杀伤力很大。脊部被铸成镂空状不是为了装饰，而是设计成最实用的血槽。一旦将矛头刺入敌人体内，血槽就可以大量放血，快速消耗敌人。

战国窄叶矛

叶部窄而狭长，中间起脊，脊线从矛尖贯通到叶末，骹部为圆形，口沿残缺。整个矛头遍布一种独特斑纹。

战国：矛的形制出现地域分化

到了战国时期，矛头的形制受到地域间不同需求的影响，产生了显著区别。中原地区的矛头狭窄短小，造型朴实精干，矛头上多有铭文记载制造信息，如时间、监造部门、监造人员等等，体现了当时军事生产管理上的严格。而南方楚越等国的矛头则更为狭长，虽然其上没有详细的铭文记载制造信息，却有华丽而富有艺术气息的纹饰，体现了南方诸国独特的风俗特色。矛脊在这一时期常常开有血槽，血槽的作用主要是减轻矛头重量，沟通伤口内外气压，避免矛头在插入敌人躯体时被紧绷的肌肉夹缠而难以拔出。通过这个革命性的变化我们足以发现，战国时期频繁的军事斗争给兵器铸造者们带来了丰富的实战经验反馈。

在出土的战国时期车战兵器里，矛的地位更加显要。以曾侯乙墓出土兵器为例，出土的长柲武器中，矛有49件，当中有一件最短，只有225厘米，其余均是418 ～ 436厘米的丈八长矛；戟有30件，全是325 ～ 340厘米的中等长度；戈有66件，全是127 ～ 133厘米的短柄武器。由此可见，战国时矛已经彻底垄断了车战长距离肉搏武器的地位，并且在数量上有了大幅度提升，戟和戈只能负责中近距离的肉搏。

不过在战国时期，车战的重要性开始下降。以贵族为主力的车兵逐渐走下神坛，步兵不再作为战车的附属单位存在，而是逐渐成为决定成败的主力。与此同时，北方游牧民族的骑战思想逐渐在中原地区普及开来，以赵武灵王胡服骑射为代表，各诸侯国纷纷开始重视更为灵活的骑兵战术，车战下降为次要地位。例如《战国策·卷二十六》中，便将诸侯国的军队组成描述为“带甲百余万，车千乘，骑万匹”，可见其构成比例的剧烈变化。

战车势衰而步兵日盛，长矛中的夷矛随之退居次要地位，而步兵用的酋矛数量则变得更为庞大，这让此时长矛的平均长度稍有降低。

战国赵十七年相邦春平侯矛

矛体窄而厚重，叶中起宽脊，脊侧有对称的血槽，骹口平齐，骹上有钉孔。

战国锦鸡钮矛

叶部宽大，骹口内凹，骹一侧附立锦鸡形耳纽。这是古滇文化孕育出的精美兵器，与该时期中原地区出土的矛造型上有明显区别。

战国巴蜀双耳矛

叶部呈尖叶形，叶中起脊，下与骹相续，骹为圆形，两侧有双耳。这种尖叶形矛，颇有商代遗风。

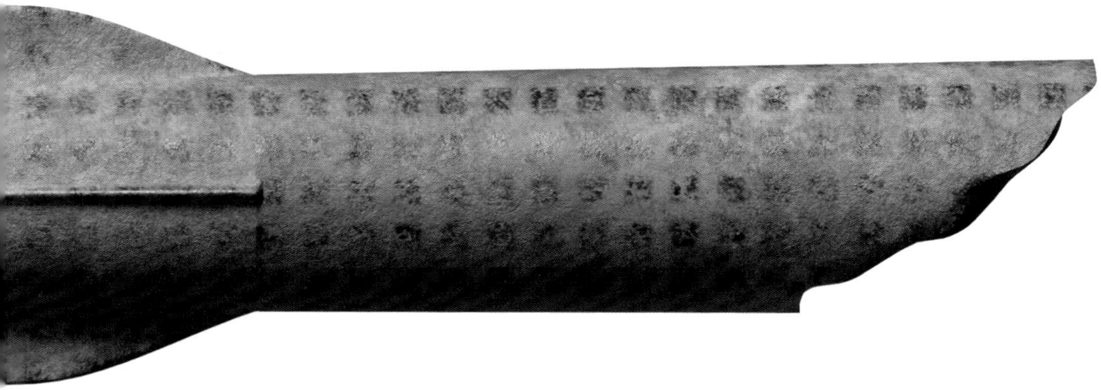

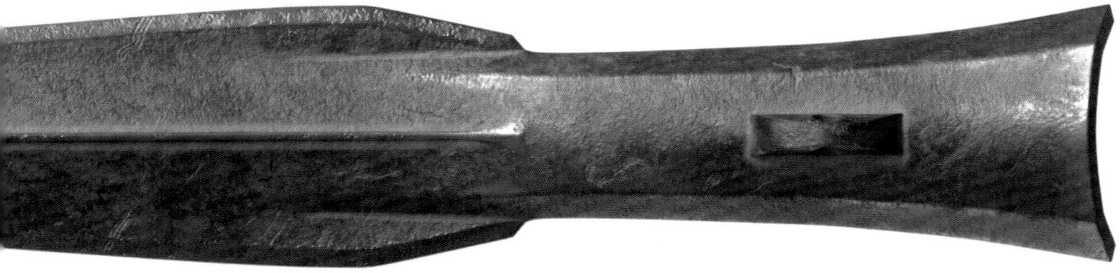

战国单耳折肩矛

叶中起脊，脊线从矛尖贯通到叶末，骹口为燕尾形，骹上有单耳，是典型的越式矛。

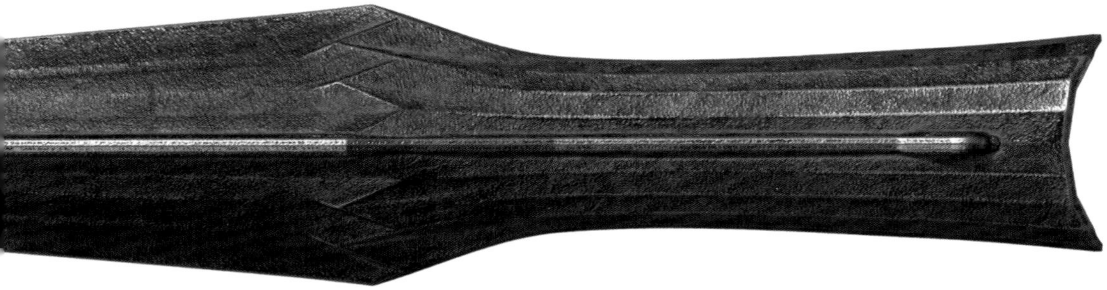

战国单耳竖棱纹矛

此矛同样是典型的越式矛，中脊线从矛尖一直连通到骹口上方的耳，骹口为燕尾形，矛身遍布竖棱纹。

铁矛出现

从春秋时期开始，中原地区便零星出现了一些铁兵器。到战国时期，铁兵器的数量、质量都有了较大的提高。因为铁在金属延展性和韧性方面都胜于青铜，并且可以通过渗碳和锻打改变相同部件不同部位的性能，所以尽管中华文明在青铜器工艺上已经积累了非常丰富的经验，但铁器的出现是大势所趋，不可阻挡。

在铁兵器出现的初期阶段，青铜和铁并行于世，共同争夺武器制造材料的主导地位，这种现象从战国延续到了西汉时期。在铁彻底确立统治地位之前，许多典籍已经开始注意到了铁兵器的存在与优势。

《荀子·议兵》中记述："宛钜铁矛，惨如蜂虿。"这是在夸耀楚国宛（今河南安阳）附近制作的铁矛锋利无比，被扎刺的人像被蜂虿等毒虫袭击一般几无可救。而《吴越春秋》中载范蠡语，"臽铁之矛，无分发之便"，则可算作当时已有铁矛的文史佐证。

在文物研究方面，已有不少该时期的铁矛出土，例如湖南长沙黑槽门2号楚墓中挖掘出的战国铁矛，矛头长约19厘米，宽约2.9厘米。而河北易县的燕下都遗址44号墓还曾出土过材质更佳的钢矛。

战国燕下都铁矛

矛身为剑形长叶，锐利而狭长，骹部为上小下大的圆柱形，中空以接柲，骹口平齐。

秦汉枪矛

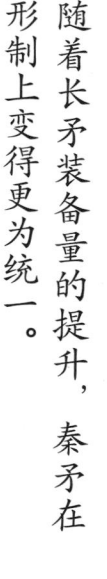

随着长矛装备量的提升，秦矛在形制上变得更为统一。

战国最终被强秦终结，中国历史走进了一个新的时代。此时的矛，呈现出了崭新的面貌。

在汉代，受残存的周代礼仪审美影响，人们仍旧觉得青铜兵器比铁器更加美观、贵重，因此尽管此时实战兵器绝大多数是铁器，但墓葬群出土的文物中却常常出现用于礼仪的青铜武器。

秦矛

在秦始皇陵中，考古工作者发掘出了无数战国至秦代的兵器。尽管战国末期铁兵器并不稀少，但秦陵出土的兵器绝大多数是青铜制品，估计是因为铜兵更为精美，适合用作帝王仪仗。秦陵出土的青铜兵器制作之精良已趋极致，其中的青铜矛头虽历经2000余年仍坚固锋利，宛如新品。

在战国末期至秦代的战争中，甲士的比例逐渐提高，步战变得更加重要，这让长矛的装备量大为提升，促使秦矛在形制上更为统一，以便于生产。因青铜质脆、易折，秦矛矛头制造得短小精悍，加上骹，长度多在15厘米左右。秦矛刃部锐利，叶部宽厚，矛身铸有血槽，骹部短而有钉孔，整个矛体从骹部开始中空直至锋顶，无论是矛头强度还是固定水平都更利于破甲伤敌。

同战国时期北方大多数国家的矛相同，秦陵出土的矛头上也铸有小篆铭文，多为简单的编号，如制造年份、部门、监管官吏的信息等，秦代兵器制造管理制度之严可见一斑。

在矛体长度上，因为秦始皇陵兵马俑坑曾遭受过破坏，残存武器柄只能作为参考。一号坑出土的两件矛柄残余长度均为2.5米左右，二号坑出土了一柄残长达到4.3米的矛柲。

秦陵出土的兵马俑有较为完备的军事器械和排列规律，可以通过其大致数量和排列总结秦代的步兵战术。秦陵出土的较完整的弓弩手陶俑和长兵手陶俑，数量分别是490件和407件，接近一比一。长兵手陶俑中，所执武器最长者为矛，其次为铍、戟，最次为戈，它们长短搭配，远近协同。这种互相配合、相互掩护的搭配和战术被兵法家们大为推崇。古典兵书《司马法》有云："……弓矢御，殳矛守，戈戟助。凡五兵五当，长以卫短，短以救长……"这即是对各类长短兵器互相配合、各司其职的清晰描绘。而另外一部战国时期的军事著作《六韬》中也曾记载："甲士万人，强弩六千，戟盾二千，矛盾二千……"其所推崇的兵器搭配比例与秦陵兵马俑颇为近似。

秦代"属陵"铭铜矛

两脊凸起，脊线从矛尖连通到叶末，脊侧有两条对称的宽大血槽，骹部圆形，骹口平齐，骹上阴刻"属陵"二字。这种短小精悍的铜矛是秦代矛的主流样式，形制上比战国时期更趋统一。

秦代寺工矛

通体中空，唯锋部的一段为实心。骹部有钉孔，骹上刻有"寺工"二字。"寺工"是战国末期秦国设置的生产兵械等器物的机构，将其刻在兵器上，表示该器物由"寺工"制造。

为何汉代以前没有骑兵矛？

事实上，在汉代以前，华夏地区有众多骑兵运用的实战案例，但由于此前并无马镫可用，骑兵往往将攻击手段局限在骑射上，肉搏方面只携带短剑一类的护卫武器。在洛阳金村出土的战国铜镜上，我们可以清晰地看到一名骑士拔剑刺虎的战斗场景，从侧面印证了当时骑兵的肉搏装备。

战国骑射骑兵对上战车没有太大优势，毕竟骑射的精度、射程均不如车上的射手，而在马上肉搏，更不如在车上有稳固依托的车右。但是到了汉代，骑兵逐渐成长为军事主力，这个情况就发生了逆转。轻骑兵的战术机动能力更强，对地形的适应水平也更适合汉朝跟匈奴的对抗。虽然此时没有成对的金属马镫支撑骑手，但是骑兵们已经要负担起独立肉搏的战斗任务了。

自然而然，短剑无法再满足这样的需求，唯有矛、戟一类的长柄武器才适合在马上格斗。无论是单手持矛、戟向前冲刺，还是将矛、戟倒提在手向下扎刺，借用了马匹身高和马力的骑士们，都足以在跟步兵的抗争中获得优势。

西汉蟾蜍形矛

古滇文化诞生的兵器，与战国时期该区域使用的矛形制变化不大，依然有着宽大的叶部和精美的纹饰，较少受到中原文化的影响。

西汉陶“飞骑”骑兵俑。陶马体形健硕，前腿直立，后腿稍曲。一武吏跨骑于马背上，下身与马身塑为一体，小腿垂于马身之外，着长筒靴。该俑因马腹刻有“飞骑”二字而得名，可见西汉时期的骑兵已经非常剽悍与快速了。

西汉时期，骑兵成了战争舞台的绝对主角。骑兵矛应运而生，战车逐渐被淘汰。

骑兵矛诞生

进入西汉后，战争形式再次发生了巨大的转变。秦末汉初的连年征战，让中原大地民生衰败、经济颓废，致使较为廉价的步卒成为主力，车兵、骑兵相对较少。虽然车战这种形式已经行将作古，但是骑兵战术却因为汉初经济不支的原因暂时未能替代车战。

公元前200年，天下初定，不料韩王信叛乱，并伙同匈奴攻打太原。汉高祖刘邦遂带着满腔雄心和久经考验的精兵悍将出征匈奴。然而匈奴集结40万骑兵，将以步兵为主的32万汉军分割包围在白登山战场，足足围困了7天，最后汉高祖刘邦只得靠贿赂匈奴阏氏才得以脱险。

自此以后，汉朝为了对抗灵活机动的匈奴骑兵，开始积蓄国力，努力将骑兵部队发展为主要战力。到公元前166年匈奴入侵甘泉时，汉朝已经有能力反击了：“以中尉周舍、郎中令张武为将军，发车千乘、骑十万。”（《史记·匈奴列传》）一向被认为偃武修文的汉文帝时期，汉朝能够出动10万规模的骑兵，足见其军事实力。到了国势强盛的汉武帝时期，汉朝主动跟匈奴展开了波澜壮阔的连年大战，双方动辄出动10万人以上的骑兵，这标志着骑兵从此成了中原王朝战争舞台上的绝对主角，正式淘汰了依赖战车部队的传统战术。

这样的军事变革给长柄武器，尤其是矛类武器带来了极其深远的影响，使得矛类家族在步兵矛、车战矛之后，又诞生了一个崭新的重要成员——骑兵矛。

徐州狮子山西汉楚王墓出土了4000多件西汉时期的彩绘兵马俑，其中骑兵俑多手执长柄武器，因为年代久远，其所执兵器皆锈蚀损毁，不过以其姿态而言，右手所执当为长矛、戟类兵器。

更为有力的证据来自甘肃武威雷台汉墓。墓中出土的青铜浇铸的东汉骑兵俑，跟狮子山西汉楚王墓的骑兵俑执兵骑行的姿态一样，而所手执武器的形象被完好地保存了下来，让我们得以断定西汉骑兵同样也是如此执矛、戟骑行的。

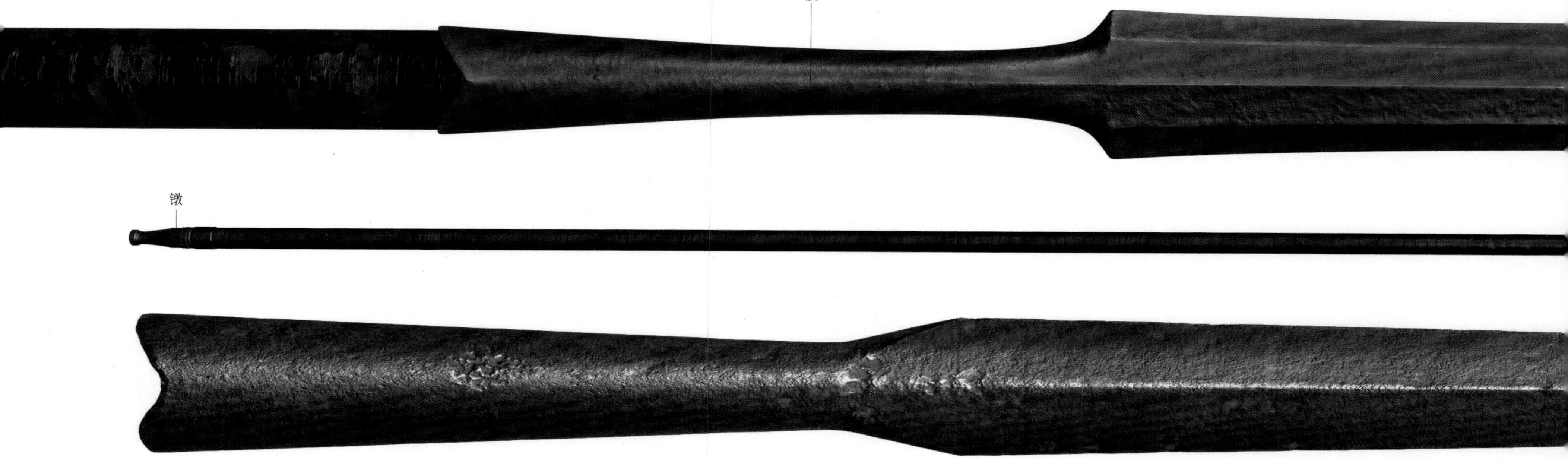

汉代矛的变化

通过对文物的观察，我们发现汉代的青铜矛头在形制上跟秦代基本一致，叶部短小宽厚，骹部短粗，有对称的孔用以固定。但是铁矛就大不一样了，其叶部更加尖锐细长，矛脊比青铜的要加厚不少，骹部也大大延长，固定孔还有增多的趋势。在西汉至东汉的漫长岁月中，铁矛矛头越发尖锐狭长，东汉后期的许多铁矛头甚至长达60厘米。

铁矛出现这样的发展趋势，原因很明显：

第一，此时的兵将防护水平大幅度提高，迫使兵器提供更高的穿甲能力。从秦代开始，大一统王朝能够给古典军队提供的甲胄比例逐年上升，进入汉代后，铁札甲已经成为战场上的常见装备。越发坚固可靠的防护给旧式宽叶青铜矛带来了巨大的挑战，甚至连更为坚固的铁矛为了拥有更好的破甲能力，也不得不把矛头变得尖细，叶部变窄，矛脊加厚，甚至将骹部延长来提高固定水平。这些变化无一不是为了提升铁矛的穿刺能力，可见矛头的形制演变始终跟对手的防护水平紧密相关，这一现象几乎伴随着枪矛类武器在战争史上出现的每个时期。

第二，汉代冶铁水平突飞猛进。汉武帝时，全国设立49处铁官，专管铁器生产。官方的重视促使汉代的铁器生产从质到量都有了巨大的飞跃。生铁铸冶、脱碳钢、炒钢等新的生产工艺蜂拥出现，汉代的钢铁原料生产效率和质量得到了稳步提升。在武器的制造方面，也出现了百炼成钢的折叠锻打技术。使用该工艺产出的兵器杂质大为减少、组织致密均匀，极大地提高了武器性能，配合西汉时就已经成熟的局部淬火技术，可以使刃部变得更为锋利坚硬，而脊背则仍旧强韧耐折。这些工艺上的进步，足以支持铁兵器做得更窄更狭长，拥有更好的穿刺能力。

东汉青铜持矛骑兵俑，可以看到，骑兵手中所执武器被完整地保存了下来。

汉代矛的分类

汉代的矛在实用方面可以分为步、骑两种。

步兵用矛相当普遍，长矛兵甚至单独列为一个军种。《资治通鉴》记载，汉献帝建安四年（199年），孙策攻打黄祖，刘表派了5000长矛兵去援助黄祖。这说明，随着骑兵地位的显著提升，步兵长矛手因能够有效结阵抵抗骑兵冲击而越发受到重视。列阵的长矛兵即使是在与其他步兵的正面对抗中，依旧威力不俗，这样的泛用性使得长矛跃升为汉代步兵最重要的肉搏兵器之一。

随着骑兵成为汉代最重要的武装力量，骑兵矛的地位也跟着水涨船高，成为非常受欢迎的兵器。骑兵矛发展到东汉末期时，甚至有了一个新的专属名称——马槊。东汉著作《说文解字》中对"槊"字如此解释："矛也。亦作'矟'。"而《释名·释兵》中则记载："矛长丈八尺曰矟。马上所持，言其矟矟便杀也。"

通过典籍记载，可知此时非但将骑兵用矛专门命名为槊，还大致对其长度规格做了划分——骑兵所用的丈八长矛才够格称呼为槊。4米多长的马槊，能让骑手在接近敌人之前就迅速刺杀对手，"矟矟便杀"非常形象地表现了马槊这种武器的超群威力。

马槊这种武器的惊人威力，再次反过来影响并促进了防卫武器的又一次强化。到东汉末年，装备骑兵战马的铁质具装铠已经较为完备了。

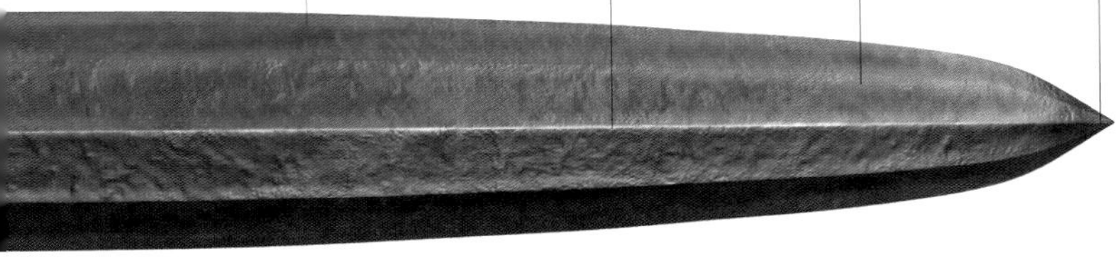

汉代八面铁矛

矛身呈八面形，脊线笔直，两侧有两条棱线，矛锋与秦汉时期八面剑的剑锋极为相似，骹口为燕尾形。矛头长度超过40厘米，极有可能是汉代出现的马槊。

汉代铁矛

叶部长而狭窄，叶中起脊，截面为菱形，骹口为燕尾形。矛尖锋锐，穿透力极强。矛头长度超过40厘米，很可能就是马槊。

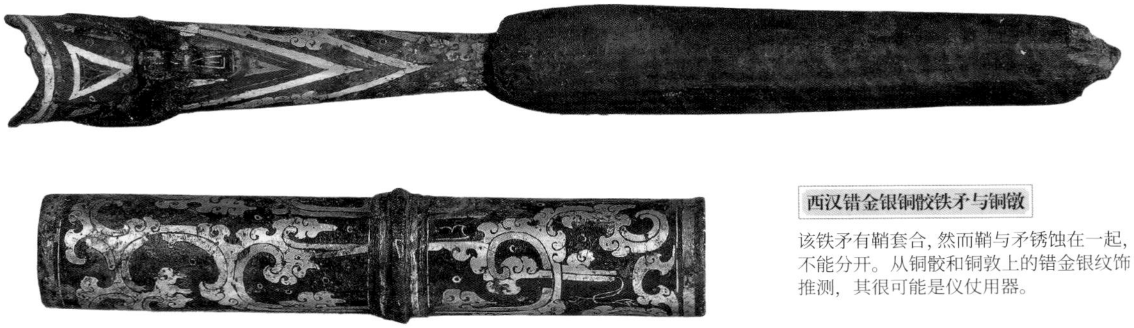

西汉错金银铜骹铁矛与铜镦

该铁矛有鞘套合，然而鞘与矛锈蚀在一起，不能分开。从铜骹和铜镦上的错金银纹饰推测，其很可能是仪仗用器。

西汉青铜矛

前锋弧尖，矛身起脊，脊侧有对称的宽大血槽。骹呈椭圆筒形，骹口凹成弧形，一侧铸有耳，用以系缨。矛体及骹上饰兽面纹。整件兵器加上柲、镦以后，通长在216厘米左右。

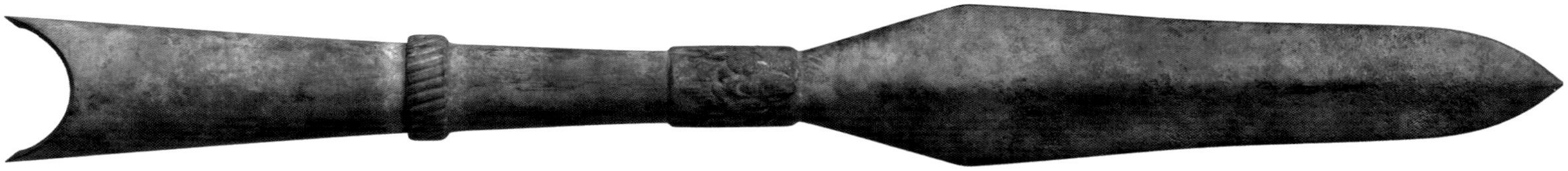

东汉青铜矛

叶部约与骹部等长，两者的结合处有一宽阔的环状装饰，骹中部也有一较窄的环状装饰。骹部截面为圆形，骹口呈燕尾状。

魏晋南北朝枪矛

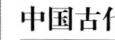

魏晋南北朝时期，中原地区的战术虽然延续了东汉末年的风格，却也发生了新的变化。从东晋开始，长矛逐渐走入了它那漫长的辉煌期。

马镫的出现使马槊的威力大大提高，彻底淘汰了汉代流行的骑兵长戟。

马槊成为主流兵器

魏晋南北朝时期，大量北方游牧民族入主中原，给战争形式带来了翻天覆地的变化。

首先，这一时期出现了实用马镫，辽宁北票北燕贵族冯素弗墓出土的铜鎏金木芯马镫就是明证。马镫可以给骑手的双脚提供稳定有力的支撑，让骑手能够更有力、更灵活地施展兵器，尤其可以让骑手在高速冲击中不至于担心被击中敌人的力量反噬坠马。这极大地促进了骑兵的发展，同样也让马槊的威力大大提高，彻底淘汰了汉代流行的骑兵长戟。得益于这方面的支持，马槊技法得到了较大的发展。南梁简文帝萧纲甚至还为此编撰了一部《马槊谱》来详细记录马槊的实战技艺，可惜年代久远，正文已经全部佚失，只剩下寥寥数句序文："马槊为用，虽非远法，近代相传，稍已成艺……"它非常清晰地记述了马槊这种崭新的武器初生不久就发展出了独有技法。

其次，甲骑具装（甲，人铠也；具装，马铠也）越发普遍。随着骑兵完全主导战场，东汉末年出现的甲骑具装此时更为普及，人马皆披厚甲的重装骑兵彻底垄断了战场决胜权。厚重的马铠给骑兵的坐骑提供了良好的防护，迫使与之对抗的步兵抛弃其他长柄武器，转而使用长矛列阵抵御，这让长矛的地位得到了进一步提升。而且由于这一时期的马槊地位过于重要，以致产生了步兵用长矛常常被反过来称为"步槊"的现象。

西晋骑马俑

中国古代在很长时间里并无马镫，骑者不但上马费力，骑乘时还要双腿夹紧马腹，十分不便。在这具西晋骑马俑上，马匹侧面有一个三角形马镫，虽然只能供上马时用，却是中国使用马镫的最早实物证据。

北燕铜鎏金木芯马镫

马镫的发明，解放了骑士的双手，使其可以在飞驰的战马上挽弓射箭或大幅度腾挪、挥刀，不用因担心坠马而必须留一只手操控缰绳。

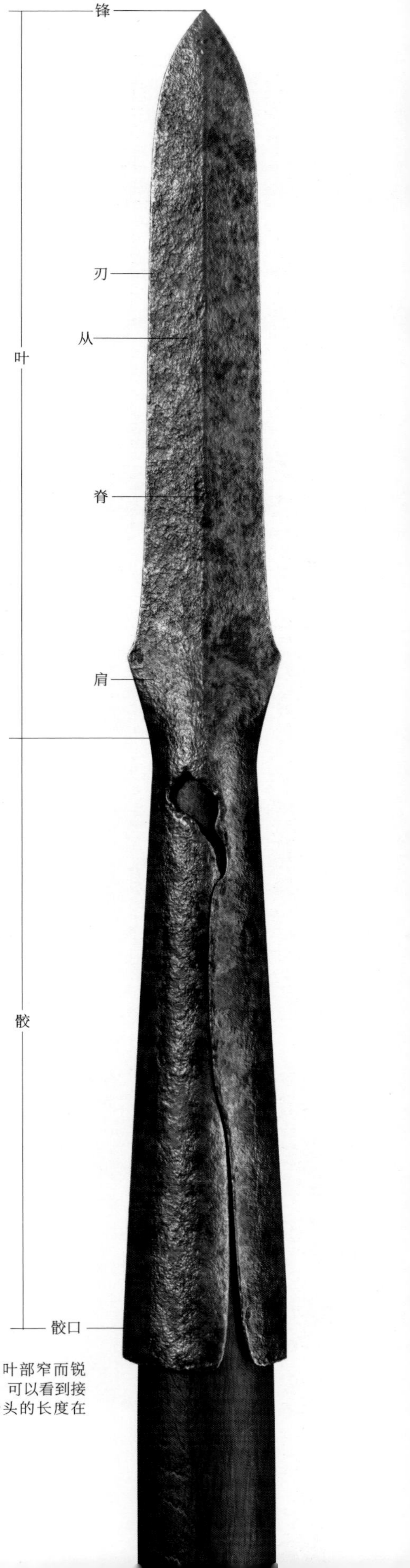

南北朝铁矛

叶部约与骹部等长，叶部窄而锐利，骹部不完全合拢，可以看到接口处的缝隙。整个矛头的长度在20～30厘米之间。

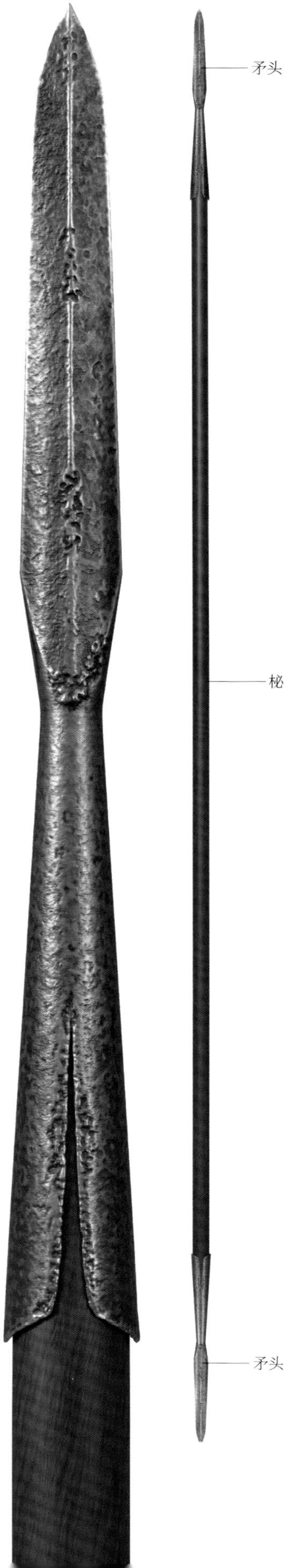

甲骑具装的越发普遍，使矛头出现了朝多棱破甲方向发展的趋势。

因为长矛强大的威力和良好的适用性，这一时期无论是步战还是骑斗，提及长柄武器，军人们第一时间想到的就是它。随处可见的马槊、步槊充斥着战场，垄断了这一时期长柄武器的出场。

在这种重骑兵独步天下的军事格局下，马槊有其独特的战术特征。马槊因多用于重骑兵冲击，所以对矛柄的强度要求很高，矛柄多选用材质精良的积竹柲或特选优质木材。再加上对手同样人马皆披重铠，这也对马槊的矛头材质提出了一定要求：选用更好的钢材，矛刃做得更为狭长挺直。随着工艺的提升，甚至还有出现多棱破甲锥矛的趋势。如此复杂考究的选材和制作，也只有身价不菲的重骑兵能够承受，步兵用矛只好选用更为廉价的木杆，矛头也为节约成本而变得短小精悍。毕竟步兵用矛常用来抵挡骑兵突击，折损率非常大，成本需要控制得较为低廉才好。

双刃矛

作为南北朝最热门的长柄武器，长矛有一个特殊的变种，叫作“双刃矛”。矛本身只在一头设刃，另外一头装用于驻地的镦。因为长矛最普通的用法，就是以双手分别持握矛柄的尾部和中段，一齐发力，矛刃即可有效刺杀敌人。如果柄的两端安有矛头，实际上会让使用者难以操作，甚至有杀伤己方的风险。但是在极端特殊的前提下，倘若能同时操作矛的两端分别攻击敌人，会大大提高作战效率，双刃矛就诞生了。

关于这种奇特的武器，最早的文字记载见于《墨子·备蛾傅》：“备蛾傅为县脾……为下磨车，转径尺六寸，令一人操二丈四方，刃其两端，居县脾中……”这是墨子提出来的一种战术，专门克制大军蚁附攻城：守城方只需要在城墙上吊下一个吊箱，让吊箱中的勇士操一柄双刃矛左右刺杀即可。

双刃矛（复原）

根据记载复原而成，矛头参照的是1998年辽宁北票八家子乡喇叭洞墓出土的前燕铁矛。该墓的年代约为3世纪末至4世纪中叶，也就是西晋后期至十六国前期。

蚁附登城的敌人双手都用于攀墙，根本无力反抗，所以使用双刃矛左右击刺，省去了调转矛头的时间，可以获得更高的效率。那么还有没有别的情况下可以使用这种武器呢？

这就需要使用者极其勇武强悍了，能依仗自身的勇力和技巧将原本颇嫌累赘的双刃矛使出特殊的威力。《后汉书·公孙瓒传》记载：“公孙瓒……尝从数十骑出行塞下，卒逢鲜卑数百骑……乃自持两刃矛，驰出冲贼，杀伤数十人……遂得免。”公孙瓒是东汉末年盘踞幽州的诸侯，他勇武超群，常年与北方游牧民族争斗，尤其善用骑兵，麾下有一支著名的骑军，叫“白马义从”。公孙瓒能够使用双刃矛正面冲击鲜卑骑兵，在阵中左右击刺，杀伤数十人，可见其勇力非凡。

有如此勇力者并非只有一人，《资治通鉴·卷九十八》中就记载，十六国时期冉魏的冉闵曾跟后赵汝阴王石琨展开大战，冉闵“操两刃矛，驰骑击之，所向摧陷，斩首三千级，琨等大败而去……”冉闵也是需要在敌骑中左右击刺，才选用了如此蛮横的武器，当然也获得了非凡的战绩。

还有一人使用双刃矛的记载也颇为详细。南梁勇将羊侃，亦是武力冠绝之辈。《南史·羊侃传》记载：“车驾幸乐游苑，侃预宴。时少府奏新造两刃槊成，长二丈四尺，围一尺三寸。帝因赐侃河南国紫骝令试之。侃执槊上马，左右击刺，特尽其妙。观者登树。帝曰：‘此树必为侍中折矣。’俄而果折，因号此槊为折树槊。”羊侃舞弄长达2丈4尺、柄周1尺3寸的巨型双刃槊，在马上左右击刺，尽显双刃矛的独特魅力，导致路边围观者争相爬树，把树都累折了，因此留下一个新槊名——折树槊，堪称佳话。

敦煌莫高窟西魏壁画《五百强盗成佛图》局部。画中身穿盔甲的骑手乘着全身披甲的战马，双手分执马槊的中段和尾端，在冲击过程中斜向下扎刺，极其精准地表现了南北朝重骑兵使用马槊冲击步兵的技法。

隋唐五代枪矛

在中华文明的历史中，枪和矛很难彻底区分开，只能大体辨别其在不同时期不同的称呼习惯。

我们很难从唐代的墓葬中找到出土的兵器实物，这是因为唐代的法令禁绝，即便偶尔发现几件，也多数是金、铜制作的观赏用品或者仪仗用具，故而对此时期的兵器研究只能以文史记载及对壁画、俑像的研究为主。

枪矛武器翻开辉煌新篇章

甲骑具装一统天下的局面一直延续到隋末唐初。进入唐代以后，虽然经过南北朝的洗礼，骑手们的装甲水平继续飙升，可因为马铠过于笨重，其装备率逐渐下降，显然唐代骑士们更加青睐马不着甲时的轻盈。

导致这种现象的原因颇为复杂，一方面，唐代着甲率达到60% 以上，重装步兵的发展让甲骑具装不能再简单地一冲尽破之；另一方面，随着骑兵数量逐渐扩大，对国家政权而言，训练有素的战马不再过分珍贵，因而较为轻盈的骑兵战术更受推崇。

枪矛类武器并没有随着甲骑具装比重的下降而被冷落，相反，隋唐时代开启了枪矛类武器更为耀眼的辉煌篇章。

隋唐五代期间，因受北朝影响严重，两军对阵时常常有骁勇将士在阵前讨战以决定胜负的行为。像尉迟敬德这样既擅用马槊又能避槊、夺槊的猛将自然如鱼得水，经常可以单骑入敌阵擒获贼将，令己方士气大振。此类斗将多善用马槊，这也让马槊的地位再次水涨船高。

唐代壁画《出行狩猎图》中的执枪武士。在枪上挂旗用作仪卫已经成为这一时期的惯例。

五代绢画《行道天王图》。天王头戴宝冠，身穿铠甲，跨坐白马。天王身后则有一银甲夜叉，手持挂有幡的长矛。

枪矛的称呼演变

	汉及汉之前	汉末至魏晋南北朝	隋唐及以后
枪	竹木削尖为军械。《通俗文》："刹木伤盗曰枪。"	未有变化。	步矛称枪，骑矛称马枪。步矛渐廉，刃渐短小，因而被称为"枪"。而随着枪称谓的普及，后渐渐将马槊称为"马枪"。
矛	长柄有刃之刺兵。《释名》："矛，冒也，刃下冒矜也。下头曰镈，镈，入地也。"	丈八骑矛称槊。槊越发普及，致使步矛被称为"步槊"，矛的称呼逐渐减少使用。	马槊称呼依旧，矛字少用。槊渐精，刃渐长大。

枪与矛的区别

当敌人阵营中有骁勇将士主动出来耀武扬威时，秦叔宝就成了唐太宗克制他们的撒手锏。叔宝"跃马负枪而进"，必定能在万军之中将敌将刺落下马。这等纵马横槊，出击必杀的英姿，令人神往。不过这条记载也从侧面说明了一个问题：在唐代，已经有把马槊称为"马枪"的习惯了。这牵涉到了枪矛类武器的一个谜团——矛和枪究竟有什么区别？

有人认为矛类刃长而枪头较短小，有人认为矛杆偏硬而枪杆渐软，还有人认为矛类武器为骑兵所用，枪则为步卒装备。这些都有一定根据，但都有以偏概全之嫌。

实际上，在中华文明的历史中，枪和矛很难彻底区分开，只能大体辨别其在不同时期不同的称呼习惯。譬如在汉代及汉代以前，枪特指削尖竹、木构成的军事器械，而矛则需有其他材料构成的刃。但是发展到东汉末期乃至魏晋南北朝时期，马槊的影响面太广，导致步兵用矛也跟着叫步槊，使得矛这个称呼越来越少被用到。再加上此时的趋势是，马槊多做工精良、造价昂贵，步兵用矛却偏向于缩短矛头、使用单一材料的矛杆来降低成本，于是到唐代，许多步兵用矛在形制上已经跟马槊拉开了较大差距，更接近古代削木而成的枪，这一点使得许多人重新将步兵用矛定义为枪。其后因为唐代枪类武器的广泛装备，反过来又影响了马槊的名称，使其同样被称呼为马枪。

在唐代，枪、矛两种称呼曾有并用并行、难以区别的一个阶段。其后，逐渐用枪代替了矛来称呼此类实战兵器，这一点可以从后世的著作中管窥全豹。

唐代壁画《出行狩猎图》中的执枪武士。

枪矛武器的装备情况

南北朝时期，马槊在长柄武器中称雄。到了唐代，枪矛类武器更加普及，地位也更为显要。马槊的应用技巧，是唐代武官技能选拔的重要标准。《旧唐书·卷四十七》中记载武官铨选：“凡试能有五，五谓长垛、马步射、马枪、步射、应对。互有优长，即可取之。”马槊功夫成为五艺之一，可见对其的重视程度。

唐代宗在位时，河东节度使都虞候李筌在其编撰的军事著作《太白阴经》中，详细记录了唐军编制和器材供给的比率：一火（火是唐军最小的单位）编制50人，装配“甲三十领六分，战袍二十领四分，枪五十根十分，牌十面二分……”。长枪居然平均人手一支，唐军装备长枪类武器的普遍程度可见一斑。

在唐代壁画中，我们还能发现重装步兵使用长枪的痕迹。在昭陵陪葬墓群长乐公主墓中的壁画上，就可以看到全身披挂铁甲的士兵执旗枪仪卫。在枪矛上挂饰旗帜用作仪卫已经是此时的惯例，《旧唐书·卷一百一十一》中记载唐玄宗第十三子颍王璬奉命至藩镇出使，因仓促没有准备节仗，属下就建议：“王，帝子也，且为节度大使。今之藩而不持节，单骑径进，人何所瞻？请建大槊，蒙之油囊，为旌节状，先驱道路，足以威众。”槊就是马枪，这段话的意思是建议颍王用粗长的马枪制作旌节，也就是枪上挂旗，代为仪仗。

唐军正式列装的，不仅有步、骑战用的长枪，还有用于攻城、水战或其他用途的特殊枪矛。守城器械中有“钩竿有枪，两边有曲钩，可以钩物”，还可以用于对抗骑兵的拒马枪。

在紧急情况下没有船筏可以渡水时，装备充足的长枪可以充当起工程器械。将枪去刃之后的木杆扎束成简易木筏，足以让大军在十次之内就全员渡过浅滩，这种随机应变的措施，侧面印证了唐军实际装备长枪数量的庞大。

在长乐公主墓的壁画上，可以看到全身披挂铁甲的士兵执旗枪仪卫。

晚唐铁矛（复原）

根据1977年内蒙古科尔沁左翼后旗呼斯淖公社出土的铁矛复原而成。该矛两侧厚钝无刃，矛身平视略呈梭形，横截面略呈长方形。骹部上小下大，呈喇叭形，下端不完全合拢，骹口为C形。

初唐铁矛（复原）

根据1977年陕西铜川玉华宫遗址出土的铁矛复原而成。该矛身短小，中脊隆起但不成棱，横截面略呈枣核形。骹部的长度接近矛身的两倍，骹口平齐，横截面呈圆形。整体上小下大，有明显的锥度。

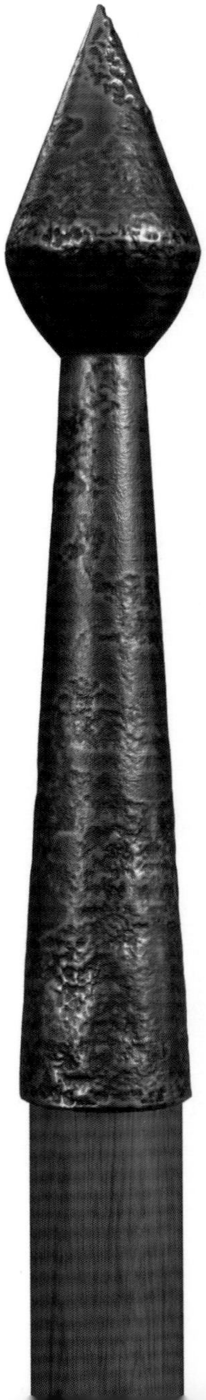

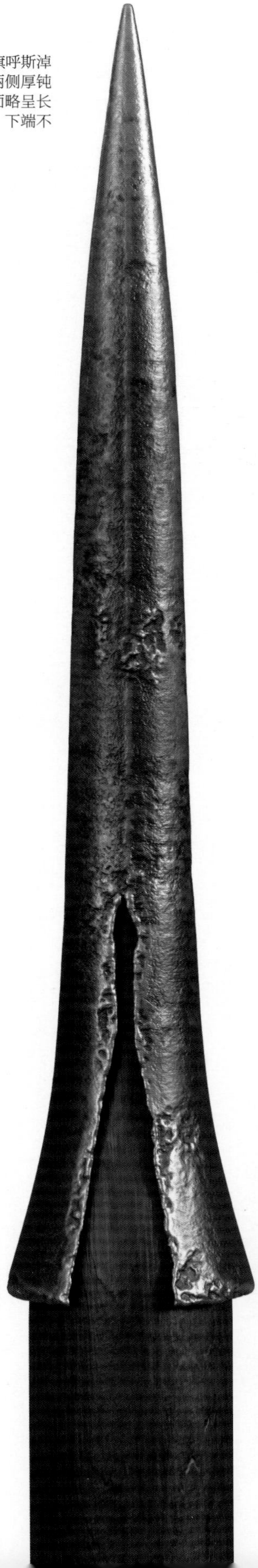

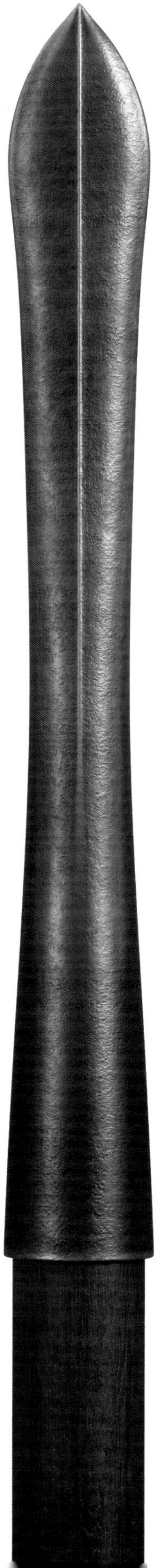

隋代铁矛（复原）

根据1954年西安郭家滩姬威墓出土的铁矛复原而成。此矛前锋较一般矛粗大，略呈圭首形；本体厚重，骹部粗壮。根据墓志铭记载，姬威死于隋大业六年（610年）。隋代的武器，几乎是南北朝的延续。

唐枪的种类

关于枪的种类，《唐六典》记载：“枪之制有四：一曰漆枪，二曰木枪，三曰白干枪，四曰朴头枪。”其后注释中记述：“漆枪短，骑兵用之。木枪长，步兵用之。白干枪，羽林所执。朴头枪，金吾所执也。”

白干枪、朴头枪都是京城内禁卫部队用的仪仗类武器，无须赘述。漆枪应指以丝麻缠绕、漆涂积竹柲表面的马槊。马槊长度为周尺丈八，换算成今天的长度约为4米出头，已经超过两等身。木枪为步卒所用，是用竹、木杆为柄的较廉价的步用枪矛，其在记载中却长过马槊。这是一个非常重要的信息，证明此时步卒用的长矛长度已经普遍超越骑兵用的马槊，也从侧面印证了唐代的步兵长矛战术有偏向密集列阵的重步兵风格，比之先秦、汉代已有了较大变化，而这也是唐代重步兵的一个战术特点。

纯铁枪出现

此前记载的枪槊杆柲多是用竹、木或者积竹制成，而《五代史》对王彦章的记载中，首次出现了全铁打造的实战用枪矛。这位王铁枪武功高强，声名显赫，《五代史》中有他孤舟退兵的记载。当时王彦章率军与晋王李克用争斗，李克用率领麾下迫近潘张寨，后梁大军屯驻在河对岸，仓促间不及增援。王彦章很是激动，自己提着铁枪登上小船，大声斥令船夫解开缆绳，开船渡河。后梁招讨使贺瑰见状连忙阻拦，王彦章哪里肯听，执意孤舟先渡。身经百战的晋王李克用此时听闻王铁枪过河来战，居然毫不犹豫地撤军退走，可见对其忌惮之深。

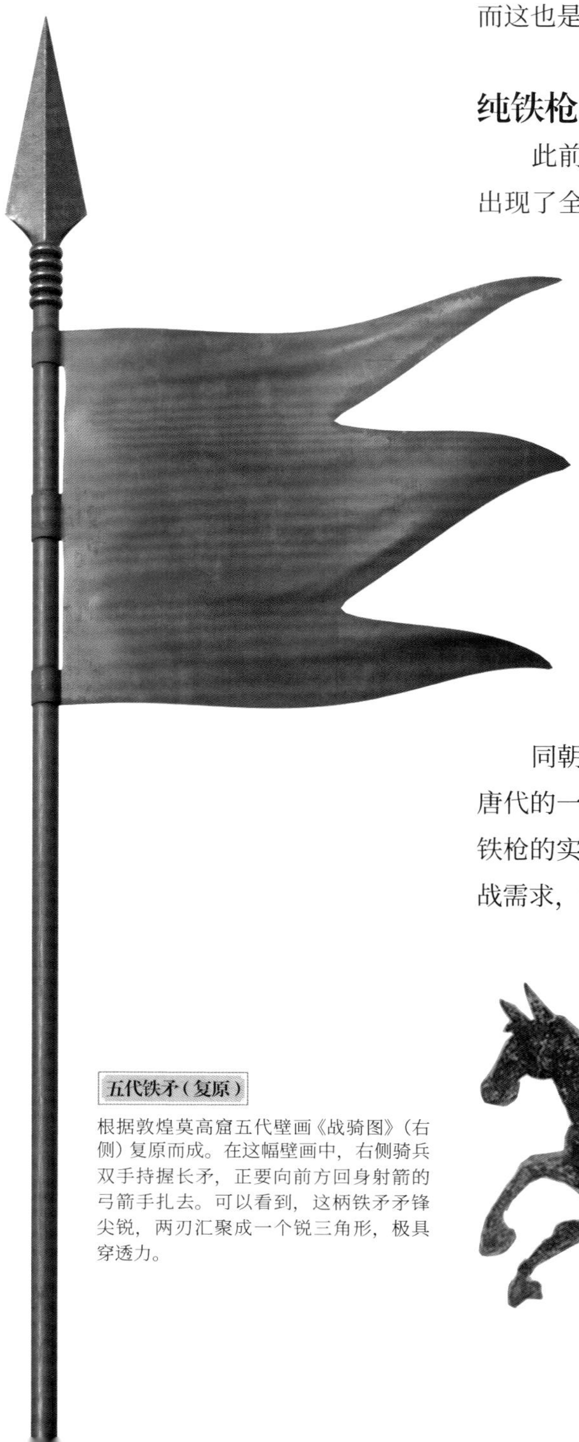

后来王彦章在中都战败被俘，李克用多次试图劝降他，足以从侧面证明其对王彦章的器重。但是王彦章所用的这种纯铁枪会有多重？是否比使用积竹柲的枪矛更为好用呢？

王彦章的铁枪有多重，史书没有详细的记载，不过后梁善用纯铁枪的猛将并非他一个，还有一人叫王敬荛，《五代史》记载他：“魁杰沈勇，多力善战，所用枪矢，皆以纯铁锻就，枪重三十余斤，摧锋突阵，率以此胜。”

同朝为将，又同样使用纯铁枪为武器，王敬荛的铁枪重达30余斤，王彦章的应该也相差不多。唐代的一斤约合今天的597克，所以王敬荛的铁枪大约为今天的40斤，已是相当沉笨。关于纯铁枪的实战记载，在其后的年代陆续有出现，但它始终未能成为主流，可见其重量大为偏离实战需求，绝非一般战士适合使用的兵器。

五代铁矛（复原）

根据敦煌莫高窟五代壁画《战骑图》（右侧）复原而成。在这幅壁画中，右侧骑兵双手持握长矛，正要向前方回身射箭的弓箭手扎去。可以看到，这柄铁矛矛锋尖锐，两刃汇聚成一个锐三角形，极具穿透力。

敦煌莫高窟壁画《八王争舍利图》局部，展现了初唐骑兵夹枪进行冲锋的场景。

密集枪阵战术是步兵克制骑兵的制胜法宝。

密集枪阵战术

尉迟敬德曾俘虏王世充军“排槊兵六千”，“排槊兵”应当是将步槊，也就是长枪连排使用的兵种，这正是对重步兵密集枪阵的描述。对比我们在秦始皇陵兵马俑的发掘，可以大体推测先秦和秦代步兵作战喜用短、长、中三类肉搏兵器混编弓弩手。而根据东汉末年刘表派遣“五千长矛兵”去救援黄祖一事可以推知，当时已经有将长矛兵单独布置使用的习惯。一种是长短搭配，一种是单一武器纯粹装备，这两种配置孰优孰劣，还曾经在后世引发过争议。早在宋代，人们就对多兵种配置的“花装”和单兵种部署的“纯队”的优劣展开过长久而激烈的争论。

这种争论在今人看来是没有什么意义的。步兵的器械如何配备，理所应当要因时、因地制宜，并不应该顺从将帅的喜好。因此，我们也可以反过来推测，导致这种编制变化的原因，必然是地利和敌人的种种因素已经发生了变化。

汉代是中国骑兵发展的黄金时代。从汉末到南北朝，甲骑具装日渐盛行，步兵们在面对铺天盖地汹涌而来的重甲骑兵时，唯一能够依仗的就只有手中的长枪。也正是为了反制重骑兵，步兵手中的枪矛才日渐廉价又日渐加长。

以枪阵对抗骑兵

在文史记载中，唐军密集使用长枪对抗对手的战例比比皆是，我们挑选其中一些比较有代表性的来分析。《旧唐书·卷八十七》中记载，初唐名将苏定方曾奉命征讨西突厥，结果他率领的万余唐军和回纥兵马被10万西突厥士兵团团围住，双方兵力悬殊，唐军被迫采取守势。苏定方命令步卒占据高地，“攒槊外向”，自己率领唐军骑兵在北面的高地列阵，互相呼应。“攒槊外向”，就是步卒用长枪列成圆阵或方阵，用密集并列的长枪抵抗外来突击。此时，步兵就颇为贴合“排槊兵”这一称呼。这样密集的长枪阵令以骑兵为主的突厥军非常尴尬，以10万众突击“三”次，没有一次成功破阵。这个“三”应该是古人惯用表示多次的约数，而不是精准的表示冲击的次数。随后士气大减的突厥军被苏定方趁势反击，斩杀人马数万。

对付西突厥这样以骑兵为主的敌人，用长枪列阵效果显著，即使以少敌多也能大获全胜。苏定方从隋末战争开始就长期指挥作战，在此战之前还曾经多次打败东、西突厥和高句丽等敌军，可见唐军对类似的战法、战术已有相当丰富的成功经验，并非首次使用。

以枪阵对抗步兵

对付以步兵为主的敌人，这种密集枪阵能否如此有效呢？

恰巧唐初战争中有一个相当特殊的例子可以说明这个问题。

薛延陀，唐初北方的一个游牧部族，习俗跟突厥相似。该部落趁突厥衰弱时大破颉利可汗，实力暴涨，开始对大唐有了不臣之心。薛延陀领袖之子大度设率部20万袭击了依附大唐的突厥部落。

薛延陀这个部落很有意思，虽然是游牧民族，却多次以步战征服周边部落。在大举入侵前，薛延陀内部先行练兵，教习步战之法。他们以5人为单位，让1个有经验的头目保管5人的战马，其余4人列阵突前，展开步战，一旦获胜，就立刻骑马追击。如果战马接应不及时，就要将管马人的家人治罪为奴，赏赐给前方作战的步卒。

这种战法非常有趣，将部队分散成5人为单位的有机整体，以步战克制周边游牧民族常用的骑兵冲击打法，在获得优势后快速上马追击，既保持了步兵作战容易结阵，步射较远、精度较佳的优势，又兼顾了骑兵作战机动迅捷、方便追击敌寇的优点，配合严明的管理法度，在当时已经堪称完美。薛延陀正是靠这种战法逐次征服周边部落，积攒出强大的实力的。

唐太宗收到薛延陀袭击突厥的消息后，命英国公李世勣率领薛万彻和步骑兵数万人讨伐薛延陀。唐军紧追薛延陀主力累月不舍，双方在诺真水畔的旷野之中展开大战。

此次讨伐战中，配合唐军作战的突厥部落兵首先接敌，结果被薛延陀的特殊战法打得大败而逃，而前来截击的唐军同样以骑兵为主。薛延陀主帅大度设人马众多，他下令步战，一齐发箭，将唐军大部分战马射伤，导致唐军骑兵多数失去冲击力。薛延陀之所以得手，正是因为唐军骑兵放弃了厚重的马铠防护。

此时的情况异常危急。以寡击众，唐军的附庸部队先战而败，主力又多数失马，对许多将领来说，或许已经是必败之局。但唐军主帅李世勣是隋末以来少有的名将，他当机立断，下令战马受伤的骑士们下马作战，手执长槊，以数百人为队，一同突击薛延陀军。

这边是新编练步战就威压周边的游牧民族，那边是耍了上千年步战把戏，被迫操起老本行的汉人，两边用步兵战术互相比拼，战果不难想象。唐军这一招用马槊列步阵的集群冲锋将薛延陀军打得大败溃逃。四散的薛延陀步卒寻找自己的战马逃跑时才发现，唐军副总管薛万彻早已率领剩余的骑兵把薛延陀的管马人杀得七零八落。这下薛延陀的败兵是打也打不过，跑也跑不赢，只能伏尸遍野了。

双方都是以骑兵为主，最终却用步战决胜，这种偶然性使得这次战斗的记载弥足珍贵。借由这个战例，我们可以发现，初唐的军队不同于只重视骑战的北朝，反而非常重视并且擅长利用步战优势压制敌手，长枪也因此成为唐军在步战中克敌制胜的神兵利器。

敦煌莫高窟壁画《唐朝军队训练图》。画面中，左侧士兵全身披挂甲胄，手持铁矛发起攻击，右侧全副武装的士兵则手持盾牌抵挡。

敦煌莫高窟壁画《张议潮统军出行图》中执枪仪卫的唐代武士。

宋代枪矛

北宋结束了五代十国的混战，重新统一了中原地区。此时，猛火油、霹雳火球等诸多实用火器已频繁用于战争，但原始火器尚未体现出火药武器的压倒性优势，冷兵器仍旧占据了兵器的统治地位。宋代的冷兵器继承了隋唐的风格，又颇受北方游牧民族的影响。这之中，长枪拥有极高的地位，显然是为了对抗辽、西夏、金的骑兵威胁。

在宋代，原始火器尚未体现出火药武器的压倒性优势，冷兵器仍旧占据了兵器的统治地位。

颇为遗憾的是，宋代冷兵器出土实物稀少，但在遗憾之中值得庆幸的是，北宋流传下一部非常详尽、具体的官修兵书《武经总要》。这部军事著作对当时的大多数实用兵器进行了详细的描述，甚至有图画作辅。我们对宋代枪矛的研究，都要基于此书展开。

攻防类枪矛

《武经总要》所载的攻防器械有拒马枪、拐刃枪、拐突枪、抓枪这几种名目。

拒马枪

拒马枪是一种地面障碍器材，结构非常简单。在唐代，它以两排长枪互成直角穿过中间有孔的固定木桩；而在宋代，则是将长枪并排安插在有斜撑的圆木上，使枪头朝向同一方向。这种结构的器械可以降低士卒抵挡骑兵冲击时造成的伤亡。

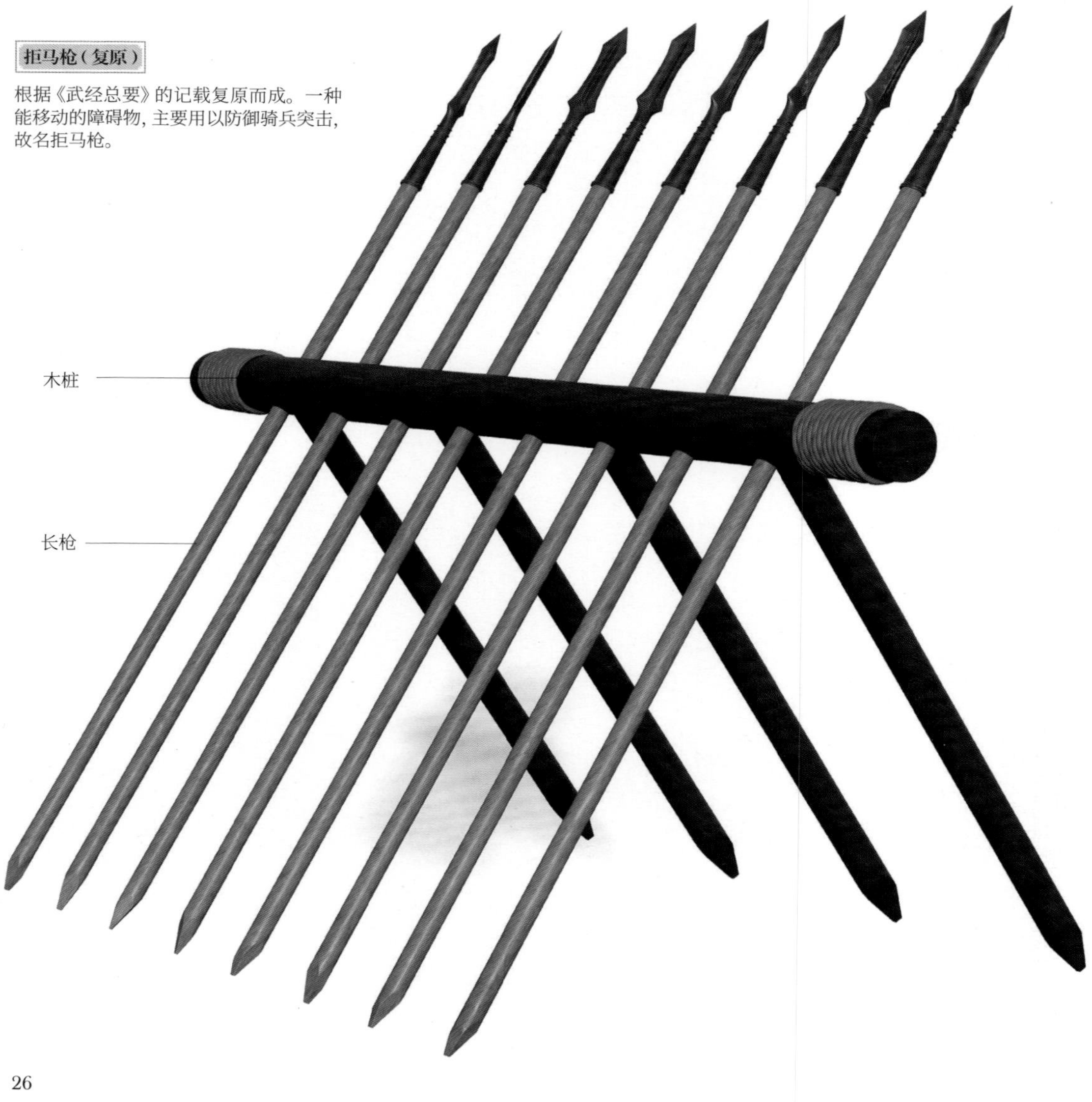

拒马枪（复原）

根据《武经总要》的记载复原而成。一种能移动的障碍物，主要用以防御骑兵突击，故名拒马枪。

拐刃枪、拐突枪、抓枪

拐刃枪、拐突枪、抓枪有些大同小异，枪杆长度多为2丈4尺（宋代1尺约为31厘米，2丈4尺约为7.44米）或2丈5尺（约7.75米），枪头长约2尺（约62厘米）。不过这三种武器枪头的形制都比较独特，枪刃或有倒钩，或有突棱，或有铁刺。拐突枪和拐刃枪的枪杆末端不再是常见的镦，取而代之的是一根短小的握把，被称为“拐”。这些奇怪的构造，都是为了方便守城士兵袭击敌方攀城士兵，破坏攻城器械而设计的。

拐（复原）

安装在枪杆末端，主要运用在拐突枪、拐刃枪这两种守城枪矛上。

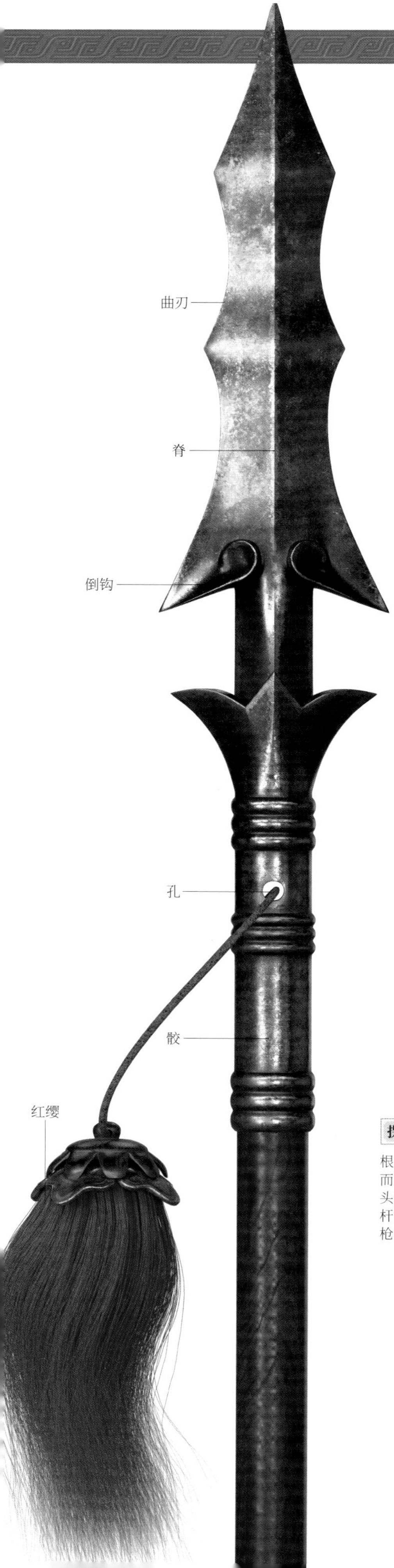

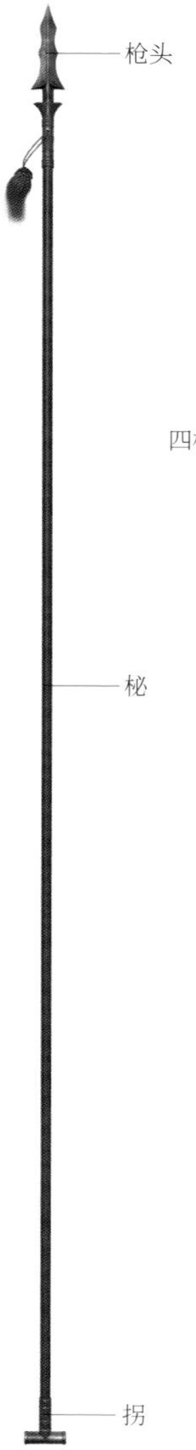

拐刃枪（复原）

根据《武经总要》的记载复原而成。宋代守城用枪之一，枪头较长，连骹部长2尺。木枪杆上端安装枪头，下端有拐。枪杆长2丈5尺。

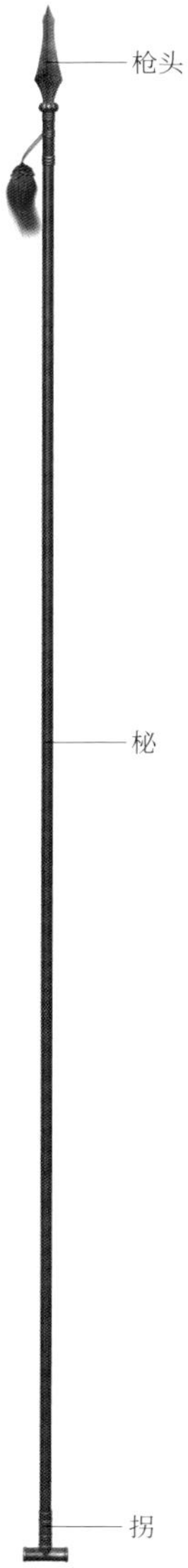

拐突枪（复原）

根据《武经总要》的记载复原而成。宋代守城用枪之一，枪刃呈四棱麦穗形。木枪杆上端安枪头，下端安拐，可防脱手。枪头长2尺，枪杆长2丈5尺。

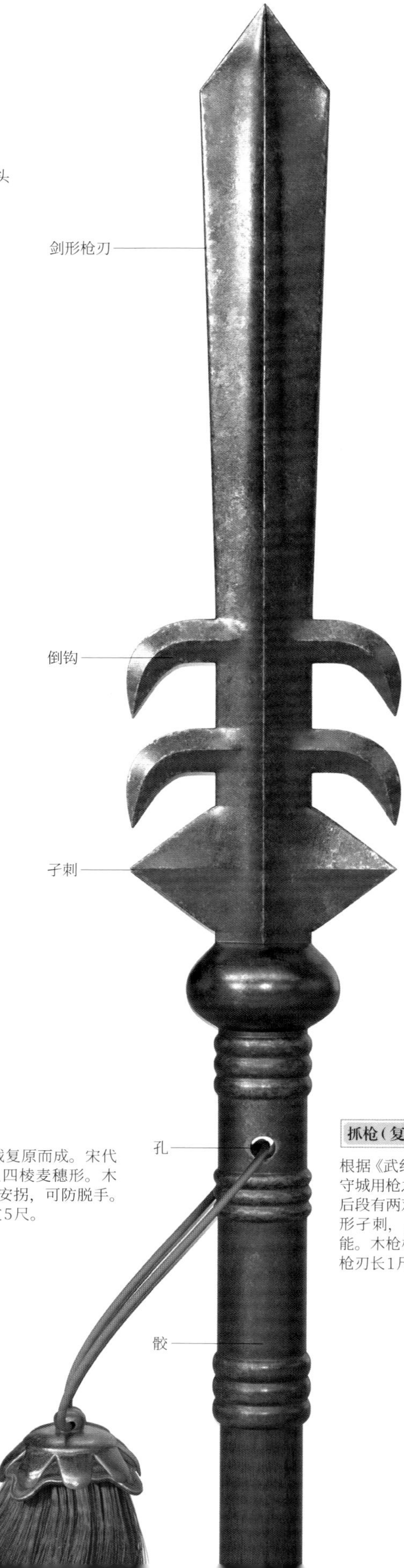

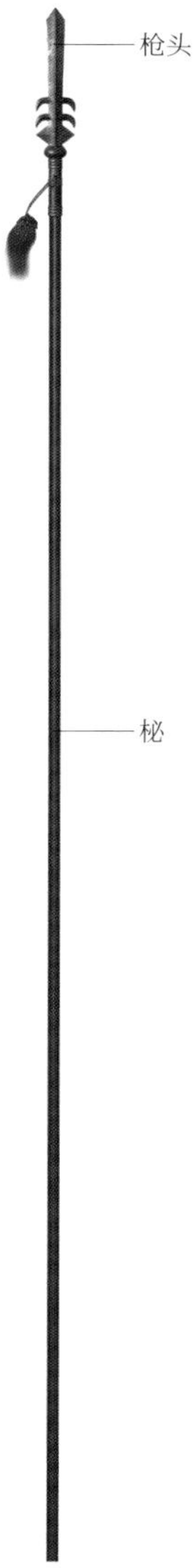

抓枪（复原）

根据《武经总要》的记载复原而成。宋代守城用枪之一，枪头较长，枪刃呈剑形，中、后段有两对倒钩歧出，刃末还有一对三角形子刺，从而使该枪具有一定的横击功能。木枪杆上端安枪头，下端无镦、无拐。枪刃长1尺，枪头长2尺，全长2丈4尺。

单钩枪（复原）

根据《武经总要》的记载复原而成。这是一种骑兵用枪，枪头平视呈长三角形，中脊起棱，前锋收成锐角，两侧锋利平直，底部内凹，具备一定的横击功能。通常木枪杆上端安装铁枪头，下端安装铁镦，中段设有绳环。

双钩枪（复原）

根据《武经总要》的记载复原而成。这是一种骑兵用枪，枪刃似剑形，中间起脊，前锋收成圭首形，有很强的穿透能力。枪头尾部有数个凸出的侧钩，均匀布于枪头两侧或四周。枪杆尾端有镦，可插入地下。枪杆上系有绳环，供提携用。

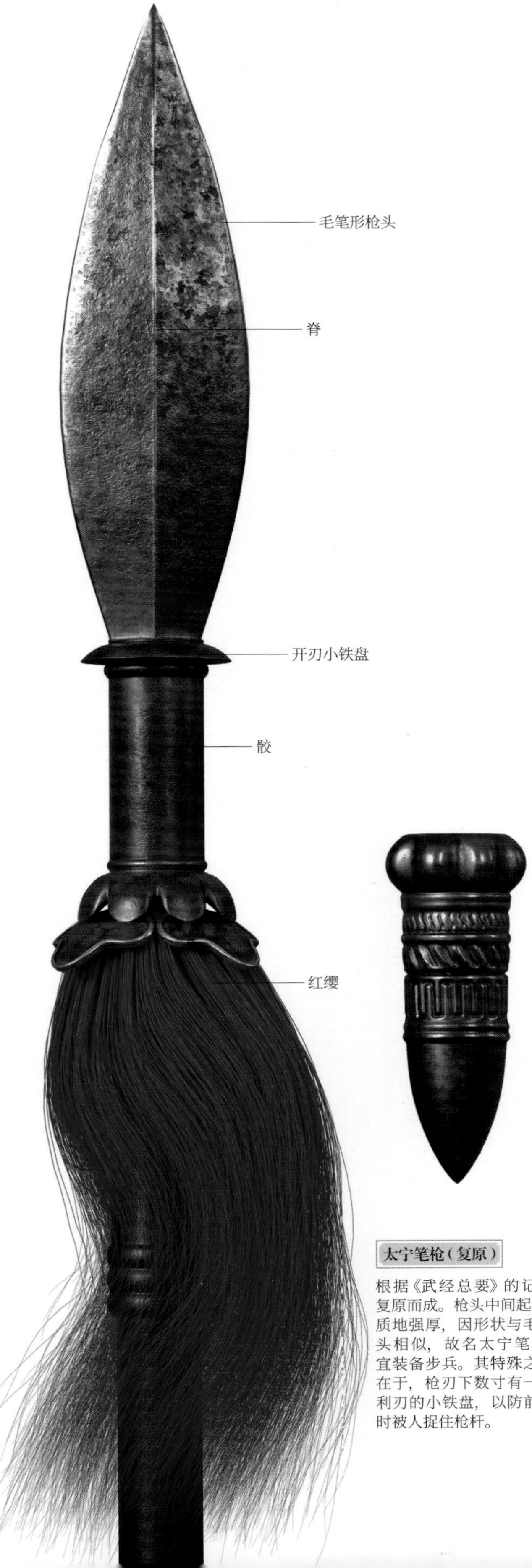

太宁笔枪（复原）

根据《武经总要》的记载复原而成。枪头中间起脊，质地强厚，因形状与毛笔头相似，故名太宁笔枪，宜装备步兵。其特殊之处在于，枪刃下数寸有一带利刃的小铁盘，以防前刺时被人捉住枪杆。

野战类枪矛

宋代的野战枪矛，有单钩枪、双钩枪、槌枪、太宁笔枪、素木枪、鸦项枪、锥枪、梭枪等等。

单钩枪、双钩枪

单钩枪、双钩枪这类骑兵用枪在形制上有了新的特点，它们不但在枪头侧翼加了倒钩，而且还在枪杆中段附近加了绳环。倒钩，是用来防止被人挟持夺枪的构造，倘若在宋代战场上还有人敢施展尉迟敬德的夺槊技法，那么被挟枪者只需要大力向后抽枪，带倒钩的枪刃就足以帮助其摆脱困境。显然晚唐五代已经有太多模仿尉迟敬德的军人，迫使兵器制造者们研发出这种防止被夺的构造。而枪柄上新出现的绳环，则是为了解决骑兵行军时携带不便的问题。过去的骑手们无论是否有情况，都要用右手将枪矛竖执或者横在马背上，非常容易疲劳。给枪柄中段加上绳环以后，骑手们在非战斗状态时就可以将枪环套在肩上，这种简单的结构可以有效节省骑兵体力。这两处变化充分证明宋代兵器在细节上已经非常完善，而且比前代更为注重使用者的经验反馈。

槌枪、太宁笔枪

槌枪的枪头没有常见的铁刃，取而代之的是一个球形的木枪头，它是校场教练、阅兵使用的练习用具。太宁笔枪，则是在普通长枪刃下数寸处加装带刺的小铁盘，也是起到防止被敌人夺枪的功用。

素木枪和鸦项枪

素木枪和鸦项枪为宋代步兵用枪。这两种枪跟前代作品没有较大区别。鸦项枪之所以得名，则是因为在骹部用了一圈白锡，肖似乌鸦脖颈上的白圈。

槌枪（复原）

根据《武经总要》的记载复原而成。宋代用于练习枪法的特殊枪种。由于没有锋刃，只有一个木槌代替枪头，两人持枪练习对刺时可避免不必要的伤害。槌枪虽然无法在实战中发挥作用，但仍然是军队武库中不可缺少的一部分。

素木枪（复原）

根据《武经总要》的记载复原而成。宋代铁枪之一，枪刃较长，左右侧刃对称波折，形成三对孑刺，具备一定的横击功能。木枪杆无髹饰，故名素木枪，中段不设绳环，宜装备步兵。

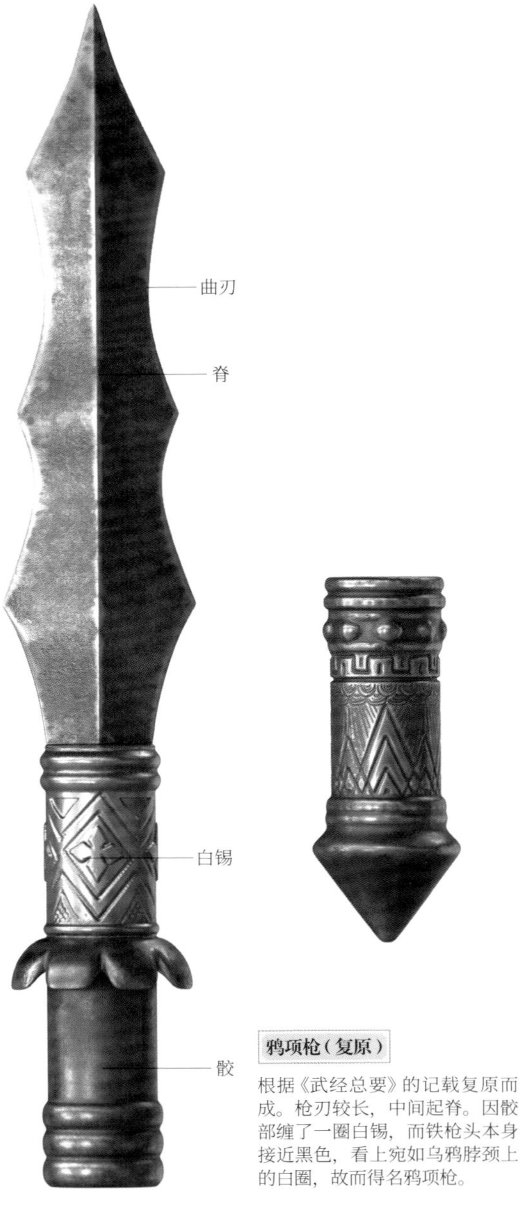

鸦项枪（复原）

根据《武经总要》的记载复原而成。枪刃较长，中间起脊。因骹部缠了一圈白锡，而铁枪头本身接近黑色，看上宛如乌鸦脖颈上的白圈，故而得名鸦项枪。

锥枪、梭枪

锥枪枪刃特殊，被打造成四棱锥体状，非常坚固锐利，形同破甲锥。在宋代，无论是中原政权还是游牧民族政权，铁甲都已经非常普及，甲骑具装甚至有复兴之势。锥枪的出现，体现了当时军人为了极限化长枪破甲能力而做出的努力。梭枪就是标枪，长只有数尺，是南方部分民族惯用的武器。使用者往往单手执梭枪，另一手执盾，将梭枪投出数十步远，被刺中者几乎立时毙命。梭枪因独特的战斗方式和强大的威力，被北宋官方注意到并收录书中。

旗枪、枪车

宋代长枪的衍生品不仅有此前常见的旗枪，还有将长枪与推车结合起来的枪车。旗枪一方面可以用作旗帜，发布号令，一方面可以在紧急关头用来格斗。而枪车则用途广泛，野外行军时可以用来布置临时营垒，防止骑兵冲突，而在巷战之中则可用来带头冲突，击溃密集的步兵。

旗枪（复原）

根据《武经总要》的记载复原而成。顾名思义，旗枪是旗帜与长枪结合的产物，兼具旗帜与长枪的双重功能。事实上早在唐代，壁画中就出现了旗枪的身影，而且它常常被用来作为仪仗用具。

锥枪（复原）

根据《武经总要》的记载复原而成。枪刃强厚呈四棱形，穿透力极强，不易弯曲断裂，主要装备步兵。

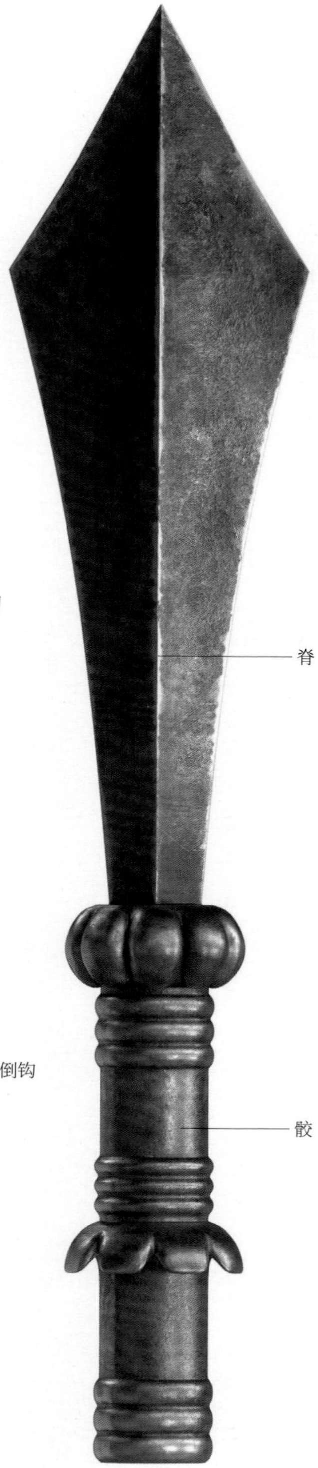

梭枪（复原）

根据《武经总要》的记载复原而成。枪刃较长，中脊起棱，前锋宽大，收成锐角三角形，左右两刃自前锋以下收窄，最窄处在枪刃与骹部的交界处，因而重心靠前。梭枪全长仅数尺，本是南方部分民族使用的武器。因掷枪如掷梭，故名梭枪或飞梭枪。

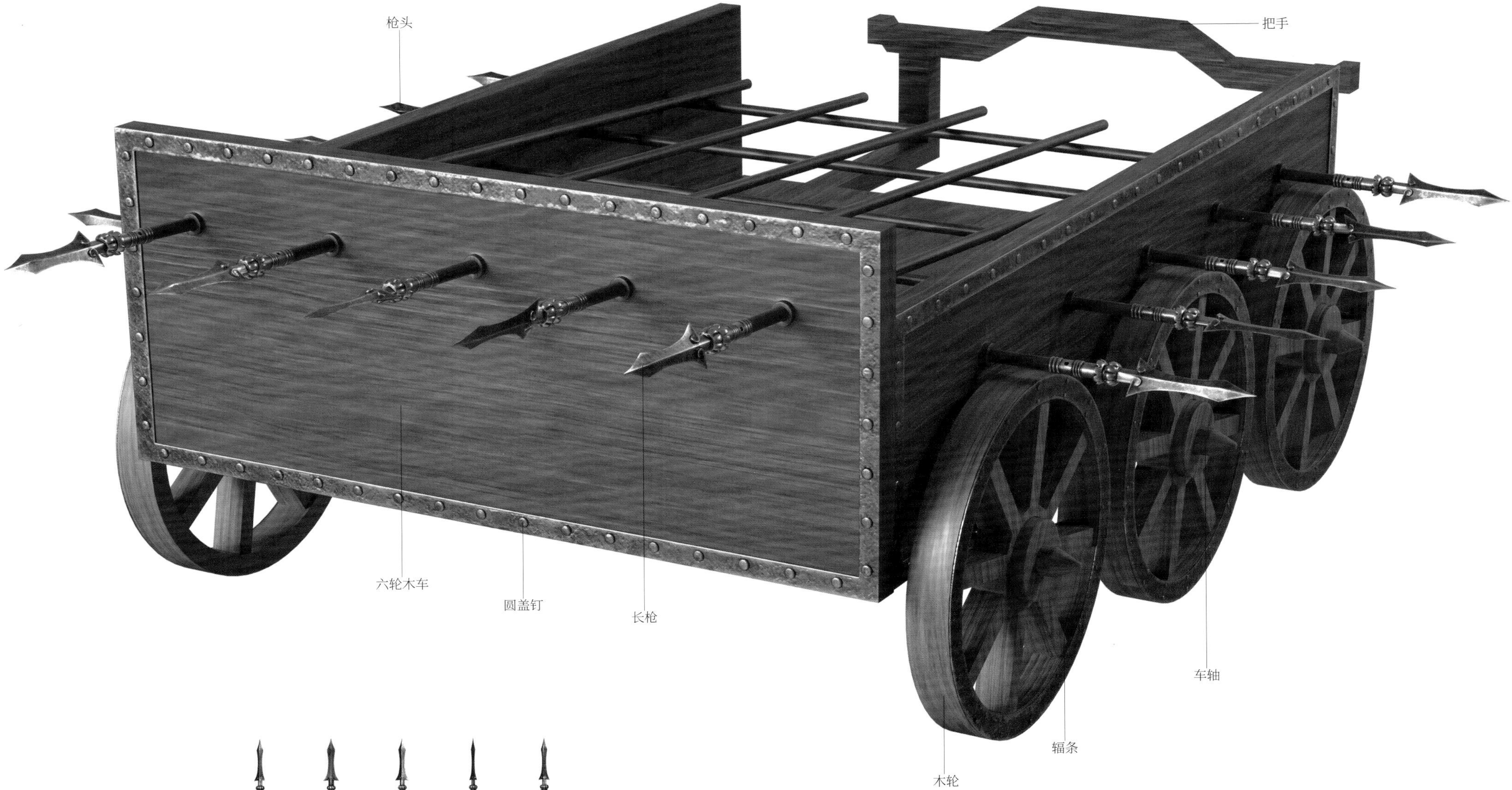

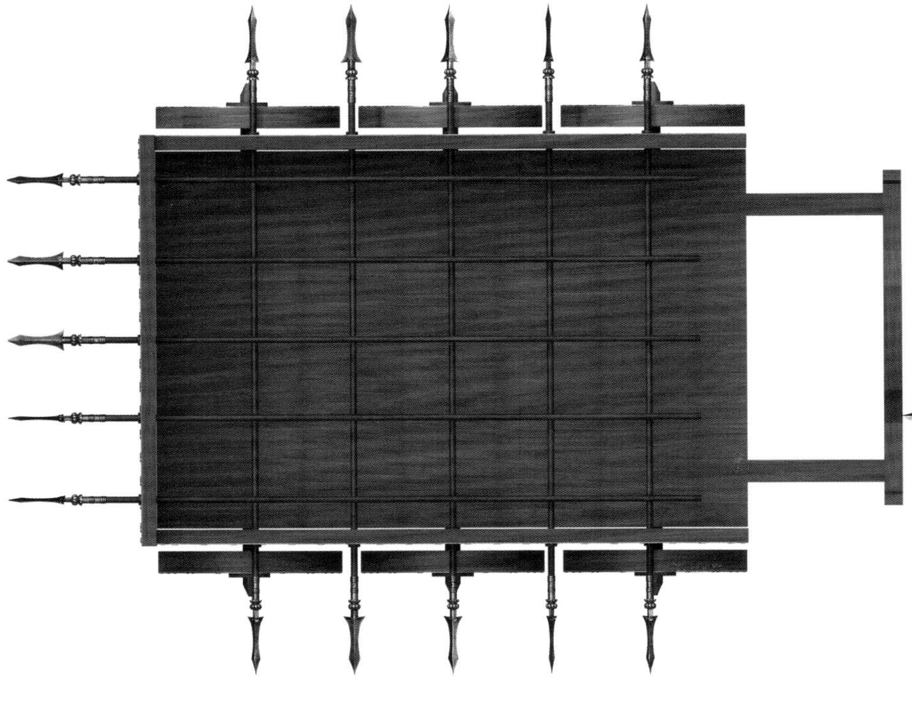

枪车（复原）

根据《武经总要》的记载复原而成。枪车主要有两种用途：第一，行军时拔掉铁枪，运送粮草辎重；第二，设营、布阵时，插上铁枪，以多辆枪车环绕在营地周围或布阵于军中，以此阻拦敌军骑兵发起冲锋。

明代枪矛

明代是火器大发展时期。日渐精良的火器无论是在射程上，还是在杀伤力上，都拥有绝对优势，尤其是明代中晚期，开始出现冷兵器辅助火器的现象。

但是在明代中前期，冷兵器依旧处于统治地位。此时因为社会经济较为发达，加上积累了上千年的实战经验，简单的器械用法开始呈现出五花八门的变化，使武艺出现了流派分化的现象。

明代枪矛的特点

明代军事典籍《武备志》不仅保存了宋代《武经总要》里的枪式，更详细记录了明代数种枪矛的特点和形制。书中还记录了此时枪矛制作的许多细则，比如枪杆以稠木为上品，“稠木第一，合木轻而稍软，次之”。书中提出，处理木材时最好劈开，而不是锯开，因为锯开的木料纹路倾斜，容易折断；削竹胶合而成的柄腰太软，北方竹子太干燥，都不适合做枪杆，而木杆和南方的竹子却很合用。书中还提出，制枪的工匠一定要通晓长枪的实用精神，才能制好枪。枪杆在制作上要前细后粗，尾部粗可盈把，而杆中前部也不能过于细软，避免无法有效传导力量。

在明代绘图《王琼事迹图册·经略三关》中，身穿蓝色布面甲的传令兵手举写有“令”字的旗枪，也就是令旗，护卫在官员左右。

明代四钩铁枪

枪刃下方有4个铁钩，可刺可钩，适合与骑兵对战，常与钩镰枪配合使用：先将敌兵钩于马下，而后由刀斧手将敌人斩杀。

明代铁矛头

这是一种常见的矛头形制。叶部扁平无脊，形似柳叶，两刃汇聚成锋。骹为圆筒形，中空以纳柲。

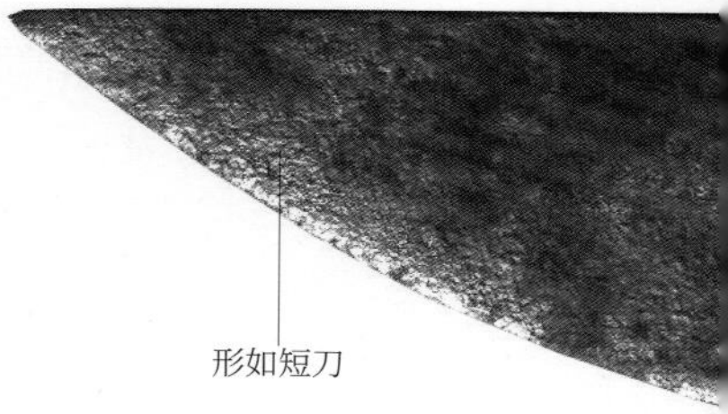

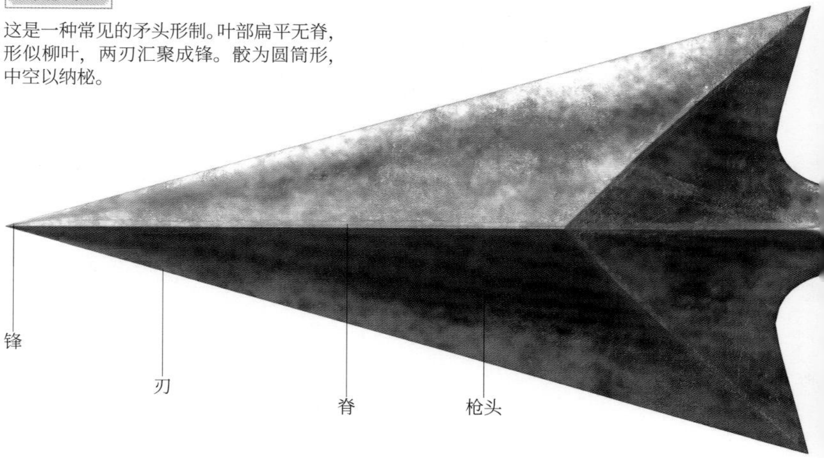

明代铁钩枪（复原）

根据《武备志》的记载复原而成。枪刃形如短刀，刀刃外弧，前聚成锋，刃末收成单肩。刀背平直光顺，近骹部歧出一枚向后弯曲的铁钩。骹部呈筒形，柄为长杆，柄末有镦。

曲刃枪（复原）

根据《武备志》的记载复原而成。曲刃枪枪刃如蛇形扭曲，前聚成锋，两侧开刃，中脊起棱。推测这种形制大约出现于宋代。

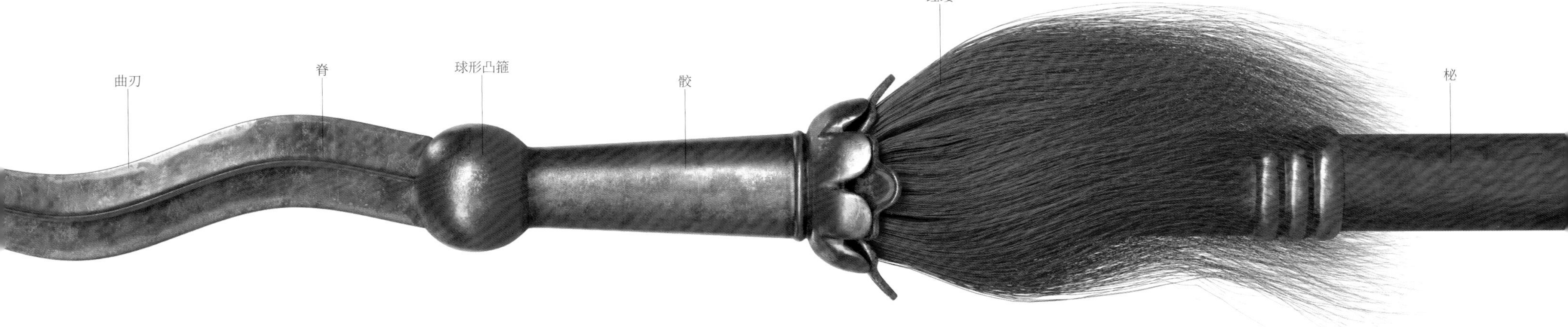

龙刀枪（复原）

根据《武备志》的记载复原而成。龙刀枪枪头形制较为复杂：枪头呈凹底三角形，两刃斜直，刃末后掠起倒刺，中脊起棱；骹部较长，呈筒形，中部歧出一枚向前弯曲、单尖两刃的钩形小刀，盖所谓“龙刀”是也；枪头和柲结合部有红缨。

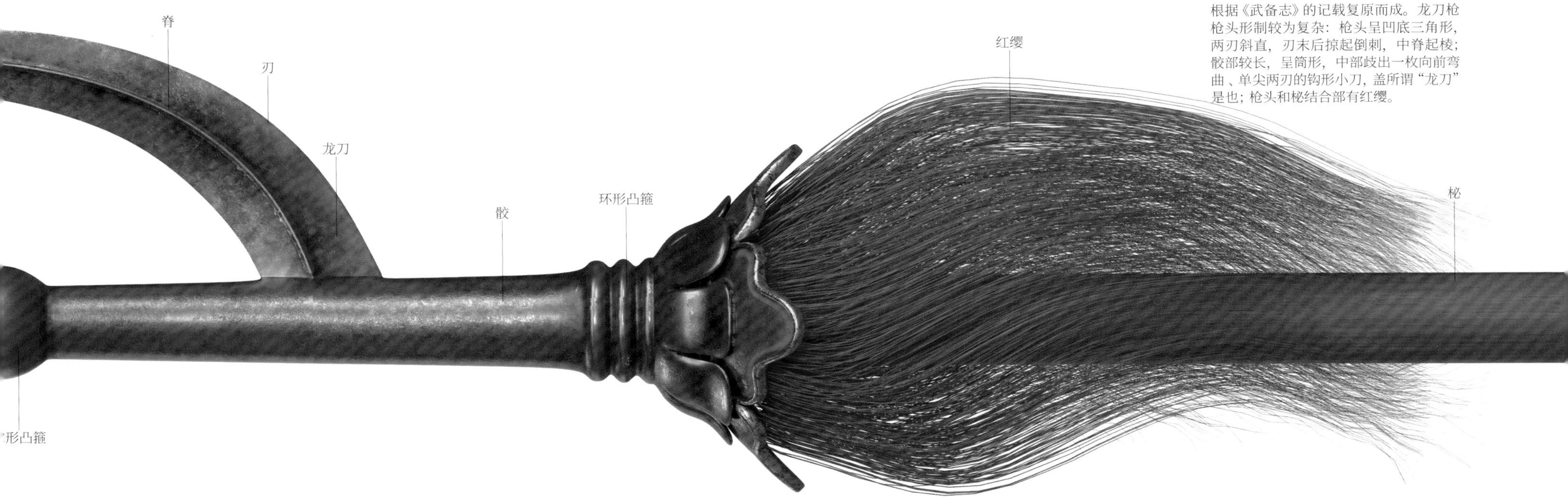

《倭寇图卷》局部

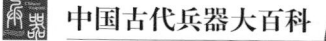

此处为内河水战场景，左侧为明军船只，右侧为倭寇船只，双方船只非常接近，船上之人正在以长枪、弓矢进行战斗。可以看到，明军和倭寇各有两艘小船，每艘船上有人负责掌舵，有人负责摇橹，有人持长枪向外扎刺，有人挽弓向对面射箭。双方船上都有人举着旗枪，明军一方甚至还有一名锣手。可以看到，落入水中的倭寇有的正在遭到明朝官兵长枪刺击，有的正在游泳逃走，还有的即将淹死。在这幅画卷中，双方使用的都是冷兵器，热兵器没有出场。

明代是火器大发展时期，尤其是明代中晚期，开始出现冷兵器辅助火器的现象。

明代枪技

在临阵使用方面，名将戚继光有比较丰富的经验。戚继光在浙江抗倭时，抛弃当地腐朽的卫所军，重新招募悍勇青年，亲自训练教习，并根据南方水乡泽国独特的地理特征研发出了特殊的鸳鸯阵，将使用长枪、蹚耙、狼筅和盾牌的士兵混合编制，“筅以救牌，长枪救筅，短兵救长枪”。长短兵器相互协助，构成有机组合，成为明代军事理论应用的一时佳话。

戚继光的军事著作《纪效新书》中详细记载了枪械技法的源流：“夫长枪之法，始于杨氏，谓之曰梨花，天下咸尚之。”戚继光本人治军多年，也在书中写下了他对武学技艺应用于军阵的真知灼见：“施之于行阵，则又有不同者，何也？法欲简，立欲疏。非简无以解乱分纠，非疏无以腾挪进退，左右必佐以短兵，长短相卫，使彼我有相倚之势，得以舒其气，展其能，而不至于奔溃。兵法曰：气盈则战，气夺则避是已。”戚继光还为长柄武器在实战中常常被短柄武器近身缠斗的问题提出了解决方案：“夫长器必短用，何则？长枪架手易老，若不知短用之法，一发不中或中不在吃紧处，被他短兵一入，收退不及，便为长所误，即与赤手同矣，须是兼身步齐进。其单手一枪，此谓之孤注，此杨家枪之弊也，学者为所误甚多。其短用法，须手步俱要合一，一发不中，缓则用步法退出，急则用手法缩出枪捍。彼器不得交在我枪身内，彼自不敢轻进；我手中枪就退至一尺余，尚可戳人，与短兵功用同矣，此用长以短之秘也。”此外，戚继光在随后的篇幅中记录了六合枪法的具体招式。

到了明代中晚期，军队越发依赖火器直射。这样的战术要求投射步兵得到稳固的阵线依托，于是明军需以长枪、战车、大牌来构建防护，避免被骑兵冲散击溃。在明代，使用长枪的技法开始分化，演变出各种流派，其中不乏花样繁复，只适合乡间械斗的种类。戚继光在其著作中就曾多次指出，所谓“花枪、花刀”之类技法于阵上无用。当然，民间武术家们也有重视军旅格斗技巧的流派，石敬岩及其弟子吴殳就是这一类人的代表。

明朝灭亡后，在武学上多有造诣的吴殳不愿为清朝所用，孤老一生。他的著作《手臂录》中详细记载了当时流传的各派枪法，并且配有详细的步法、身法图说，是研究明代武术不可多得的重要资料。

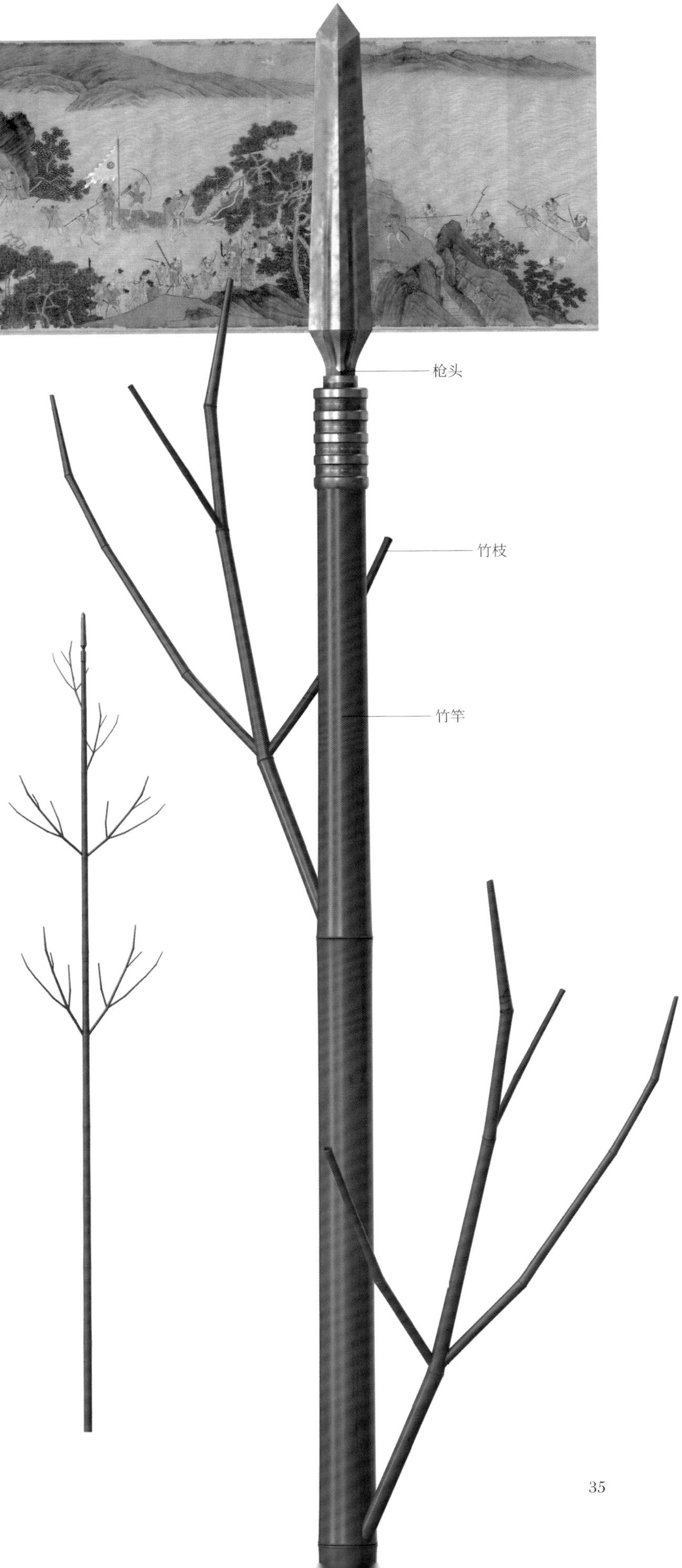

明代狼筅（复原）

鸳鸯阵的武器配置之一。戚继光在《练兵实纪杂集·军器解上·狼筅解》中说：“狼筅乃用大毛竹，上截连四旁附枝，节节枒杈，视之粗可二尺，长一丈五六尺。人用手势遮蔽全身，刀枪丛刺必不能入，故人胆自大，用为前列，乃南方杀倭利器。”

清代枪矛

进入清代以后，统治者为了削弱关内汉民族的反抗，对军事、武学著作研究进行打压，导致军事生产技术长期止步不前，甚至大为倒退。截至第一次鸦片战争爆发，清朝统治者没有遇到任何强有力的交战对手，故而其枪技水平仍停留在中古时期。

《阿玉锡持矛荡寇图》，郎世宁绘。武将阿玉锡曾率数十骑兵直捣敌军大营，立下旷世奇功，故而被乾隆帝列入平准五十功臣中，并命画师绘成此图。画面中，阿玉锡将骑矛挟持腋下，平举前伸，应是借用战马的冲击力来刺敌。之所以挟持中段而非尾端，原因是其左手还需把握缰绳，只能以右臂挟持，同时为保证平衡，只得挟持中段。

清代的八旗军、绿营军中仍有长枪兵编制，清代的军事典籍中亦有许多关于枪矛的记录，但是其整体长度比宋明时期有大幅度缩短，多在2～3.3米之间，只有少数步兵用枪仍有4.5～5米的长度。

另外，此时的骑矛比宋代又多了一个绳环。该绳环比中段挎肩环要小许多，处于矛镦部位，应是将矛挂肩携带时，用来套在脚踝处，起到避免矛体晃荡的作用。曾经有学者认为骑士冲击时会将挎肩环套入臂膀，以增加长矛的牢固度。但是这种观点显然被郎世宁所绘的《阿玉锡持矛荡寇图》中的实际情况推翻，并且如果骑手真将此环套入臂膀，恐怕冲击到敌人时，会被反作用力推至失衡落马。

在郎世宁的另外一幅军事绘画作品《平定准部回部得胜图》中，我们可以看到许多执枪矛作战的骑兵。其中许多骑手所用枪矛下挂有红缨，这应当就是一直被沿用到现代的红缨枪。这种枪下挂缨的习惯由来已久，鲜艳的枪缨不但好看，还能阻挡敌人的鲜血顺着枪头流到枪杆上，导致使用者双手打滑，操控不利。

鸦片战争打碎了清朝统治者天朝上国的美梦，装备近现代火器的殖民军队以摧枯拉朽之势打垮了思维仍旧停留在大刀长矛时代的清政府。外来的侵略迫使清朝军事迅速西化，武器装备也全面恢复到以先进火器为主的潮流上。

由此，枪矛武器纵横数千年中华军事斗争史，历经汉唐的荣耀，宋明的辉煌，最终在此时失去了战争舞台上的主角地位。

清代的枪技水平，仍然停留在中古时期。

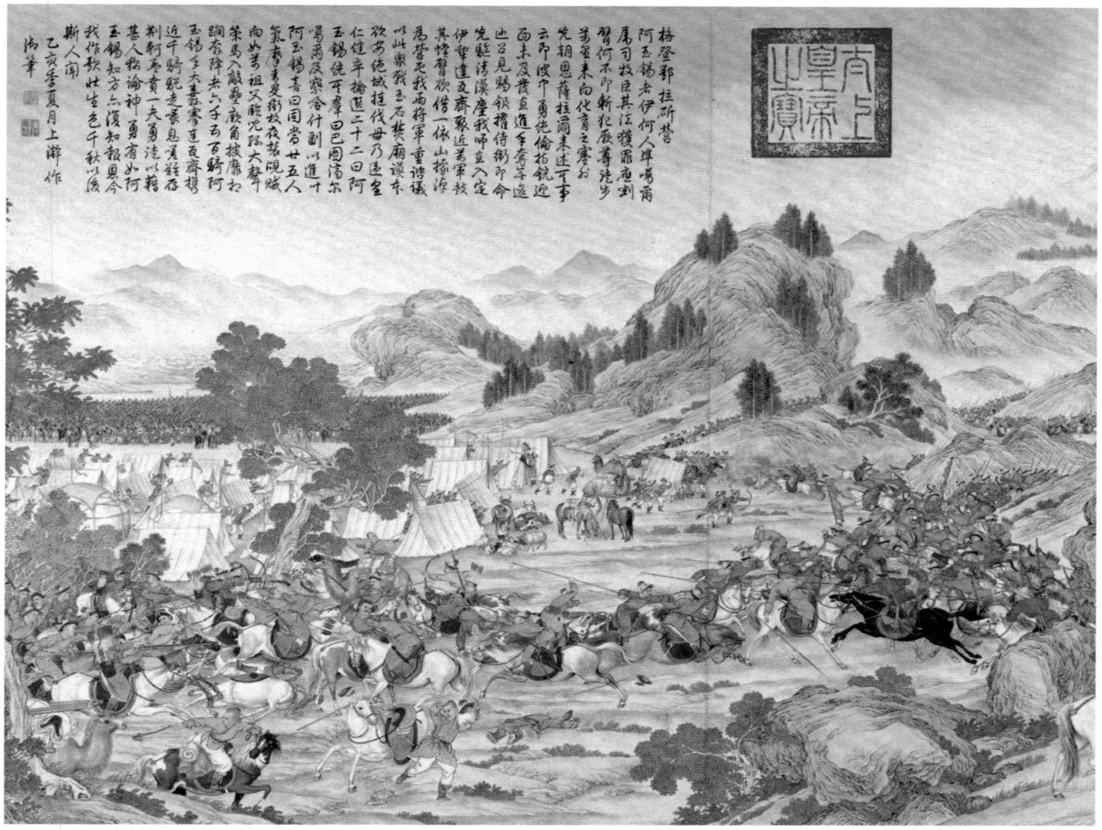

《平定准部回部得胜图》局部，郎世宁绘。画面中，准噶尔士兵与清军士兵皆手持长矛作战。

清代竹柄铁矛

矛头扁平无脊，两刃汇聚成锋，柄由竹竿制成。整体长度约为2.7米。

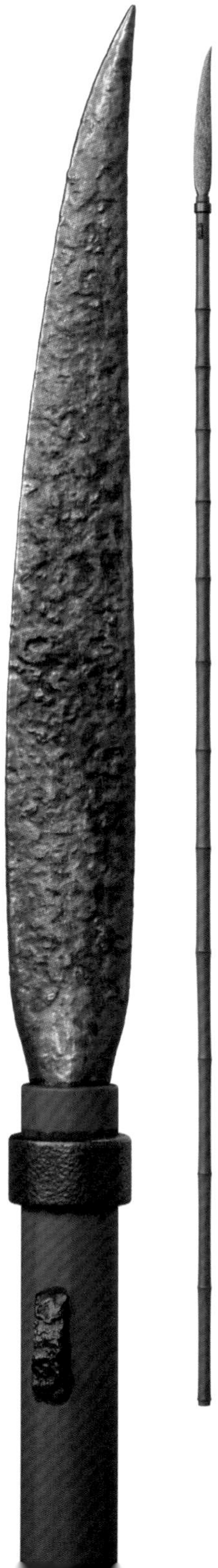

清代阿虎枪

阿虎枪，亦名“虎枪”，是清代禁卫军的猎兽枪。枪头前锐后锋，中起脊，有血槽。整体长度约为2.5米。

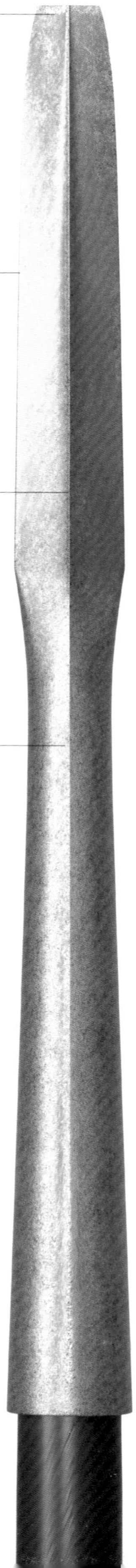

清代钢矛

矛身中间起脊，前锋为平刃，十分锋利。木柄缠皮，髹黑漆，底部缠丝线。整体长度约为2.2米。

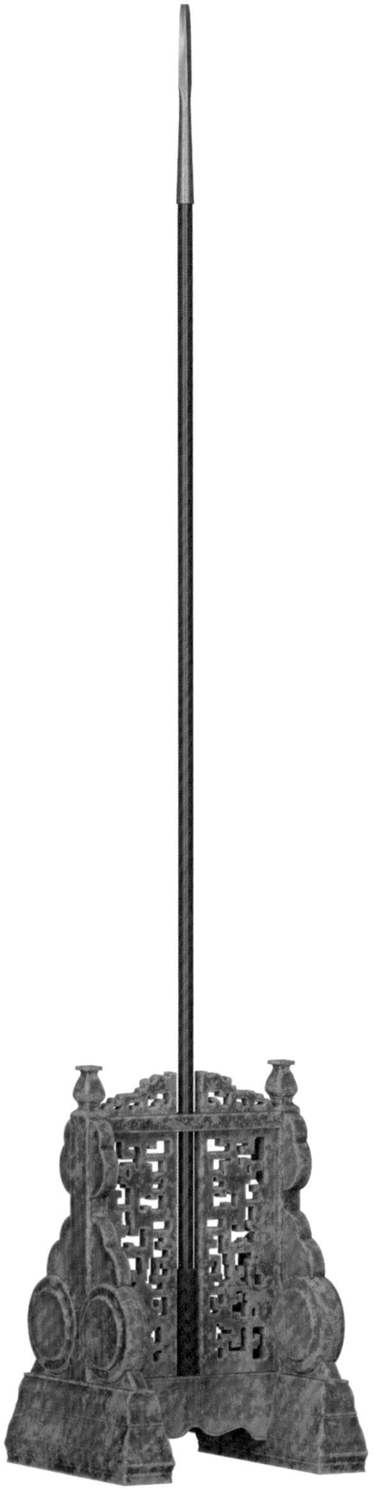

清代铁矛头

矛作为古代战场上最常用的冷兵器之一，使用时间很长，但其基本形制却很少发生变化。可以说，它见证了古代中国各朝各代的兴盛和衰落。

第二章

Chapter 2:Dagger-axes and Halberds

戈戟

文 / 文韬

在我国漫长的战争史中，出现过两种特别重要的冷兵器，那便是戈与戟。戈与戟是中华先民创造的独特兵器，它们在古代战争中长期占据主流地位，同时也常常扮演礼仪之器这一重要角色。

一位唐代诗人曾经作下这样的诗句：“七雄戈戟乱如麻，四海无人得坐家。”诗句中所述戈戟，俨然已不单指武器，而化身成了战争的象征。戈与戟伴随着中国走过了数千年跌宕起伏的历史进程，深深地铭刻在传统文化之中。因此，考察戈和戟的源流与发展，不失为是我们了解中华文明的一个窗口。

戈的起源与结构

戈是一种装有柄的曲头兵器，从商代一直流行到秦汉，曾被列为车战五兵之首。作为典型的进攻性兵器，一把完整的戈总是由戈头和戈柲两部分组成。

戈是一种装有柄的曲头兵器，曾被列为车战五兵之首。

起源

现代对戈的起源有多种观点。一种观点认为戈源自农业工具，类似于镰刀。还有一种观点认为戈源自斧类，是斧类武器的一种变形，因为从历史发展的角度来说，世界上多有窄瘦的长条形石斧出土，有的形状已经接近匕首。

戈头

戈头就是产生杀伤力的部分。它的前半部是修长的“援”，其前缘汇聚为“锋”，上下则开有“上刃”和“下刃”。戈头的后半部则是“内”。内通常为方形，而且其上通常有被称为“穿”的穿孔。“援”是戈头上司职杀伤的部分，而内则是用于戈头的安装和固定。不过值得一提的是，战国以后的戈头往往也在戈内上开刃，形成所谓的“刃内”。这样的刃内也具有和戈援类似的杀伤功能。

这便是戈头的基本结构。二里头遗址出土的玉戈和铜戈，已具有以上全部特征。

另外在上述结构之外，还有从下刃延伸出来的“胡”和内上凸起的“阑”这两种结构。在两者之间往往也有数量不等的“穿”。它们都是起固定作用的部件，是随着戈头形制的演进逐渐发展出来的。

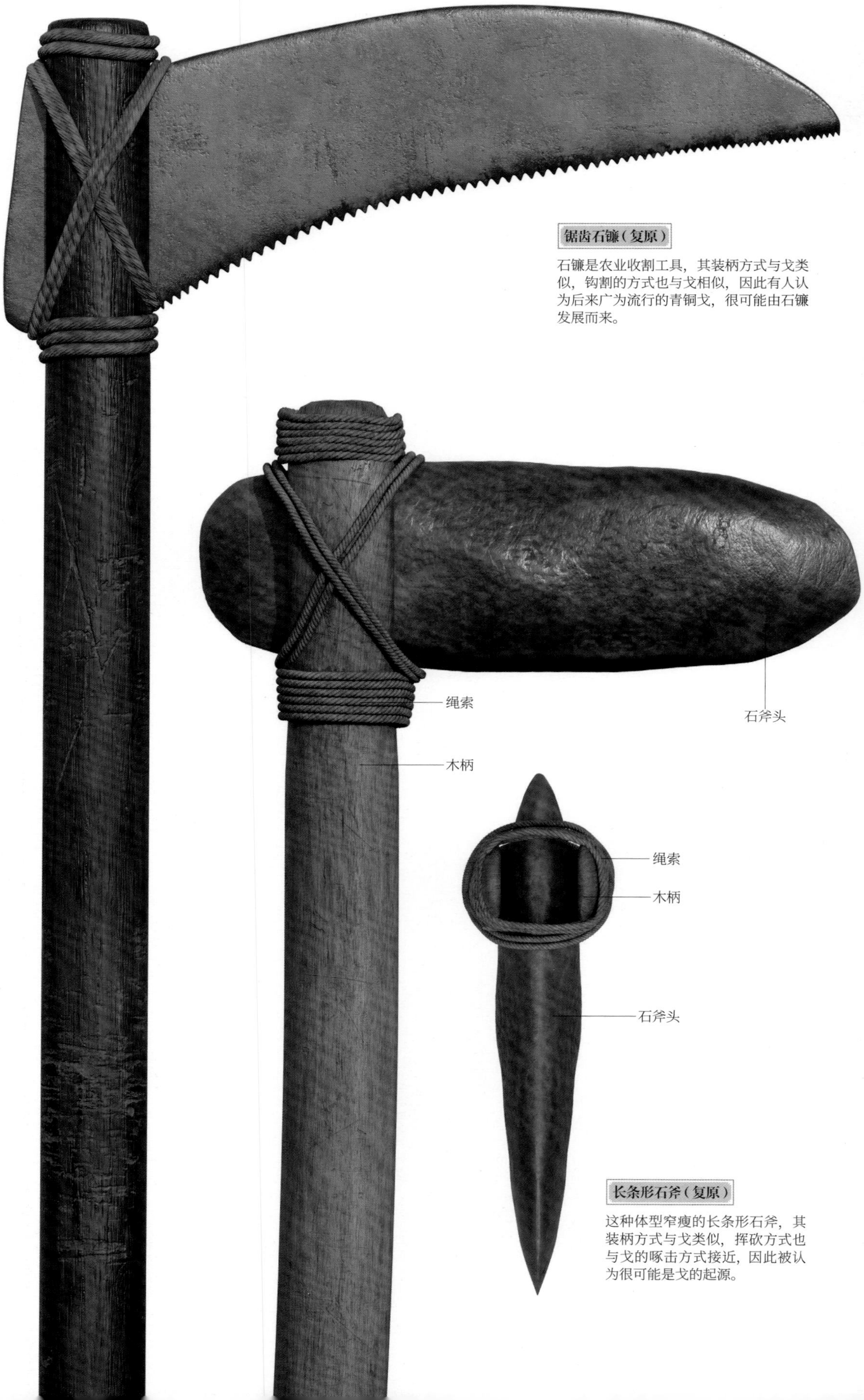

锯齿石镰（复原）

石镰是农业收割工具，其装柄方式与戈类似，钩割的方式也与戈相似，因此有人认为后来广为流行的青铜戈，很可能由石镰发展而来。

长条形石斧（复原）

这种体型窄瘦的长条形石斧，其装柄方式与戈类似，挥砍方式也与戈的啄击方式接近，因此被认为很可能是戈的起源。

在商代和西周早期还有一种銎内戈，它和前面描述的标准的戈有所不同。所谓“銎内”，即是“内上有銎”的意思。具体来说，就是在靠近戈援基部的戈内上铸出套筒状的銎，用以插入木柲。此种安装方法在一定程度上可以避免戈头松动和戈援后陷，但在使用戈进行钩击时，戈头还是容易从柄上脱落，因而在商代之后渐渐式微。西周早期曾有一段时间出现短胡一穿式的銎内戈，就是用绳索或革带进行辅助固定，但是仍然不能从根本上解决问题。加上銎内戈制造起来较之通常的戈更为麻烦，所以很快就消失了。

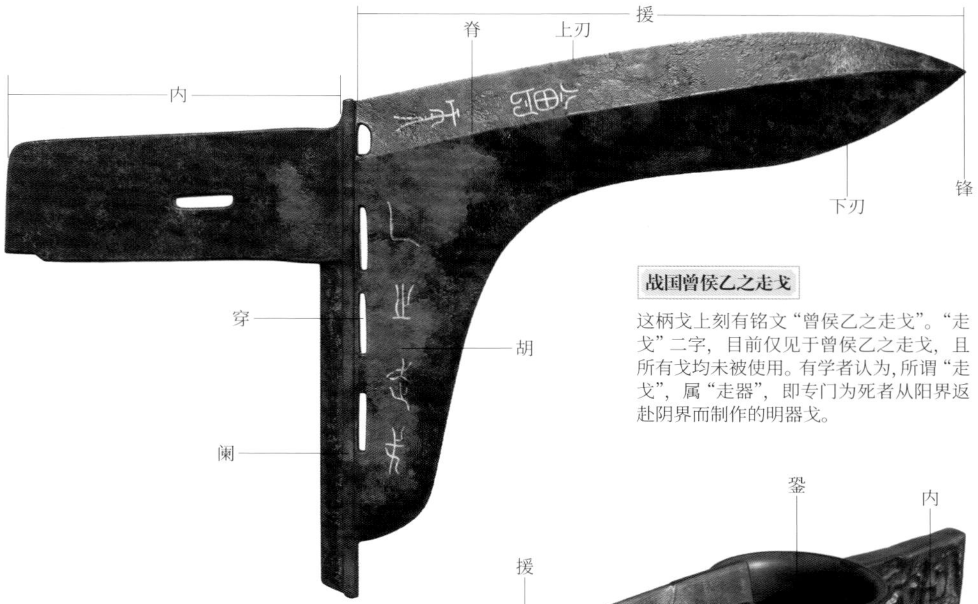

战国曾侯乙之走戈

这柄戈上刻有铭文“曾侯乙之走戈”。“走戈”二字，目前仅见于曾侯乙之走戈，且所有戈均未被使用。有学者认为，所谓“走戈”，属“走器”，即专门为死者从阳界返赴阴界而制作的明器戈。

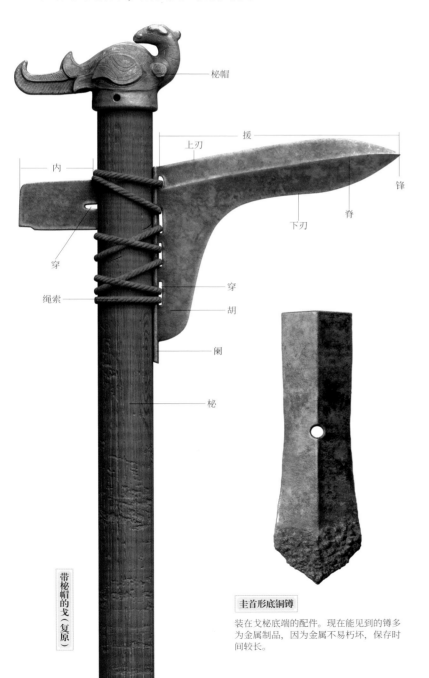

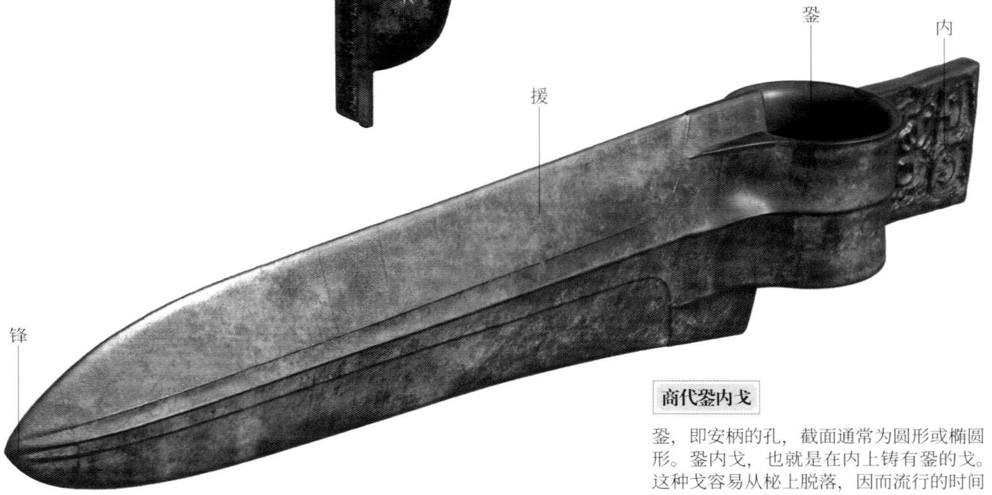

商代銎内戈

銎，即安柄的孔，截面通常为圆形或椭圆形。銎内戈，也就是在内上铸有銎的戈。这种戈容易从柲上脱落，因而流行的时间很短。

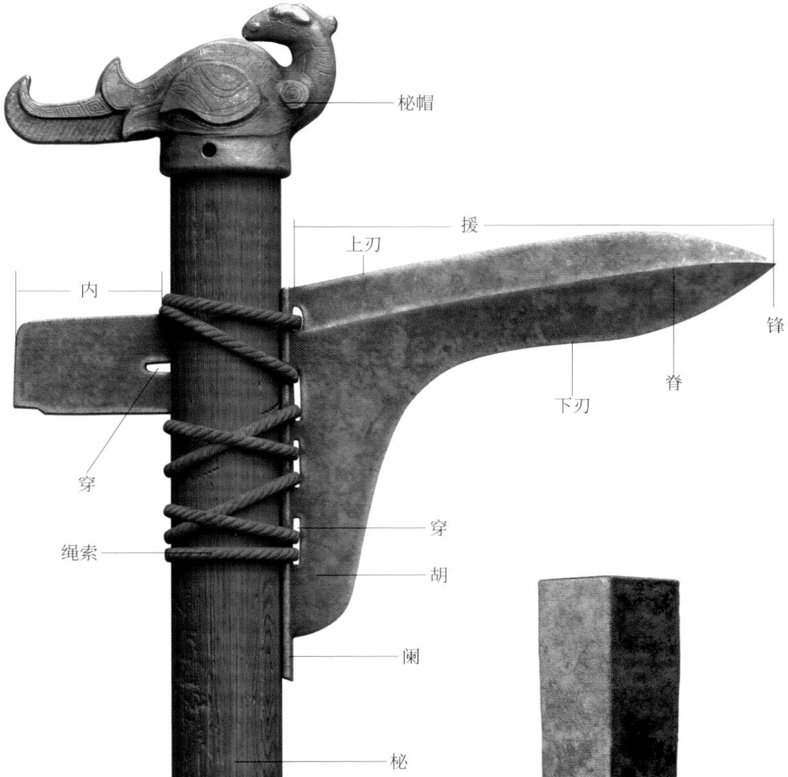

带柲帽的戈（复原）

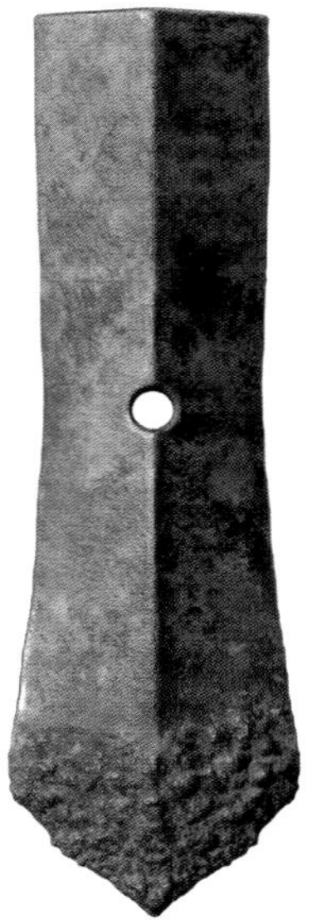

圭首形底铜镈

装在戈柲底端的配件。现在能见到的镈多为金属制品，因为金属不易朽坏，保存时间较长。

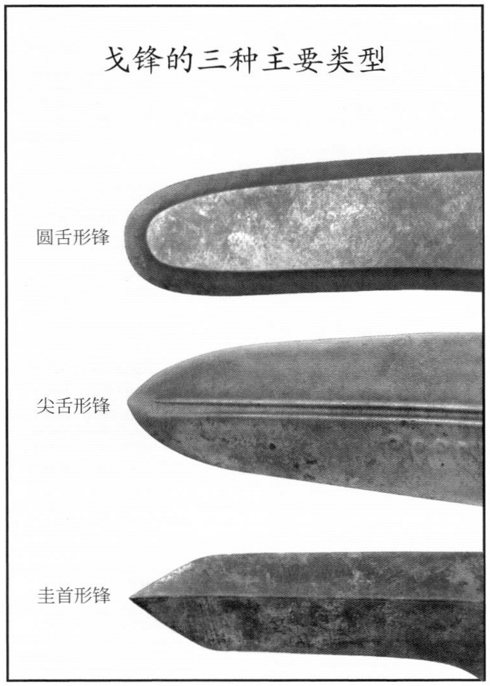

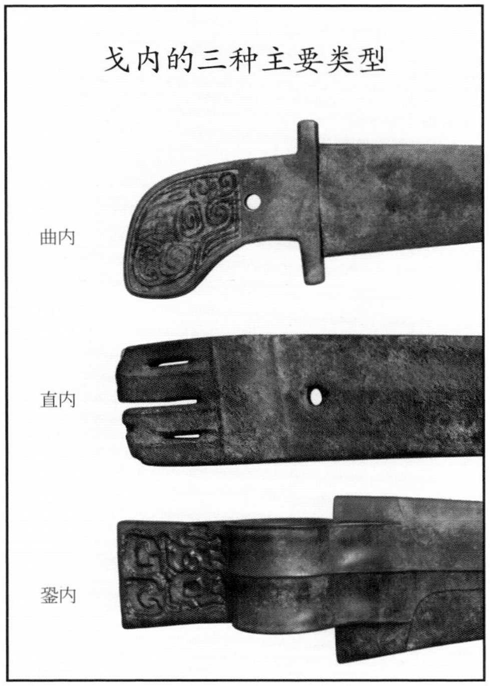

戈柲

戈的柄在古时被称为“柲”，按照不同用途有长、中、短之分。早期的戈，柲比较短，属于卫体短兵的范畴，经常与干，也就是盾牌一起使用，二者合称“干戈”。

随着战争艺术的发展，特别是车战兴起之后，柲的长度也随之加长。考古资料显示，西周以后的戈柲通长在1.5米左右。不过东周时期的墓葬中曾经出土过戈柲超过3米的长柄戈，可见不能一概而论。

戈柲一般为木质，不过也有少部分采用积竹柲，即以木棒为芯，外裹竹篾，再缠丝涂漆。积竹柲的强度比木柲更好，但由于其结构与戈装柲的方式相冲突，所以相对来说比较少用。

与矛柄不同，周代之后的戈柲截面并非是正圆形，而往往特意做成椭圆形、卵形，抑或是切尖水滴形，且截面的长轴指向与戈头的指向平形。虽然出土的保存完整的戈柲不多，但是大量出土的戈镈和少量柲帽的截面造型可以充分证明这一点。之所以这样设计，是因为戈的主要杀伤力来源于戈头。为了方便士兵掌握戈头的方向，使狭长的援锋发挥出最大效能，戈柲便不能让戈的刺刃部分在接触到敌人身体的时候弹开或者滑开，从而做到有效杀伤。

戈装柄的方式是先将柲的上端劈开或者挖出合适尺寸的孔洞，然后将戈头插入柲的裂缝或孔洞中，最后用绳索或革带将戈头和戈柲牢牢扎紧。

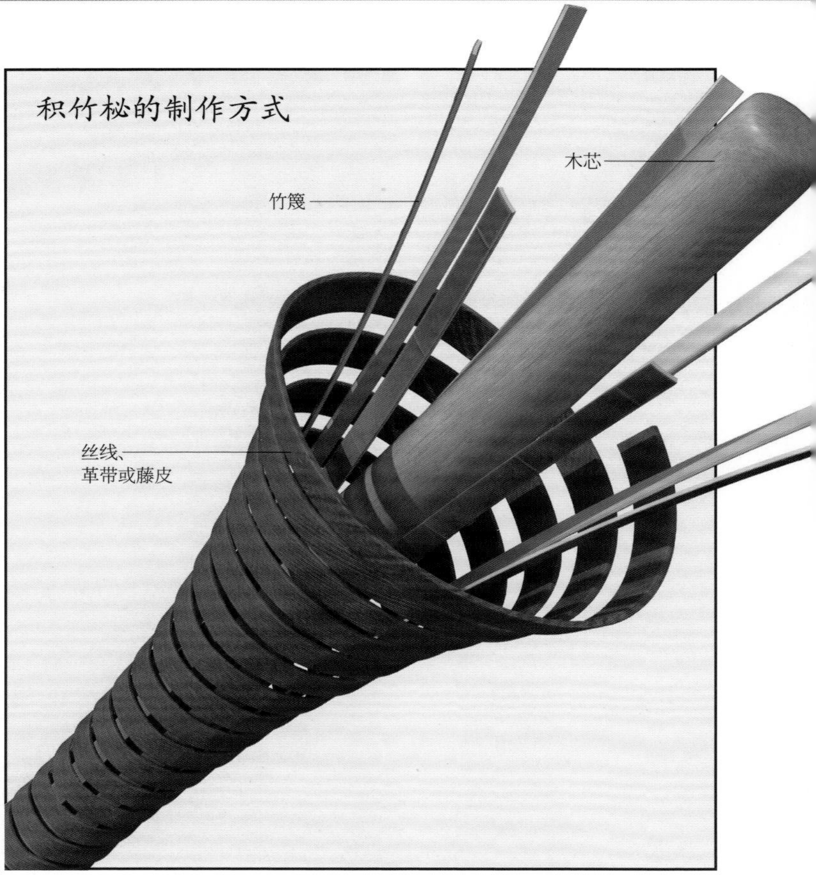

积竹柲的制作方式

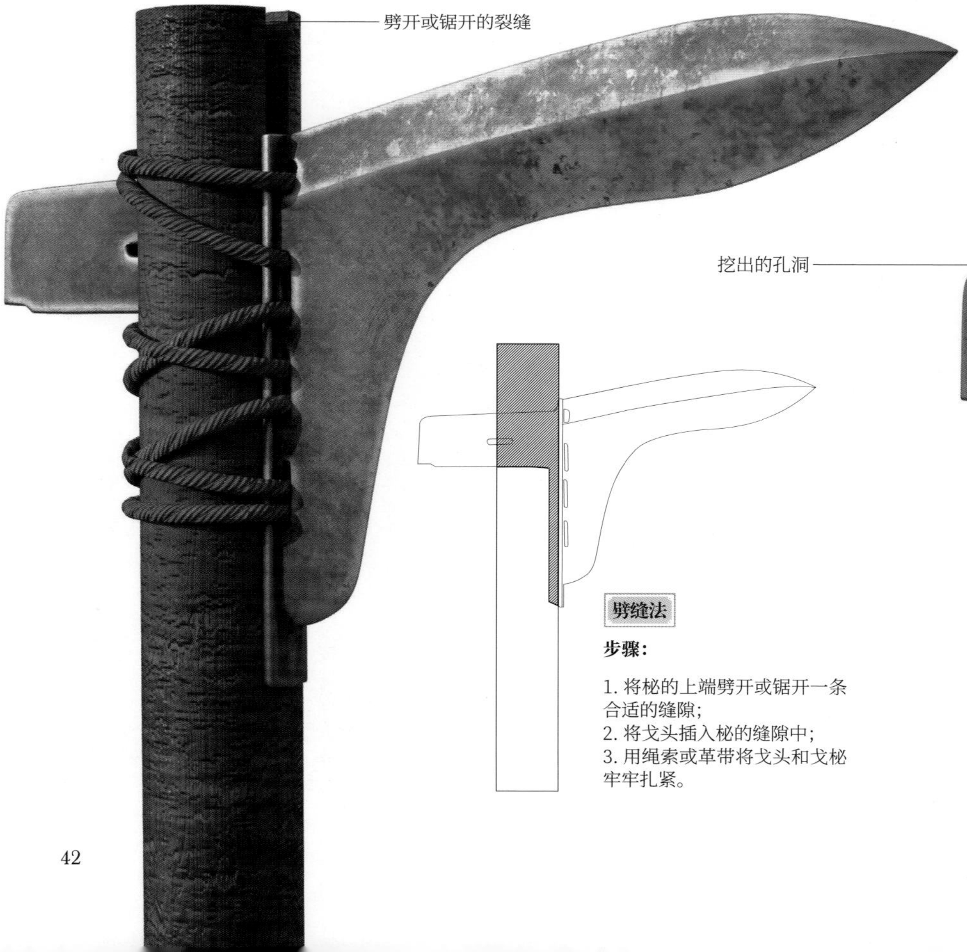

劈缝法

步骤：

1. 将柲的上端劈开或锯开一条合适的缝隙；
2. 将戈头插入柲的缝隙中；
3. 用绳索或革带将戈头和戈柲牢牢扎紧。

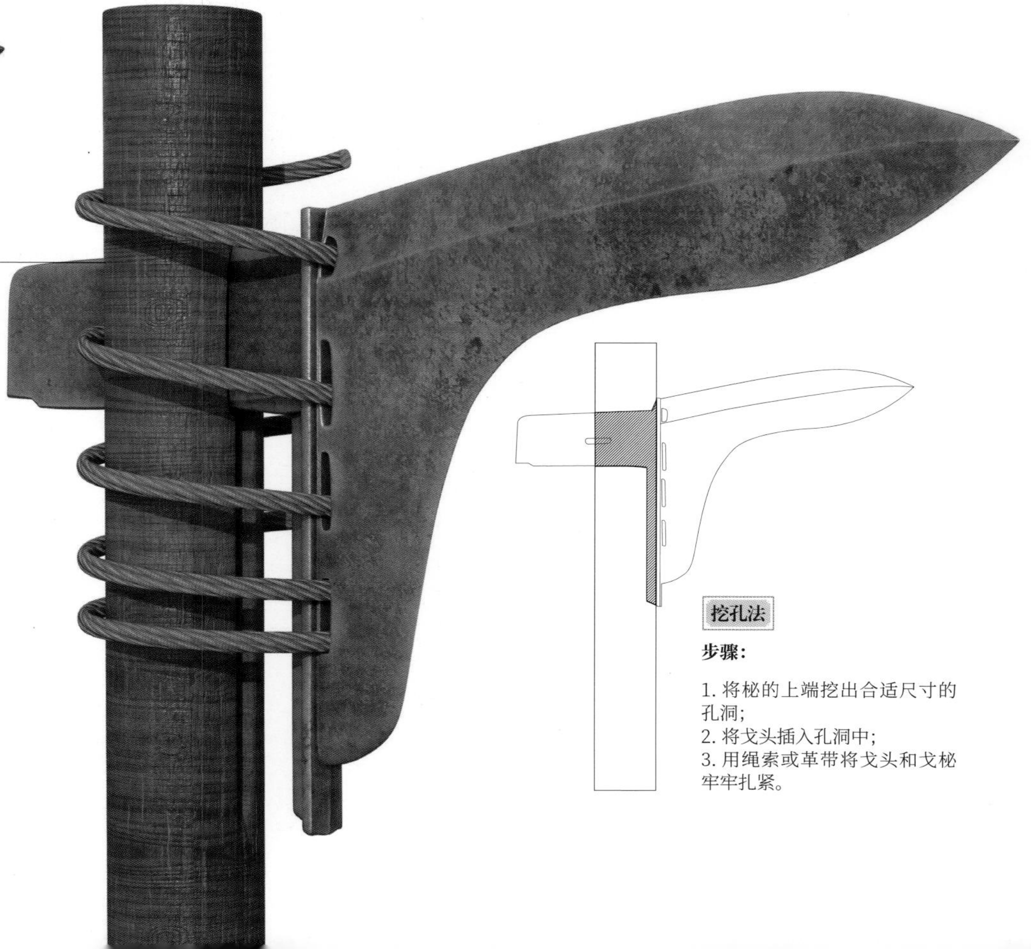

挖孔法

步骤：

1. 将柲的上端挖出合适尺寸的孔洞；
2. 将戈头插入孔洞中；
3. 用绳索或革带将戈头和戈柲牢牢扎紧。

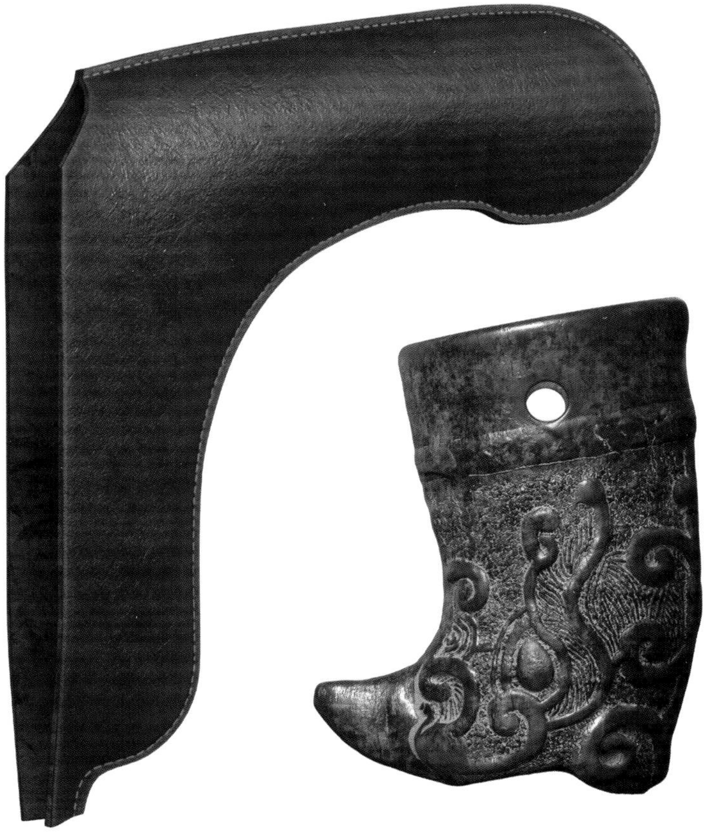

皮质戈鞘（复原）

戈在闲置的时候，需要在戈头上套上鞘进行保护。戈鞘可以用皮革、木料、丝织品、象牙等制成，结构和刀鞘差不多。

春秋靴形鐏

外形呈靴形，内中空呈椭圆形，口沿有穿，用于固定杆柲。这种奇特的造型，体现了古代工匠的奇思妙想。

柲帽、鐏与戈鞘

除了戈头和戈柲这两个缺一不可的部件之外，戈还拥有一些别的部件。

柲帽是覆于戈柲顶部的装饰物，形制一般为鸟形或兽形，用以加固柲端，防止柲劈裂。

鐏是一种套筒状饰物，装在柲的底端，起到加固和装饰的作用。

柲帽和鐏通常由金属制作，此外也有用木头制作的。不过因为保存条件所限，存世的柲帽和鐏以金属质地为多。

与刀剑一样，戈也配鞘以利于保养。鞘的内胎一般是皮、丝或者布，外层往往髹漆。不过西周时期也有象牙制成的戈鞘，当然这属于相当高档的形制。

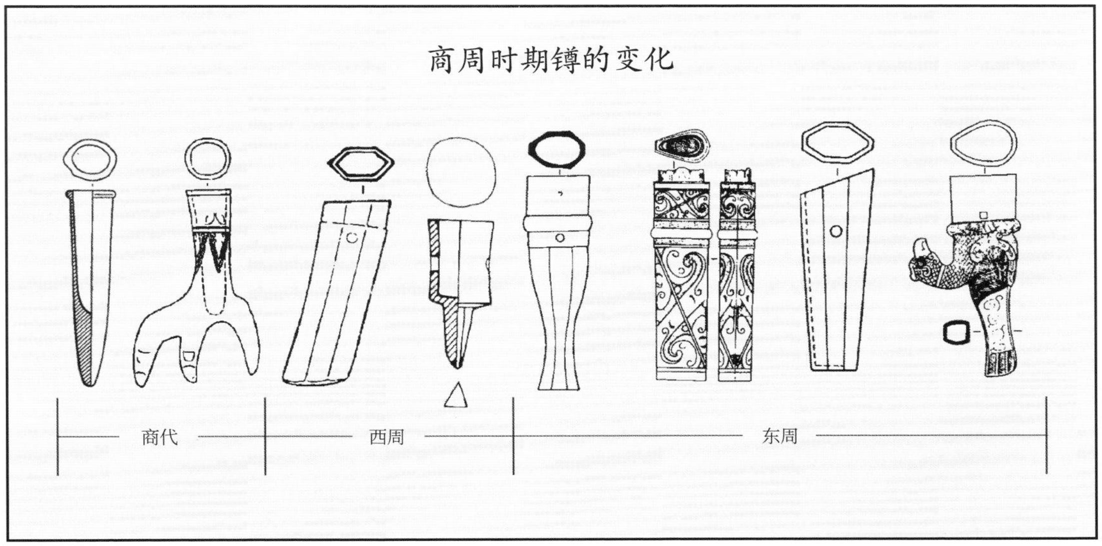

战国错金银柲帽与戈鐏

扁圆形柲帽被做成了鸟形，鸟回首蹲坐，翘尾，悠闲自得。全器满饰错金银云纹，尾部有羽纹。鐏扁圆体，直口，短颈，满饰错金银云纹。柲帽、戈头、戈柲和戈鐏四者合为一个整体时，全长约为1.8米。

战国至西汉初期错银鸠形铜柲帽

鸠鸟卧于管銎上，回首后视，长尾拢于身后，羽毛以错银纹饰装饰。长柱形管銎下装柲，起固定作用。

青铜戈出现

石戈、玉戈与同时期出现的石器一样，都是采用精细的磨制工艺制成的。其中石戈在铜戈出现以后很快就消失了，而玉戈则作为礼器长时间与金属戈并存，尤其是在商周时期，和玉援铜内戈甚为流行，及至两汉之后才逐渐湮没于历史中。

继石戈、玉戈之后，青铜戈出现了。

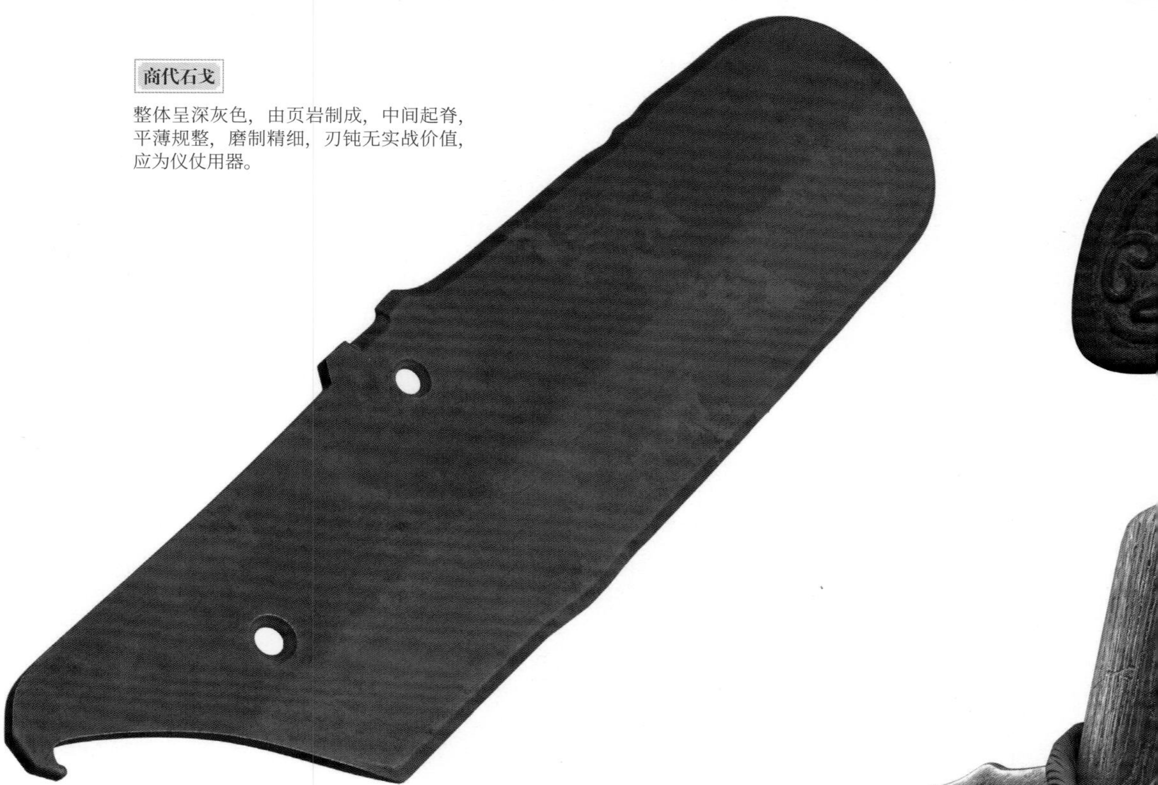

商代石戈

整体呈深灰色，由页岩制成，中间起脊，平薄规整，磨制精细，刃钝无实战价值，应为仪仗用器。

西周穿孔石戈

该石戈由援、内两部分组成，其形制与河南殷墟商代墓出土的玉戈相近。玉戈多作为一种礼仪用器，用于祭祀活动，石戈也应不是一种实用性武器，其作用当与玉戈相似。有一种观点认为，石戈实际上是权力、地位的象征，很可能预示着阶级和方国的出现。

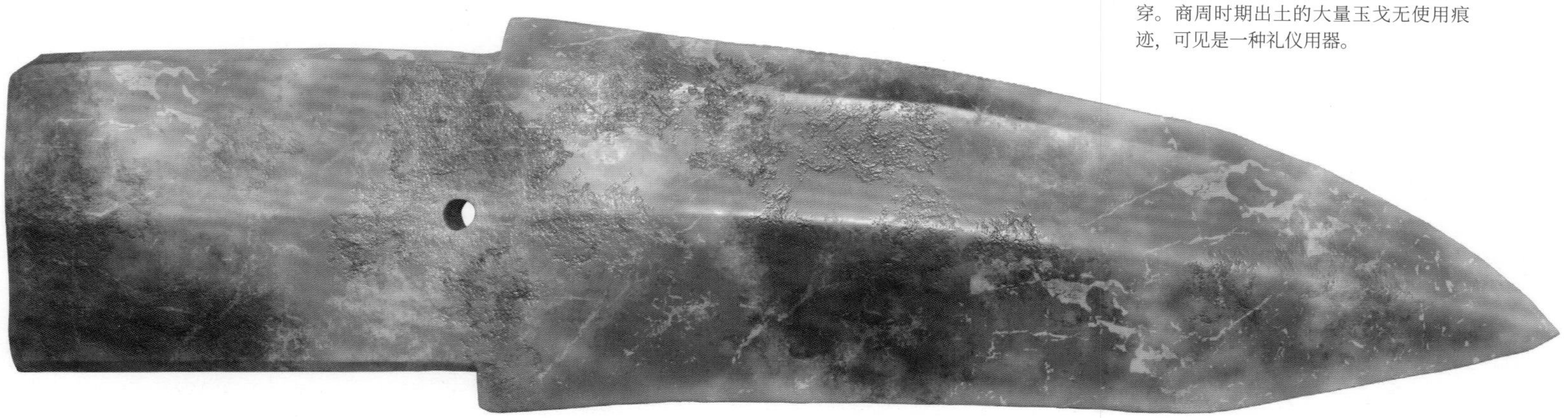

商代直内玉戈

通体磨制，援微弧，援上的中脊线清晰可见，前锋尖锐，内与援的结合处有一穿。商周时期出土的大量玉戈无使用痕迹，可见是一种礼仪用器。

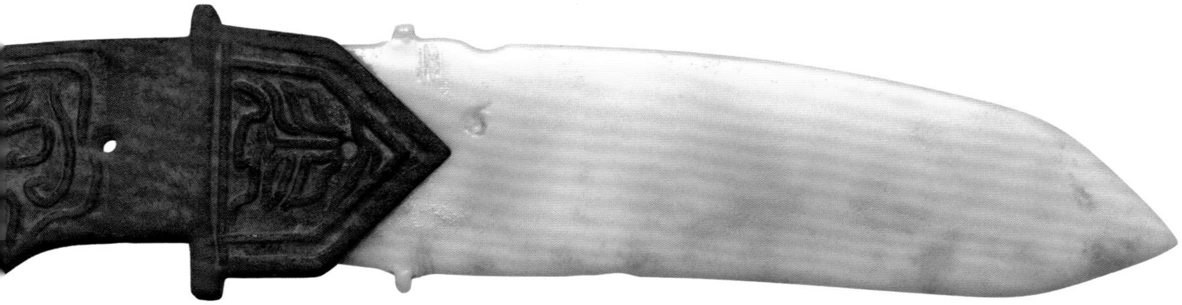

商代夔纹铜内玉戈

戈援为玉石制作，略扁长，有上刃和下刃，前锋薄而利，呈三角形。戈内为青铜制造，上下有阑，内上有一穿，前部饰兽面纹，后部饰变形夔纹。铜内玉戈是玉戈的一种，为礼仪用器。

现存最早的青铜戈出土于二里头遗址，考古工作者在那里发现了两件无胡青铜戈头，其中曲内、直内各一件。曲内戈头通长32.5厘米，援长20.8厘米、宽3.8～4.8厘米，内宽3.9～5厘米，无阑，援中起脊，援上下皆有刃，上下刃前聚成锋，内无刃，穿、援间有安柲的痕迹。直内戈头形制略小于曲内戈头，直内，方穿。

从制作工艺上看，当时戈头的制作手法已经成熟，并且开始根据实战的需要对戈头进行改进。这两件戈头的时代大约在夏末商初，从其较为成熟的形制来看，青铜戈已经存在较长的一段时间，因此可以肯定，早在夏代就存在了应用于实战的青铜戈。另外，在二里头遗址中还发现了一件玉戈。由于玉质脆硬，显然无法应用于野战，因此这件玉戈应为礼器。

夏末商初二里头曲内戈

此戈曲内，无阑，无胡。援中起脊，锋刃较利。内上有一圆穿，后部饰变形动物纹。戈援略宽于戈内。

夏末商初二里头直内戈

此戈极有可能是目前发现的时间最早的青铜戈头，距今约3500年。直内，无阑，无胡。援如剑状，中脊起棱，内末端略如齿状。

戈的多样化

作为二里头铜戈的延续，商代铜戈与铜钺并列，在礼器中占据重要地位。不仅如此，大量商代铜戈的出土，说明铜戈正在逐渐取代铜钺，成为一种主要的实战兵器，可见铜戈在商代有了长足的发展。

和夏代的铜戈相比，商代的铜戈着重加强了戈头与柲的结合程度，为此商代人改进了铜戈的形制，形成了多种样式的戈。

在商代，铜戈逐渐取代铜钺，成为一种主要的实战兵器。

有阑戈

在戈头上加阑，如1983年河南偃师商城遗址1号墓出土的商代早期兽面纹直内戈。该戈的样式应是由二里头文化时期的直内戈发展而来的，最明显的变化是戈头上多了上下二阑，这能加强戈头与柲的结合程度。自商代开始，戈头上设阑成了加强戈头与柲结合程度的一种常用方式。

宽援戈

令戈援宽于戈内。此法同样有助于加强戈头与柲的结合程度，但效果并不明显。江西新干大洋洲便出土有这类戈头。

銎内戈与管銎戈

在戈内上增加銎，便产生了銎内戈和管銎戈。这种方式在加强戈头与柲的结合程度方面可谓是一种大胆的尝试。銎内戈流行于商代晚期，而把内上的銎进一步加长，就形成了管銎，于是便有了管銎戈。这类戈头的制作工艺比其他形式的戈头更复杂，消耗的青铜更多，但戈头和柲结合的牢固程度却依然有限，使用时戈头容易掉落和打转，因此在商代之后就不多见了。

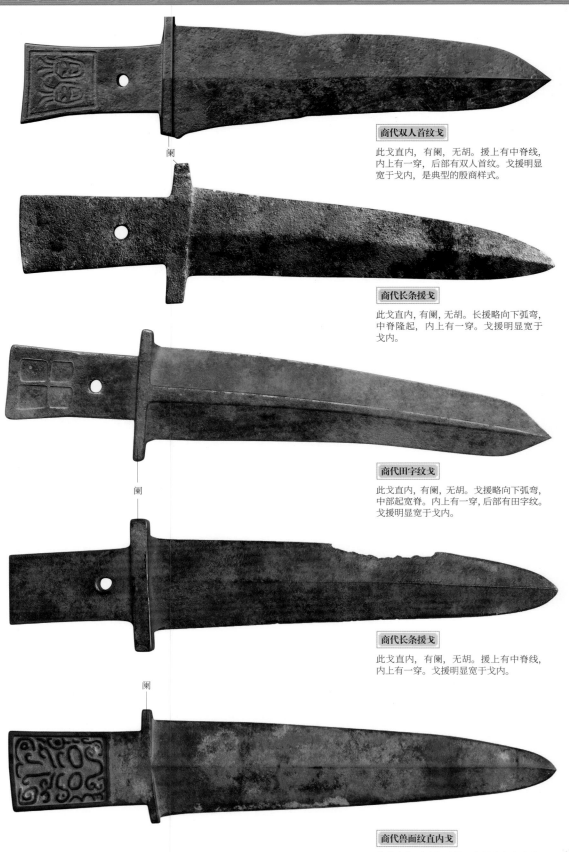

商代双人首纹戈

此戈直内，有阑，无胡。援上有中脊线，内上有一穿，后部有双人首纹。戈援明显宽于戈内，是典型的殷商样式。

商代长条援戈

此戈直内，有阑，无胡。长援略向下弧弯，中脊隆起，内上有一穿。戈援明显宽于戈内。

商代田字纹戈

此戈直内，有阑，无胡。戈援略向下弧弯，中部起宽脊。内上有一穿，后部有田字纹。戈援明显宽于戈内。

商代长条援戈

此戈直内，有阑，无胡。援上有中脊线，内上有一穿。戈援明显宽于戈内。

商代兽面纹直内戈

此戈直内，有阑，无胡。直援上有中脊线，戈内后部有兽面纹，无穿。戈援明显宽于戈内。

商代龙首纹直内戈

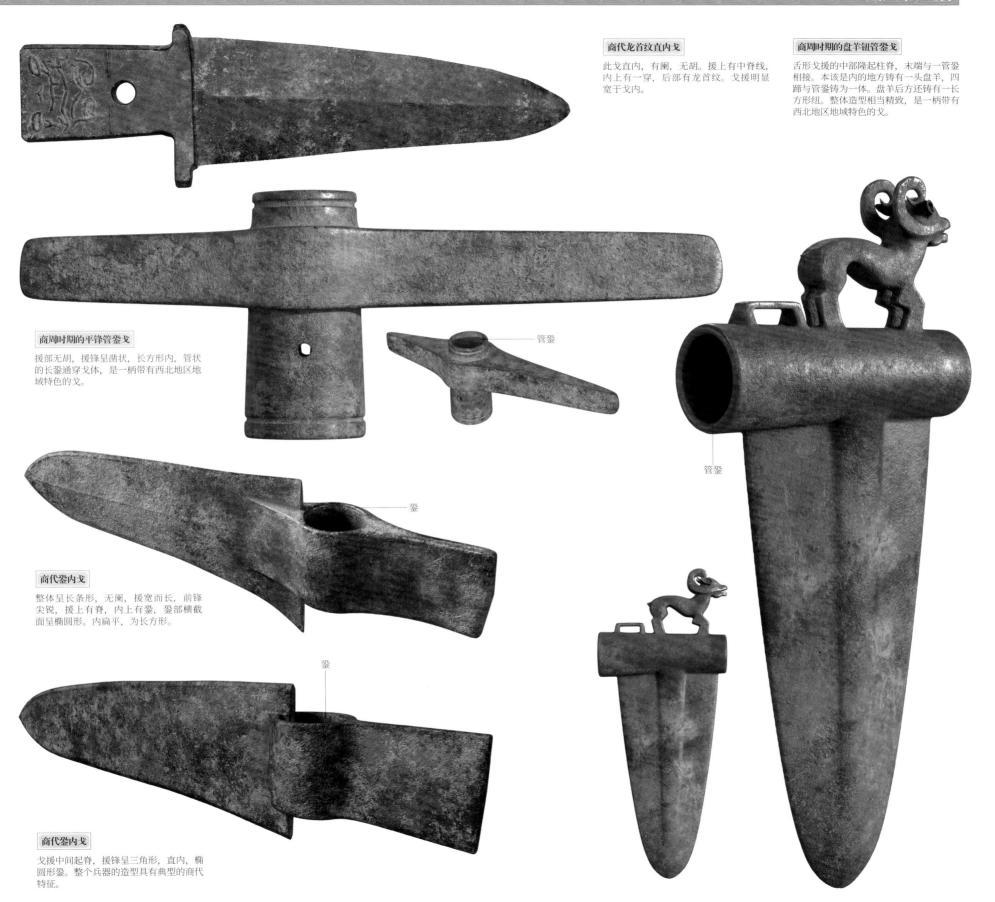

此戈直内，有阑，无胡。援上有中脊线，内上有一穿，后部有龙首纹。戈援明显宽于戈内。

商周时期的盘羊钮管銎戈

舌形戈援的中部隆起柱脊，末端与一管銎相接。本该是内的地方铸有一头盘羊，四蹄与管銎铸为一体。盘羊后方还铸有一长方形纽。整体造型相当精致，是一柄带有西北地区地域特色的戈。

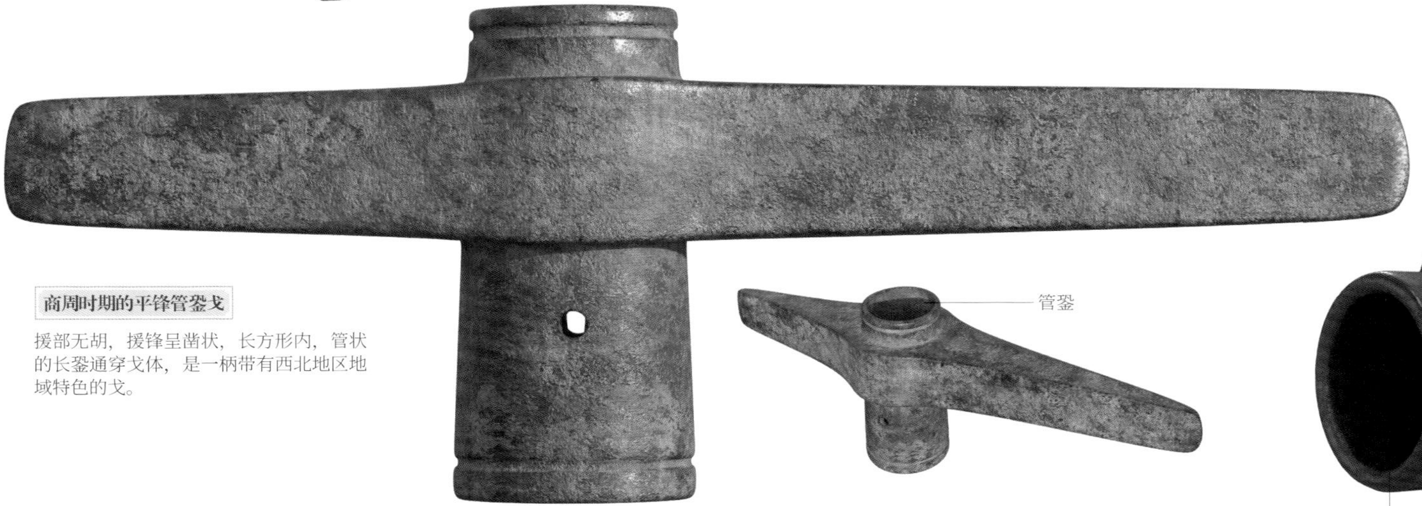

商周时期的平锋管銎戈

援部无胡，援锋呈凿状，长方形内，管状的长銎通穿戈体，是一柄带有西北地区地域特色的戈。

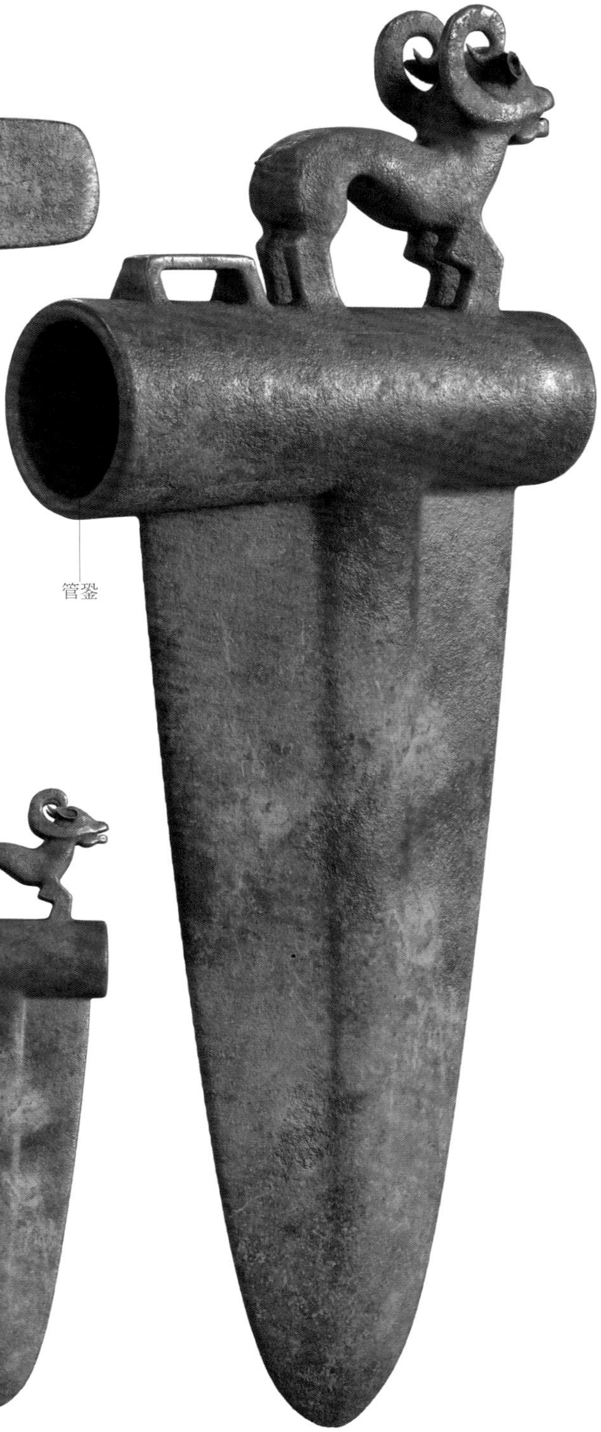

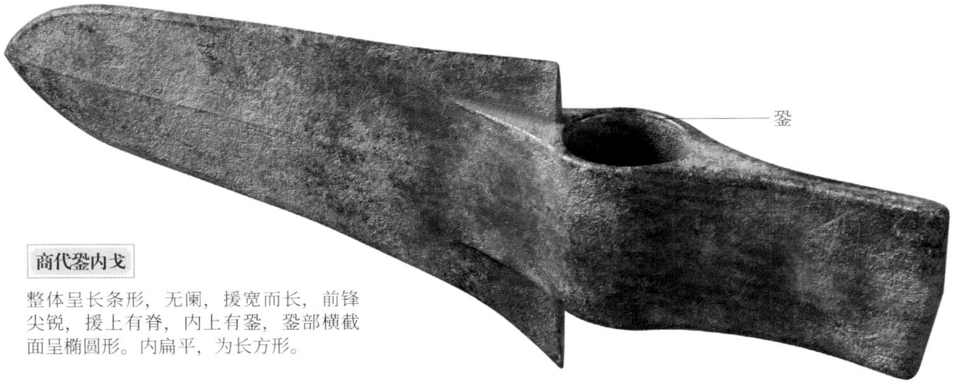

商代銎内戈

整体呈长条形，无阑，援宽而长，前锋尖锐，援上有脊，内上有銎，銎部横截面呈椭圆形。内扁平，为长方形。

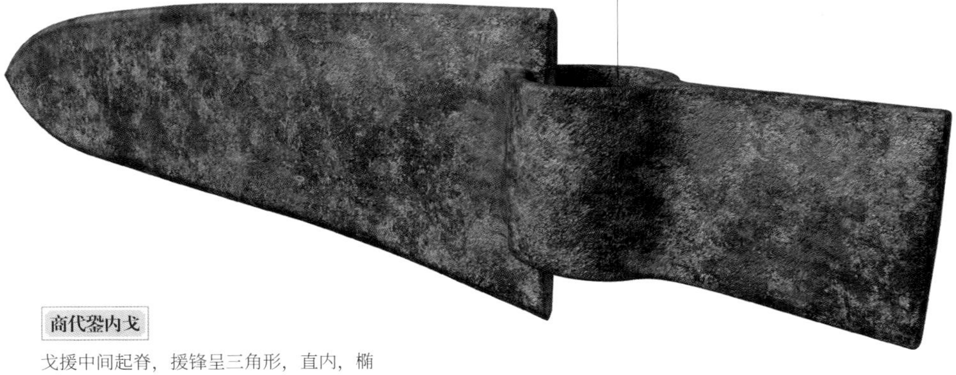

商代銎内戈

戈援中间起脊，援锋呈三角形，直内，椭圆形銎。整个兵器的造型具有典型的商代特征。

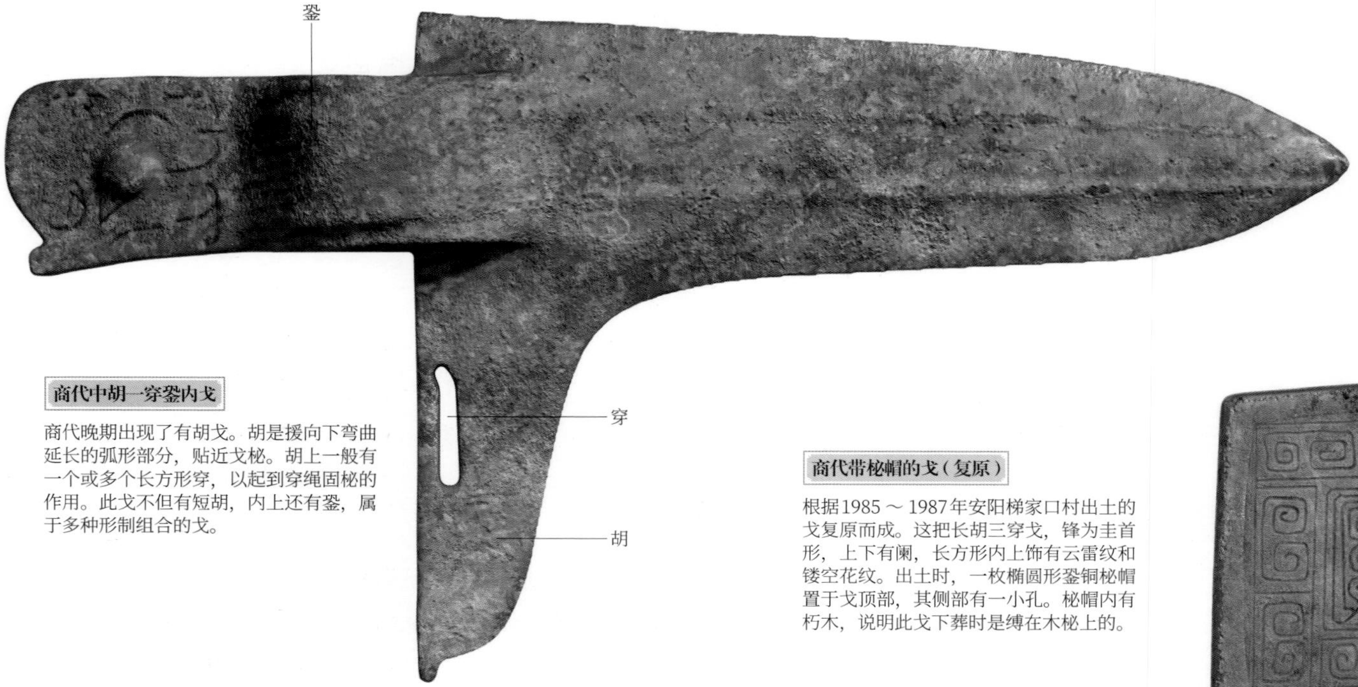

商代中胡一穿銎内戈

商代晚期出现了有胡戈。胡是援向下弯曲延长的弧形部分，贴近戈柲。胡上一般有一个或多个长方形穿，以起到穿绳固柲的作用。此戈不但有短胡，内上还有銎，属于多种形制组合的戈。

商代带柲帽的戈（复原）

根据1985～1987年安阳梯家口村出土的戈复原而成。这把长胡三穿戈，锋为圭首形，上下有阑，长方形内上饰有云雷纹和镂空花纹。出土时，一枚椭圆形銎铜柲帽置于戈顶部，其侧部有一小孔。柲帽内有朽木，说明此戈下葬时是缚在木柲上的。

商代翼耳戈

该戈宽援，直内，有翼耳。翼耳整体呈三角形，向内的方向凸起三个扉棱，用于卡住戈柲，以达到增加牢固度的作用。翼耳与内后部有复杂的纹饰，内上还有一个圆穿。

商代罗山翼耳戈（复原）

根据1979～1980年河南罗山天湖村出土的翼耳戈复原而成。该戈宽援，直内，有翼耳。内中部有一穿，后部有铭文“贮”字；援上有二穿，有中脊线，饰兽面纹；翼耳上饰三角纹。

戈在演化过程中一直朝着一个主要方向发展，那就是长胡多穿。

有胡戈

在戈援下加胡，便形成了有胡戈。这种戈头出现在商代晚期，有短胡一穿、中长胡二穿、长胡三穿和长胡四穿等形制。陕西城固苏村遗址就曾出土过14件这种长胡四穿戈。

带柲帽的戈

为戈增设柲帽。柲帽虽然不是戈头上的结构，但是它装在戈柲的上部，对戈柲起着收束作用，还能增进戈头装柲的牢固度。不过这种戈在商代只是昙花一现，目前仅在安阳梯家口村商代后期墓葬里发现过一件。

翼耳戈

为戈增设翼。翼通常从戈援和戈内的交界处伸出，向戈内的方向延伸，外形上就像是给戈铸了两个向后的侧耳，因而这种戈被称为“翼耳戈”。装柄后，翼耳戈的侧耳可以卡住戈柲，增大摩擦力，使戈头不易脱落。翼通常被做成兽首形或附有花纹，是一种美观而富有特色的构造。

组合形态的戈

将多种形制组合使用，便形成了銎内有胡戈、带柲帽的有胡戈、带翼耳的有胡戈等等，这些戈在商代末期的遗址、墓葬中都有发现。

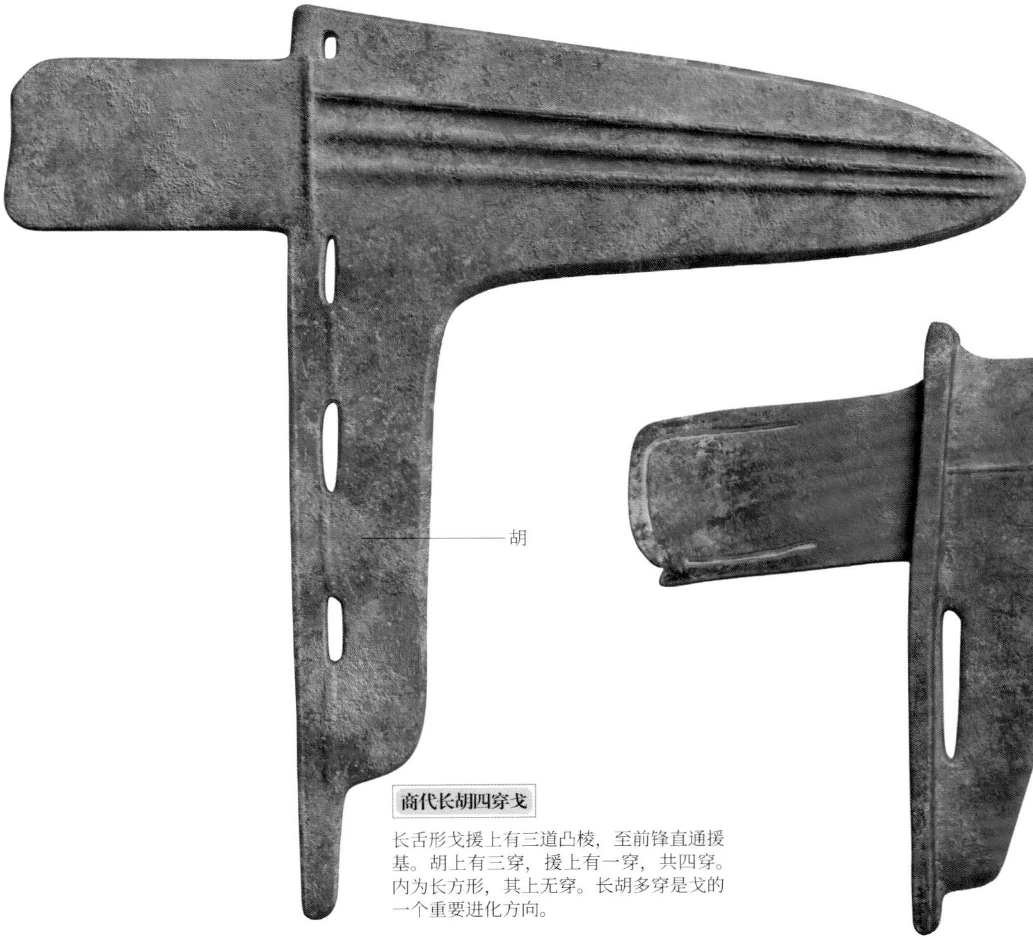

商代长胡四穿戈

长舌形戈援上有三道凸棱，至前锋直通援基。胡上有三穿，援上有一穿，共四穿。内为长方形，其上无穿。长胡多穿是戈的一个重要进化方向。

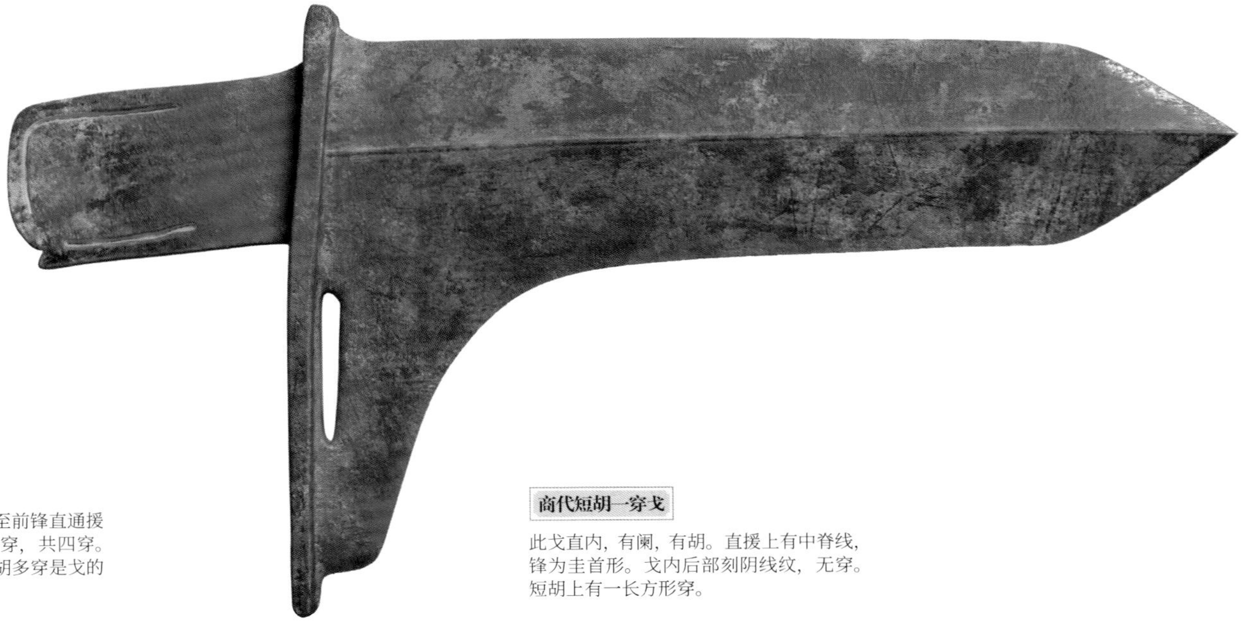

商代短胡一穿戈

此戈直内，有阑，有胡。直援上有中脊线，锋为圭首形。戈内后部刻阴线纹，无穿。短胡上有一长方形穿。

特殊形制的戈

除了上述形制之外，商代还存在一些特殊的戈，比如曲内戈和三角援戈，以及一些很难归类的特殊形制。

曲内戈是一种古老的形制，在夏代末期的二里头遗址中就有发现。商代的曲内戈延续了二里头铜戈的风格，在曲内的后端往往铸有复杂而美观的纹饰。三角援戈的形制大体上来说是一种直内戈，但是其援短宽，形如三角，不似通常的戈援。

此外，还有一些造型更加奇特的戈头，它们的出现大概只能归功于商代工匠丰富的想象力了。不过，这些戈头往往铸造精美，而且普遍器形轻小，应该属于仪仗兵器或者礼器，因此造型奇特也就不足为怪了。

戈的进化方向

在上面提到的各种戈中，为戈头加上戈胡，显然对加强戈头与戈柲的结合最为有效，而且胡越长，穿越多，戈头在柲上绑得就越牢固。和增加管銎相比，戈胡的制作更加简单且节省铜料。另外随着戈胡的不断加长，古人开始尝试在戈胡上开刃，为戈头增强切割力的同时又增加了一种新的砍斫功能。因此，长胡多穿成为商代以后戈的主要发展方向。

另外，阑和柲帽在之后的时代也成了戈头上的重要构造，而管銎和翼耳则仅仅延续到西周前期便在中原地区消失了。不过中原地区周边的少数民族，却将这种构造延续了相当长的时间。

联装戟出现雏形

铜戈的形制在商代获得了极大发展，当然这种改进远远称不上完善。在改进戈头的种种方式中，一种对铜戈的特别改进也在商代末期应运而生。

20世纪70年代，考古工作者在河北藁城台西村发掘了一个商代晚期遗址。在其中17号墓里，人们发现了戈、矛、刀、镞等多种铜兵器。在清理这些兵器的过程中，人们惊讶地发现了一件形制特殊的兵器。

这件形制特殊的兵器是一种矛与戈的联装体。其中，矛中脊起棱与骹相通，戈头则是直内戈的制形。矛安装在85厘米长的木柲顶端，其下装戈，两者之间成直角。戈和矛上皆有圆穿用以固柲。从长度上看，它跟同时代的普通戈长度类似，应该是一件卫体短兵。

无论是矛还是戈，单说起来都是常见器形，但是这种戈矛联装的形制在我国却是第一次出现（已知文物中）。显然，这种联装的形式是为了增进戈的杀伤效果而进行的一种尝试，它没有拘泥于戈头形制的改进，而是大胆地采用了为戈联装一个矛头的方式。这种方式酷似东周之后才出现的联装戟，对后世有着深远的影响。

然而，无论是商代还是其后的西周，都不见“戟”这个字，所以我们不好说戟这种兵器在商代就已出现。而且，从商末到春秋这一段漫长的时间里，不曾见到这种形制。不过，从这件连装兵器可以看出，在戈头之外联装其他部件以增进杀伤效能的方式，在商代后期就已经出现了。由此，这件戈矛联装的特殊兵器，我们可以称之为戟的雏形，或者更准确点，说它是后世联装铜戟的起源亦不为过。

商代无胡一穿戈

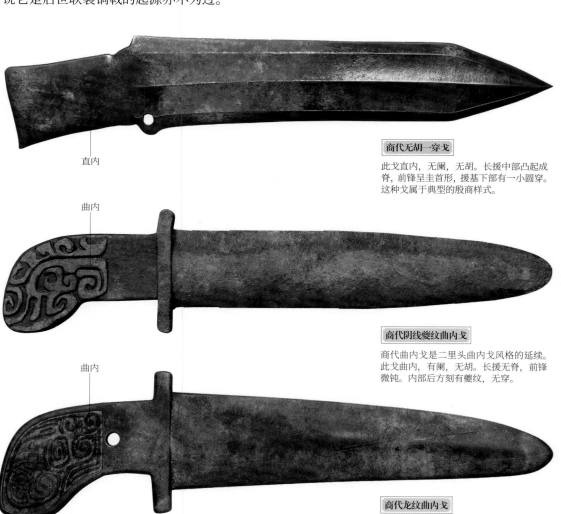

此戈直内，无阑，无胡。长援中部凸起成脊，前锋呈圭首形，援基下部有一小圆穿。这种戈属于典型的殷商样式。

商代阴线夔纹曲内戈

商代曲内戈是二里头曲内戈风格的延续。此戈曲内，有阑，无胡。长援无脊，前锋微钝。内部后方刻有夔纹，无穿。

商代龙纹曲内戈

曲内戈在商代整体变化不大。此戈曲内，有阑，无胡。长援隆起而无脊，前锋微钝。

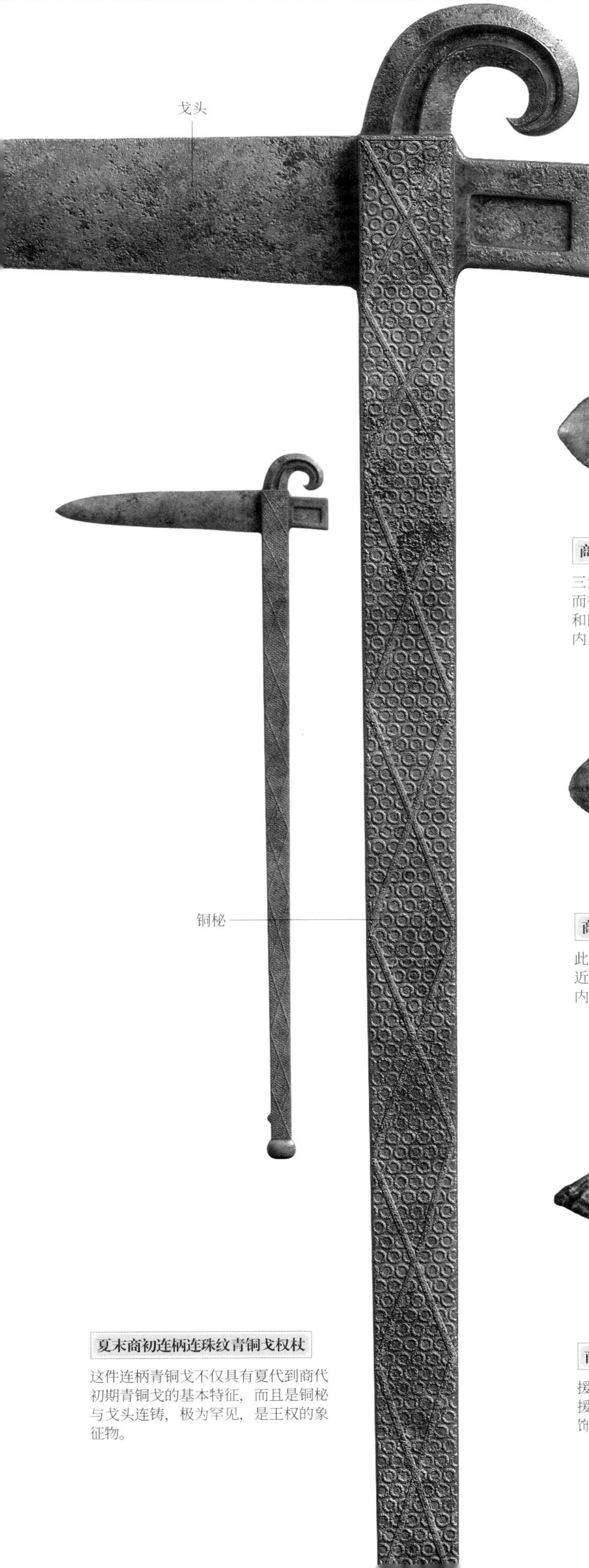

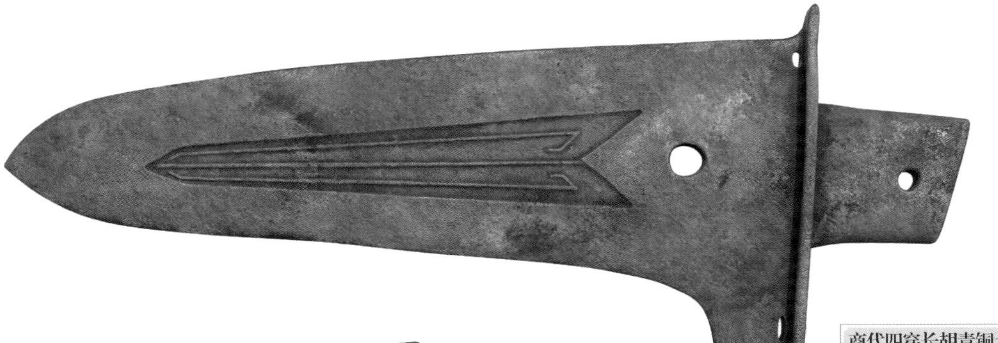

商代四穿长胡青铜戈

援长而宽阔，向前渐窄，收成三角形锋。援体两面有似长箭形凹槽，前尖，后分尾，中间有三道细凸弦纹向前汇聚。援本部有一圆穿。胡长窄，细突棱侧阑边有四个长方形穿，末端的一穿残缺。

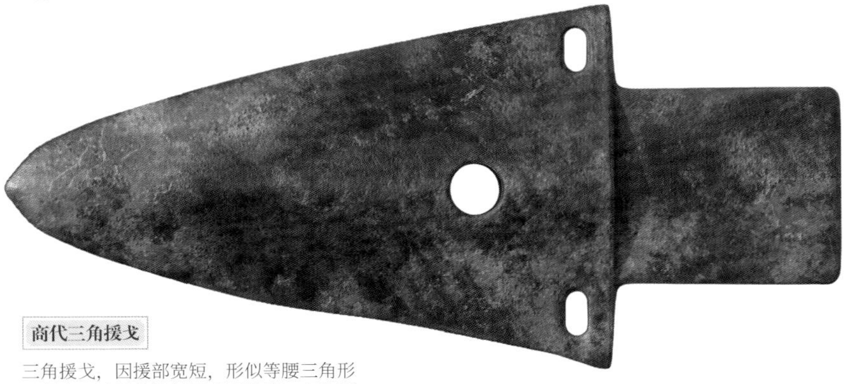

商代三角援戈

三角援戈，因援部宽短，形似等腰三角形而得名。这种戈流行于商周时期，在陕西和四川都有出土。此戈直援上有三穿，直内上无穿。

商代联装戟（复原）

该戟由一柄柳叶形矛头和一柄直援无胡有銎戈头联装而成，戈头与柲成90度夹角，是目前我国出土的最早的联装戟。

商代三角援戈

此戈援部为等腰三角形，援中起凸脊三条，近援基处有一圆穿，阑侧有两个长方形穿。内为长方形，上有一穿。

夏末商初连柄连珠纹青铜戈权杖

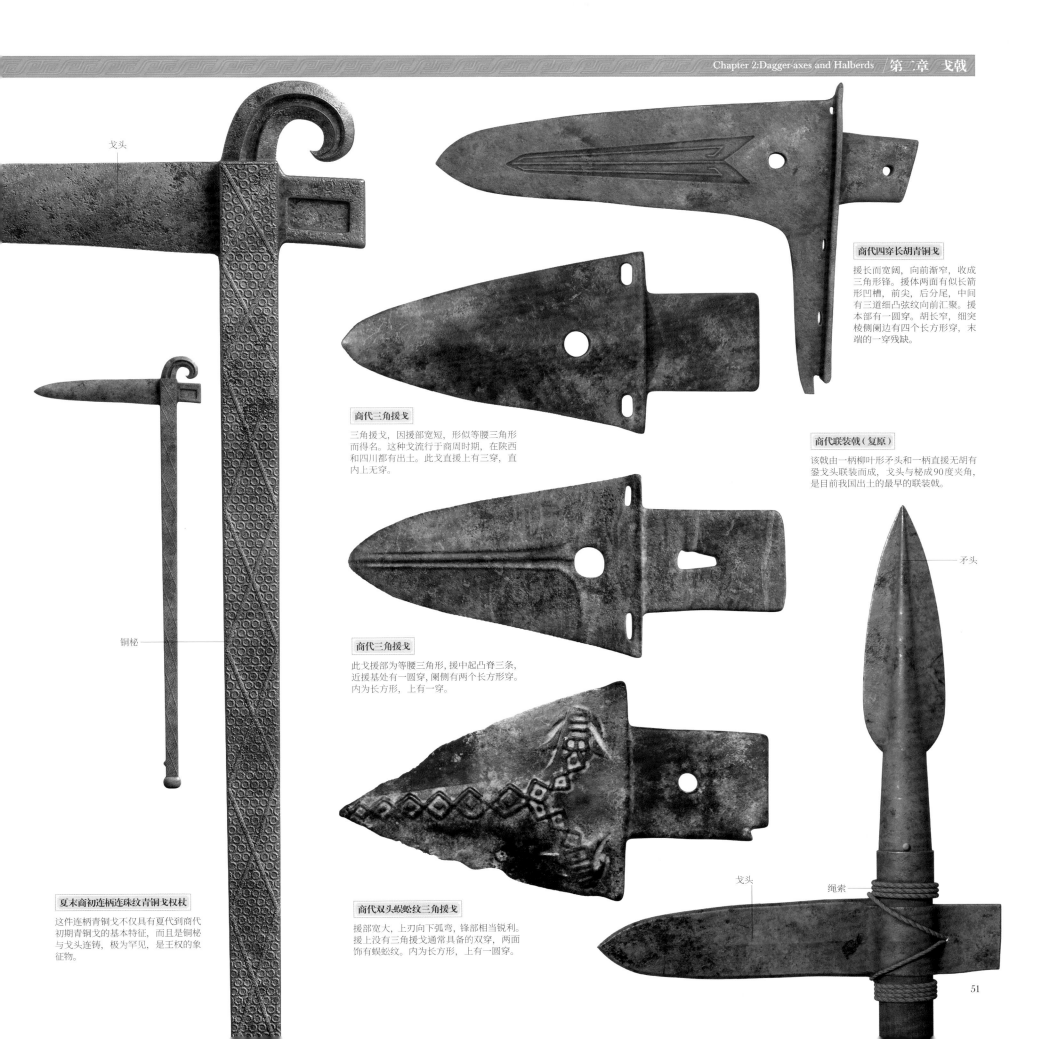

这件连柄青铜戈不仅具有夏代到商代初期青铜戈的基本特征，而且是铜柲与戈头连铸，极为罕见，是王权的象征物。

商代双头蜈蚣纹三角援戈

援部宽大，上刃向下弧弯，锋部相当锐利。援上没有三角援戈通常具备的双穿，两面饰有蜈蚣纹。内为长方形，上有一圆穿。

戈的发展和繁盛

自车战出现后，戈成了战争中的首选兵器。但在西周，商代某些戈的种类如銎内戈、曲内戈逐渐消失。这说明，经过商代的发展，戈的形制已经过了摸索期，开始向定型发展。西周时期的戈主要有无胡戈、有胡戈以及具有“戈上刃”的上刃戈三大类。

西周巴蜀三角援戈

三角援戈在四川地区流行的时间较长，是蜀式戈的重要种类之一。此戈援基处有兽面纹，援上有三穿，长方形内上有一穿。

商末周初三角援戈

此戈拥有形同等腰三角形的宽短戈援和长方形的戈内，共有两大两小四个穿，是甘肃寺洼文化的器物。

商末周初句容长条援戈

此戈长援，无胡，是商周时期典型的无胡戈。这种戈由于容易脱落，到了春秋战国时期便已不再流行。

无胡戈

典型的无胡戈大体可以分为两类：

一类为长援无胡戈，代表器物是1975年江苏句容赤山湖出土的长条援戈。此戈直内，有阑，援部颀长，无胡。这类戈算是商代无胡戈的延续。

另一类为三角援戈，又名“戣”。《尚书·顾命》有云，“一人冕，执戣，立于东垂”，指的就是这种戈。

三角援戈在商代中期就已经有了。据专家推测，三角援戈可能起源于汉中，之后则流行于川西，成为蜀式戈的一个重要种类。从形状上看，三角援戈具有短宽的等腰三角形援。这种形制的戈杀伤力似乎低于其他种类的戈，并且不利于钩杀。于是，三角援戈很快就在中原区域内消失了。

有胡戈

相对于无胡戈，西周时期的有胡戈数量逐渐增多，大致可以分为短胡、中胡和长胡三种。

短胡戈，代表器物是现藏于台北“故宫博物院”的成周戈，它直援短胡，援中起脊，直内，一穿。

中胡戈，代表器物是洛阳北窖西周墓出土的太保凿戈。此戈援上起脊，锋圆尖，有上下阑，胡上二穿。

长胡戈，主要出土于西周晚期遗址。它有两种：一种三穿，一种四穿。总体上说，胡部太长，会增加原料的耗费和制作的复杂程度。所以，长胡戈在当时并不是一种非常流行的形制。

除了短胡、中胡和长胡，西周时期还有一些特殊形制的有胡戈。其中一种是有翼耳的戈，甘肃灵台白草坡西周墓就出过这类戈，它援身微弯，侧阑有翼耳。此类翼耳戈应是商末同类戈的延续。

还有一种援部造型完全异化的戈。比如北京昌平白浮西周墓出土的一件戈。此戈的援部和胡完全融于一体，且极度上扬。

西周时期，戈的形制逐渐定型为无胡戈、有胡戈、上刃戈三大类。

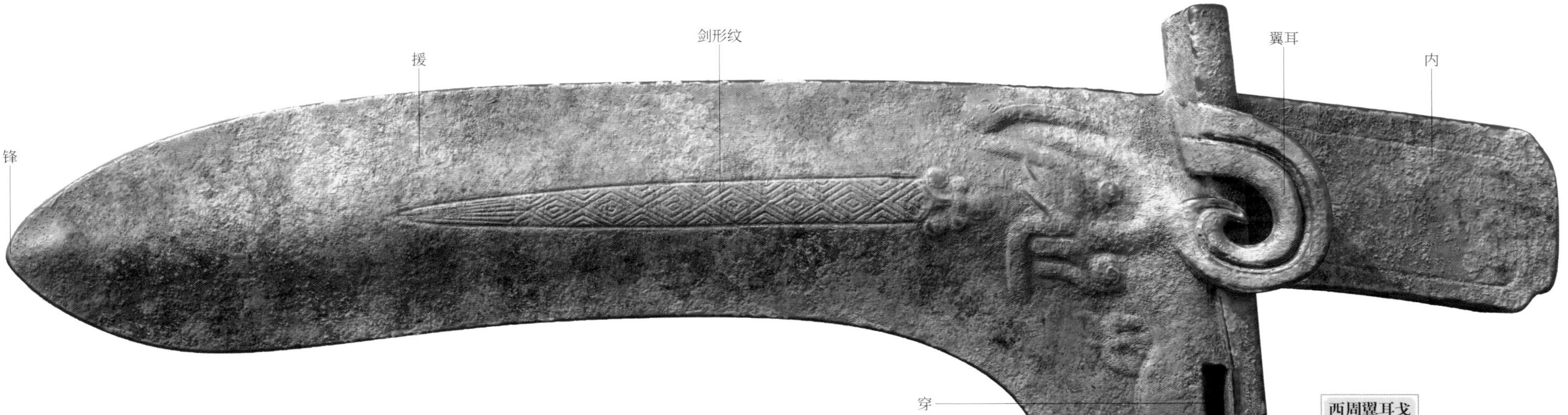

西周翼耳戈

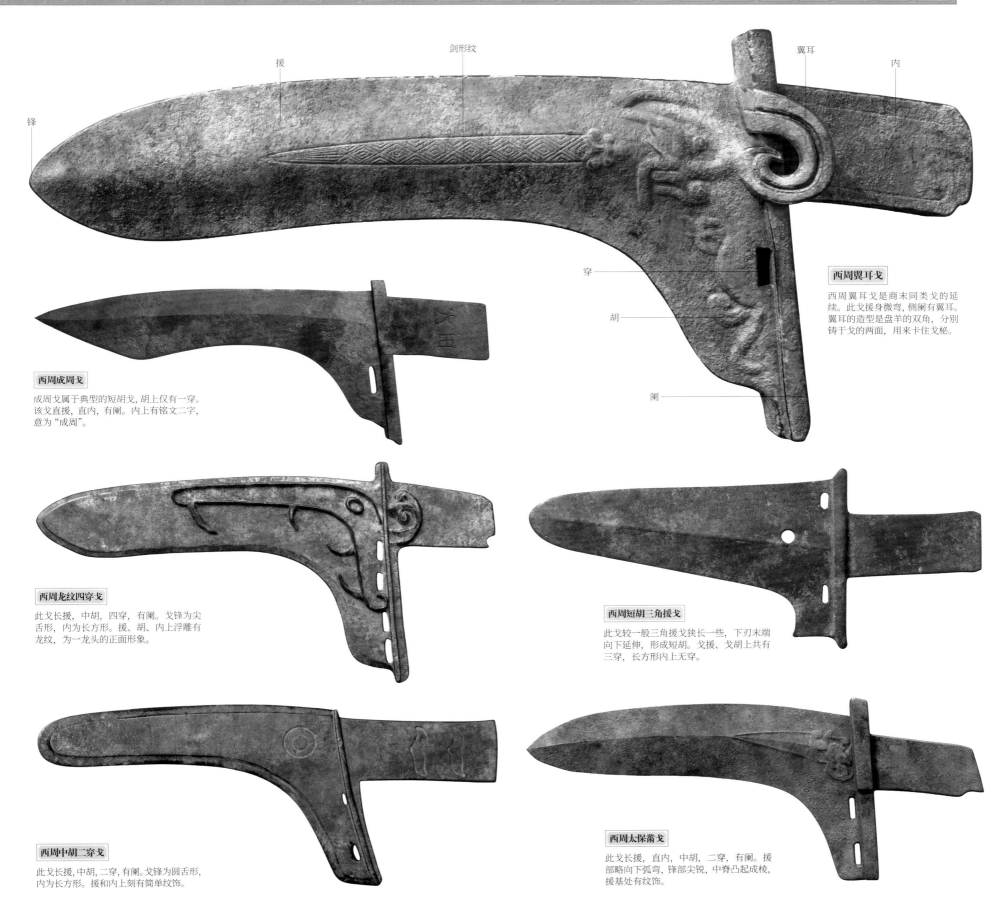

西周翼耳戈是商末同类戈的延续。此戈援身微弯，侧阑有翼耳。翼耳的造型是盘羊的双角，分别铸于戈的两面，用来卡住戈柲。

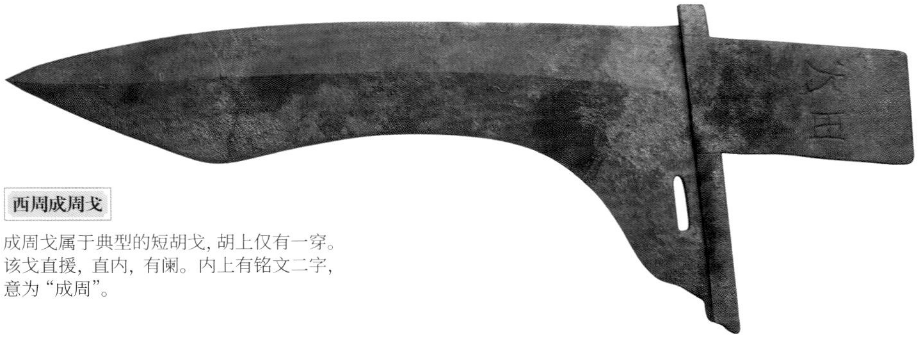

西周成周戈

成周戈属于典型的短胡戈，胡上仅有一穿。该戈直援，直内，有阑。内上有铭文二字，意为“成周”。

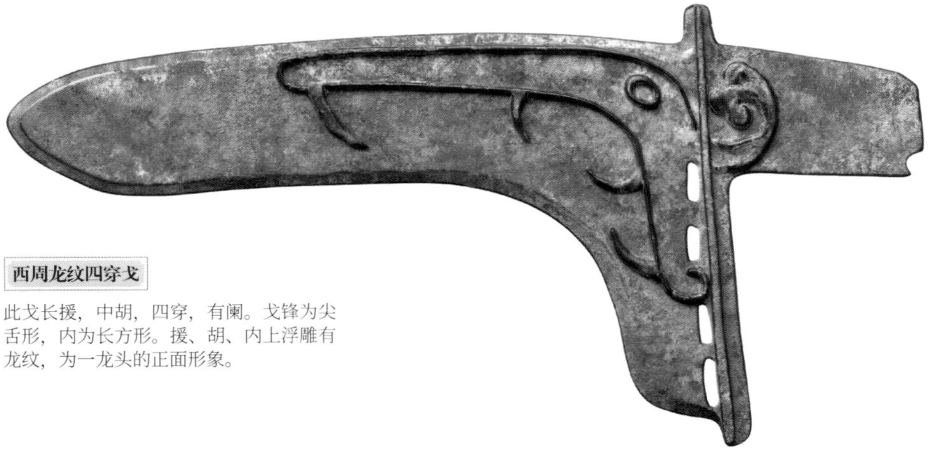

西周龙纹四穿戈

此戈长援，中胡，四穿，有阑。戈锋为尖舌形，内为长方形。援、胡、内上浮雕有龙纹，为一龙头的正面形象。

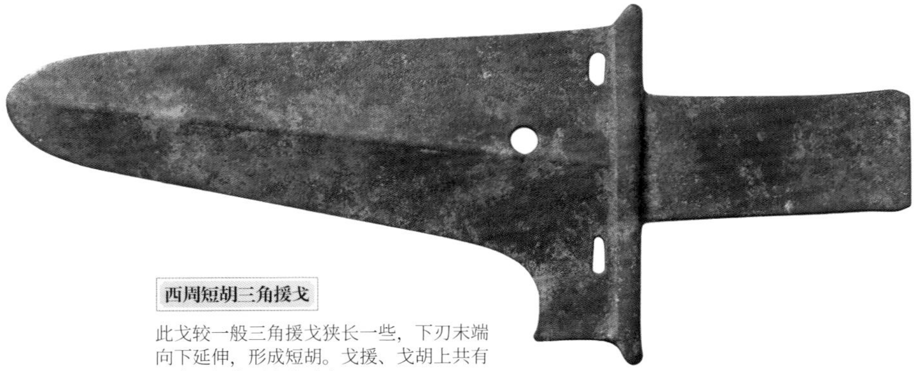

西周短胡三角援戈

此戈较一般三角援戈狭长一些，下刃末端向下延伸，形成短胡。戈援、戈胡上共有三穿，长方形内上无穿。

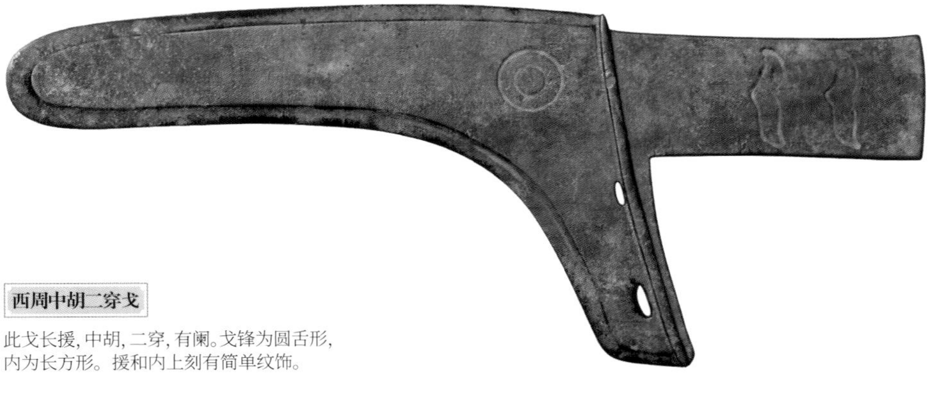

西周中胡二穿戈

此戈长援，中胡，二穿，有阑。戈锋为圆舌形，内为长方形。援和内上刻有简单纹饰。

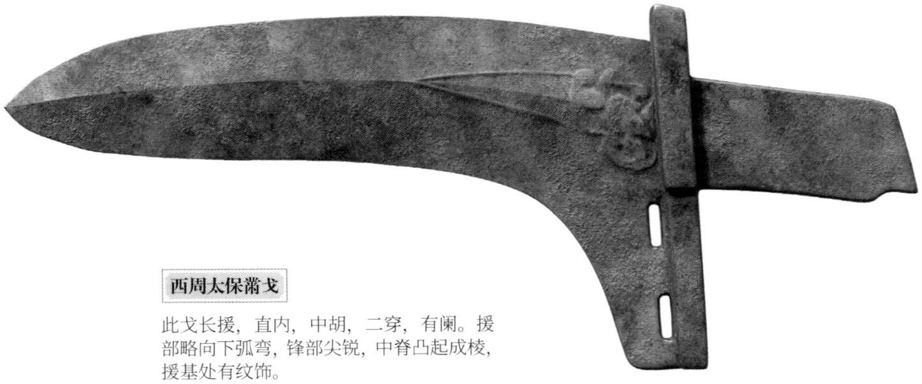

西周太保鬳戈

此戈长援，直内，中胡，二穿，有阑。援部略向下弧弯，锋部尖锐，中脊凸起成棱，援基处有纹饰。

上刃戈

除了通常的形制之外，西周时期还出现了一种带有“上刃”的戈头。《尚书·顾命》有云，“四人綦弁，执戈上刃，夹两阶戺”，说的可能就是这种戈。我们姑且把这种戈称为“上刃戈”。

这种上刃戈的特点是戈头上铸造出了向上伸出的扁体上刃，而其下的戈体则是长胡直内戈的造型。按照上刃的不同形状，这类戈头大致可以分为两类：

第一类，上刃竖直，类似矛形，与戈胡连为一线而与援、内垂直，整体作十字状。

第二类，上刃的上端向内的方向卷曲，类似同时期卷锋刀的形状，其他形制与第一类相同。

上刃戈出土数量颇多，至今有上百件，可见在当时颇为流行。而且，上刃戈的两种形制经常在同一遗址中并出，并没有明显的地域差异。另外，在北京琉璃河西周燕国墓出土的第二类上刃戈上有“匽侯舞戈”的铭文，可见这种形制的器物在当时仍被称为“戈”。

除了以上两种主流形制，还有一类采用管銎和穿一起装柲的上刃戈。比如甘肃灵台白草坡西周墓出土的人头形青铜戟，它上有刺刃，刺刃一侧有人头形銎；中部有援，斜向上伸出；援下有胡。不过此类上刃戈的出土数量极少，称不上是典型式样。

上刃戈将矛的直锋和戈的横刃融为一体，可以说基本兼具矛和戈的功能。根据出土文物来看，尽管目前此类戈发现数量不少，但从出土环境以及器形材质来看，大多数质轻体薄，仅有少数质地厚重者可用于实战。其配属对象均为贵族阶层，因此这种戈应该属于仪仗器或是礼器，而不可能被大规模推广。另外，这种戈器形复杂，制造起来必然费时费料，而且在结构强度上可能也存在一定的问题，所以它仅从商末周初延续到西周中期，就消失不见了。

戈的发展方向

从西周时期戈的种类来看，戈在形制上的创新不多，但在去除商代不实用的形制后仍然得到了稳步发展。而且商末长胡多穿戈的出现，更是奠定了西周之后戈的发展方向。

另外，西周时期的戈，特别是有胡戈，还有一个重要的特点，就是其戈援大都明显上扬，虽说这一特征在商代后期的有胡戈上已经有所体现，但是在西周戈的形制上表现得更加明显。这一形制上的变化体现了戈的使用方式处于持续变化之中。除此之外，上刃戈在戈援上方加刃的做法，也可视作东周以后出现的浑铸铜戟的雏形。

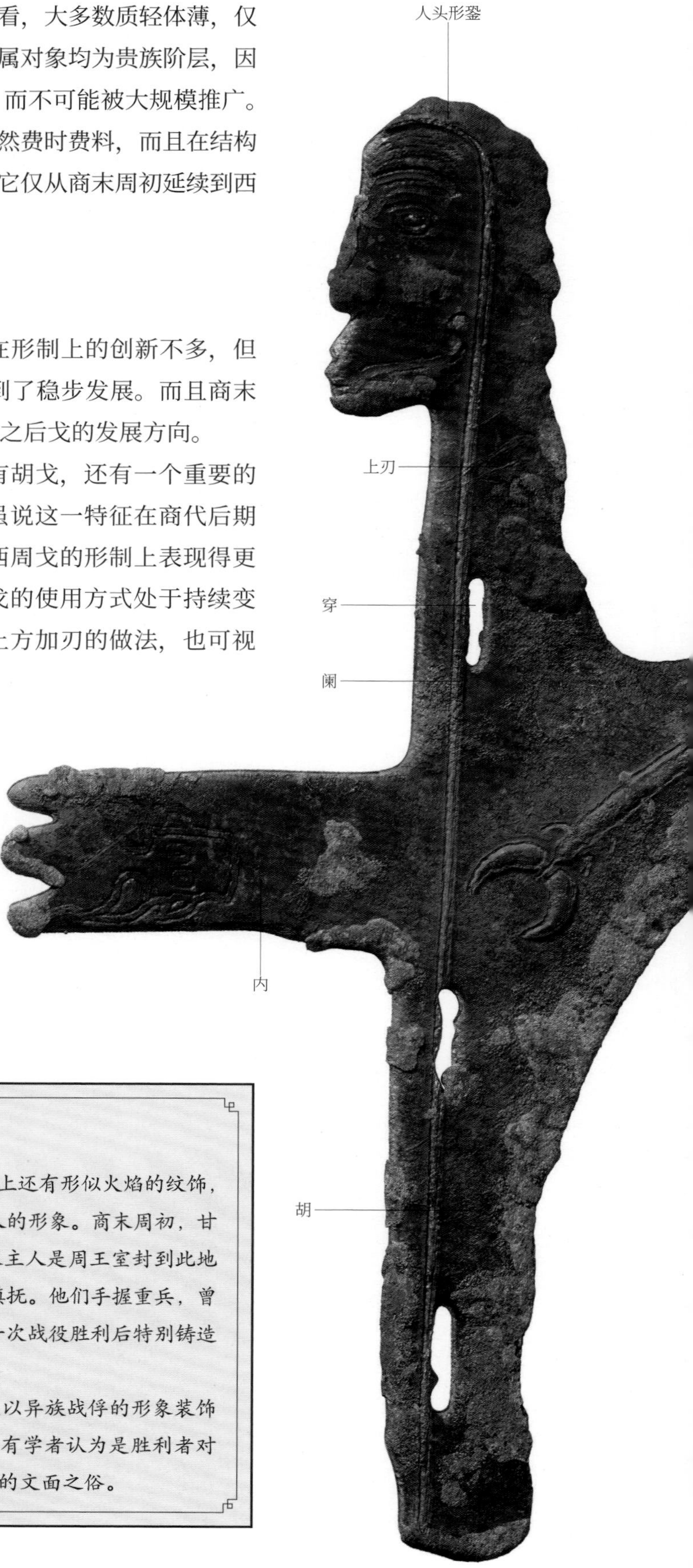

西周人头形銎青铜戟（上刃戈）

刺刃上的人头浓眉深目，披发卷须，腮部有纹饰，颈部有椭圆形浅銎。援基饰一牛首，内上阴刻牛头形徽记。

上刃戈在戈援上方加刃的做法，可视作东周以后出现的浑铸铜戟的雏形。

人头形銎青铜戟

此青铜戟刺刃一侧的人头，造型浓眉深目，披发卷须，吻部突出，脸颊上还有形似火焰的纹饰，明显不是中原人的相貌。专家研究认为，这很可能属于北方游牧民族獫狁人的形象。商末周初，甘肃灵台一带分布着许多异族建立的方国，也就是所谓的“戎狄之邦”。该墓主人是周王室封到此地的伯爵，周王室所封诸侯的存在，就是为了加强对殷商移民及异族方国的镇抚。他们手握重兵，曾参与重大战役，受到周王的优厚礼遇。这件人头形銎青铜戟很可能是在某一次战役胜利后特别铸造的兵器。

商周时期曾盛行过一种风气：战胜者不仅杀戮战俘献神祭祖，还喜欢以异族战俘的形象装饰贵族们的兵器，借以炫耀军功，激励士气。至于头像腮部的火焰形纹饰，有学者认为是胜利者对战俘所施的烙面印记，以防止其逃跑；也有人认为是写实性地显示异族人的文面之俗。

西周四穿戈

这把长胡戈前锋为圭首形，援中起脊，近阑处有四穿，长方形内末端有一小缺口。

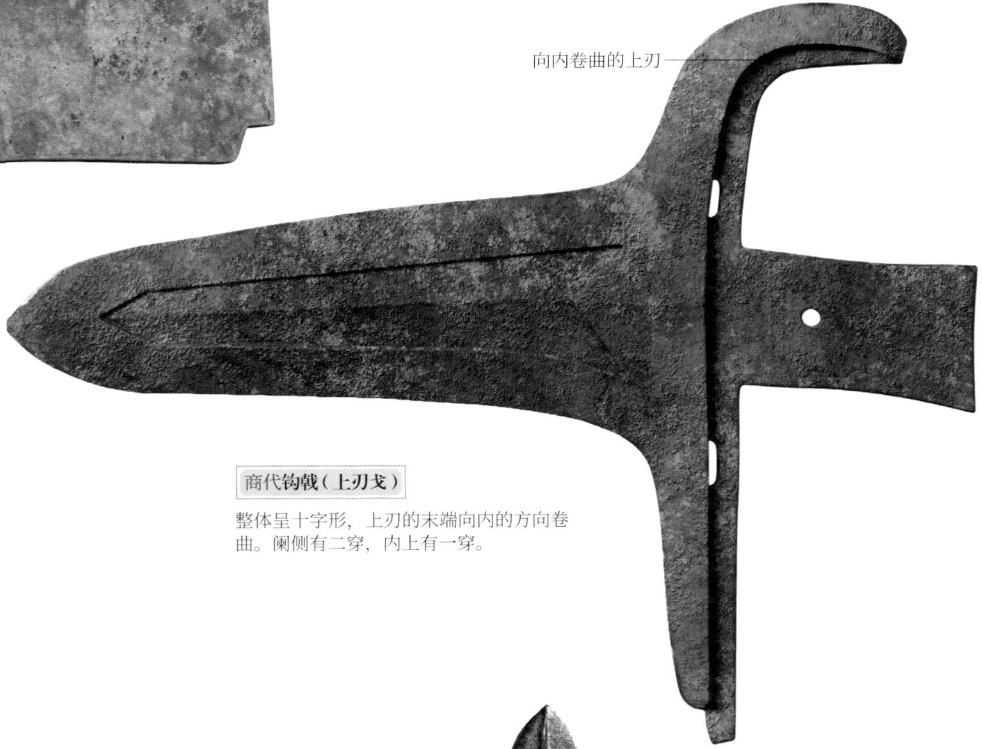

商代钩戟（上刃戈）

整体呈十字形，上刃的末端向内的方向卷曲。阑侧有二穿，内上有一穿。

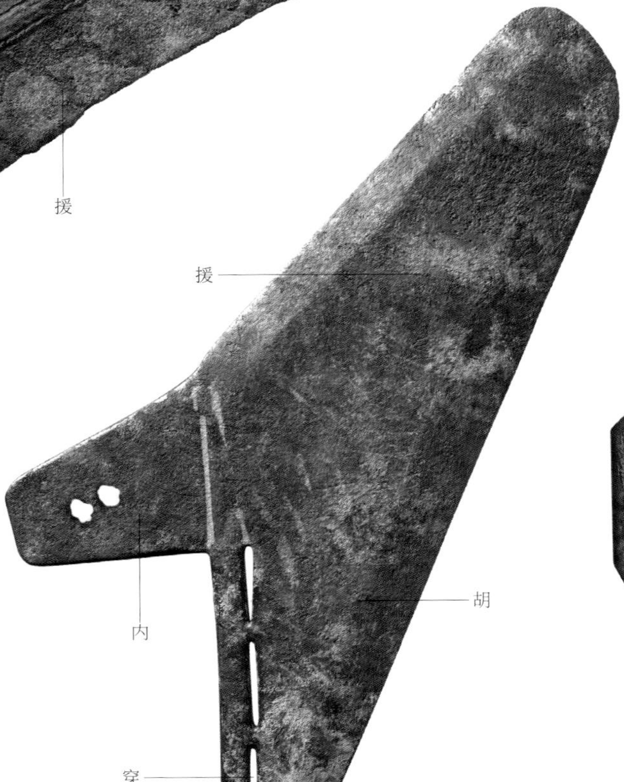

西周斜刃异形戈

此戈的援部和胡部完全融为一体，且极度上扬，内部相对短小，是一种有别于其他戈的奇特造型。

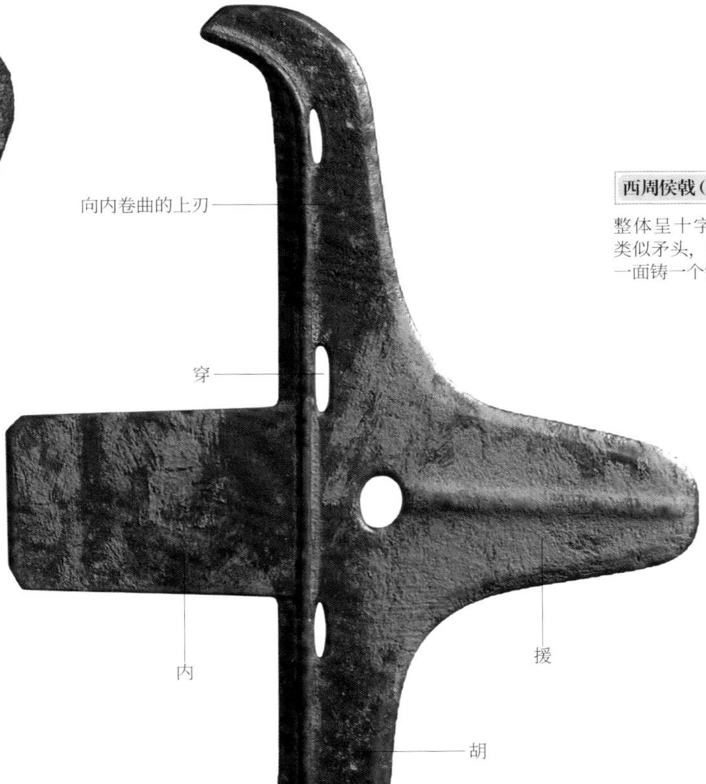

西周钩戟（上刃戈）

整体呈十字形，上刃的上端向内的方向卷曲。戈锋为圆舌形，戈内为长方形，阑侧有四穿，援上有一穿。

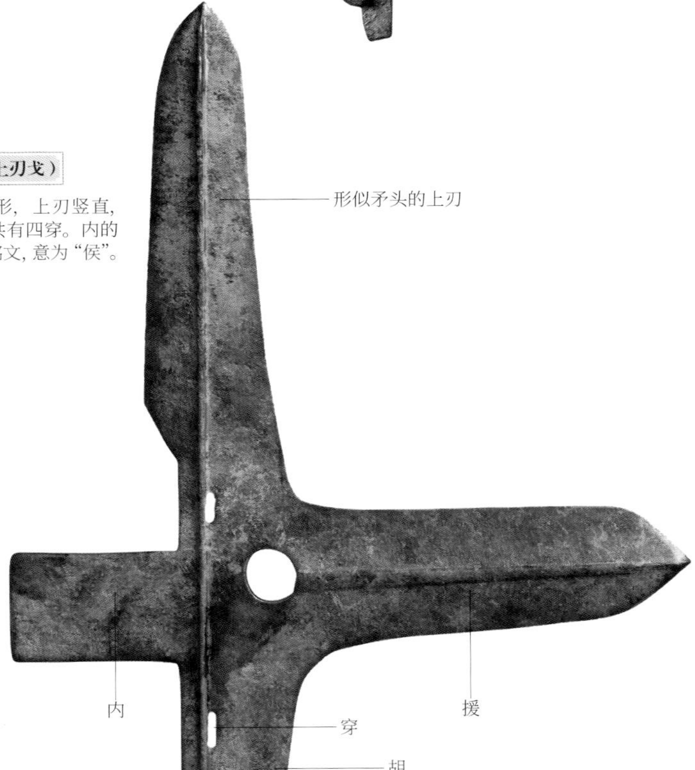

西周侯戟（上刃戈）

整体呈十字形，上刃竖直，类似矛头，共有四穿。内的一面铸一个铭文，意为“侯”。

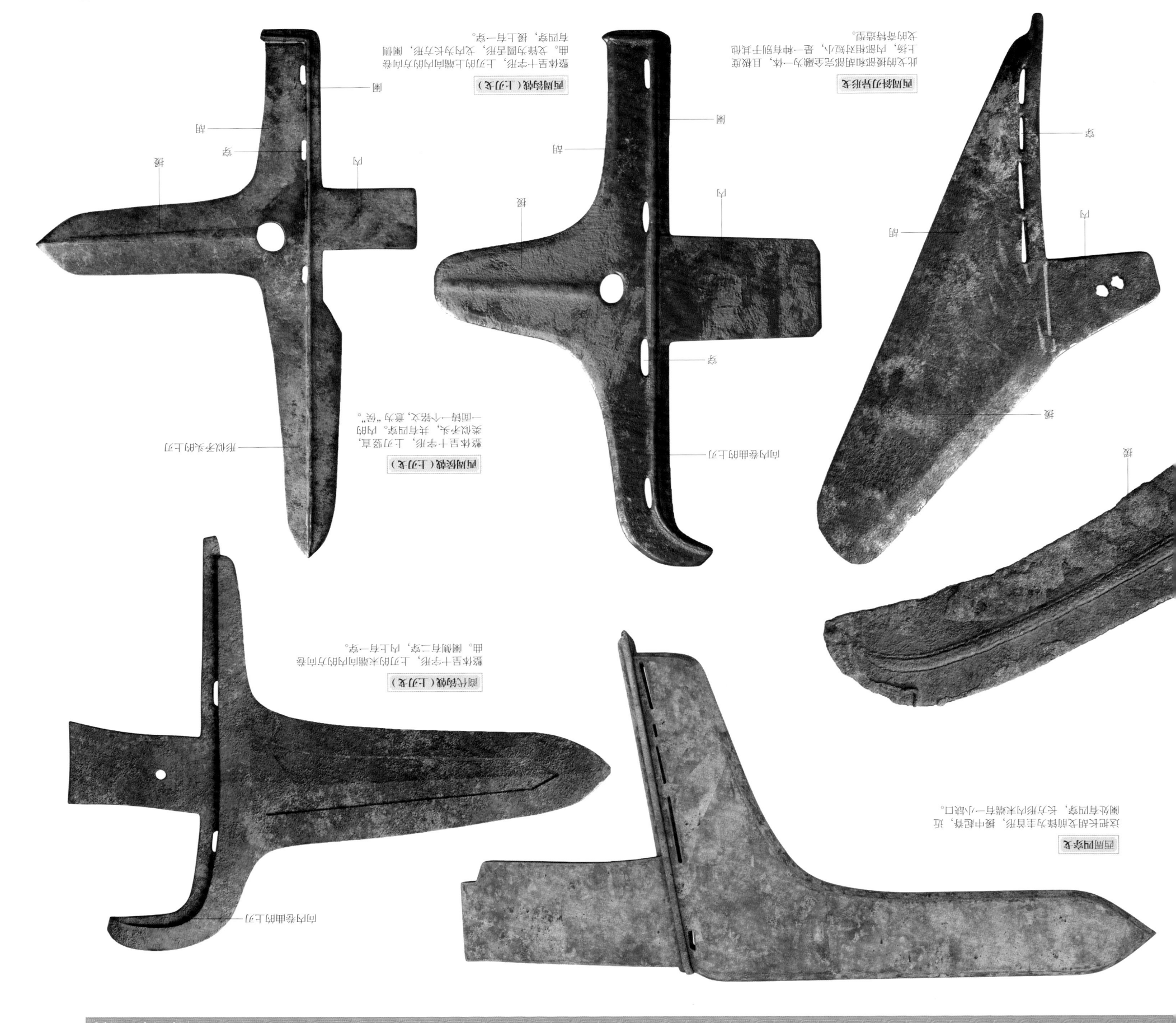

戈的完善和衰落

东周早期的铜戈以中胡二穿和长胡三穿为主。这应该是一种继承自西周晚期，并经过战争实践的形制，也是戈作为一种兵器开始成熟的标志。

随着诸侯国之间的战争加剧，人们对兵器的性能提出了更高的要求。同时，随着冶金和金属加工技术的发展，一些兵器的杀伤效能有了显著提升。青铜剑的长度、强度不断增加，撼动了戈从商代以来作为卫体短兵的重要地位。此外，随着士卒披甲率的提高，戈原有杀伤方式的效能不断降低，在实战兵器中的地位已经不如西周时期。因此，时人对戈的改进已经不能停留在只针对戈头形制上了。

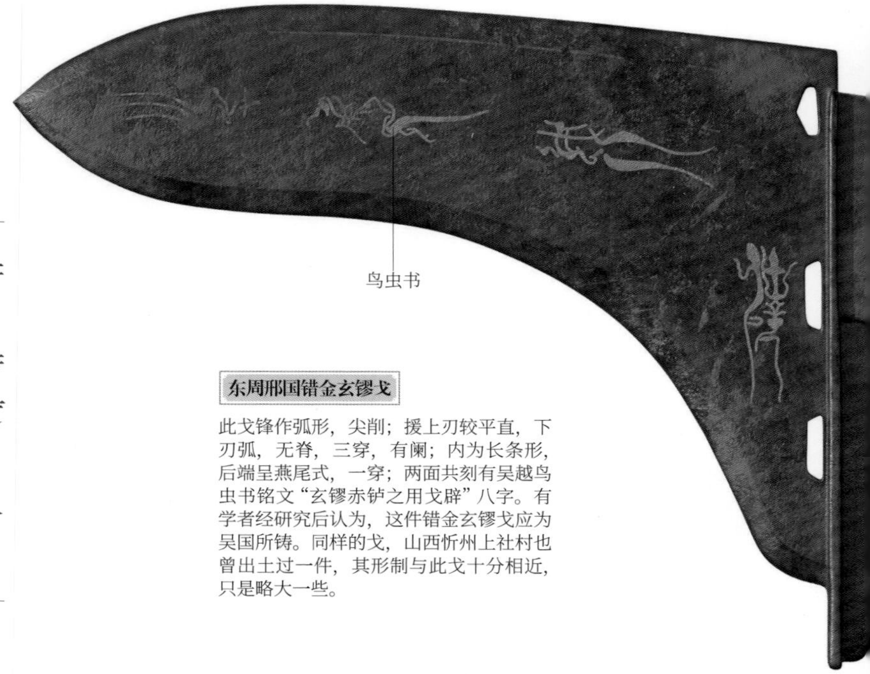

东周邢国错金玄镠戈

此戈锋作弧形，尖削；援上刃较平直，下刃弧，无脊，三穿，有阑；内为长条形，后端呈燕尾式，一穿；两面共刻有吴越鸟虫书铭文“玄镠赤铲之用戈辟”八字。有学者经研究后认为，这件错金玄镠戈应为吴国所铸。同样的戈，山西忻州上社村也曾出土过一件，其形制与此戈十分相近，只是略大一些。

戈的改进

东周时期，戈的改进可以归纳为四点：

第一，继续加长戈胡，甚至让它超过戈援的长度。加长的胡能增加戈头装柲的牢固程度，同时，更长的胡也就意味着胡上的锋刃更长，这也让戈的砍斫能力更强。

第二，在戈内上开刃，形成前文介绍过的“刃内”。随着内变得越来越长，三边开刃，可以让内从单纯用于固柲的结构变为具有杀伤力的战斗部分。士卒在来不及调换戈头方向的时候，可以直接用戈内进行攻击，增加了武器的使用效率。

具有上述两种构造的戈，在江陵雨台山楚墓内就出土过。此戈的戈胡和戈内都很长，其中戈内的后缘还三边开刃，形成刃内。这样的长胡刃内戈，便是戈头形制最终定型的形态，一直延续到其最终退出历史舞台。

第三，将平直的戈内尾部改造成像距一样的钩形，这种钩状结构被称为“距钩”。所谓“距”，就是雄鸡的后爪，《汉书》云：“鸣不将，无距。”师古曰：“将谓率领其群也，距，鸡附足骨，斗时所用刺之。”河南辉县便出土过这种式样的戈。

第四，在戈胡上增加子刺，比如河北易县武阳台村23号遗址出土的铜戈便具有这种造型。增加了子刺的戈胡呈锯齿状，加强了胡上锋刃的切割效能。

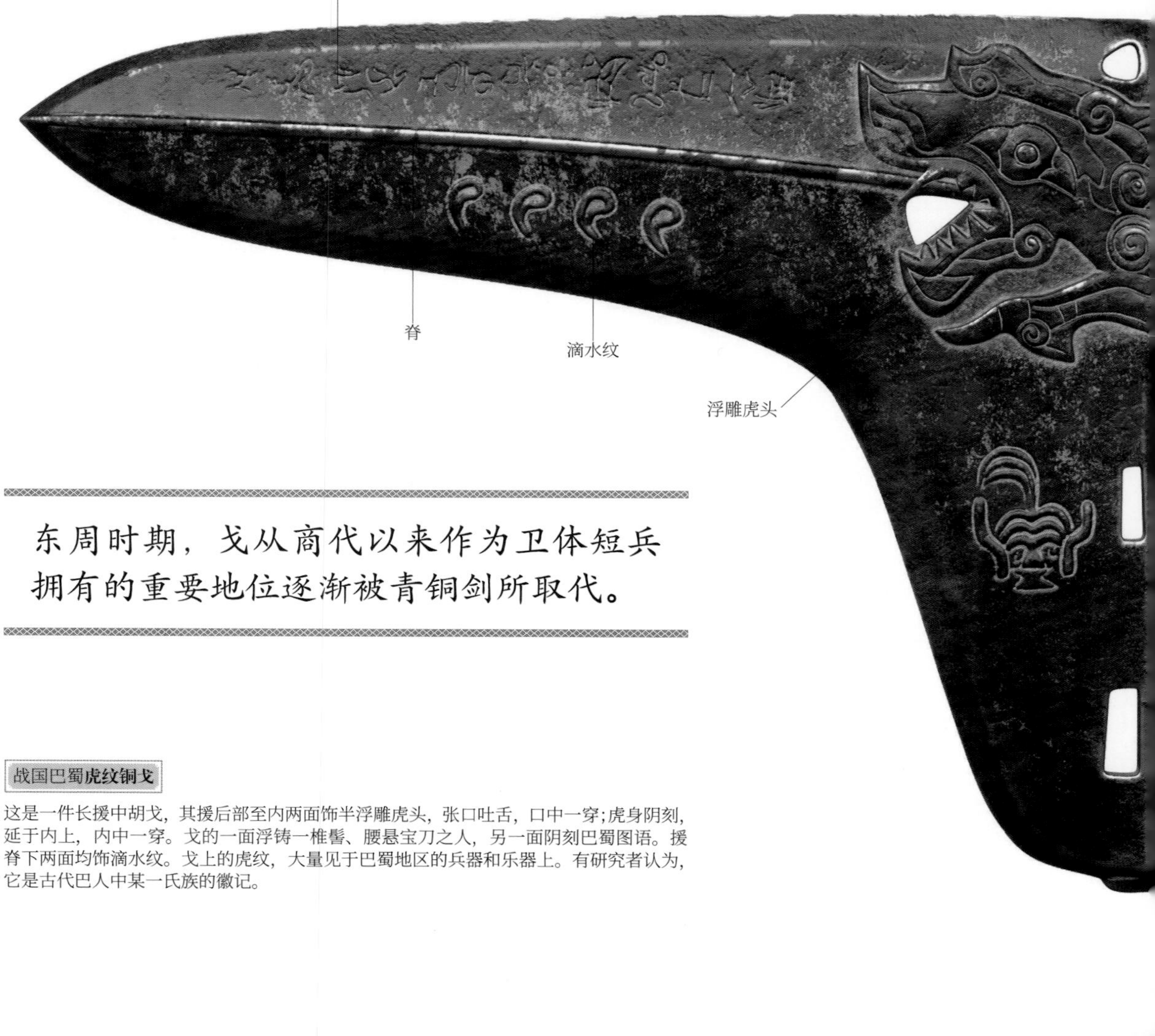

东周时期，戈从商代以来作为卫体短兵拥有的重要地位逐渐被青铜剑所取代。

战国巴蜀虎纹铜戈

这是一件长援中胡戈，其援后部至内两面饰半浮雕虎头，张口吐舌，口中一穿；虎身阴刻，延于内上，内中一穿。戈的一面浮铸一椎髻、腰悬宝刀之人，另一面阴刻巴蜀图语。援脊下两面均饰滴水纹。戈上的虎纹，大量见于巴蜀地区的兵器和乐器上。有研究者认为，它是古代巴人中某一氏族的徽记。

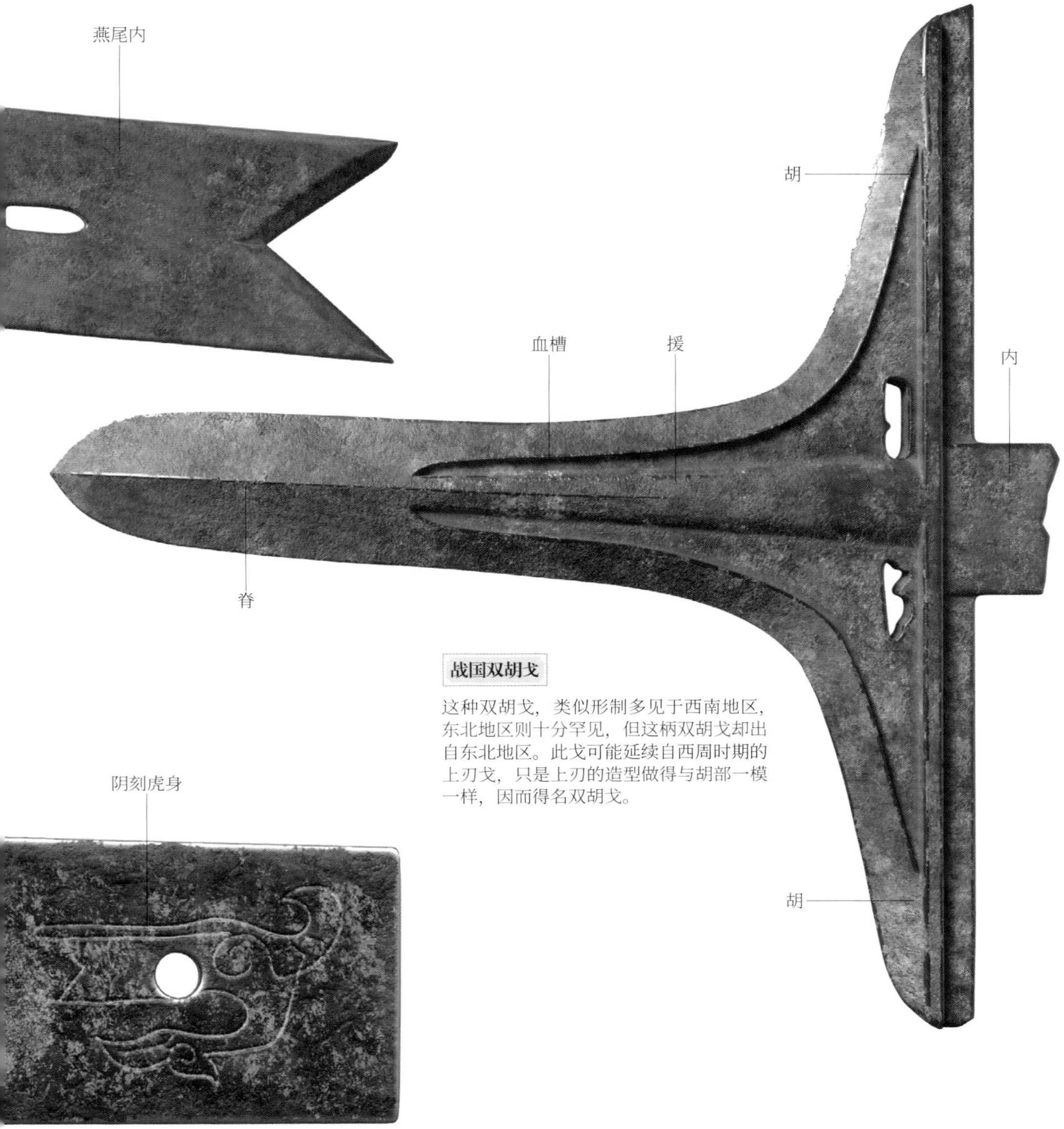

战国双胡戈

这种双胡戈，类似形制多见于西南地区，东北地区则十分罕见，但这柄双胡戈却出自东北地区。此戈可能延续自西周时期的上刃戈，只是上刃的造型做得与胡部一模一样，因而得名双胡戈。

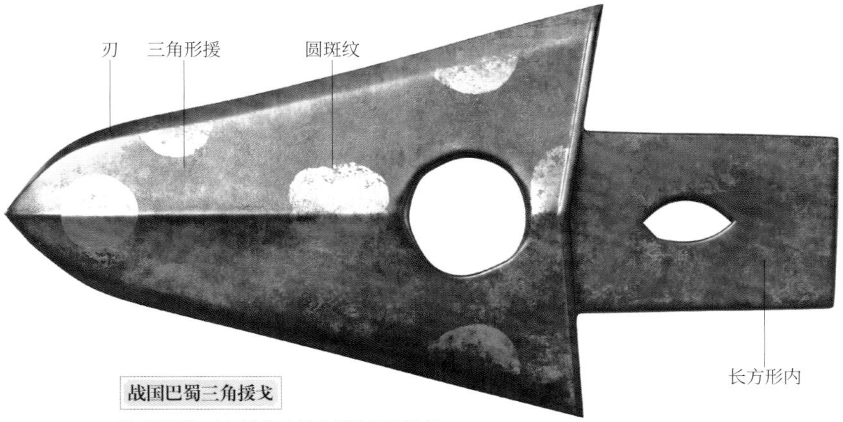

战国巴蜀三角援戈

战国时期，三角援戈已被中原地区所淘汰，但在巴蜀地区依然十分盛行。此戈援部整体呈三角形，上有圆斑纹和一个较大的圆穿，内为长方形，上有一个椭圆形小穿。

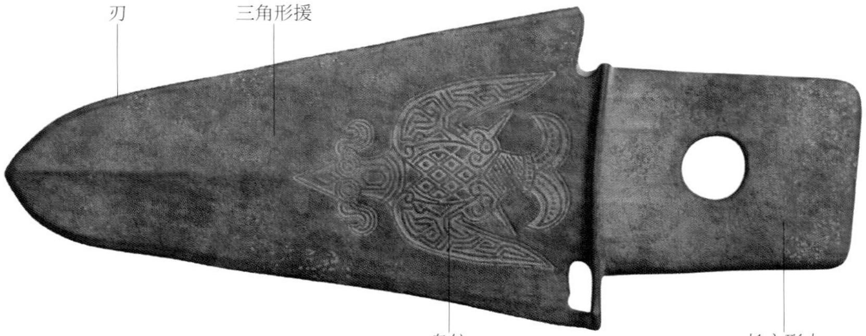

战国巴蜀鸟纹三角援戈

此戈因援部两侧各有一鸟形纹饰而得名。三角形援部中间起脊，援基两侧各有一个长方形穿，其中一个已残，长方形内上有一个较大的圆穿。

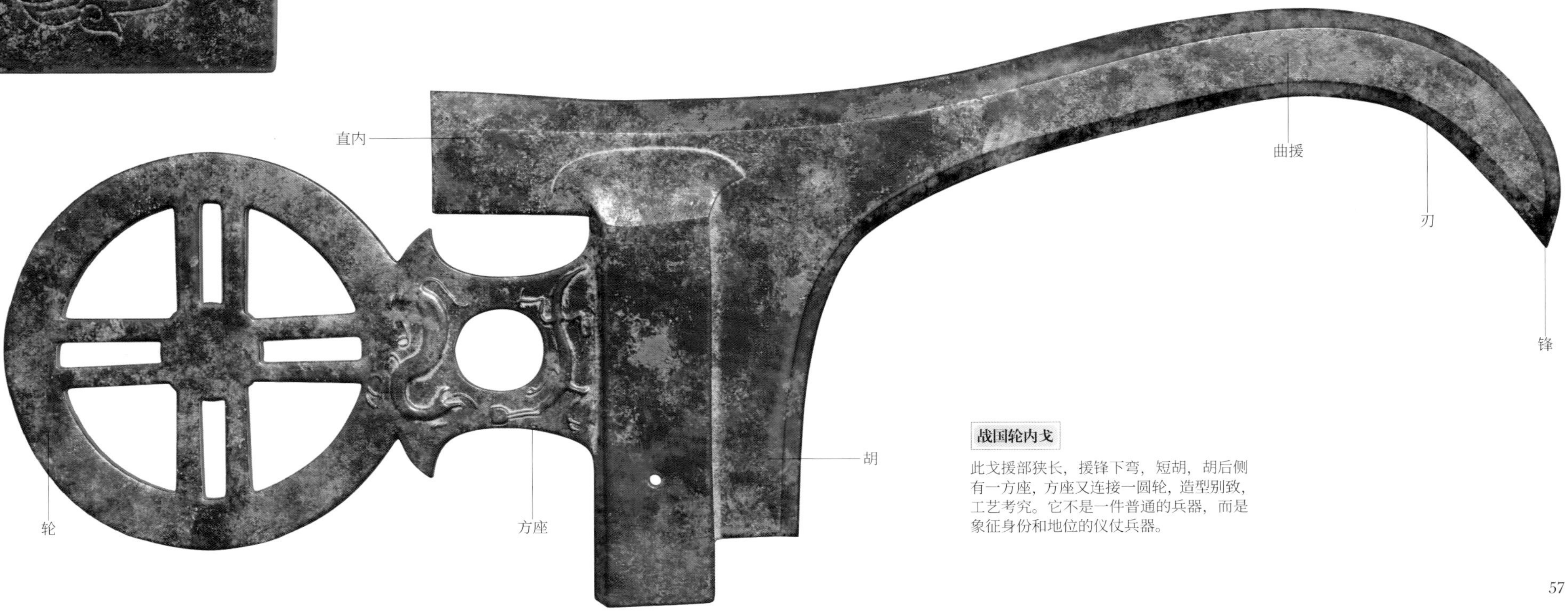

战国轮内戈

此戈援部狭长，援锋下弯，短胡，胡后侧有一方座，方座又连接一圆轮，造型别致，工艺考究。它不是一件普通的兵器，而是象征身份和地位的仪仗兵器。

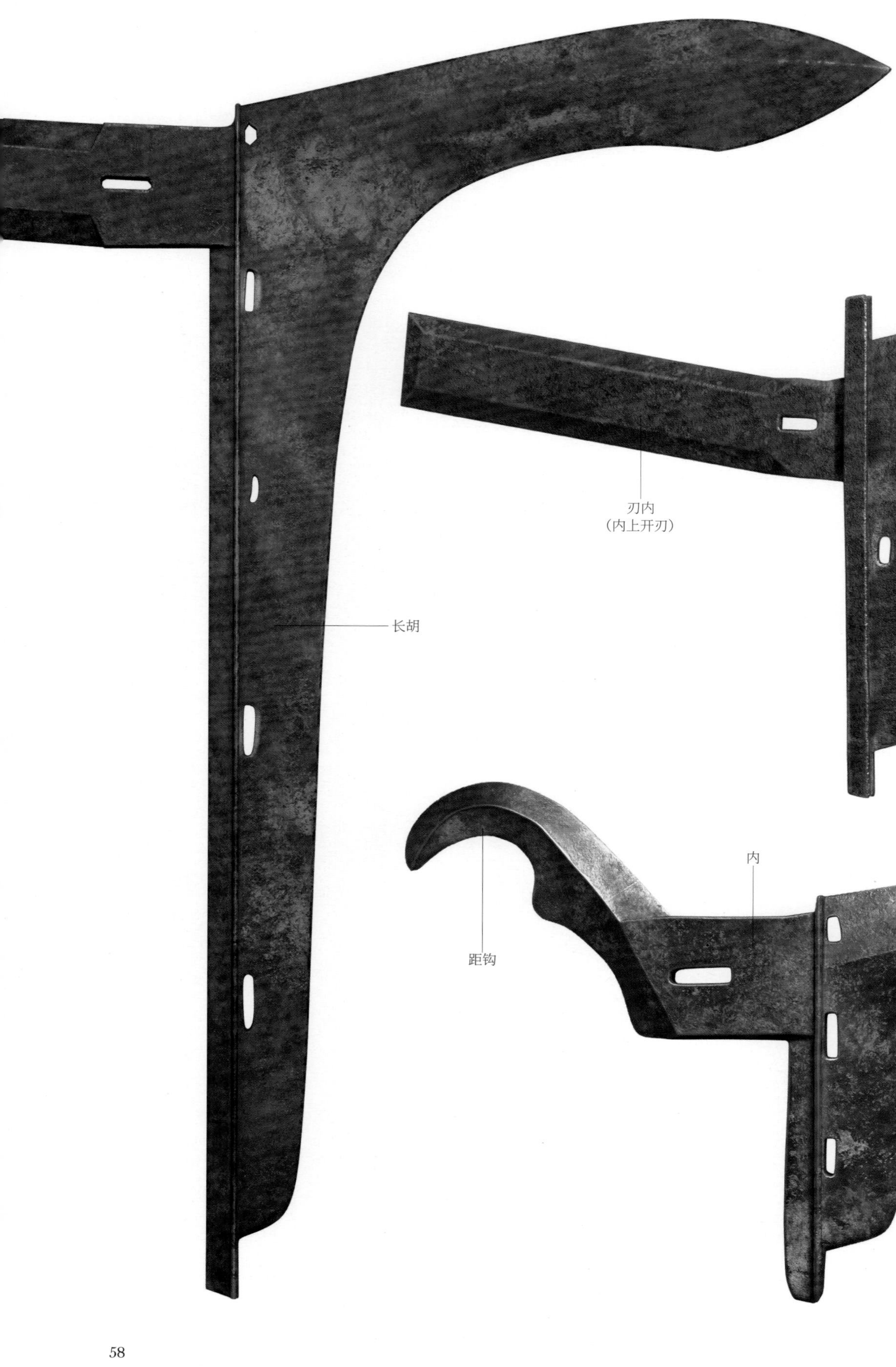

战国长胡刃内戈

刃内戈，即在戈内上三边开刃，让内从单纯用于固柲的结构变为具有杀伤力的战斗部分。此戈不但在内上开刃，还将胡部加长，属于戈头形制最终定型的形态。

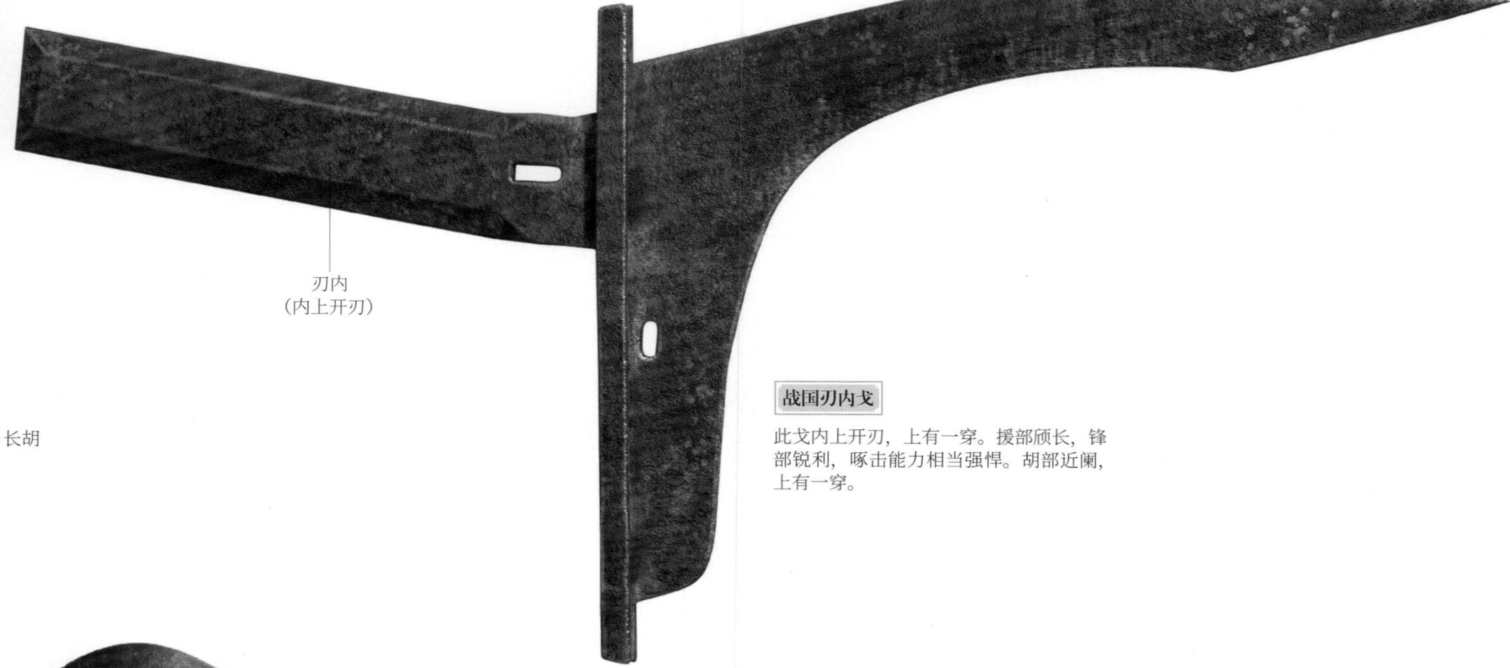

战国刃内戈

此戈内上开刃，上有一穿。援部颀长，锋部锐利，啄击能力相当强悍。胡部近阑，上有一穿。

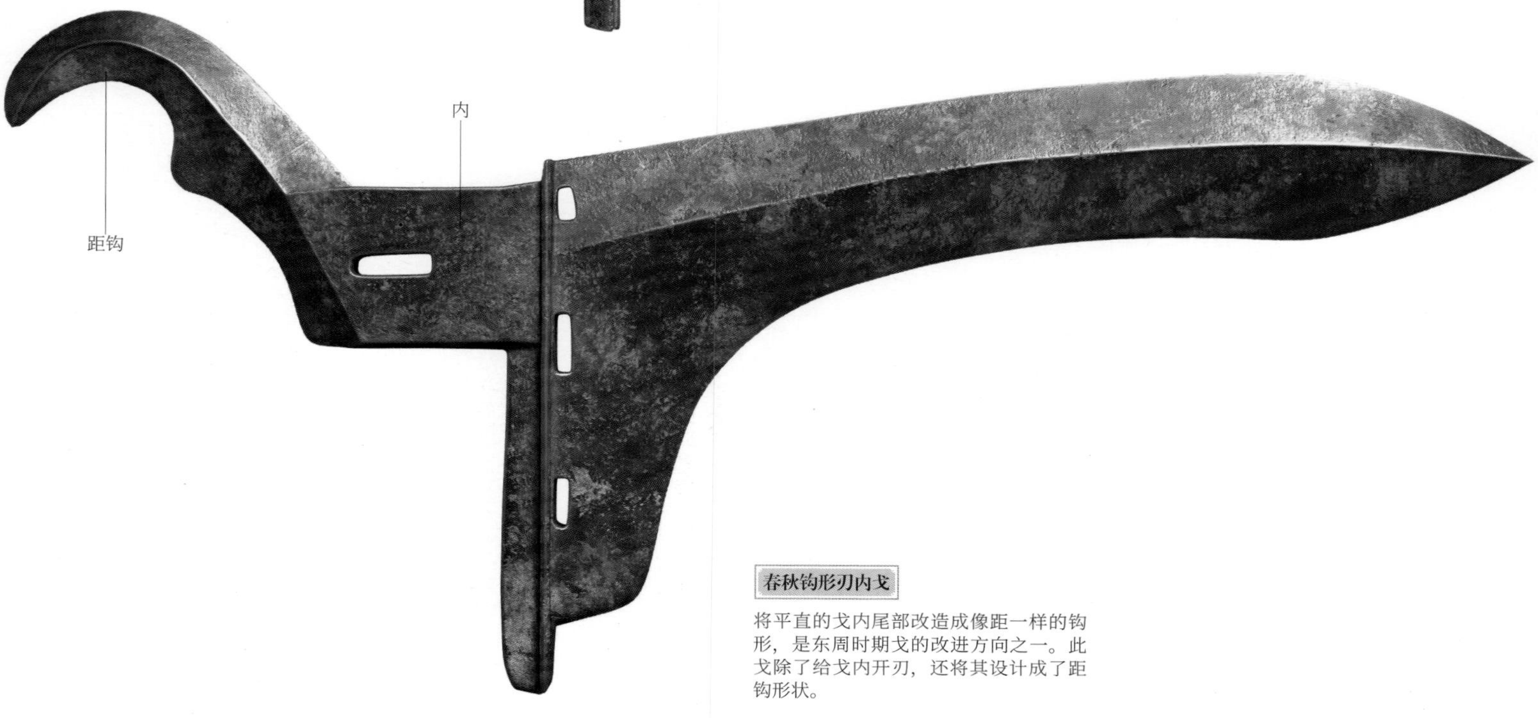

春秋钩形刃内戈

将平直的戈内尾部改造成像距一样的钩形，是东周时期戈的改进方向之一。此戈除了给戈内开刃，还将其设计成了距钩形状。

春秋齐国高子戈

此戈直援，直内，中胡，有阑，共四穿，援末刻有铭文“高子戈”。“高”是齐国望族，因此高子戈属于“物勒主名”，表示此戈归高氏所有，为高氏武装所用。

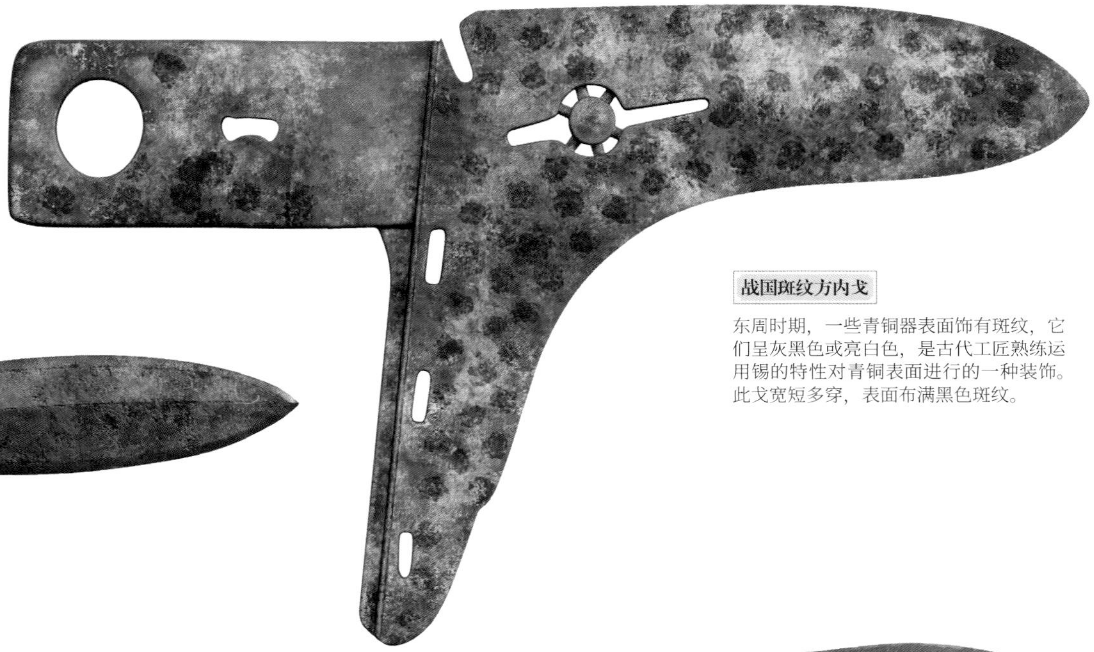

战国斑纹方内戈

东周时期，一些青铜器表面饰有斑纹，它们呈灰黑色或亮白色，是古代工匠熟练运用锡的特性对青铜表面进行的一种装饰。此戈宽短多穿，表面布满黑色斑纹。

战国郾王詈戈 I

在胡上增加子刺是戈的另一个进化方向。此戈胡上铸有一个子刺，这对胡的切割效能稍有增强。

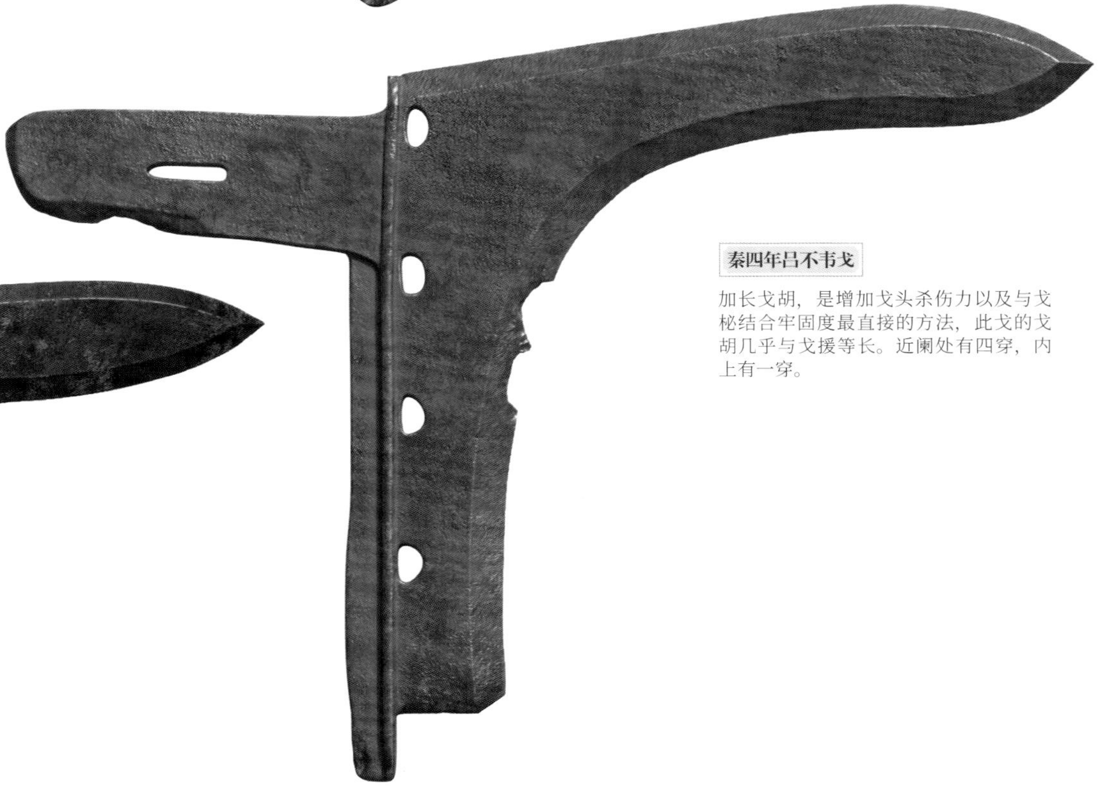

秦四年吕不韦戈

加长戈胡，是增加戈头杀伤力以及与戈柲结合牢固度最直接的方法，此戈的戈胡几乎与戈援等长。近阑处有四穿，内上有一穿。

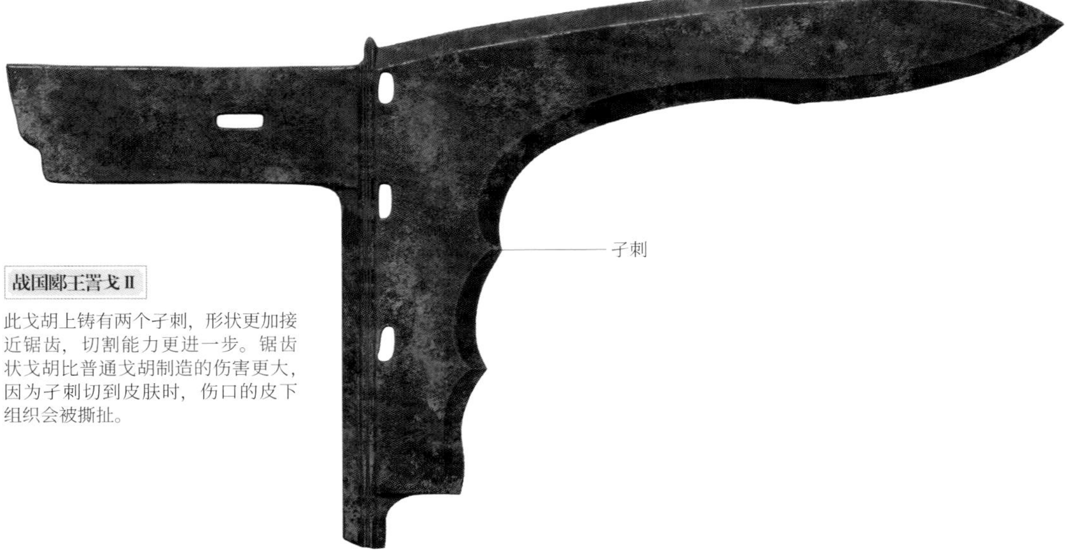

战国郾王詈戈 II

此戈胡上铸有两个子刺，形状更加接近锯齿，切割能力更进一步。锯齿状戈胡比普通戈胡制造的伤害更大，因为子刺切到皮肤时，伤口的皮下组织会被撕扯。

青铜戈最后的辉煌

秦始皇统一六国，也统一了天下混乱的兵器。虽说钢铁兵器在东周末年就已经出现了，然而秦朝庞大的武库却依然是铜兵的天下。这恐怕与秦朝的军队，这一台庞大而精密的战争机器所带来的巨大惯性脱不开干系。因此，秦代的戈仍旧保持了东周末期的主流风格。

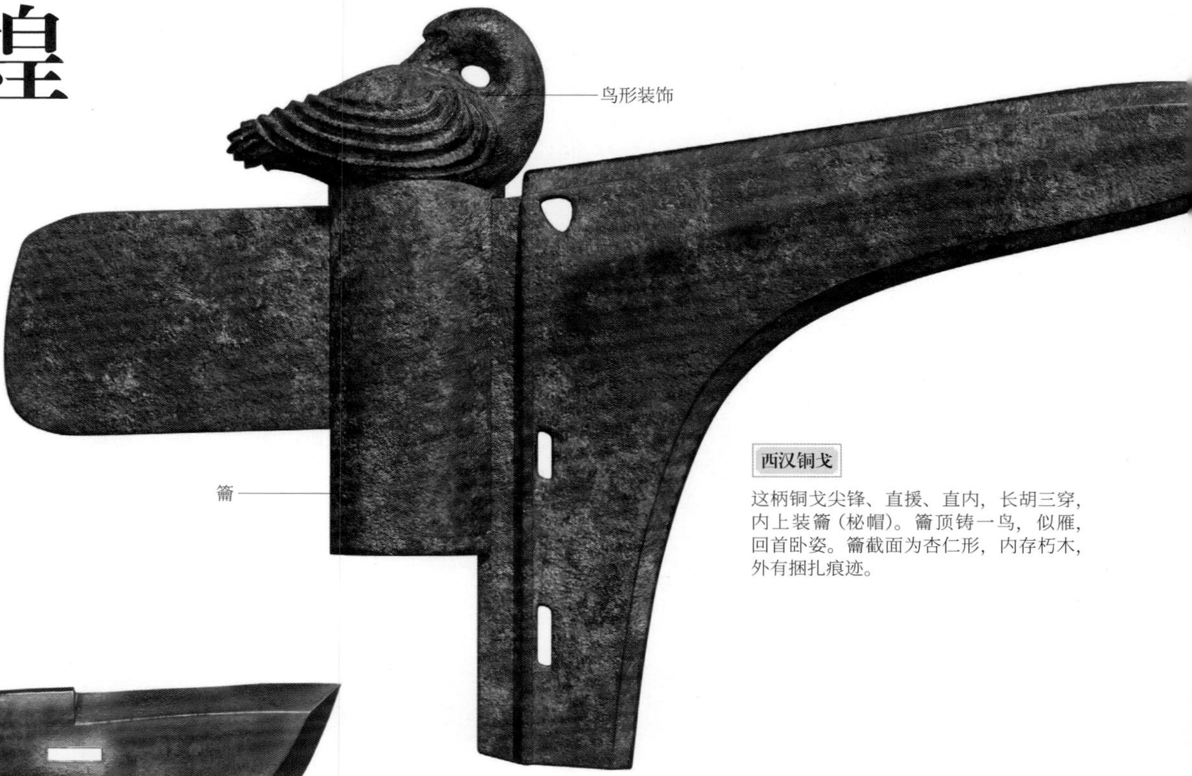

西汉铜戈

这柄铜戈尖锋、直援、直内，长胡三穿，内上装籥（柲帽）。籥顶铸一鸟，似雁，回首卧姿。籥截面为杏仁形，内存朽木，外有捆扎痕迹。

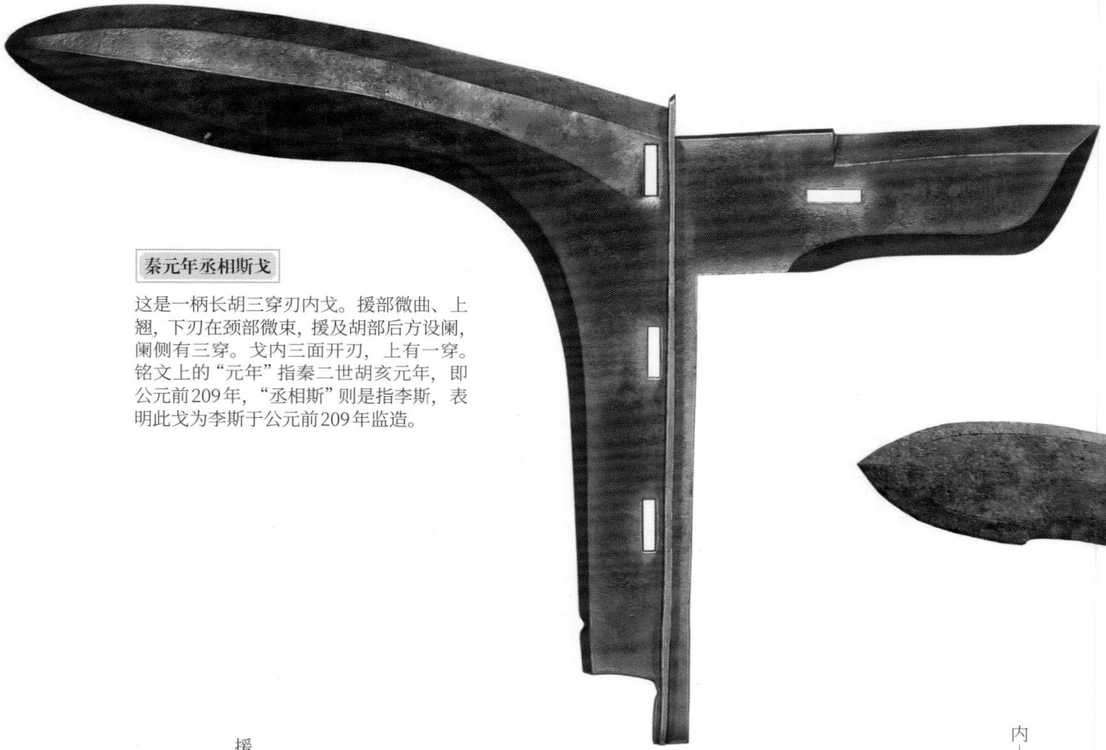

秦元年丞相斯戈

这是一柄长胡三穿刃内戈。援部微曲、上翘，下刃在颈部微束，援及胡部后方设阑，阑侧有三穿。戈内三面开刃，上有一穿。铭文上的“元年”指秦二世胡亥元年，即公元前209年，“丞相斯”则是指李斯，表明此戈为李斯于公元前209年监造。

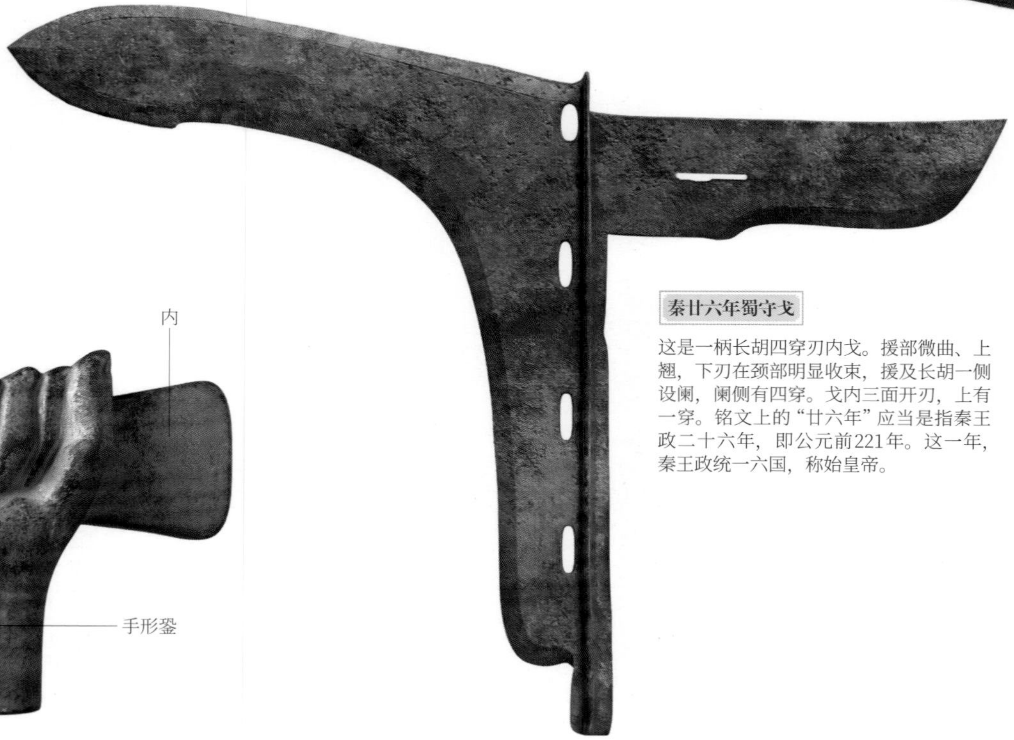

秦廿六年蜀守戈

这是一柄长胡四穿刃内戈。援部微曲、上翘，下刃在颈部明显收束，援及胡一侧设阑，阑侧有四穿。戈内三面开刃，上有一穿。铭文上的“廿六年”应当是指秦王政二十六年，即公元前221年。这一年，秦王政统一六国，称始皇帝。

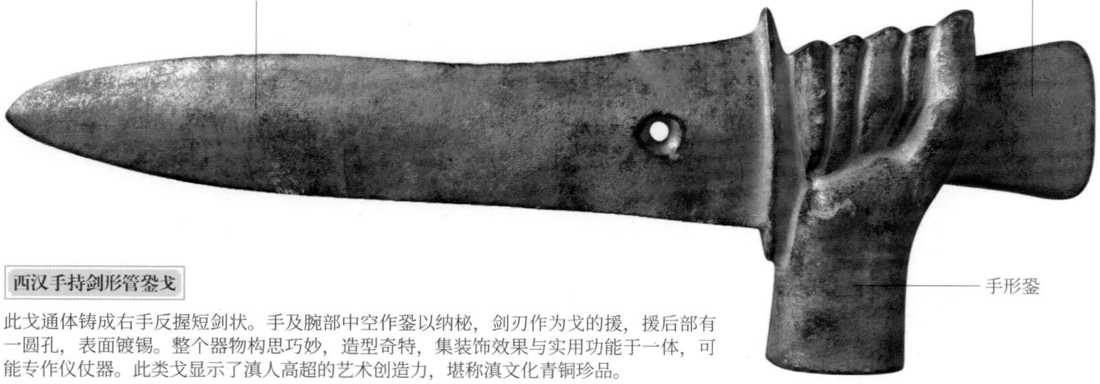

西汉手持剑形管銎戈

此戈通体铸成右手反握短剑状。手及腕部中空作銎以纳柲，剑刃作为戈的援，援后部有一圆孔，表面镀锡。整个器物构思巧妙，造型奇特，集装饰效果与实用功能于一体，可能专作仪仗器。此类戈显示了滇人高超的艺术创造力，堪称滇文化青铜珍品。

与其他兵器一样，秦朝武库中的长胡刃内戈和采用同样戈头的联装戟都是精良武器，制作工艺已经达到了极高水平。其形制高度规范化这一点，更是关中六国从未实现过的。因此，我们称其为青铜兵器的巅峰也不为过。

然而，就和秦朝的国祚一样，辉煌往往是短暂的。“戍卒叫，函谷举，楚人一炬。”秦朝在顷刻之间崩塌，而制作精良的青铜戈戟也不可避免地被钢铁所制的同类取代了。

到了汉代，兵器发生了很大的变化，一些兵器被逐步淘汰。有一种观点认为，戈也属于此类应被淘汰的老派兵器。并且在汉代，大多数场合所说的“干戈”只是虚指，是武器的代名词。戈在汉代的发展分化为两路：一路继续保持戈的基本形制；一路改变形制，与戟合流，加入戟的行列。

西汉仅有少量铜戈出土，而且大多出自高级贵族的墓葬内，比如狮子山楚王墓、山东临淄齐王墓、盱眙大云山江都王陵1号墓等都有出土。出土的铜戈戈头用鎏金或彩绘精心装饰，配有鎏金铜质柲帽甚至是纯金的柲帽，柲帽顶部还附有精美的鸟形饰物。这类戈往往和玉戈同出，装饰精美，是高规格的仪仗器而并非是实战兵器。

这也说明戈在汉代战争中地位不断下降，渐渐失去了实战功能，只剩下作为仪仗器和礼器的功能。

许慎所著的《说文 · 戈部》有云：“戈，平头戟也。”刘熙在《释名 · 释兵》中说：“戟，格也，旁有枝格也。戈，句矛戟也。”他们已经把戈也叫作戟了，或是把戈纳入了戟的范畴。许慎和刘熙都是东汉人，他们的观点代表了东汉时期对戈戟的认识，并不一定能代表西汉时代的实际情况。不过话说回来，也许这正是传统的戈在西汉趋于没落所导致的直接后果吧。

秦代的戈保持了东周末期的主流风格。

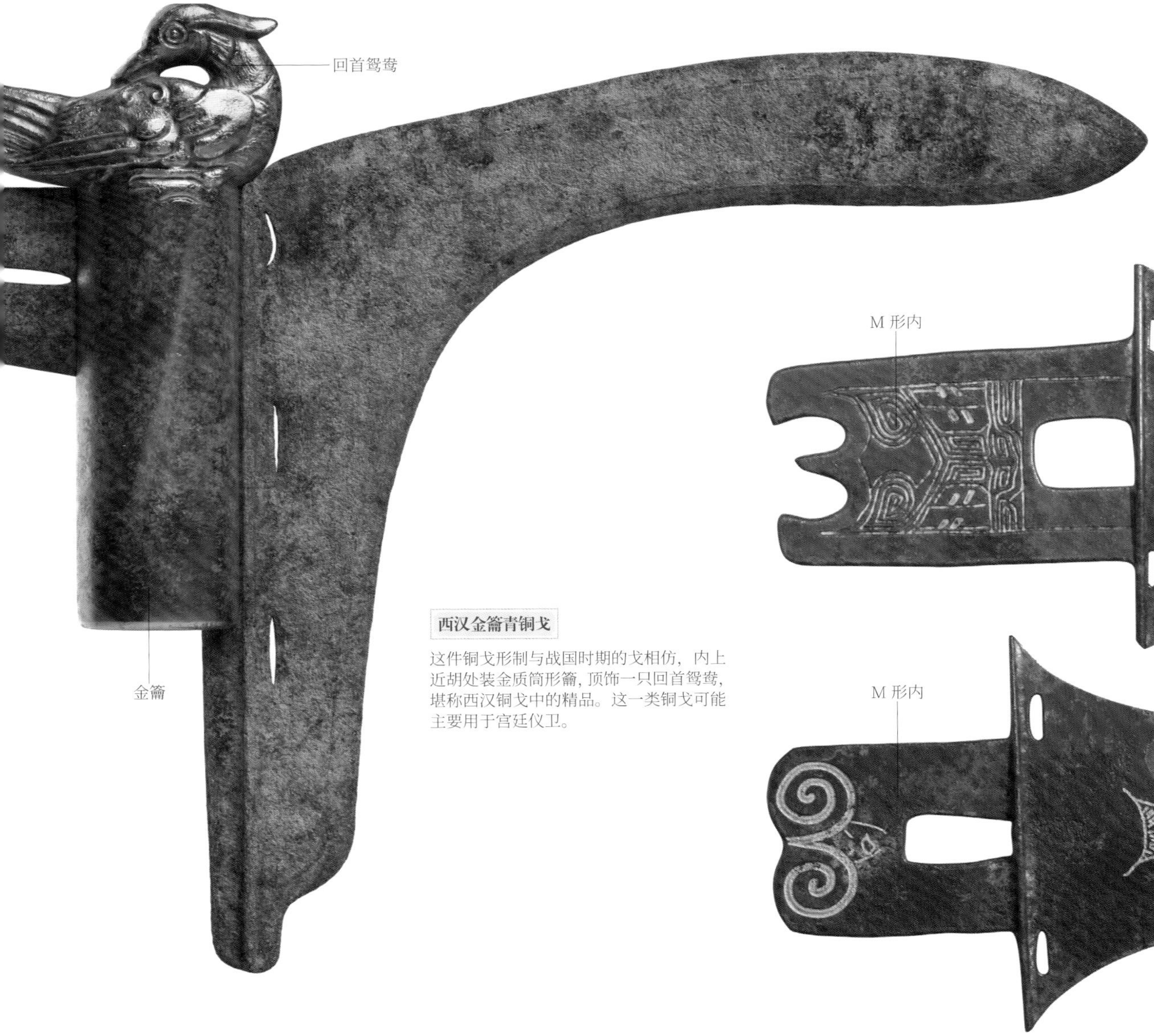

西汉金箍青铜戈

这件铜戈形制与战国时期的戈相仿，内上近胡处装金质筒形箍，顶饰一只回首鸳鸯，堪称西汉铜戈中的精品。这一类铜戈可能主要用于宫廷仪卫。

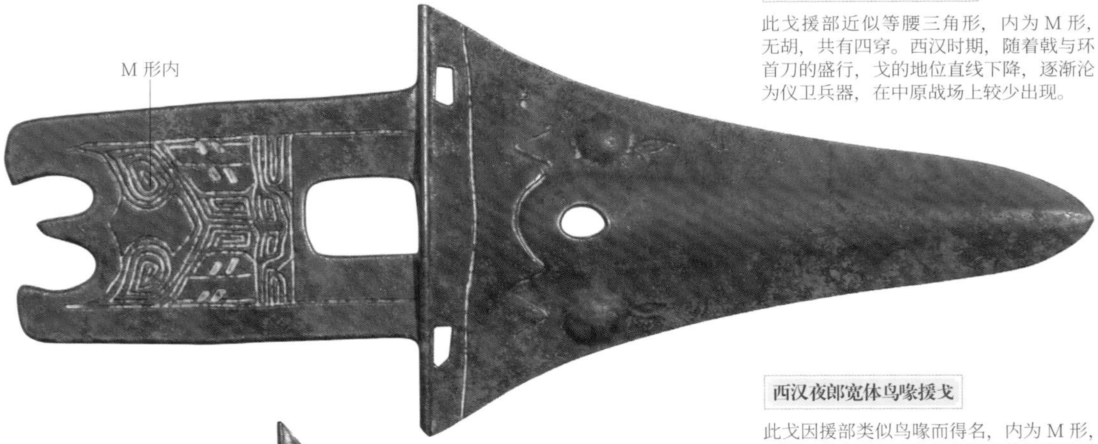

战国至西汉夜郎三角援戈

此戈援部近似等腰三角形，内为M形，无胡，共有四穿。西汉时期，随着戟与环首刀的盛行，戈的地位直线下降，逐渐沦为仪卫兵器，在中原战场上较少出现。

西汉夜郎宽体鸟喙援戈

此戈因援部类似鸟喙而得名，内为M形，无胡，共有四穿。夜郎鸟喙宽体援戈的发现，证明戈在汉代边远地区仍有一定的生命力。

戟的结构

戟与戈合称句兵，戈拥有的所有攻击方式——啄击、钩割、斩斫、推击，作为后继者的戟同样拥有。所不同的是，戟作为戈与矛的结合体，比戈多出一根戟刺，因此格外获得了一项攻击技能——穿刺，这就使戟的攻击方式比戈更加灵活多变。兼具戈与矛双重特性的戟，实用性与戈相比大大提升，如此一来，它便逐渐取代了戈的地位。

戟通常分为两类：联装戟和整体式戟。

戟是戈与矛的结合体，相较于戈，其形制显得更加复杂。考古发现的戟大多数可以分为联装戟和整体式戟两类。

联装戟

联装戟由戟刺和戈头两个部分联装于戟柲而成。戟刺的形制类似矛头或箭镞。不过联装戟的戟刺通常比真正的矛头略小，比箭镞更大。而所用的戈则和同时代的戈类似，数量从一个到三个不等，从上至下逐次安装。

汉代画像石，画面中一人手持长戟向另一人刺去，另一人战败落荒而逃。

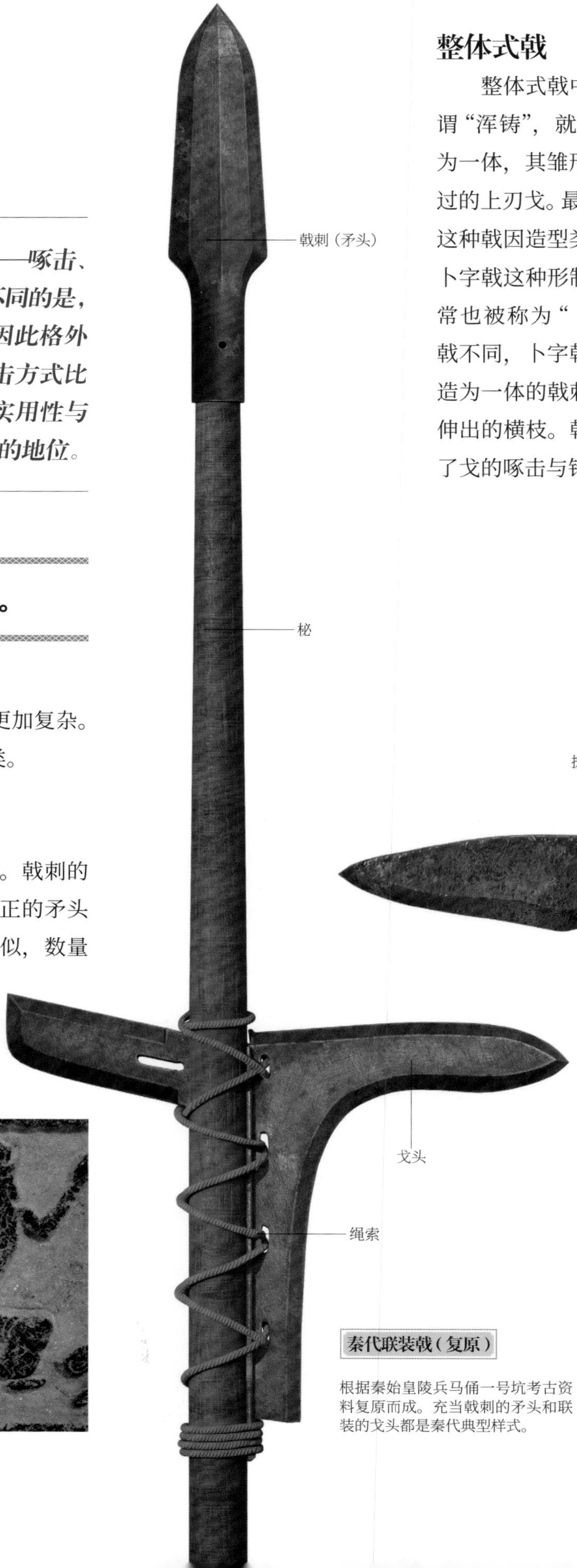

秦代联装戟（复原）

根据秦始皇陵兵马俑一号坑考古资料复原而成。充当戟刺的矛头和联装的戈头都是秦代典型样式。

整体式戟

整体式戟中，最早出现的是浑铸戟。所谓“浑铸”，就是把联装戟的各个部件铸造为一体，其雏形大约是西周早期到中期流行过的上刃戈。最常见的整体式戟则是卜字戟，这种戟因造型类似汉字中的“卜”字而得名。卜字戟这种形制主要存在于铁戟中，所以通常也被称为“卜字铁戟”。与联装戟、浑铸戟不同，卜字戟的戟头结构简洁，只留下锻造为一体的戟刺和胡，以及垂直于戟刺横向伸出的横枝。戟刺用于刺杀，而戟枝则继承了戈的啄击与钩割功能。

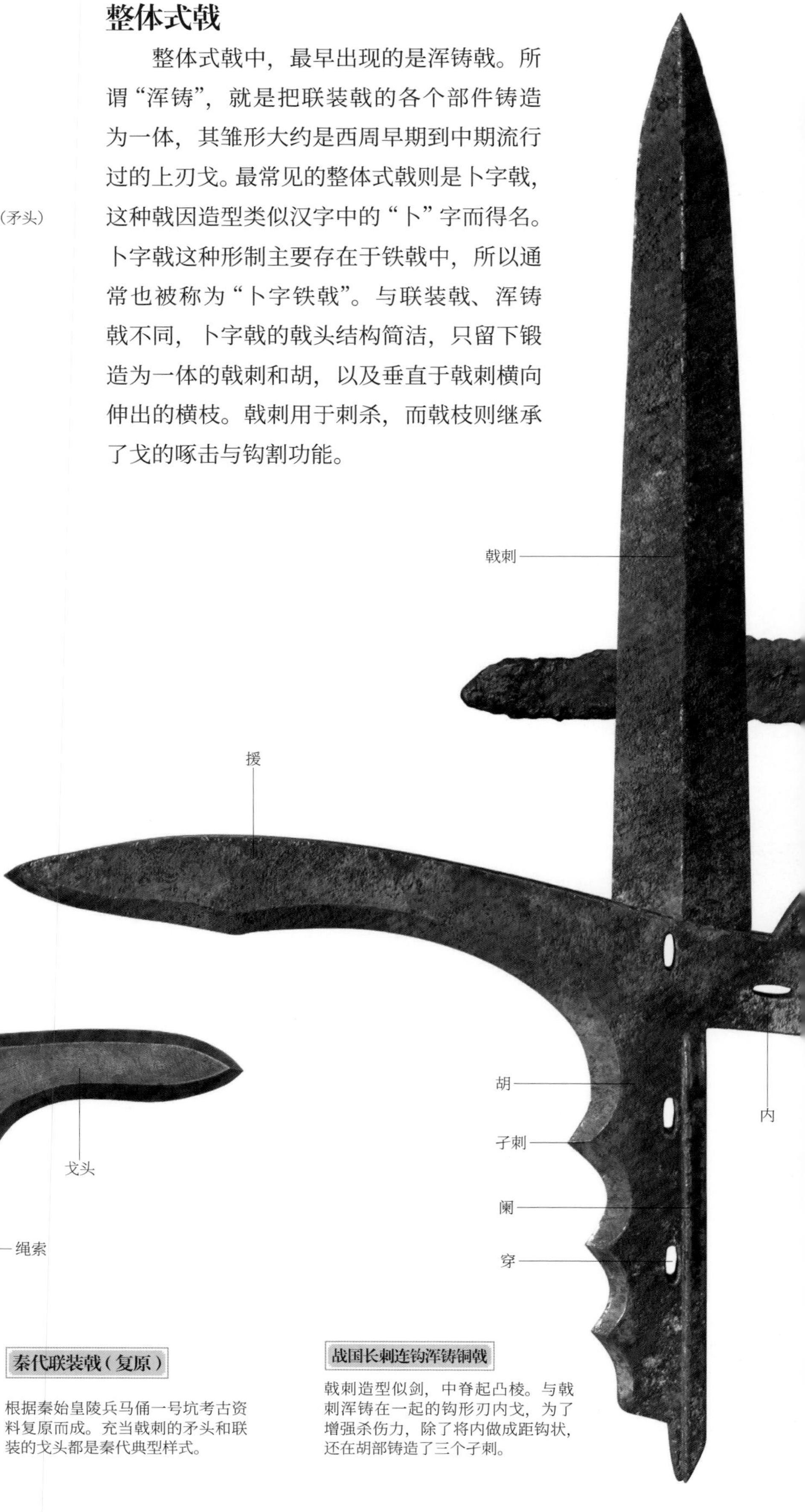

战国长刺连钩浑铸铜戟

戟刺造型似剑，中脊起凸棱。与戟刺浑铸在一起的钩形刃内戈，为了增强杀伤力，除了将内做成距钩状，还在胡部铸造了三个子刺。

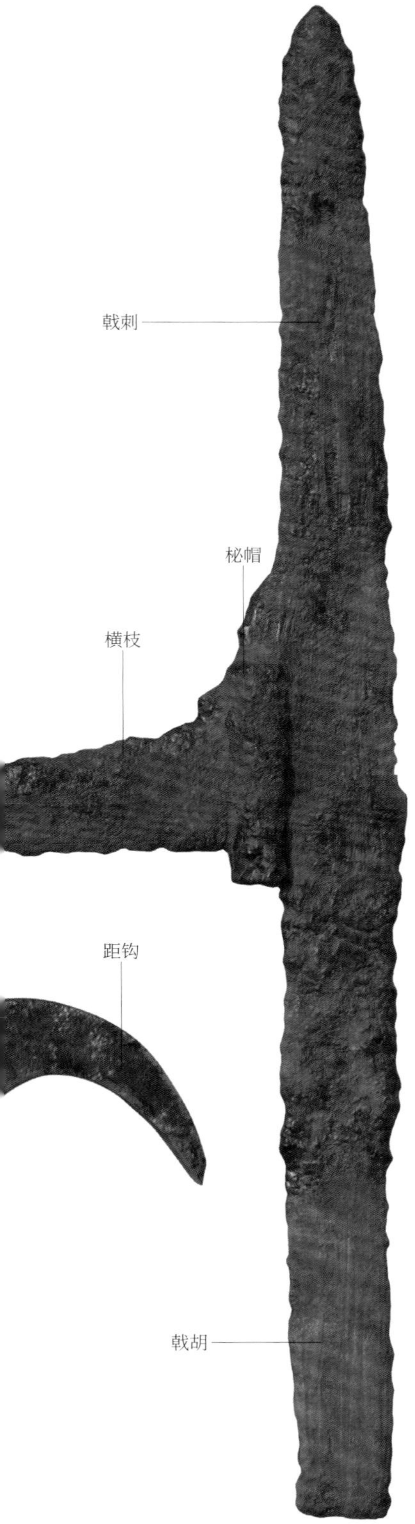

西汉卜字铁戟

这是一柄标准的卜字戟，横枝与戟刺、戟胡垂直相交。由于铁器容易锈蚀，汉代墓葬出土的铁戟许多都锈迹斑斑，甚至看不出本来面目。狮子山楚王墓出土的铁戟由于捆成若干捆，就出现了严重的锈蚀情况。

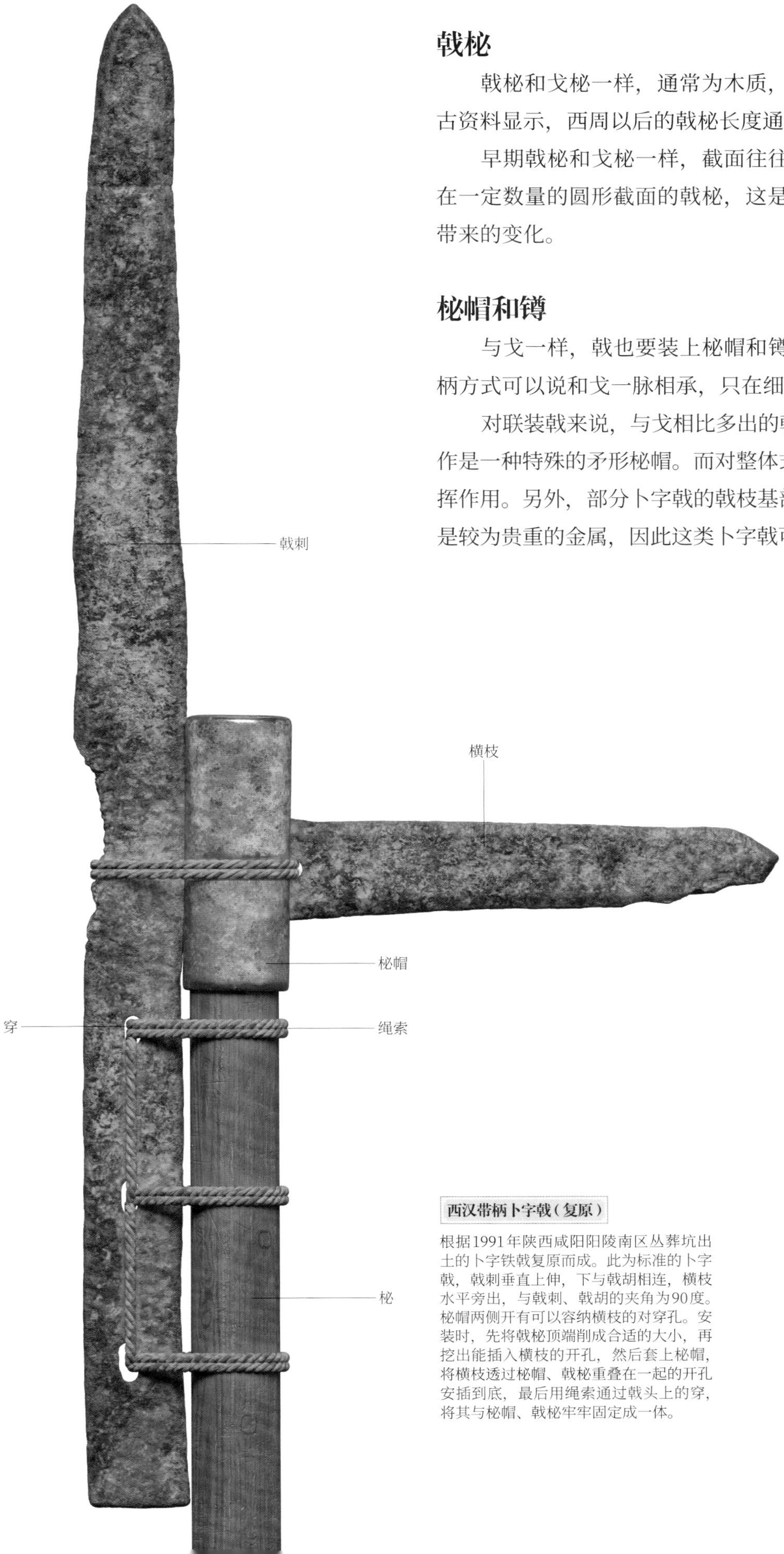

西汉带柄卜字戟（复原）

根据1991年陕西咸阳阳陵南区丛葬坑出土的卜字铁戟复原而成。此为标准的卜字戟，戟刺垂直上伸，下与戟胡相连，横枝水平旁出，与戟刺、戟胡的夹角为90度。柲帽两侧开有可以容纳横枝的对穿孔。安装时，先将戟柲顶端削成合适的大小，再挖出能插入横枝的开孔，然后套上柲帽，将横枝透过柲帽、戟柲重叠在一起的开孔安插到底，最后用绳索通过戟头上的穿，将其与柲帽、戟柲牢牢固定成一体。

戟柲

戟柲和戈柲一样，通常为木质，但其长度要比戈柲稍长，根据考古资料显示，西周以后的戟柲长度通常在2米以上。

早期戟柲和戈柲一样，截面往往并非圆形。不过东周之后，也存在一定数量的圆形截面的戟柲，这是由戟的形制和使用方式的改变所带来的变化。

柲帽和镦

与戈一样，戟也要装上柲帽和镦才能构成一柄完整的戟。戟的装柄方式可以说和戈一脉相承，只在细节上有所差别。

对联装戟来说，与戈相比多出的戟刺被安装在戟柲的顶端，可以看作是一种特殊的矛形柲帽。而对整体式铁戟来说，则以戟枝代替戈援发挥作用。另外，部分卜字戟的戟枝基部附有青铜柲帽以便加固。由于铜是较为贵重的金属，因此这类卜字戟可能属于同类中相对高档的类型。

春秋镂空方锥形镦

镦是安装在戈戟杆柲底部的配件。此镦的底部被设计成镂空方锥形，有利于将武器插在地上。

戟的出现与兴盛

东周时期，人们在戈头上方联装了一个矛刺。于是，一种新的兵器就此出现，它就是戟。不仅文献中存在大量关于戟的记载，而且传世著录或考古出土器物上自铭为戟者亦屡见不鲜，可见戟已成为当时常用的实战兵器。

联装戟的发展

在战争不断趋向白热化的东周时代，即便是一种新生的武器，联装戟也处在一个不断发展变化的过程中。除了具备同时期戈头形制的特征外，工匠们也在继续吸收其他兵器的特有效能，以完善戟的改进。

曾侯乙墓棺椁漆画上手执双戈戟的武士。

战国三戈铜戟

增加联装的戈头数量是戟的改进方向之一。这柄联装戟是在一把长柄矛上安装了三个青铜戈，连柲长3.43米。这种多戈戟多见于南方地区，起初是步兵武器，用于步战。这件长达3米的多戈戟，应该是车战兵器，用于钩杀对方的车士，同时也能攻击对方接近战车的步兵。

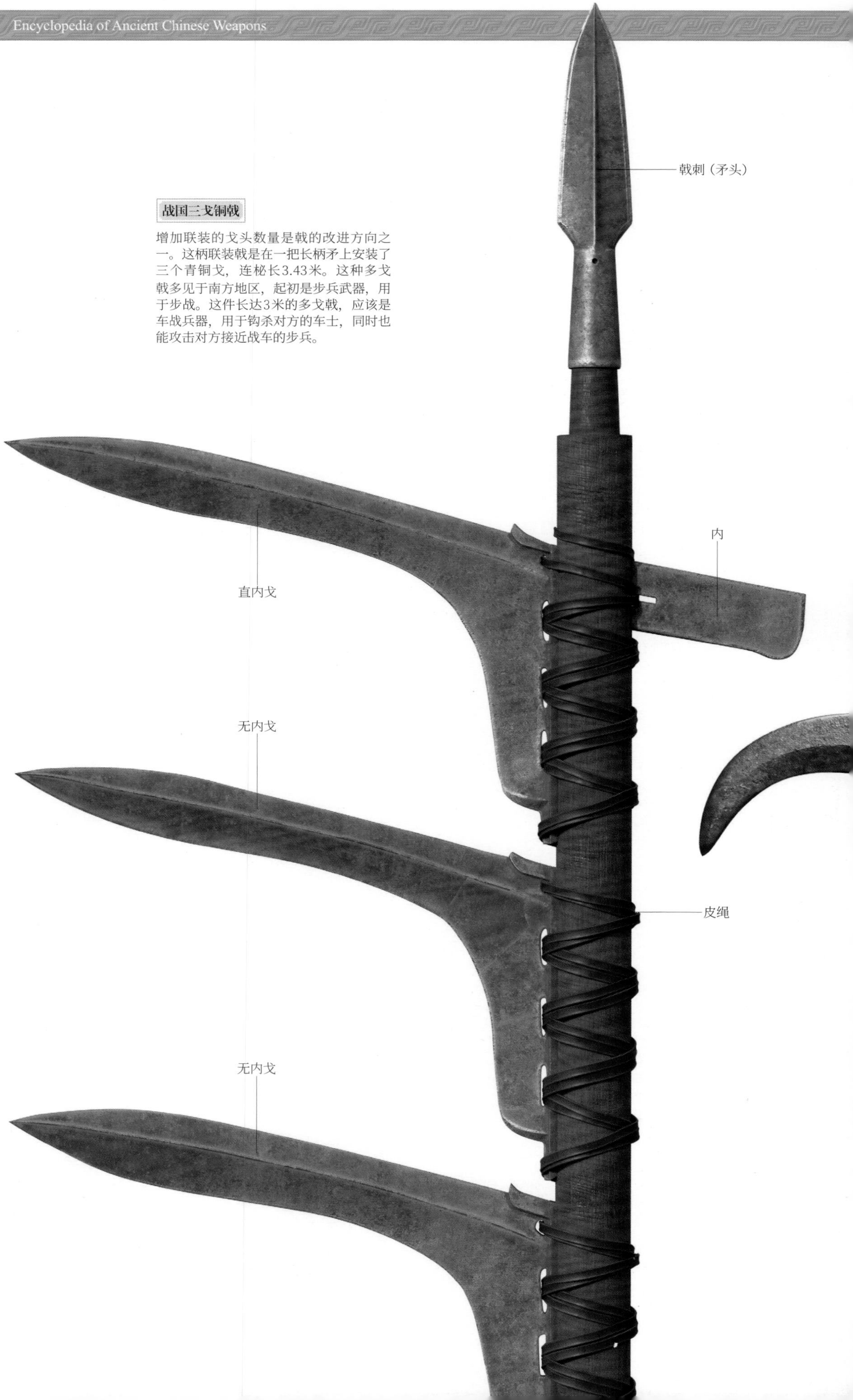

就目前的考古发现来看，戟的改进方式有以下几种：

一、在戟戈的戈内上增加距钩，比如湖北枣阳九连墩1号墓出土的钩形刃内联装戟，其援部修长，而内部后缘则制成距钩的形状。

二、增加联装的戈头数量，由此便产生了所谓的“多戈戟”。比如著名的随州曾侯乙墓就出土过类似的戟，在更迟的楚国墓葬中也多有发现。这种戟的联装形式表现为一矛多戈或者无矛多戈，第二戈和第三戈特别设计为无内型。

三、增设分离式的距钩和子刺附件。这些附件可另行与戈戟甚至是其他车战长兵组合，以增强杀伤效能。与设置在戈头上的同类构造相比，这些附件虽然安装起来比较麻烦，牢固度也较差，但好处是不会增加戈头的铸造难度和复杂程度。另外，一旦附件损坏，更换起来也比较容易，因此可算是一种更贴合实战的改进方式。

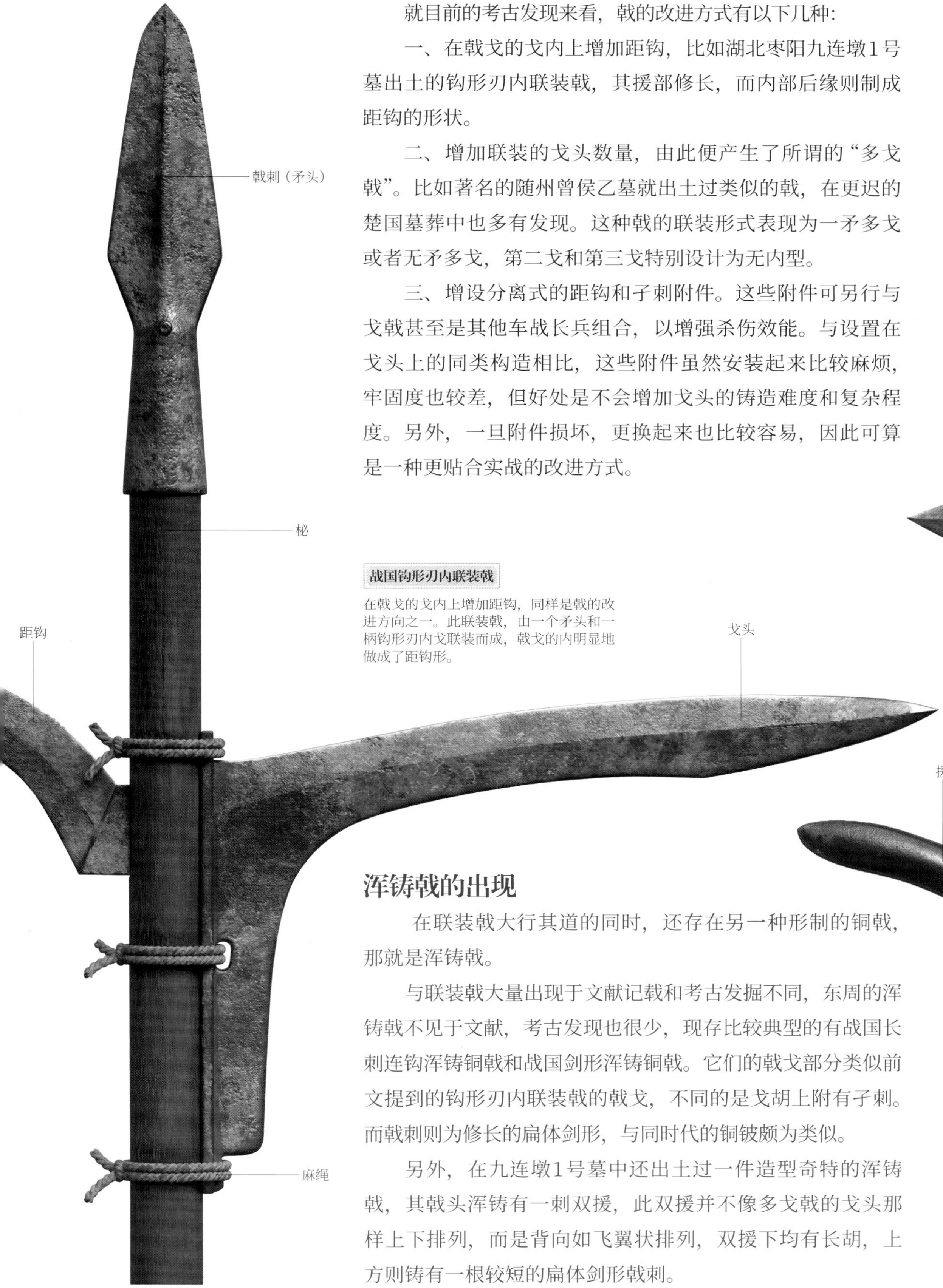

战国钩形刃内联装戟

在戟戈的戈内上增加距钩，同样是戟的改进方向之一。此联装戟，由一个矛头和一柄钩形刃内戈联装而成，戟戈的内明显地做成了距钩形。

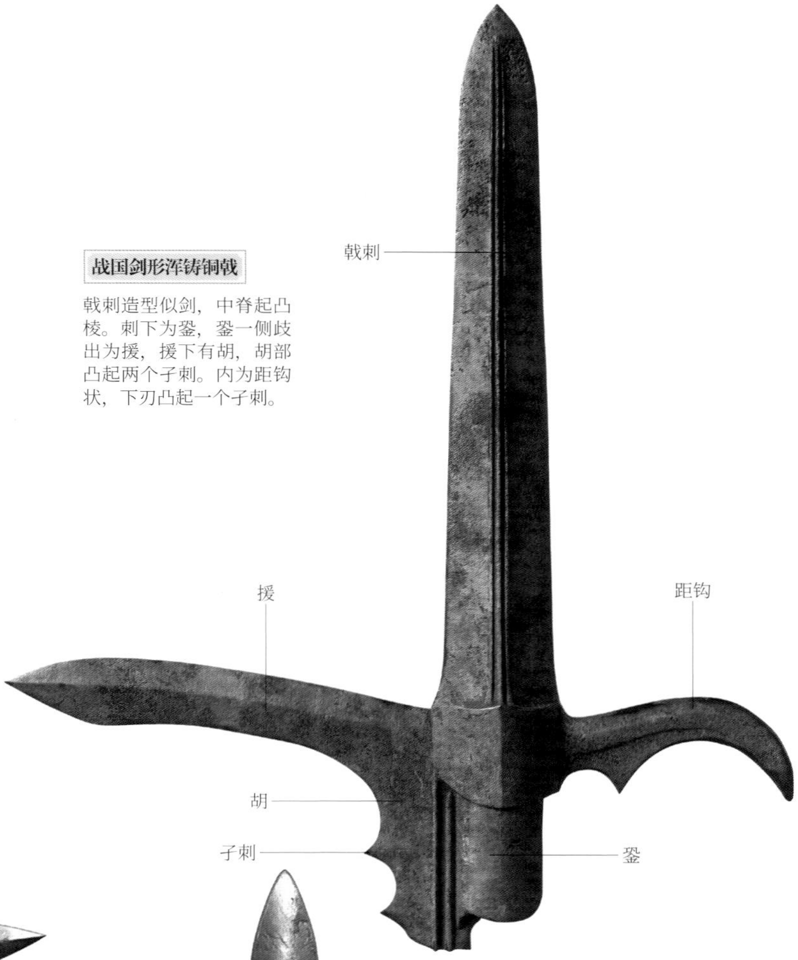

战国剑形浑铸铜戟

戟刺造型似剑，中脊起凸棱。刺下为銎，銎一侧歧出为援，援下有胡，胡部凸起两个子刺。内为距钩状，下刃凸起一个子刺。

浑铸戟的出现

在联装戟大行其道的同时，还存在另一种形制的铜戟，那就是浑铸戟。

与联装戟大量出现于文献记载和考古发掘不同，东周的浑铸戟不见于文献，考古发现也很少，现存比较典型的有战国长刺连钩浑铸铜戟和战国剑形浑铸铜戟。它们的戟戈部分类似前文提到的钩形刃内联装戟的戟戈，不同的是戈胡上附有子刺。而戟刺则为修长的扁体剑形，与同时代的铜铍颇为类似。

另外，在九连墩1号墓中还出土过一件造型奇特的浑铸戟，其戟头浑铸有一刺双援，此双援并不像多戈戟的戈头那样上下排列，而是背向如飞翼状排列，双援下均有长胡，上方则铸有一根较短的扁体剑形戟刺。

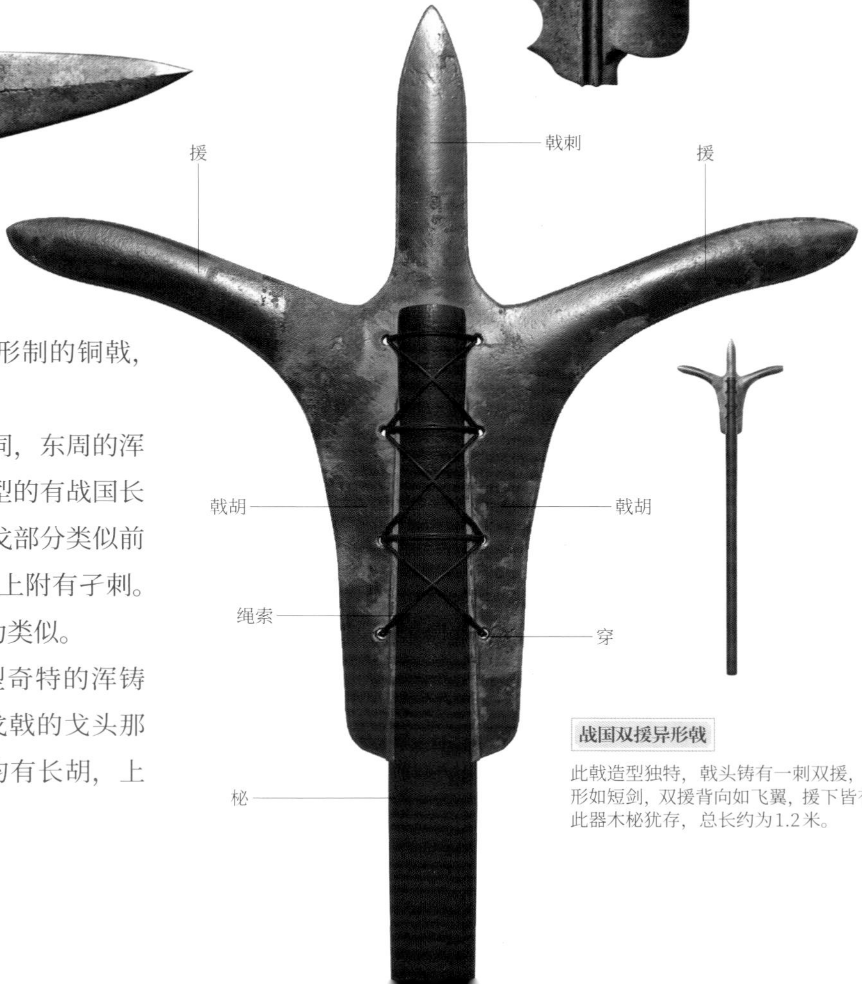

战国双援异形戟

此戟造型独特，戟头铸有一刺双援，戟刺形如短剑，双援背向如飞翼，援下皆有胡。此器木柲犹存，总长约为1.2米。

铁戟的兴起

在戈逐渐失去实战功能的同时，戟却有了极大的发展。戟作为实战兵器的地位不仅没有受到影响，甚至还有所提升，逐渐颠覆了戈与戟的概念。到了东汉时期，人们连戈的名称和形制都遗忘了，以至于把戈当作了戟的一种。

汉代画像石，两门吏皆着右衽长襦，执棨戟而立。

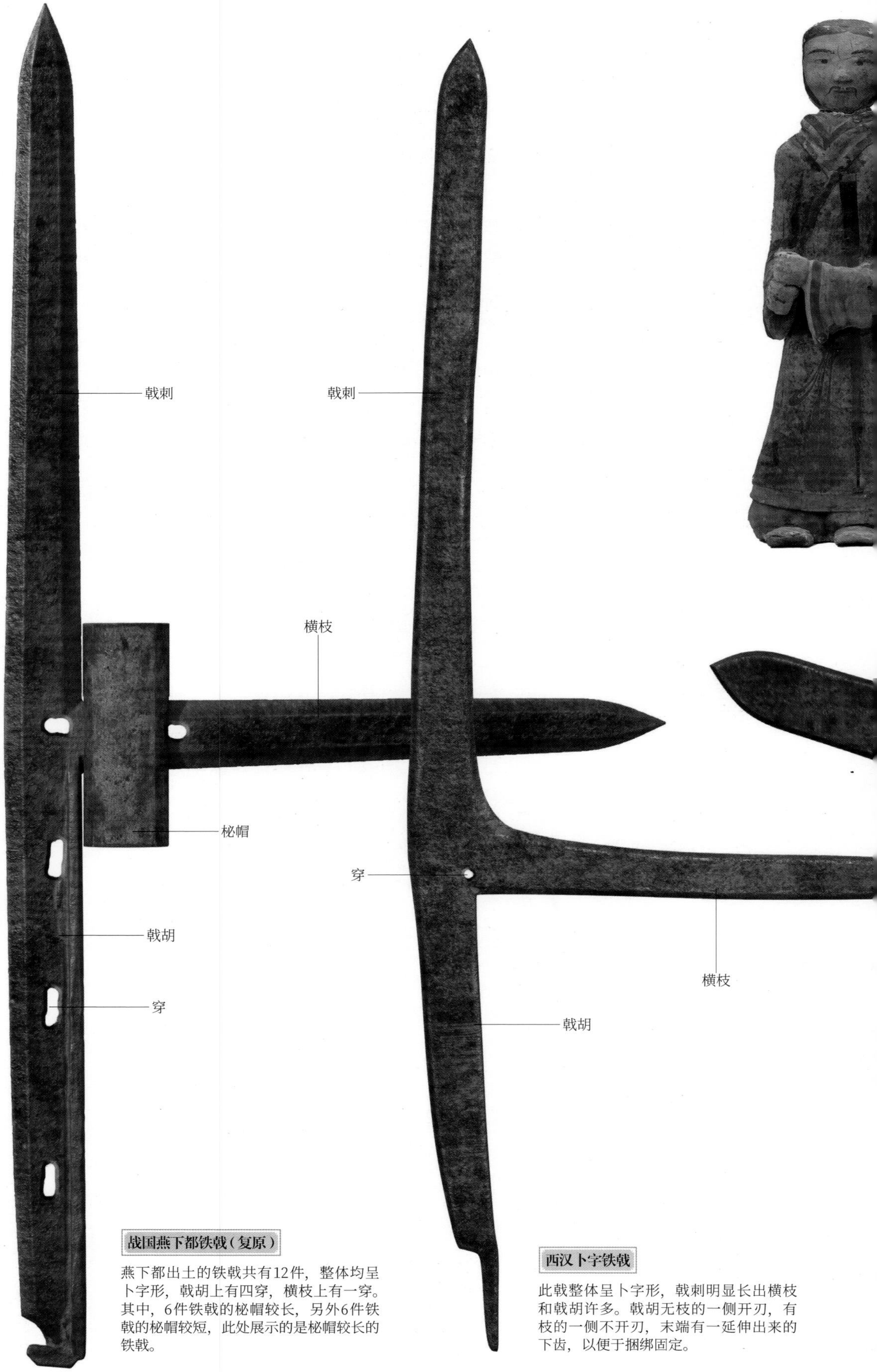

战国燕下都铁戟（复原）

燕下都出土的铁戟共有12件，整体均呈卜字形，戟胡上有四穿，横枝上有一穿。其中，6件铁戟的柲帽较长，另外6件铁戟的柲帽较短，此处展示的是柲帽较长的铁戟。

西汉卜字铁戟

此戟整体呈卜字形，戟刺明显长出横枝和戟胡许多。戟胡无枝的一侧开刃，有枝的一侧不开刃，末端有一延伸出来的下齿，以便于捆绑固定。

西汉彩绘执兵陶俑

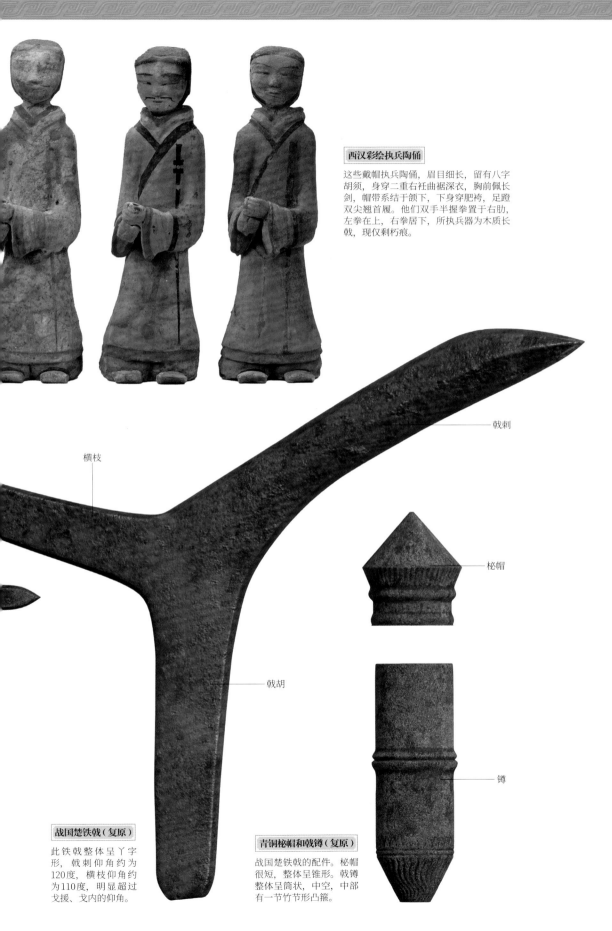

这些戴帽执兵陶俑，眉目细长，留有八字胡须，身穿二重右衽曲裾深衣，胸前佩长剑，帽带系结于颌下，下身穿肥袴，足蹬双尖翘首履。他们双手半握拳置于右肋，左拳在上，右拳居下，所执兵器为木质长戟，现仅剩朽痕。

铁戟真正在战场上充分发挥效能，是在西汉。

从西汉开始，在战场上大行其道的并非是东周和秦代流行的联装戟，更不是把联装戟的组件铸为一体的浑铸戟，而是一种全新的整体式戟。这种戟的杀伤部位只有戟头一个部件。其戟头造型简洁，只有戟刺、横枝以及与戟刺连为一体的戟胡三个部分。这类戟中除了少数仪仗器和明器外，绝大部分都是用铁或钢制造的，这都与前述的两种旧式戟大为不同。当然，这类整体式戟头并非到汉代才出现，而是出现于东周晚期。从形制上说它大体上可以分为卜字戟和丫字戟两类。

卜字戟和丫字戟的出现

目前最早的卜字戟出土于著名的河北易县武阳台燕下都44号墓，有12把之多。这些整体式铁戟的戟刺竖直，下与长胡连为一体。胡上有五穿，后有阑，而横枝从戟刺和戟胡交界处垂直伸出。其整体轮廓类似汉字中的“卜”字，故而得名。戟上还附有铜柲帽，分长短两种。另外在甘肃秦安上袁家秦墓也出土过一件形制类似的戟。

最早的丫字戟出土于湖南衡阳公行山2号楚墓，同样是铁兵。因出土时间较早，其照片模糊且缺乏文字描述，我们只能看出一个大致的轮廓。此戟的戟刺和横枝各自朝前斜向伸出，和戟胡的夹角成较大的钝角。与卜字戟不同，这种戟的整体轮廓类似汉字中的“丫”字。

上述两种铁戟的出现，说明早在东周末期，新式铁戟替代旧式铜戟的过程就已经出现了。而要着重说明的是，燕下都44号墓是个阵亡士卒的丛葬墓，而非贵族墓，且此墓是在交战后草草埋葬而成。该墓不但出土了铁戟，还出土了铁矛、铁剑、铁甲片以及铁兜鍪等器物，而且其中的一件铁戟和两柄铁剑的材料已经称得上是钢了，并经过了整体淬火。另外在同时期的楚国墓葬中，也经常发现剑和矛一类的铁兵。可见燕国和楚国在东周末期已经在实战中较多地使用钢铁武器了。

当然，相对于同时期在战场上占垄断地位的联装铜戟，上述这类新型铁戟的数量还很少，范围也局限于个别地区。铁戟真正在战场上充分发挥效能，还要等到西汉之后。

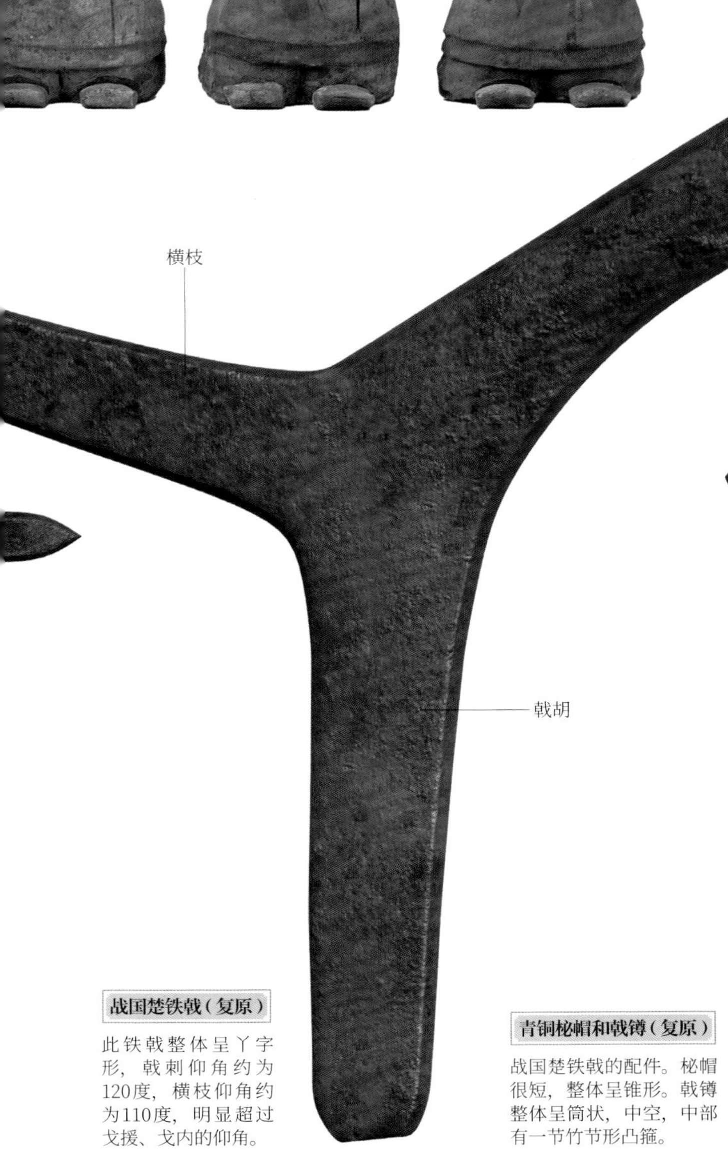

战国楚铁戟（复原）

此铁戟整体呈丫字形，戟刺仰角约为120度，横枝仰角约为110度，明显超过戈援、戈内的仰角。

青铜柲帽和戟镈（复原）

战国楚铁戟的配件。柲帽很短，整体呈锥形。戟镈整体呈筒状，中空，中部有一节竹节形凸箍。

汉代卜字戟的出土情况

西汉时期，冶铁技术有了巨大进步。铁的物理强度优于铜，并且比铜更加廉价，显然是制造兵器的绝佳选择。于是在各类铁兵大量出现的时候，铁戟也不落其后，被大批量制造出来。这一时期，戟的形制主要还是延续了东周晚期的卜字戟和丫字戟两种。

其中，卜字戟是汉代实战戟中最主要也是最重要的形制，它在汉墓中经常可以见到。比如河北满城汉墓就出土过2件，山东临淄西汉齐王墓出土过144件，江苏盱眙大云山西汉江都王陵1号墓甚至一次性出土了553件。除了贵族大墓之外，在其他的中小型汉墓中也经常有卜字戟出土。出土卜字戟墓葬的时代从西汉初期一直延续到三国时代，其使用时间之长，由此可见。

虽然这些墓葬中出土的卜字戟大部分是明器，甚至有些是青铜制造的，实用器较少，但我国古代有“事死如事生”的观念，认为死者在阴间依然过着阳间的生活，随葬的器物可以供死者在阴间使用。因此，就算是明器，卜字戟的数量，也足以说明这种形制的戟在汉代的重要性与广泛性。而且其延续的时间也很长，直到西晋仍有此类形制的卜字戟出土。下面举几个典型的例子以说明其时代跨度。

河北满城汉墓是西汉中期的墓葬。其中出土的两柄卜字戟分别长2.26米和1.93米，戟头通长分别为37厘米和36.7厘米，形制相似。它的横枝上附有一个铜柲帽，用麻线交叉缠扎。戟刺在靠近柲帽部分较粗，向刺逐渐收拢。戟刺和横枝外分别套有黑色木鞘，木鞘为两片木片合成，髹黑漆，其外有麻布缠绕的痕迹。其中一件经过检测，为多次加热渗碳并反复锻打而成的钢戟。与燕下都墓葬出土的钢戟相比，其制造技术有了较大的进步。另外，虽然两者形制大体相同，有明显的继承性，但是满城汉墓的钢戟通长略短，而戟刺和横枝的宽度则有所增加，这让戟头的强度更佳，也是一种进步的体现。

江苏盱眙东阳7号墓为新莽时期的中小型墓葬，其中也出土过一件保存完好的卜字戟。这件铁戟木柲全长2.49米，其戟刺和横枝上套有麻布胎，外有髹棕黄色漆的戟鞘。其戟头的形制和满城汉墓铁戟基本相同，同样附有铜柲帽，只是戟胡部分比较短。

河南新密后士郭村1号东汉晚期墓中，也出土了卜字铜戟，该戟器形较小，应该是明器。其形制和西汉时期的卜字戟仍然有明显的继承关系。

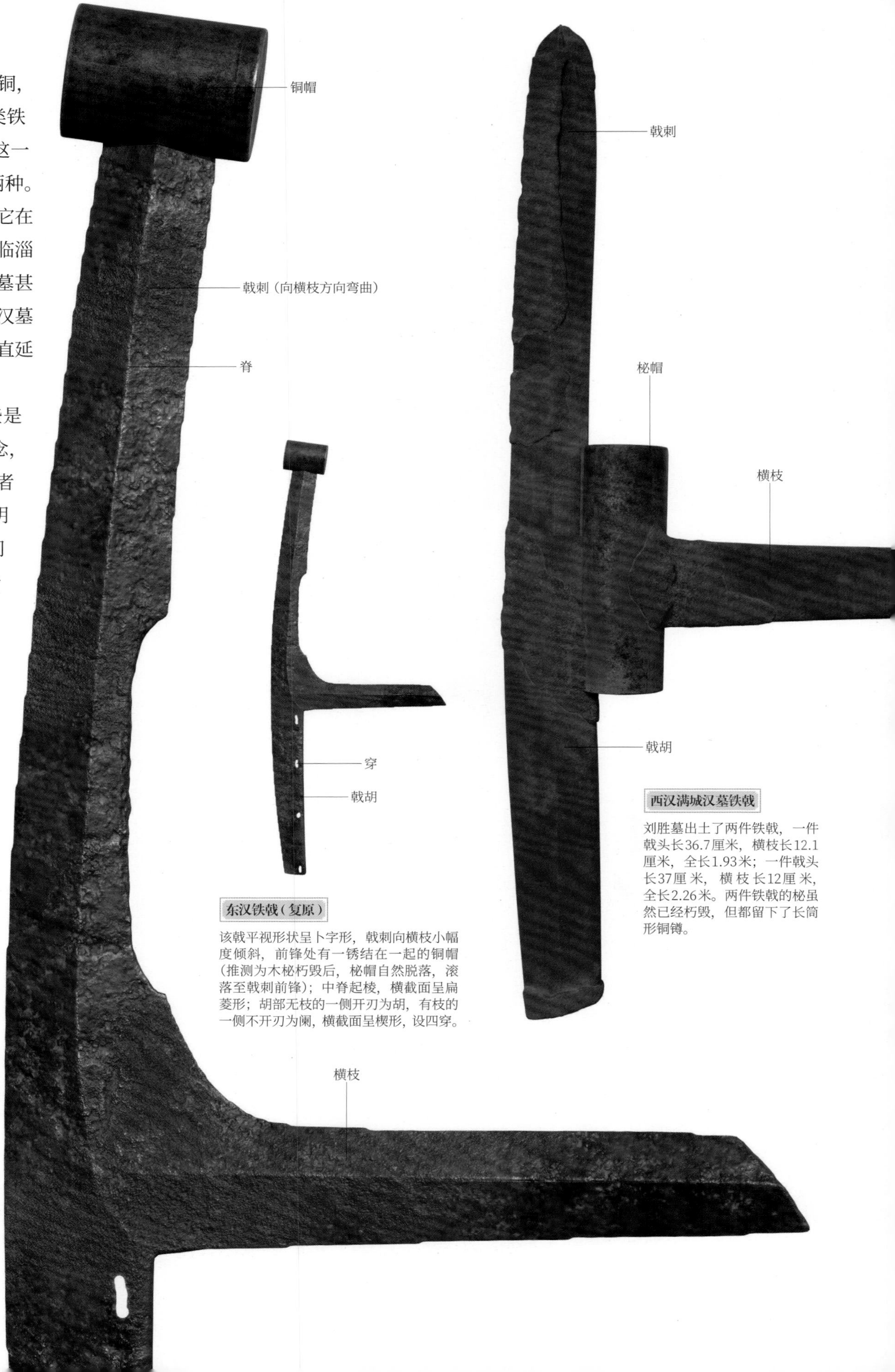

东汉铁戟（复原）

该戟平视形状呈卜字形，戟刺向横枝小幅度倾斜，前锋处有一锈结在一起的铜帽（推测为木柲朽毁后，柲帽自然脱落，滚落至戟刺前锋）；中脊起棱，横截面呈扁菱形；胡部无枝的一侧开刃为胡，有枝的一侧不开刃为阑，横截面呈楔形，设四穿。

西汉满城汉墓铁戟

刘胜墓出土了两件铁戟，一件戟头长36.7厘米，横枝长12.1厘米，全长1.93米；一件戟头长37厘米，横枝长12厘米，全长2.26米。两件铁戟的柲虽然已经朽毁，但都留下了长筒形铜镈。

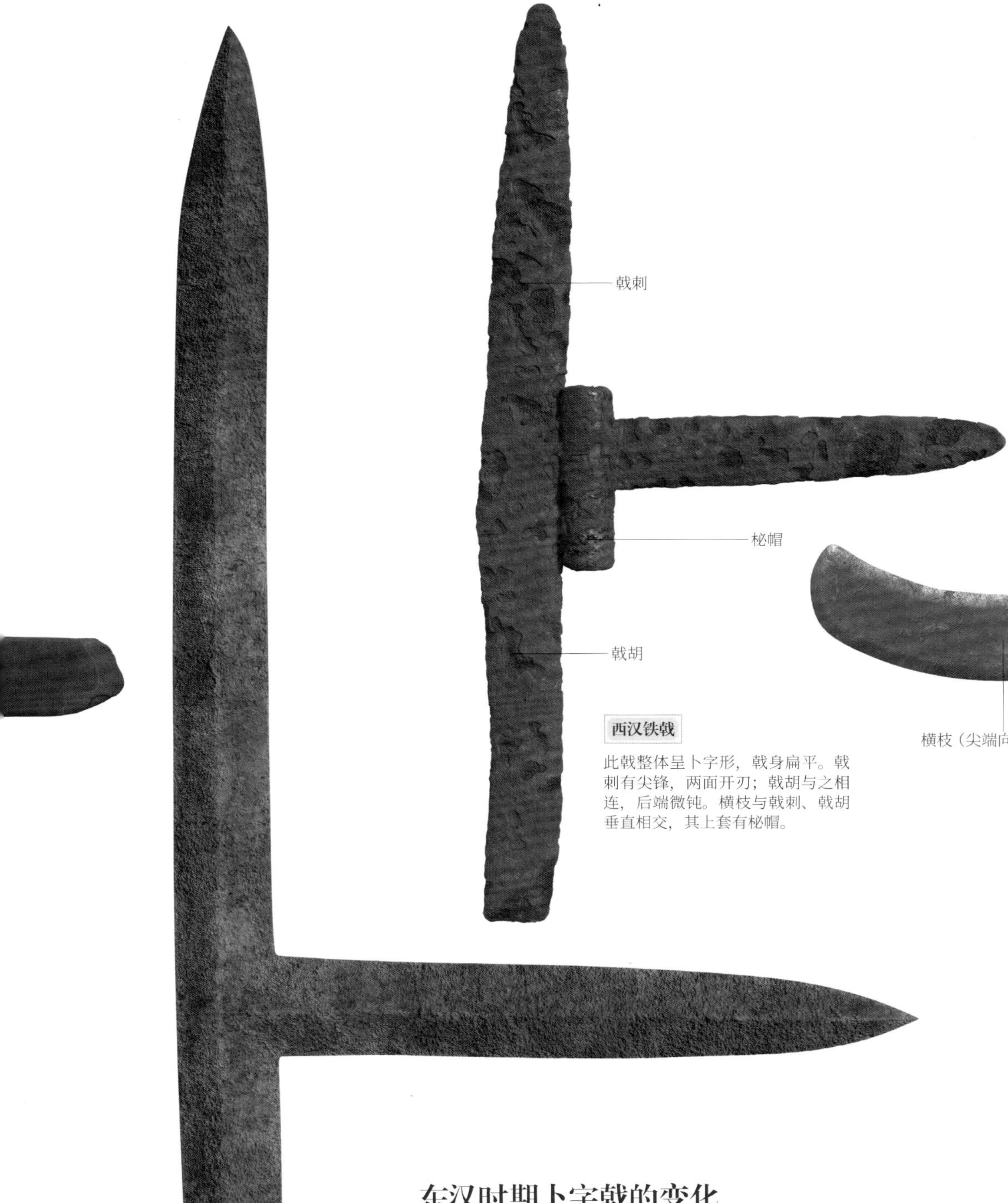

西汉铁戟

此戟整体呈卜字形，戟身扁平。戟刺有尖锋，两面开刃；戟胡与之相连，后端微钝。横枝与戟刺、戟胡垂直相交，其上套有柲帽。

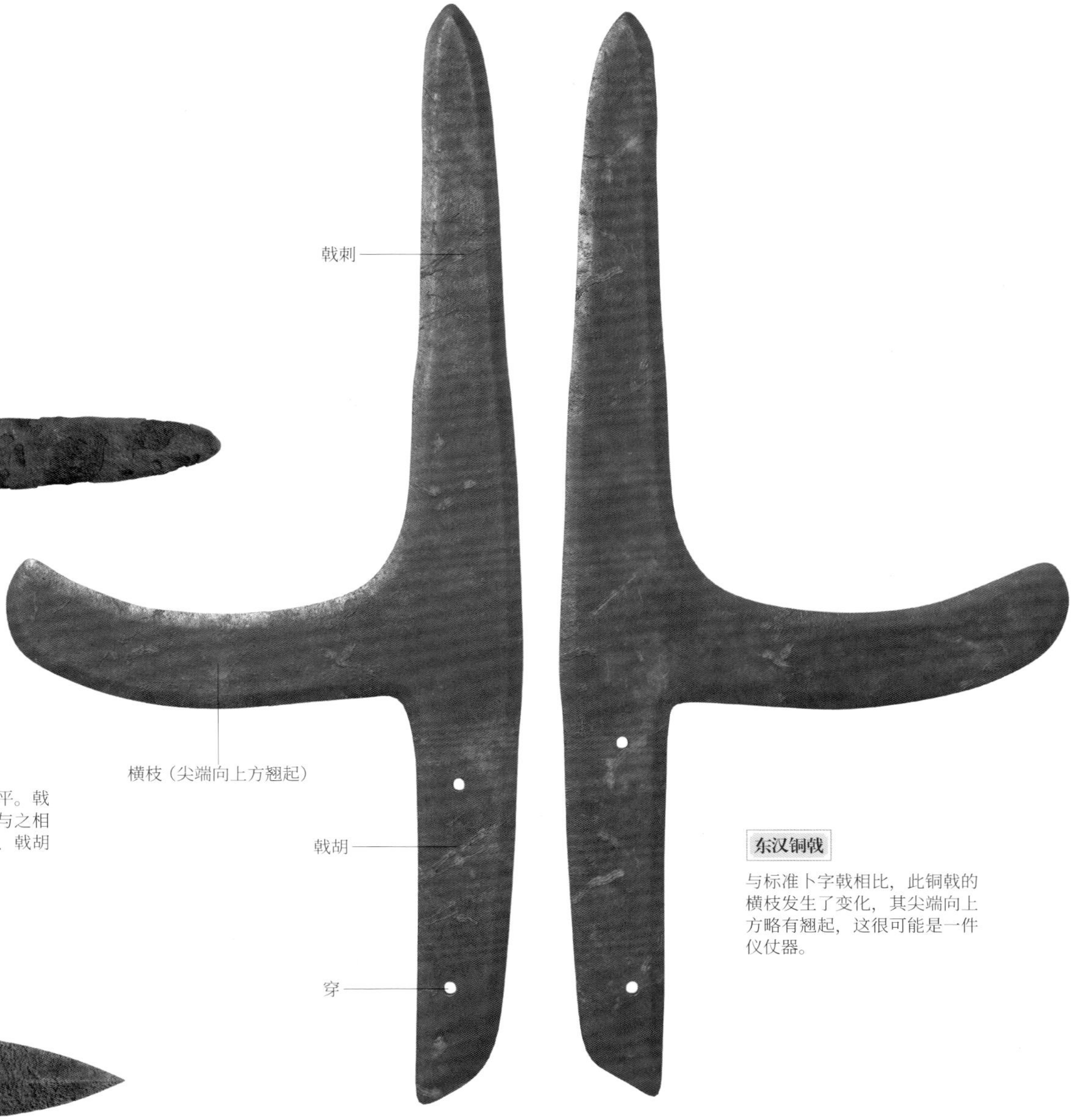

东汉铜戟

与标准卜字戟相比，此铜戟的横枝发生了变化，其尖端向上方略有翘起，这很可能是一件仪仗器。

东汉铜戟

此铜戟整体造型和西汉时期的卜字戟区别不大，但它器形轻小，未有任何穿孔，应为陪葬用的明器。

东汉时期卜字戟的变化

到了东汉时期，卜字戟的形制总体上来说延续了西汉时期的特征，不过其中一小部分在细节上出现了两种变化。

一、戟刺的形制发生了变化。江西南昌的一座东汉早期墓葬中，便出土了一件戟刺异化的卜字戟。这件铁戟通长49厘米，横枝已残，不过横枝垂直于戟胡的形制和西汉时的卜字戟一致。然而，其戟刺部分并非如西汉时期那样与戟胡形成一条直线，而是呈弧形向横枝的方向弯曲。另外在东阳一座东汉后期的墓葬中也出土过一件类似的铁戟，只不过其戟刺弯曲的程度相对较小。

二、横枝的形制发生了变化。比如广州越秀区东汉前期墓出土的铜戟，其戟刺和戟胡的形状和通常的卜字戟类似，但横枝的尖端却向上方略有翘起。不过这件铜戟本身可能并非实战兵器，而是仪仗器。另外，在河北定州北庄一座东汉晚期墓中也出土过形制几乎相同的铁戟。

上述两种改进形制的戟在考古上发现得并不多，不过在画像、雕塑中倒是经常出现。

汉代丫字戟的出土情况

丫字戟无论是在时间跨度上，还是在考古发现的数量上都远逊于卜字戟。不过，对整体式铁戟的出现和演化过程来说，丫字戟的形制变化倒是能够起到一个较好的说明。

典型的丫字铁戟出土自河南保安山2号墓，此墓属于西汉前期的墓葬。而这件出土铁戟延续了东周晚期丫字戟的外观，不过其戟刺和戟胡都更加修长，且两者的夹角更大，达到近168度。在时代稍晚的广州南越王墓中也出土过类似的丫字戟，不过其戟刺和戟胡的夹角略小。

除了上述两种丫字戟外，还有一种丫字铜戟。这种戟只在西汉时期的诸侯王大墓中出现，江苏盱眙大云山西汉江都王陵1号墓就出土过1件，徐州狮子山楚王墓则出土了5件。其中，狮子山楚王墓出土的器形最大的那件与江都王陵1号墓出土的铜戟形制几乎一模一样：戟刺与戟胡的夹角介于东周丫字戟和上述两种丫字铁戟之间，戟刺略微向下弯曲；戟刺下刃和戟胡上共有3个孑刺，横枝下刃上也有1个孑刺；横枝上还附有1枚柲帽。

这种铜戟很有可能就是文献中记载的雄戟。《史记·司马相如列传》引《子虚赋》云：“建干将之雄戟。”司马贞在《史记索隐》中引《方言》解释道：“戟中小孑刺者，所谓雄戟也。”另外东汉中期的史岑在《出师颂》中说：“乃命上将，授以雄戟。”这说明雄戟是一种贵重的仪仗器，结合前文所述，恰好与丫字铜戟的形制、细节以及出土墓葬的规格相吻合。

从形制上看，丫字戟是东周末期铜戈的延续和进一步发展。原先和胡成110度夹角的戈援变得更加上翘，进而变为倾斜刺出的戟刺，这样戟刺便兼有了刺击和原先戈援的功能。与此同时，戈胡和刃内变得更长，分别变化成丫字戟的戟胡和横枝。这一点在雄戟上体现得尤为明显。丫字铁戟则进一步增大戟刺和戟胡的夹角，省去了刃部的曲线和孑刺，这样在强化了刺击功能的同时，降低了制造难度，可以大批量制造。

卜字戟与丫字戟的关系

过去有一种观点认为，卜字戟是东周后期浑铸铜戟的延续和改进，而丫字戟则是卜字戟的一种变形。这种说法值得商榷。

在这一观点中，卜字戟的戟刺直接延续了浑铸戟的戟刺部分，而浑铸戟中戈内部分则与距钩、孑刺等其他部件一并被省略，只剩下戈援演化成了卜字戟的横枝。

然而，我们从卜字戟的装柲方式可以看出：卜字戟的横枝穿过戟柲固定，正如戈内穿过戈柲来固定。这样的横枝与其说是戈援的延续，倒不如说是刃内的延续。至于戟刺，我们对比一下丫字戟的形制和演变就可以看出，卜字戟的戟刺与其说是浑铸戟戟刺的延续，倒不如说是铜戈的戈援与戈胡的夹角扩大到180度，以至于两者连成了一条直线，这样卜字戟的戟刺便产生了。

而且卜字戟出现的时间和丫字戟一样都是在东周后期，并没有明显的先后之分。况且两者同样演化自铜戈，丫字戟的形态反而更具有过渡的特征，因此说丫字戟是卜字戟的变形的观点，就目前的考古发现来说，是站不住脚的。

雄戟是一种贵重的仪仗器。

西汉巨野丫字铁戟

整体狭长扁平，戟刺与戟胡的夹角达到168度。横枝略微上翘，其上套有柲帽，与戟胡的夹角大于90度。

西汉丫字铁戟

此铁戟与西汉巨野丫字铁戟的造型相差不大，但戟刺与戟胡的夹角小于168度，且戟胡并非平直，而是略微向戟刺弧弯。

西汉铜鸡鸣戟（雄戟）

这种形制的铜戟共出土了5件，带柲全长303～330厘米。这些戟全部为整器一次铸成，刃部后加工开刃，因其形作鸡鸣状而被称作“鸡鸣戟”。这种鸡鸣戟从造型和功用上看，明显处于联装戟和卜字戟的中间过渡阶段。

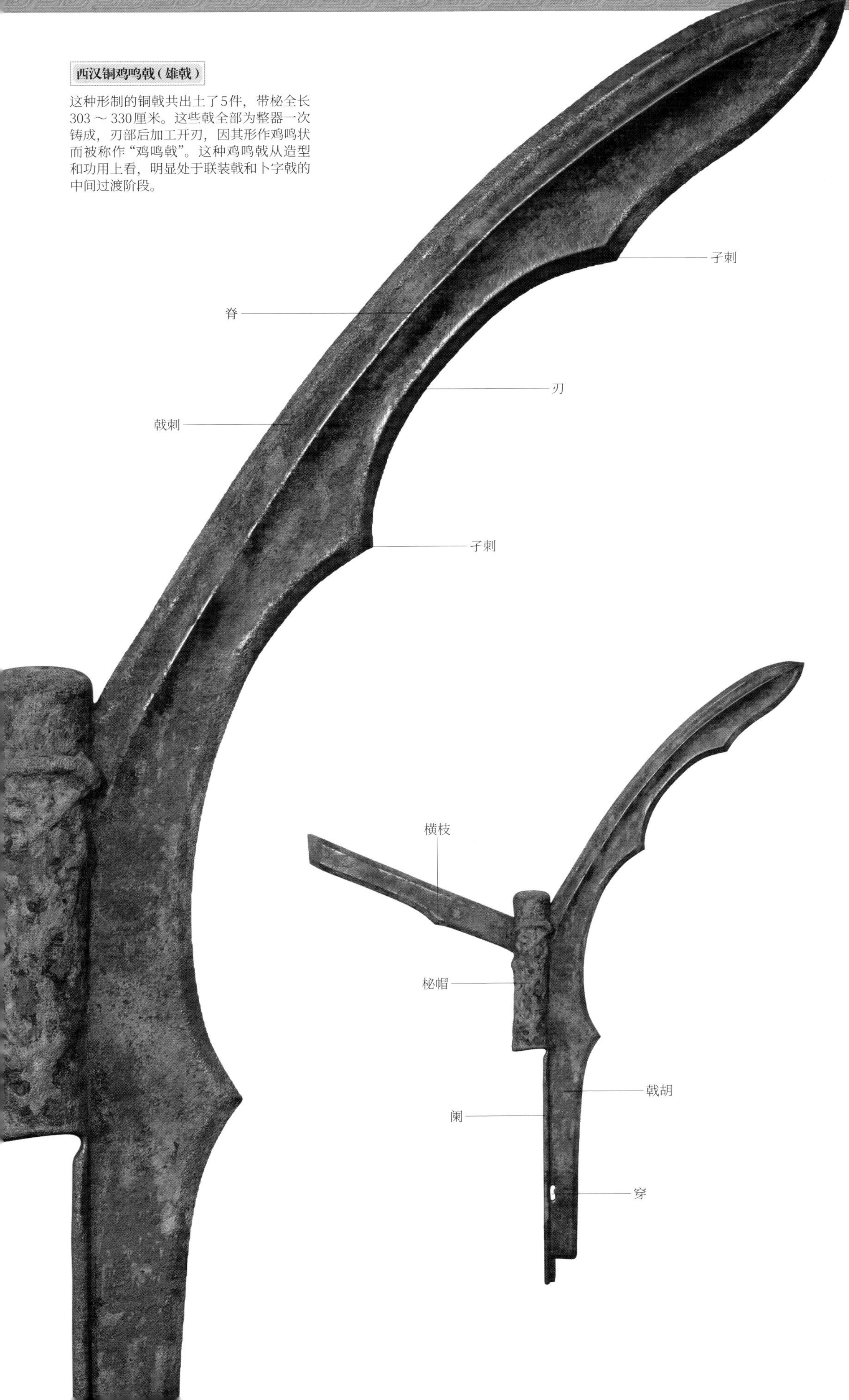

造型怪异的戟

除了卜字戟和丫字戟，汉代还有一些造型怪异而难以归类的戟头。比如江苏徐州奎山11号汉代前期墓出土的一件铁戟。这件铁戟的戟刺既不像卜字戟那样垂直向上伸出，也不像丫字戟那样侧向斜上伸出，而是背向横枝弯曲，整体呈弯刀的形状。其横枝虽然也是垂直于戟胡伸出，但是横枝的上刃呈弧形，与前述的两种戟并不完全一样。类似的戟在广州龙生岗东汉前期墓中也出土过两件。这是两件铜戟，其戟刺与奎山出土的那把类似，不过其横枝是向下弯曲的，显得更加怪异。上述这三件戟，器形都很小，有两件还是青铜制造的，应该都不是实战兵器，而且数量很少，不具备研究的典型性。从出现的时间来看，它们也许是卜字戟和丫字戟特征相结合的衍生物。

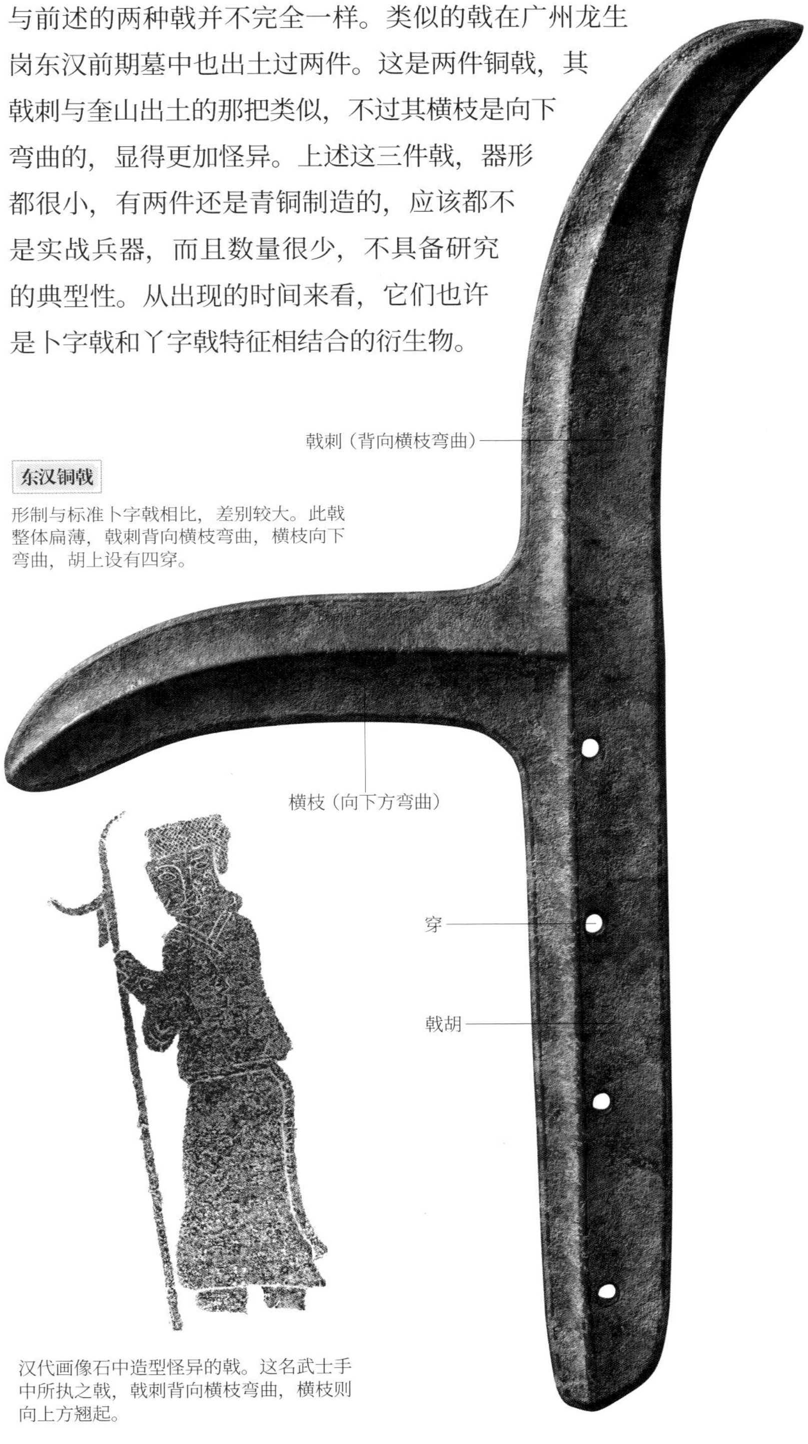

东汉铜戟

形制与标准卜字戟相比，差别较大。此戟整体扁薄，戟刺背向横枝弯曲，横枝向下弯曲，胡上设有四穿。

汉代画像石中造型怪异的戟。这名武士手中所执之戟，戟刺背向横枝弯曲，横枝则向上方翘起。

手戟

前面说的都是装柄使用的戟，而汉代还出现了一种特殊的戟，那就是手戟。

《释名 · 释兵》云:“手戟，手所持擿之戟也。”“擿”有投掷之意, 就是说, 手戟是一种既能持握又能投掷的兵器。不过，除了文献记载之外，至今尚未发现能确定为手戟的汉代文物。但也不是没有踪迹可寻，汉代画像石中就有手戟的形象资料。山东沂南汉代画像石墓前室北壁中段有一幅蚩尤图，其左手就持有手戟。在此墓前室北壁横梁上，另有一幅神兽持握手戟的图像也很生动。

此外，汉代画像石墓中的兰锜图上也经常出现手戟。兰锜就是武器架，其上放的都是刀、剑、矛、戟等常用兵器，手戟与它们并列，说明其在汉代也是常用兵器。

这三幅图像所画的手戟，都属于卜字戟的形状，只是前两者属于卜字戟的变形，而后者是标准的卜字戟。由此可见，手戟并不装柲，而是在戟胡上面缠绕丝麻供手持握，末端可能有穿孔，以便悬挂饰物。另外出于手持的需要，手戟的戟胡和横枝的下刃不能开刃。除此之外，其形制与传统的卜字戟完全相同。

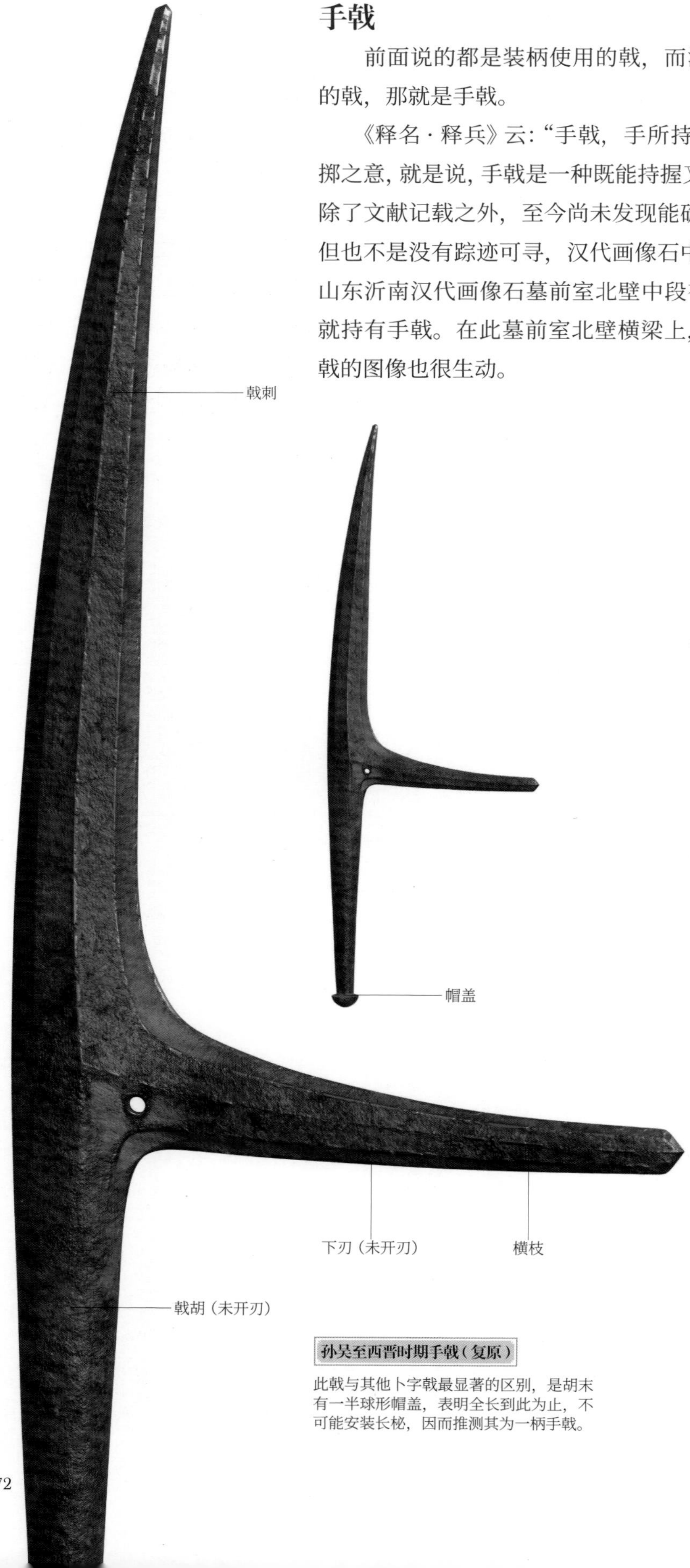

孙吴至西晋时期手戟（复原）

此戟与其他卜字戟最显著的区别，是胡末有一半球形帽盖，表明全长到此为止，不可能安装长柲，因而推测其为一柄手戟。

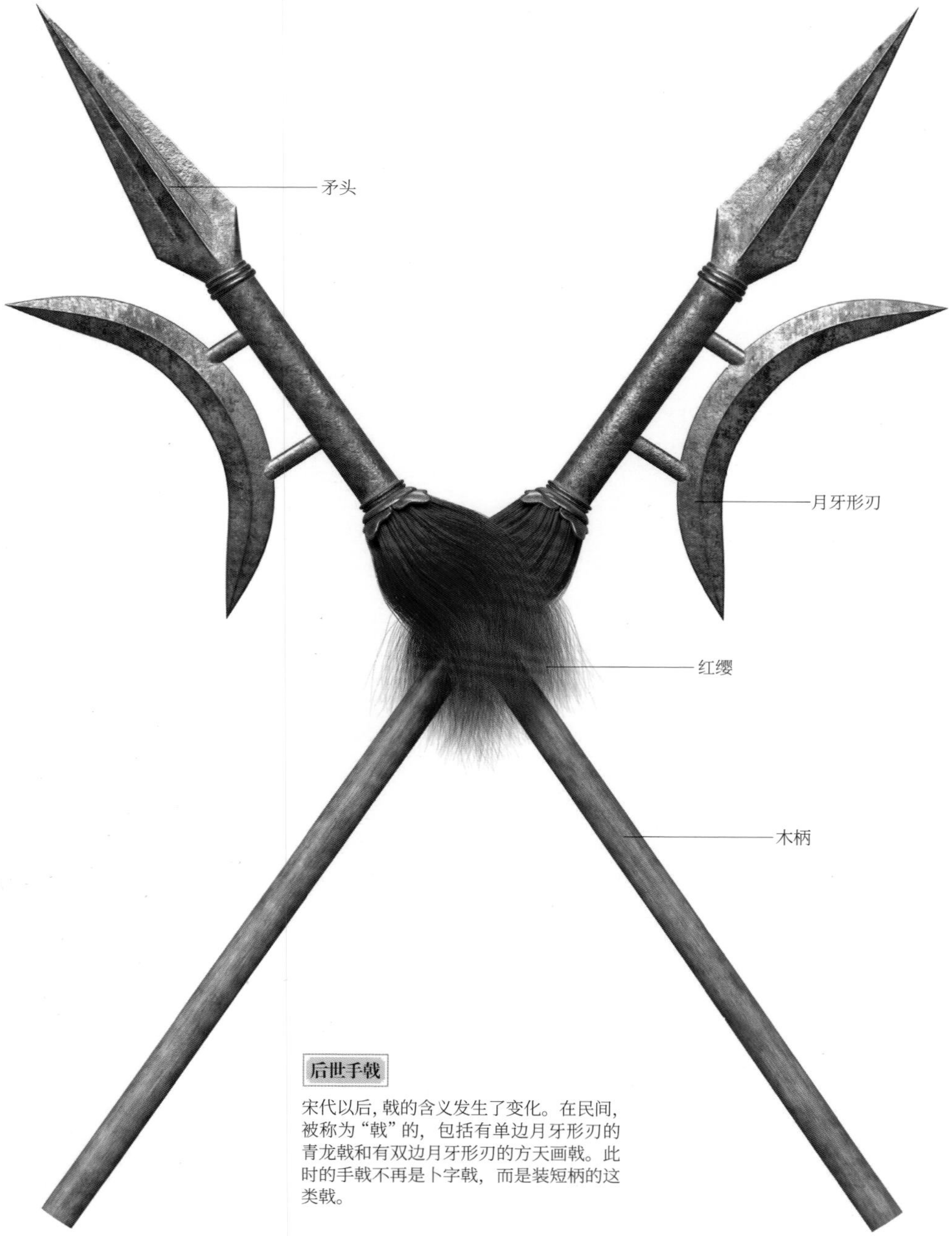

后世手戟

宋代以后，戟的含义发生了变化。在民间，被称为“戟”的，包括有单边月牙形刃的青龙戟和有双边月牙形刃的方天画戟。此时的手戟不再是卜字戟，而是装短柄的这类戟。

汉代铁戟在实战中的应用

汉代铁戟有数种形制，但是和东周时期相比，形制已经相当统一，这之中卜字戟的形制更是长期存在并得到延续。这种“标准化”的提高，说明铁戟在两汉时代已经成为一种简单有效且被广泛使用的成熟兵器。

这一点在文献和考古发现中多有反映。比如《史记·魏其武安侯列传》中就有记载：“于是灌夫被甲持戟，募军中壮士所善愿从者数十人。及出壁门，莫敢前。独二人及从奴十数骑驰入吴军，至吴将麾下，所杀伤数十人。不得前，复驰还，走入汉壁，其奴皆亡，独与一骑归。”可见汉初名将灌夫，就是一名用戟的猛将。而《汉旧仪》中有云：“亭长习调五兵。五兵，言弩、戟、刀、剑、铠也。”亭长是汉代最低级的吏员，而戟与弩、刀、剑、铠并列，可见是常用的兵器。又《汉书·陈胜项藉传》中记载：“锄櫌棘矜，不敌于钩戟长铩。”意思是说锄头之类的农具，敌不过“钩戟”和“长铩”这样真正的兵器，可见戟不仅常用，更是当时实战兵器的代表。

20世纪80年代发掘的青海大通上孙家寨汉墓出土了一批汉代竹简，其中就记载有“人擥（同“揽”）马戟”等字样。而甘肃武威雷台东汉晚期墓葬出土的一套铜车马俑中，骑吏俑就手执斧、矛和卜字戟等兵器，这里的卜字戟应该就是记载中的“马戟”。上面说到的汉初名将灌夫，可能就是这种马戟的使用者。

结合文献记载和考古发现，我们可以知道：铁戟，特别是卜字戟，是汉代一种重要的、具有代表性的兵器，也是一种上至武将下至士卒都广泛使用的实战兵器。这类戟的产生，究其原因是由于战场上的情况发生了显著变化——披甲战士越来越多，甲胄质量越来越高。所以，铁戟的大规模使用就变得顺理成章。而正是因为戟的实战价值，人们又将它们制成仪仗兵器以及明器，用于各种礼仪场合，甚至带入墓葬之中，从而现于后世。

东汉青铜持戟骑兵俑。这些骑兵俑由骑士、戟、马、鞍组成。骑士跨坐在马鞍上，头戴巾帻，身穿交领衣，左手持辔，右手举戟。

战戟之绝唱

东汉末年，天下大乱。乱世正是兵器大放异彩的舞台，戟作为汉代的五兵之一，自然堪当大用。不过，铁戟的形制早在东汉时期就已经日趋成熟，因此在三国乱世拔得头筹的铁戟依然是卜字戟，而丫字戟和其他铁戟早在东汉就已逐渐消失。

东汉末年，作为杀伤力较强的制式兵器，戟在军队中的装备率仅次于矛。

嘉峪关魏晋时期壁画《屯营图》。可以看到，列阵回营的兵卒手中拿的正是改型卜字戟。

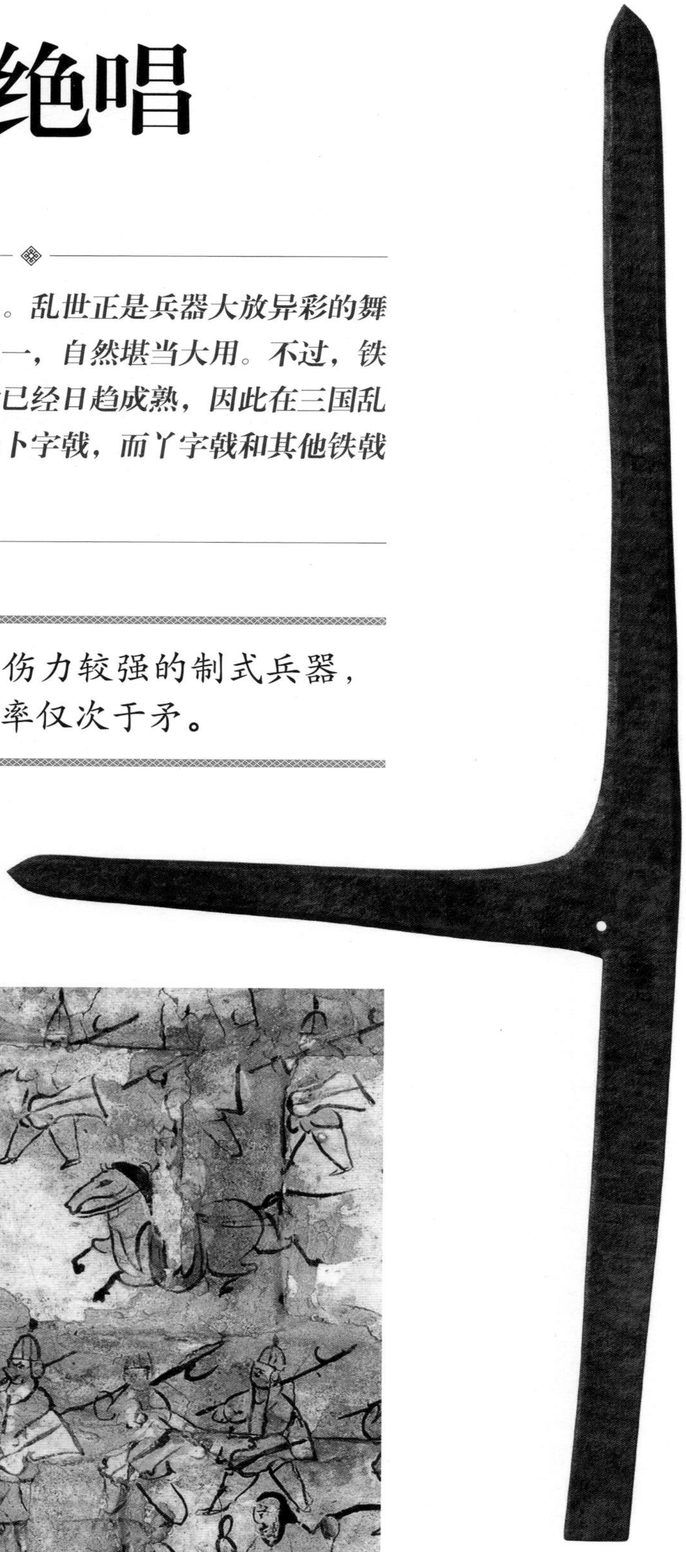

汉代铁戟

这是一柄标准卜字戟。戟刺和横枝前锋尖锐，两面开刃；戟胡一侧开刃，一侧不开刃；横枝基部有一小圆穿。这种形制的戟，流行时间很长，一直到西晋时期依然存在。

东汉铁戟

这是一柄形制异化的改型卜字戟。与标准卜字戟相比，其横枝大幅度向上弯曲。此种形制的戟出土数量稀少，但在壁画中却十分常见。

标准卜字戟与改型卜字戟

三国时代的卜字戟主要有两种形制：其一是标准形制的卜字戟，其二是横枝向上翘起的改型卜字戟。

标准形制的卜字戟和西汉时期基本一致，湖北鄂城孙吴墓中就出土过标准形制的卜字铁戟。此戟虽然已经残缺，不过仍然可以看出其横枝长而直，与戟刺成90度夹角，属于典型的卜字戟。

改型卜字戟与两汉时期相比则有所发展，主要表现在横枝弯曲的程度更大。三国时代的这种戟目前尚无考古发现，但是其形象资料可以在不少画像中看到。甘肃嘉峪关魏晋墓壁画《屯营图》上就描绘了这样的场景：扛戟持盾的兵卒列阵回营。在另一幅《宿营图》中，则有把戟插在帐篷外的形象。壁画中的戟都是戟枝向上弯的形状。

标准卜字戟退场

衰落通常是从辉煌的顶点开始的，这一点对戈来说如此，对戟来说也是如此。

《后汉书·董卓传》记载，建安年间，吕布发动兵变欲杀董卓，李肃先用戟刺董卓，“卓衷甲不入”，“布应声持矛刺卓，趣（通‘促’）兵斩之”。可见，要对付穿铁甲的敌人，矛比戟更为有效。

太康元年（280年），东吴灭亡。三分的天下最终归入晋朝，重回和平时代。从此时开始，关于戟的记述和考古发现都急剧减少。不过在西晋时代，戟作为实战武器仍有一定地位。例如西晋名将周处，便将戟誉为“五兵之雄”。

考古资料告诉我们，标准形制的卜字戟在西晋时期仍然存在，山东诸城西晋墓中曾出土过这种卜字戟。其形制与两汉的卜字戟别无二致，且器形较大，通长60厘米左右，属于实战兵器的范畴。然而从这以后，考古资料中再也见不到标准形制的卜字戟了。那些横枝向上弯曲翘起的改型卜字戟逐渐开始占据主流地位。

西晋铁戟

两件铁戟都已残缺，但仍能看出是卜字戟。至于它们到底是标准卜字戟，还是改型卜字戟，就不得而知了。

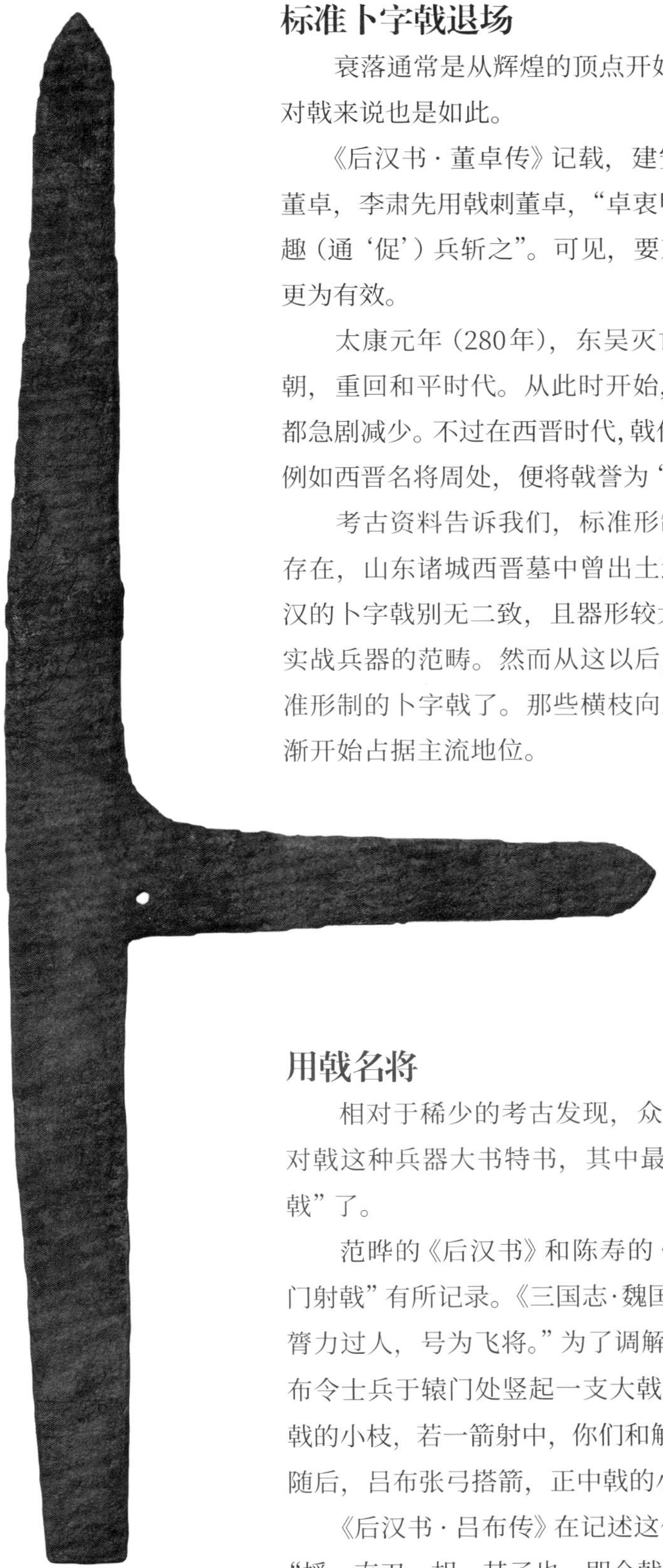

曹魏至西晋时期铁戟（复原）

此为标准卜字戟。与汉代相比，该时期的标准卜字戟没有发生明显变化。

用戟名将

相对于稀少的考古发现，众多记述三国历史的文献倒是对戟这种兵器大书特书，其中最有名气的大概就是“辕门射戟”了。

范晔的《后汉书》和陈寿的《三国志》两部正史都对“辕门射戟”有所记录。《三国志·魏国·吕布传》有云：“布便弓马，膂力过人，号为飞将。”为了调解刘备与袁术之间的争斗，吕布令士兵于辕门处竖起一支大戟，对众人说：“请大家看我射戟的小枝，若一箭射中，你们和解，射不中，你们再打不迟。”随后，吕布张弓搭箭，正中戟的小枝。

《后汉书·吕布传》在记述这件事时，引用了郑众的注云：“援，直刃。胡，其孑也，即今戟旁曲支。”可见吕布所射之戟，很可能就是改型卜字戟。这种戟可刺可挑，可击可斫，是当时杀伤力较强的实战兵器，为军队装备中仅次于矛的制式兵器。

句兵消亡

随着西晋灭亡，衣冠南渡，中原地区重回乱世。东晋十六国和南北朝时期，北方游牧民族渐渐入主中原，重骑兵的铁蹄像旋风一样叩击着黄河两岸。骑兵披重甲，战马着具装，护具的进步对格斗兵器提出了空前的要求，原来的标准卜字戟乃至横枝向上弧弯的改型卜字戟，都很难破甲而入伤及敌身。

受甲骑具装的挑战，改型卜字戟的形制发展到了极致。为了加强杀伤力，兵器制造者将戟枝进一步往上翘，使其完全失去了原有的造型。不仅如此，还出现了将横枝的前端向上弧弯，与戟刺平行的造型，形成有一长一短两个戟刺的叉式戟。这类戟加大了突刺力量，而完全舍弃了钩斫功能。不过这两者都未见于出土实物，只在北朝的壁画和刻画作品中出现。

然而就算努力改变戟的形制，也仍然赶不上甲胄防护性能的提高速度，这也让这种叉式戟走到了尽头。在攻和防的矛盾中，戟逐渐落了下风，在格斗兵器中的地位完全被矛所取代。

唐代李寿墓石棺上雕刻的持戟武士，其手中所执的是有两个戟刺的叉式戟。

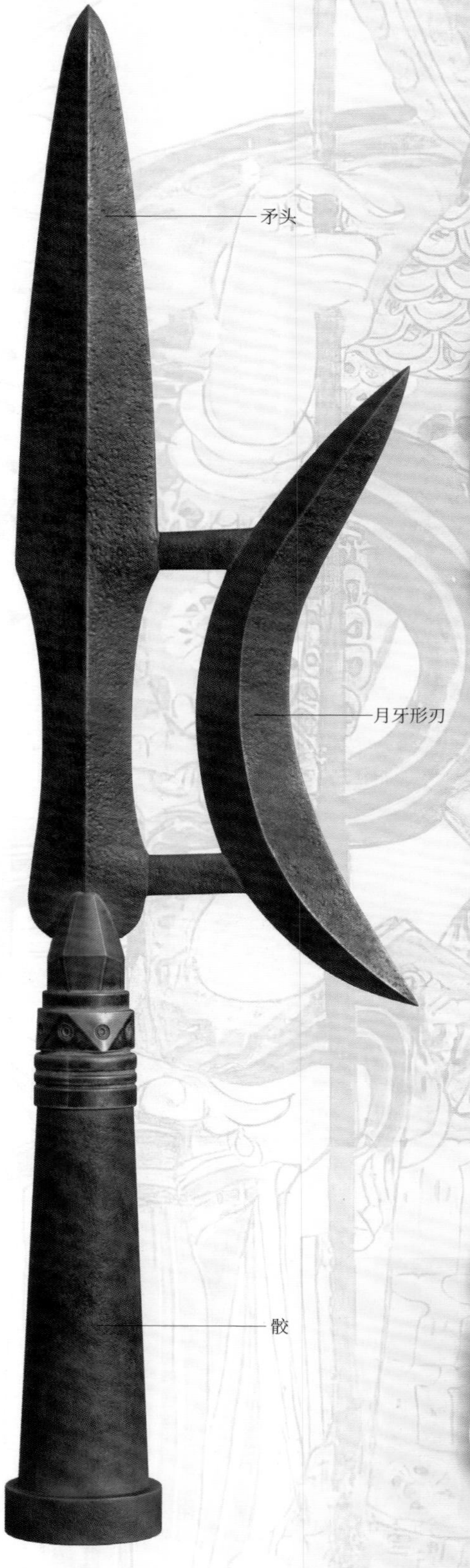

清代挂月枪

在铁枪头锋刃一侧横出一个月牙形刃，这种形制的枪其实就是宋代的戟刀，但在明清时期的小说中，它被冠以“戟”的名号。

五代时期的敦煌绢画《毗沙门天王像》。可以看到，天王右手拿着一柄叉式戟。

随着矛槊在实战兵器中的地位无法被撼动，戟走向了消亡。

前面的章节曾提到过，矛历来是传统的格斗兵器。东汉末年，一种新式矛出现了，它锋刃狭长，突刺性能远比戟类优越，加之制作工艺比戟简单，易于大量生产，戟的淘汰成为必然。这种新式矛在当时被称作“槊”，用来装备骑兵，因而又被称为“马槊”。随着马槊的普及度不断飙升，成为骑兵主流武器，步兵用矛受其影响，被人们反过来称呼为“步槊”。从此矛槊在实战兵器中的地位再也无法被撼动，而伴随这个过程的就是戟的消亡。

隋唐乃至更后一些时代，虽有一些勇将仍把戟作为格斗兵器，但也仅仅只是个例而已。

当然，在隋唐以后退出战场的只是作为实战兵器的戟，作为仪仗器的戟则一直使用到了隋唐乃至宋代。这种戟被称为“门戟”“棨戟”。唐代诗人王勃脍炙人口的《滕王阁序》中的“都督阎公之雅望，棨戟遥临”，说的就是这种戟。

不过，这些戟的造型通常是套着戟鞘并加以装饰。随着时间推移，这些作为仪仗器的戟已经不再用金属制造，其造型和实战用戟也大相径庭。因而，离开战场的戟便逐渐从人们的认知中消失了。

随着戏剧兴起、小说繁荣，三国时代的故事变得脍炙人口。然而故事中三国猛将用的戟，却和历史上完全不同。

小说里的戟，其实是宋代才出现的一种名为戟刀的兵器。最初的戟刀是在矛头的锋刃一侧横出一个月牙形刃。后来又出现在矛头两边各有一个月牙形刀刃的戟刀，加上刀头和刀柄上装饰的精美饰物，于是便产生了所谓的“方天画戟”。

这种顶着战戟盛名的武器，在宋代只属于杂类兵器，后来则是民间练习武艺的器械和戏剧表演的道具，而真正的戟，仍隐没于历史之中。

绘于北魏太安四年（458年）的解兴石堂壁画，该武士头戴铁胄，身着铠甲，手持叉式戟。

明代《出警图》中的执戟武士，此时的戟已与唐代以前的实战用戟大相径庭了。

钩与钩镶

短柄戈最大的弱点便是脆弱的木质戈柲，这也几乎是大多数木柄武器不可避免的缺点。因此先民们为了克服这种缺点，发展出两面开刃，利于劈砍和推杀的钩。

钩发源于南方地区，很有可能是戈与刀这两种武器相结合的产物。屈原的诗作中所提到的吴戈，与其说是吴地产出的戈，还不如说是吴钩的代名词。

钩

《吴越春秋》载：“阖闾既宝莫耶（邪），复命于国中作金钩。令曰：‘能为善钩者，赏之百金。’吴作钩者甚众。”有人献二钩，王“服而不离身”。可见当时在吴越之地，钩这种武器已十分普遍。后世宋人时而把它归之于“剑属”（《大宋重修广韵》），时而又说它是“刀属”（《梦溪笔谈》），盖因在战国之后这种武器便销声匿迹了。然而经过现代考古研究的努力，我们已经大致可以目睹其风采了。

秦始皇陵兵马俑一号坑出土的两柄形似长条弯刀的青铜兵器，身柄一次铸成实心，身长稍曲，头部弯度较大，顶端平齐，截面呈枣核形，中心厚于内外两侧，柄作前扁后圆的柱体，一件长66厘米，一件长71.2厘米。由于此弯刀两面具刃，确实显示出了外格内钩的功能，它可能就是古人一再盛赞的钩了。其重量及长度均与当时50～60厘米长的青铜剑相当，刃宽与厚度的比例则与汉代的环首刀极为类似，但是取消了尖锐锋刃而仅仅拥有较强的挥砍能力。同时，其握柄呈椭圆形，这也与戈柲的形制非常类似。因为有一定的弧度，即便材料的韧度不足，受到结构力学的影响，钩也并不容易断裂，反而非常适合挥砍。1厘米左右的钩身厚度，也让其不容易被青铜剑这种武器砍断。作为全金属的武器，钩比戈更能胜任破阵任务，面对还在使用木柄武器的对手或者用剑的敌人，都能占到一定的便宜。而且钩的加工比青铜剑更为简便，成本也更为低廉，因此虽然不如战国后期达到巅峰的长达1米以上的长剑，但是作为廉价版的武器，依然是十分合格的。

至于钩在古代战阵中的使用，从秦钩出自一号坑秦军矩阵的前锋部，为第一行横队左右两端的袍俑各执一柄的情况来看，在秦代的军阵中，钩已经是一种士官使用的武器了。现代考古表明，一号坑前锋部的士兵俑群，基本都属于轻装步兵组成的弩兵队列，所用兵器以远射程的弓弩为主，并配备有青铜长剑。秦俑坑中发现的22柄长剑大半便是在这些秦俑中间发现的，可见当时秦军的前锋弩兵除了射击对手外，还肩负着冲击敌阵的任务。秦钩配备在弩兵两端，可见这两位执钩的秦军军士便是这些弩手的指挥者。

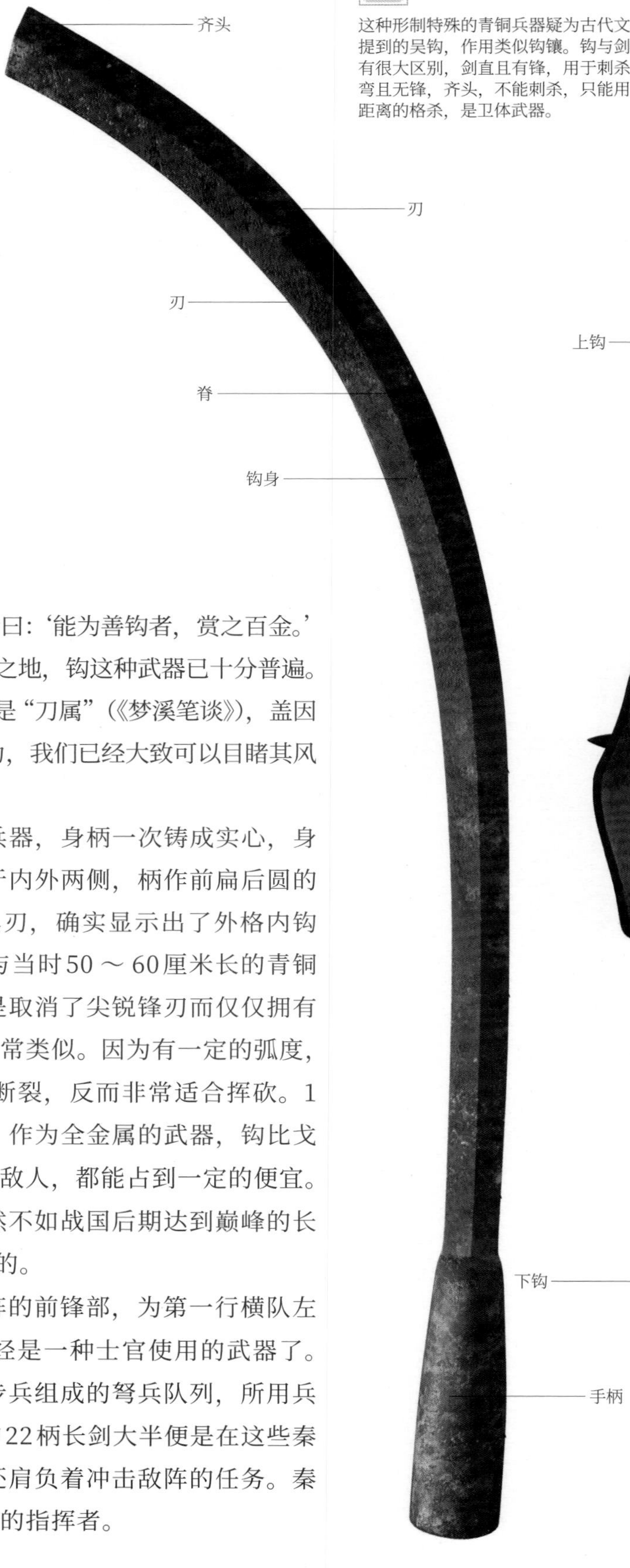

秦钩

这种形制特殊的青铜兵器疑为古代文献中提到的吴钩，作用类似钩镶。钩与剑相比有很大区别，剑直且有锋，用于刺杀；钩弯且无锋，齐头，不能刺杀，只能用于短距离的格杀，是卫体武器。

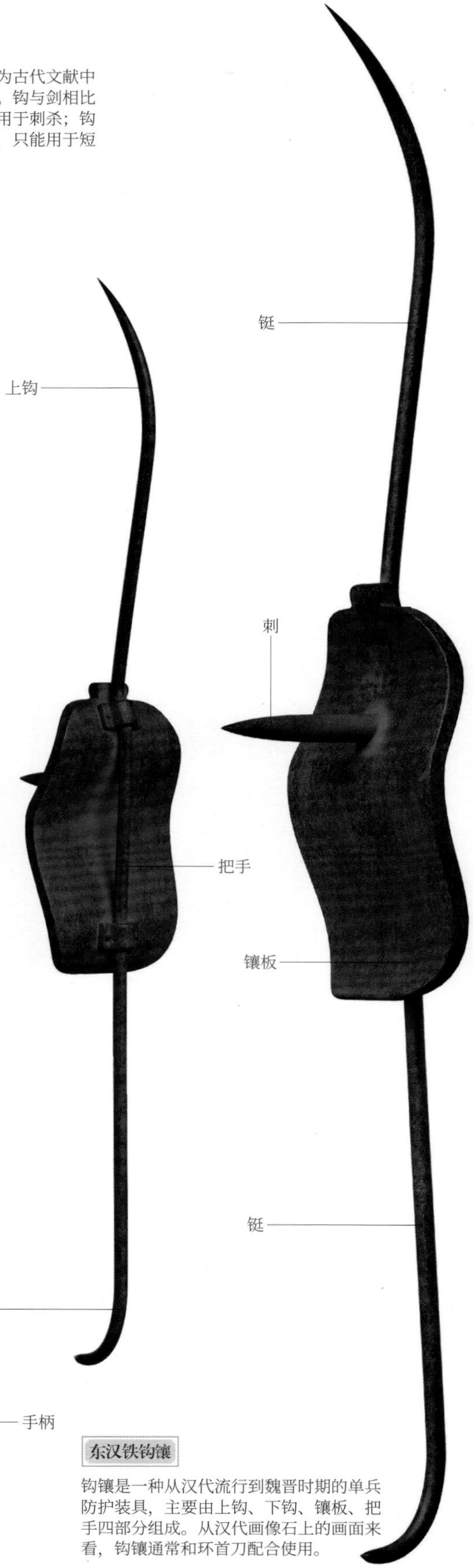

东汉铁钩镶

钩镶是一种从汉代流行到魏晋时期的单兵防护装具，主要由上钩、下钩、镶板、把手四部分组成。从汉代画像石上的画面来看，钩镶通常和环首刀配合使用。

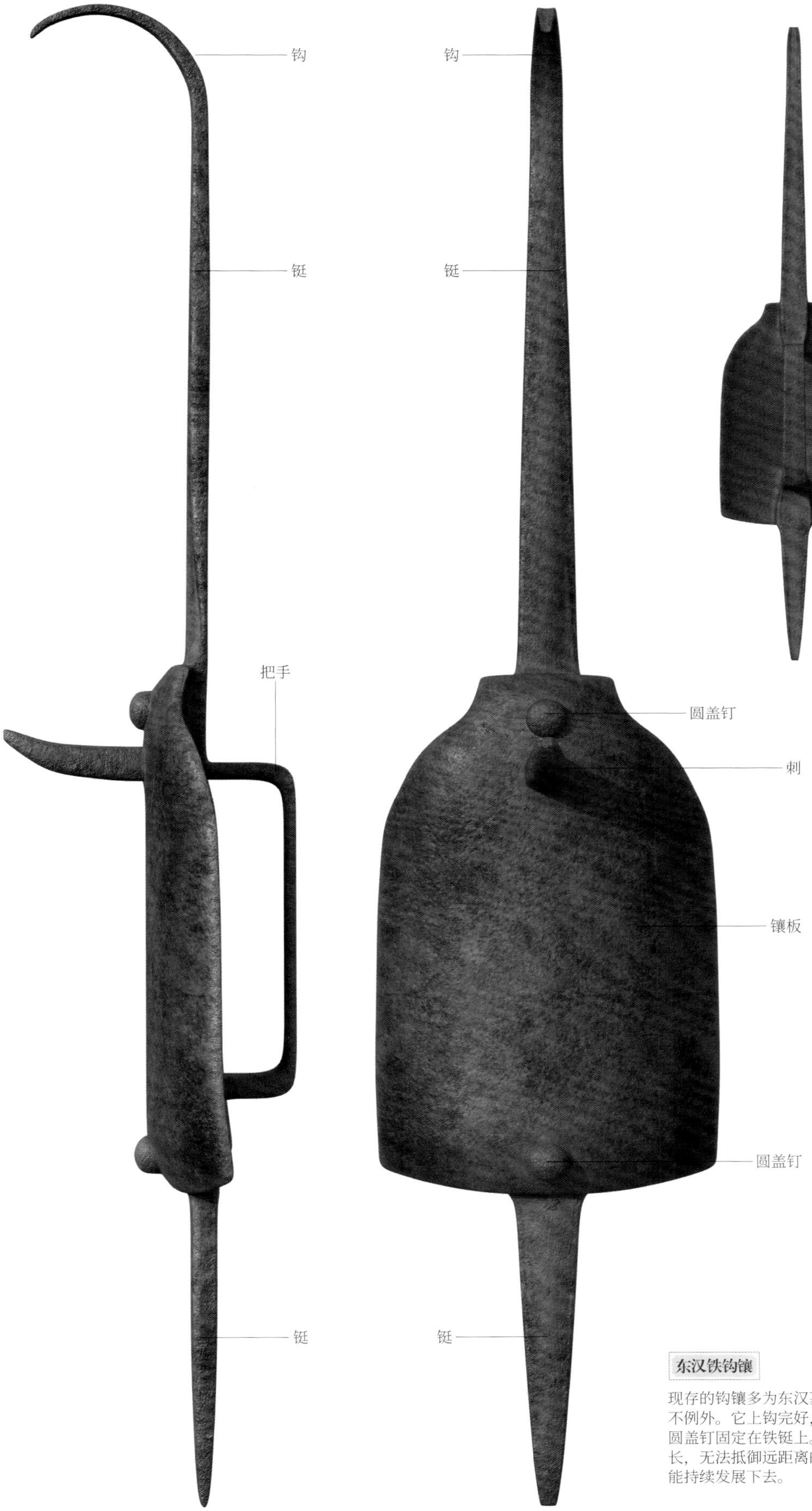

东汉铁钩镶

现存的钩镶多为东汉墓葬出土，此钩镶也不例外。它上钩完好，下钩残缺，镶板以圆盖钉固定在铁铤上。钩镶以近战格斗见长，无法抵御远距离的弓弩攒射，因而未能持续发展下去。

汉代画像石《东汉水陆攻占图》拓片局部，图中右侧武士左手执环首刀，右手握钩镶。

钩镶

在汉代，虽然钩已经不再作为主要武器来使用，但从其演变而来的钩镶，却成了一种重要武器。《释名》载:“两头曰钩，中间曰镶，或推镶，或钩引。”钩镶整体呈弓形，两头各有一个向外的弯钩，一般是上钩长于下钩。钩通常由圆柱形的长铁铤制成，上钩顶端尖锐，下钩末端有的为小球状，有的则和上钩一样尖锐。两钩中间连接着一个盾牌状的镶板（一块圆角长方形薄铁板），后有把手，用圆盖钉固定在钩架上。钩镶一般通长在60～70厘米之间。整体形状是上钩长，下钩短，中部有一护手的镶板，能钩、能挡。此物在河南洛阳、鹤壁，河北定州等地的汉墓中都有出土。河南鹤壁发现的一件铁钩镶，上钩长26厘米，下钩长15.7厘米，总长61.5厘米。两钩均锻成浑圆的铤，向前钩曲。下钩的尖端是圆球状，上钩的尖部残失。中间镶部，背面的铤锻成扁体形，并折成长方形把手，正面是用长18.5厘米、宽14厘米的薄铁板制成的镶板，用圆盖钉固定在钩架上。镶板上无其他附属物的遗迹，中部向外鼓出，以便于手握。

钩镶是一柄短兵器，往往同环首刀配合使用。汉代画像石中常有一手执钩镶、一手执刀者同持长戟者搏斗的画面。而在汉代之后，这种攻防兼备的武器逐渐消失了。至宋代出现戟刀后，民间将钩镶中起到防御作用的镶更换为戟刀，使长钩恢复了一定的锋刃，便形成了现代的双钩，但此时这种武器早已不在战场上使用了，而多出现于民间或表演中。

短兵

文 / 赵开阳

自人类从自然动物进化为会使用工具的智慧生物开始，武器便与工具产生了必然交集。人类手中用于采集、修理、狩猎的工具最先成为对付同类的趁手武器，而这些武器也就是我们现代所谓的“随身兵器”，也被专家称为“卫体兵器”，即短兵。

“短兵”这一概念，从古代到现代一直有着微妙的变化。在现代，短兵一般指刀剑等随身护卫兵器，长度通常不会超过人半个身高，是可以单手或者双手使用的短兵器。在古代，尤其是在春秋战国时期，长兵是指弓弩等投射兵器，而非枪矛等长兵器；短兵并非专指短兵器，而是指肉搏兵器或能够肉搏的士兵。直到唐代，短兵的含义才开始与现代相近，指代短兵器。

匕首的起源

从石器时代开始，为了分割猎物、采集食物，人类将石块砸削出刃面或者将石块磨尖充当工具。这便是最原始的匕首类武器，也是人类最先掌握的几种除了自身肢体外用于保护自己的武器。可以说，它们是现代一切卫体兵器的起源和始祖。

旧石器时代石球

石球是旧石器时代的传统工具之一，一直使用到新石器时代晚期，国内外都有发现。粗大的石球可直接投掷野兽，中小型石球可制作飞石索。飞石索，即在绳子一端或两端系上石球，用来投掷击打野兽。

在1万多年前的旧石器时代，人类多使用打制石器。在那个时期里，人类手中的工具分为尖状器、砍砸器、刮削器和石球等几种。匕首的雏形便是其中的尖状器。

在4000～10000年前的新石器时代，人类开始大量使用磨制工具，石器的品质开始变得较为精良。此时，专门的武器渐渐出现，如石斧、石钺、石矛、弓箭等。周纬在所著的《中国兵器史稿》中说："新石器时代之石兵，业已大形进化，非但人工磨制精良，兵器平泽锐利，可与现代之石器相比而无逊色，抑且各种兵器均有，如石刀、石刃、石匕首、石斧、石圭、石镰刀、石锛、石铲等器……几乎全套武装均有。"也是从这一时期起，生产工具和武器之间开始产生一条并不怎么明显的界线。

匕首在此时已经开始产生独特的形制变化，渐渐脱离了旧石器时代无固定形制的情况。在新石器时代晚期，我国便已经出现了磨制的骨匕和石匕。江苏邳州大墩子遗址出土了一把环柄石匕，它又被称为"环柄石剑"。其前部锋刃处为两面开刃，汇聚于前为锋，后部有一带环手柄，该环可穿绳以便携带。此匕首并不算长，但是做工精巧，可见其仍兼有工具的属性而非完全的兵器。同时出土的还有同样形制的骨匕。骨匕长18厘米，呈扁平三角形，其中一面中央有凸起的棱脊，两侧磨成利刃，向前收拢成锋，后部则为一大方孔，同样可手持或穿绳与棍棒捆绑。

旧石器时代三棱尖状器

三棱尖状器是旧石器时代典型工具之一，由大石片加工而成，三棱三面，横断面大体呈三角形，底部圆钝方便手握。这种石器在丁村文化中非常典型，因此也被称为"丁村尖状器"。

旧石器时代砍砸器

砍砸器是旧石器时代的主要工具之一，采用砸击法制作。器形不固定，有圆形、方形、不规则多边形等，边沿多打成厚刃，可砍可砸。

新石器时代燧石匕首

石头是人类最容易获得的材料之一，因此许多工具和兵器都是从石器中诞生的。这柄现藏于丹麦哥本哈根国家博物馆的燧石匕首有手柄和刀刃，整体的弧线非常优美，刀身两侧用敲击的方式做出了薄而锐利的刀刃。

新石器时代鹿骨匕首

匕首是先民狩猎和切割的常用工具，除了用石头制造以外，还多以动物骸骨制造。这柄匕首用鹿骨制造而成，柄首有一穿孔用于系绳。

新石器时代石匕首

石匕首是新石器时代常用的工具之一，世界范围内均有发现。这柄现藏于法国图卢兹历史博物馆的石匕首两面开刃，刀身厚实，刀柄粗短。将匕首做成这种造型，是因为石头过于轻薄容易在使用中断裂。

新石器时代河姆渡文化骨匕

河姆渡文化属于长江流域下游以南地区的古老文明，距今约7000年。该骨匕用兽类肋骨对剖后经过精细磨制而成，柄部两侧刻有凹槽，柄上刻有几道斜横线，柄、匕身结合处中间有一小钻孔。

新石器时代良渚文化骨匕

良渚文化是长江下游太湖流域的一支重要古文化，因首先发现于余杭良渚而得名，距今约5300～4000年。该骨匕经过精心磨制而成，双面有刃，柄部残缺。

匕首的发展

在青铜时代，匕首短小精悍，对材料强度要求较低，制造成本不大，因而青铜匕首逐渐得到普及。此后，匕首又进一步演变成短剑等武器，并最终发展成为刀剑等卫体冷兵器。另外，类似于匕首的刃部，同样应用于长矛、戈等兵器上，形成原始的长杆兵器。

匕首材质的演变，几乎是人类冷兵器材质变化的样板。每当有新的冷兵器制造技术出现，都会先在匕首这种容易制造、耗材较少的武器上进行实验应用，进而推广开来。从最早的石、玉，到后来的青铜，再到更后面的铁和钢，几乎所有技术都是先应用在匕首上，继而再将制造上累积的技术运用到其他有刃类的武器上。

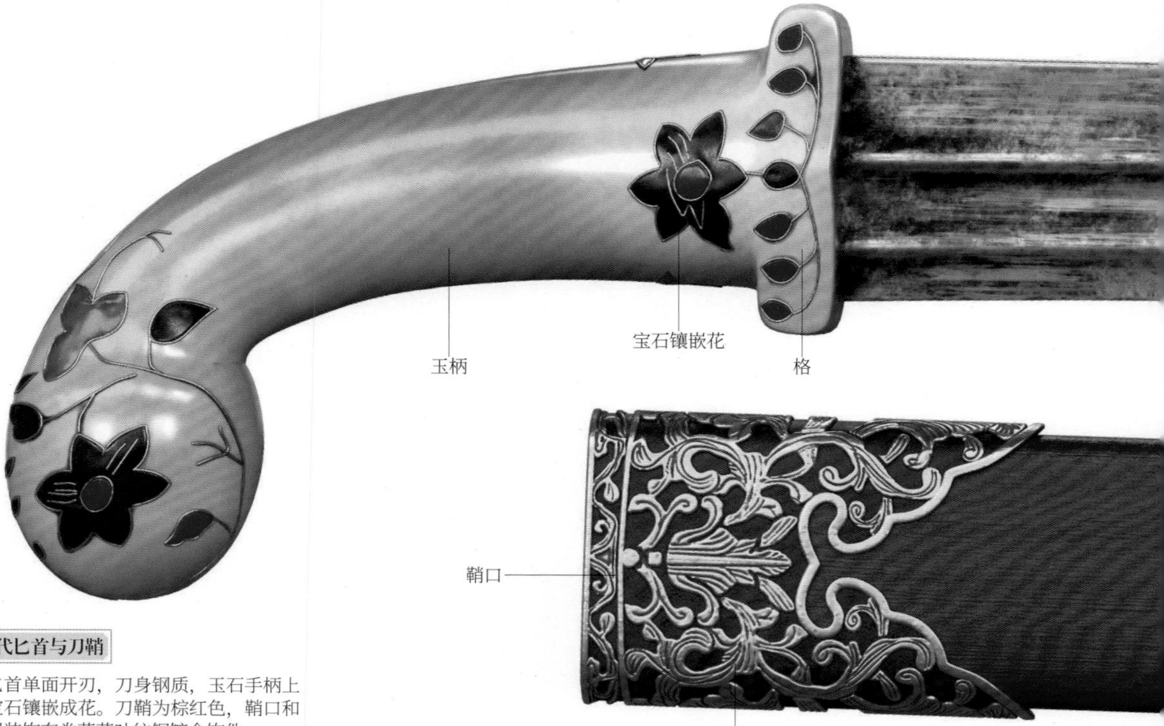

清代匕首与刀鞘

此匕首单面开刃，刀身钢质，玉石手柄上以宝石镶嵌成花。刀鞘为棕红色，鞘口和鞘尾装饰有卷草花叶纹铜镀金饰件。

战国双环首短剑

这把名为短剑的匕首，长度不超过25厘米。剑身宽短，双面开刃，剑首有双环，剑茎处有扉棱，剑茎与剑身之间有弓形格。

春秋双羊首短剑

这把短剑具备长剑所有的特征，长度不超过30厘米，整体由青铜铸造。柄首设计成双羊首状，茎部镂空，剑身两面开刃，中间起脊。茎部与剑身之间有格。

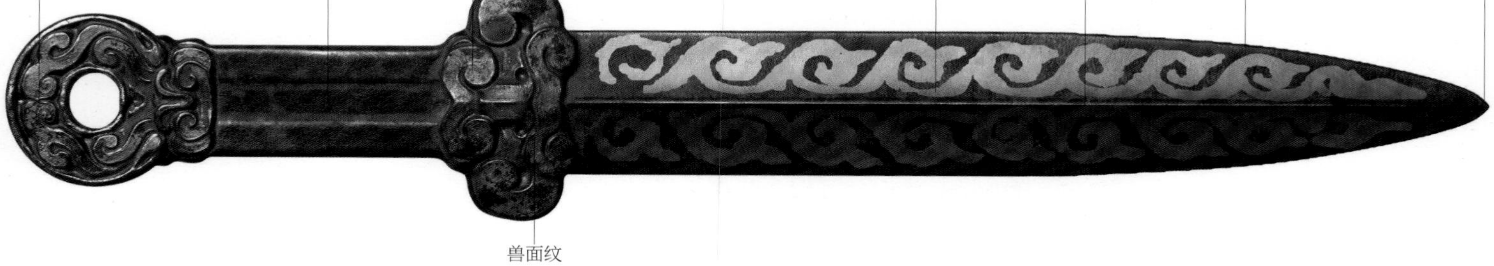

西汉错金铁匕首

此匕首由铁制造，身形扁平，中脊隆起，两面均用金片嵌出花纹，分别作火焰纹和卷云纹。环首嵌金片，饰卷云纹。格部嵌金片，饰兽面纹。

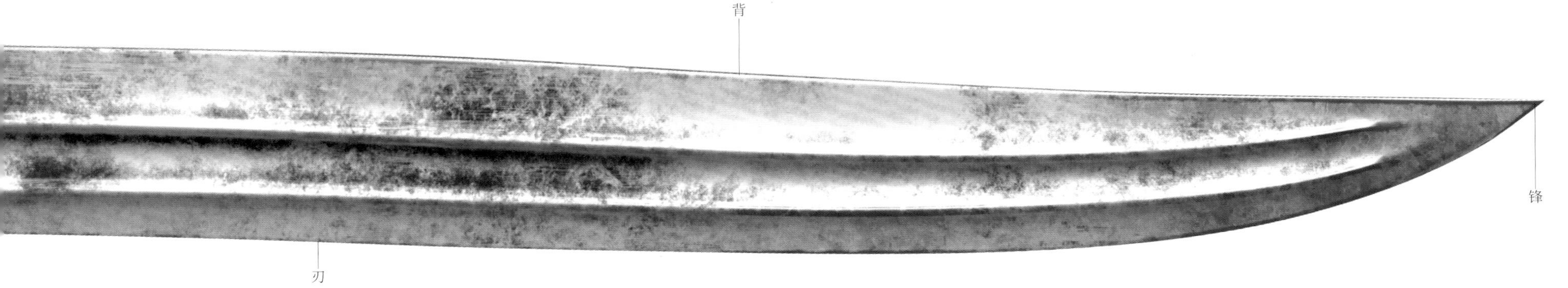

商代羊首曲柄短剑

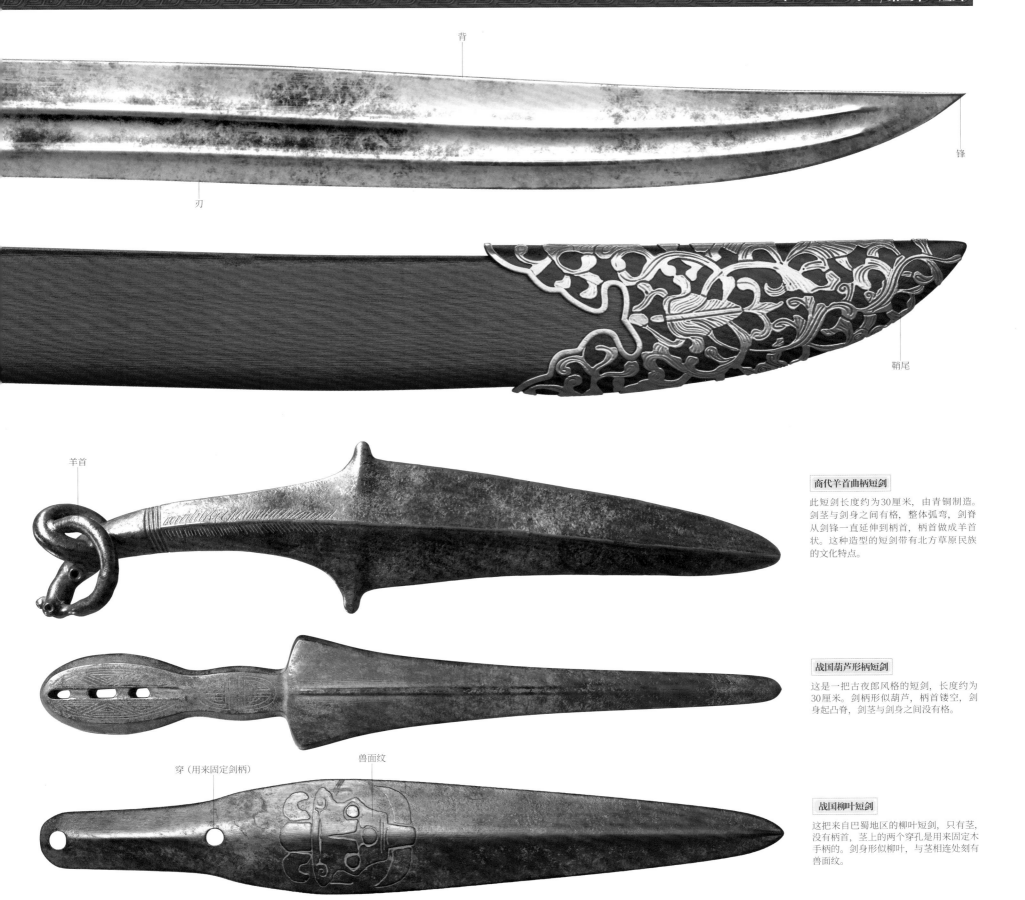

此短剑长度约为30厘米，由青铜制造。剑茎与剑身之间有格，整体弧弯，剑脊从剑锋一直延伸到柄首，柄首做成羊首状。这种造型的短剑带有北方草原民族的文化特点。

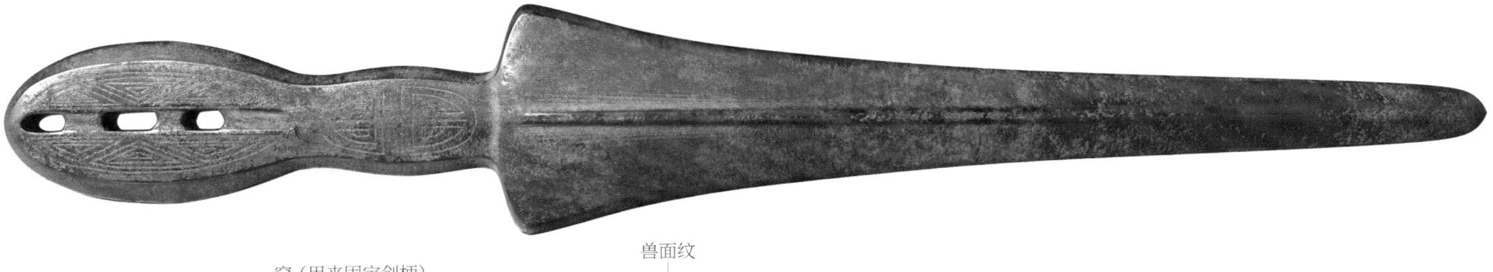

战国葫芦形柄短剑

这是一把古夜郎风格的短剑，长度约为30厘米。剑柄形似葫芦，柄首镂空，剑身起凸脊，剑茎与剑身之间没有格。

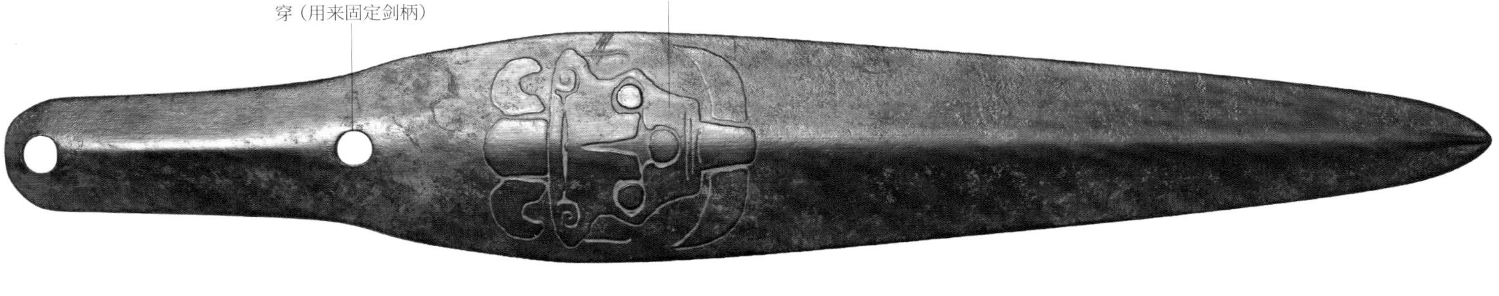

战国柳叶短剑

这把来自巴蜀地区的柳叶短剑，只有茎，没有柄首，茎上的两个穿孔是用来固定木手柄的。剑身形似柳叶，与茎相连处刻有兽面纹。

匕首的形制

在现代武术类格斗兵器中，匕首被非常狭义地定性为两面开刃的类剑型武器，一般长度不会超过人一个手掌，有格或无格皆可。而在古代，唐代的司马贞在给《史记·吴太伯世家》做索隐时说：“刘氏曰：‘匕首，短剑也。’”可见古人将短剑视为匕首。

从世界范围来看，西方的匕首被称为“Dagger”，形制远比狭义上的匕首要繁杂得多。除类剑型的匕首外，小刀型、三棱锥形的匕首也都包含在内，甚至还有足以跟我国短剑相提并论的长匕首。因此，若只按狭义的匕首定义，这种人类最早使用的武器就未免太过不起眼了。实际上，小刀、短剑、短刀、飞剑、飞刀等都可以归为匕首。

除此以外，匕首在我国传统兵器的分类中被算作暗器类。所谓暗器，并非大家在武侠片中看到的那些奇形怪状的武器，仅从字面上理解，就是易于隐藏的武器而已。所以匕首的形制，一般都是造型短小便于隐藏，长度大多不会超过30厘米。按这个标准，长度在30厘米以下的刀剑实际上都可以归为匕首这个范畴。不过这并非铁律，也有一些被称为“短剑”的匕首，其长度超过了40厘米。

商代铃首内弯刀

这种铜刀是当时游牧民族的用具，用以切割兽肉。其柄首制成镂空球状铃铛，整体向刀刃方向弧弯。

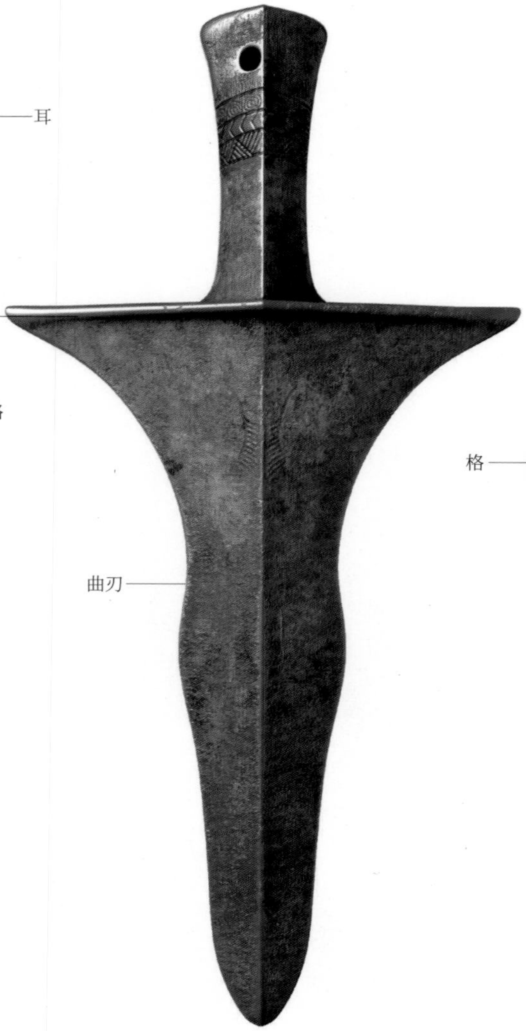

战国至西汉窄格曲刃短剑

这是一把古夜郎的曲刃短剑，剑身自剑格向下束腰，直到剑身中部向外撇出，形成明显的曲线，最后向着剑尖收窄。

商末周初铃首短剑

此短剑曲柄，铃首，剑身自剑格向剑尖不断收窄，带有典型的游牧民族风格。

西周晚期至春秋早期曲刃短剑

这种形制的曲刃短剑，主要发现于辽西和内蒙古东部地区，是北方地区在青铜时代具有独特地方色彩的青铜武器，多出土于墓葬中。

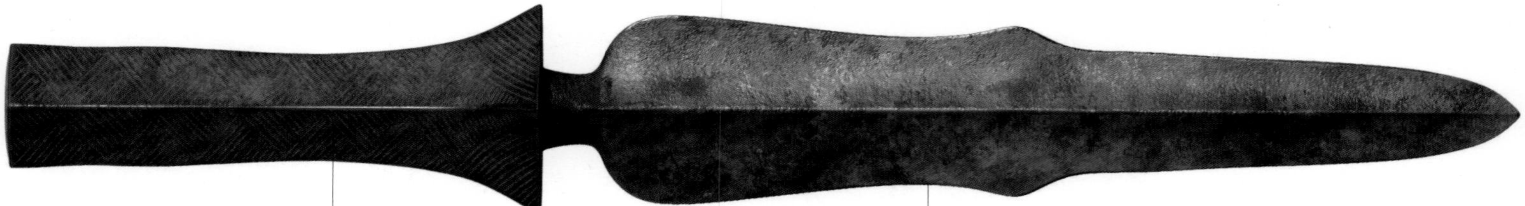

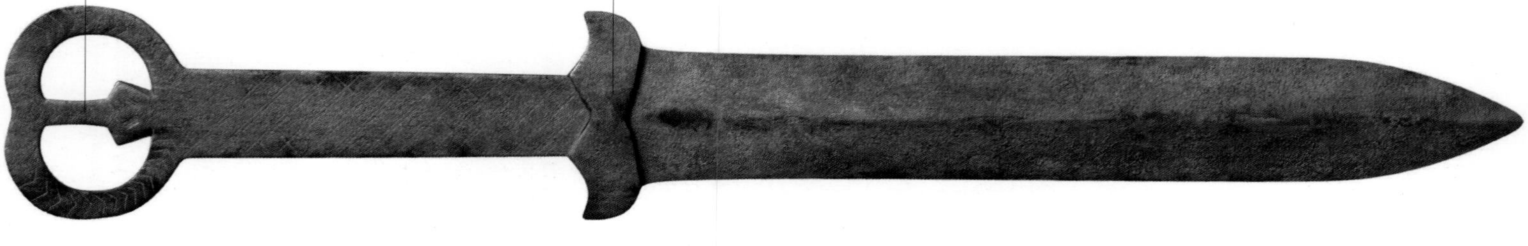

春秋双环蛇首短剑

在青铜时代，北方体系的刀剑常将柄首铸造为各种动物的形象或者铃铛形。此短剑剑首以蛇的形象铸为双环，剑茎与剑身之间有八字形格。

商代蛇形匕

器首为蛇头形，柄前两侧有环形格，匕身起脊，两面钝刃，锋为圆形，带有典型北方游牧民族的文化特征。

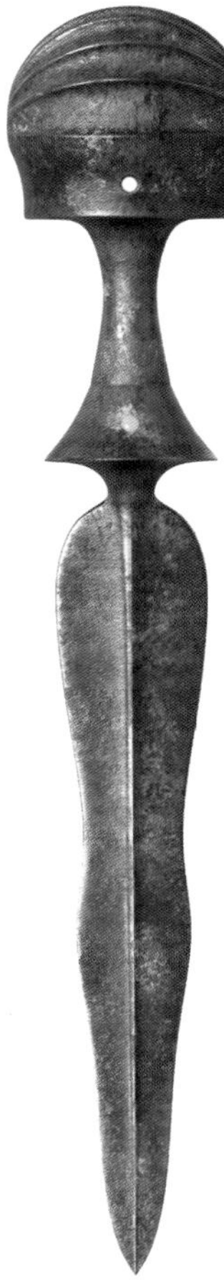

西周晚期至春秋早期曲刃短剑

此短剑拥有 T 形剑茎与半球形柄首，剑身中部起脊，曲刃。这类曲刃剑在亚洲东北部地区较为流行。

战国人形柄短剑

短剑整体合铸而成，剑柄被铸成人形。人像梳着圆形发髻，双耳悬挂粗大的耳坠，胸部裸露，腰间系有围裙，双手叉腰，手腕上戴着手镯，似为南方民族的形象。

匕首的属性

无论在哪个时代，匕首一直都徘徊在武器和工具之间。匕首的名字得益于它的首部像匕，而匕在古代指勺、匙之类的取食用具，可见匕首这种武器在古代具有十足的工具性质。因此，匕首时而是专业的武器，时而又与工具脱不开关系。

实战兵器

尽管匕首出现和使用的历史非常久远，但在我们常说的十八般兵器中却并没有它的身影。在我国数千年历史中出现的无数兵书和武技书里，都不见对匕首形制或者使用方式的记载。这是因为根据古代记载及现代考古发现，在长度70厘米以上的青铜长剑出现前，大多数步兵手中的主要格斗武器实际上是斧、钺、戈等挥砍型卫体兵器或者矛、戟等长杆兵器。对当时的士兵来说，无论是被称为“短刀”“短剑”还是“匕首”，那种长度不超过小臂的武器，都只能作为主要格斗兵器的一种补充。

大体上，匕首一直不是战场上主要使用的武器，然而在任何一场战争中都少不了它的身影。尽管匕首并非大多数军队的制式装备，但在每名士兵的装备清单中它却又悄然占有一席之地。

汉代画像砖上手拿短剑和盾牌的驭龙勇士。

敦煌莫高窟唐代壁画《各国王子举哀图》，描绘的是听闻佛祖涅槃后各国王子痛不欲生的模样。画中人身着民族服装，悲痛万分，有的准备用匕首割自己的耳朵，有的拿匕首欲割自己的鼻子，还有的手握匕首对准自己的胸部。可见匕首在唐朝使用很广，常被随身携带。

西汉执伞铜跪俑。这具跪坐俑双手作握物状，上下相叠于前胸，所执之物为伞盖的圆柱形柄。值得注意的是，陶俑的腿外侧还配挂着一柄短剑。

佩带方式

商代武士多将匕首插在腰间。唐代欧阳询撰写的《艺文类聚·卷第六十·军器部·匕首》记载:“诸葛故事曰：成都作匕首五百枚，以给骑士。”可见在三国时期的蜀国，匕首相当盛行，诸葛亮一次便要锻造500柄送给骑兵。唐代流行佩剑，但因为在室内佩剑不易行动，因此流行在腰间佩带匕首。李白在《结客少年场行》中就写道:“少年学剑术，凌轹白猿公。珠袍曳锦带，匕首插吴鸿。”

另外，古代士兵除了将小刀或者匕首插在腰间外，也喜欢将其藏在靴筒中，这是为了在被敌人擒抱或被压倒时，能够较为方便地拔出匕首进行反击。匕首插在靴筒中的做法应当是受了草原游牧民族的影响，毕竟插在靴筒中的匕首在马上更容易抽取。

近身格斗

在《史记·刺客列传》对荆轲刺秦王的描述中，我们不难看到匕首最主要的使用方法是出其不意地近距离格斗。从短短100多字的描述中，我们可以看到，匕首小巧便于隐藏的特性使其非常容易藏于地图之中，进而被荆轲带到了秦王面前。而在荆轲拿起匕首后，我们可以看出匕首十分便于单手使用，这样另一只手便可以按住目标防止其躲闪和反抗。

匕首是着甲混战中的近战利器。对身穿甲胄的战士们来说，除了致命的钝器击打外，从盔甲缝隙中戳刺而入的匕首亦是能够夺取其性命的一大威胁。

实际上，一场搏斗到了用匕首进行近身格斗时，已经发展到性命相搏的最后关头。因此能否出其不意、一击制敌，成了匕首近身格斗的基本要点。在西方，匕首常被用来给落马或者垂死的敌人一个“痛快”，甚至有了名为“慈悲”的别称。阿金库尔战役中，英国长弓手就是用匕首杀掉了不少法国骑士。

匕首在近身格斗中并没有太多的技巧可言，主要方式只有反握的“捅”和正握的“插”两种。如果说有什么特别技巧的话，那就是在用到匕首的时候，要么一刀捅进对方的要害结果了对方的性命，让他再也威胁不了你；要么就是用匕首突然一击，迫使对方放弃对你要害的攻击，为之后的反击赢得时间和机会，而这两种使用方法都需要坚定的意志和胆量。

有时为了发挥匕首杀伤力的极致效果，人们会在上面涂抹毒药。《史记·刺客列传》就记载:“于是太子（燕太子丹）豫求天下之利匕首，得赵人徐夫人匕首，取之百金，使工以药淬之，以试人，血濡缕，人无不立死者。”可见匕首的威力。

与此同时，匕首也是士兵用于保护自己生命的最后一道防线。只有在最危急的时刻，匕首才会出鞘。一旦匕首出鞘，如果不能杀死对手，那么就意味着这名士兵的生命即将走到尽头。因此匕首虽然属于暗器,但非常受士兵们的信任和欢迎，在人类武器一次又一次的更新换代中始终陪伴在战士们的身边。甚至在大部分冷兵器已经退出战场的现代，它依然在战场上守护着战士们宝贵的生命。

战国双兽首短剑

此短剑整体铸造。剑首为双兽首造型，剑茎镂空，剑格为八字形，剑尖十分尖锐，利于戳刺。

东汉武氏祠画像石拓片《荆轲刺秦》，表现了荆轲临死前投掷匕首刺杀秦王，却刺中铜柱的场景。

投掷战术

在《史记·刺客列传》的记载中，还出现了秦王绕柱而走，荆轲以匕首投掷的情景。匕首投掷战术，在古代也被称为“飞剑”或“以剑遥击”。古代的军中宴会也经常会表演将匕首或者长剑抛入空中等其落下后将之接住的技巧，即所谓的“跳剑”。这种技巧早在战国时代便已出现，最终成为一种杂技化的表演节目。《列子·说符》有载“兰子弄剑”一段：“宋有兰子者，以技干宋元。宋元召而使见其技。以双枝长倍其身，属其胫，并趋并驰，弄七剑，迭而跃之，五剑常在空中。元君大惊，立赐金帛。”可见其技之神。

到南北朝时期，同样有以“飞刀”而知名的武将，如南朝刘宋名将朱龄石。《宋书·卷四十八·列传第八》载：“龄石少好武事，颇轻佻，不治崖检。舅淮南蒋氏，人才儜劣，龄石使舅卧于听事一头，剪纸方一寸，帖著舅枕，自以刀子悬掷之，相去八九尺，百掷百中。舅虽危惧战栗，为畏龄石，终不敢动。”可见其技艺之精湛。

在宋代，湖南辰州的“五溪蛮”也颇为流行“掷刀”之术，人称“跳鸡摸”。宋人朱辅在《蛮溪丛笑》中写道：“艺能精之者，以刀掷于半空，手接取，名‘跳鸡摸’。”

到了明代，有掷刀术从日本回传我国。明代成宗猷的《单刀选法》中载有相应的技法并配以图形。

实际上，这种投掷技巧虽然在古代和现代都极为普遍，不过就成功率而言，似乎不那么乐观。就是荆轲所投出的搏命一击，最终也只命中了立柱，而没有伤到近在咫尺的秦始皇。可见即使拉近距离，除非对手毫无防备，否则投掷匕首的成功率并不高。

汉代铜匕首

在汉代，匕首的使用率很高，军中骑士多有配备。随着钢铁冶炼工艺在西汉的飞速发展，青铜武器逐渐被钢铁武器所取代，但因铁器容易锈蚀，今天人们能看到的大多仍是青铜匕首。

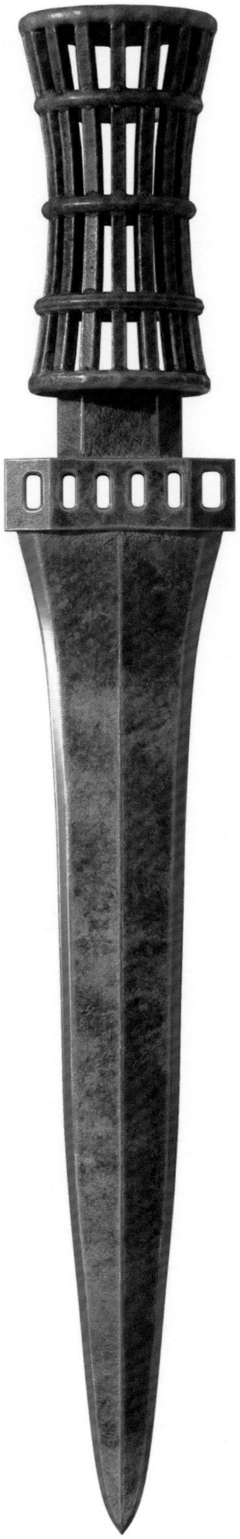

西汉镂空柄短剑

此短剑一体铸造，一字形剑格上有长方形镂空，中空的圆形束腰剑柄被设计成镂空网格状。

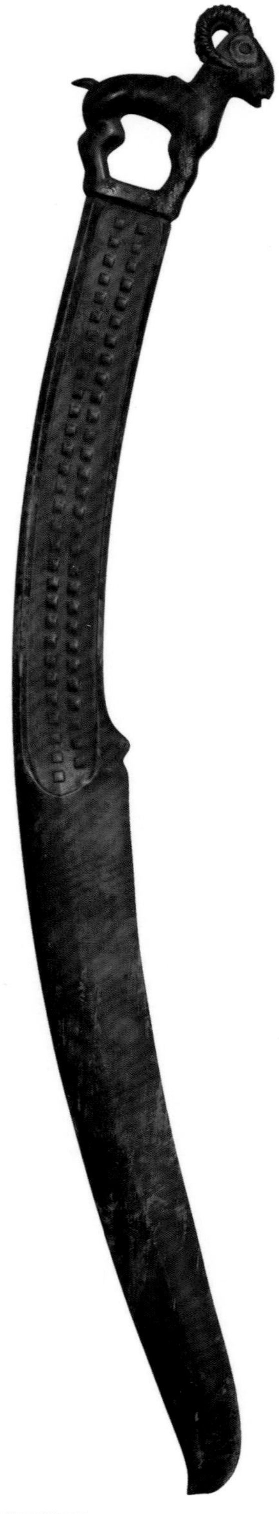

汉代羊柄刀

这是一把北方体系的青铜内弯刀，刀首的造型为一头羊，羊的四蹄与刀茎相连，茎上有乳丁纹。

工具属性

匕首除了充作防身武器之外，其工具属性也是不可忽视的。古代士兵喜欢携带匕首，并非仅仅因为它是最后一件保命武器，更是因为它作为工具拥有许多常见用途，如切肉、割绳、裁布等等，甚至不少时候匕首还是他们唯一的餐具。在西方，英格兰长弓手在每场战斗前削制木桩时也多用匕首。

此外，在割取敌人首级的工具中，匕首是最为方便携带的。发展到今天，各式各样的多功能军刀或匕首，便是这种工具属性的继承产物。

匕首时而是专业的武器，时而又是工具。

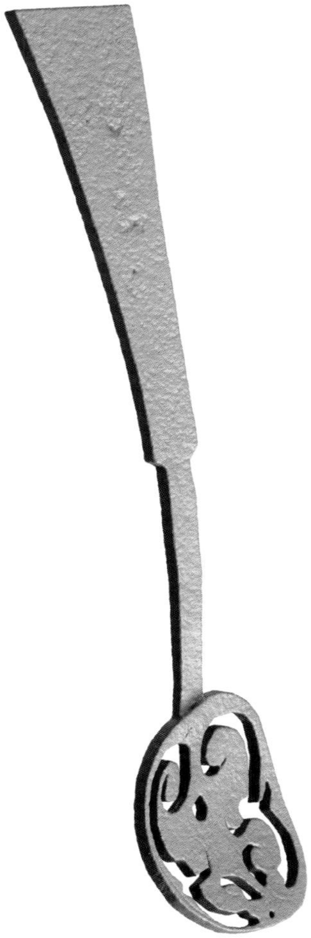

战国镂空龙纹金匕

匕首的名字源于匕，匕在古代指勺、匙之类的取食用具。此器透雕镂空，柄身长而扁平，专为从汤中捞取食物之用。

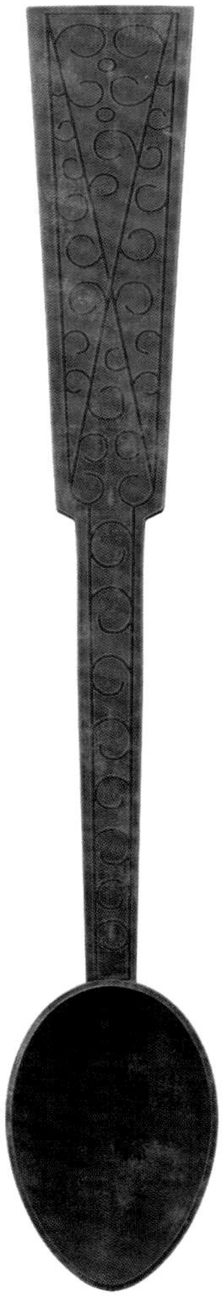

战国铜匕

此器青铜铸造，造型与汤勺无异，柄身上刻有花纹。

清代木柄黑漆鞘顺刀

顺刀是清代键锐营特别装备的兵器，形如短剑，单面开刃，主要功能有砍伐、切割、挖掘和护身，一般作为工具刀使用。

在魏晋时期的画像砖中，右侧男子跪坐在几案前用匕首切肉，案前置一盆接肉。

清代棕竹包铜鞘刀

从配套的筷子和刀鞘可以看出，这是一把生活用的小刀，主要作用是用来切肉。

刀的起源

刀位列十八般兵器之首，是古代战争中应用最为广泛、普及程度最高的兵器。刀自汉代成为士兵的主要近战兵器以来，一直为历代军事家所重视。

石刀起初较少参与争斗，更多是作为切割工具存在。

人类自旧石器时代开始便使用石制的砍削器，它们即是刀最原始的形态。周口店旧石器时代遗址中就出土了许多形态的石刀，其所用材料多以石英石和砂岩为主，另有少量使用了燧石和水晶。到了新石器时代，制作精良的石器中已有专门的石刀出现。这种石刀在我国各地发现的新石器时代遗址中均有出土。同匕首一样，石刀也曾在人类早期战斗中出现，但此时的石刀就是一块被磨出刃边的条形石块，刃长脊窄，不好磨制，容易损坏，因此这个时期的石刀一般作为工具，用来采集或者分割猎物。

进入新石器时代晚期之后，石器穿孔技术大为进步。于是有别于西方的管銎式石斧，我国新石器时代晚期的石斧多使用穿孔固定的方式。同时期出土的石刀，以用于固定木柄的多孔为显著特征。

多孔石刀通常为长条形，靠近刀背处钻有圆孔，圆孔的数量多为奇数。目前我国新石器时代考古中发现孔数最多的石刀是1979年安徽潜山薛家岗遗址出土的十三孔石刀，它长51.6厘米，最宽处达12厘米，在国际上都十分罕见。此外，具有代表性的多孔石刀，还有同为薛家岗遗址出土的九孔石刀、十一孔石刀，以及江苏南京北阴阳营出土的七孔石刀。

新石器时代单孔石刀

这是一把良渚文化石刀，刀刃呈弯月形，刀背有一小块凸出，靠近刀背凸出处有一圆形穿孔。

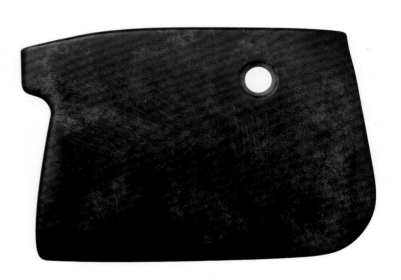

新石器时代单孔带柄石刀

刀略呈方形，器身扁厚，柄较短。靠近刀背位置有一圆孔，为两面钻孔。刃部为两面磨刃，较平直。

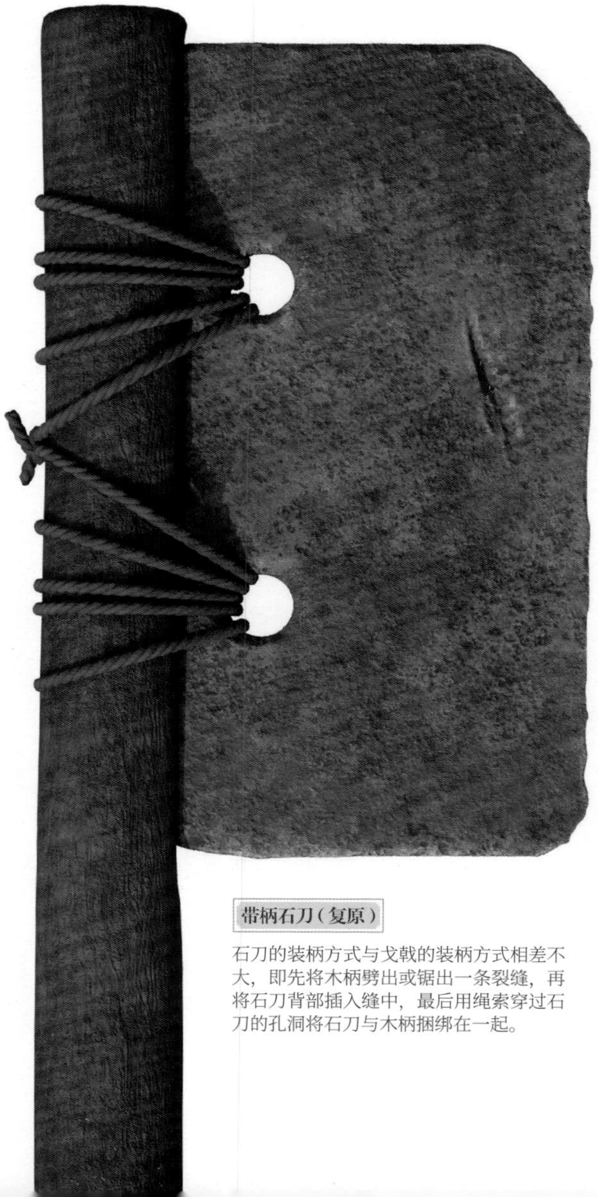

带柄石刀（复原）

石刀的装柄方式与戈戟的装柄方式相差不大，即先将木柄劈出或锯出一条裂缝，再将石刀背部插入缝中，最后用绳索穿过石刀的孔洞将石刀与木柄捆绑在一起。

新石器时代双孔石刀

整体呈长条形，一头略窄，一头略宽，两头各有一孔。刀背较为平直，刃刃略微内弧。

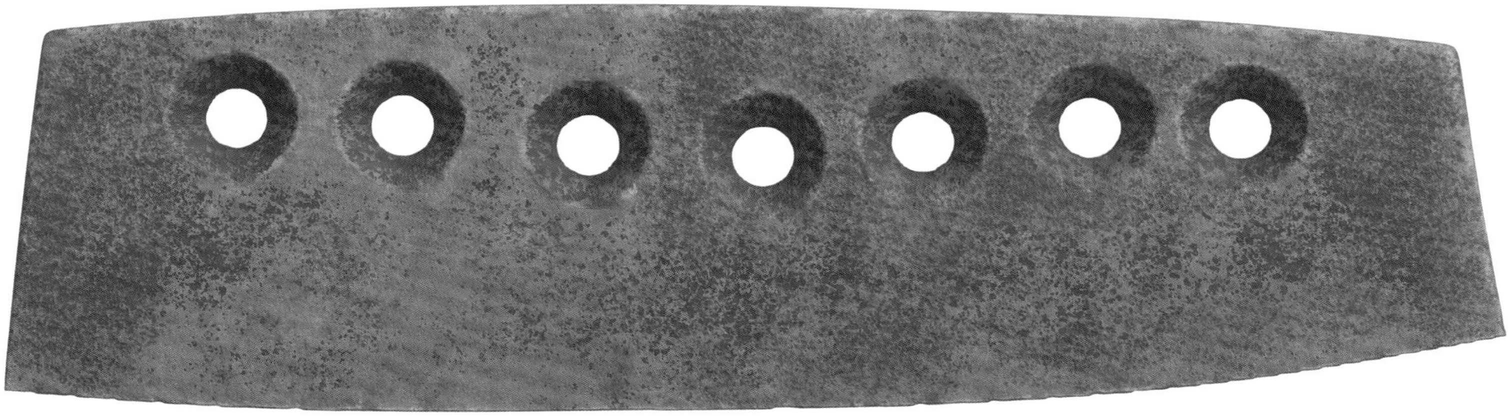

新石器时代七孔石刀

该石刀扁平带弧，窄条形，由闪长岩制成，周身磨光。沿着刀背有7个横列圆孔，以便穿绳加固于柄上，下部有刃。

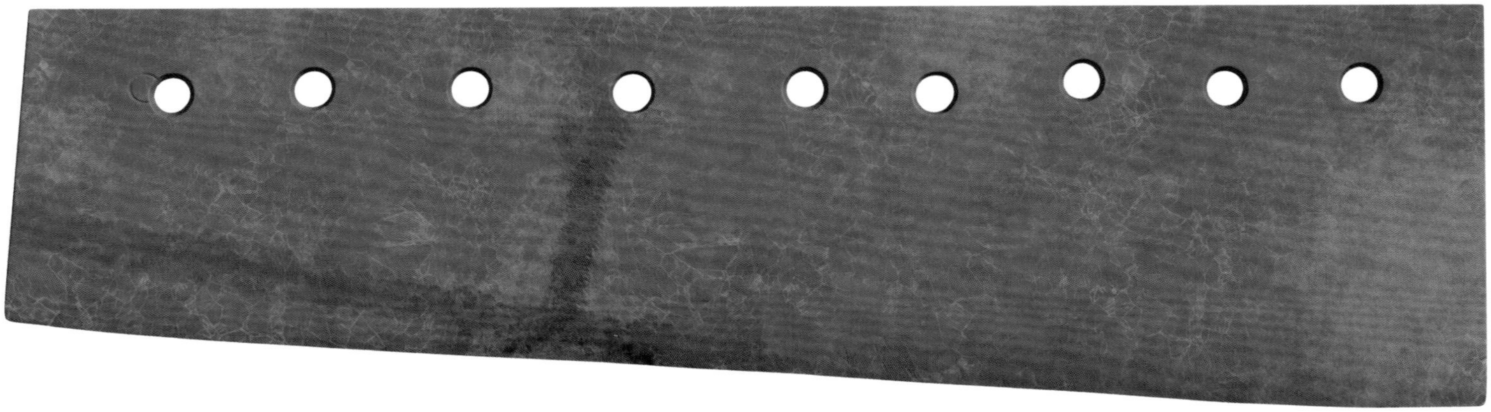

新石器时代九孔石刀

这把石刀呈长方形，背厚刃薄，造型规整，棱角分明，通体精磨。背部近顶端一侧穿9个圆孔，呈一字排列，分布均匀，孔径大小相似，有明显的对钻痕迹。薛家岗文化的石器工具一般通体磨制，除常见的斧、钺、锛、凿、镞等器具之外，长方形穿孔石刀最具特色。

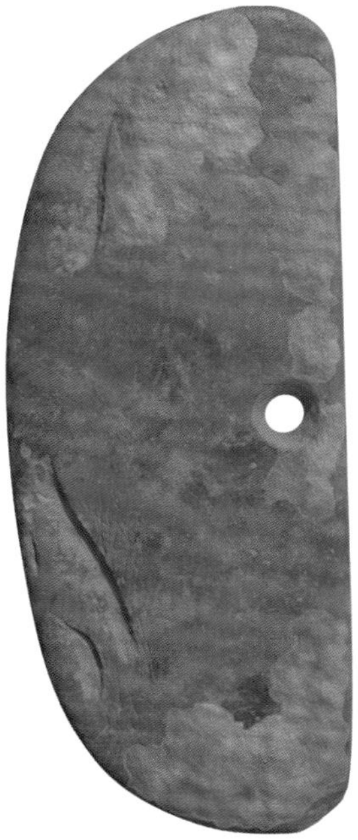

新石器时代单孔石刀

这是一把弧刃石刀，刀背平直，刀刃外弧。靠近刀背的中间位置，开有一圆形穿孔。

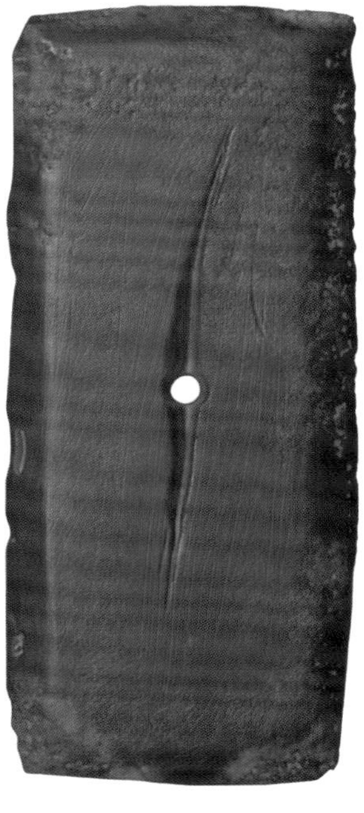

新石器时代单孔石刀

刀身厚实，形状为规矩的长方形。刀身中央位置开有一圆形穿孔。

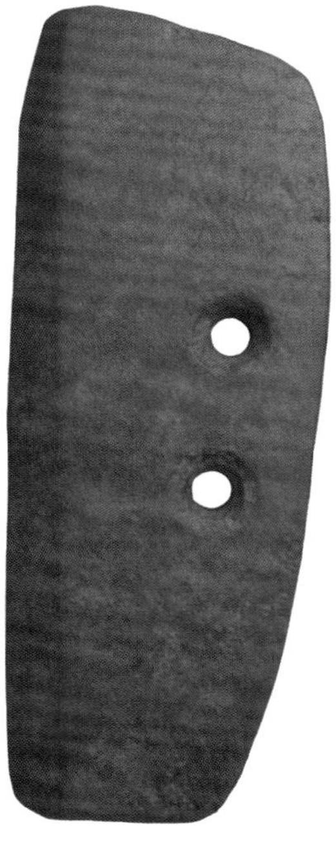

新石器时代双孔石刀

整体呈长条形，一头略窄，一头略宽。刀身厚实，开有两个相邻的穿孔。

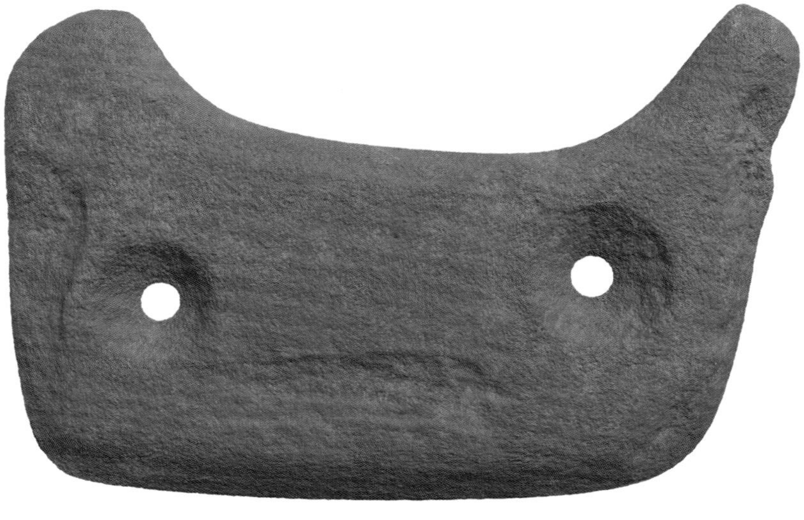

新石器时代凹背穿孔石刀

石刀的刀背比较特殊，两端分别向外支出一小节，看起来就像动物的耳朵。刀身厚实，上面开有一左一右两个穿孔。

金属刀具出现

1978年甘肃东乡林家遗址出土的铜刀是我国目前出土年代最早的金属刀具，制造年代距今约5000年，样式受骨刀和石刀的影响。夏代仅在二里头遗址发现个别短刀，现代考古大量发现的青铜刀具，基本都是商代的。刀在商代的出土青铜器中占有一定的比例。此后一直到秦代，鲜有刀具出土，这一时期的实战用兵显然是戈、戟、矛、剑的天下。

商代出土的刀，形制主要有两种，一种是无铭文、形似反曲刀的匕首类刀具；另外一种是有铭文，重量和体积都很大，类似现代刀具的大型刀具。

匕首类刀具

这种匕首类刀具形似反曲刀，而反曲刀在同时期世界其他文明遗迹中均有广泛发现。譬如著名的希腊弯刀“Kopis”（古希腊语“切”）或者古埃及的克赫帕什（Khopesh）弯刀，都采用了这种奇怪的反曲刀身。根据专家研究，之所以当时作为卫体武器的刀采用这种样式，而不是如同剑一样的直刃构造，更多的是因为受到材质和生产工艺的限制。

在形制上，这种刀兼有刺击和挥砍双重功能，但对当时的士兵而言，它却并非是一件真正趁手的主力武器，而仅仅是用于防身而已。这种类型的刀具也常常出现于陪葬物品的战车中，推测是驾驶战车的武士的随身防护武器。

1936年发现的小屯殷墟20号车马坑中埋有一辆战车、三具战士的骸骨和三套兵器。其中两套兵器为一副弓箭、一柄戈和一把兽头短刀，另一套为一柄戈和一把兽头短刀。在商代，步兵的主要格斗兵器是短戈，其次便是轻量化的小型斧钺。根据文物的配置不难发现，弓箭用于远射，戈为主要格斗兵器，短刀则用于卫体。

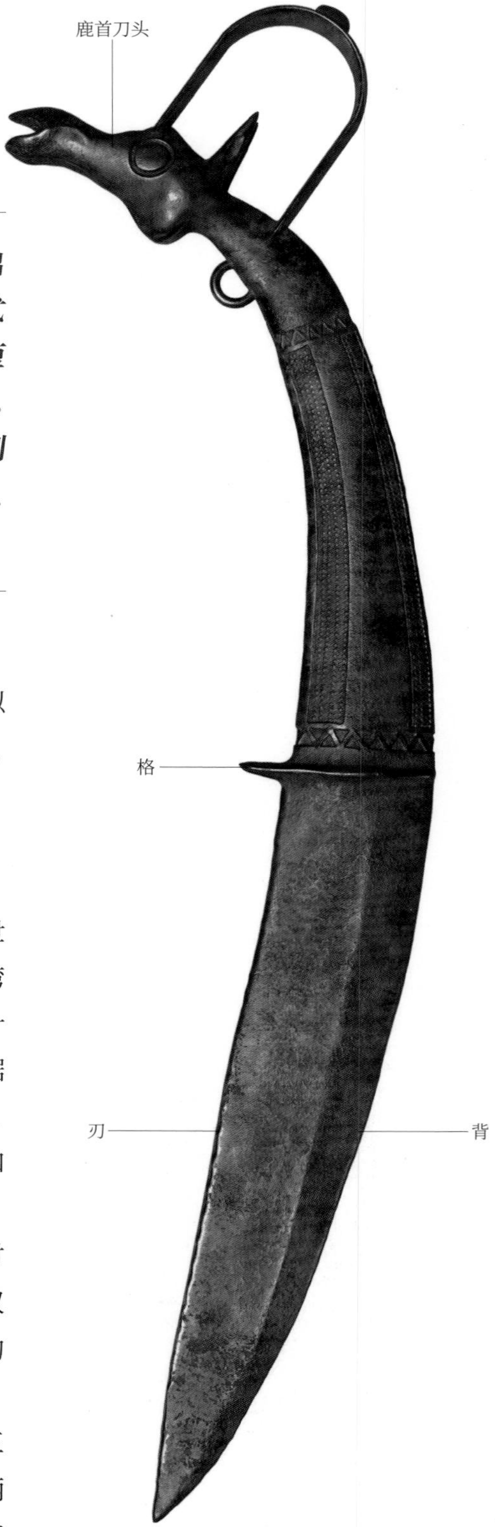

商代鹿首青铜刀

这种长度在30厘米左右的青铜刀属于匕首类刀具，它整体弧弯，柄首制作成鹿头形，刀刃微微内弧，是典型的北方器具。

商代羊首青铜刀

这同样是一把属于北方文明的内弯刀，柄首制作成羊头形，羊颈处有环纽以系绳，茎部与刀身之间有格。

新石器时代马家窑青铜刀

这把距今约5000年的青铜刀，是迄今为止我国发现的时代最早的一件青铜器，为单范铸成。

商代夔纹柄刀

此刀刀柄铸为夔龙形状，它圆目卷尾，将刀身衔在口中。从刀刃的弧度看，这是一把反曲刀。

战国环首铜刀

这把青铜内弯刀，柄首有一椭圆形环，刀茎窄而扁平，刀背外弧，刀刃内弯，刀锋略微上翘。

春秋马首青铜刀

这把青铜内弯刀，柄首制作成马头形，马头顶部有穿孔以系绳。刀茎扁平，约与刀身等长。

商代马首青铜刀

这把青铜内弯刀，柄首制作成马头形，马头扁平，项下有环以系绳，口微张，眼部因镶嵌物脱落而留下圆孔。

大型刀具

这种类似现代刀具的武器，其个头与匕首类刀具完全不同，它的体型和重量都较大，难以携带使用。一般研究认为，这是用于祭祀的礼器，主要用于宰杀或者分割祭品。因此其制作较为精美，刀身上描绘有精细的花纹，而且刀身宽厚，刀背常有一条镂空棱脊，刀尖上翘，刀身后部有一个短茎，用以安装刀柄。至于刀柄，则由两块木片夹持刀茎而成，柄的末端一般还连接一个方形的把头。1989年江西新干大洋洲出土的夔纹直脊翘首青铜刀便是代表之一。

战国环首铜刀

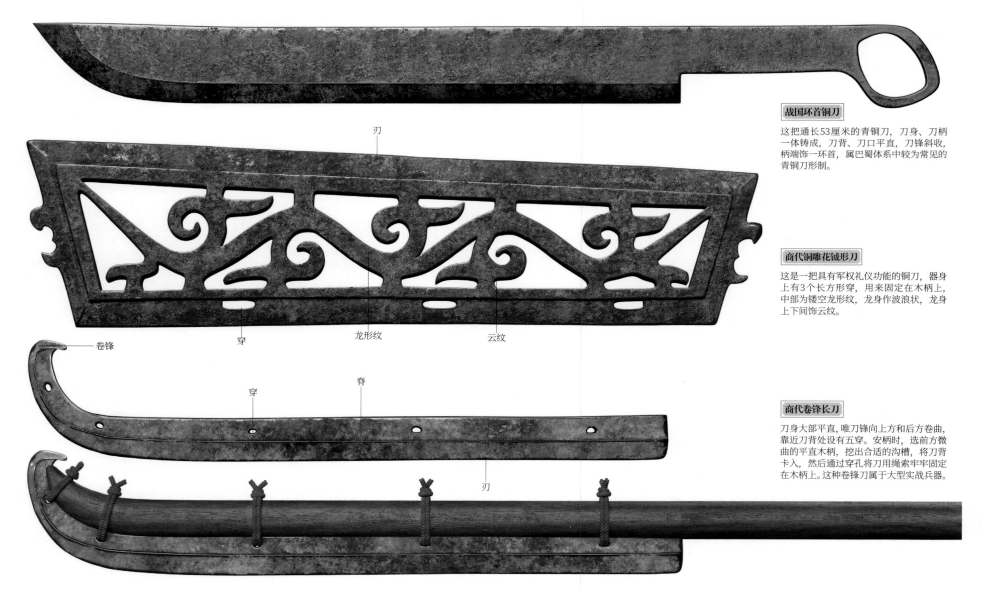

这把通长53厘米的青铜刀，刀身、刀柄一体铸成，刀背、刀口平直，刀锋斜收，柄端饰一环首，属巴蜀体系中较为常见的青铜刀形制。

商代铜雕花钺形刀

这是一把具有军权礼仪功能的铜刀，器身上有3个长方形穿，用来固定在木柄上，中部为镂空龙形纹，龙身作波浪状，龙身上下间饰云纹。

商代卷锋长刀

刀身大部平直，唯刀锋向上方和后方卷曲，靠近刀背处设有五穿。安柄时，选前方微曲的平直木柄，挖出合适的沟槽，将刀背卡入，然后通过穿孔将刀用绳索牢牢固定在木柄上。这种卷锋刀属于大型实战兵器。

商代夔纹直脊翘首青铜刀

这是一把手刀，扁平短茎，长条形刀身，刀脊弧曲，刀口平直，刀尖翘起。脊厚出棱，脊下两面饰夔纹。在短茎外面夹上木柄后，就可手持使用。这种大刀通常出土于大中型贵族墓葬，是代表社会地位和等级特权的礼器。

商代铜刀

该铜刀刀身弯度较大，曲脊翘首，刃口平直，长条形刀茎稍向下弯，背较宽，饰菱形花纹带，纹饰细腻。

商代目雷纹刀

刀身呈长条形，刀脊弧曲，刀口内弯，刀尖翘起。厚脊上起扉棱，脊下两面饰目雷纹。目雷纹是青铜器上的一种典型纹饰，以目纹和雷纹组成，故名，流行于商代和西周初期。

商代蝉纹大刀

刀身呈长条形，平背，短柄，翘首，薄刃。脊部加厚起棱，脊下两面饰蝉纹。蝉身首尾相衔，隙间填以卷云纹。

环首刀登上历史舞台

到了汉代，我国真正意义上的第一种战刀——汉环首刀登上了历史舞台。这种简洁形状的直刀，有别于之前我们看到过的所有刀类武器，可以说是中国历史上一种全新种类的刀。

起源于商周时期的环首刀，在西汉开始替代剑成为主要的格斗短兵器。

环首刀的起源

根据现有文物显示，汉环首刀的形制与草原民族短刀型匕首或削刀很相似。这种匕首或削刀经由贸易交流及秦末大规模战乱流入内地，在秦代末期发展为能够取代剑的新式武器，并最终在汉代发扬光大。

不过，汉环首刀虽然与北方草原民族削刀在外形上十分相像，但是要说汉环首刀完全起源于草原民族，并不是很严谨。

在秦对匈奴的作战中，依赖战马的高机动性草原民族，完全不同于秦军以往面对的中原军队。秦军逐渐注意到，过往用于针对大规模步兵集团作战的多兵器混合型战阵，并不适合用来与机动灵活的草原骑兵交战。也许秦人在那个时候便已经开始考虑研发一种通用性新兵器，以减少军队后勤的负担，便于长途进攻和奔袭。

1976年，考古工作者在甘肃秦安上袁家秦代墓发现一把铁刀。该刀单刃直背，刀尖呈弧形，出土时已严重锈蚀，通长67 厘米，身长59厘米，背厚1.5 厘米。除了缺少环首外，这把刀和汉代环首刀形制基本接近，长度适合单手握持劈砍。

经过秦末的群雄逐鹿，汉朝最终继承了秦朝的遗产。随着钢铁冶炼和锻造技术的逐渐成熟，制式环首刀终于出现，并在军队中得到推广。

春秋青铜削刀

此刀整体呈S形，凹背曲刃，刀尖上翘，柄端有一圆环可系带。环首刀因刀柄最顶端有圆形或椭圆形的环而得名，其存在可以说贯穿了整个中华冷兵器的历史。

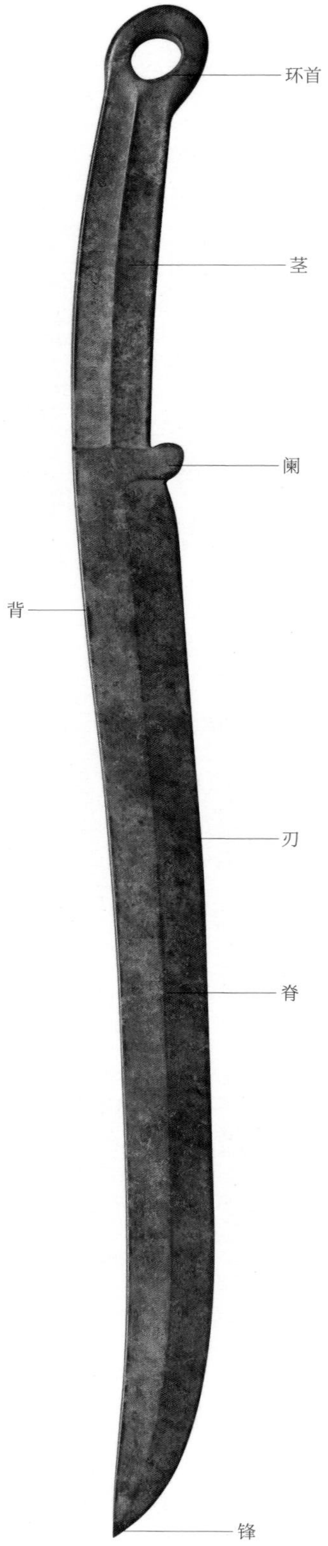

商代环首弯刀

这是一把鄂尔多斯式青铜刀。柄首铸一圆环，茎部扁平，向一侧外弧。刀身与刀柄之间有凸出的齿状阑，刀背微凹，刀尖上翘，刀身细长。由此刀可知，环首刀在商代就已经有了雏形。

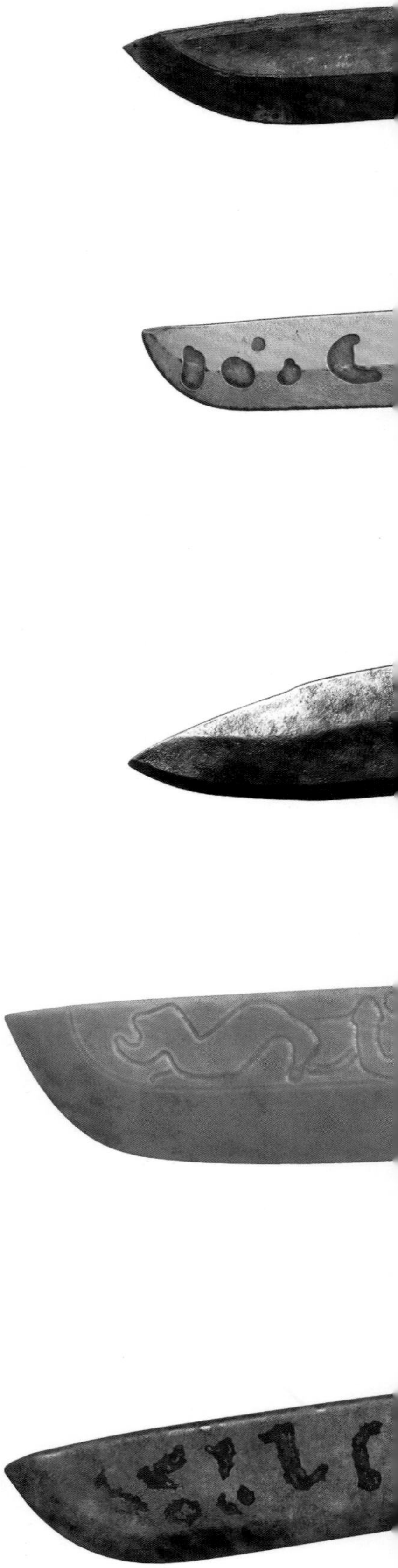

战国青铜削刀

刀身呈弧形，背厚而凸，刃薄而锋利。人们发现这把环首青铜削刀时，它插在一柄彩绘凤纹漆鞘里。

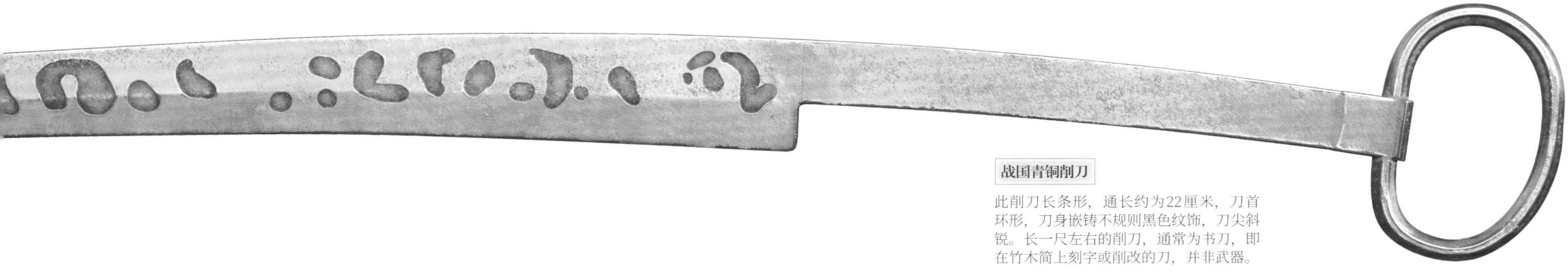

战国青铜削刀

此削刀长条形，通长约为22厘米，刀首环形，刀身嵌铸不规则黑色纹饰，刀尖斜锐。长一尺左右的削刀，通常为书刀，即在竹木简上刻字或削改的刀，并非武器。

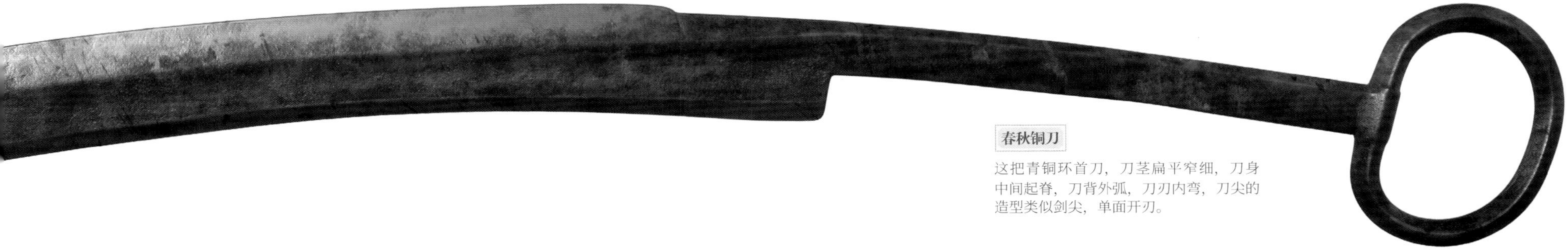

春秋铜刀

这把青铜环首刀，刀茎扁平窄细，刀身中间起脊，刀背外弧，刀刃内弯，刀尖的造型类似剑尖，单面开刃。

战国龙纹玉削刀

这把长条形环首玉削刀，刀背两面琢刻纹饰，刃锋处未见使用痕迹，疑为非实用器。

战国铜刀

这把青铜环首刀，刀茎扁平窄细，刀身呈弧形，两面嵌铸有不规则黑色纹饰，刀尖斜锐。

环首刀的特点

军用环首刀有别于它之前的刀类武器，它的形制更类似于剑。继承自秦剑的汉代长剑，剑身较窄，厚度较大，截面呈八面型，是一种相当厚实的武器。而看起来颇为纤细的剑身，挥砍能力却十分惊人。如果做个简单的比喻，那么将这种汉代长剑从剑脊处一剖两半，就是两把汉代环首刀。更准确地讲，环首刀的形制具有三个特征。

第一，环首刀刀身在早期，是带有青铜剑痕迹的半八面型结构，在后期才逐渐产生半六面或者半四面形结构。

第二，环首刀刀身厚度一般都比较大。

例如现藏于国家博物馆的一把东汉环首钢刀（1974年山东苍山出土），通长111.5厘米，刀身宽3厘米，刀背厚1厘米，环首呈椭圆形，环内径2～3.5厘米，刀身有“永初六年五月丙午造卅湅大刀吉羊（祥）宜子孙”字样的铭文。经鉴定，刀身含碳量在0.6%～0.7%，为炒钢锻制（百炼钢）。总体上，环首刀的厚度常在8～10毫米之间，刀身前部最细处也不低于5毫米，有极个别为3毫米。

这个厚度在战国青铜剑中是比较常见的。周纬在《中国兵器史稿》中列举了瑞典远东古物博物馆所藏的19种中国古铜刀剑，几乎所有的长剑和长刀其厚度都超过了5毫米。

第三，环首刀刀尖斜直。

杨泓在《中国古兵器》一书中对环首刀的形容为：“形制简约，直身，一侧开锋利刃口，另一侧为厚重的刀背，刀尖斜直，刀身与刀柄无明显界限，柄端连铸一铁环，固有环首刀之称。”此书中还插有《东汉持环首刀武士画像石》图，图中可清晰看到环首刀刀尖为大角度斜直状态。

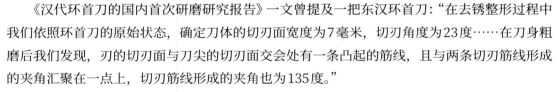

《汉代环首刀的国内首次研磨研究报告》一文曾提及一把东汉环首刀：“在去锈整形过程中我们依照环首刀的原始状态，确定刀体的切刃面宽度为7毫米，切刃角度为23度……在刀身粗磨后我们发现，刃的切刃面与刀尖的切刃面交会处有一条凸起的筋线，且与两条切刃筋线形成的夹角汇聚在一点上，切刃筋线形成的夹角也为135度。”

因宽度较小、厚度较大而形成的大锐角切刃，也是青铜剑的一个特征。而环首刀刀尖处两处切面的横筋亦与青铜剑相类似。

另外，汉环首刀拥有继承自秦汉长剑的铬化处理防腐防锈技术。

《汉代环首刀的国内首次研磨研究报告》一文针对这柄全长121厘米、刃长101厘米、茎长20厘米、上部厚6毫米、下部厚9毫米、上部宽20.2毫米、下部宽28毫米、内弧弯度4毫米、重1千克的广西出土的东汉中期环首长刀，称“平时在研磨过程中，刀剑要与水接触自然会产生一些铁器锈渍。为了防止产生锈渍，在研磨刀剑使用的水中都会加入适量的防锈剂。而我们在研磨这把环首刀的时候出现了一个奇怪的现象，在研磨用水未加任何防锈剂的情况下，整个研磨过程中未产生任何肉眼可见的氧化现象，钢铁青黑，没有锈渍，遇到这种现象还实属首例”。

在单面修复这环首刀后所做的科学检测分析中发现：“刀体材质比较纯净，未发现有盐类与硫化物的存在，XRD设备自动检测该器物材质为‘不锈钢’。器物含有：Fe（铁）、Cr（铬）、V（钒）、Ru（钌）、Pt（铂）、Pd（钯）、Ti（钛），以上元素均以合金形式存在，其中Cr（铬）的含有量较大。器物中不含有Al（铝）、Au（金）、Co（钴）、Ge（锗）、Ni（镍）的成分。此次检测也让我们解开了上面所说‘在研磨过程中不产生氧化’现象的原因，Cr（铬）的大量加入使钢铁产生了抗氧化能力。”可见直到东汉，环首刀的制造中依然有秦代防腐防锈技术的存在。

综上所述，汉环首刀在形制和制造工艺上，与秦汉长剑拥有继承关系。

东汉永寿二年错金环首钢刀

此刀通长79.8厘米，环首上装饰错金卷云纹。茎上残存木质握手，上有织麻残段，外有髹漆，髹漆上还遗留有描金纹饰。刀身有木刀鞘残迹，刀身两侧装饰有错金流云纹，间有羽饰。刀脊上有53字错金铭文“永寿二年二月濯龙造，廿灌百辟，长三尺四寸把刀。铁工刘满，锻工虞广，削厉待诏王甫，金错待诏灌宜，领濯龙别监唐衡监作，驺姚北主”，X光探测茎上有6字铭文“濯龙持作百辟”。此刀虽锈蚀严重，但装饰瑰丽考究，工艺精湛，是迄今发现的汉代刀中铭文最多的。

西汉环首铜刀

此刀通长88厘米。可以看到，这柄环首刀的刀身如剑一般是六面形，茎部与刀身之间有格，但它刀尖斜直，背部不开刃。

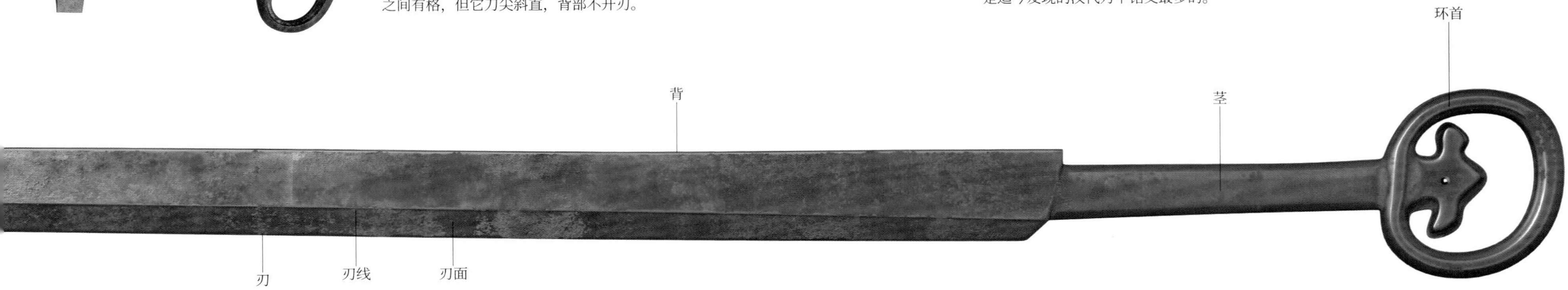

东汉延熹五年环首钢刀

此刀的环首为椭圆形，内有三叶草形装饰，扁茎与刀身界限分明，刀尖斜收，刀身上的“延熹五年”铭文表明了其制作时间。

东汉永初六年环首钢刀

此刀全长111.5厘米，刀身宽3厘米，刀背厚1厘米。刀为直形，刀刃以极小的角度斜收，背厚刃薄，横截面呈楔形。刀身饰错金火焰纹，上有铭文：“永初六年五月丙午造，卅湅大刀，吉羊，宜子孙。”“卅湅”表明，此刀反复折叠锻打了30次。

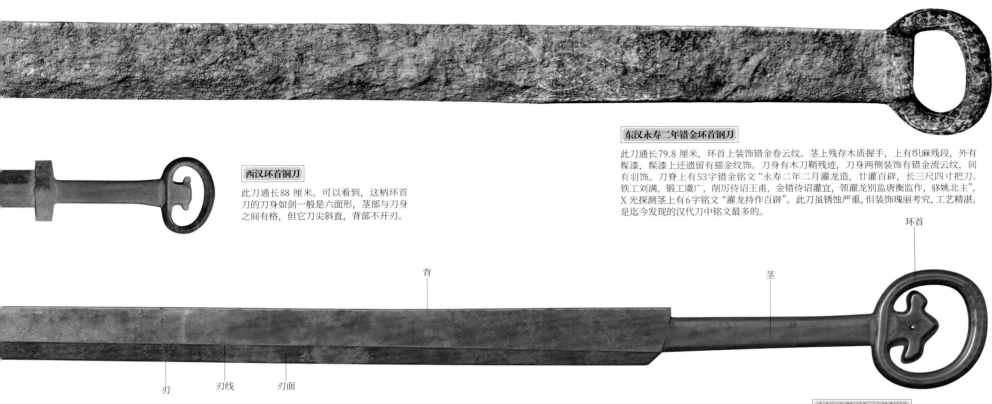

汉代环首刀

刀身长直，背厚刃薄，与茎部无明显界限，利于劈砍。刀尖斜直，利于刺击。可劈可刺的特性，使环首刀受到了汉军的欢迎。

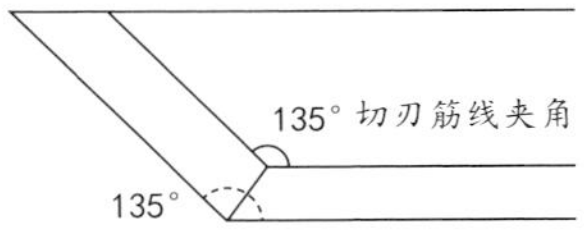

环首刀侧面

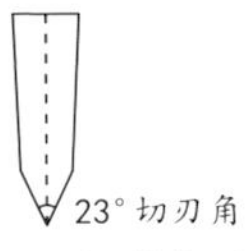

环首刀横截面

东汉环首刀

广西水坑器物，通长121厘米，是《汉代环首刀的国内首次研磨研究报告》一文的研究对象。

东吴环首刀

此刀通长146厘米，宽2.6厘米，是目前已知的最长的环首刀。这种长度的环首刀适合双手使用，威力极大。

汉代环首铁刀

此刀通长117厘米，宽约5.5厘米，最厚处0.9厘米。柄首有一椭圆环，茎部与刀身相续，刀尖斜直，是典型的环首刀造型。

东汉错金铭文环首铁刀

此刀通长116.5厘米，宽2.8厘米，柄为环首状，铭文镶嵌在窄窄的刀背上。由于年代久远，出土时大部分铭文已模糊不清，仅存"……四年……殊□辟右永靡穷……"几个金光闪闪的隶书字。据有关专家分析，铭文的内容为制作的年代（……四年）以及"避邪""长久"的意思。

东汉环首铜刀

此刀通长86厘米，宽2.4～2.8厘米，厚0.8厘米。柄首有一椭圆环，茎部与刀身相续，刀尖斜直，是典型的环首刀造型。

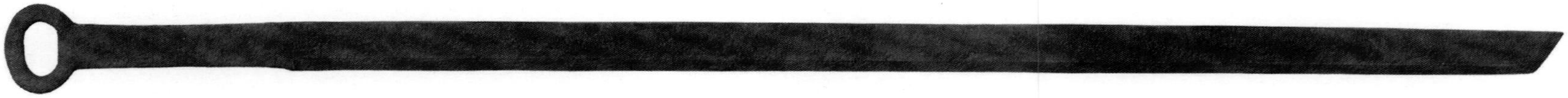

东汉环首铁刀

此刀通长83厘米，宽2.7厘米。柄首有一椭圆环，茎部与刀身相续，刀尖斜直，是典型的环首刀造型。

汉代环首包金短铁刀

此刀通长34厘米，宽1.8厘米，单面弧刃，背厚直，椭圆形环首上缠有金丝，刀身两侧各有三条血槽，剖面为三角形。

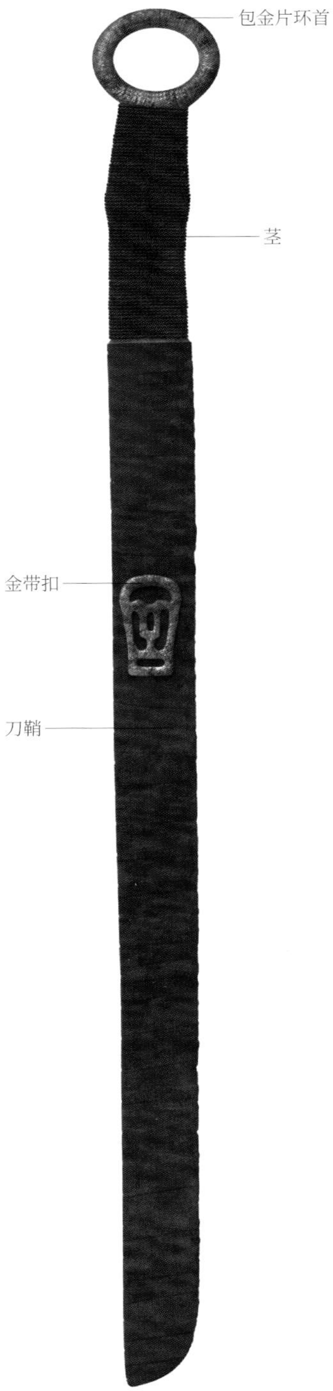

西汉中山靖王刘胜佩刀

中山靖王刘胜墓开启时，墓主刘胜身着金缕玉衣，左侧腰部放置着这把环首铁刀。发现时，该刀刀尖残断，刀茎被两片木条夹住，木片外缠有麻绳，麻绳外髹褐漆，漆层外缠丝绳。环首上包缠有长条形金片，刀刃外部套有残尾的刀鞘。刀鞘为两片木条挖槽合拢而成，鞘外缠麻，麻外缠丝绸，丝绸外髹朱漆。距鞘口11.5厘米的位置有凸起的底座，底座上有金质带扣，用于佩带。

环首刀长度变化

起初，长度多为30～40厘米、模仿自草原民族直刀型匕首的环首削刀并未被大量使用。之后，刀长逐渐增加，步兵用环首刀最短也有70厘米，骑兵用环首刀长达110厘米以上，甚至达到140厘米。环首刀也由此取代戈与剑，成为汉代步兵的标准武器，甚至在西汉中晚期上升为汉军的主要格斗武器。

一直到三国时代，环首刀仍然是战场上毫无疑问的统治者。由于冶铁技术的进步以及骑兵的使用需求，东汉末期及三国时代步骑兵的环首刀较西汉时期有了明显改变。其显著特征便是长度的增加，西汉时期环首刀根据现有出土文物，长度大多不超过90厘米。早在东汉中前期，环首刀就有了越变越长的趋势，到了东汉末年及三国时代，这种趋势发展到了极致。根据现有出土文物，这一时期的环首刀长度大部分超过100厘米，部分甚至超过了120厘米。如1981年四川忠县（今属重庆）涂井镇西南卧马凼山出土的9件蜀汉环首直刀，通长101～124厘米。1994年湖北大冶河口镇砖瓦厂出土的六朝环首直刀，通长122.4厘米，时代为孙吴至西晋时期。魏文帝曹丕为太子时命人制造了名为“灵宝”“含章”“素质”的3把宝刀，长度分别达到了4尺3寸6分（约106厘米）、4尺4寸3分（约107厘米）、4尺3寸（约104厘米），重量依次为3斤6两（约743克）、3斤10两（约798克）、2斤9两（约546克），可见其又长又薄。（《中国古兵器集成》）

到了西晋末年及南北朝时期，则能明显地发现北朝出土的环首直刀开始有了变短的趋势。如1998年辽宁北票八家子乡喇嘛洞墓地出土的4件前燕铁刀，其中标本编号为M49:16的铁刀规格较大，通长78.7厘米，中宽3.6厘米，背厚0.6厘米，环径4.5～6.9厘米；标本编号为M209:12的铁刀规格则较小，通长57.5厘米，中宽2.7厘米，背厚0.5厘米，环径3～4.8厘米。

这种情况的产生，在于甲胄较东汉末期有了长足的发展，裲裆铠乃至明光铠均已开始大规模装备军队，以往举大戟、长刀的骑兵越来越多地被人马着甲的重型长槊骑兵所取代。指望步兵通过大型长刀对重装骑兵造成有效伤害，越来越不可行。而且较长的环首刀对需要灵活机动的重甲骑兵而言，不易在马上使用，因此较短的佩刀样式又开始流行起来。

环首刀的使用方式

总体上，在战阵中刀的动作基本只有两个：

第一，劈斩。这是在进攻中突入敌阵时，破坏敌人长柄兵器阵形的有效攻击手段。

第二，刺击。这是在持盾防守时，为了照顾队列的紧密性，同时有效攻击对手、不破坏队形的手段。

其余种种刀法，都不过是这两个动作的变化而已。由此衍生出来的，有通过劈斩动作演变出来的防御性动作“磕”、进攻性动作“撩”，以及通过刺击动作演变而来的“绞”等。在战阵中，刀技的具体使用，则需要看时机。破阵、登城时，大开大合的横扫撩拨最为有效，目的在于利用刀身的重量荡开对手的兵器，为后方的同伴开辟道路。而在列阵缓步前行或者防御时，上下劈斩和小动作戳刺则是主要手段，目的是维护阵列整齐，通过多把武器的合击，达到有效杀敌的目的。

在步兵近身的散兵战格斗中，环首刀既可以双手使用，也可以单手配合盾牌或者钩镶来使用。环首刀在格斗中相对于戈与剑优势明显，它兼具了剑刺击动作小、突然性强和戈挥击力量大、杀伤性强的优点，同时又没有剑长度较短、成本高，戈易于损坏、不便维护的缺点。而且在“百炼钢”技术出现后，这种优势得到了进一步强化。

另外，汉环首刀其实是一种步骑两用刀，厚实的环首刀因为重心靠前，骑手只需要一次有效挥击便可以将对手斩落马下。如果对手身穿甲胄，就算没有砍透其盔甲，沉重的钝击也足以使其受到严重的内伤。在马上的追逐战中，120厘米以上的骑兵环首刀还可以用有效的刺击将对手捅个对穿。

环首刀形制发生变化

随着放弃或者弱化刺击功能、追求挥砍能力的中亚及西亚刀类武器大量传入，环首刀的形制发生了变化。当时出现了将刃尖上刃取消，而延长下刃长度，形成一种刀头上扬的去首型刀锋。与此同时，新型环首刀增加了刀身的宽度，使其切刃角度形成小锐角，进而更利于劈砍。

江苏镇江桃花坞1号东晋晚期墓中出土了三把铁刀，其中两把有长条形茎，插在木柄中使用；另外一把有云型刀格，微束腰，端为圆銎，可套入木柄使用。这把有圆銎的异形东晋铁刀，长度仅46.5厘米，是后来体系繁杂的长柄刀的前身。其刀尖形制可以说与汉代环首刀相当迥异。

由于新兴的灌钢技术被应用于刀剑的打造中，刀刃的坚固程度得到大幅提升，小锐角切刃刀型开始逐渐得到普及。此后，这种刀型不但成了隋唐时代横刀刀型之外的另一重要刀型，还成了厚刃大刀和长柄大刀的源头。

嘉峪关魏晋时期画像砖《出行图》。古人常在砖面上涂白垩，再于其上绘画。画面中，中间一人手捧环首刀。

记录了汉代作战场景的东汉武氏祠画像石拓片。可以看到，汉代持盾武士手上拿的不再是戈，而是环首刀，但是能刺、能啄、能钩的长戟在汉代依然还在使用。

汉代刀盾武士陶俑。该俑左手持盾，右手持刀，一副准备战斗的模样。

龙雀刀

《晋书·赫连勃勃传》载，龙升元年（413年），赫连勃勃以残暴无比的叱干阿利为将作大匠，负责监造统万城。叱干阿利在检验城墙是否坚固时，命士兵以锥子刺墙面，刺入则杀工匠，不能刺入则杀士兵。叱干阿利的残酷在兵器制造上表现得如出一辙，“又造五兵之器，精锐尤甚。即成呈之，工匠必有死者：射甲不入即斩弓人；如其入也，便斩铠匠。又造百炼钢刀，为龙雀大环，号曰‘大夏龙雀’，铭其背曰：‘古之利器，吴楚湛卢。大夏龙雀，名冠神都。可以怀远，可以柔迩。如风靡草，威服九区。’世甚珍之”。南朝陶弘景在《古今刀剑录》中补充了一些关于龙雀刀件数、形制、规格、流传等方面的内容：“夏州赫连勃勃以龙升二年（414年）造五口刀，背刃有龙雀环，兼金镂作一龙形，长三尺九寸（约94厘米）……宋王刘裕破长安得此刀，后入于梁。”此后在北宋仁宗年间，宋将种世衡筑青涧城时，有人掘地得古铁刀献给官府，此刀“制作极巧，下为大环，以缠龙为之，其首鸟形（即环首做成缠龙形状，而龙首像鸟类头部）”。时任永兴军的刘敞鉴定曰：“此赫连勃勃所铸龙雀刀，所谓大夏龙雀者也，鸟首盖雀云。”而青涧城正好位于当年大夏国的疆域内，但可惜此刀只有文字记载，并无图形及实物流传。

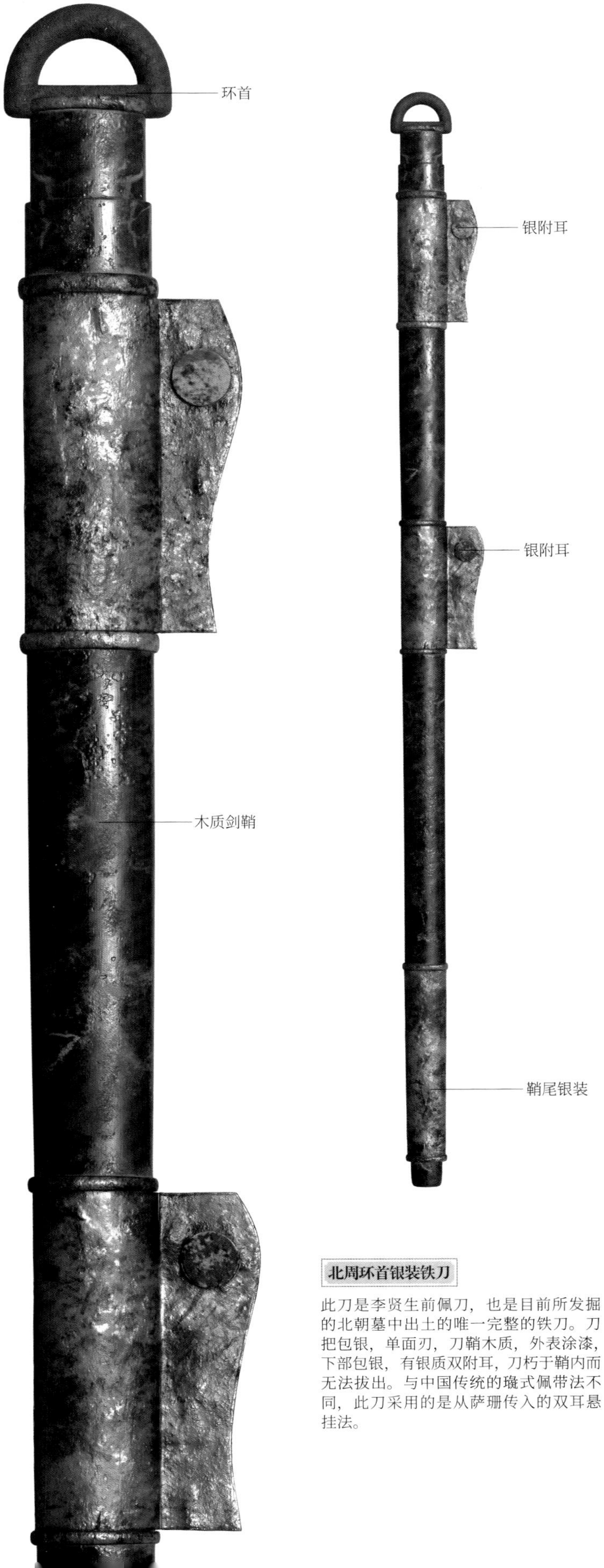

北周环首银装铁刀

此刀是李贤生前佩刀，也是目前所发掘的北朝墓中出土的唯一完整的铁刀。刀把包银，单面刃，刀鞘木质，外表涂漆，下部包银，有银质双附耳，刀朽于鞘内而无法拔出。与中国传统的璏式佩带法不同，此刀采用的是从萨珊传入的双耳悬挂法。

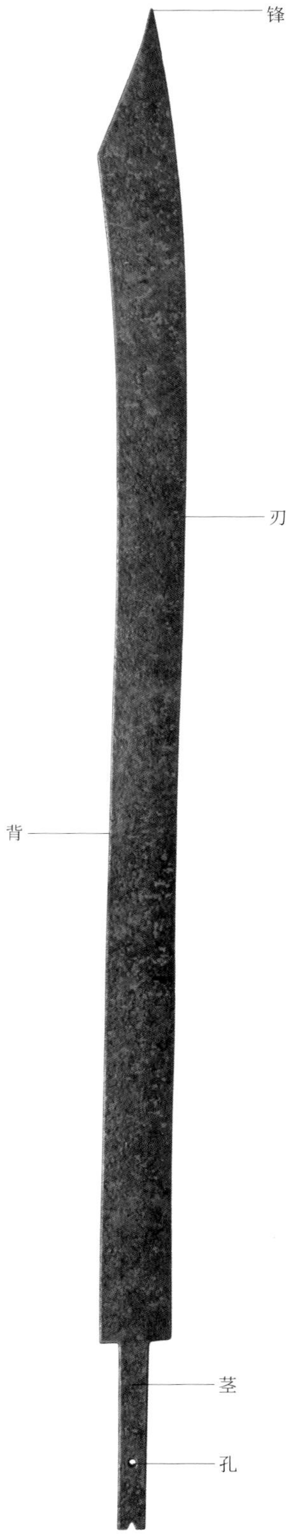

东晋铁刀（复原）

刀身单面开刃，横截面为楔形，中后部平直，前部曲弧上翘。将长条形茎嵌入木柄牢牢固定后，便可手持使用。此种造型，对后世手刀影响很大，《武经总要》中收录的手刀便与之相似。

唐刀威名赫赫

隋唐沿袭北朝体制，长兵重枪，短兵则重刀，剑渐渐沦为贵族及将官配饰，后又降为道家镇邪之器。因此本质上，隋唐军队的主要格斗武器是长枪，几乎人手一支。而刀作为主要的卫体兵器，亦为全军制式装备。

隋唐虽为我国钢铁武器全盛之时，却少有出土文物可以佐证，周纬先生感叹："两晋、五胡十六国，以至隋唐之世，其间铁兵早届全盛时期，各器必有可观，亦惜无藏器可资参考。资料缺乏原因，岂真铁兵均朽乎？实因其器无铭而不齿于金石之列，收藏家鄙弃弗录也。实物既感缺乏，载籍亦复寥寥，仅知晋代铁兵略如后汉，而短兵颇有新制而已。"

因国内相关文物确属不足，我们只能参考周边国家所藏文物，结合相关史实，来领略绚烂的隋唐画卷。

《唐六典·卫尉宗正寺·武库令》记载，刀之制有四："一曰仪刀，二曰鄣（同'障'）刀，三曰横刀，四曰陌刀。"在这四种军用制式刀之外，另有西域刀流入中原，并被少量装备。那么下面，就让我们分别了解一下这些武器。

唐代龙形环首。

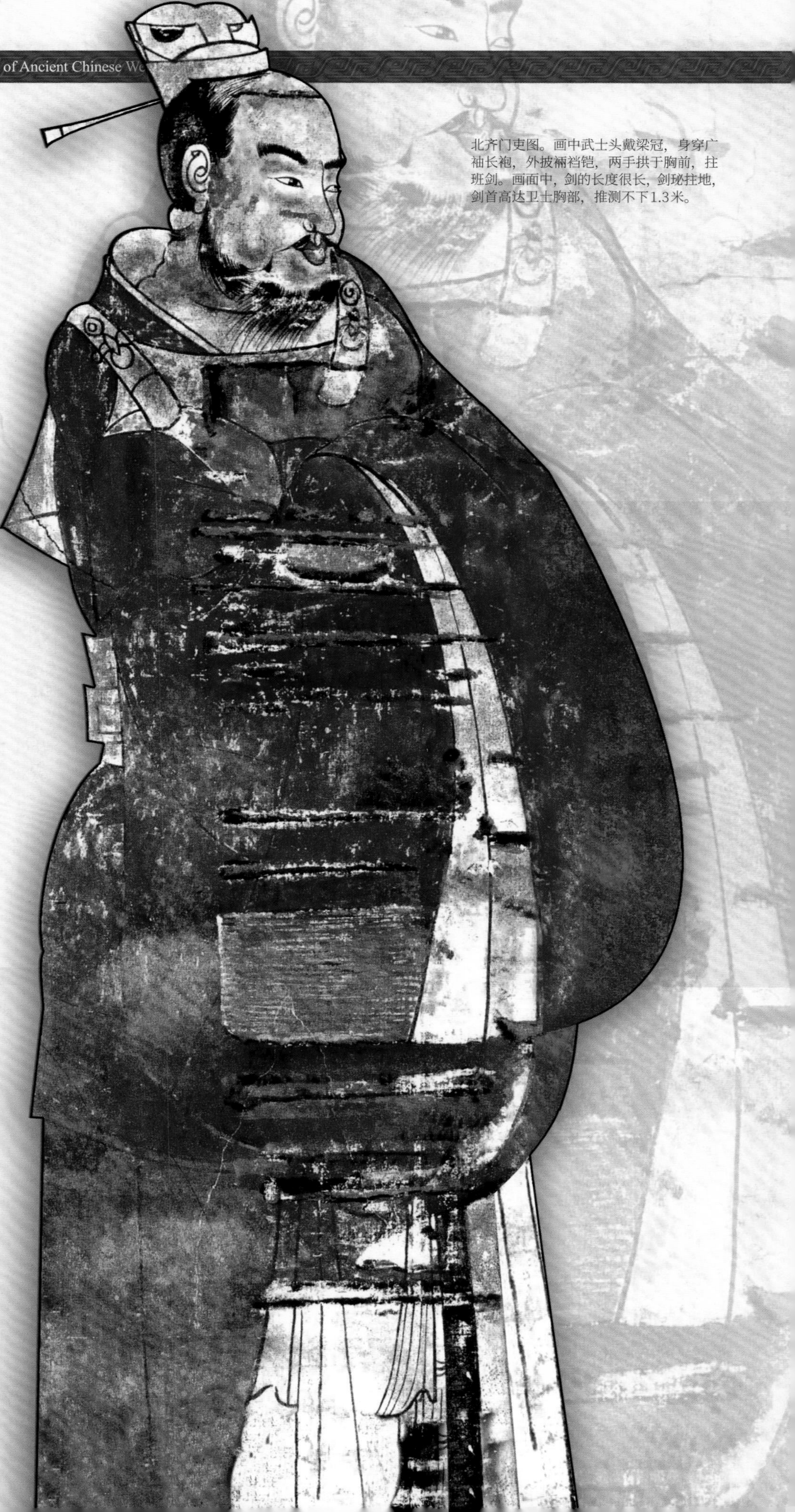

北齐门吏图。画中武士头戴梁冠，身穿广袖长袍，外披裲裆铠，两手拱于胸前，拄班剑。画面中，剑的长度很长，剑珌拄地，剑首高达卫士胸部，推测不下1.3米。

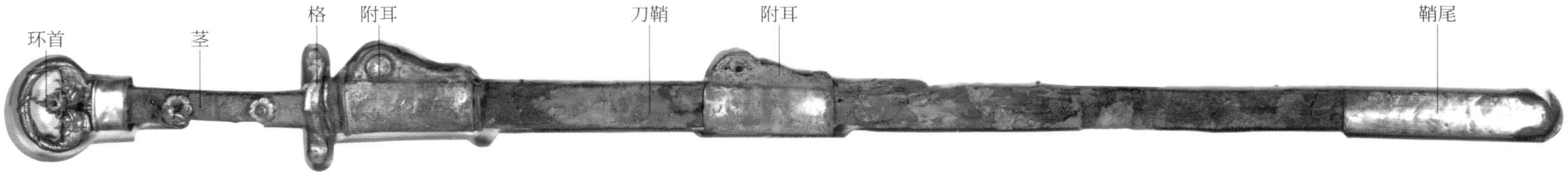

隋刀

此刀通长约为102.2厘米。青铜环首做成双龙戏珠造型，下有银箍环。茎部的木柄已朽，只留下两枚花形铆钉，与刀身之间有银格。刀身插在鞘内，看不清情况，刀鞘则只剩下两个银附耳和一个银鞘尾。

隋刀

此刀通长约为97.7厘米，同样未出鞘。环首为单凤造型，下有银箍环。茎部的木柄已朽，与刀身之间有菱形青铜格。刀鞘木质部分已毁，能看到上面有十多个银箍环。

仪刀

仪刀是《唐六典》记述的第一种刀制，原注曰："今仪刀盖古班剑之类，晋、宋已来谓之御刀，后魏曰长刀，皆施龙凤环；至隋，谓之仪刀，装以金银，羽仪所执。"从名称及注文可知，仪刀便是班剑，也就是专门用于护卫高级官僚出行的仪仗用具。其本身并非用于战阵的武器，但仍可作为卫体兵器使用。国内有学者称其为木器，但结合史料可知，其必为钢铁武器。

隋唐以前，仪刀的前身班剑便已常见。至唐代，御刀及仪刀已经是专门用于仪仗用途的礼器了，并与陌刀、横刀等野战武器明确区分开来。学术界对仪刀的初步解读是，仪刀仅为仪卫们做仪仗队时佩带的长刀，它应当比横刀更长，并以《唐六典》中"皆施龙凤环"为证据，认为仪刀是环首刀。

开成元年（836年），仪刀需要专门制造以装备仪卫，此时它已不是实战用刀了。仪刀虽然属于仪仗兵器，但并不是仪仗队的每位成员都能佩带，它对佩带者的职位有一定的要求。

《新唐书·卷二十三》载，"唐制，天子居曰'衙'，行曰'驾'，皆有卫有严"，并用整整一卷的篇幅来讲述这两种制度的具体配置。其中，《居》篇中提到，上朝时，千牛备身立于御座左右，执御刀、弓箭。除此之外，其余仪卫并不执御刀，仅执普通刀剑。每逢元日、冬至大朝会、宴见蕃国使者等重要场合，仪仗的规模会更为宏大，但可以执仪刀的也仅有特定卫队和高级将领，作为护卫的步甲队则没有这种荣誉。而在天子出行的《驾》篇中，仪刀的使用区分表现得更为明显。走在最前方负责清除游人、为出行队伍开道并在街边组成人墙的清游队便不带仪刀，而在清贵大臣之后、御车驾前充当仪仗的亲、勋、翊三卫便只装备仪刀。同时，在御驾左右厢贴身护卫的卫士，则为将领执仪刀，而卫士佩横刀，可见仪刀不仅有仪仗作用，同时也可以进行作战。最后，在天子车驾周围贴身护卫的千牛备身等卫士，则"带横刀、执御刀"，全副武装。

由以上记载可以看出，唐代仪仗中，仪刀及横刀是混合装备的。并且，两者之间的区别表现得十分明显，执御刀及仪刀的均为驾前贴身仪卫，而带横刀的则为负有实际护卫任务的卫士。可见，它们的用途并不一致。

障刀

障刀是《唐六典》中记述的第二种刀制。原注曰："鄣刀，盖用鄣身以御敌。"

《唐六典》对障刀的介绍异常简单，既没有提到具体形制，也没有记载相关典故。而在描述唐代兵制的《太白阴经》等兵书中，也没有相关记载。正因为资料缺乏，学术界对障刀的认识并不统一，部分观点认为其为一种长柄刀，用于护卫队列；另有观点认为，"障"便是要持此刀的卫士组成屏障，主要用于护卫要人，并不会下放战斗部队。此外，还有一种截然不同的推测：障刀是一种匕首。

假使障刀为长柄兵器，势必沦为禁兵，若装备士兵则平时要收归武库之中。然而，隋唐历代文献均不见相关记载，可见此刀并非士兵必须配备的制式武器。但是其名列唐代四刀制之中，又见其装备颇广。综合来看，其必定是士兵手头不可或缺，但并不好列入禁兵的武器。此种描述不禁让人想起前文对卫体兵器——匕首的介绍。匕首这种武器，对战场上的士兵来说不可或缺，但因为其不起眼，因此历代兵书均不将之列为军队的制式装备。

另外，唐代有一种障子，指的是上面题有文字或画有图画的整幅绸布。按照唐代的规格，一匹绢长40尺（唐代1尺合今30.7厘米，40尺约为12.28米），宽1尺8寸（约55.26厘米）；一匹布长50尺（约15.35米），宽与绢同。假使障刀的命名跟障子有关，那么它应是一种插于腰间，长约1尺8寸，用于卫体御敌的短刀。

作于朝鲜高丽时期的《报死信使图》，信使腰间挂着一把匕首。

横刀

《唐六典》中记述的第三种刀制是横刀。原注曰：“横刀，佩刀也，兵士所佩，名亦起于隋。”可见，横刀即为士兵随身佩带的武器。

作为实战兵器，凡负有警戒、保卫任务的卫士都会装备横刀。在战场上，横刀同样是士兵装备的主要武器之一。唐军步骑兵配备的主要短柄格斗兵器便是横刀。横刀在军中的装备比例，初唐时几乎人手一口。至中唐，据《太白阴经》记载，装备比例为80%，唐军一军12500人，配备横刀10000口。横刀是唐军不可或缺的随身兵器，《唐律疏议·卷八·卫禁》规定：“兵仗者，谓横刀常带；其甲、矟（槊）、弓、箭之类，有时应执着者并不得远身，不应执带者常自近身。”

一般认为，隋唐横刀由南北朝环首佩刀发展而来，刀身通常为直形，隋代、初唐横刀多有环首，甚至还有沿用璏式悬挂装置者。盛唐以降，无环首者居多，悬挂装置统一为双“P”形附耳式，并开始受西域刀的影响。

就考古实际情况而言，至少在北齐时代，部分横刀已经取消了环首。从北齐至唐初，有环首与无环首的横刀是混杂装备的。其中，有环首的横刀装饰相对华美，为正式场合携带较多；而战场上的士兵以及需要执行实际护卫任务的人员，则佩带简朴的无环首横刀为主。

现今，唐横刀最有力的出土文物是1991年陕西长安南里王村窦缴墓出土的一把唐代环首刀。但可惜的是，尚无对此刀进行相关研究的考古文献，无法准确断定其具体年代，只能推定为唐代，不过因为它，我们对唐横刀总算有了一个粗浅的认识。此刀直身平背，长约84厘米，木质刀柄，柄两端有黄金箍环。

除了我国出土实物外，同时期朝鲜半岛的刀剑对唐刀的研究同样具有借鉴意义。隋唐更替时，朝鲜半岛有高句丽、百济、新罗等割据政权，史称“三国时代”。这一对峙局面直到公元668年新罗在唐朝的支持下一统半岛才被打破，之后其统治一直持续到公元901年，几乎贯穿了整个唐代。由于新罗得到唐朝的大力支持，与唐朝交往密切，因此参考其同时期流传下来的刀剑，可对唐横刀的相关制式有一个较为清晰的了解。

此外，日本收藏的传世隋唐刀剑同样有参考意义。早在古坟时代（4～6世纪）之前，日本便与中国及朝鲜有所往来，因此其刀剑既有典型中国风格的环首刀，又有日本特色的头椎大刀。而随着日本遣隋使来到中国，新式刀剑再次传入日本。并且从大化革新以来，日本开始全面模仿唐代相关制度及武器装备。

根据唐朝周边地区流传下来的刀剑情况，我们不难看出朝鲜半岛的刀剑出土时间基本为北朝晚期至隋唐早期，其制式的一些细节可以视作同时代中土武器的特征。相比朝鲜，日本刀剑则呈现出更加鲜明的特点：现存大化革新之前的日本古刀剑基本为考古出土，而大化革新之后的新式刀剑基本为礼仪及供奉刀剑，它们在寺院及贵族手中得到了妥善保养，让我们见识到了高级武器的华贵精美。

横刀的价值

在唐代，横刀不属于禁兵，允许私人持有，民间买卖横刀并不受阻拦。在《唐天宝二年交河郡市估案》的记载中，“镔横刀一口输石铰，上直钱二千五百文，次二千文，下一千八百文”，“钢横刀一口白铁铰，上直钱九百文，次八百文，下七百文”。“输石”可能为“鍮石”的通假字或误笔，鍮石是一种色泽美观的铜合金，在当时属于贵金属。而“鍮石铰”从字面意思及文献解析来看，应为档次较高的刀装，用于配备镔铁横刀；“白铁铰”则是普通的铁装具，用于装配钢横刀。天宝初年，“斗米（约合6公升）之价钱十三”，而一把下等钢横刀的价值便超过53斗米，至于镔横刀则更为昂贵，上等镔横刀的价值甚至超过192斗米。根据《唐会要》记载，八品官员的月薪也才2475文，刚够买一把上等的镔横刀。（《中国古兵器集成》）

剑形单刃

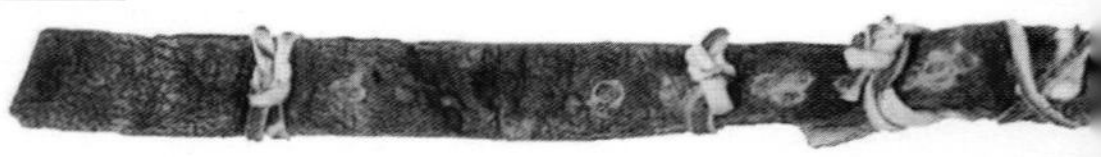

唐代水晶缀十字铁刀

这把水晶缀十字铁刀是迄今为止我国出土的最完整、装具最奢华的横刀，长84厘米。它厚脊薄刃、直身平背，刀脊上有一行错金小字。此刀出土时，刀柄旁有一水晶小猪。在实验室清理过程中，人们发现刀背有错金铭文，能辨识的文字有十个，为了方便登记造册，于是就用了“水晶缀十字铁刀”作为名字。

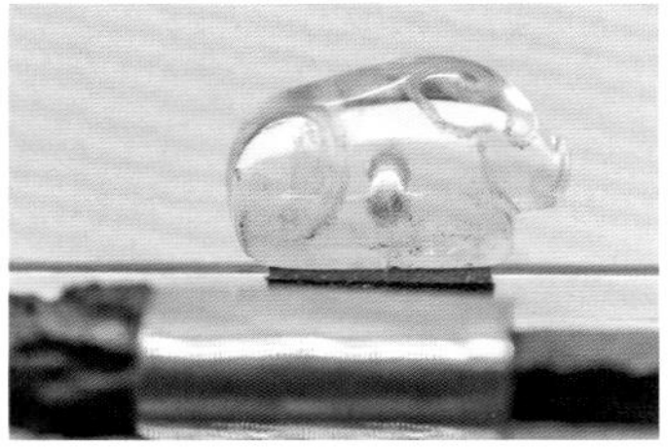

百济龙凤纹环首刀

这把朝鲜百济时代的环首刀并未出鞘，通长95.5厘米。椭圆形环首外部镀金，内部装饰着龙凤纹。茎部前后有两个黄金箍环，上面雕刻有精美花纹。木质鞘身已朽，唯有鞘口和鞘尾的银装留存。

新罗三叶纹环首刀

这把朝鲜新罗时代的环首刀通长94厘米。椭圆的青铜环首内，铸有三叶形装饰。刀柄包金，两端各有一个青铜箍环。刀格包银，刀身长直，为铁制造，现已锈蚀。

唐代金银钿荘唐大刀

这把传世唐大刀通长99.9厘米，刀柄由白鲛皮包裹，采用的是锋两刃造，此种刃型在中国考古中尚未有发现，但中亚及印度刀中均有发现，国内刀商推出的仿唐刀基本都参考了这把刀的样式。虽然此刀被认为是奈良时代从中国直接进口的仪仗用刀，但其装具却是继承于平安时代的饰剑样式，因此有说法认为其装具有后造之嫌。

陌刀

《唐六典》中记述的第四种刀制便是陌刀。原注曰："陌刀，长刀也，步兵所持，盖古之断马剑。"

关于陌刀的形制，主要有两种说法。

一种认为陌刀是长柄两刃刀，采信的是《新唐书·阚棱传》的记载，"阚棱，伏威邑人也。貌魁雄，善用两刃刀，其长丈，名曰'拍刀'，一挥杀数人，前无坚对"，并以此拍刀作为陌刀。而在具体形制上，人们参考了宋代掉刀的外形。

一种认为号称"古之断马剑"的陌刀外形应该更接近长剑，推测陌刀是一种加长刀刃的双手长横刀。"陌"在唐代及之前尚有"百文钱"的意思。唐代通行的开元通宝，平均直径为2.5厘米，假使100枚钱首尾相连，其长度为250厘米左右。这个长度与黑漆平文大刀的长度惊人地一致，而黑漆平文大刀相传造于8世纪初，与陌刀在唐军中大规模装备的时间相同。

至于陌刀在军中的装备情况，根据著于唐中期的《太白阴经》记载，陌刀在唐军中的配备比例为20%，每军12500人，配备陌刀2500口。而在《唐通典·卷一百五十七》的记述中，"队副一人撰兵后立，执陌刀，观兵士不入者便斩"，"诸军弩手，随多少布列。五十人为一队，人持弩一具、箭五十只，人各络膊，将陌刀、棒一具，各于本军战队前雁行分立，调弩上牙，去贼一百五十步内战，齐发弩箭"。可见，陌刀基本用于压阵，多是配给弩手和弓手的格斗武器。此外，在城市防守中，陌刀也经常被使用，《唐通典·卷一百五十二》载："又于城上以木为棚，容兵一队，作长柄铁钩、陌刀、锥、斧，随要便以为之备。若敌攀女墙踊身，待其身出，十钩齐搭，掣入城中，斧刀助之。"

金代掉刀社火表演砖雕。画面中，左起第二位表演者手中所拿的正是掉刀。

陌刀形制推测一：长柄两刃刀

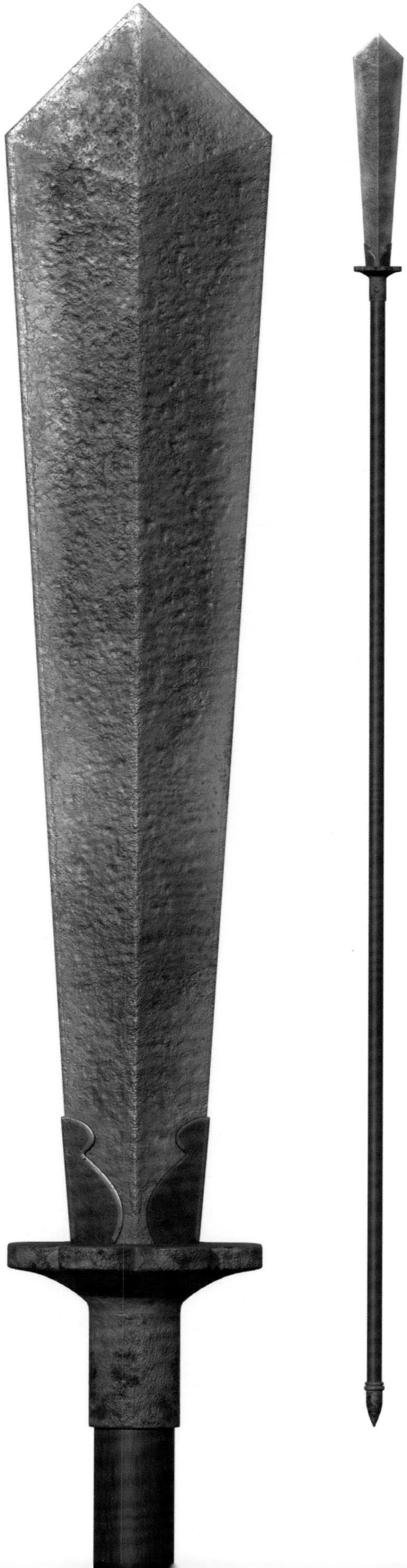

陌刀形制推测二：加长版横刀

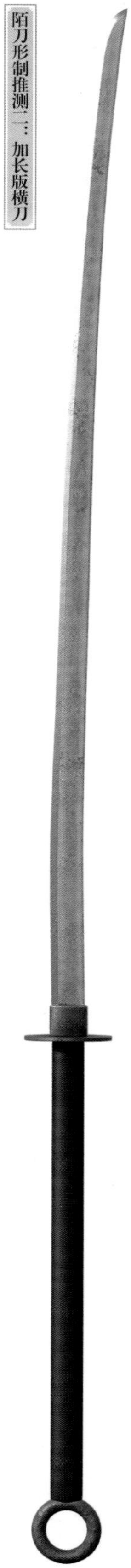

敦煌莫高窟中唐壁画《毗沙门天王像》，其腰间横挂着一把具有西域风格的弯刀。

西域刀

唐代除以上四种主要刀制外，尚有西域刀曾少量装备军中。史籍有关西域兵器的记载，多较零散，考古发掘也少有实物出土，故而不为学术界所注目。但翻阅唐朝以来的诗文画作、笔记小说，会发现西域兵器曾在古代历史上有着较高的知名度，亦曾产生过深远的影响。

西域刀中以大食刀最为著名。大食刀，顾名思义，即来自阿拉伯地区的刀器。其何时传入中国的，史籍不详，但杜甫在《荆南兵马使太常卿赵公大食刀歌》一诗中写道："吁嗟光禄英雄弭，大食宝刀聊可比。"说明它至少在唐代就已经传入中国了。

大食刀以其精致、实用、锐利，而在古人心中有着无可比拟的魅力。除唐代，宋代也有使用，宋人释普济在《五灯会元》中谈到"天台普请南岳游山"时，说："我且问你，还曾收得大食国里宝刀吗？"此后，元、明、清历代，也多有大食刀的相关记载。

不过，唐朝时阿拉伯地区流行的是直刀，要等到10世纪才开始广泛使用弯刀。

唐代描金石雕武士俑。该武士腰间不但佩带了横刀，还佩带了一把疑似弯刀的武器。不过也有人认为这不是弯刀，而是一件弓韬，用来装放弛弓状态的弓，其现在带刀柄的模样乃是修复时弄错了。

宋代刀八色

在宋代，晋末发展出的小锐角切刃刀逐渐取代了横刀。《武经总要》一书记载了宋朝的八种刀，它们被合称为“刀八色”，分别是手刀、掉刀、屈刀、笔刀、凤嘴刀、掩月刀、眉尖刀、戟刀。

在刀八色中，除了手刀，其余七种都是长柄刀。

这一时期，刀类武器的形制更为专业化。步兵格斗用刀大量使用长柄、加重刀头的大型长柄刀，以期劈斩的同时利用长度阻止骑兵冲击，卫体武器则换为成本低廉的手刀，这与宋代重步兵善于守卫和列阵而战的特征相符合。骑兵的格斗武器开始使用利于马上刺击并兼具部分挥砍功能的长柄轻质化战刀，如笔刀。

屈刀、笔刀、凤嘴刀、掩月刀、眉尖刀

《武经总要》提到屈刀时，称其“刃前锐，后斜阔，长柄施镈，其小别有笔刀”。屈刀和笔刀形制相仿，都属于长柄刀，有弧形单面刀刃和带两个子刺的刀背，它们的“小别”在于笔刀的造型相对平直一些，屈刀的刀尖和刀背弯曲的弧度更大一些，而这正好符合这两种刀的命名（笔：笔直；屈：弯曲）。

凤嘴刀、掩月刀与屈刀、笔刀一样都是单刃长柄刀，刀身呈偃月状，但它们的刀尖和刀背的形状不同。凤嘴刀的刀尖如同鸟嘴，刀背只有一个子刺；而掩月刀刀头有回钩，钩尖似枪，锐利无比，刀背有突出锯齿状利刃，刀身基部饰龙头。

眉尖刀同为单刃长柄刀，但其刀身与前四种有别。眉尖刀刀头较窄，如一弯眉尖翘起的眉毛，刀背十分平滑。

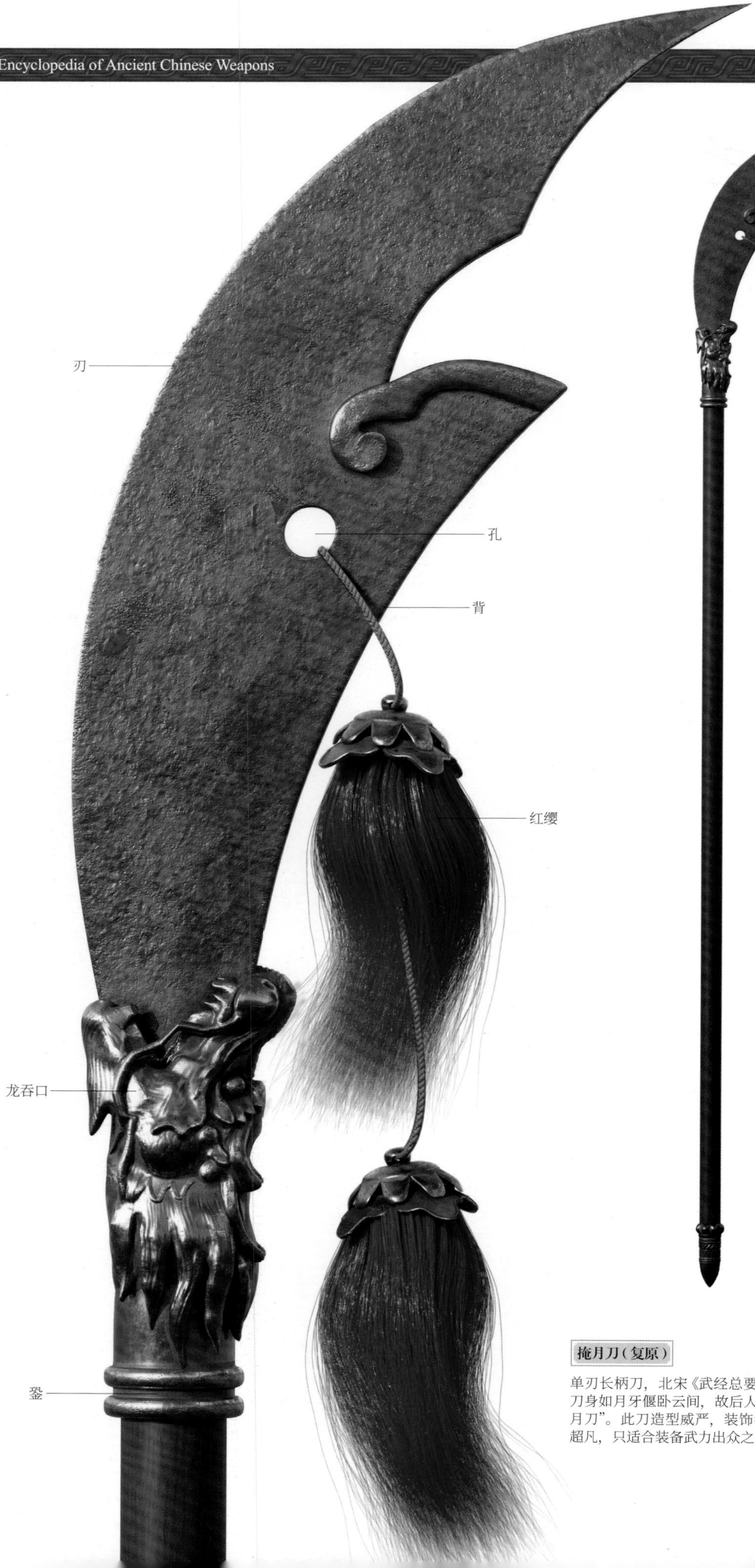

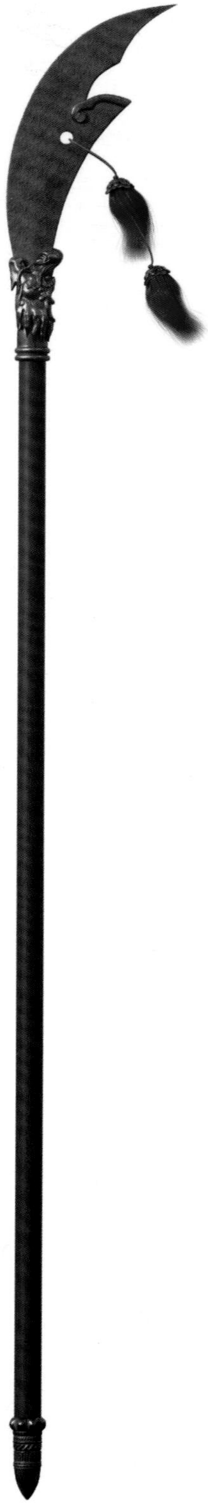

掩月刀（复原）

单刃长柄刀，北宋《武经总要》收录。因刀身如月牙偃卧云间，故后人称之为“偃月刀”。此刀造型威严，装饰考究，重量超凡，只适合装备武力出众之人。

凤嘴刀（复原）

单刃长柄刀，北宋《武经总要》收录。刀身呈偃月状，刀尖如同鸟嘴。

屈刀（复原）

单刃长柄刀，北宋《武经总要》收录。重量次于掩月刀，适用性却优于掩月刀。

笔刀（复原）

单刃长柄刀，北宋《武经总要》收录。此刀适合双手持握，使用方法以砍伐为主，兼有较强的前刺功能。

眉尖刀（复原）

单刃长柄刀，北宋《武经总要》收录。此刀质量轻便，装饰简洁，适合大批量装备普通士兵，使用方法以砍伐为主，兼有较强的前刺功能。

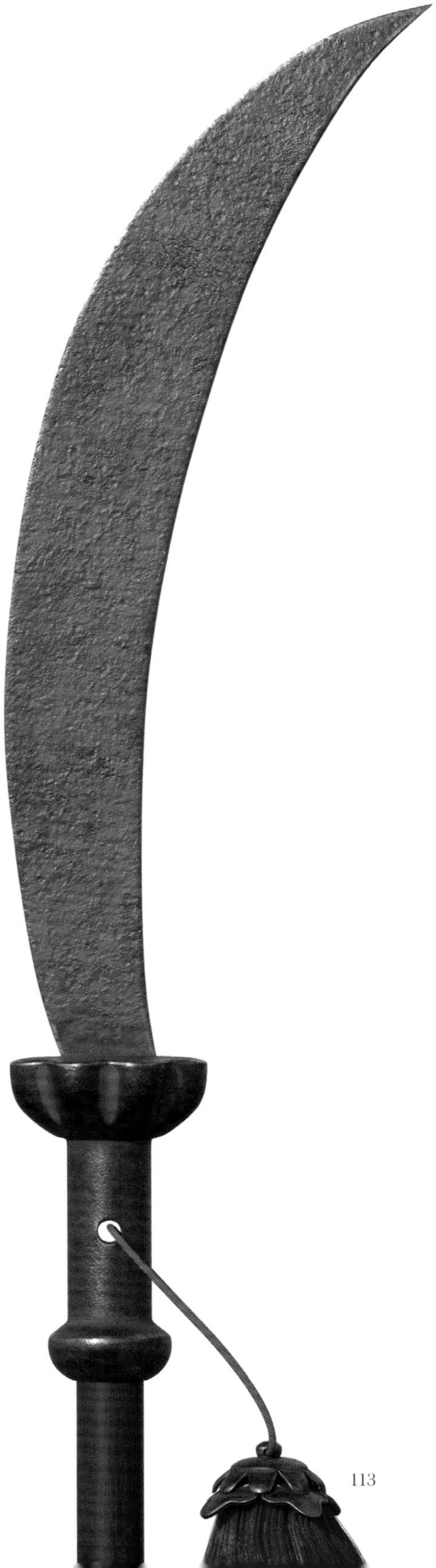

手刀

手刀是一种单手持握的近战短兵，在《武经总要》的描述中，它“旁刃，柄短如剑”。根据书中所配插图，手刀的刀身短阔弯曲，厚背薄刃；刀头部分较宽，刀尖上扬；有四瓣形的刀格；刀柄短粗无环，中部和尾端有耳，可以穿绳。

掉刀

根据《武经总要》的记载，掉刀“刃首上阔，长柄施镈”，是一种长柄两刃刀，刀身上阔下窄，双刃呈现出明显的三尖形。这种继承自隋唐时期拍刀的武器，在明代逐渐演变成了我们熟悉的三尖两刃刀。

戟刀

戟刀，是戟与刀结合后的形态，它取消了戟的横枝，取而代之以月牙形刀刃。它在使用时，既有突刺功能，又有劈砍功能。在《武经总要》的划分中，戟刀显然属于刀，但自宋代以后，不管是在军中还是在民间，普遍称其为“戟”。

在北宋李公麟绘制的《免胄图》（局部）中，一名武士手持掉刀，另一名武士手持戟刀。

宋代铁刀

此刀的刀格、吞口和柄首装饰皆为铜配件，刀身则为铁造。刀身整体较直，靠近刀尖处略有上扬，和金刀造型非常相似，堪称后世明清雁翎刀的雏形。

南宋环首铁刀

环首刀作为制式兵器使用的最后朝代可能是南宋，但其形制较汉唐时期变化巨大。宋代环首刀刀身缩短，刀刃宽大，刀头加阔，刀尖向刀背倾斜，刀柄较长，为双手持握。

手刀（复原）

单手持握、全长不足1米的铁刀被称为“手刀”，北宋《武经总要》收录。这种近战兵器因长度过短，不适合单独使用，很可能主要配合长兵使用。

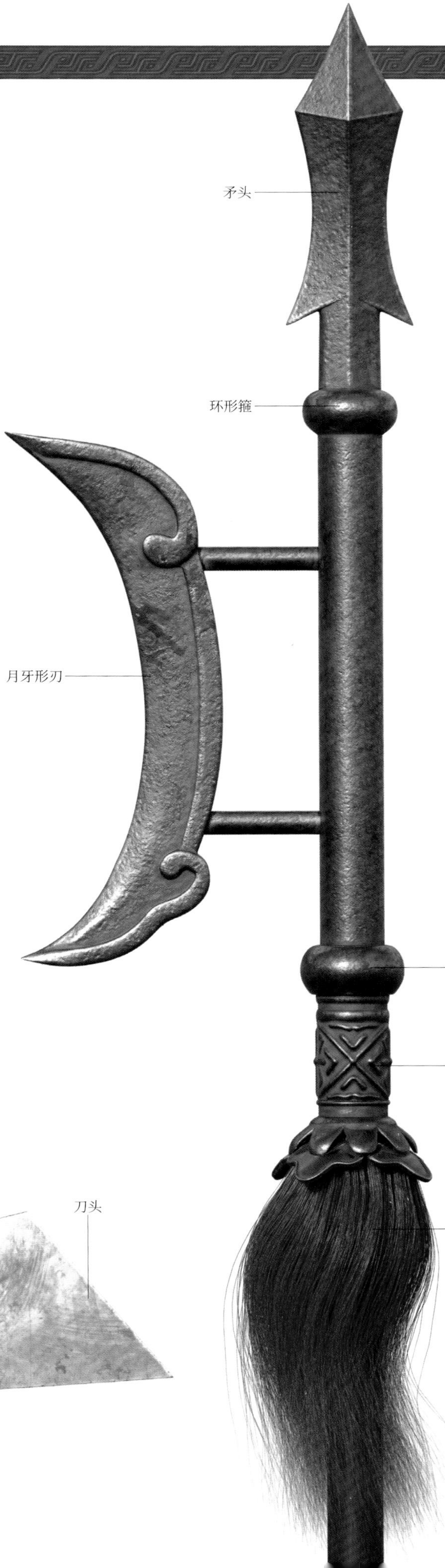

戟刀（复原）

枪与刀结合的产物，北宋《武经总要》收录。在明清两朝，人们普遍把戟刀称为“戟”，从而使“戟”的概念在这一时期发生了变化。

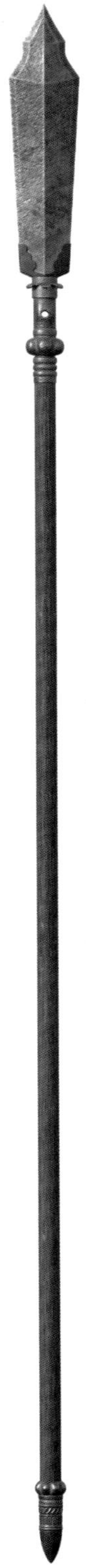

掉刀（复原）

双刃长柄刀，北宋《武经总要》收录。掉刀的前身是唐代的拍刀，而在明代，它则被称为“三尖两刃刀”。相比其他长柄刀，掉刀因为两面开刃，攻击方向不再是单一的，而是可以双向挥砍。

明代腰刀

受前朝影响，明代早期的刀，既保留了宋代刀的造型，也继承了蒙古刀的造型。不过明代中期以后，腰刀成了军队装备量最大的短柄武器，各级官兵普遍佩带。

腰刀，顾名思义就是佩带在腰部的刀。戚继光在《练兵实纪》中说："腰刀造法，铁要多炼，刃用纯钢，自背起用平铲平削，至刀平磨无肩，乃利。妙尤在尖。"可见一把好的腰刀，需要使用夹钢法制作，要求刀身两面加工成平斜面。

明代腰刀有三种形制：第一种是传承自宋代手刀的宋式腰刀，第二种为对元代刀进行改良的元式腰刀，第三种则是仿制倭刀。

宋式腰刀，主要形制为雁翅刀，其刀身比宋代手刀长，但刀头不如手刀夸张，小了许多。这类腰刀拥有不错的破甲能力。

元式腰刀主要有雁翎刀和柳叶刀两种，它们是明代的主流腰刀。

雁翎刀，刀身挺直，刀尖处有弧度，因形似雁翎而得名，无论是官员还是士兵都会佩带。柳叶刀，因刀的形状类似柳叶，故名柳叶刀。雁翎刀和柳叶刀都是单手刀，刀柄不长，适合单手持握。两种刀的形制颇为相似，其中从刀身根部三分之二处开始向上弯曲的是雁翎刀，从刀身根部开始弯曲的是柳叶刀。雁翎刀弧度小，刀尖窄且略上翘，柳叶刀弧度大，刀尖部宽。

仿制倭刀，亦称"倭腰刀""仿倭刀"，始于明初，盛于晚明。明代早期，日本曾向明朝多次进献倭刀，数量相当可观。后倭寇袭扰大明东南沿海，许多抗倭将士把俘获的倭刀留下自用。倭刀对明朝的刀制产生了很大的影响。

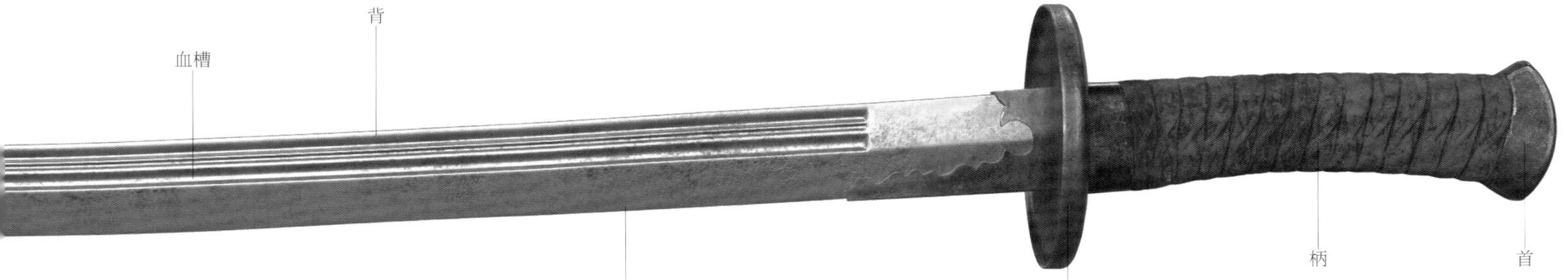

明代“登州戚氏”军刀

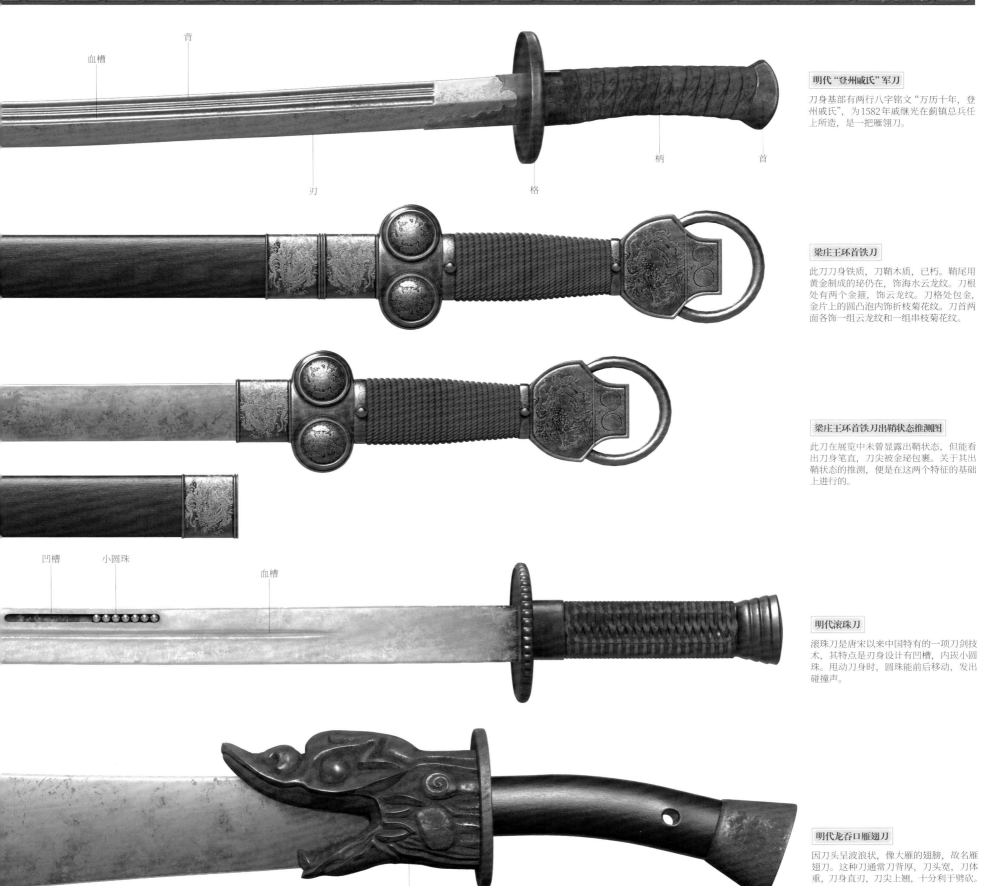

刀身基部有两行八字铭文“万历十年，登州戚氏”，为1582年戚继光在蓟镇总兵任上所造，是一把雁翎刀。

梁庄王环首铁刀

此刀刀身铁质，刀鞘木质，已朽。鞘尾用黄金制成的珌仍在，饰海水云龙纹。刀根处有两个金箍，饰云龙纹。刀格处包金，金片上的圆凸泡内饰折枝菊花纹。刀首两面各饰一组云龙纹和一组串枝菊花纹。

梁庄王环首铁刀出鞘状态推测图

此刀在展览中未曾显露出鞘状态，但能看出刀身笔直，刀尖被金珌包裹。关于其出鞘状态的推测，便是在这两个特征的基础上进行的。

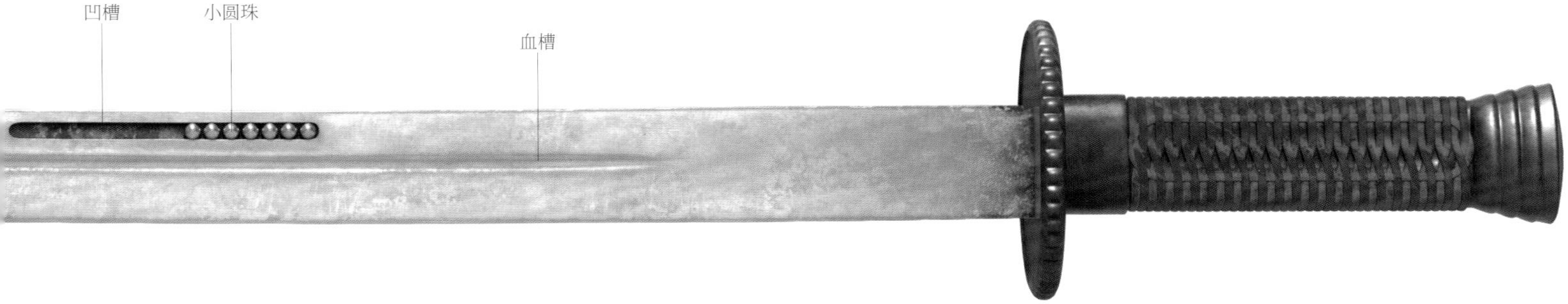

明代滚珠刀

滚珠刀是唐宋以来中国特有的一项刀剑技术，其特点是刀身设计有凹槽，内炭小圆珠。甩动刀身时，圆珠能前后移动，发出碰撞声。

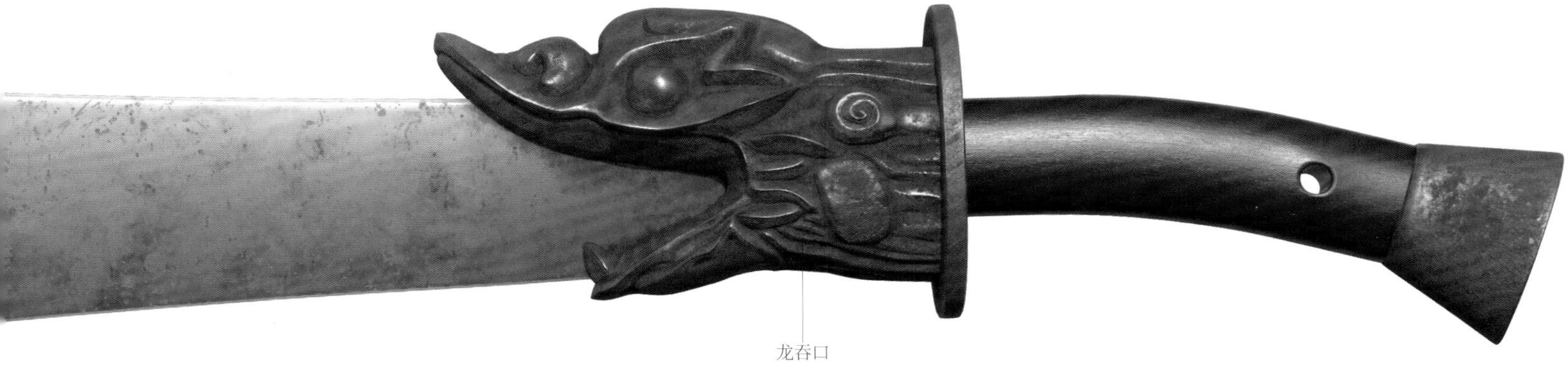

明代龙吞口雁翅刀

因刀头呈波浪状，像大雁的翅膀，故名雁翅刀。这种刀通常刀背厚，刀头宽，刀体重，刀身直刃，刀尖上翘，十分利于劈砍。

清代腰刀

清代最主要的格斗兵器是刀，而腰刀是最常见、使用范围最广的格斗防御兵器，上自皇帝，下至兵丁，几乎人人使用。此时的腰刀形制既有继承自明代的传统样式，也有受西方影响较多的改进样式。至于这一时期的长柄刀，则大多沿袭旧制，装备绿营军。

镇海营军士佩刀

此刀是清军驻防在台湾的镇海营军士佩刀，刀身上有铭文“镇海营二百廿三号”。

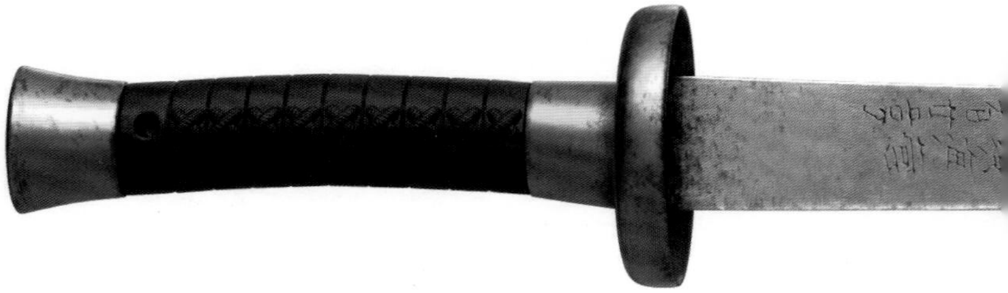

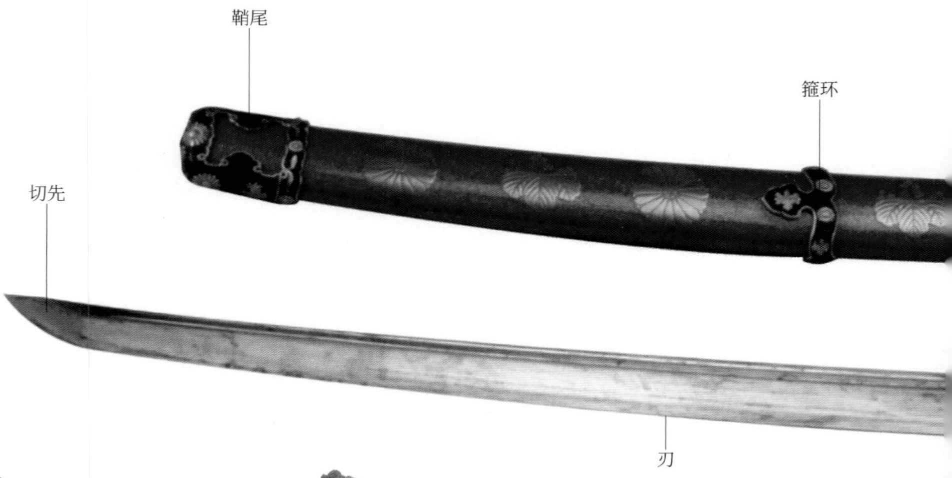

清代镶铜把漆鞘腰刀

钢质刀身，木质刀鞘，从刀饰上的王徽标记来看，该腰刀是琉球王国进贡给清朝的贡品。鞘上的皮签上也用满汉文字写道：“高宗纯皇帝御用洒金漆倭长剑一把，乾隆八年恭贮。”

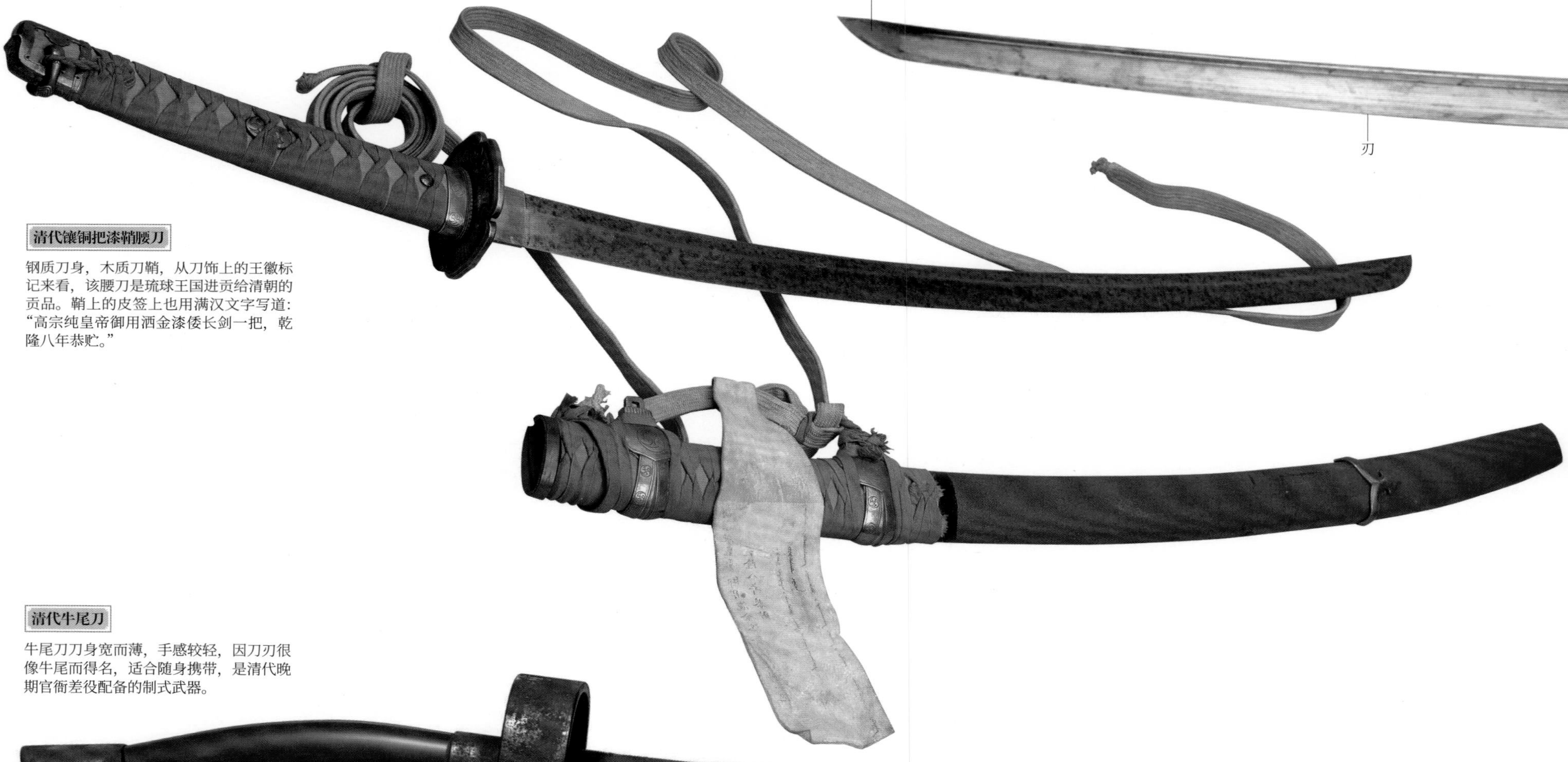

清代牛尾刀

牛尾刀刀身宽而薄，手感较轻，因刀刃很像牛尾而得名，适合随身携带，是清代晚期官衙差役配备的制式武器。

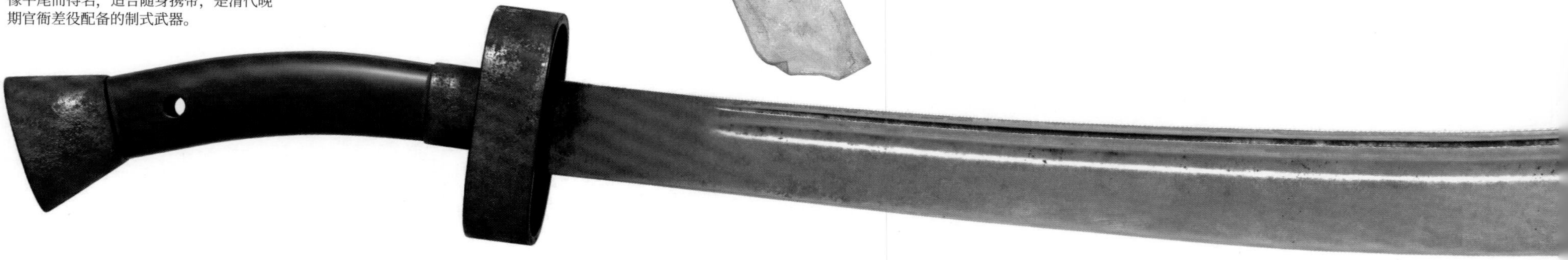

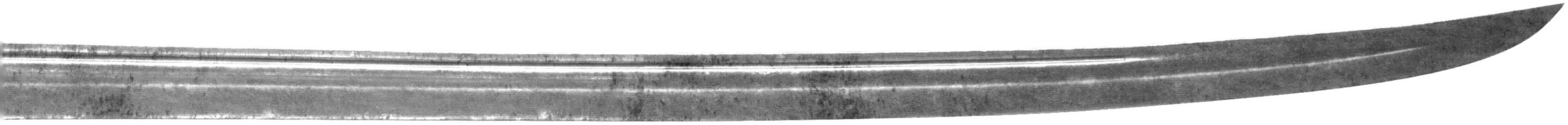

清代铜柄漆鞘腰刀

该腰刀是琉球国献给清朝的贡品之一。刀身钢铁铸造，微曲；刀柄木质镶铜，缠紫色丝带；刀鞘通体红地洒金漆，饰描金漆菊桐团花纹；鞘头尾饰件及箍为铜镀金质，鞘中部缠彩色丝带用以佩挂。这类刀在日本被称为“梨花菊桐纹莳绘系卷太刀”，太刀是日本武士的象征。

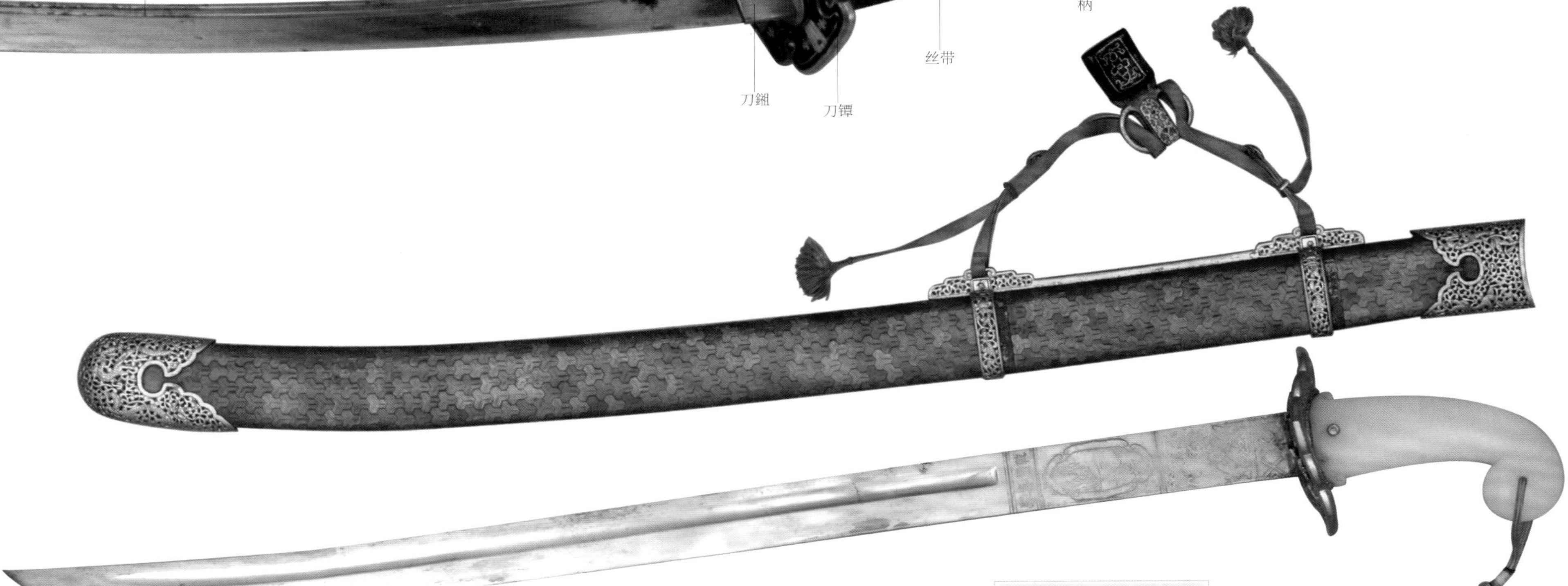

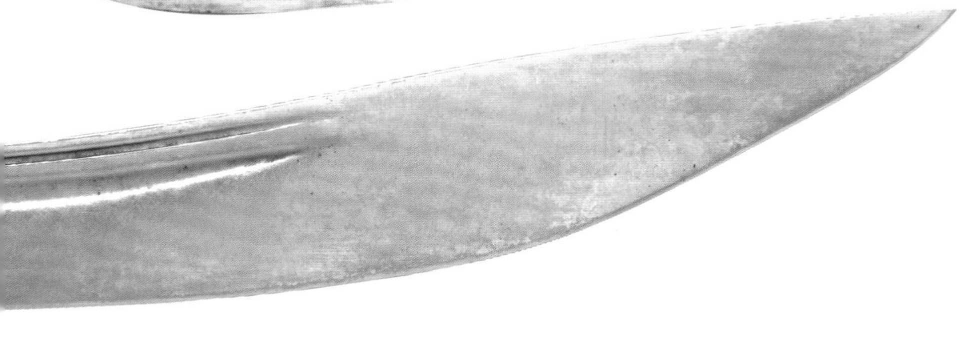

清代玉柄金桃皮鞘“寒锋”腰刀

刀身钢质，近锋处起弧；刀柄玉质，柄首系明黄丝绦，坠一枚绿松石；刀鞘木质，外饰金桃皮。刀身刻有铭文，一面为“地字十五号”“寒锋”，另一面为“乾隆年制”。

剑的起源

无论是匕首还是刀，均发源自工具，因此都无法避免地天然带有工具属性。但是剑却与之截然不同，自诞生开始，剑便是专门用于战争的近身卫体武器。

自诞生开始，剑便是专门用于战争的近身卫体武器。

剑这种类型的武器不仅仅出现在我国，同时也广泛地出现于世界各地，但无论在哪里，剑都能第一时间成为职业战士的不二选择。从青铜时代到钢铁时代，从公元前到近代，剑在几千年的历史中始终都是“战士”和“英雄”的代名词。无论在东方还是在西方，剑都是武士甚至贵族用于彰显自己身份的物品。甚至，剑还成了国家武力的象征，就如南朝梁代陶弘景的《刀剑录》所述：“刀剑之由出久矣，前王后帝莫不铸之。”

这种思潮的普遍存在，是因为剑从诞生开始便只有一个任务，那就是在战争中发挥作用。剑的形制在平时生产生活中并不能发挥作用。在青铜时代，双刃金属武器的制造和维护成本不是普通百姓能够负担的，因此剑在武器中具有天然的独特性。在我国古代，贵族、高级武士和士大夫均有佩剑的习惯，《考工记》中甚至有上士、中士、下士佩带不同尺寸的剑的记载，可见佩剑之风盛行。

殷商时期，短剑便已经出现了，其长度基本不超过30厘米。《礼记 · 乐记》中有商末“虎贲之士说剑”的记载，此外，《史记》中还有武王用“轻吕”击纣王尸体的说法。唐人张守节所著的《史记正义》中说：“轻吕，剑名也。”可见在周伐商的战争中，已经有装备短剑的武士出没了。而我们熟知的长剑，到东周时期才开始大规模锻造并装备。也是从这时候起，剑开始成为主流格斗兵器。

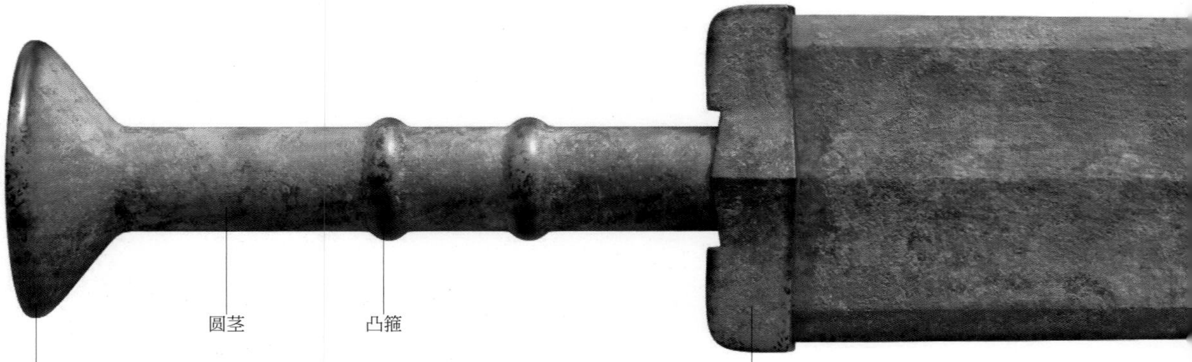

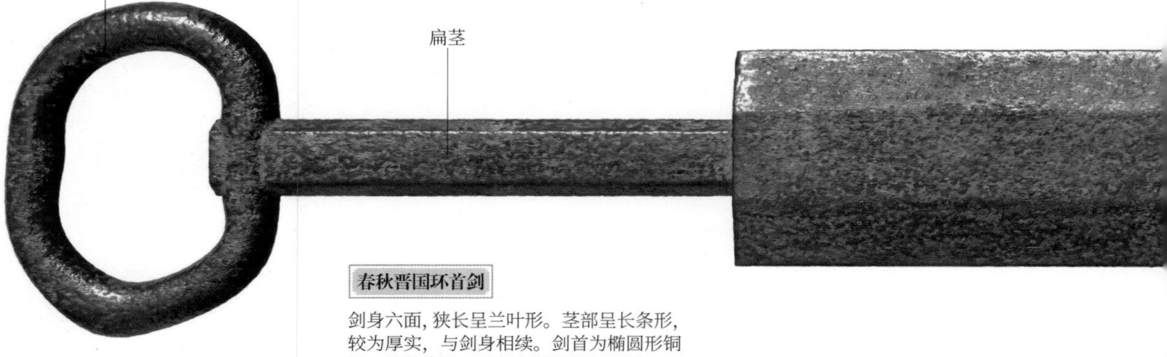

春秋晋国环首剑

剑身六面，狭长呈兰叶形。茎部呈长条形，较为厚实，与剑身相续。剑首为椭圆形铜环，单独铸造，再与剑茎连接在一起。

战国狩猎画像纹高柄壶。我们可以看到，在这两件珍贵的战国早期文物上，浮雕的武士们从腰间抽出剑，高高举起，准备向身前的猛兽刺去。

此为曾侯乙墓大型编钟的钟架支撑铜人，其腰间佩带着一柄铜剑。

战国青铜剑

青铜剑的形制相对统一，主要分为圆茎剑和扁茎剑两种类型。在春秋战国时期，圆茎剑属于主流样式。这之中，剑首为碟形，剑格呈倒凹字形，剑茎上有两个凸箍的青铜剑，是最为典型的样式。

战国青铜短剑

此剑造型规整，剑柄与剑身连铸，剑首和剑格上的纹饰皆左右对称。

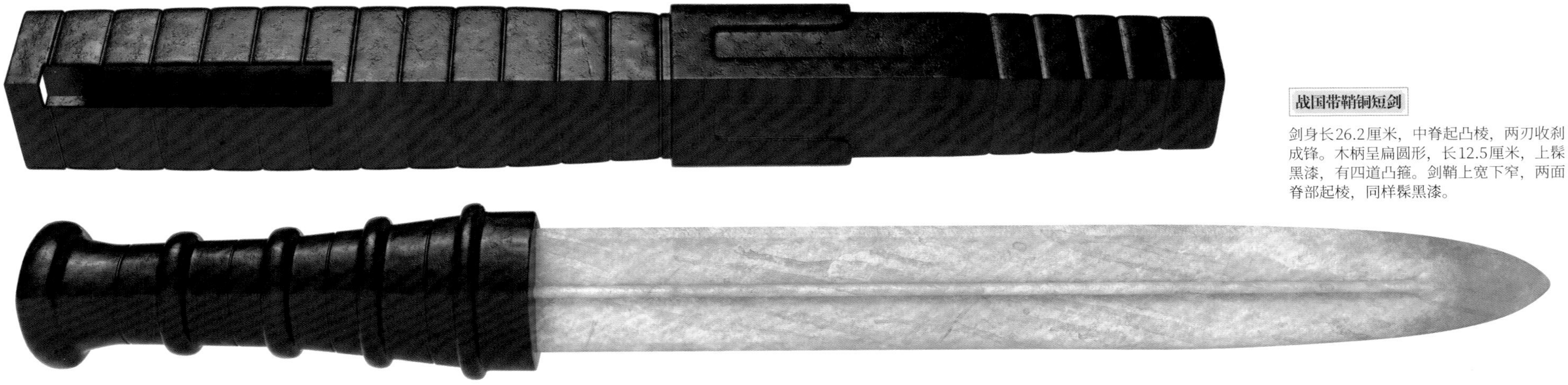

战国带鞘铜短剑

剑身长26.2厘米，中脊起凸棱，两刃收刹成锋。木柄呈扁圆形，长12.5厘米，上髹黑漆，有四道凸箍。剑鞘上宽下窄，两面脊部起棱，同样髹黑漆。

剑与匕首的区别

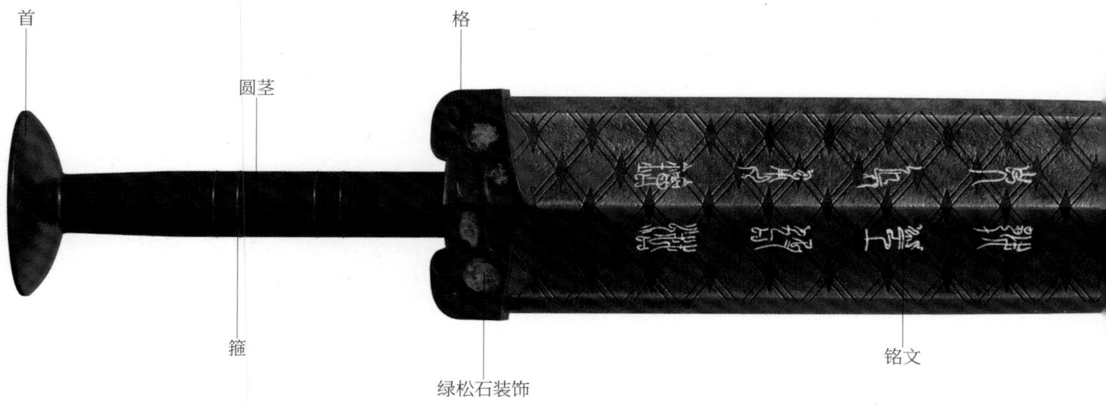

一般意义上的剑，应与属于匕首的短剑区分开。关于长剑的概念，其长度应超过40厘米，采用双刃直身造型，并拥有聚拢成锋的锐利锋刃。这种可以劈砍也可以刺击的双刃武器方可被称为“剑”。

剑的最初形制与匕首相差无几，基本造型和功能也都与匕首近似。在西周末期和春秋早期，剑将匕首的砍削和刺击能力进一步强化，开始形成了有脊双刃的造型。此时剑脊与剑茎的分界尚未分明，依然还是一种比较原始的剑。春秋末期，剑开始出现剑格。剑格的作用除了使脊与茎之间有一个明确的分界，同时也避免了敌人的鲜血流到剑柄上导致握剑的手打滑。此时，尽管剑的基本形制参考了匕首，却拥有一些独属于自己的鲜明特征。

一、春秋末期的青铜剑为了延长剑身长度，同时保证剑身的坚韧性，一般都采用八面型的构造或其他多棱脊的构造，以防过脆而容易折断或者过软而导致在刺杀时剑身弯折。这是由于早期的工匠对青铜原料的配比掌握得并不完善，受青铜材质本身的影响，加入过量锡的青铜合金质地坚脆，刚性有余而韧性不足；而加入少量锡的青铜合金则质地软韧，韧性有余而刚性不足。青铜剑这种坚固而厚重的造型不同于匕首简单开锋仅有一条棱脊的造型，它既增强了青铜剑的结构强度和韧性强度，也有效降低了砍削时对剑刃的消耗。而厚重宽阔的剑身和适中的长度，则加大了刺击杀伤力和剑身的坚固程度。剑刃采取部分的内弧度，如越王勾践剑，而并非采用完全的直线构造，可见其在砍削方面也拥有不俗的能力。直到后来，制剑材料采用了更优秀的铁钢之后，剑才逐渐采用六面或四面构造。

二、剑增加了长度，这使其在对上戈、矛等主流格斗兵器时不至于落于下风。剑在春秋时期开始成为士兵的主流装备。在大多数描绘战争的场景中，我们都能看到士兵持剑上阵的景象。

三、剑并非匕首的简单放大，从春秋末期的青铜剑开始，剑的重心便比之前的匕首（短剑）更为靠前，在直刺的基础上开发出了劈斩功能。到了战国时代末期，从楚式长剑演变而来的秦式长剑在以往的基础上有了进一步的发展。这种1米以上的长剑，不仅可以单手使用，也可以双手劈斩。这一点是匕首完全做不到的。

战国木俑。它身穿长袍，足穿长靴，手持短剑，气势威武，对研究南方楚人服饰文化和古代军事历史有着重大意义。楚国盛行木俑随葬，目前已知春秋时期的木俑发现很少，仅湖北江陵太晖观6号墓出土了两件木俑，湖南烈士公园3号墓出土了残木俑头及俑身。到了战国时期，楚墓中用俑随葬的情况变得较为常见，而且数量很多，种类主要有侍俑、乐舞俑、武士俑、杂役俑等。这之中，武士俑的数量较多，并以持剑武士俑为最。

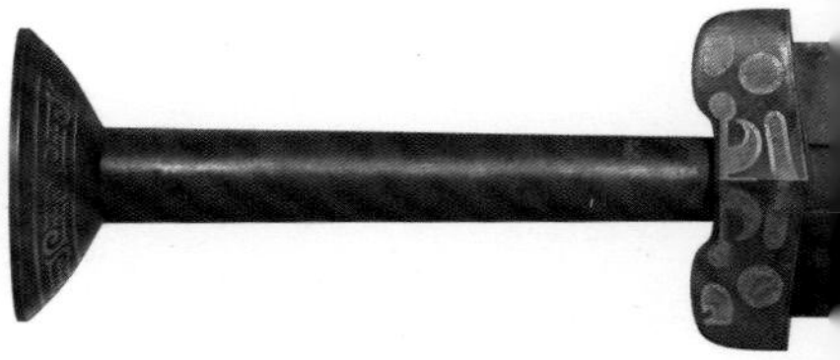

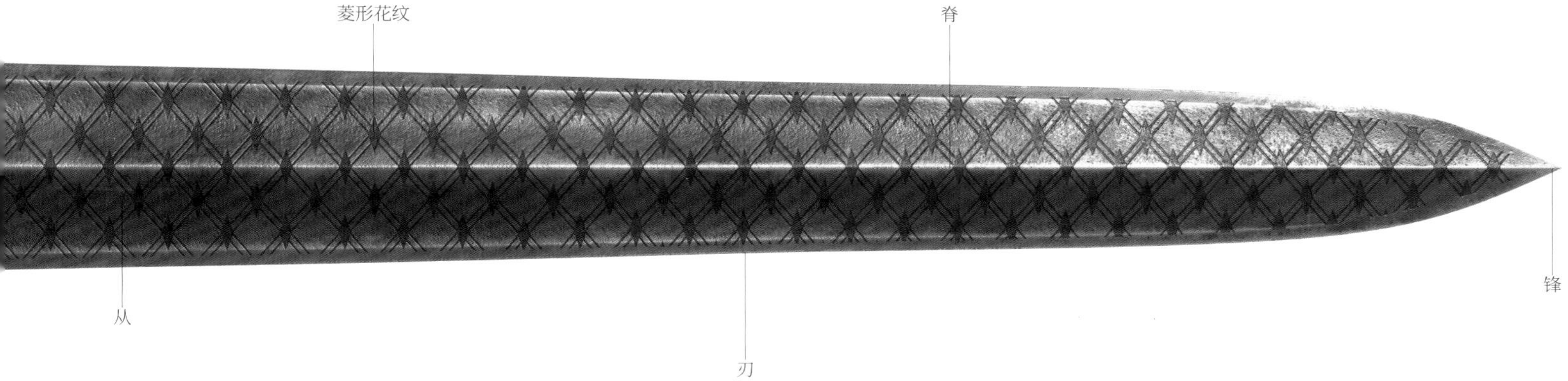

春秋越王勾践剑

此剑通长55.6厘米，宽5厘米。剑首为圆盘形，内铸11道同心圆，剑身满饰神秘的黑色菱形花纹，剑格的正面和反面分别用蓝色琉璃和绿松石镶嵌成美丽的纹饰。在剑身正面靠近剑格处有两行鸟篆铭文，“越王鸠浅自作用剑”。经专家考证，“鸠浅”就是勾践。这八字铭文向我们表明了此剑主人的身份和地位。这把剑出土时插在漆木剑鞘里，出鞘后仍然寒光闪闪，耀人眼目。越王勾践剑制作精美，即便历经2500余年，纹饰仍然清晰精美，剑身依旧寒光闪闪，毫无锈蚀，被誉为“天下第一剑”。

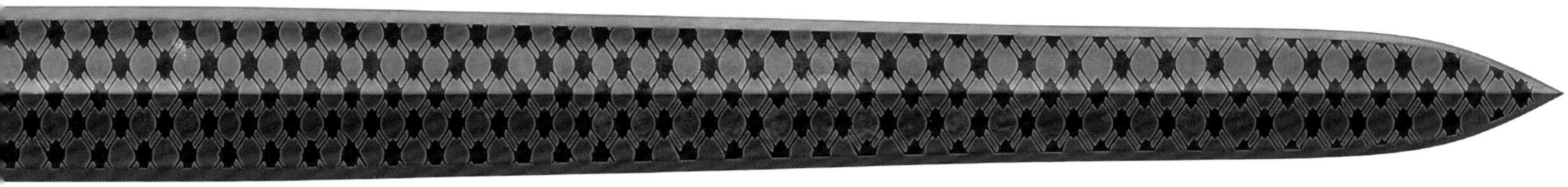

春秋菱纹青铜剑

此剑采用的是典型的圆茎双箍形制，碟形剑首上铸有多道同心圆，剑身遍布菱纹，与越王勾践剑极为相似。

战国青铜剑

此剑属于大尺寸青铜剑，剑格上装饰的宝石已遗失，刃口锋利，碟形剑首上铸有多道同心圆。

春秋少虡剑

少虡剑为晋国兵器，已知同铭剑有三件。此剑脊凹陷，从宽斜，厚格呈倒凹字形，圆茎无箍，碟形首。格饰错金嵌绿松石兽面纹，剑首饰错金云纹。剑脊上有错金铭文二十字，每面十字：“吉日壬午，乍为元用，玄镠铺吕。朕余名之，胃之少虡。”“玄镠”和“铺吕”为制剑的金属材料锡与铜，“胃”通“谓”。

战国楚式铁剑

剑身呈兰叶形，前部束锋，中脊起棱。剑茎为圆柱形，剑茎与剑身之间有倒凹字形厚格，剑首为碟形。这种圆茎剑在东周时期非常流行。

剑的形制与工艺

剑在我国经历了很长一段青铜时代。春秋战国的数百年战争洗礼，促使青铜剑无论是在铸造上还是在形制上都产生了极大的进步。

作为一种单尖两刃兵器，青铜剑的形制相对较为统一。剑的持握部分为“剑柄”，有锋有刃负责杀伤的部分为“剑身”。剑柄的主要器段为“茎”，剑柄末端的把头为“首”。剑身中部的凸棱为“脊”，两侧利刃为“刃”，脊与刃之间的部分为“从”。剑柄与剑身相连的凸出部分名为“格”（又名“镡”）。剑刃通常较窄，仅仅是从边缘的一部分，呈一个较大的锐角。刃部外还有一层锋，这是真正磨成小角度锐角作为主要杀伤的部分，当然这部分实际上已经非常窄了。

战国浮雕狩猎纹壶。浮雕上的武士正在用剑和弓箭狩猎猛兽。

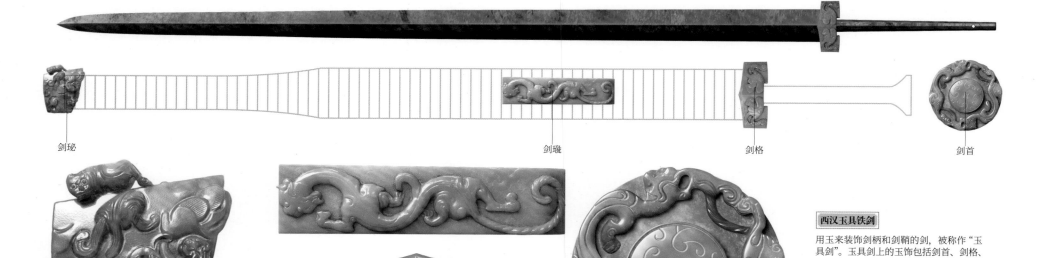

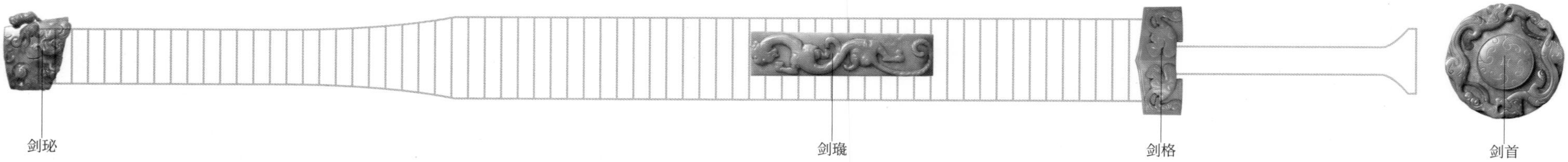

西汉玉具铁剑

用玉来装饰剑柄和剑鞘的剑，被称作“玉具剑”。玉具剑上的玉饰包括剑首、剑格、剑璏、剑珌。该玉具铁剑，长105.8 厘米，宽5.2 厘米，剑身精铁制造，剑格为白玉，两面浮雕游龙和卷云纹。剑首、剑璏、剑珌亦为白玉。剑首圆形，阴刻卷云纹和神兽；剑璏长方形，表面浮雕神兽；剑珌为不规则梯形，表面浮雕5只嬉戏于云海间的神兽。

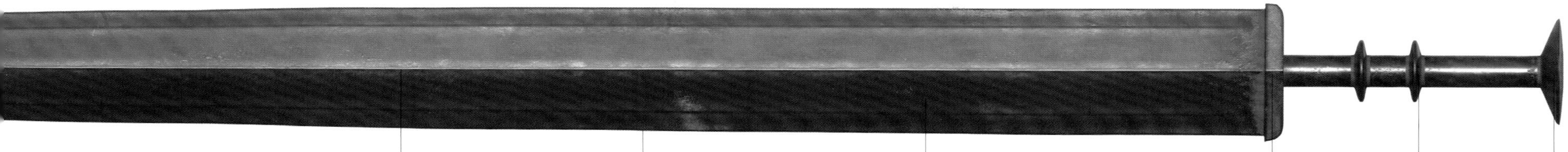

由此可以看出，我国青铜剑的磨制工艺非常烦琐和精致，这源自我国在新石器时代便已相当发达的石器磨制技巧。同时这种多层逐渐开锋的构造，使得青铜武器可以在剑刃的边缘使用韧性较差的青铜合金，而在剑身上使用韧性较好的青铜合金，从而实现刚性和韧性的均衡。因此除了武器材料上的进步，这种极强的加工工艺也让该时期的青铜剑即使跨越千年，在现代出土之后威力仍然不减当年。这种高超的工艺大大降低了维护青铜剑的成本，同时还增强了武器的使用强度，减少了因武器损耗而造成的损失。更为重要的是，先进的加工工艺使得青铜剑这种铸造武器的结构强度和性能直追锻打的钢铁武器。战国早中期的青铜剑已经有70厘米以上的长度，而战国末期在楚剑基础上研制的秦剑，更是拥有长达1米的惊人长度，这甚至比同时代的西方钢铁长剑更长。制造出这种长剑的秦代，不仅青铜冶炼技术达到巅峰，还拥有利用铬防止长剑表面氧化锈蚀的先进工艺。

战国楚式青铜剑

生活在南方的楚人似乎比中原列国更擅长用剑，长沙楚墓出土的青铜剑数量比青铜戈、青铜矛的总数还多。战国时期的楚墓，凡墓主为成年男子，无论贵族、平民，几乎都有青铜剑随葬。楚式剑与越式剑形同孪生兄弟，是吴越铸剑技术在楚地结下的硕果。已出土的先秦青铜剑，大半为楚式剑。

战国执灯铜人。铜人的腰间佩着一把铜剑。

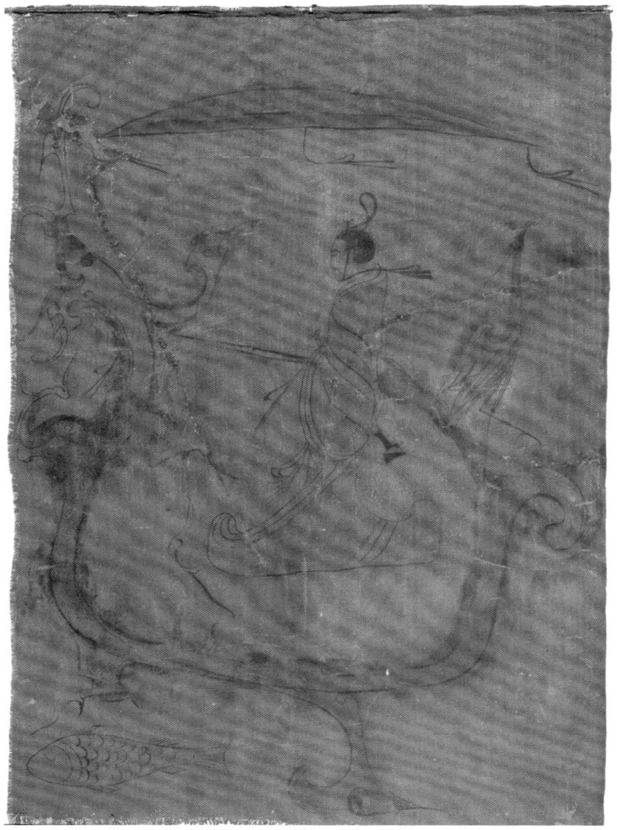

战国帛画《人物驭龙图》。画中男子侧身直立，腰佩长剑，手执缰绳，驾驭着一条巨龙。

湛卢剑的传说

剑在制造和使用中往往带有神话色彩。

相传楚王得到了吴国铸剑名匠欧冶子铸造的湛卢剑后，邀请当时最为著名的剑师胡风子为其鉴定。胡风子评价湛卢剑价值“有市之乡三十，骏马千匹，万户之都二”。另一位剑师薛烛更是评价为：“虽倾城量金，珠玉盈河，由不能得此。”传说造湛卢剑“赤堇之山破而出锡，若邪之溪涸而出铜，雨师扫洒，雷公击橐（即拉风箱），蛟龙捧炉，天帝装碳，经千锤百炼方得此剑”。

湛卢剑的相关传说中带有“去无道，就有道”的善恶思想。《吴越春秋》和《越绝书》中均记载，欧冶子曾铸造过5柄神兵利器，名为湛卢、纯钧、胜邪、鱼肠、巨阙。吴王阖闾（即公子光）得到过湛卢、胜邪、鱼肠三剑。勇士专诸用鱼肠剑刺杀了吴王僚，让公子光登上了王位。后来，吴王阖闾最疼爱的女儿死了，他除了将名剑胜邪作为女儿的陪葬品外，甚至还杀戮许多百姓为其陪葬。吴王无道，湛卢剑便“行之如水”，自行离去，出现在楚王的卧榻之侧，方有了楚王邀请剑师鉴定湛卢剑价值的一段叙述。

在这些传说中，剑被视作人心和道德的归附，故而蒙上了一层神秘色彩。

剑从巅峰到被取代

在秦代，战国式的圆茎青铜剑骤然衰落，扁茎青铜剑的主导地位得到确立。铁剑亦有所发展，其形制与青铜剑相差无几。

西汉檑具剑

这柄檑具剑由漆木雕剑首、竹剑柄、漆木雕剑格和铁剑身组成，插在竹剑鞘里，鞘上还有漆木雕剑璏和漆木雕剑珌。剑首、剑格、剑璏、剑珌雕成相缠的镂空龙纹。

西汉铜剑

西汉早期，青铜剑与铁剑并用。而青铜剑中，圆茎剑与扁茎剑并存。此剑是一把典型的圆茎双箍青铜剑，长63厘米，兰叶形剑身，倒凹字形剑格，碟形剑首，圆形剑茎上有两个凸箍。

此时，经过上百年的征战，剑已经以一种独特的阶级象征符号深入国人心中，能够佩带和使用剑的人要么是国家的统治阶层或其附庸，要么就是维护其统治的武装力量。普通百姓则既无余财，也没有能力使用这种奢侈的武器。对一般百姓来说，剑这种武器与他们的生产生活无关，因此带有天然的特权性和阶级性。统治阶层和维护他们的主要力量如士大夫、武士等，都希望佩带这种武器以显示自己与普通平民在地位上的不同。因此秦剑尽管工艺精良，却也不是每一个秦国士兵都有资格佩带的。在秦始皇陵兵马俑的随葬品中，出土青铜剑的数量并不多，主要作为军官和一线士兵的卫体武器出现。

东汉五十湅钢剑

此剑长109厘米，宽3.1厘米，厚0.9厘米。剑茎正面刻错金铭文“建初二年蜀郡西工官王愔造五十湅□□□孙剑□”，剑格一面阴刻隶书“直千五百”。“五十湅”意味着这把钢剑经过了50次折叠锻打。

剑柄铭文

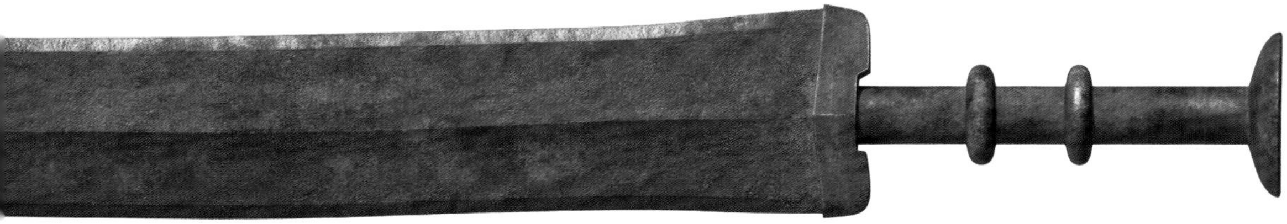

在秦代，扁茎青铜剑的主导地位得到了确立。

从秦代到汉代初期，剑一直是主要的格斗兵器，通常与盾牌配合使用。在汉代，钢铁取代了青铜成为武器的主要材料，因此铁剑开始进入大规模的装备时期。汉代长剑的形制承袭自秦代，同样是扁茎、折肩，拥有倒凹字形或一字形剑格，碟形或扁筒形剑首。此时，剑不再仅仅作为特权阶层使用的武器，现今大多数西汉早期的墓葬中均有长剑出土。

到了西汉中期，长剑已经发展到巅峰，但是其自身的发展也进入了瓶颈，并最终被融合了长剑制造工艺和作用的环首刀取代。

秦始皇陵兵马俑出土的青铜剑

西周、春秋时的青铜剑较短，主要用于防身。战国至秦代，随着剑身加长，剑成为步兵、骑兵普遍使用的武器。秦始皇陵兵马俑陪葬坑出土的青铜剑，呈兰叶形，扁茎，格隆起呈菱形，剑身两面起脊，近锋部束腰，长度在 81 ~ 95 厘米之间，含锡量高达 18% ~ 21%，可谓锐利之极。这些剑是实用器，但无使用痕迹，当是从武库中取来直接放入兵马俑坑的。在造型上，秦青铜剑采用了由宽变窄、由厚变薄的有节奏的递减工艺，可以减少剑穿刺时的反作用力，增强剑的弹性。

2011 年，由北京大学考古文博学院主持，发表在美国《材料研究学会》上的论文显示，新测试的一批秦兵马俑青铜剑，尽管原料仍是高锡青铜，但全部采用了铸造后淬火或退火的工艺。此外，它们还采用了青铜复合剑铸造工艺。秦兵马俑青铜剑的剑心是一块似长方形的合金条，采用低锡青铜制作；以高锡青铜为材料的剑刃部分则是其后铸上去的，并将合金条完全包裹。因此，秦兵马俑青铜剑从外观上很难看出采用了复合技术，这就很容易让人误以为其依旧采用一体铸造工艺。

这是秦始皇陵兵马俑刚出土时的照片，其身上佩带的秦剑擦去剑身上的泥后光亮如新。从照片中可以看到这把剑又细又长又尖，长度远远超过了其他六国的剑。

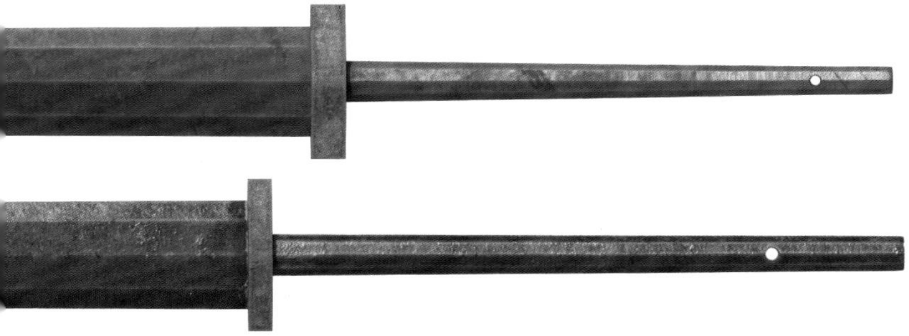

秦代扁茎青铜长剑

剑身修长，横截面略呈八边形，长度在 81 ~ 95厘米之间，剑身、剑茎一次铸成。剑茎为长条形，顶端有穿孔，用于固定手柄。剑格横向呈一字行，正面呈菱形。秦代剑长度普遍大于战国剑，并且多为扁茎剑。

剑退出战场

自骑兵兴起后，武器的挥砍作用被重视起来。剑的劈砍能力显然不如同为卫体短兵的刀，于是剑类兵器慢慢退出战场，成了军官的装饰武器。

著于唐代的《唐六典》《太白阴经》对剑只字未提，可见剑在唐代已经被刀取代，从一线步兵的手中消失，退出了战场。而著于北宋的《武经总要》一书收录了两柄钢剑，其形制基本相同：剑身相对宽短，前锋较钝，略呈圭首形，两刃基本平行，中间起脊；剑身与剑柄之间有对称形剑格，柄端有圆形或四瓣梅花形剑首，剑首中间穿孔，可用来系剑穗。此时的剑整体上还保存着汉代长剑的基本形制。元代多以刀为主要兵器，用剑较少。到了明代，格斗兵器以刀、枪为主，剑已彻底沦为装饰类武器。明代人茅元仪在《武备志》中说："古之言兵者必言剑，今不用于阵，以失其传也。"可知明代战场上不用剑多时了。清代亦是如此。明清两朝的剑，形制上没有太多变化，因退出战场，人们往往更注重其装饰性。

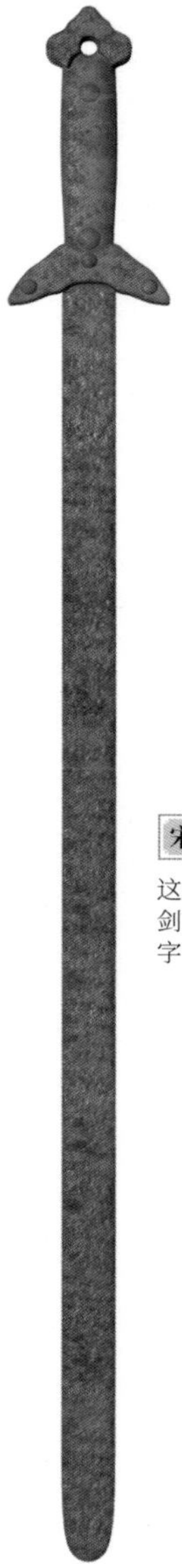

宋代八字格铁剑

这是一把剑锋呈圆舌形的铁剑，剑身不起脊，剑格的造型为八字形，剑首则为如意形。

元代十字格铁剑

剑格为十字形，柄的形制和金代铁锏的柄类似。十字格是元代最常见的刀剑特征。

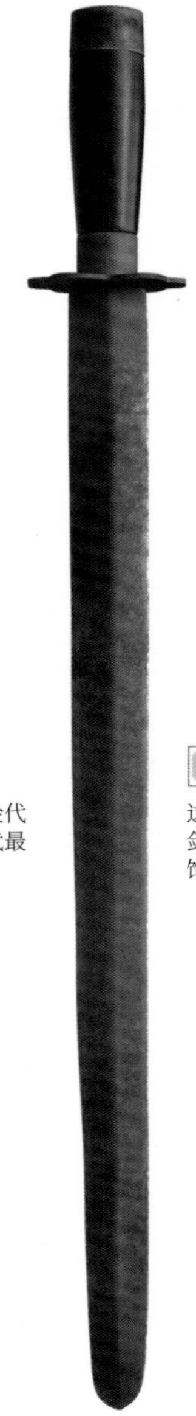

明代八角形格木柄剑

这是一把民间样式的剑。在明代，剑成了一种具有防身、镇宅、装饰、把玩等多重功能的器物。

金代七星剑

此剑剑体宽硕，剑尖处嵌北斗七星。剑首为如意铜环，剑格为柿蒂形，剑茎外的木质手柄已朽毁。

明代钢剑

明代冶铁业发达，冶铁所不仅炼生铁，还炼熟铁和钢，这柄剑就是用钢锻造的。此剑剑首硕大，是典型的明剑装具样式，剑身宽而薄，中间有一条血槽。

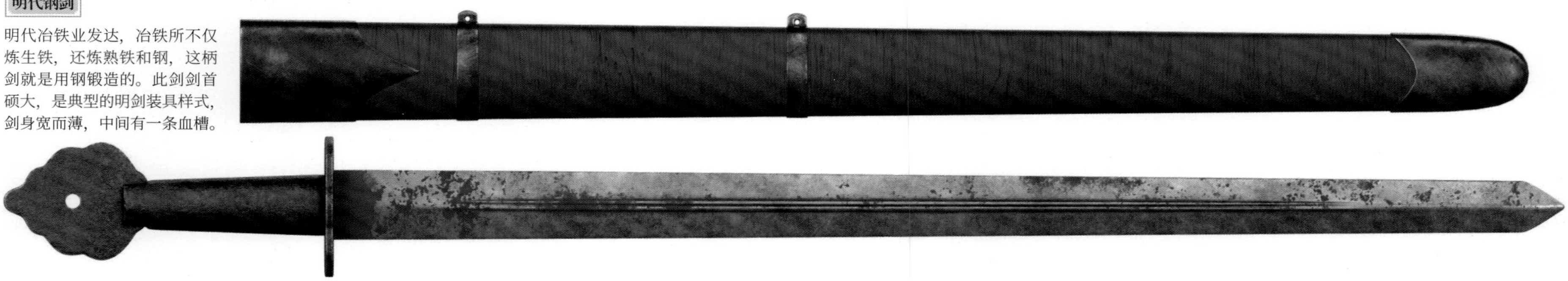

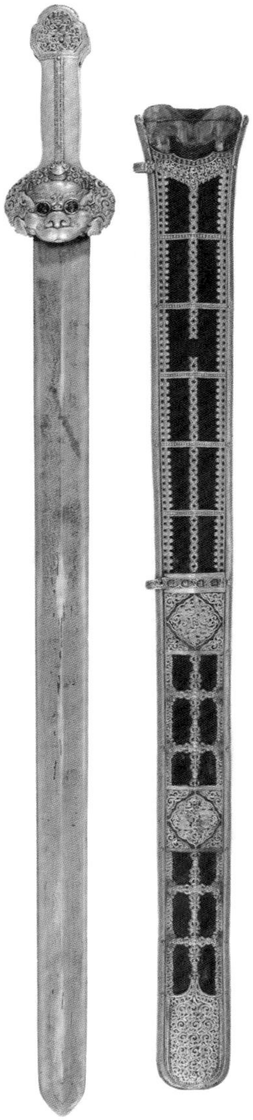

明代永乐剑

永乐剑铸于永乐十八年（1420年），是永乐皇帝赠送给西藏活佛的礼物，通长90.3厘米，剑格上雕刻的动物是佛教瑞兽“琼”。

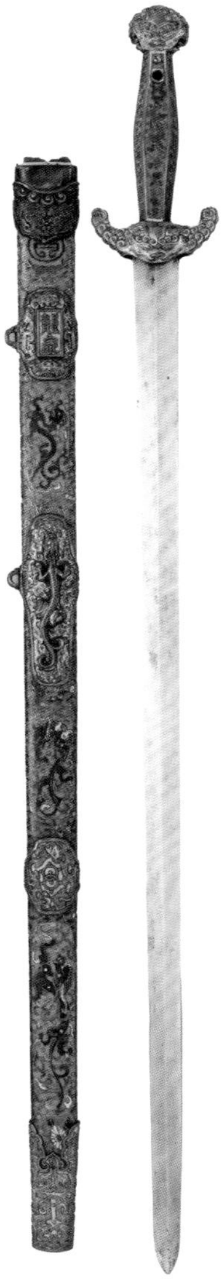

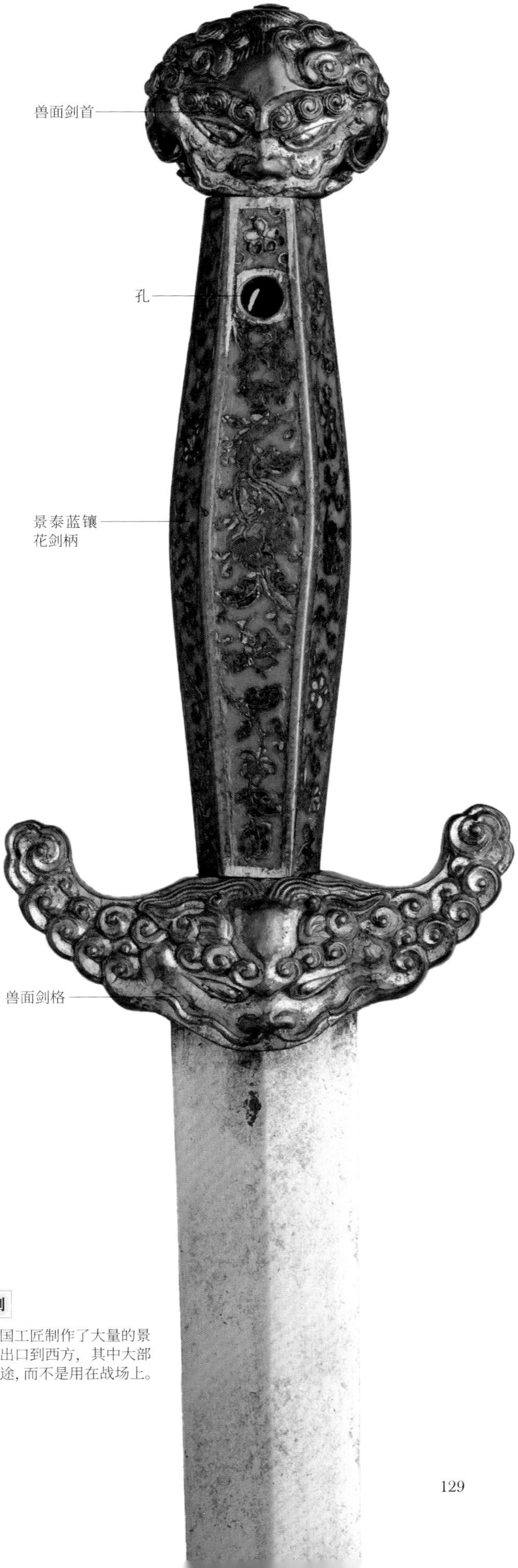

清代景泰蓝工艺剑

在清代，熟练的中国工匠制作了大量的景泰蓝搪瓷工艺刀剑出口到西方，其中大部分都只用作礼仪用途，而不是用在战场上。

剑的使用方式

剑与其他武器相比胜在灵巧。尽管剑在劈砍方面比起刀来稍落下风，但其戳刺的威力却在劈砍之上。同时应当注意，无论剑的形制和长度如何变化，可以单手或者双手灵活使用这点一直是剑类武器必备的要点。

近身格斗是用剑的关键。

东汉画像石《百戏宴乐图》中的飞剑表演。

传统剑法

明代吴殳在其著作《手臂录》中提及剑诀时说："长兵柄以木，短兵柄以臂，长兵进退手已神，短兵进退须足利，足如毚兔身如风，三尺坐使丈八废。"可见剑法的精髓在于步伐急促、近身而击，直来直去并不带一点花哨。吴殳在《后剑诀》中又说："剑术真传不易传，直行直用是幽元。若唯砍斫如刀法，笑杀渔阳老剑仙。"可见大开大合的劈砍与其说是剑法，还不如说是刀法更准确一些。剑法的关键在于如何迅速接近对手，迫使对方无法脱离自己的攻击范围，进而压缩对方的移动和攻击范围。突入合适的攻击距离是用剑的不二法门，畏惧退缩对剑手来说是最为致命的弱点。不畏对方的刀刃，突破其防御尚能活命，而一旦退却便是万劫不复。

掷剑

除了传统的剑法外，从匕首演化而来的剑同样具有投掷这种出其不意的攻击方式。

与画圣吴道子、草圣张旭并称"开元三绝"的裴旻便擅长掷剑，《独异志》载："开元中，将军裴旻居母丧。诣道子（吴道子），请于东都天宫寺画神鬼数壁，以资冥助。道子答曰：'废画已久。若将军有意，为吾缠结，舞剑一曲，庶因猛励，就通幽冥。'旻于是脱去缞服，若常时装饰，走马如飞，左旋右抽，掷剑入云，高数十丈，若电光下射，旻引手执鞘承之，剑透室而入，观者数千人，无不惊慄，道子于是援毫图壁，飒然风起，为天下之壮观。道子平生所画，得意无出于此者。"可见裴旻的剑术神乎其技，掷剑入云数十丈，依然可以稳稳地用剑鞘接住落下的宝剑。

该技艺并非独见于此，在宋太宗时代，这种"舞剑"技艺多为鼓舞士气而在军中盛行。马端临在《文献通考·卷一百五十二·兵考四》中记载道："太宗选军中勇士，教以剑舞，皆能掷剑凌空绕身，承接妙捷如神。每契丹使至，赐宴，乃出以示之。凡数百辈袒裼操梃刃而入，各献其技，霜锋雪锷，飞耀满空。及亲征太原，巡城耀武，必以剑舞前导，观者神耸。"可见在当时剑已经成为一种表演性的武器，而非用于上阵搏杀的实战兵器了。明代成宗献的《单刀选法》中也记载有从日本传入的"扔刀入空"等技法，据称是唐代传入日本而后传回来的。

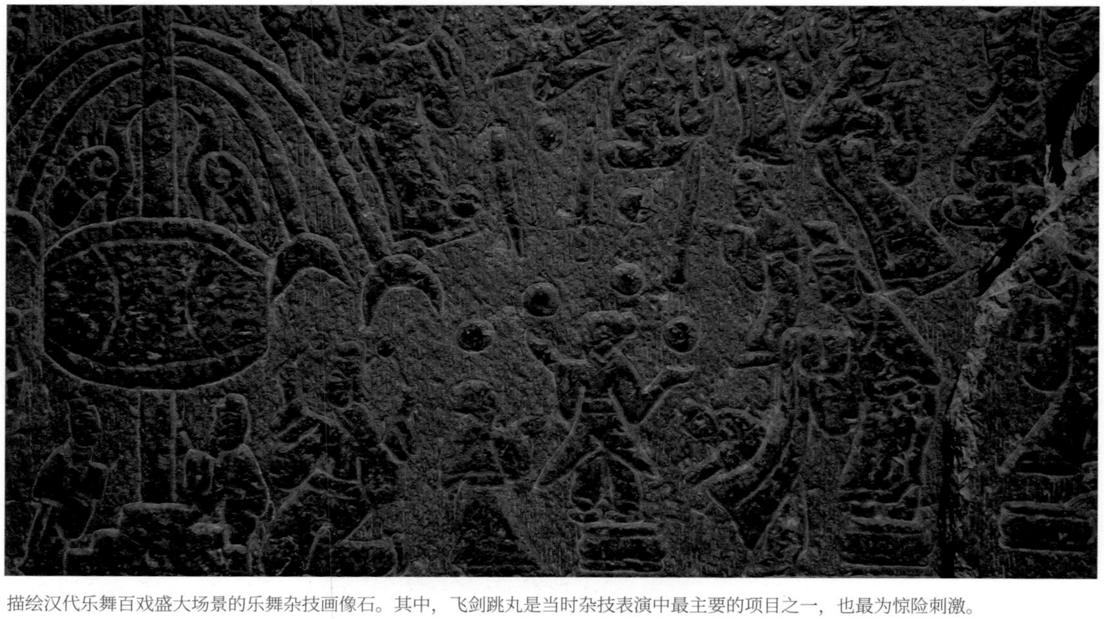

描绘汉代乐舞百戏盛大场景的乐舞杂技画像石。其中，飞剑跳丸是当时杂技表演中最主要的项目之一，也最为惊险刺激。

《战国水陆攻占图》拓片，摹自1935年河南汲县出土的战国铜鉴。

剑在实战中的运用

论及在战阵中用剑，剑作为战场主流兵器时战争的主要形态是我们不能不考虑的客观因素。

著名的《战国水陆攻战图》给我们展示了战国时代的战场。图上武士都佩带剑作为副兵器，但站在后排的弓箭手或使用长杆兵器的战士并没有拔剑。使用长剑的都是在第一线进行激烈肉搏的勇猛士兵，甚至有手中双持戈剑或舍弃戈而只持短剑杀敌的画面。

因此可知，战场上用剑的基本都是一线最精锐的士兵，近身格斗是用剑的关键。剑的长度和便于戳刺等特性，对于勇猛而又技巧娴熟的战士来说，在对攻中甚至可以单纯依靠灵活的移动来制敌，舍弃戈而拔剑奋进的武士形象便是其代表。但并非什么情况都要搏命突击，在攀梯而上的强攻中便需要配合盾牌来进行防御，并非仅靠悍勇就可以成功。

就如《战国水陆攻战图》所展示的那样，剑之利在险在疾。相对仅戈头有杀伤力的戈而言，剑的杀伤范围更广，使用也更为灵活，但是却需要更加贴近敌人。我们可以在图上看到，几乎所有拔剑在手的人都保持着一种前冲姿势。在这种姿势中，剑手使用刺击和砍削这两种格斗方式是最为有效的。《墨子·节用》说："为刺则入，击则断，旁击而不折，此剑之利也。"这句话道出了剑的优势——可砍可刺，并且不易被别的武器砍断。

剑又被称为"直兵"，《晏子春秋》记载，崔杼在杀了齐庄王后威胁其他将军、大夫："有敢不盟者，戟拘其颈，剑承其心。"可见当时剑戳刺的威力更胜于砍削，一击便可以制敌。但是在战阵中，所有格斗动作都不能做得很大，持剑左右游走或者大开大合地劈砍都是不可取的，因为这样做不仅会导致周围同袍受到影响，同时闪开的空当极有可能被对方的锐卒突破而入，从而导致整个阵线的崩溃。因此"有进无退"可以说是剑阵、剑法的真谛。对剑手的掩护并非依靠剑手自身或手中的盾牌，而是依靠后面手持长柄武器同袍的支援。只有战阵整体配合紧密，前后一致直行而进才能攻破敌人阵线。

另外，我们也可以在《战国水陆攻占图》上看到，除了格斗外，割取首级的人也是持剑在手而非使用其他武器，可见剑在给予敌人最后一击上也是作用不小。

刀剑佩带方式

刀剑在主流兵器中一直占据着重要地位，这从其使用范围之广和使用时间之长就可以看出，因此人们也用"刀剑"来泛指武器。这两种武器不但在实战中表现突出，受到推崇，还在佩剑文化兴起后成为身份的象征，使佩带者有别于普通百姓。

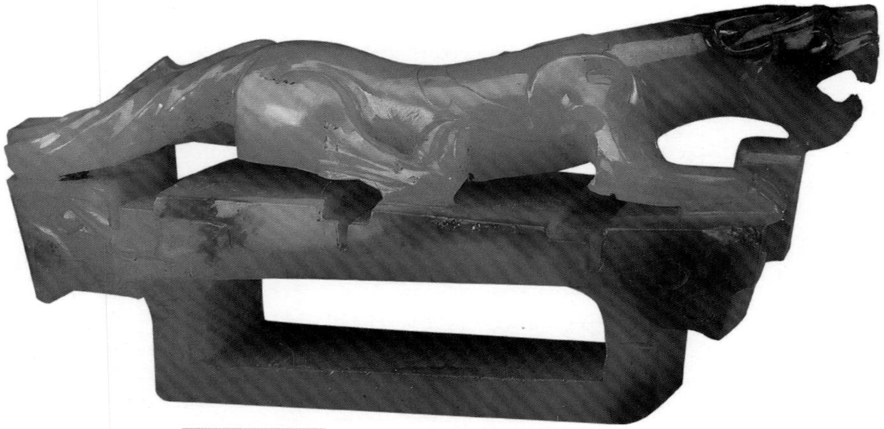

玉镂雕虎形剑璏

这是一件战国末期至西汉初期的改制器，上端为一匍匐前行之虎，下部原有纹饰，部分磨去，并开出矩形孔，变为剑璏。

璏式佩带法

在我国古代，璏式佩带法，也就是"负剑"式佩带法一直从东周流行到魏晋时代，其间没有太多改变，并通过西域推广到了北亚、西亚、南欧等地区。

《说文》记载："璏，剑鼻玉饰也。"璏是专门用来系刀剑的玉剑扣。它常常被固定在剑鞘中部偏上位置，只需将腰带穿过璏的方孔，即可将其固定于腰间。这样一来，即使再剧烈的运动剑都不会脱落。

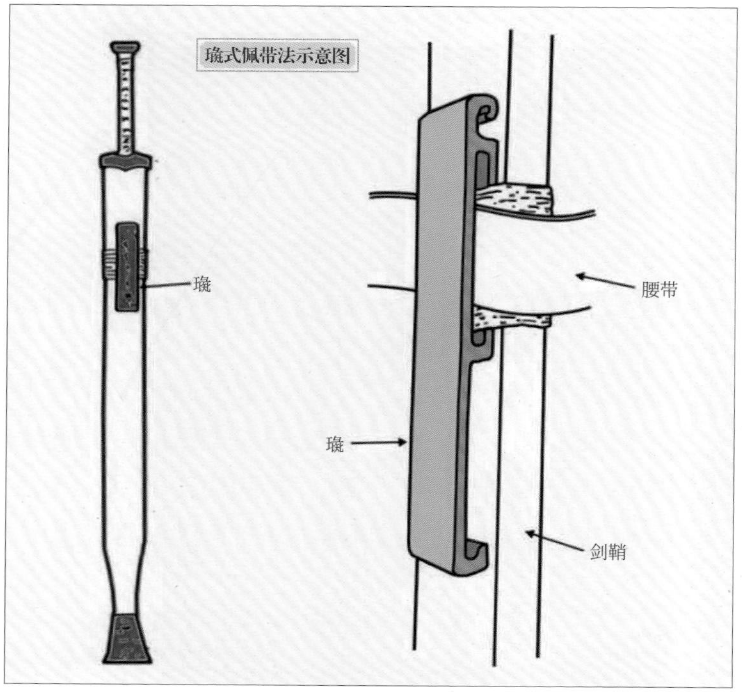

秦陵二号铜车马御官俑。该陶俑跽坐在前室，驾驶车辆，双手紧握6条辔绳，是一名高级御官，身份相当于奉车郎。他身穿右衽交领长襦，腰间束带，带上有一柄青铜剑。该剑以璏式佩带法固定在御官的束带上。

秦陵一号铜车马御官俑。该陶俑站立在一号车舆上，身穿双层长襦，内层红色，外层绿色，下身穿白色长裤，足登方口齐头翘尖靴，腰间系带，带上铜剑以璏式佩带法固定在系带上，佩剑长60.8厘米。

汉代执农具佩刀陶俑。可以看见，陶俑身上的环首刀以璏式佩带法固定在腰间。

单耳悬挂法

这是一种古老的佩带方法，比较适合尺寸较小的刀剑。以西周早期的青铜短剑为例，出土时多数没有剑鞘，大部分剑首上有一个圆环，这个圆环很可能是用来穿绳带，使剑能系吊在腰带上。如果将绳带直接系结在腰带上，经常要取剑、挂剑必然十分麻烦；而若不将绳带在腰带上系牢，一遇到剧烈运动剑又会掉下来。要解决这个难题，只需在绳带的一头穿上一颗大珠子。佩带时只要把珠子塞入腰带内，剑就不会脱落，而卸剑时只需用力一扯，就能快速取下来。

采用单耳悬挂法时，由于只有一个受力点，人在活动时佩带的武器会产生摇晃，动作越剧烈摇晃的程度就越大，故而此法不适合佩带长剑。斯泰基短剑便采用此法佩带，并通过草原游牧民族被推广开来。在五代十国时期的契丹画家胡瓌所作的《出猎图》中，打猎之人便是用这种方法佩带随身武器。而百济甚至在6世纪初，仍使用这种方式佩带武器。

《出猎图》，五代契丹画家胡瓌绘。画面中的四名骑士身穿圆领窄袖长袍，以单耳悬挂法佩带随身武器。

汉代持刀佩盾灰陶俑。陶俑右侧腰间以单耳悬挂法佩带着一把环首短刀。

双耳悬挂法

较为公认的双耳悬挂法，出现于波斯萨珊王朝（226～651年）中晚期，是对单耳悬挂法的继承发展。此法约于6世纪传入中国。首先使用双耳悬挂法的是雄霸草原的柔然民族（即后来的阿瓦尔人），此后该佩带方式通过交战被东、西魏政权所掌握，并进一步被北齐及北周政权所继承，最终在隋唐时代绽放光彩。北周李贤墓出土的漆鞘环首刀，是国内最早的带双附耳刀鞘的长刀实物。

事实上，此前这种佩带法在我国并非没有出现过，1985年内蒙古宁城小黑石沟夏家店上层文化遗址（约公元前1000年～公元前300年）就出土过一具带双附耳的铜刀鞘。然而这种昙花一现的超前形制并未给古刀剑的佩带法带来什么飞跃式的进步，直到南北朝时期。

北齐娄睿墓壁画上的武士图，可见其佩刀以典型的双耳悬挂法佩带。

隋代执刀武士俑。武士手中的环首刀刀鞘上有两个附耳，以便于穿绳系带。

在南宋画家刘松年所绘的《中兴四将图》中，韩世忠以单耳悬挂法佩带着一柄匕首，而韩世忠身后的家将则以双耳悬挂法在腰间佩带着一把宝剑。

刀剑锻造工艺

随着社会生产力的提高，战争规模的扩大，军队对兵器提出了更高的需求。从青铜时代到铁器时代，作为战场主力武器的冷兵器发展日趋成熟，尤其是在铁器时代，我国的冶炼技术和锻造工艺有了飞速发展。受此影响，刀剑的锻造水平大幅度提升，开发出了多种工艺。

炼钢术

早在先秦时期，我国的冶炼技术就可以生产出含碳量高、质地脆的生铁和质地软、结构疏的熟铁。到两汉时期，炒钢法已成为主流，即将生铁加热到完全熔化或半熔化时，不断在熔池中进行搅拌（也就是所谓的“炒”），借助空气中的氧将生铁中的碳加以氧化，从而得到钢或熟铁。

进入魏晋南北朝后，工匠不仅进一步完善了汉代的炒钢法，还在此基础上摸索出了灌钢法。灌钢法又称“团钢法”，即将生铁和熟铁混合炼钢。由于生铁熔点比熟铁要低，故两者混合在一起加热时，生铁先熔化，灌入熟铁之中，使熟铁渗碳。如此再经锻打，挤出杂质，使其质地均匀，就能成为质量较好的钢材。

与此同时，随着丝绸之路的开通，来自印度、西亚的乌兹钢、大马士革钢被阿拉伯商人带到了中国，它们被先民们统一称为“镔铁”（亦作“宾铁”“斌铁”）。在优质铁矿石、高超锻造技术的双重加持下，镔铁品质上乘，用它打造出来的武器表面呈现花纹，刚柔并济，刃部锋利，非常受欢迎。因此从汉代到唐朝，镔铁武器的价格远超一般武器。在很长一段时间里，外来的镔铁和本土冶炼的花纹钢被认为是优质武器的必备原料。到了元代，朝廷更是直接在工部的诸色人匠总管府下设置镔铁局，将西征期间从中亚、西亚掳掠回来的许多铁匠安置在这里，为朝廷打造镔铁武器和各种器具。

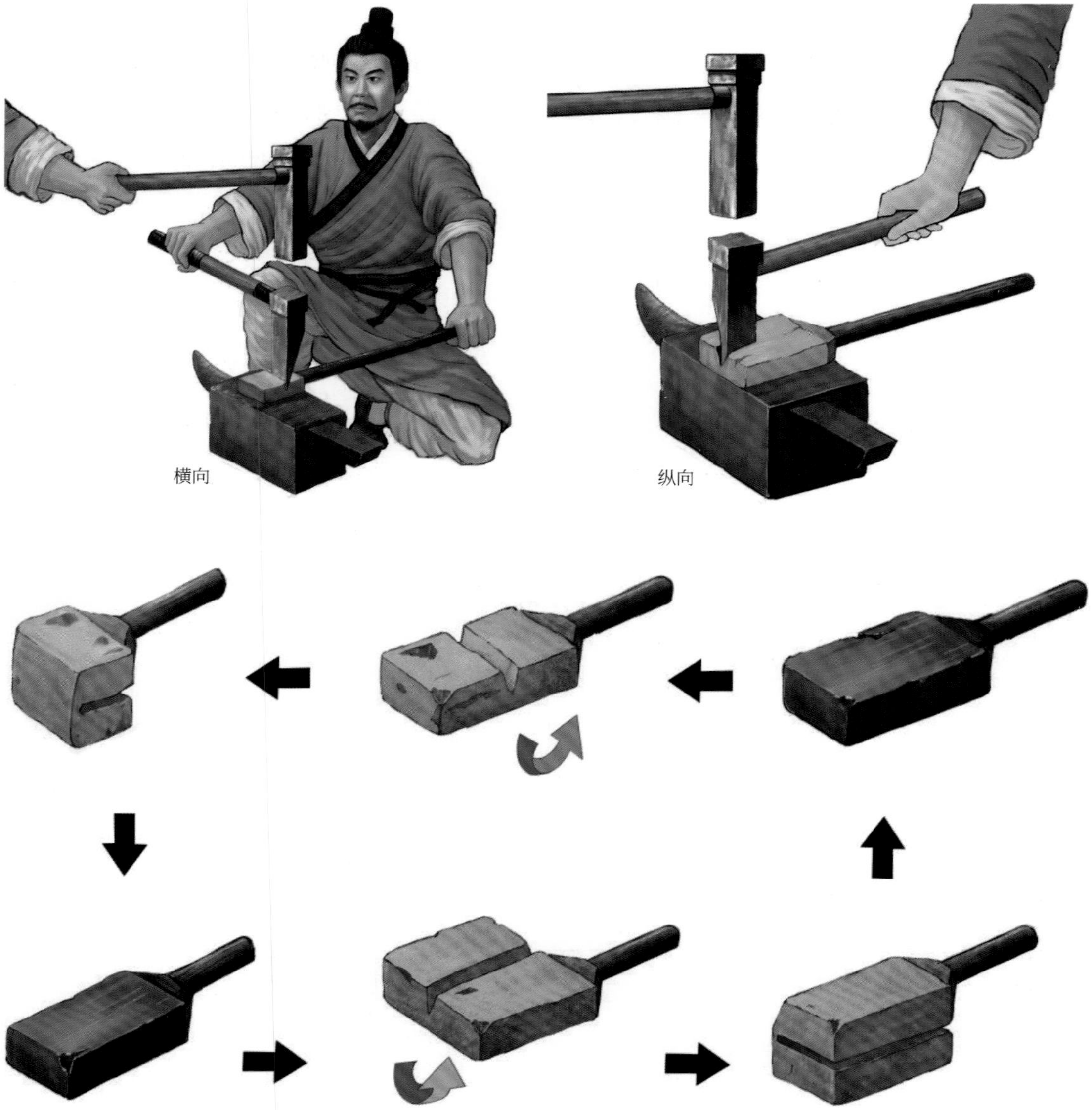

单层折叠锻造法

单层折叠锻造，即单一铁料呈横向或纵向反复折叠锻打。汉代人把钢铁折叠锻打称为“辟湅（通‘炼’）”，每折叠锻打一次称为“一辟”或“一炼”，数十次甚至上百次则称为“百辟”或“百炼”。五十湅钢剑上的铭文“五十湅”便是这么来的。在东汉至三国时期，时人将这种反复折叠锻打的工艺称为“百辟”或“百炼”，而以此法产出的钢铁即所谓的“传统花纹钢”。

锻造术

锻造是传统炼钢术中不可或缺的重要工序。想要得到钢，就必须把铁料折叠锻打多次。最为基础的是单层折叠锻造法，即单一铁料呈横向或纵向反复折叠锻打。之后，进化出了多层折叠锻造法，即选用多块材料叠在一起然后锻打，各层材料可以是单一成分的，也可以是不同成分的。锻打时，首先将原料叠在一起，反复加热锻打，使各层材料充分黏合形成整体，然后进行正常的折叠锻打。百炼钢就是在用炒钢法“炒”出熟铁的基础上衍生而出的。这种锤炼折叠数十次、上百次的优质钢铁又被称为“传统花纹钢”。

贴钢法

在复合钢铁的兵器制作技术上，早在汉代便有了成熟的贴钢法，即以熟铁为主制成兵器基体后，再沿其刃部贴上一条含碳量较高的硬钢，经加热锤锻，使两者结合牢固，直至成为一体。这样造出来的兵器既有坚硬耐磨的钢刃，又有韧性良好的基体。到了东汉初期，少数民族也掌握了这种技巧。

贴钢法

夹钢法

在贴钢法的基础之上，南北朝时期出现了更为先进的夹钢法，即将硬钢刃条嵌入熟铁基体内部，使两者结合得更为紧密牢固。具体做法是，将熟铁基本锻成后，烧至通红，然后用利斧等工具将熟铁基体刃部劈开，将硬钢刃条嵌入，再经加热锻合。此法相对贴钢法，钢刃与熟铁基体的结合更为牢固。北齐刀剑大家綦毋怀文造宿铁刀，便是以宿铁（灌钢）为刃，熟铁为身，造成后来所谓的“嵌钢”刀。这种钢铁复合结构的技法被我国及周边各国使用了很长时间，可以说贯穿了整个隋唐时期。1974年江苏丹徒出土的南宋“咸淳六年（1270年）铁刀”是现存最早的有明确出处的夹钢刀，而这把铁刀仅仅是一把最普通、装备基层士兵的战刀，说明当时这种夹钢武器已经相当普遍了。

夹钢法

包钢法

继夹钢法之后，人们又发明了包钢法。所谓“包钢法”，就是把钢材包裹在熟铁基体外面。这显然是对夹钢法的升级。明代著名科学家宋应星在《天工开物》中说：“刀剑绝美者，以百炼钢包裹其外，其中仍用无钢铁为骨。”可见至少在明代就已经出现了夹钢法。与将钢材嵌入熟铁中间的夹钢法相比，使用的包钢法制造的刀剑钢刃与内里熟铁的结合更为紧密，达到了浑然一体的程度。

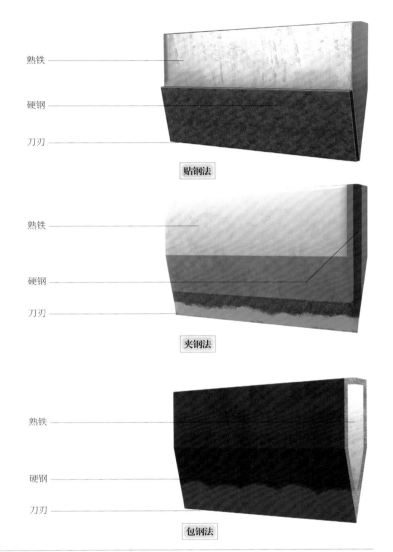

包钢法

淬火技术

早在春秋战国时期，我国便已经发明并使用了淬火技术，当时称为“焠”。《说文解字》载：“焠，坚刀刃也。”自汉代起，又出现了局部（刃部）渗碳淬火、背部维持低碳状态，从而获得同一武器上不同部位呈现不同金属特性的技术。古代常用的冷却剂是清水，通过经验的累积，到三国时期，先民们开始发现，不同的水质淬火效果也不同。至南北朝，北齐刀剑大家綦毋怀文再次创造性地使用了特殊的冷却剂，其所造宿铁刀“浴以五牲之溺，淬以五牲之脂”。由于牲畜的尿液中含有盐分，以其做冷却剂冷却速度比水淬快，刀剑可以得到比水淬更高的硬度；而用动物油脂做冷却剂，冷却速度比水淬慢，可以得到比水淬更强的韧度，并减少淬火过程中的变形和开裂。经过如此淬火的宿铁刀极为刚硬锋利，能“斩甲过三十札”。

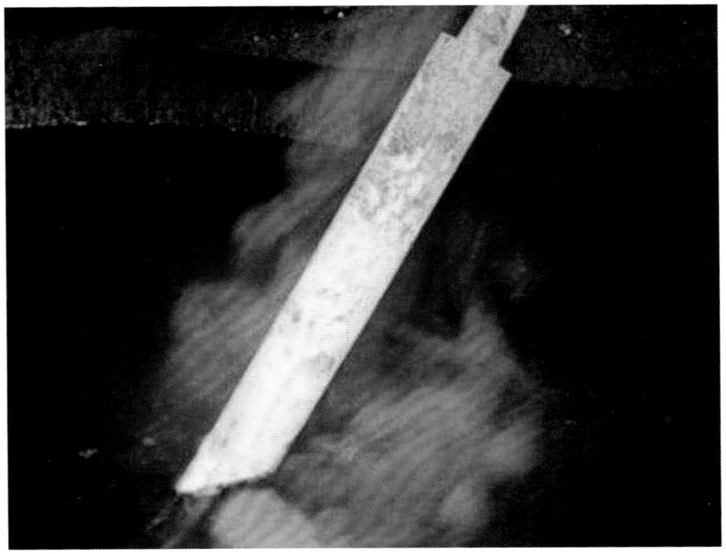

不同的水质淬火效果不同。三国蜀汉的著名刀剑师蒲元精通此道，曾为诸葛亮打造过大量武器的他说：“汉水纯弱，不任淬用，蜀江（岷江）爽烈。”为此，他命人去蜀江采水，但取水人为了偷懒而在蜀江水中掺杂了涪江水企图蒙混过关，蒲元试淬后立刻就揭穿了其谎言。此外，晋《太康地记》记载：“汝南西平有龙泉水，可以淬刀剑，特坚利。”

斧钺的起源

在古兵器中，钺和斧是分不开的，人们习惯性地把它们统称为“斧钺”。斧钺是我国最为古老的武器之一，甚至比刀剑等更为古老。旧石器时代使用的砍砸器便是斧钺的祖先。

大者为钺，小者为斧。

作为最基本的生产工具和常用的狩猎、械斗武器，石斧几乎在所有新石器时代遗址中都有出土。在石斧的基础上，一种我国特有的斧类兵器——钺在新石器时代末期出现了。

《说文解字》中称：“大者为钺，小者为斧。”其实，钺就是一种放大的斧。但是钺与世界上其他地区的手斧不太相同，钺的斧刃非常平整而轻薄。在同样的重量下，钺的斧刃面积远远大于斧。比起斧，钺的材质更为精良，工艺也更为考究。斧钺的装柄方式继承了新石器时代末期镶嵌法的技术，利用筋绳将斧钺的尾端固定在留有凹槽的木柄之中。安装上柄以后，斧钺便显现出了其最原始的形态。

山东莒县陵阳河大汶口文化遗址出土的灰陶缸上，刻有钺的形象。钺方体，宽直刃，装短柄。新石器时代最精美的钺是出土于浙江余杭反山良渚文化遗址的神人兽面纹玉钺。这件钺整体呈风字形，两刃角外展。玉色浅青，有绿色络与褐色斑，体形很大，通长17.9厘米，刃宽16.8厘米。近本部透雕一个小圆孔，上刃角处浮雕神人兽面纹。神人头戴羽冠，腰部为兽面，下肢蹲伏，兽爪。下刃角浮雕一团身鸟纹。全器琢磨光洁，纹饰细若发丝。同时出土的还有土黄色的玉石钺柄首和柄末。柄首到柄末的距离为70厘米，可见钺柄较短。

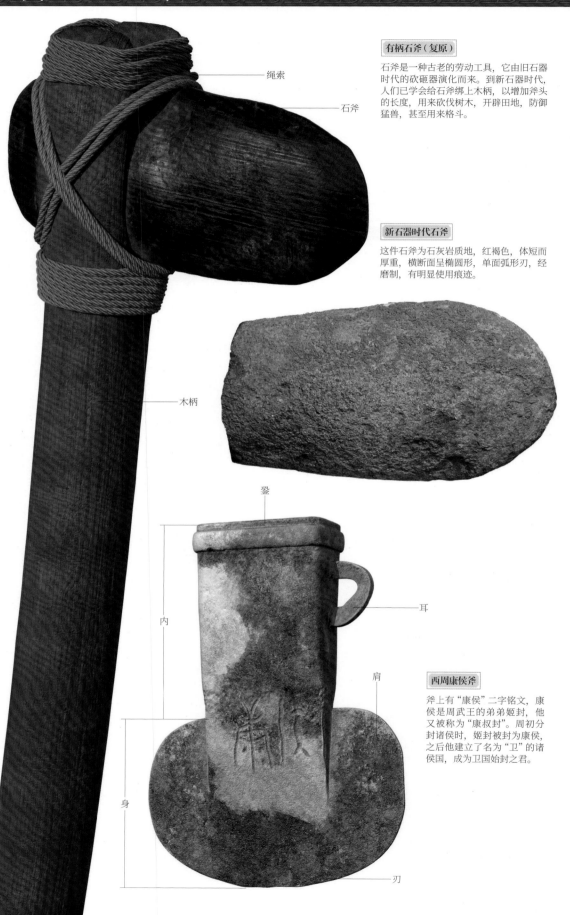

有柄石斧（复原）

石斧是一种古老的劳动工具，它由旧石器时代的砍砸器演化而来。到新石器时代，人们已学会给石斧绑上木柄，以增加斧头的长度，用来砍伐树木，开辟田地，防御猛兽，甚至用来格斗。

新石器时代石斧

这件石斧为石灰岩质地，红褐色，体短而厚重，横断面呈椭圆形，单面弧形刃，经磨制，有明显使用痕迹。

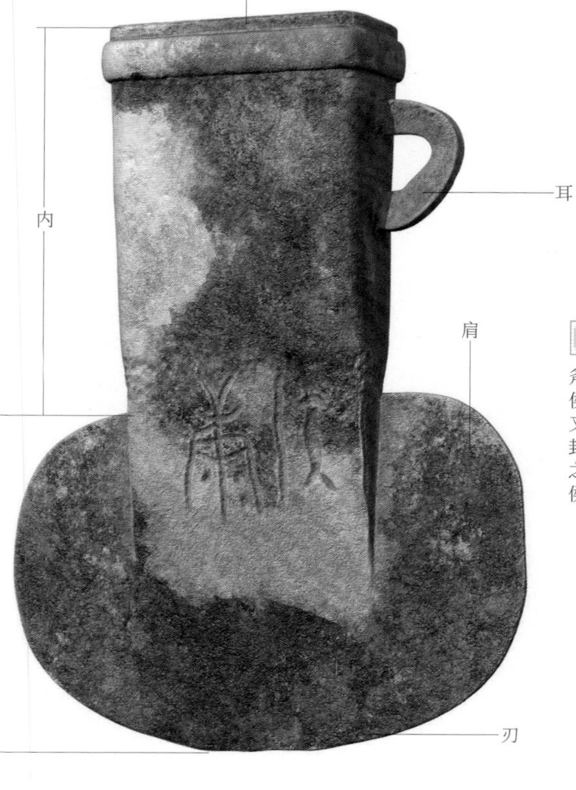

西周康侯斧

斧上有“康侯”二字铭文，康侯是周武王的弟弟姬封，他又被称为“康叔封”。周初分封诸侯时，姬封被封为康侯，之后他建立了名为“卫”的诸侯国，成为卫国始封之君。

有柄玉钺（复原）

钺的前身是石斧。多数情况下，石钺是实用武器，玉钺则充当礼器。玉钺不但是军权的象征，同时也是王者手中的权杖。一柄完整的玉钺，通常由钺身、木柄、柲帽和镦组成。

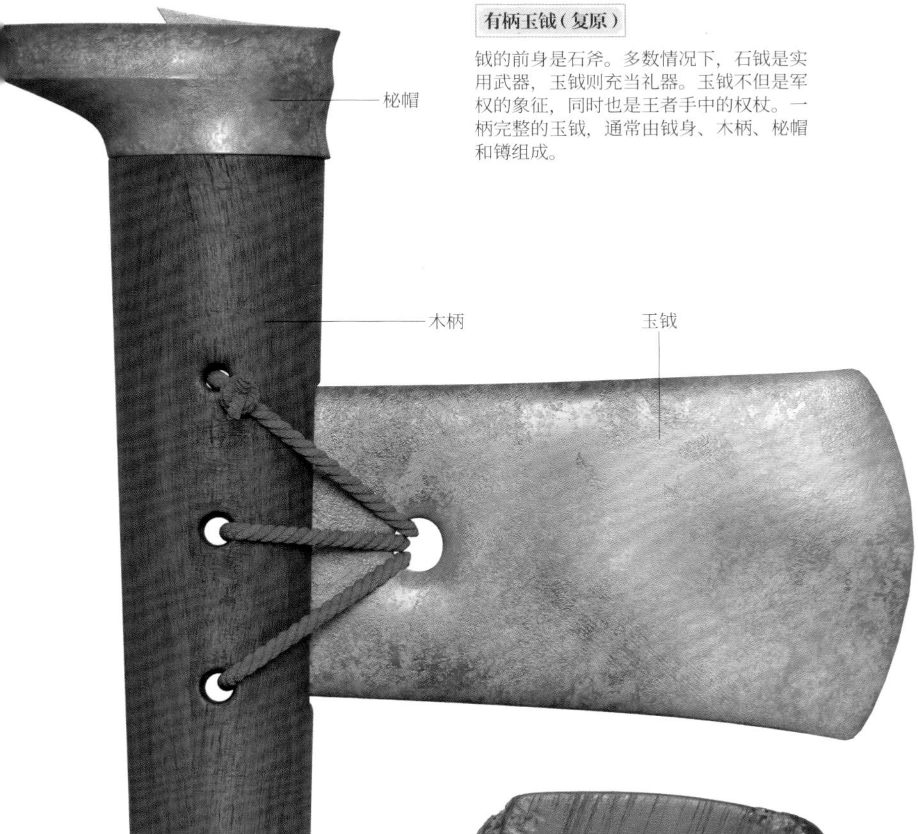

新石器时代穿孔石钺

石钺本质上就是一种穿孔的大型石斧，整体扁平，体型较宽，流行于新石器时代晚期。此钺略呈梯形，靠近背部有一大穿孔，是青莲岗文化的器物。

神人兽面纹玉钺。上图为玉钺上的团身鸟纹浮雕，下图为玉钺上的神人兽面纹浮雕。

商代透雕蛙纹钺

这件青铜钺造型、纹饰较为独特，尤其是中部镂空的蛙纹，形象极为生动，有巴蜀青铜器的风格，是商代晚期一件难得的艺术品。

青铜钺

青铜铸钺始于夏，河南偃师二里头遗址中就曾出土过类似钺的青铜器，不过因为身部较长，只把它称为"戚"（斧钺的同类兵器）。二里头遗址的墓葬中还出土了一件玉钺，玉色清白，钺身作长方形，中间有一个大大的圆孔，两侧各有6个齿状扉棱。这种形状的钺开创了商代铜钺的先河。

到了商代，钺已经是士兵们惯用的武器之一。除此以外，小型的斧与戚也常常在这一时期的出土文物中被发现。在反映和缅怀商汤伐夏的《诗经·商颂·长发》中有"……武王载旆，有虔秉钺。如火烈烈，则莫我敢曷"的语句，描述的正是商汤伐夏时，士兵手中拿着斧钺无人敢挡的场面。在湖北黄陂盘龙城李家嘴2号墓这座商代前期墓中，出土了一件青铜钺——盘龙城大铜钺。该钺长内，风字形钺身，身部中间有一大圆孔，孔的顶部及左右饰夔龙纹，夔龙纹尾部为细蝉纹，钺刃呈圆弧形。这座墓重椁单棺，除随葬了青铜、玉器外，还有三人殉葬。墓葬附近就是同时期的城墙及宫殿遗址，墓主应当就是城池和宫殿的主人，铜钺是作为这一商王朝方国统治者的权力象征物随葬的。

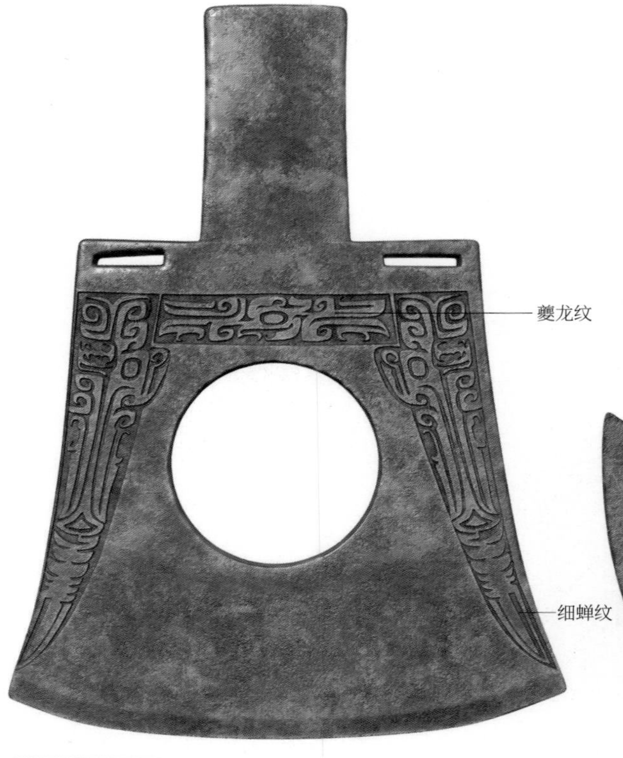

商代盘龙城大铜钺

内为长方形，钺身呈风字形，肩及两侧各饰夔龙纹，两侧夔龙纹的尾部为细蝉纹。钺身中央有一面积极大的圆孔，两肩各设一个长方形穿孔。商代斧钺类青铜器出土较多，通常规格较小、装饰简朴的为实用器，规格较大、纹饰繁复的则是仪仗器，代表征伐权和刑杀权。此钺规格极大，通长41.4厘米，当为仪仗器。

商代兽面纹半圆刃钺

内为长方形，上有兽面纹和一个小方穿。钺身中部凸出，有一个大圆孔，两肩各设一个小方穿。刃为半圆形，向两侧飞出，形成两个对称的上翘角。

商代目雷纹青铜钺

内为长方形，钺身呈风字形，肩及两侧各饰目雷纹。钺身中央镂空成口齿状，内及两肩各设一个方穿。

商代三角纹钺

内为长方形，钺身呈风字形，两肩各设一个方穿。方穿下有一排三个凸出的铜泡，铜泡下方是三个倒三角纹。

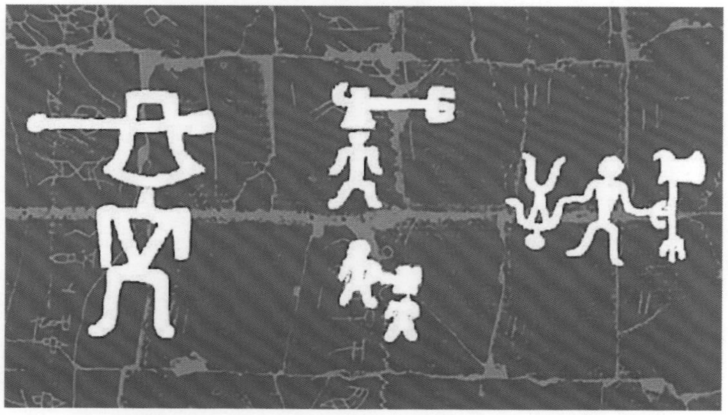

甲骨文中斧钺的象形文字。

商代妇好铜钺

内为长方形，钺身呈风字形，两肩各设一个方穿。铜钺两面靠肩处饰双虎噬人纹，人头居中，双虎一左一右扑向人头。其中一面人头下方有铭文“妇好”。此钺通长39.5厘米，是妇好拥有军权的象征。

妇好钺

妇好是商王武丁的妻子，是中国历史上有据可查的第一位女性军事统帅，同时她也是一位杰出的女政治家。出土的大量甲骨卜辞表明，在武丁对周边方国、部族发起的一系列战争中，妇好多次受命代商王征兵出战，屡立战功。她还经常受命主持祭天、祭先祖等各类祭典，又任占卜之官。不但如此，她还拥有属于自己的封地和财产。然而，妇好不幸在30多岁时去世。商王武丁予以厚葬，为她修筑享堂，以便时时纪念。

1976年，妇好墓由殷商考古专家郑振香女士和陈志达先生主持发掘。妇好墓是1928年以来殷墟宫殿宗庙区最重要的考古发现之一，也是殷墟科学发掘以来发现的唯一保存完整的商代王室成员墓葬。该墓南北长5.6米，东西宽4米，深7.5米，墓上建有被甲骨卜辞称为“母辛宗”的享堂。妇好墓共出土随葬物品1928件，其中青铜器440多件，玉器590多件，骨器560多件，此外还有石器、象牙制品、陶器，以及6000多枚贝壳。妇好墓出土的器物精美异常，而且在出土的大量青铜器中，有多件上面铸有“妇好”二字。这之中，最为特别的是带有“妇好”铭文的铜钺，学术界普遍认为这柄铜钺是妇好可以领兵打仗的权力标志。

商代镂空人面纹钺

内为长方形，钺身呈风字形，两肩各设一个方穿。钺身饰镂空人面纹：双眉呈绳索状，与眼球、鼻梁凸出；双耳、双目以及口齿的间隙为镂空制作。

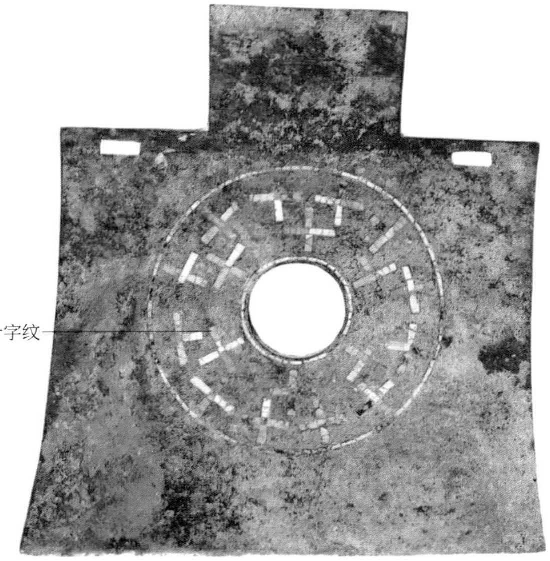

夏代镶嵌十字纹大钺

内为长方形，钺身呈风字形，两肩各设一个方穿。钺身上用绿松石镶嵌出十字纹，每3个为一组，一共6组，分布在中间的大圆孔周围。

此后，随着青铜铸造技术的进步，铜钺铸造得越来越精良，如河南安阳殷墟妇好墓出土的两件大铜钺。这两件钺的形制基本相同，扁长方形内，钺身略呈风字形，平肩，靠近肩部有两个长方形穿，圆弧形钺刃宛若一枚新月。其中一钺钺身上部两面均铸饰双虎噬人纹，两虎张巨口相对而立，中间是一颗人头，纹饰的下方铸“妇好”两字铭文。这件铜钺形体巨大，长39.5厘米，刃宽37.3厘米，重达9千克。另一件形体较小，钺身饰双龙纹。这两件铜钺不是实战兵器，完全是妇好作为商王朝统治者身份、地位的象征。

商代是钺发展的顶峰时期，不但铸造得精良华美，而且数量相对较多，在我国许多省份都有出土，河南、湖北、山东、陕西、山西、湖南、北京、江西乃至青海都有发现。其形制虽多为风字形，但钺身、内的大小长短不同，花纹装饰各异。有的内上装饰龙虎纹、鸟纹，有的钺身大圆孔内透雕龙纹、凤纹、蛙纹。在北京平谷刘家河、河北藁城台西还发现了同时期的铁刃（陨铁）铜钺。

斧钺形制变化

西周时期的钺一方面承袭了商代风字形钺的遗风，另一方面受北方草原文化影响，出现了钺刃向后圆弧的C字形钺。

周代的钺一般体形较小，如1964年河南洛阳出土的青铜钺，通长只有15厘米，长内，风字形钺身，中间镂一大圆孔，钺身两侧透雕虎纹。陕西宝鸡竹园沟西周墓出土的人头銎内钺长身短内，两刃角外展甚宽，在钺身和内之间有銎，铜钺满饰兽面纹、虎纹和蛇纹。銎的上方接一人头，人头中空，内有柄与钺身相连，其时代应为西周早期。甘肃灵台白草坡2号西周早期墓出土的铜钺整体呈C字形，又像人的耳朵。钺身装饰如同回身的虎形，弧弯的虎身作钺刃，折回的虎头作銎。钺身下接短胡，胡的一侧有两个长条形穿。装配时以钺的虎头銎纳柄，再通过胡上的穿将柄捆紧固定。而四川巴蜀文化的斧钺，其形制已经接近于援戈的造型，可以看出其与戈之间的关系。

战国武士纹靴形钺

此钺下刃平直，整体形如一只靴子。上部无内，有銎，銎后方有一半环形耳纽。钺身两面饰有武士图案。

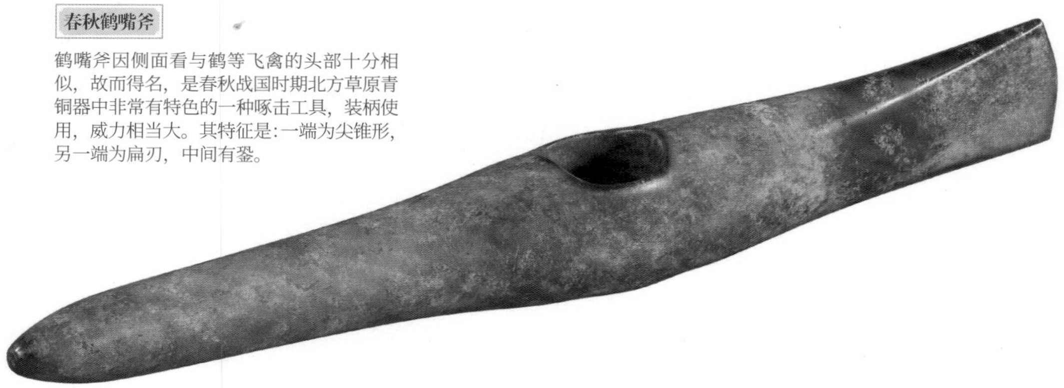

春秋鹤嘴斧

鹤嘴斧因侧面看与鹤等飞禽的头部十分相似，故而得名，是春秋战国时期北方草原青铜器中非常有特色的一种啄击工具，装柄使用，威力相当大。其特征是：一端为尖锥形，另一端为扁刃，中间有銎。

西周人头銎内钺

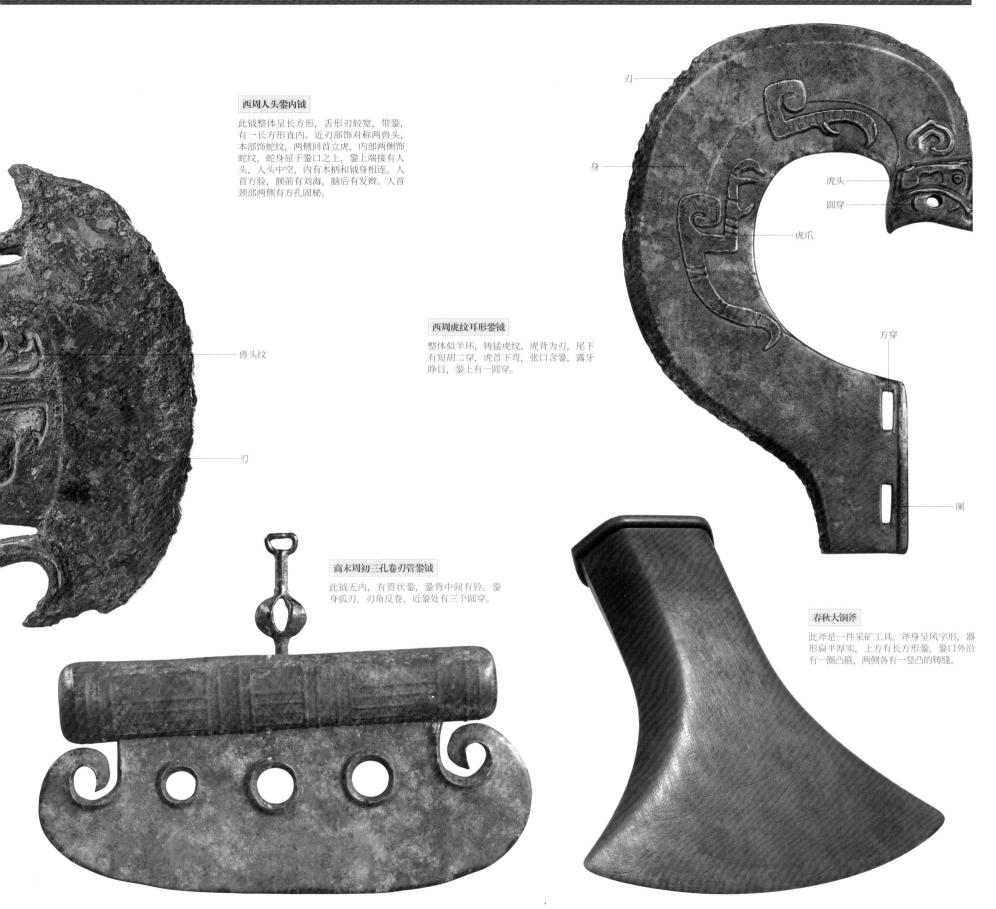

此钺整体呈长方形，舌形刃较宽，带銎，有一长方形直内。近刃部饰对称两兽头，本部饰蛇纹，两侧回首立虎，内部两侧饰蛇纹，蛇身屈于銎口之上，銎上端接有人头，人头中空，内有木柄和钺身相连。人首方脸，额前有刘海，脑后有发辫。人首颈部两侧有方孔固柲。

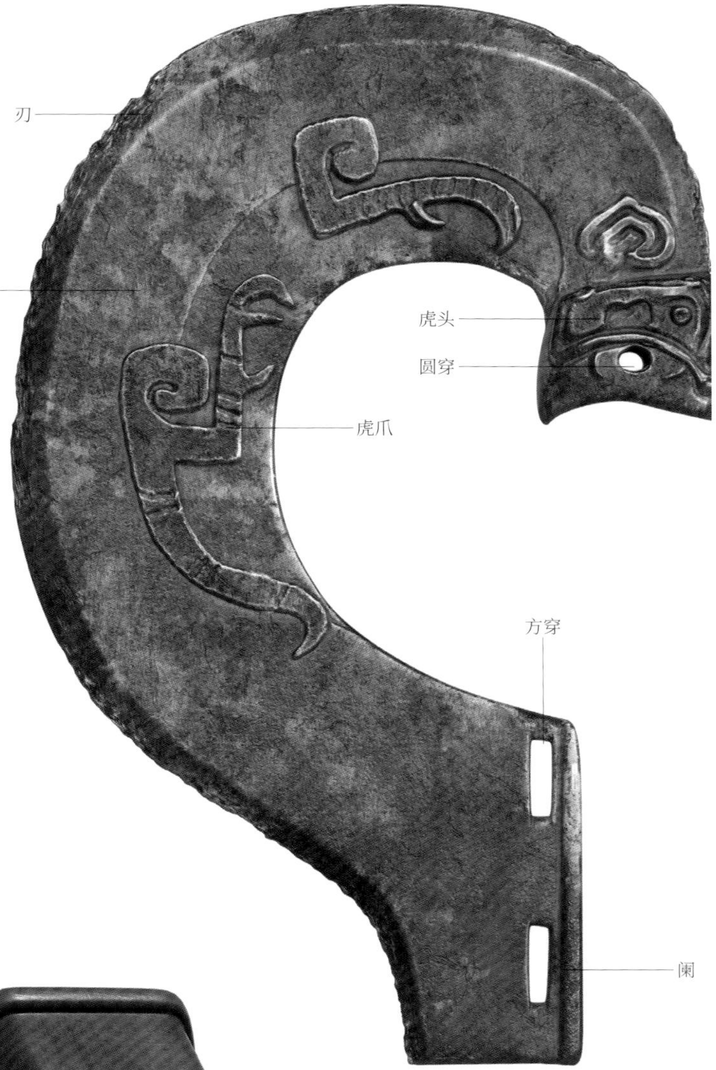

西周虎纹耳形銎钺

整体似半环，铸猛虎纹，虎背为刃，尾下有短胡二穿，虎首下弯，张口含銎，露牙睁目，銎上有一圆穿。

商末周初三孔卷刃管銎钺

此钺无内，有管状銎，銎背中间有铃。銎身弧刃，刃角反卷，近銎处有三个圆穿。

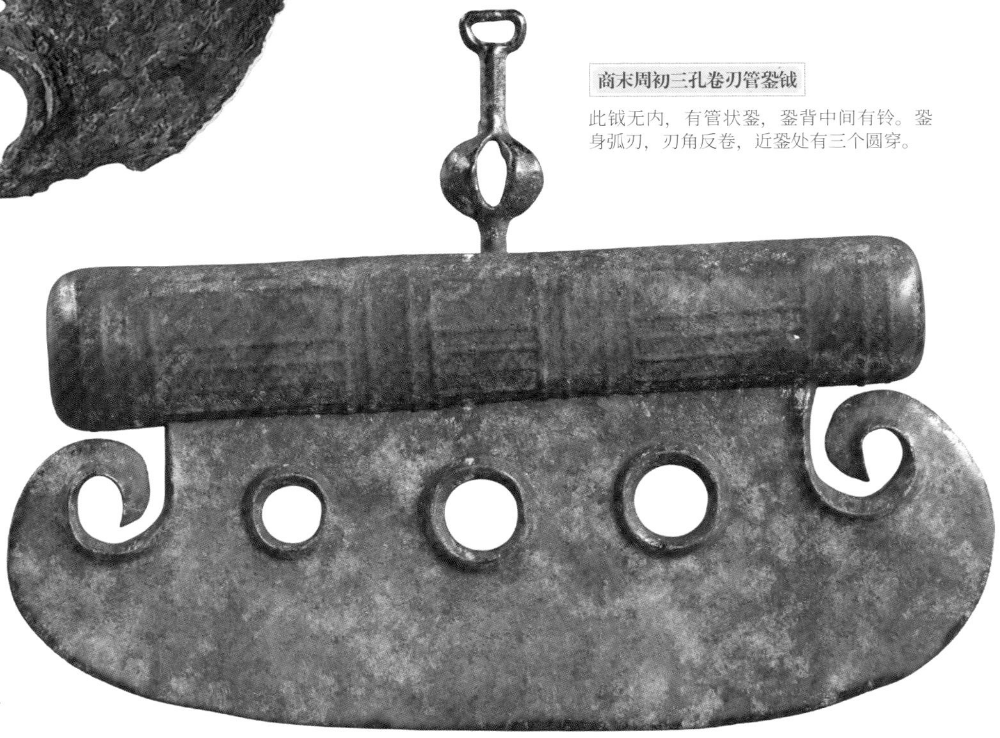

春秋大铜斧

此斧是一件采矿工具。斧身呈风字形，器形扁平厚实，上方有长方形銎，銎口外沿有一圈凸箍，两侧各有一竖凸的铸缝。

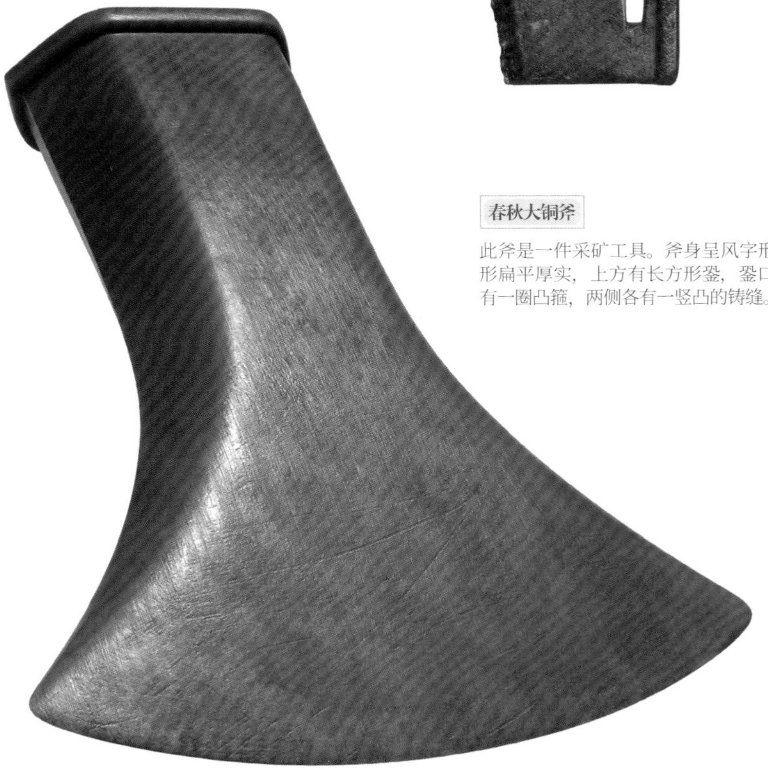

斧钺逐渐退场

在汉代，象征权柄的斧钺被传承下来，并一度装备骑兵，甘肃武威雷台汉墓就曾出土过手执铁斧的汉代骑士俑。另外，南阳汉代画像石中也出现过双手持斧的武士形象，可见其在汉代仍然是军队的常用武器之一。除此之外，汉代还有将钺与戟结合的铁钺戟。

唐、宋、元、明、清各代均有军队制式使用斧钺，但是斧钺之间早已没有具体的形制区别了。

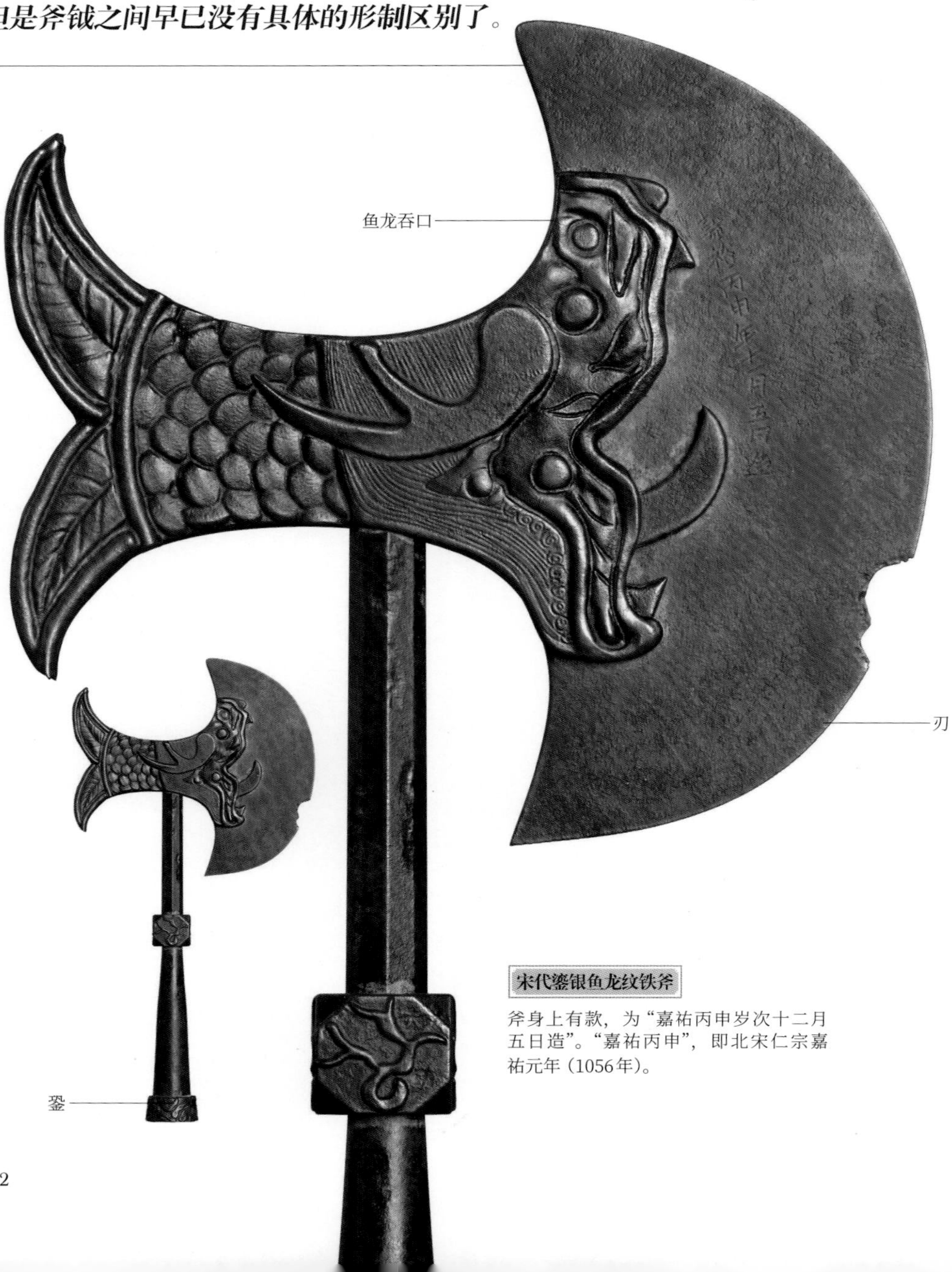

宋代鎏银鱼龙纹铁斧

斧身上有款，为“嘉祐丙申岁次十二月五日造”。“嘉祐丙申”，即北宋仁宗嘉祐元年（1056年）。

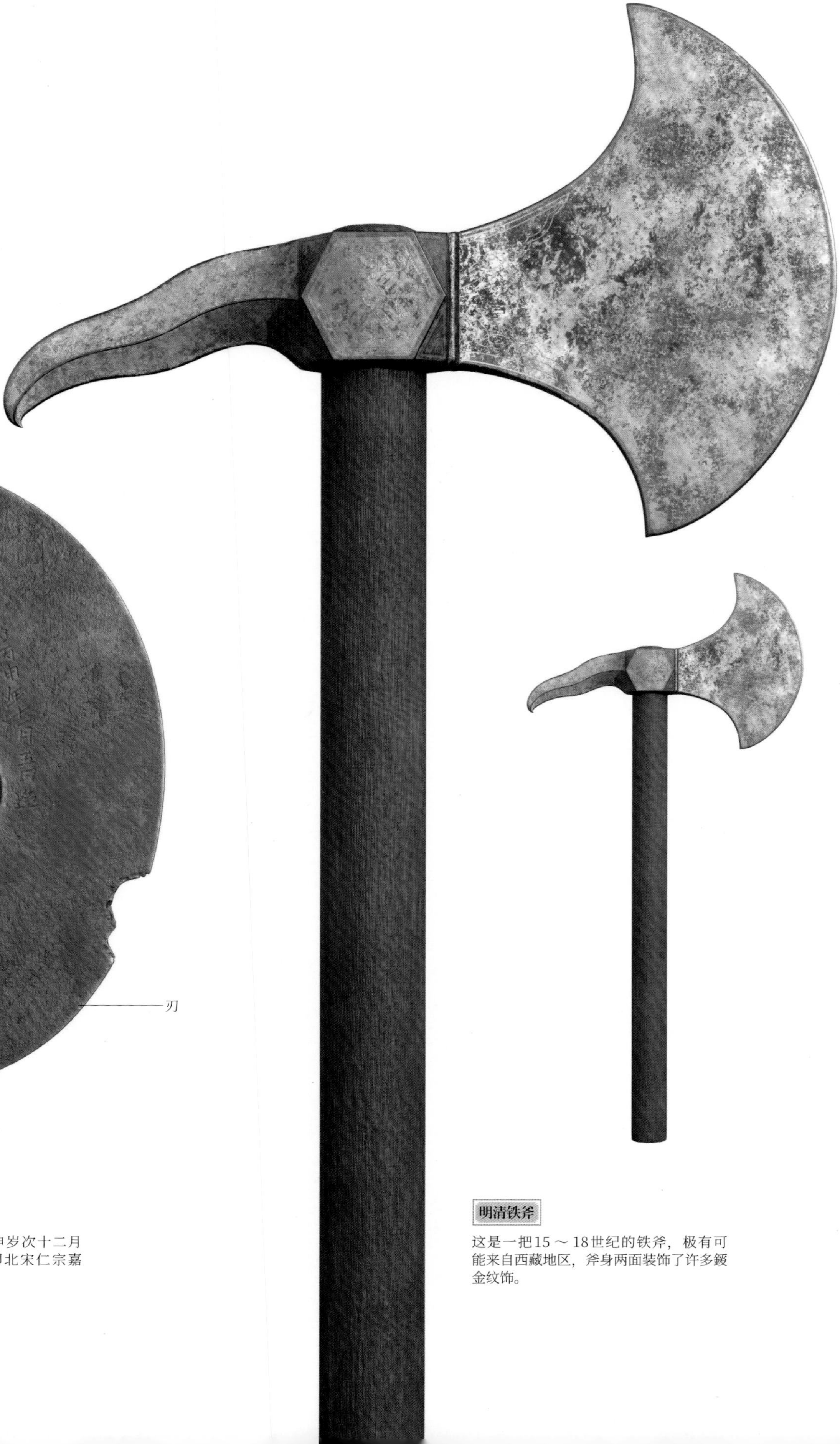

明清铁斧

这是一把15～18世纪的铁斧，极有可能来自西藏地区，斧身两面装饰了许多鋄金纹饰。

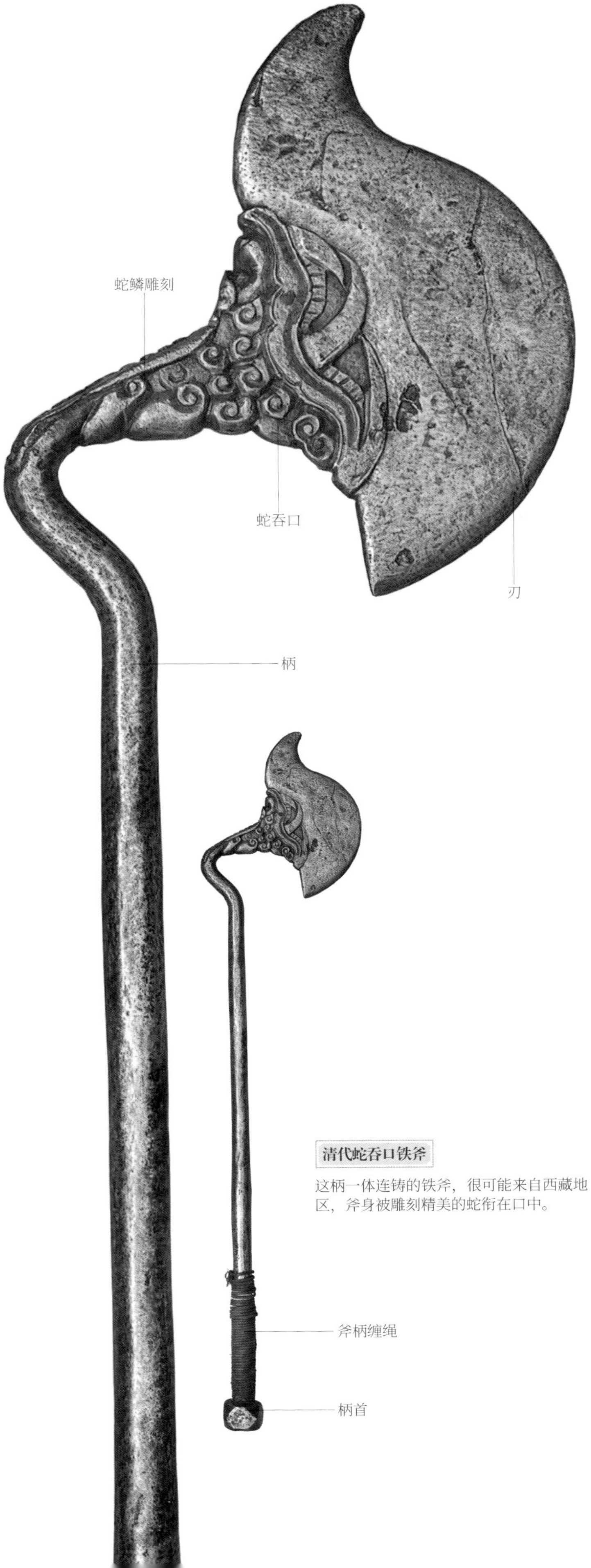

清代蛇吞口铁斧

这柄一体连铸的铁斧，很可能来自西藏地区，斧身被雕刻精美的蛇衔在口中。

清代铜龙吞口铁钺

铁钺以铜镀金龙衔之，顶端有突出的矛头，木柄已失。

斧钺的作用

斧钺曾在商代流行一时，但作为兵器，它们在之后的朝代中再未被广泛使用过。可以说，斧钺并非古代军事史上的主流兵器。然而，在中华文明几千年的历史中，斧钺的身影却从未消失过，尤其是斧。

这归功于斧钺作为武器之外，还具有明显的工具属性，并且长期在礼器中占据重要地位，一度成为王权、军权的象征。

东汉斧车画像砖拓片。

工具

对普通士兵来说，斧是他们必不可少的生活工具。行军打仗需要扎营做饭，修筑营垒，甚至掘土挖壕，这个时候斧便成了不可或缺的急先锋。而且在攻城或者守城作战中，斧无论是破坏攻城器械还是防守城门都是极为有用的工具。

实战兵器

钺又称为“戉”，汉代《释名·释兵》曰：“戉，豁也，所向莫敢当前，豁然破散也。”可见作为砍斫兵器，斧钺在突破敌阵时能够发挥很好的作用。

然而由于武器重量对行军有着极大的影响，轻量化的戈在商周中原民族的战争中成了当之无愧的主角，而在上古便诞生的斧钺就此让位，不再作为主要的格斗武器。

不过因盔甲技术的进步，斧钺这种重型武器依然有着一定的用武之地。在唐代，斧钺仍作为重步兵的格斗兵器而广泛出现于壁画中。同时因为重量因素，斧钺对使用者力量要求较高，这也限制了其在普通士兵中的普及度。到了宋代，斧钺多在守城战中使用。可见在实际战争中，斧钺更多是以用于防御的专门兵器的姿态出现，而在火器大规模装备后，其军事价值便彻底消失了。

兵器之祖蚩尤画像石拓片。图中蚩尤头顶弩，左手持叉，右手持斧，腰配双剑。

西汉持斧人物图。右侧持斧人右手持斧，左手持节，跨步向前，正准备攻击前方之人。

宋墓中的持斧武士石雕。

刑具

斧钺用作刑具的时间很早，商代金文中就有用钺砍杀人头的形象。《国语·鲁语》中“大刑用甲兵，其次用斧钺”的语句，便是斧钺用作刑具的证据。《史记·周本纪》也记载，牧野之战后，武王攻占朝歌，到了纣王宫内，发现纣王和他的嫔妃已死，便命人用黄钺斩纣王头，用玄钺斩其嬖妾头。此时，钺便充当了刑具。

汉代继承了这点，一般以斧钺为刑具。孝堂山画像石的战争场面中，于对立两钺的兵器架上悬人头，即表示用它行刑之意。斧钺不仅用于断头，而且用于腰斩。《墨子·鲁问》：“斧钺钩腰，直兵当心。”腰斩时以椹质承斧钺。《公羊传·昭公二十五年》何休注：“斧质，腰斩之罪。”所以汉代记述中凡提到斧质，总是和腰斩相联系。《汉书·英布传》说的“伏斧质淮南市”，《汉书·王䜣传》说的“䜣已解衣伏质”，均是此意。

斧钺用作刑具，一方面是尊崇传统，另一方面是其工具属性的必然结果。在青铜时代，厚实而坚固的斧钺，更适合处刑，而不必担心因使用过多而导致武器损坏，这也是其作为刑具的重要原因之一。

礼器

武王命人用黄钺斩纣王头的次日，周公旦执大钺，毕公执小钺，分左右侍卫武王。在这里，钺既是护卫兵器，又是仪仗器。在商代早期用于实战的斧钺，在商代末期便逐渐转变为刑具和礼器了。

当然，这并不是说商之后的周不重视钺。《尚书·顾命》云：“一人冕，执刘（即斧）立于东堂，一人冕，执钺立于西堂。”这是钺用作仪仗器的记载。《尚书·牧誓》：“王左杖黄钺，右秉白旄以麾。”黄钺在这里则是王权的象征。此外，天子还可以将钺赐予诸侯，以表示授予杀伐权力。《礼记·王制》说：“赐斧钺，然后杀。”陕西宝鸡出土的虢季子白盘，体形硕大，盘心

汉代行刑图画像石。画面中，右侧之人抓住左侧之人的肩膀，挥动手中的斧子朝对方砍去。

铸有111字的长篇铭文，记载了当时的天子周宣王“赐用钺，用征蛮方”。君王诏令将军出征前，要在太庙授钺，《淮南子·兵略》描述为其过程是：“凡国有难，君自宫召将……之太庙，钻灵龟，卜吉日，以受鼓旗。君入庙门，西面而立……亲操钺，持头，授将军其柄。曰：‘从此上至天者，将军制之。’”可见仍以钺代表用兵之权。直到战国时，河北平山中山王陵出土之钺的铭文中还说“天子建邦”，作此“以警厥众”。钺之尊贵尤为世人钦重。

时代更晚的汉代也保持了这种传统，将它用于仪仗。《续汉书·舆服志》说：“（乘舆大驾）后有金钲、黄钺。”黄钺即黄钺车，也就是在车上立大钺，它是皇帝卤簿中的后从之车。县令以上公卿以下者出行时，则以斧车为前导。斧虽比钺小，但斧车之状当与黄钺车相去不远。在汉代的沂南画像石及四川成都、德阳等地出土的画像砖上都能看到这种车。辽宁辽阳棒台子屯汉墓壁画中也有载斧之车，其斧特别大，有学者认为它就是黄钺车。《后汉书·郭躬传》载：“永平中，奉车都尉窦固出击匈奴，骑都尉秦彭为副。彭在别屯，而辄以法斩人……帝曰：‘军征，校尉一统于督，彭既无斧钺，可得专杀人乎？’”不过这里所谓“既无斧钺”云云，只是在援引典故，因为“命将授钺”的做法汉代已经不再当成制度执行了。

锤的起源与发展

“锤”这个字在古代通“椎”，两者其实指的是同一种东西。“椎”的本意是指锥形木棒（一头大一头小），又指用于捶打、捶击的工具，后来则发展为专门的兵器。作为兵器，锤为木棒和石球结合的产物，《考工记·玉人》及其注疏中明确指出，在木杆上套上葵形的石质或金属棒头，便是锤。

甘肃武威皇娘娘台新石器时代齐家文化遗址中出土了一种圆环状带刺石器，它是锤这种武器出现的最好证据，其复原图与《考工记》中所说别无二致。这种武器被发现者命名为“多头石斧”。类似的棍棒头在内蒙古赤峰新石器时代夏家店下层文化遗址和时代稍晚的河北围场金石并用时期的遗址中也有发现。因此有学者认为这种石质棍棒头就是原始的锤。

在西周和春秋战国时代，它有了新的发展变化。长杆的“椎”在与钝刃结合后逐渐演变为殳及后世的棒类武器，短柄的“椎”则演变为后世的锤等武器。在陕西扶风发现的西周中期铜质“星状器”，应属这一类别的武器。而在今内蒙古北部，也有发现草原民族从西周至战国末这一时期使用的扁圆球形铜质棒头。

在战国时期，锤虽然并不常用于战阵，但是却有诸多使用记录。其中最有名的，无疑是窃符救赵和张良博浪沙行刺秦始皇这两个故事。无论是“朱亥袖四十斤铁椎，椎杀晋鄙”，还是张良“得力士，为铁椎重百二十斤。秦始皇东游，良与客狙击秦皇帝博浪沙中，误中副车”，都出现了沉重而威力强大的锤的身影。在汉代，羌戎和匈奴人用以和汉军作战的武器也是它们。

锤这种武器比较沉重，可以挥击也可以投掷，非身强力壮的勇士不能使用。不过因为杀伤力过大，直到隋唐之前，锤并不运用于军中为制式武器。但是在唐代，《唐律疏议》记载的“狱官令”中出现了类似于带头短棒的刑具。而在五代时期，因盔甲技术的升级，同时受到北方游牧民族入侵的影响，打击类武器开始大行其道。

西周五齿殳首

这是一种中间有銎，可以安装木柄以锤击敌人的青铜器。器身主体部分呈球状，上下有凸出的口沿，球体中央偏上位置有一周5枚凸出的尖刺，正面看呈五角星形。

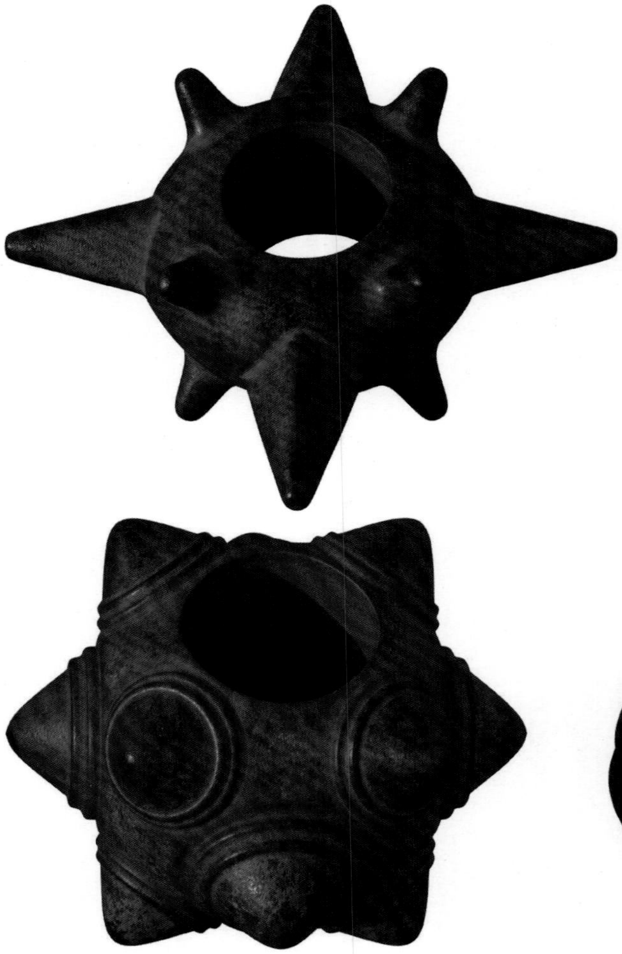

汉代蒺藜形棍棒头

棍棒头多出土于北方，为游牧民族所使用。这两枚汉代棍棒头形制相似，器身主体部分呈球状，外有凸出的尖锥。

先秦青铜棍棒头

棍棒头既可以装上中、长木柄作为打击武器使用，也可以装上短木柄作为抛掷武器使用。

新石器时代齿轮状圆孔石器

该石器外形为齿轮状，通体磨制，中间有一圆銎，可以穿柄。这种石器一开始是一种狩猎工具，继而作为一种兵器用于征战，后来演变为一种质地昂贵、装饰华丽的“骨朵权杖”。

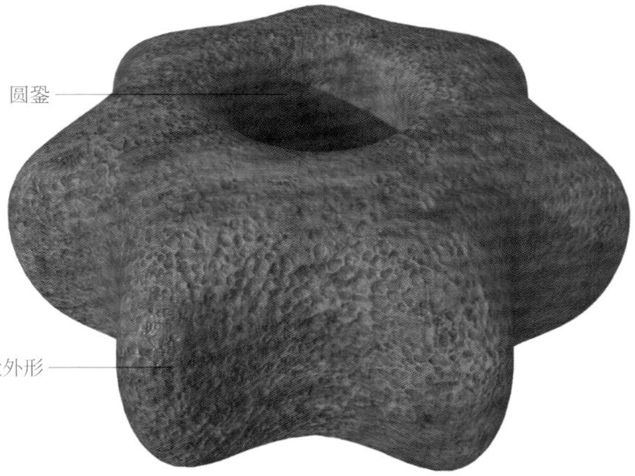

春秋铜殳

殳是一种主要用于撞击的兵器，同时也充当仪仗器，在春秋战国时期较为流行。此殳上部分为三棱锥体，下部分为圆形套筒，外布许多尖刺，可击、刺两用。

唐代仪仗铜锤

瓜棱形锤头为青铜质地，上下均以花形为铆，锤头下的套筒则为六棱形。

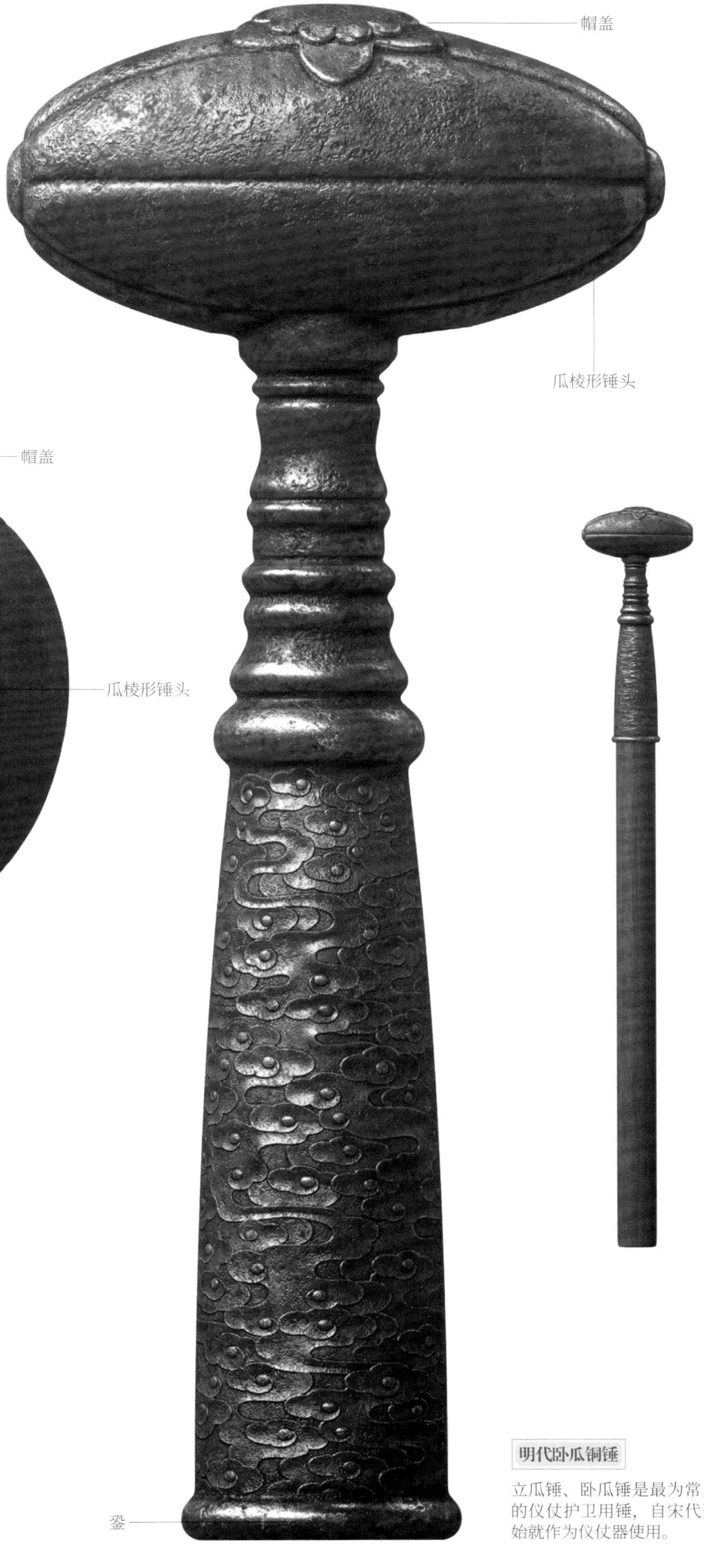

明代卧瓜铜锤

立瓜锤、卧瓜锤是最为常见的仪仗护卫用锤，自宋代开始就作为仪仗器使用。

骨朵

由于锤头经常被设计为瓜形或者蒺藜形，锤在古代文献中又被称为“骨朵”。最早出现骨朵记载的是宋代宰相曾公亮编纂的《武经总要》：“蒺藜、蒜头，骨朵二色，以铁若木为大首。迹其意，本为胍肫。胍肫，大腹也，谓其形如胍而大，后人语讹，以胍为骨，以肫为朵（其首形制不常，或如蒺藜，或如羔首，俗亦随宜呼之）。”

锤在中国古代文献中又被称为“骨朵”。

从史籍和考古资料来看，两宋时期，不单是宋朝，辽、金、西夏也都使用骨朵这种兵器，因为它本来就是草原游牧民族自上古便常用的格斗兵器，最适合骑马作战。同时，骨朵也常作仪卫兵器使用，《宋史·仪卫志》记载：“凡皇仪司随驾人数，崇政殿只应亲从四指挥，共二百五十人，执檠骨朵，充禁卫。”在河南禹州白沙北宋1号墓，以及内蒙古、辽宁或其他地区的辽、西夏、金墓壁画中，也都有手执骨朵的仪卫形象。

在战场上，锤虽非制式兵器，但作为杂式武装，也多有士兵和将领使用。如《宋史·岳飞传（附子云）》中记载：“每战，以手握两铁椎，重八十斤，先诸登城。攻下随州，又攻破邓州，襄汉平，功在第一。”这段记载在后世也被小说、戏曲等采用并有诸多改编，如著名京剧《八大锤》等。

宋、辽以后的元代，锤是骑兵擅用的兵器，近战肉搏，得心应手。此时锤的形状多为瓜形，六棱或八棱。明清两代仍沿用元代的瓜锤，有铜的，也有铁的，同时也把它作为仪仗器使用，装长柄，锤首鎏金鋈银，称之为“立瓜”或“卧瓜”。

等到明代火器普及后，锤和大多数的打击兵器一样日渐式微，尽管清代仍有使用，但多是充作表演或者礼仪所用了。

辽代四狼首骨朵

此骨朵有四面，每面铸有一个狼头，是游牧民族原始图腾的具象化。

宋代铜锤

锤类武器因优秀的打击能力，在辽金时期成了士兵常用的兵器。此锤的锤头为瓜棱形，柄上有孔，用以系绳。

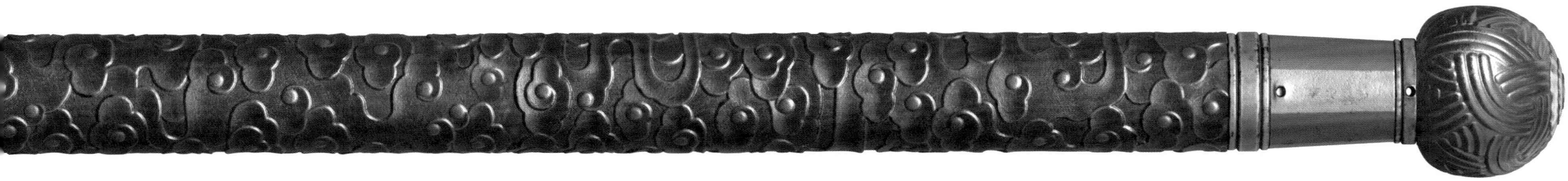

金代骨朵

在辽、宋、金时期的壁画中，骨朵的身影频繁出现，常作为仪仗器使用。可见在作为兵器的同时，骨朵又是仪仗器。

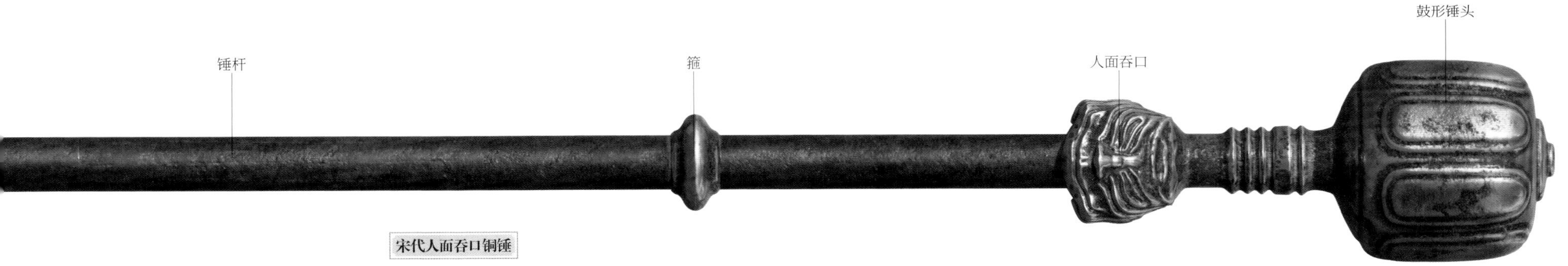

宋代人面吞口铜锤

锤头呈鼓形，锤颈处和手柄前端均有人面吞口，手柄末端有镈。

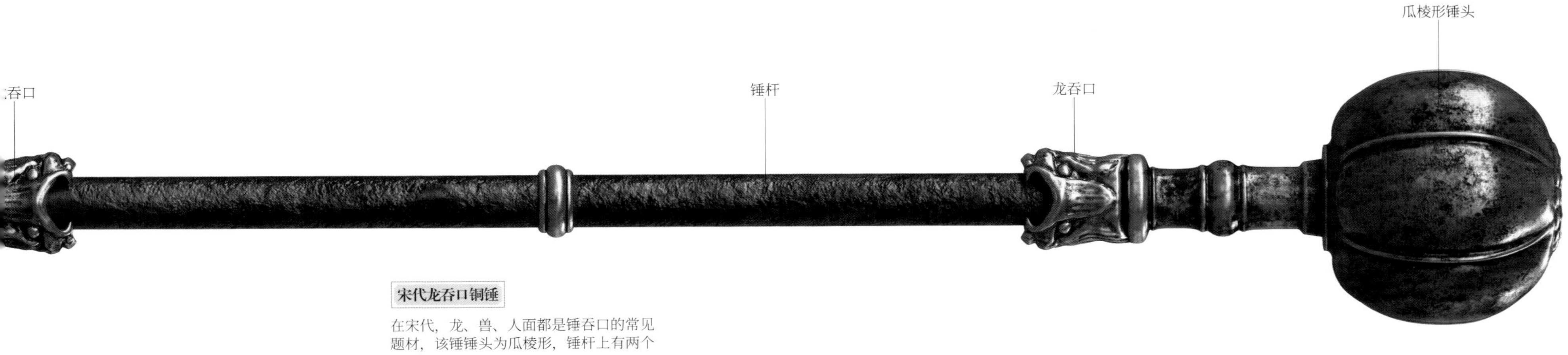

宋代龙吞口铜锤

在宋代，龙、兽、人面都是锤吞口的常见题材，该锤锤头为瓜棱形，锤杆上有两个龙吞口。

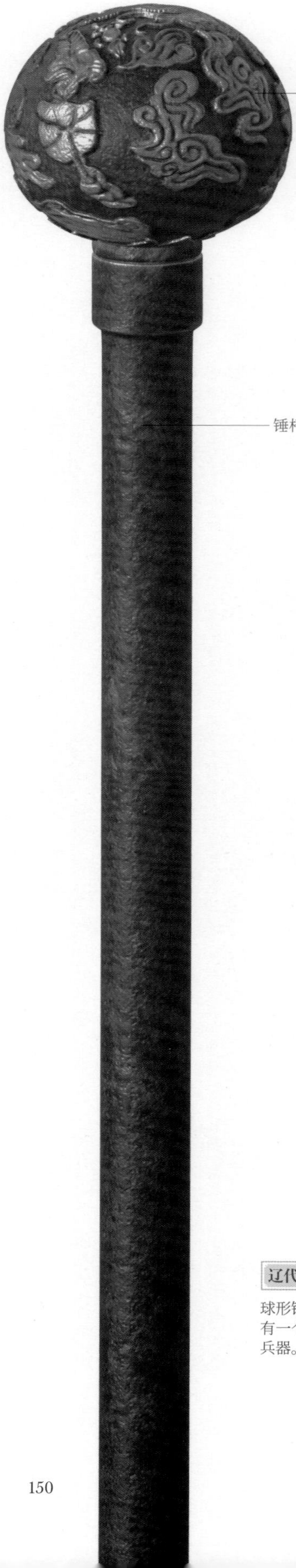

辽代铜锤

球形锤头上雕有复杂的纹饰，手柄末端挂有一个圆环。这种造型的锤，可能是仪仗兵器。

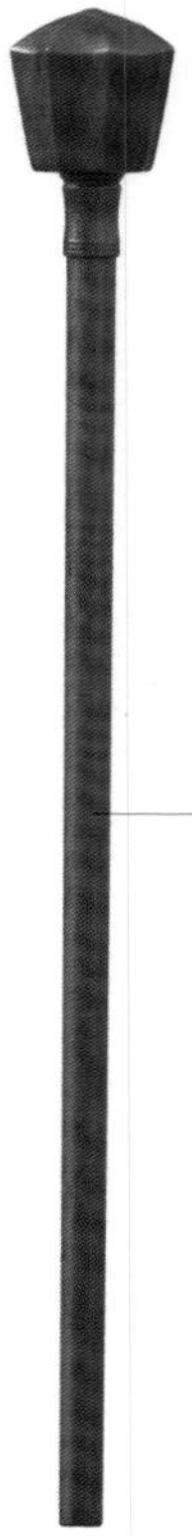

宋代仪仗锤

由于盔甲制作技术的进步，破甲功能强大的钝击类兵器越来越受重视。此锤的形制跟明代《出警入跸图》中卫士所执的锤非常相似。

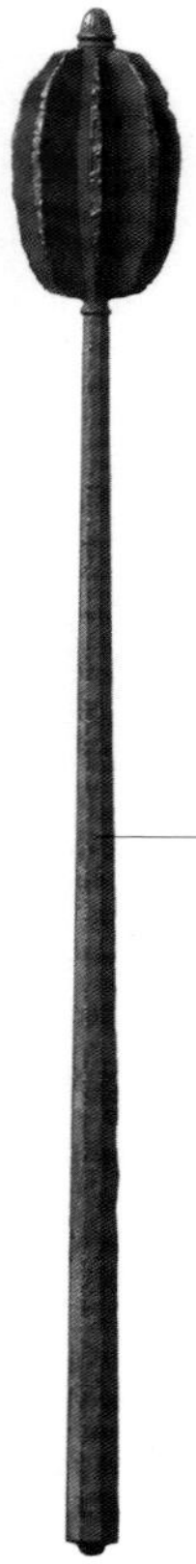

元代铁页锤

其形制与波斯地区的页锤非常相似，锤头由不开锋的多棱锤叶组成。蒙古西征后，这类锤的样式传入了我国。

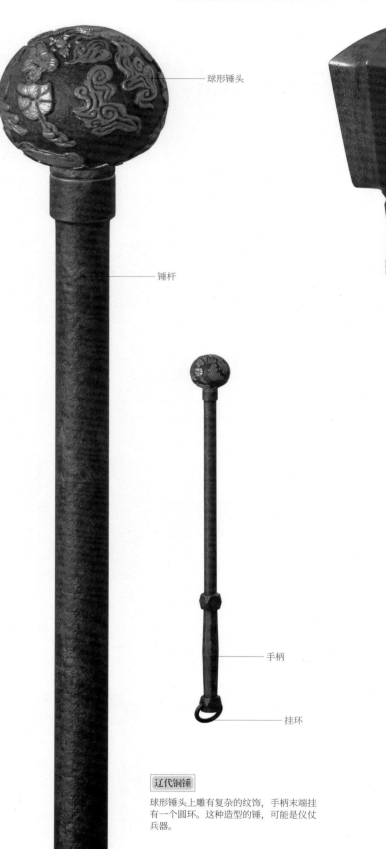

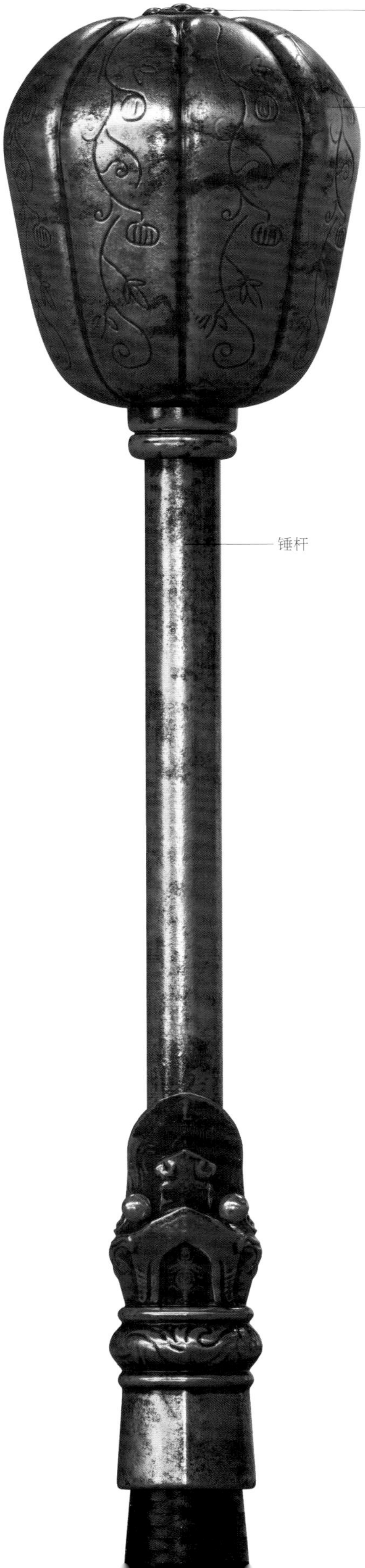

清代铜袖锤

可以藏在袖子里的锤类武器，被称为“袖锤”，属于暗器。此袖锤锤头由纯铜制作，上面遍布花纹，锤杆与手柄之间设有吞口。

清代袖锤

这支袖锤锤头作瓜棱形，锤杆为六棱形，锤杆与手柄之间设有吞口。

流星锤

除了用于普通肉搏外，锤还可以用于投掷，因此也派生出了一个变形。这种锤的形状多呈球体或正方体，与骨朵大同小异，但没有装木柄的銎孔，而是在球体的顶端或正方体的一侧铸有半环形钮。这种通过系在环钮上的绳索投掷击杀敌人的兵器，被时人形象地称为“流星锤”，也叫作“飞锤”。

汉代青铜流星锤（复原）

该锤头个头不大，在一个棱面上设环钮，应为两个一组，彼此用绳索连接，是抛掷出去击打、牵绊猎物或敌人的武器。

战国青铜流星锤

这两枚青铜流星锤都是北方游牧民族使用的武器，个头不大，形制有些许相似：都有一个环纽，一个球状主体。

流星锤多作暗器使用。针对战国时代只能掷出无法收回的缺点，人们通过增加绳索进行改进。明天启年间茅元仪编纂的《武备志》记载了其使用方法：“锤有二，前者为之正锤，后面手中提者为之救命锤。”意思是使用时，前面的锤用于击敌，后面的锤则用于防备。前一击不中，使用后面的锤以防不测。这种流星锤在先秦的鄂尔多斯草原牧猎兵器中也可以见到，有的呈球形，外面凸出乳丁；有的作多面体；还有的呈秤砣状。但不论其形状如何，都有一个共同特点，就是有一个环钮。它们既可以穿上绳索作流星锤使用，也可以系上短索之后再接短柄，作链锤使用。链锤甩动起来，击打力度比普通锤更强。元朝的蒙古骑兵就使用过这种链锤，锤的形状多呈六角形。

清代蒺藜形流星锤

该流星锤两个一组，中间呈球状，外布许多尖刺，由一根锁链连接，杀伤力较大。

辽代秤砣形流星锤

这是一个形状和秤砣非常相像的流星锤，顶部有环纽，器身布满棱纹。

金代铃铛形流星锤

铃铛形锤身的上端有一个环纽，用于系绳索。可以看到，器身中部有一圈明显的范铸痕迹。

鞭

鞭因形如竹节，又称“竹节鞭”。其形制较为复杂，一般有多个节。《武经总要》中的鞭有13节，同时尖端若锥，可以突刺。鞭的粗细、长短并无定制，可视使用者的体能、用途而制作，因此并非制式的军队武装，而是个人配备的兵器。

鞭可以说是兵器谱上的“小辈”。无论是刀剑、斧钺还是戈戟或者钩锤，其历史基本都可以追溯至上古，至少可以追溯到夏、商、周三代。鞭则不同，在上古时代的兵器中并没有它的原型，甚至在上古时期，“鞭”也并不是专指兵器。鞭最初指的是皮质软鞭，《左传·宣公十五年》中有“虽鞭之长，不及马腹”之语。

辽代壁画《鞍马图》。驭者髡发，着圆领袍，腰系黑色革带，穿黑靴，站在马首右侧，左手握缰，右手执策。

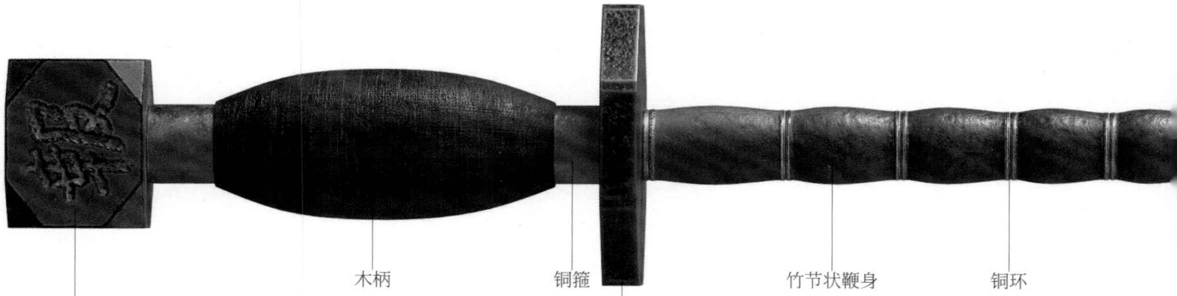

明代竹节铁鞭

鞭多为铜铁所制，横截面有圆形、八角形、六角形等形状，以圆形居多。此鞭柄首为瓜棱形，鞭格为圆盘形，鞭身截面为圆形，上有竹节。这种造型的鞭较为常见。

明代竹节铜鞭

这支铜鞭整体铸造而成，柄首和鞭格为瓜棱造型，鞭身为竹节造型。

宋代塔形鞭

这支铁鞭柄首为瓜棱形，鞭身的竹节造型非常规矩，类似塔形。

宋代连珠铁鞭

鞭身呈间隔连珠状。中国古代多使用札甲，所以宋代鞭锏都制作得粗壮沉重，以利于破甲。

后梁王彦章铁鞭（复原）

后梁招讨使王彦章所使铁鞭，收录于清代文献《金石索》中。此鞭共有19节，柄端环列四个绿色大字——赤心报国。

用作兵器的铁鞭属于硬鞭，其来历可以追溯到“鞭策”中的“策”。在古代，驱赶牲口有两种工具，一种是鞭，一种是策，“鞭策”一词由此而来。鞭，前面提到过是一种皮质软鞭，长度较长，用来抽打马匹使其前进；而策，则是一种前端有尖刺的竹木制品，长度较短，用来拍击马匹催其行动。由于策比鞭更容易获得，成本更为低廉，因而其使用范围更广。后来，不管是软鞭，还是硬策，凡是用来驱赶牲口的都被统称为“鞭”。流传下来的铁鞭形如竹节，恐怕便是因为其前身是竹策的缘故。

现知有关鞭的最早记录源自五代，据《新五代史·安重荣传》记载，五代时后晋的将领安重荣曾制大铁鞭，他诡称那大铁鞭有神，指人，人辄死，当时人称“铁鞭郎君”。有记载的五代铁鞭，见于清代冯云鹏、冯云鹓两兄弟所著的《金石索》。其中载有一幅五代后梁招讨使王彦章所使铁鞭的图像，并标注此鞭长汉尺6尺2寸（约140厘米），重清秤15斤（约9千克），共19节，每节以铜条束之，柄饰木而束以铜，柄端如锤，环列“赤心报国”四字，字色绿，似融铜铸就。因此，这柄铁鞭亦名“赤心报国鞭”。此鞭旧时收在汶上西门外梁王太师庙中，清道光时，移贮汶上县库中。（《中国兵器史稿》）王彦章勇武流传后世，甚至《水浒传》中的好汉也拿铁鞭作为衡量武力的标准。

铁鞭诞生后，早期多作为威慑之物，后期才逐渐用于战阵。到北宋，关于鞭的记载才多了起来，并在《武经总要》中留下了相关记录，且绘有图像。

锏

“锏是从鞭的基础上发展而来的，《武经总要》记载：“有人作四棱者，谓之铁锏，谓方棱似形，皆鞭类也。”锏整体呈长条形，有四棱，无刃，上端略小，下端有柄，造型与鞭截然不同。它和鞭一样并无定制，粗细、长短可视用途而定。

“锏”最初指车轴上的铁条，作用是减少轴与毂之间的摩擦。《吴子·治兵》中有“膏锏有余，则车轻人”之语。

锏脱胎于鞭，出现时间比鞭稍晚。它作为一种单独的兵器出现后，便与鞭有着密不可分的关系，但两者作为钝击兵器，并不是军队的制式武器，只是士兵的个人选择。

《武经总要》中同样留下了锏的相关记录，并绘有图像。宋代官造铁锏，现代亦有传世。

1985年6月29日，福建省博物馆收到收藏家林忠干捐献的一把铁锏，系北宋尚书右丞、抗金名将李纲监造，制作精良。此锏身长96.5厘米，柄长20.1厘米，重3.6千克，棱身前细后粗，长74.1厘米。柄首呈瓜锤状，茎套花梨木，近首处穿孔，以便系索悬挂于腰间。锏柄与棱之间有四瓣花形锏格，锏格直径7厘米、厚0.4厘米。棱身靠近锏格处，阴刻篆文“靖康元年李纲制”，字体镶嵌金饰，至今清晰可辨。

抗金名臣李纲

李纲，29岁进士及第，累官至太常少卿。北宋宣和七年（1125年），金军南下攻打宋朝。宋徽宗见势不妙，紧急禅位于太子赵桓，也就是宋钦宗。宋钦宗升李纲为尚书右丞，负责开封府的防御。靖康元年（1126年）正月，金军包围北宋首都汴京（今河南开封）。汴京守御使李纲亲自登城督战，率领开封军民击退金兵。二月，金军以康王赵构、太宰张邦昌为人质，胁迫北宋割让太原、中山、河间三镇议和。在宋廷答应割让河北三镇之后，金军于当月改肃王赵枢为人质，撤军返回。李纲则因坚决反对向金朝割地求和，遭到投降派的排斥和诬陷，先是被强令出任河东、河北宣抚使，后被剥夺实权，旋又被加上“专主战议，丧师费财”的罪名，谪建昌军（今江西南城）安置，再谪夔州（今重庆奉节）。

是年秋，金军第二次南下侵宋，3个月后再次抵达汴京城下。被俘前夕，宋钦宗想起用李纲，任命他为资政殿大学士，领开封府事，但已无济于事。李纲在长沙得知这一任命时，北宋已经灭亡。李纲赶到南京应天府（今河南商丘），为宋高宗赵构筹划整顿军政，组织抗金。宋高宗即位初，李纲一度被起用为相，他力图革新内政，颇有成效。然而，宋高宗接受整顿军政，却不接受坚决抗金，于是将李纲驱逐出朝廷。李纲只当了70余天丞相，此后在地方为官，享年58岁。

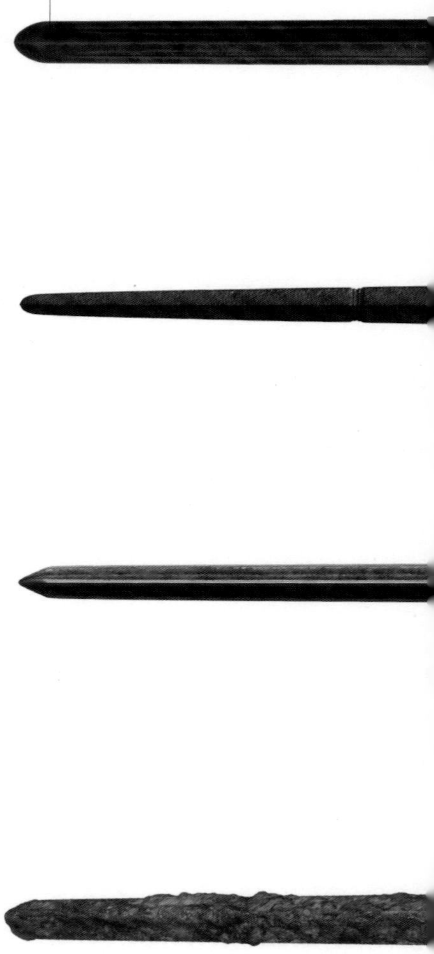

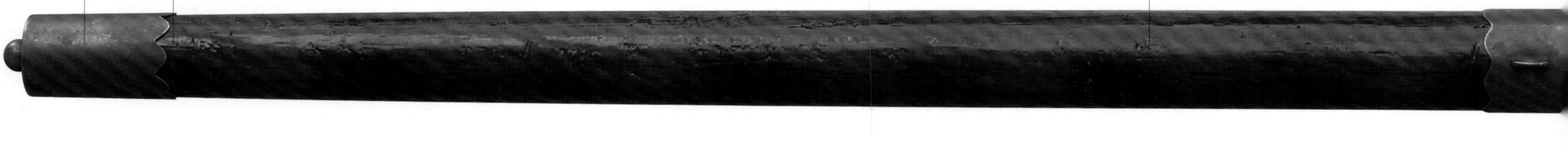

辽代环首一字格铁锏

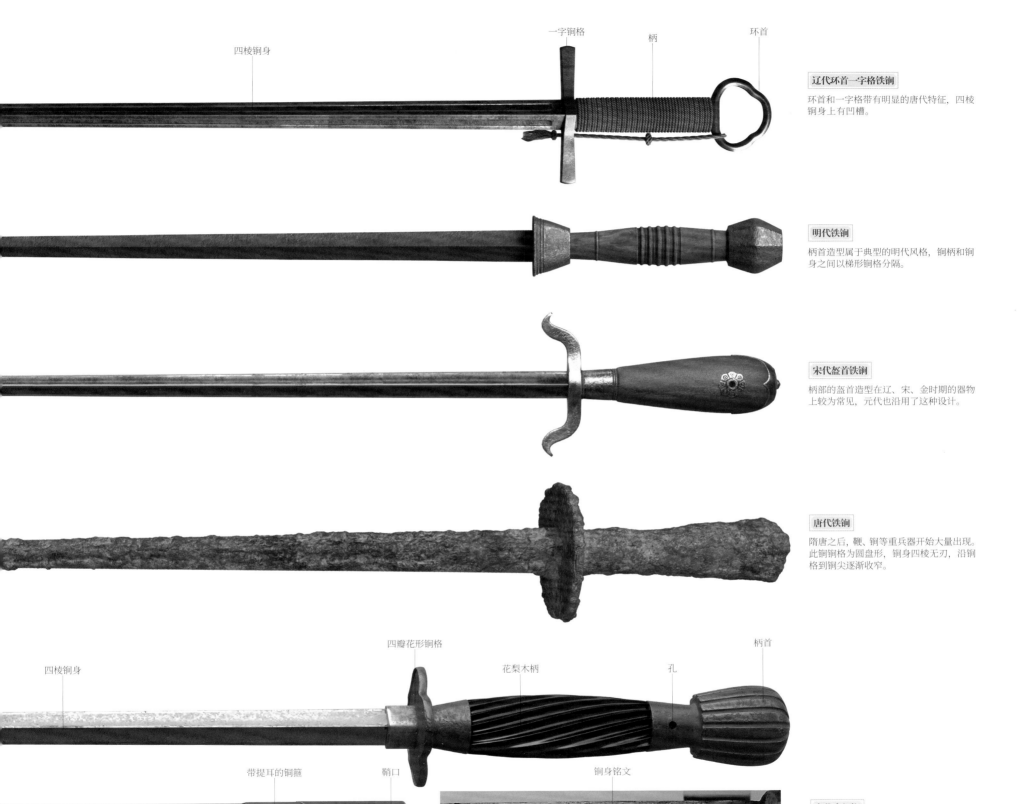

环首和一字格带有明显的唐代特征，四棱锏身上有凹槽。

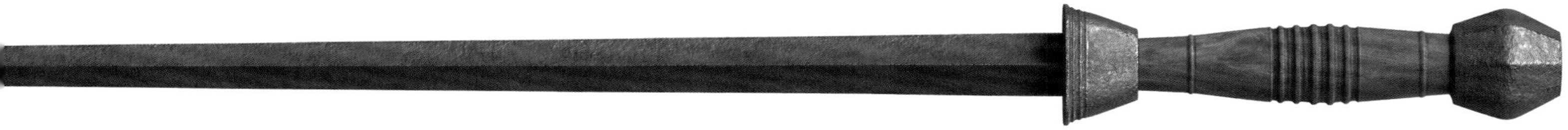

明代铁锏

柄首造型属于典型的明代风格，锏柄和锏身之间以梯形锏格分隔。

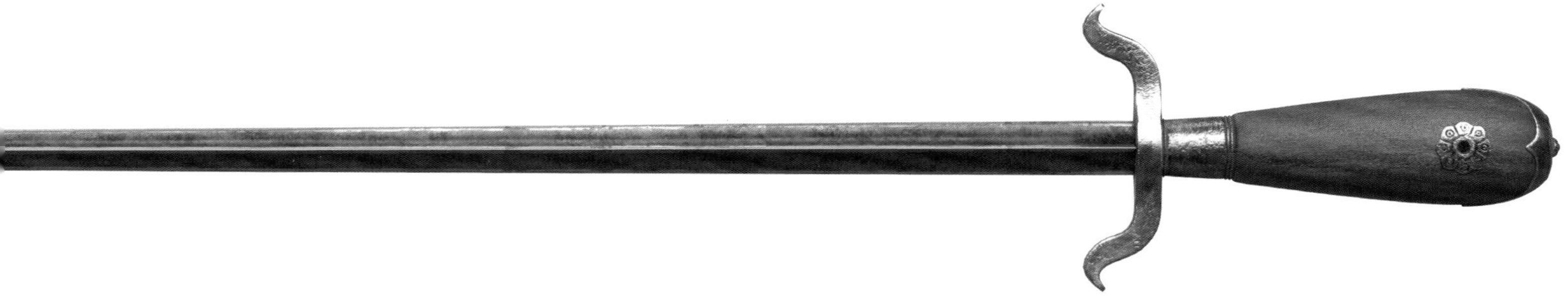

宋代盔首铁锏

柄部的盔首造型在辽、宋、金时期的器物上较为常见，元代也沿用了这种设计。

唐代铁锏

隋唐之后，鞭、锏等重兵器开始大量出现。此锏锏格为圆盘形，锏身四棱无刃，沿锏格到锏尖逐渐收窄。

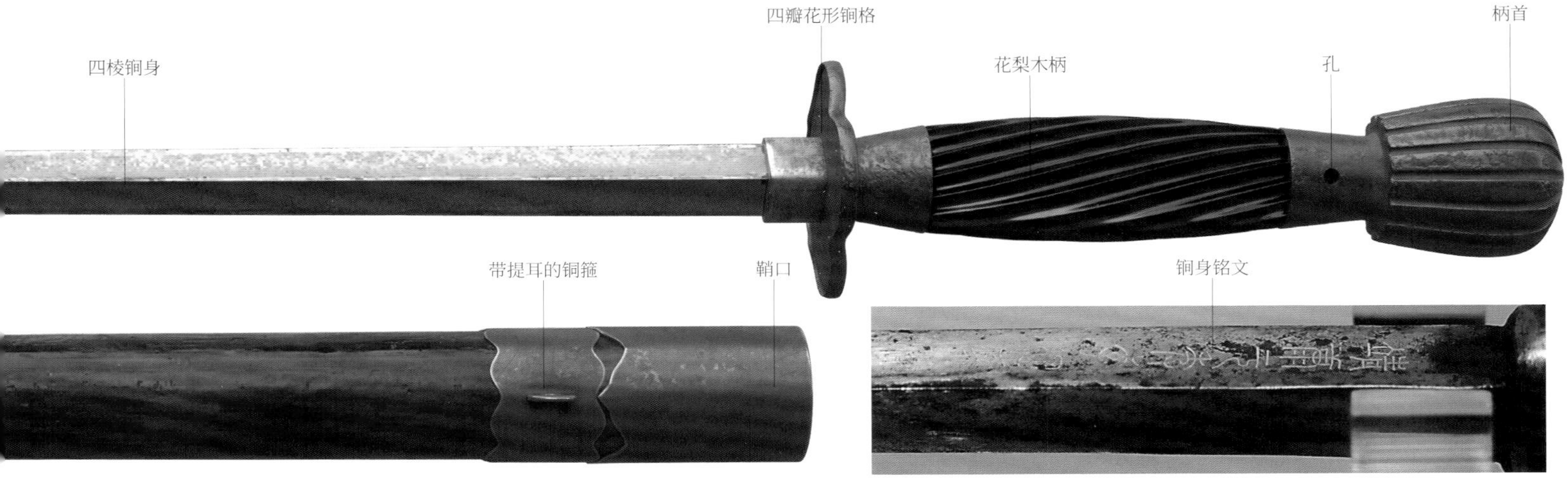

宋代李纲锏

1985年由收藏家林忠干捐献给福建省博物馆。锏身一面有错金篆书，铭刻七字，“靖康元年李纲制”。

鞭锏的使用

锏有单双之分，通常情况下使用双锏者居多。其击法有上磨、下扫、中截、直劈、侧撩、绞压等二十四法，招数有“横三竖四”，分蹦、砸、滚、挑、戳、架、挂等。

鞭与锏用法相似，主要以挡、摔、点、截、扫、盘、板、戳、拦、撩、拨和绞压等为主。它要求使用者在身法上转折圆活，刚柔合度，步伐轻捷奋迅，与手法紧密配合。但是这已经不是古代战场上骑兵的使用方法，而仅仅是现代武术的一种表演形式。

鞭锏是非常灵活的打击武器，在战场上多用于骑兵。

鞭锏，步骑兵均可使用，是非常灵活的打击武器。宋代骑兵或将领上阵，多喜在马上携带数种兵器，以防损坏和丢失，其中自然少不了鞭锏。这两种武器不仅宋朝军队装备，西夏、辽朝及金朝军队也都使用。

鞭锏在战场上多用于骑兵，因骑兵能利用战马的速度提升打击效能。其对骑兵的价值，在于在盔甲盛行之际，尽可能地在长时间的作战中减少对武器的损耗，并能够对敌人造成有效伤害。

鞭锏尽管不是军队的制式装备，但是它们的出现标志着短兵已经到了另一个变革的关口。因为盔甲的进步，刀剑等旧时代的冷兵器已经跟不上战场需求，打击类兵器开始成为主流。相比沉重的骨朵、大斧等兵器，灵活多变的鞭锏其实更适合士兵进行攻守作战。但是热武器的发明打断了这一进程，我们也无缘见到鞭锏如刀剑一般用上数百年的时间达到自己的巅峰，而只能看着其如流星一般一瞬即逝，最终湮没于历史的洪流之中。

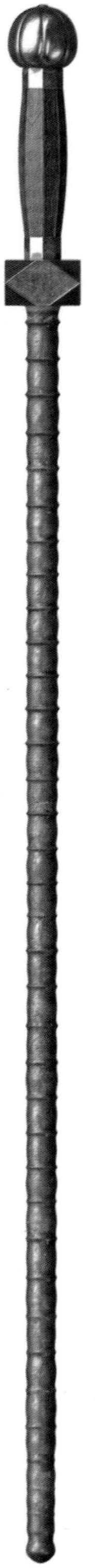

明代竹节铁鞭

这支铁鞭瓜首圆润，鞭格为削去8个角的长方体，鞭身为竹节形，属于明代铁鞭的典型代表。

清代竹节塔鞭

这支铁鞭鞭身每隔一段距离有节，整体类似塔形，柄首和鞭格为削去8个角的正方体。

明代人绘制的张飞像。在这幅图中，张飞的武器不再是丈八蛇矛，而是铁鞭。

善用鞭锏的武将

根据记载，宋军中擅长使鞭锏的武将不少。《宋史·卷二百七十四·王继勋传》载：“在军阵中，常用铁鞭、铁槊、铁挝，军中目为‘王三铁’。”《宋史·卷三百二十五·任福传（附王珪）》中说王珪：“少拳勇，善骑射，能用铁杵、铁鞭。”王珪在北宋康定元年（1040年）与西夏军在师子堡作战时，被敌兵左右夹击，他左手执杵，右手持鞭，所向披靡。次年，王珪在好水川大战中“铁鞭挠曲”，不幸战死。《宋史·卷二百七十九·呼延赞传》又道：“雍熙四年，加马步军副都军头。尝献阵图、兵要及树营砦之策，求领边任。召见，令之作武艺。赞具装执鞬驰骑，挥铁鞭、枣槊，旋绕廷中数四，又引其四子必兴、必改、必求、必显以入，迭舞剑盘槊。赐白金数百两及四子衣带。”《宋史·卷二百九十·狄青传（附张玉）》记载张玉于北宋康定元年，在延州清涧、招安砦等地与西夏骑兵交战，“单持铁简出斗，取其首及马，军中因号曰‘张铁简’”。《宋史·卷三百二十五·任福传（附桑怿）》记载，任福在好水川大战中“挥四刃铁简，挺身决斗，枪中左颊，绝其喉而死”。另有开封雍丘人桑怿，“勇力过人，善用剑及铁简”，北宋宝元元年（1038年）“徙泾原路，屯镇戎军”，最后与任福一起在好水川战死。

除了宋军外，《宋史·卷三百二十五·任福传（附王珪）》还记载北宋宝元元年，宋将环庆路马步军副总管刘平在延州同西夏军交战，西夏军将领“举鞭挥骑，自山四出合击”。最后刘平被俘，可见西夏骑兵中也多有使用铁鞭者。《金史·卷八十六·乌延查剌传》中记载，金正隆六年（1161年）乌延查剌在信州同契丹人作战时，“左右手持两大铁简，简重数十斤，人号为‘铁简万户’”。契丹军大败，乌延查剌率部追击，“以铁简左右挥击之，无不僵仆”。

金代武士砖雕，左侧之人手持铁鞭，右侧之人紧握长刀。

朱仙镇版《马上鞭锏门神》木版年画。

朱仙镇是中国木版年画四大著名产地之一，而两位门神是以秦叔宝和尉迟敬德为原型创作的，他们同为初唐名将、凌烟阁二十四功臣之一。二人成为门神大抵始于明代，因分别手持鞭锏，故被称为“鞭锏门神”。这对门神因有骏马为骑，是为《马上鞭锏门神》。

年画中秦叔宝和尉迟敬德的形象，多来源于地方戏曲与文学作品。例如，在《隋唐演义》《说唐》中，秦叔宝是山东历城县一名马快班头，擅长使用双锏，于是此组门神画中的秦叔宝，手持双铜锏，胯坐马上；而传说中的尉迟敬德面如黑炭，擅使铁鞭，骑乌骓马，于是此组门神画中的尉迟敬德，手持竹节双鞭，胯坐马上。二位门神均为戏曲扮相，面绘脸谱，身着戏装，秦叔宝面容和蔼，尉迟敬德则面相凶狠。事实上，历史上的两位名将都擅长使用长槊，是用槊高手。

鞭锏的没落

明清时期的鞭锏继承了宋代的形制。《清会典图·武备》中绘有锐健营所用的铁鞭（长约74厘米）以及绿营所用的双锏。该锏形似剑，前有尖端，长约86厘米，重820克。可见鞭锏在形制和重量上十分灵活，是对士兵尤其是骑兵卫体兵器的极好补充。不过明代火器开始普及后，鞭锏便逐渐失去了价值。

《五星二十八宿神形图》（传明代仇英绘）中的毕星，其手中所执的武器是铁鞭。毕星，即毕宿。古人认为毕星主兵主雨，故亦借指雨师。

明代铁鞭

柄首为瓜棱形，鞭格为八边形，鞭身横截面为圆形，每隔一段距离有节。

明代连珠铁鞭

连珠鞭自宋代开始出现，到明代后，长度缩短，更适于随身佩带。

清代双锏

锏身呈四棱形，锏格及柄首为削去8个角的正方体。

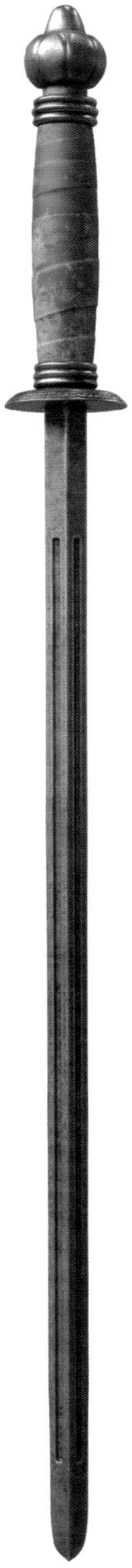

清代铜锏

柄首作瓜棱形，锏格为圆盘状，四棱形锏身上有凹槽。

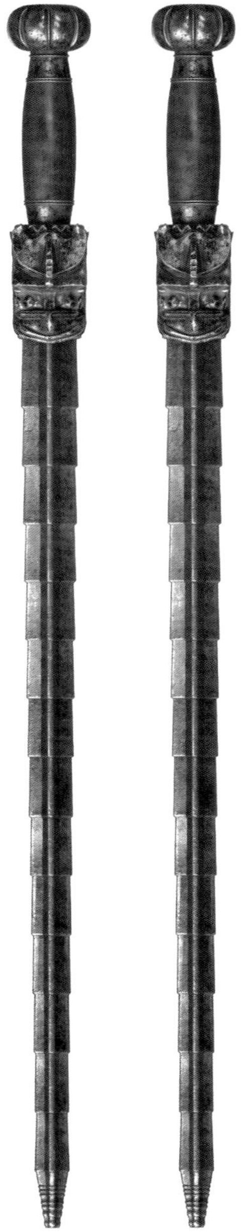

清代龙吞口竹节锏

锏无刃，每距六七寸有节者，名竹节锏。此锏柄首为瓜棱形，锏格为龙吞口造型，锏身四棱，每隔一段距离起节。

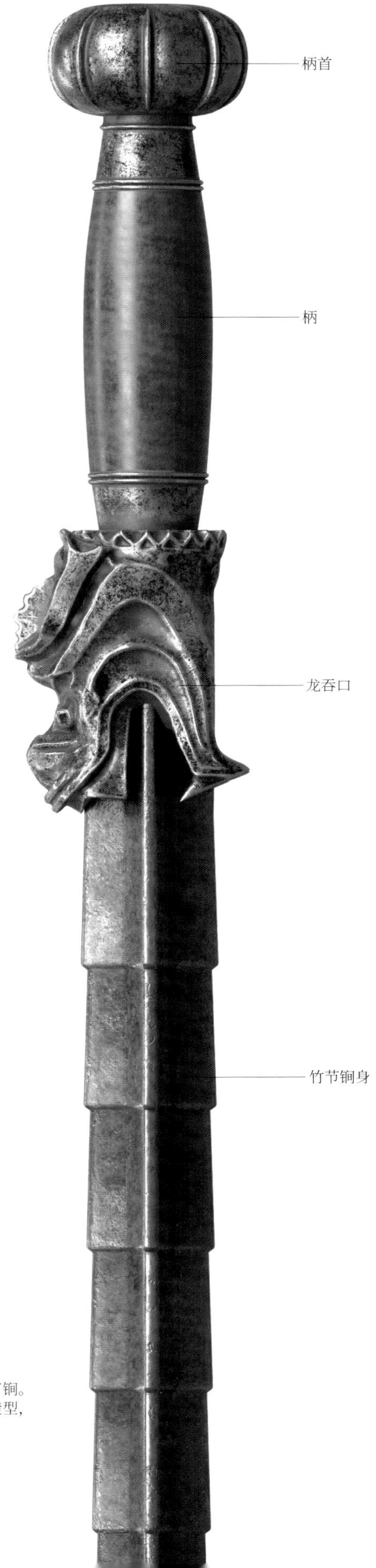

宋代竹节铁鞭

柄首有穿孔，用以系绳；鞭身粗大，鞭尖呈锥形，除了砸击还有突刺之用。

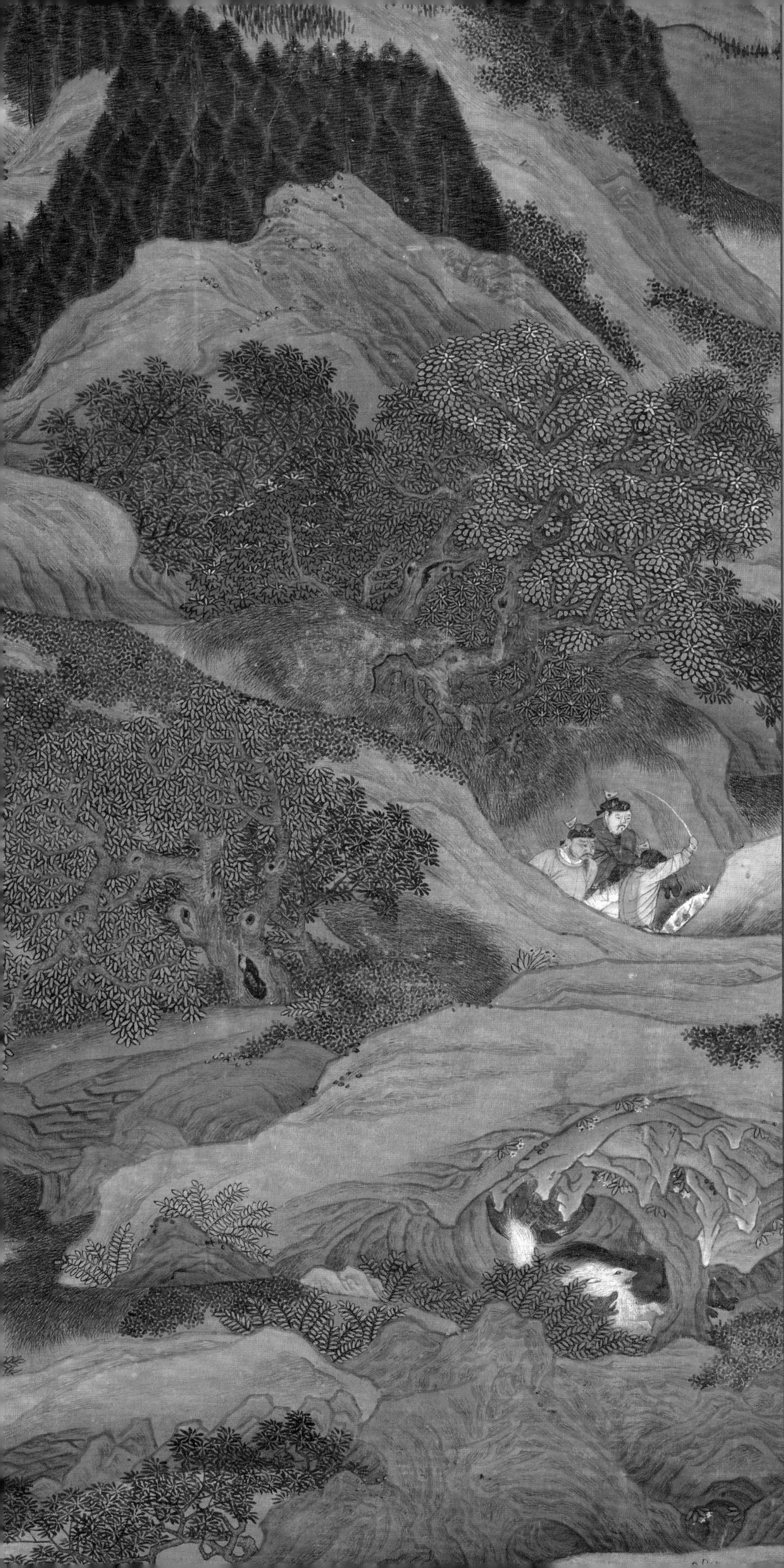

第四章

Chapter 4: Bows and Crossbows

弓弩

文 / 肇英

相较于文字、车轮这些人类文明史上重要的发明，弓箭的作用时常为人们所低估。拉弦迫使弓身弯曲储存能量，再猛地松开弓弦，使弓身在恢复原状的同时将储存的能量迅速而激烈地释放出来，把搭在弦上的箭弹射出去，这就是弓箭。弓箭这种简单而又伟大的工具的发明，使得人类从此可以在远距离上准确并有效地杀伤目标，不必再冒着巨大风险近身肉搏。这堪称火器诞生之前，人类双手最伟大的一次延长。从旧石器时代晚期到16世纪，弓以及由弓衍生出的弩，一直在人类战斗中起着相当重要的作用。

弓的起源

人类最初使用的弓，用单根木材或竹材做弓身，装上植物纤维、动物筋或皮条充作弓弦。而箭矢，只是一支把一头削尖了的细木棍或细竹棍。这样的弓箭，是原始人类长期智力发展与经验累积的结晶，但也相当粗糙落后。随着弓箭制作技术和使用技巧的不断提高，先民们不仅学会了在箭的一端装上石片或骨头制作的箭镞以提高箭矢的杀伤力，还学会了在另一端装上鸟类的羽毛以增强箭矢飞行的稳定性，甚至掌握了制作早期复合弓的方法，增强了弓身的强度和韧性。

“弦木为弧，剡木为矢。”

——《周易·系辞下》

世界上不少国家与地区，都有弓箭是由某位神抑或某个传说人物发明创造出来的故事流传下来，可人类使用弓箭的历史其实往往早于这些神话传说诞生的年代。在世界各地的考古发掘中，都有发现年代为旧石器时代晚期至中石器时代（Mesolithic，又称作“细石器时代”）的抛射体尖头。在南非，甚至发现过6万年前的属于旧石器时代中期的抛射体尖头。根据研究，这些尖头极有可能就是箭镞，也就是箭头。但由于缺乏可供进一步佐证的证据，因此也不能完全排除其另有他用的可能性，比如飞镖的尖头。目前，与弓箭相关的确凿证据出自德国汉堡附近的一个遗址。该遗址具有阿伦斯堡文化（Ahrensburg culture）的特征，考古人员在这里发现了距今1.1万年左右的箭杆和箭杆毛坯。已发现的世界最古老的弓，乃是出自丹麦候姆皋（Holmegaard）附近沼泽，距今8000年左右的榆木单体弓。

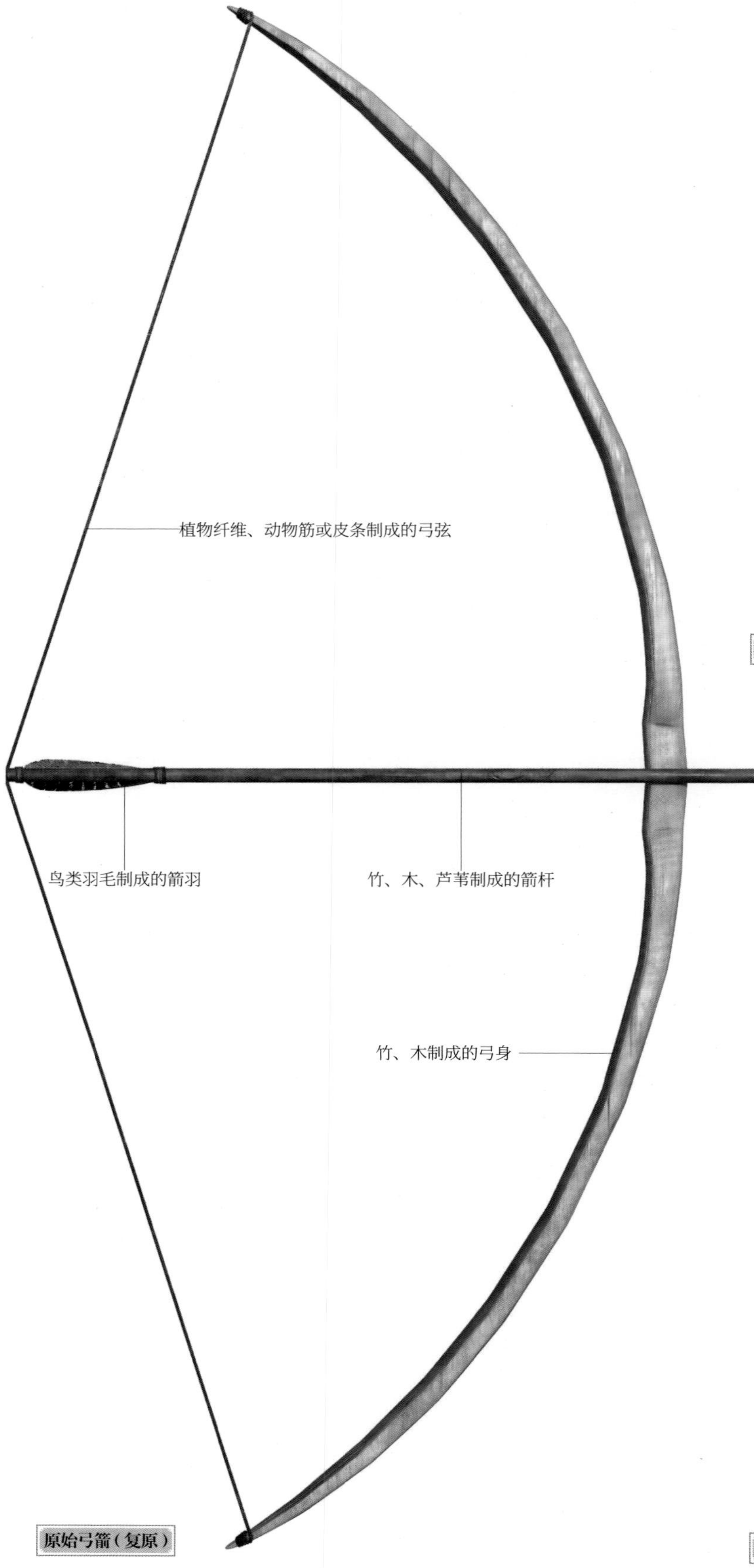

原始弓箭（复原）

箭镞与箭杆连接处正视图

箭镞与箭杆连接处侧视图

新石器时代良渚文化石镞

这件石镞器形完整，有锋、铤和双翼，镞身截面呈菱形，铤截面呈扁锥形。

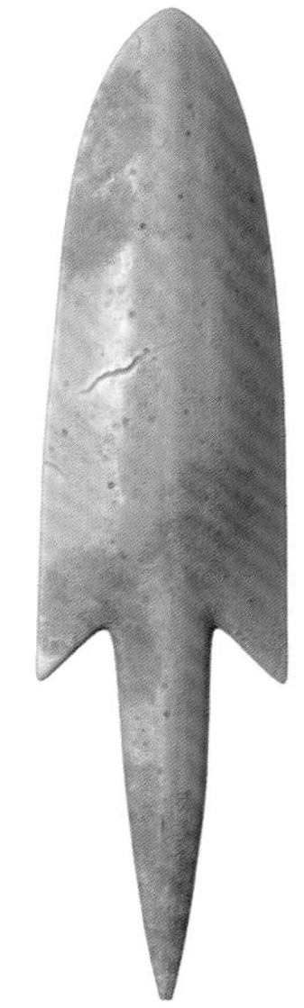

新石器时代磁山遗址骨镞

这枚骨镞有双翼，整体扁平，前锋圆钝，后锋锐利，截面呈菱形。它的圆锥形短铤上，可安插箭杆。

新石器时代凹底石镞

石镞按制作方法可分为打制石镞、压制石镞、磨制石镞三种。打制石镞极少发现，且制作粗糙，形态不规则，压制、磨制石镞较为多见。压制石镞有三角形、圭形、叶形三大类，又根据石镞底部的差异分为凹底、平底、圆底、有铤等亚形。三角形石镞与圭形石镞又可按两侧边的曲直再次划分。按照这一标准，该石镞为直边三角形凹底石镞。

新石器时代跨湖桥遗址漆弓（复原）

这把以桑木制造的弓，截面扁圆，两端略细，弦未存世。或因长期淹埋，弓体并未弯曲，而是呈挺直状态。它是迄今为止发现的世界上最早的漆器，把我国使用漆器的历史提前了1000年。这把漆弓由赤红色的变质的漆表膜、漆层、单色漆下层、木胎四部分组成。经研究表明，它使用的是一种天然生漆，足见中国是世界上最早发现并使用天然漆的国家。

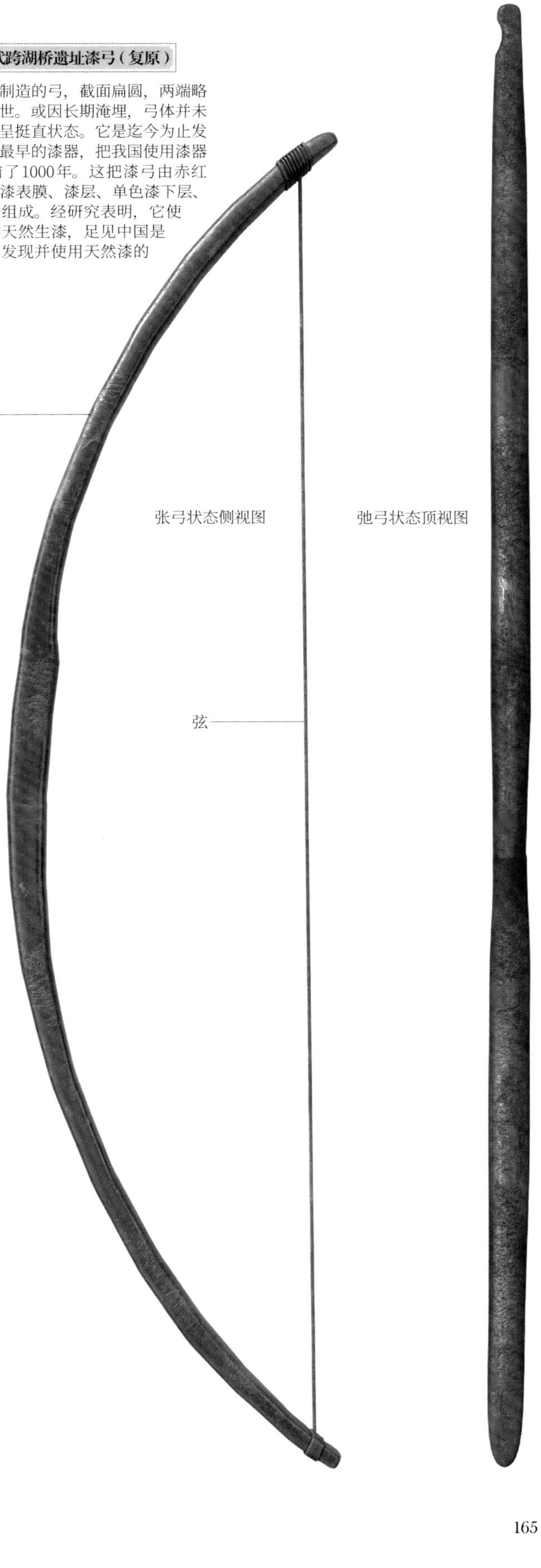

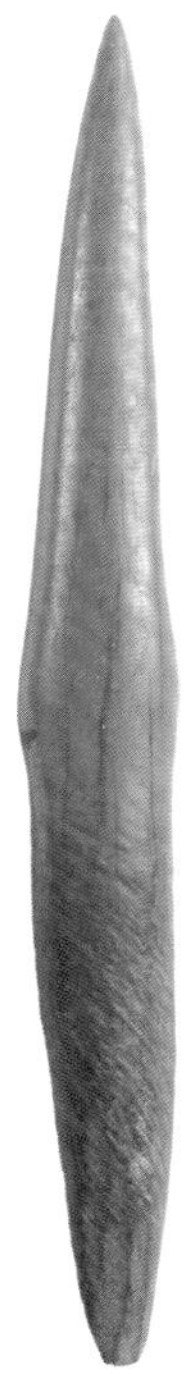

新石器时代河姆渡文化骨镞

这件骨镞利用大中型兽类坚硬厚实的管状骨磨制而成，箭头为圆锥形，两头稍尖，中间略鼓，没有侧刃。

新石器时代南庄头遗址骨镞

这件骨镞整体为尖三角形，尖端打磨光滑，轻薄锐利，截面呈菱形，尾部两侧雕出凹槽，用以捆扎木杆。

新石器时代凹底石镞

该石镞由蛋白石片加工而成，平面呈规则的等腰三角形，底部内凹。其锋尖十分锐利，两侧边刃加工成锯齿状，充分显示了原始人类高超的压剥技术，达到了石器加工的最高水平。

弓的分类

弓的常见分类有：单体弓，弓身基本用一整根材料加工制造而成；加强弓，弓身用相同或相近材料叠合而成；复合弓，弓身使用多种不同材料复合制造而成；长弓，弓身较长；短弓，弓身较短；直拉弓，弓身较直；反曲弓，弓身弯曲……不过这些都是相对概念。

根据弓身构造，弓可以分为三类——单体弓、加强弓、复合弓。

一般而言，单体弓多长弓、直拉弓，复合弓多短弓、反曲弓。但这并不意味着绝对没有长的、直的复合弓，抑或短的、弯的单体弓。早期的复合弓与其说是多种材料复合制造的产物，不如说是对单体弓强化改良的结果，可以说是介于单体弓和真正复合弓之间的存在。因此自19世纪末以来，世界上有不少弓箭研究者采纳英国考古学家奥古斯都·皮特·里弗斯（Augustus Pitt Rivers）的三分法：根据弓身构造，将弓分为单体弓、加强弓、复合弓三种。

单体弓

弓箭的常见发展演进轨迹，一般为：单体弓—加强弓—复合弓。单体弓虽然制作简便，可由于单一材料的弹力有限，多数情况下张力不足。故而单体弓需要加大体积以资弥补，但也导致了形制笨重，不便使用、携带。长期盛行单体弓的欧洲大部分地区面对这一问题，通过形态上的设计改进，以及在选料、加工上的精益求精来加以应对。在英法百年战争中的阿金库尔战役中，造就辉煌胜利的英格兰长弓手们所使用的英格兰长弓（严格来说，称“威尔士长弓”可能更准确）便是欧洲单体弓的杰出代表。

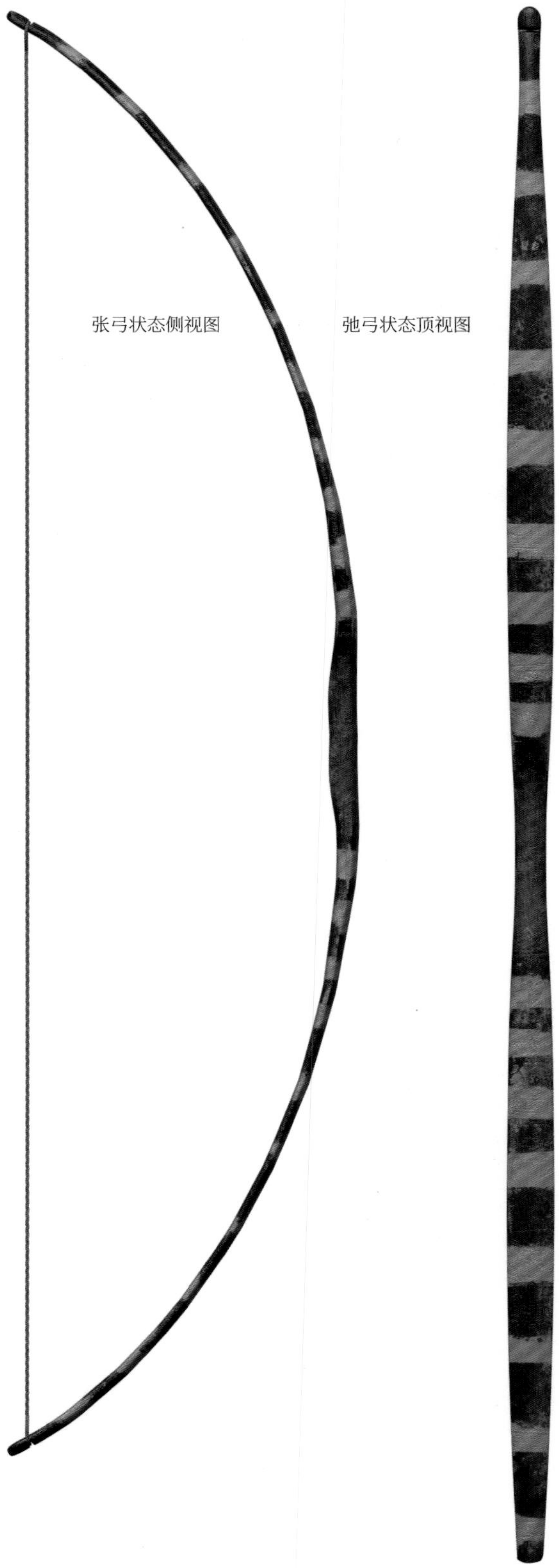

战国巴人漆弓（复原）

这是一把单体木弓，弓把厚于弓臂，截面呈圆形；两端尖圆，截面呈椭圆形。黑底漆外髹一层朱红漆，分段绕有细绳。一端外侧凿一浅槽，供系弦用，一端残。

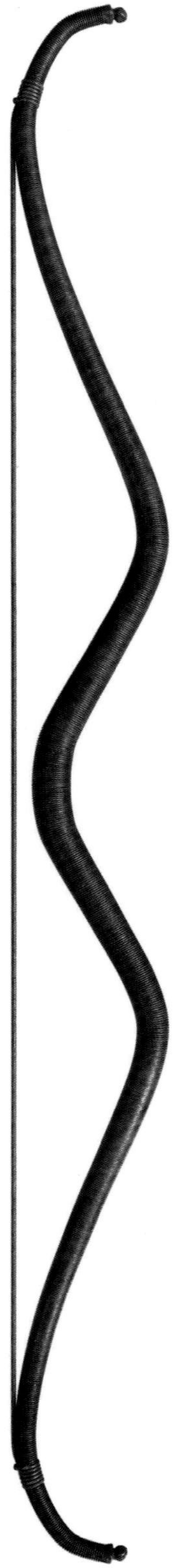

先秦苏贝希角弓（复原）

这把代表早期草原文化的类斯基泰弓，内层角质，外用韧木片夹持，施胶粘牢，通体缠牛筋绳，弦为牛筋合成。

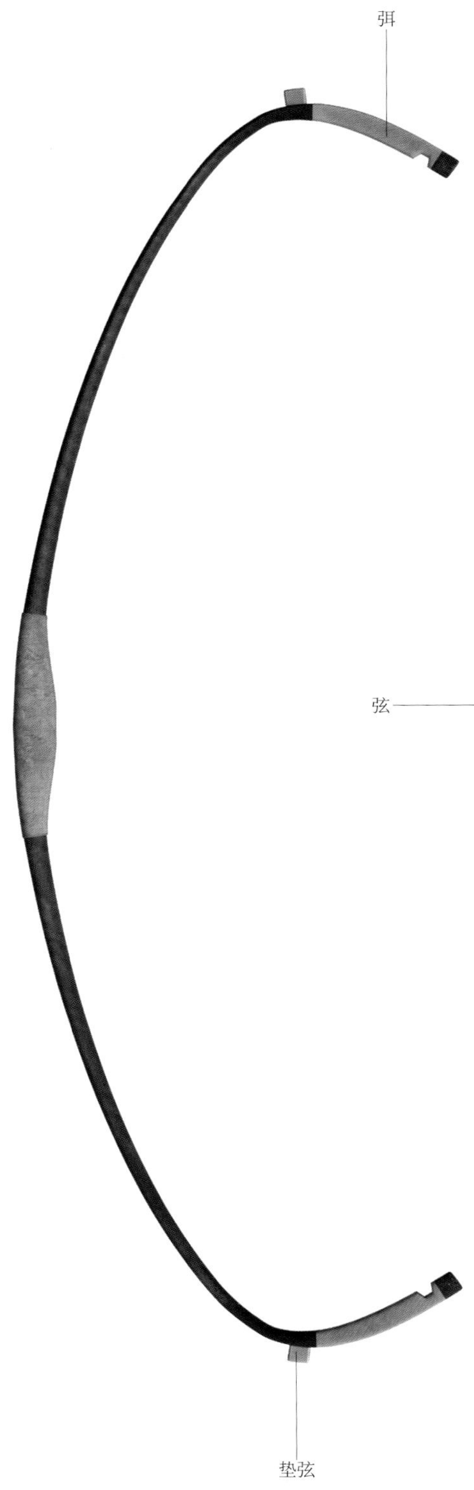

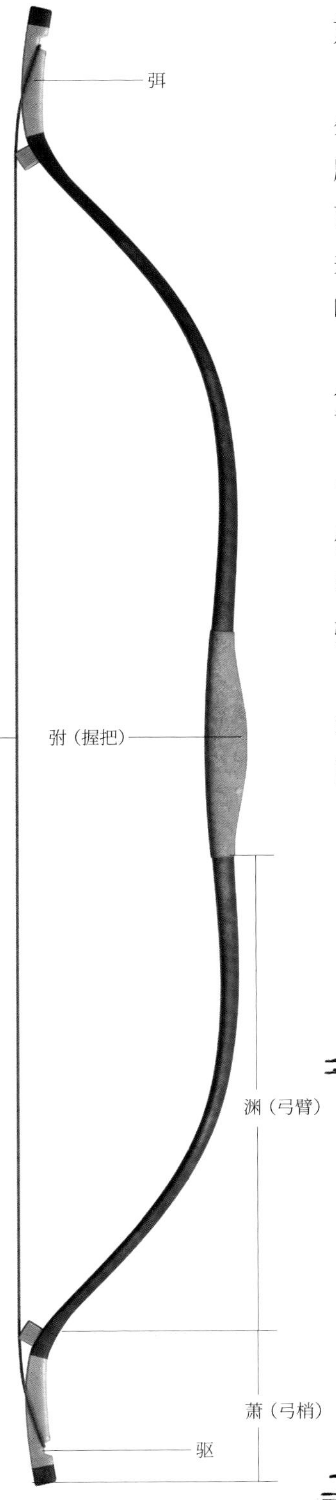

加强弓

通过对单体弓的强化改良，人们逐步发明了加强弓（早期复合弓）。直至现代，我国部分少数民族依然保留着传统的制弓工艺。比如赫哲族，他们用水曲梨木做弓身，成形后，以鱼鳔胶将鹿筋粘合于弓身。再如鄂伦春族，他们是以落叶松或榆木制造弓身，再以鹿或犴的筋加强。而鄂温克族，则用黑桦木做弓身的里层、落叶松木做弓身的表层，两层之间夹垫鹿或犴的筋，并以鱼皮熬制的胶粘牢。这些都是留存下来的典型的加强弓实例。至于中原地区，则早在商代晚期便已开始使用比较成熟的复合弓——双曲反弯复合弓了。

复合弓

公元前7世纪，随着斯基泰人的崛起，一种弓身双曲反弯的更为成熟的复合弓，逐渐取代了之前盛行许久的三角形复合弓，这就是斯基泰弓。斯基泰弓在亚洲中西部地区流行起来，并传入了古希腊。它在外形上有两个基本特点：一是弓身上弦后，其弣（握把）的部位向后缩，弓臂上下（两个渊）形成对称的弧曲，弓臂的两个萧（弓梢）反向弯转；二是把弓弦拆卸下来成弛弓状态时，弓臂会整个大幅度反向弯转。

然而斯基泰弓未必是斯基泰人发明的，更不可能是斯基泰人独创的。早在公元前11世纪，欧亚草原地带上的一些民族就已经开始使用双曲反弯复合弓了。而我国开始使用这种弓的时间，则可能更早。

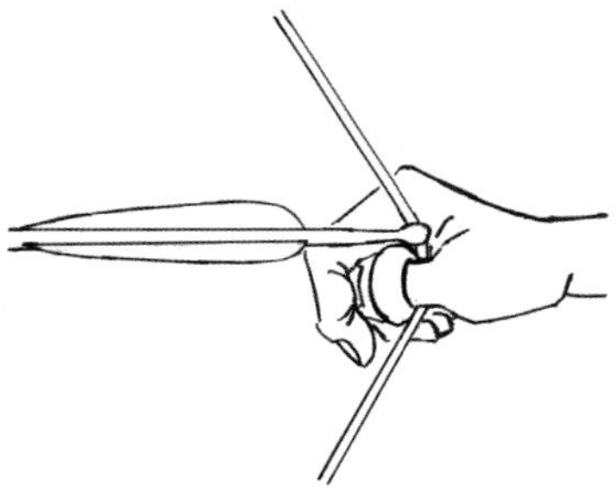

蒙古式射箭手法

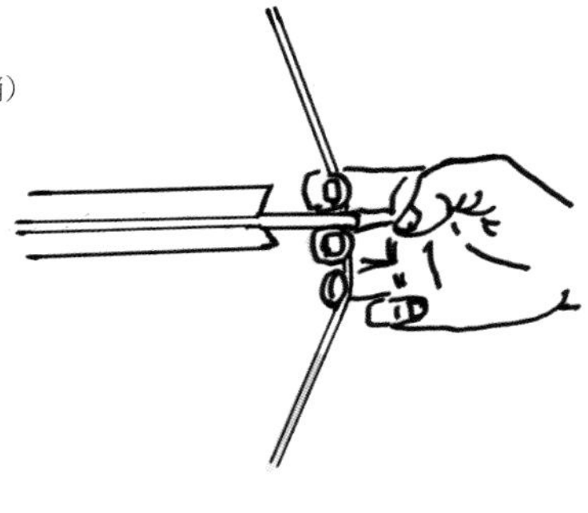

地中海式射箭手法

射箭手法

张弓射箭的手法，主要有三大类，西方学者将之命名为捏箭式、地中海式和蒙古式。

多数人在第一次射箭时会不自觉地用食指与拇指捏住箭尾，这便是捏箭式。这种手法的优势在于撒放动作干净利落——当射手拉到某个极限时，摩擦力无法再留住箭，箭就自然射出了。然而，这种手法是难以用于稍强之弓的，除非射手拥有超常的指力。所以实际上常见的手法只有两大类：流行于盛行单体弓的西方世界的地中海式——由食指勾弦位于箭尾之上，中指和无名指勾弦位于箭尾之下；流行于盛行复合弓的东方世界的蒙古式——用戴着扳指的拇指勾弦，食指和中指压住拇指以加强力道。这两种不同的手法，源于单体弓与复合弓不同的特性。单体弓的弓身一般较长而弹性差，拉满时弓弦的角度比较大，适合用多个手指勾弦；复合弓的弓身一般较短而弹性好，拉满时弓弦成锐角，只适合用拇指单个勾弦。保护拇指并帮助勾弦的扳指，或者能起到类似功能的道具（如日本弓道中使用的特殊手套——弓悬），对蒙古式手法来说必不可少。

复合弓弛弓状态

弓在不使用时，常常需要把弓弦卸下来，这样做可以保持弓力，减少劳损。这种状态下的弓称作“弛弓”。复合弓弛弓时，弓干大幅度反向弯曲，与上弦状态截然不同。

复合弓张弓状态

双曲反弯复合弓的弓身上弦后，弣的部分后缩，两个渊形成对称的弧曲，萧则反向弯转，从而形成反曲。

传统复合弓及其附件

根据《考工记》的记载，我们知道复合弓制造技术早在春秋战国时期就已经相当成熟了。《考工记》对复合弓制造技术进行了最早、最详细的记载。在以后的2000多年里，不仅中国的制弓技术，甚至整个亚洲的复合弓制造技术，与《考工记》中的内容相比，都没有发生根本性的变化。

弓身

以干、角、筋、胶、丝、漆六种主要材料制成。

干，为多层叠合的木材或竹材，用以制作弓身的主体，对弓的性能起着决定性作用。

角，即动物角，通常以牛角为主，它被制成薄片状，贴于弓臂的内侧，面朝射手。

筋，即动物的肌腱，贴于弓臂的外侧。筋和角都能增强弓臂的弹力，使箭射出时速度更快，射入更深。

胶，用动物的皮与组织等制成，用以黏合干材和角筋。

丝，即丝线，用来缠绕制好的弓臂，使之更为牢固。

漆，将制好的弓臂涂上漆，以防水汽侵蚀。

因使用动物的角、筋，这种弓又被叫作“角弓”。

弓弦

古代先民利用动物的筋、马鬃、质地较好的麻绳、强化的丝线等韧性强的材料制作弓弦。但要注意的是，弓弦相对弓的其他部分是最脆弱的，在使用中很容易损坏。而在激烈的战斗中，断弦更是常有之事，所以弓弦的配备数量肯定要多。另外，给弓换弦，将弓弛放等工作，视弓力强弱需要两人以上操作。只有一人的情况下，只能徒手下弦，上弦则必须借助一定的工具。而在不使用的时间里，将弓下弦、弛放，是对弓的一种保护。

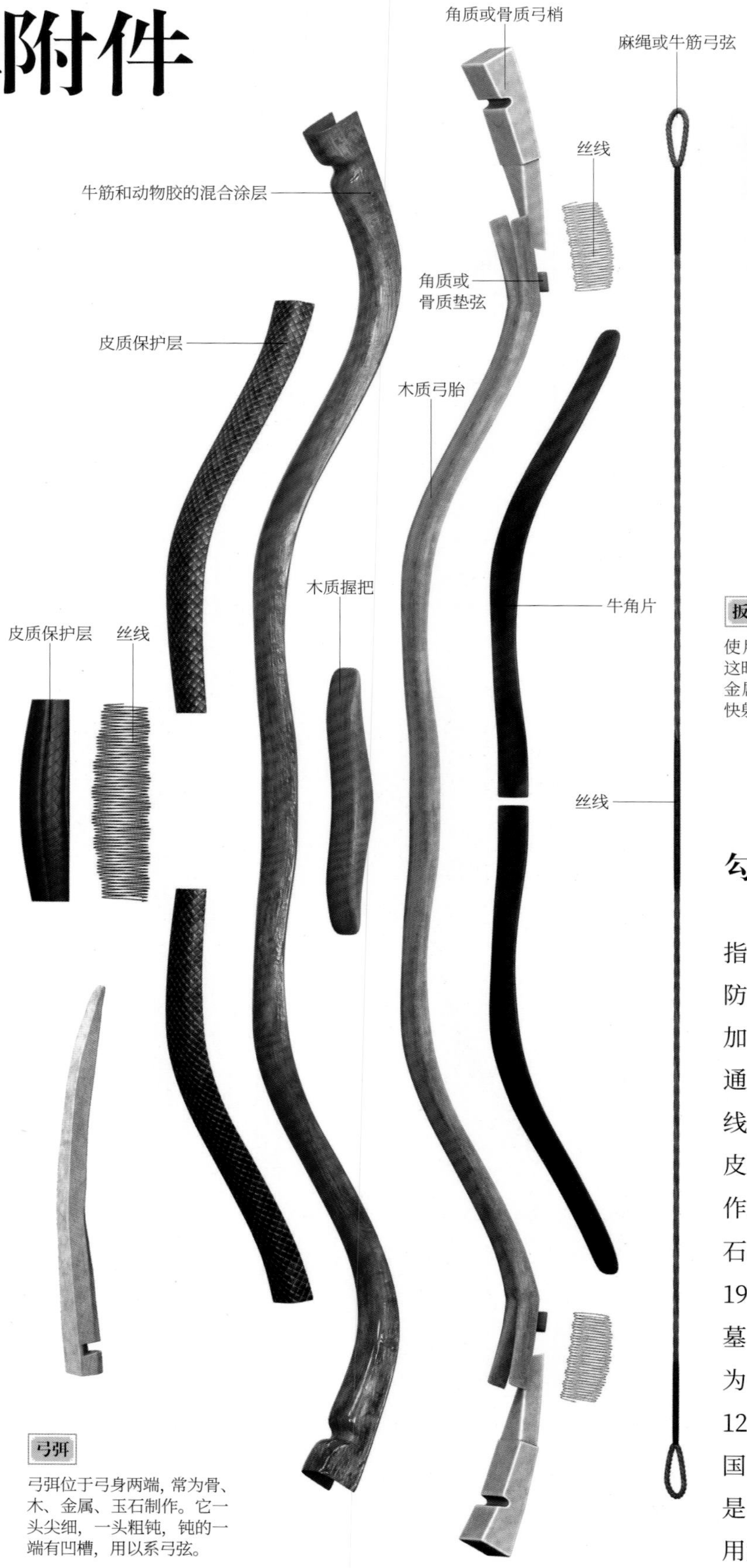

弓弭

弓弭位于弓身两端，常为骨、木、金属、玉石制作。它一头尖细，一头粗钝，钝的一端有凹槽，用以系弓弦。

扳指

使用复合弓时，宜选择蒙古式射箭法。这时，射手多在拇指上佩戴用皮、骨、角、金属等材料制作的扳指，以便勾弦，加快射箭速度。

勾弦的工具

许多弓手往往会戴上扳指（古代多称“韘”或“玦”），防止拇指被弓弦割伤。为了加快射箭的速度，扳指内侧通常有槽或凹处用来紧扣弦线。日常使用的扳指，多以皮革、兽骨、兽角等制成；而作为把玩的饰品，则多以玉石、玛瑙、象牙、翡翠等制成。1976年，河南安阳殷墟妇好墓出土了一件玉扳指，年代为公元前13世纪末至公元前12世纪初。这是迄今为止中国发现的最早的扳指实物，是中国早在商代晚期便已使用复合弓的一个间接证据。

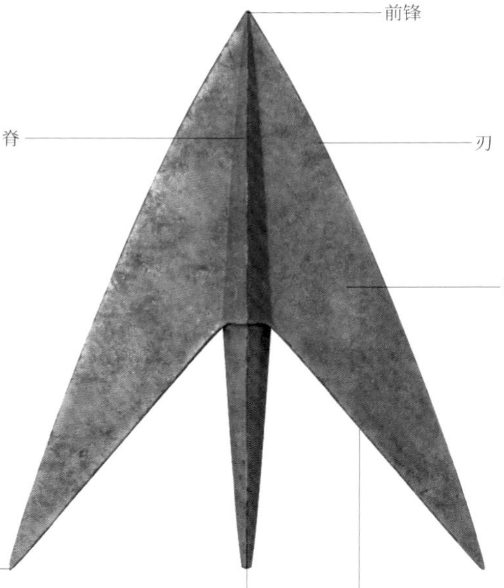

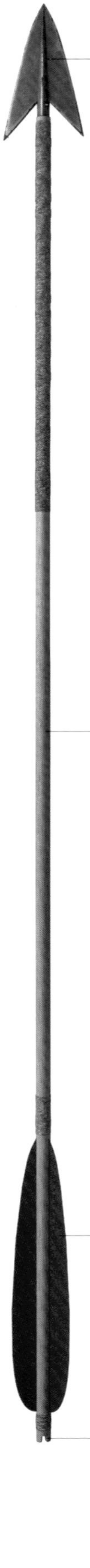

箭矢

箭矢主要分为箭镞、箭杆、箭羽、箭栝四部分。在石器时代，箭镞的制造材料往往是石头、动物骸骨，随着冶炼技术的发展，杀伤力更大的青铜镞与铁镞取代了石镞与骨镞。箭杆通常用芦苇秆、竹子、硬木制造。箭羽则用禽类的羽毛制造，以使箭飞行时更加稳定。箭栝则是箭末扣弦处，使箭处于待发状态。

弓袋与箭箙

弓袋与箭箙（又称“箭壶”“箭袋”“箭囊”等）也是弓箭的重要配件。由于雨雪的侵袭，甚至温度、湿度的变化，都会影响弓箭的正常使用，削弱弓力，严重时还会导致完全损坏，所以弓箭不论存放还是使用都得保持干燥状态。除了在弓箭表面刷漆以增加强度，防止雨水、雪水对内部的侵蚀之外，还需要采用不透水的皮革或木材来制造携行用具。弓装于弓袋中，箭装于箭箙中。它们或悬于战车上，或挂在马鞍上，或系在射手的腰上。

箭箙不光能起到携行用具的单纯作用，野外宿营时充作枕头亦是它的附带作用之一。而它最主要的附带作用，则是充当探音装置——敌人的骑兵可能尚在数里之外，我方已经通过箭箙发现了他们，这可要比直接用耳朵贴地探听效果更好。

清代撒袋

弓袋和箭箙合称撒袋，此撒袋为清代乾隆皇帝御用之物。较大者为弓袋，体型上宽下窄；较小者为箭箙，整体呈方包形。

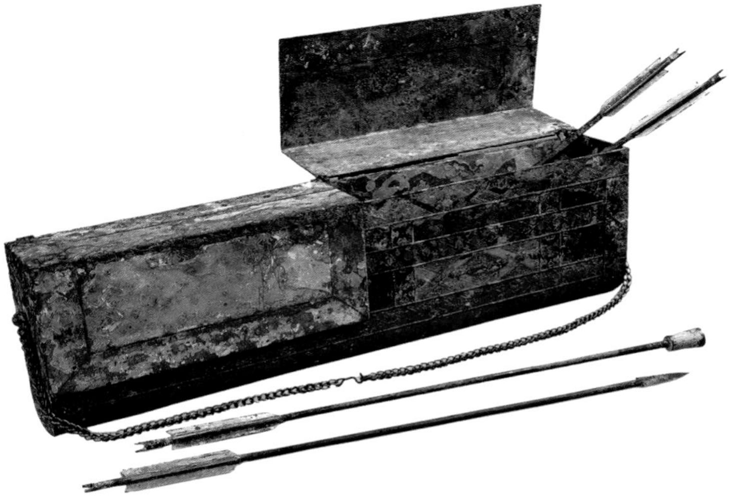

秦铜箭箙

这件长方形箭箙有左右两片可自由开合的盖，通体彩绘纹样，内装54支铜箭，是秦始皇陵一号铜车马上的盛矢器，虽然放置隐蔽，却拿取方便。

夏商时期的弓箭

箭作为必须与弓弩配合使用的武具，在弓发展演进的同时也在同步发展。从出土的一连串自夏文化晚期到商代后期的箭镞来看，随着青铜冶铸技术的不断发展，青铜箭镞由笨拙、不规则的原始形态迅速进步，两翼的夹角逐渐加大，后锋（两翼尾部的倒刺）也逐渐尖锐。这样的变化使箭镞射入人体后造成的创伤面积更大，且不易被拔出。

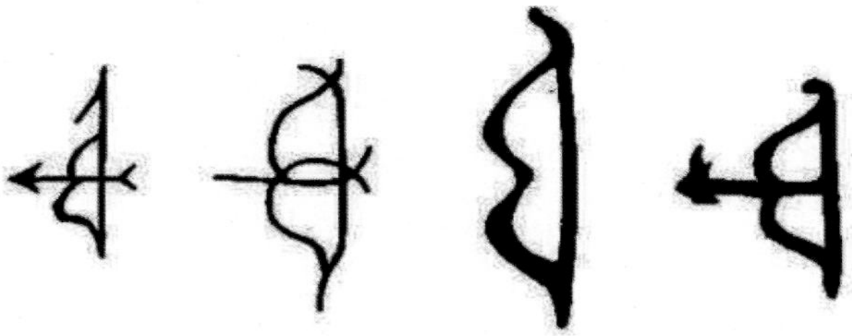

甲骨文和金文中与弓有关的象形文字。在商代晚期的甲骨文和金文中，有大量与弓有关的象形文字或图形符号，其所描绘的弓的形状，几乎全为双曲反弯之形，与后世典型的传统复合弓形态极其相像，这种复合弓即“双曲反弯复合弓”。

通过各地的考古发掘，我们知道了商代箭矢的一些情况。

商代青铜箭镞的长度一般在5.5厘米到9.5厘米之间，每个箭箙装10支箭。台西遗址曾出土过一支几近完整的箭，其箭镞与木质箭杆连接完好，尾羽虽已朽坏，但其在泥土中留下的痕迹仍清晰可见。该箭的长度为85厘米，与考古学者推测的商代箭矢的普遍长度相当接近。

虽然青铜箭镞已经得到了广泛的应用，但商代仍在同时使用石质和骨质箭镞。这是青铜冶铸技术依然不够发达，导致青铜箭镞制造成本高且费时费力的表现。从一些完整的成套弓箭，譬如殷墟内几个车马坑中的成套兵器来看，铜镞与石镞、骨镞的比例几乎相当。另外，郑州紫荆山商代早期遗址里发现了相当数量的由人骨制作的骨镞，由此可知当时用来制作骨镞的材料，除了牛、鹿等动物的骨骼外，人骨也是相当常用的材料。

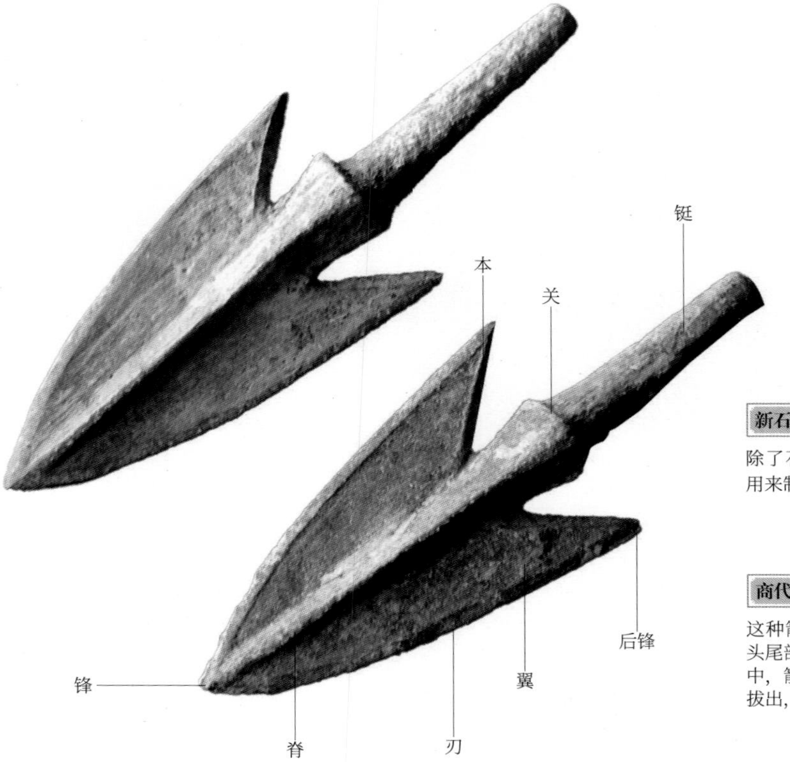

商代有铤铜镞

这种箭镞俗称追魂箭（也叫倒刺箭），箭头尾部两端有倒刺，极其锋利。一旦被射中，箭头就会卡在体内，很难拔出，即便拔出，也会流血不止。

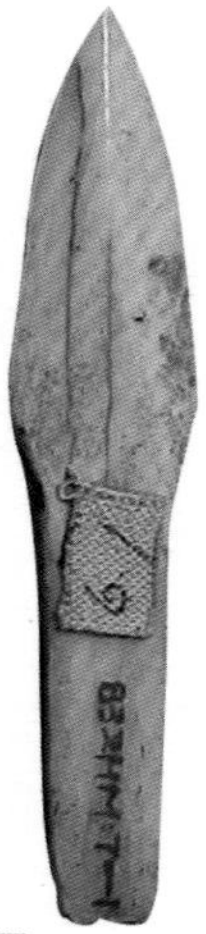

新石器时代牙镞

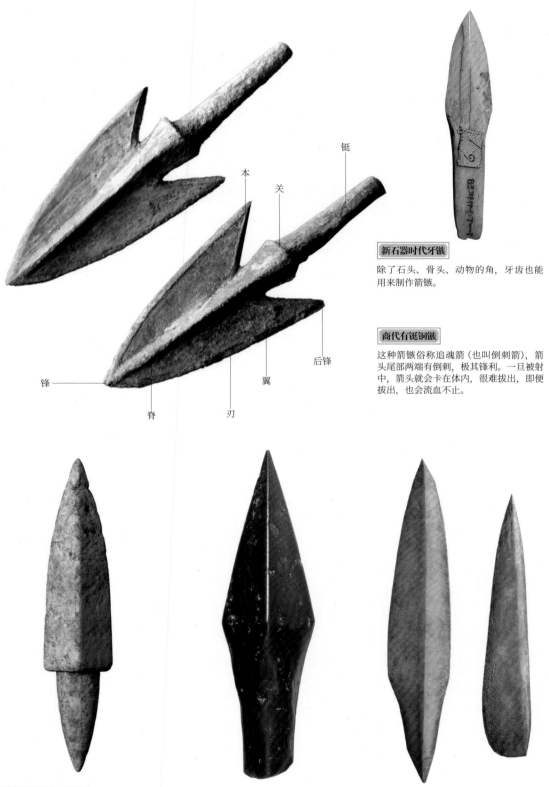

除了石头、骨头、动物的角，牙齿也能用来制作箭镞。

新石器时代磨制骨镞

这枚出自龙山文化的骨镞，有锋有铤，锋部较为锐利，呈三棱锥形，铤部则呈圆锥形。相较其他形状的箭镞，三棱锥形箭镞具有更强的穿透力。

新石器时代磨制石镞

这枚出自龙山文化的石镞，同样呈三棱锥形，锋部锐利，铤部则为圆柱形。

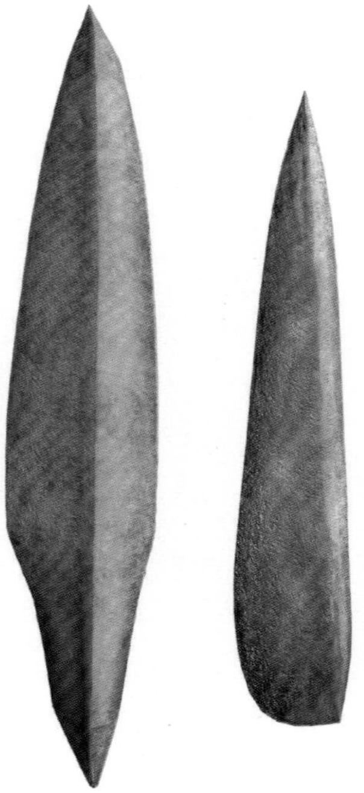

夏代骨镞（复原）

这两枚来自东下冯文化的骨镞，一枚有铤，一枚无铤，都是三棱锥造型。

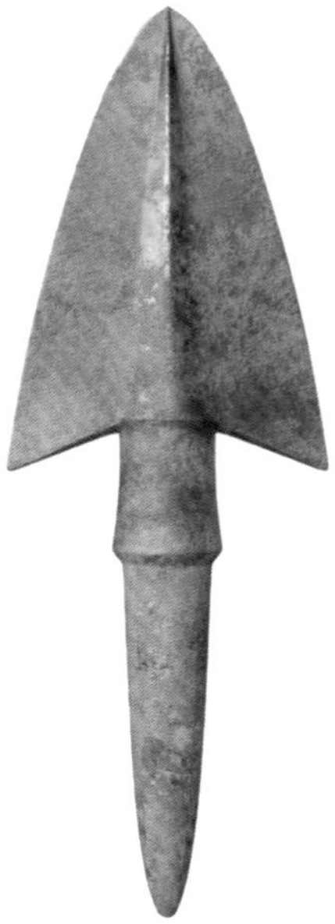

商代小后掠双翼镞

在商代，青铜箭镞逐渐取代了石镞、骨镞。这枚青铜箭镞尺寸较大，镞身近乎等腰三角形，双翼后端起倒刺，柱脊后方连接圆铤。镞尾与铤之间设关，可防止箭镞射中物体后陷入箭杆。

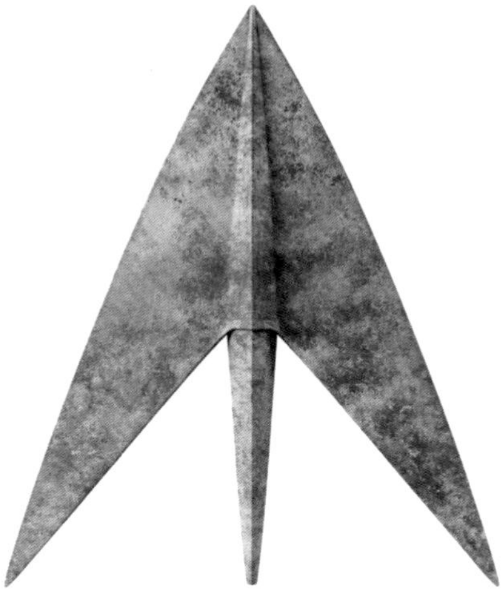

商代宽幅双翼镞

双翼镞是商代的主要箭镞形制。这枚青铜箭镞尺寸较大，双翼展幅较宽，倒刺非常长，几乎与铤部齐平，铤的形状则为四棱锥体。铤部形制的改进，有利于提高箭镞与箭杆的结合程度。

商代大后掠双翼镞

这枚青铜箭镞尺寸较大，双翼后掠明显，倒刺较长，但不超过铤部。加长倒刺的长度，可以增加箭头拔出时对伤口的破坏。

商代镂空大后掠双翼镞

这是一枚尺寸较大的有铤双翼镞，倒刺相当长，但不超过铤部。铤为四棱锥形，双翼沿脊部做出三角形镂空。

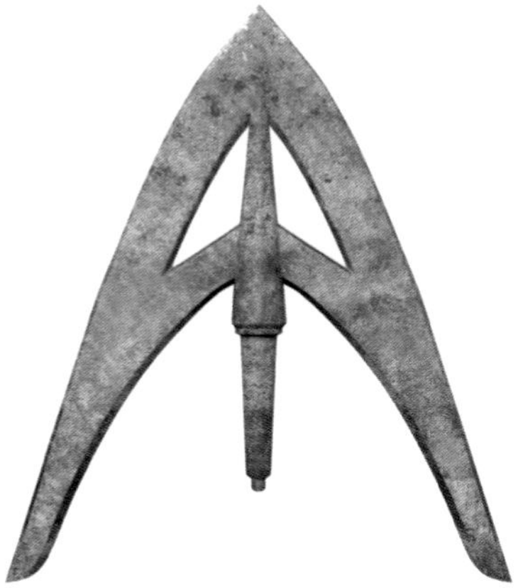

商代宽体镂空双翼镞

这枚青铜箭镞尺寸较大，双翼展幅较宽，倒刺相当长，长度已经超过了短铤。铤为圆柱形，双翼沿脊部做出三角形镂空。

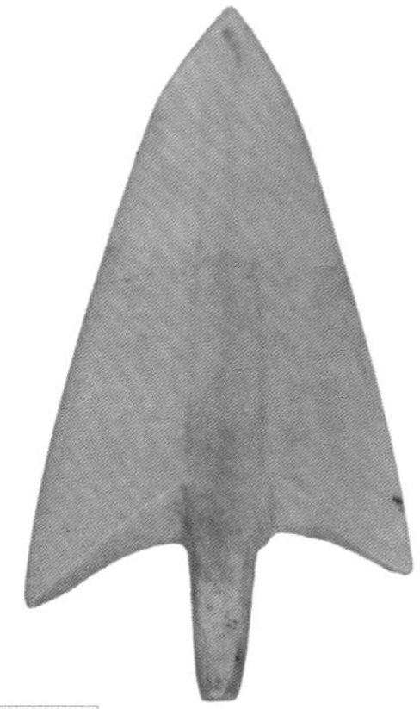

商代玉镞

此玉镞跟青铜双翼镞的造型相似，前端有锋，后端起倒刺，中脊凸出，两侧有刃，脊下有铤，无使用痕迹。

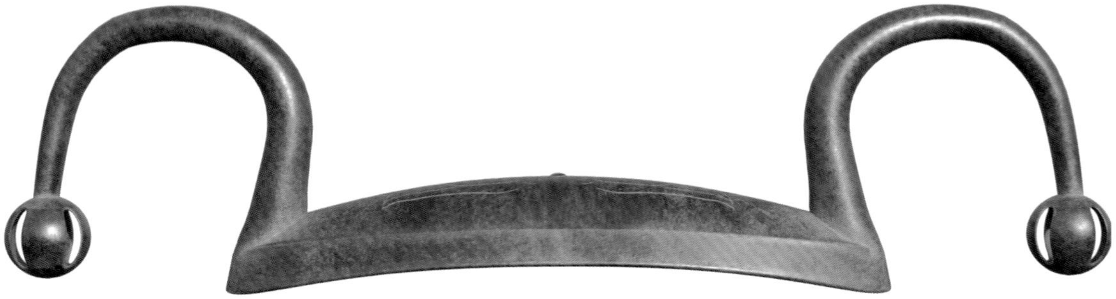

商末周初蝉纹弓形器

器身微作弧形，两端向上向外作对称双钩形，两侧末端饰铃首，器身饰蝉纹。这种器物一说横绑在驾车者腰间，以便将缰绳套在弧形处，从而解放双手控制兵器；一说绑在弓上，增加弓身强度。

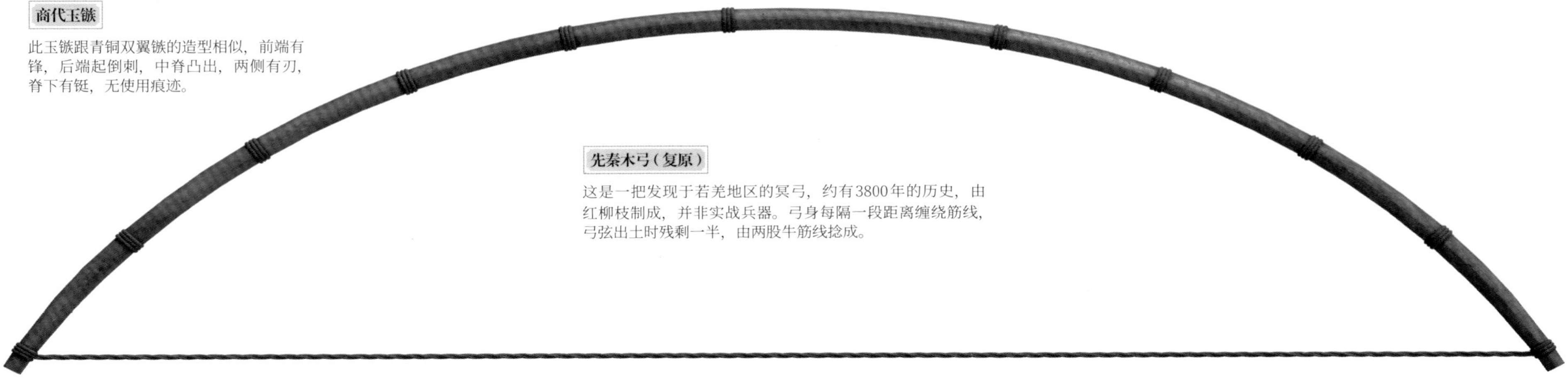

先秦木弓（复原）

这是一把发现于若羌地区的冥弓，约有3800年的历史，由红柳枝制成，并非实战兵器。弓身每隔一段距离缠绕筋线，弓弦出土时残剩一半，由两股牛筋线捻成。

周代弓箭

自西周中期以来，车战成了战争的主要形式。战车兵的编制是每车载甲士三人，按左、中、右排列：“车左”主射，同时备有格斗兵器，是一车之长；御（驭）手居中，负责操控战车，地位次于车左；“车右”由膂力惊人的武士充当，持矛主刺击，同时备有弓箭，遇到险阻还要下车助推，地位次于御手。从战车兵的战斗分工来看，射箭是车战杀敌的第一手段。从商代晚期到西周，精熟射艺成了对贵族子弟抑或精锐部队的要求。

到了春秋战国时期，各诸侯国之间军事冲突不断，兼并战争频发。在巨大的军事压力之下，军事组织、作战方式与战术水平相较殷商与西周时期，有了质的飞跃。而在战国前期，时任魏国上地守的李悝为了激励辖下民众精熟射艺，颁布法令：当发生不容易判决的诉讼时，官司的输赢以原告和被告的射箭比赛结果来决定。于是上地郡民把大量精力花在练习射箭上，几乎人人都到了精熟射艺的地步，待到与秦国作战时，还因此大败秦军。这个例子便是春秋战国时期全民皆兵、全民习射的写照。

春秋时期的车马人物出行图。在春秋战国时期，马车一度是衡量国力的重要指标，每次打仗，列国都要出动大量战车。

战国有銎镂空双翼镞

双翼镞是一种在先秦时期非常流行的箭镞。此镞双翼外撇，略呈风字形，翼身镂空。镞身起柱脊，下部中空为銎，用来套入箭杆。

春秋大后掠双翼镞

此镞双翼外撇，略呈风字形，翼身上有对称气槽。两刃前聚成锋，镞身中脊起棱，下与铤相续。关部宽大，倒刺相当长。

春秋镂空双翼镞

这枚青铜箭镞尺寸较大，整体扁平，翼身镂空，翼尾仅剩铜条与脊部相连。

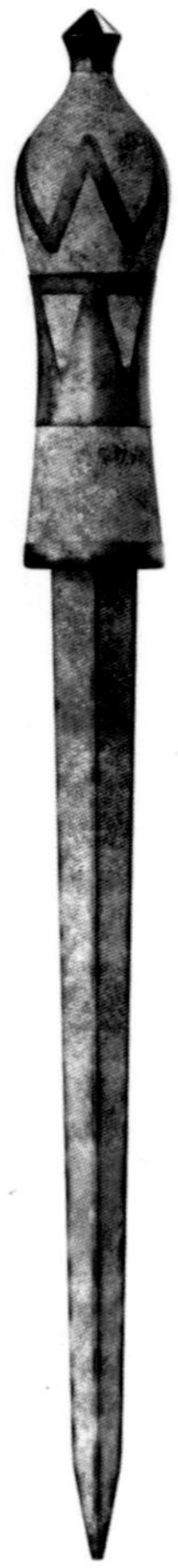

春秋葫芦形教练镞

这枚青铜箭镞尺寸和重量都较一般箭镞大，无锋无刃，顶部有一锥状凸出，铤部细长，射人不致命，也不易损坏，是专门用于射击训练的教练镞。

春秋平顶三角纹教练镞

这枚教练镞前部圆钝无锋，没有侧刃，镞身被横纹分为三部分，每部分都有三角纹。铤部为圆柱形，相当短小。

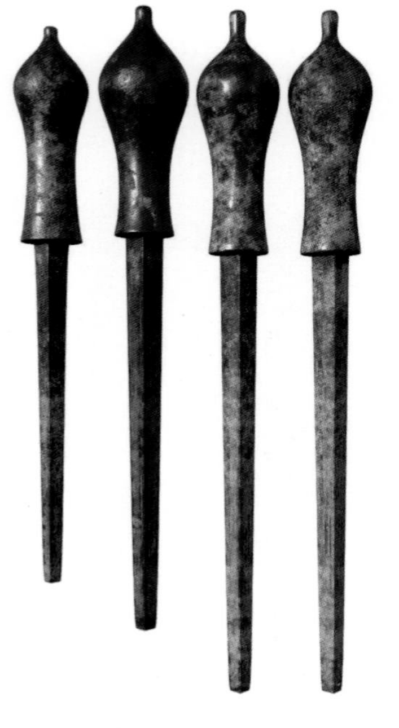

春秋葫芦形教练镞

这是吴国使用的教练镞，形制与前一种葫芦形教练镞基本一致，但更为朴素，镞身上通体素面，没有任何花纹。

战国箭镞

这是楚国使用的一种箭镞。镞身呈尖锥形，锋部较钝，没有侧刃，略长于铤部。铤部为圆柱形。

春秋有銎三棱镞

春秋战国时期，青铜三棱镞逐渐普及开来。此镞锋部为三棱锥形，镞身下有中空的圆柱形銎。

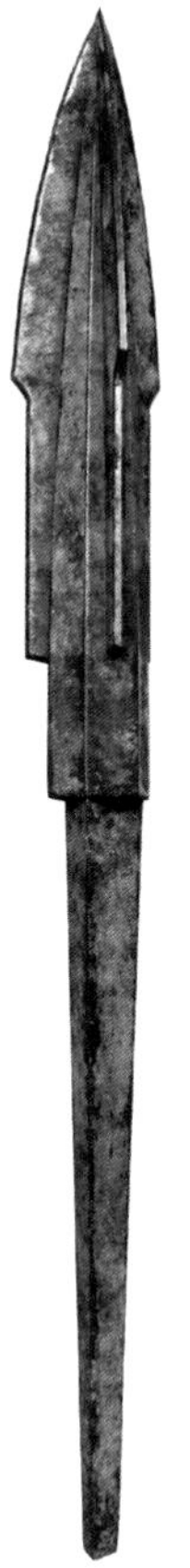

春秋三棱镞

镞身主体部分为六棱锥体，外起锐棱三条，前聚成锋。铤部为四棱锥体，上大下小。

东周四窍鸣镝

鸣镝是一种飞行时会发出声音的箭，多用于传递信息和发布命令。此箭镞青铜制造，无锋无刃，镞上有4个孔洞，下部中空有銎。

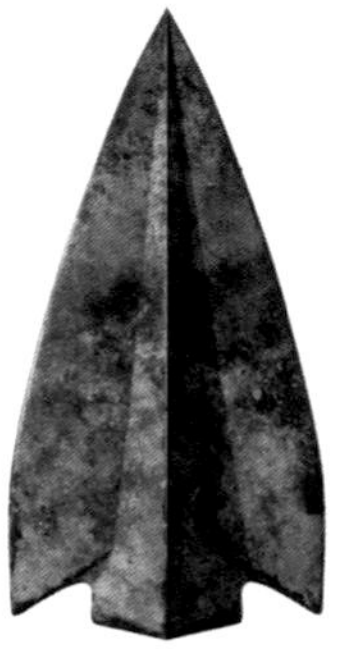

东周后掠式双翼有銎镞

有銎箭镞数量虽然不如有铤箭镞，但依然占据了一定的市场。使用有銎镞箭镞的多为北方地区。

赵武灵王胡服骑射图（刘永华绘）

锥体三棱镞的问世与普及

春秋战国时期，频繁的战争促使防护装备进一步完善，而随着甲胄性能的不断提高，流行了许久的扁平双翼镞已经不能满足需要了。于是，穿透力与杀伤力上了一个台阶的新式镞——锥体三棱镞很快问世并普及开来。在河南三门峡上村岭发现的西周晚期至春秋早期的虢国墓地中出土的青铜箭镞证明：春秋早期锥体三棱镞已经出现，但扁平双翼镞仍未式微。秦始皇陵兵马俑坑出土了4.1万枚铜镞，其中99.76%是锥体三棱镞，这反映了战国末期锥体三棱镞一统天下的局面。相较侧棱呈直线的早期锥体三棱镞，兵马俑坑出土物的侧棱呈微凸的弧形，三棱的截面呈等边三角形。经过精细磨砺后，这些箭镞的穿透力与杀伤力无疑更大。此外，兵马俑坑里的箭镞出土物内还有更重大的发现，那就是有1枚铁镞。这可算是箭镞步入铁器时代的象征。

胡服骑射

地处北疆的赵国，与楼烦、林胡、匈奴等游牧民族为邻。面对北方游牧民族灵活机动的骑射兵种，延续自商周的“左人持弓，右人持矛，中人御”的呆板兵车战术难以抗衡。因此主要依靠传统车兵、步兵作战的赵国陷入了不利境地。为了改变这一状况，公元前307年，赵武灵王下令国人改穿游牧民族的服装，练习骑射，是为“胡服骑射”。与人们的固有观念不同，胡服骑射并非古代军队的骑射之始。至少早在赵国尚未完全立国的赵襄子时代，赵氏便已经拥有了骑兵。可是，那时的人们穿着上衣下裳、宽袍大袖，根本不便骑马射箭，所以想要掌握娴熟的骑射技术就必须改穿北方游牧民族的服装。事实证明，虽然擅长车战的中原人并不善于骑马，在马背上使用弓箭射中目标更是难以掌握，但只要愿意学习骑射技术，并勇敢地革除弊病，就完全能够取得成功。果然，改革卓有成效，赵国骑兵很快得到了空前的发展，直至足以与胡骑相对抗。

秦汉时期的弓箭

秦统一六国后，迫于蒙恬率30万秦军北伐的兵锋，头曼单于率匈奴迁徙到了漠北。秦末战乱时，头曼率众南下回归故地，建立了北方游牧民族的第一个国家政权。到他儿子冒顿单于在位时，匈奴陆续击败月氏与东胡，成了蒙古草原上最强盛的国家。因此汉朝建立后，匈奴对中原的压力远超战国时期。

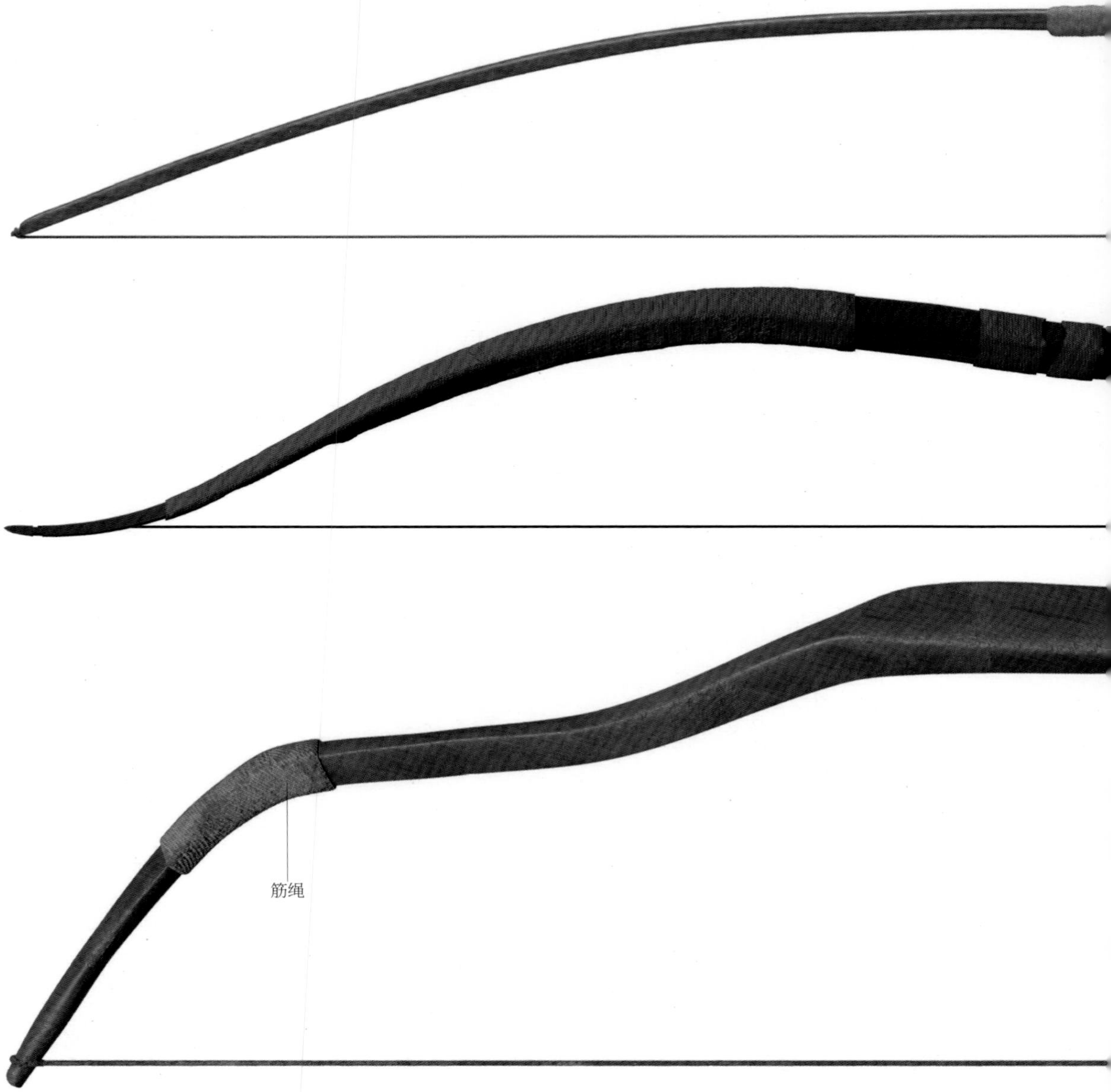

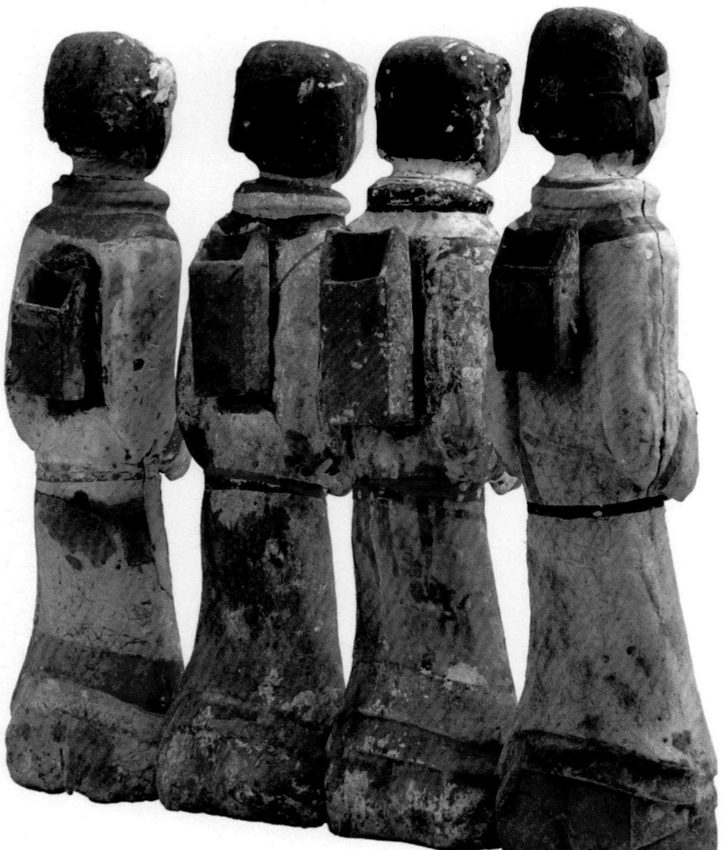

西汉彩绘背箭箙陶俑。这种背箭箙的陶俑共出土64件，均身佩长剑，肩负箭箙。箭箙通过腋下和左肩的三根带子固定，系结于胸前，形成三角形背带，便于背负和奔跑。

骑兵取代战车兵成为主力兵种

为了与匈奴作战，汉朝统治者对兵种设置、军事训练、武器装备均进行了大幅度改革。到汉武帝时期，骑兵得到了进一步的发展，练习骑射成了军事训练的主要内容。正是在这样的条件下，卫青、霍去病才得以多次率领数万骑兵，深入敌后，大破匈奴。

汉匈战争中的汉朝骑兵大部分来自边地六郡——陇西、天水、安定、北地、上郡、西河。这六郡边民所居之处靠近游牧民族，因此剽悍好战，精于骑射。汉武帝出于培养骑兵骨干的目的，曾长时间只在“六郡良家子”中挑选羽林骑士。出身六郡的两汉将领数不胜数：李广、李敢、李陵、李蔡、李息、甘延寿、上官桀、傅介子、赵充国、赵昂、公孙贺、公孙敖、辛武贤、辛庆忌、廉褒、廉范、皇甫规、皇甫嵩……连“膂力过人，双带两鞬（弓袋），左右驰射，为羌胡所畏”的董卓，亦是善骑射的边民。

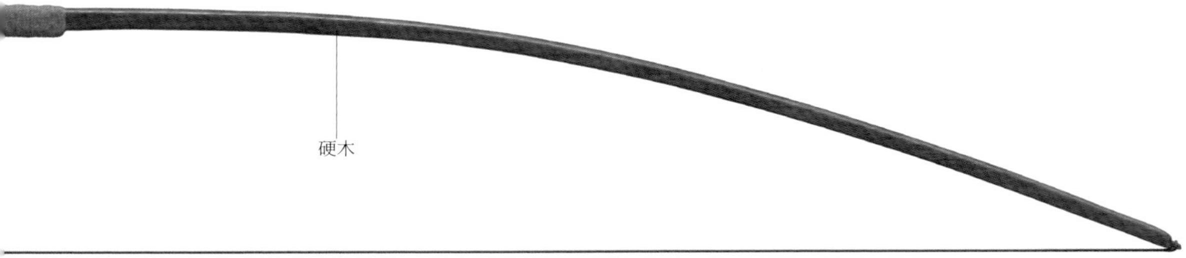

汉代余杭木弓（复原）

该弓为硬木制作，呈炭黑色，整体扁圆形，两端及中间略细。由于木质器物很难保存，此木弓历经千年仍然较为完好，可谓十分不易。

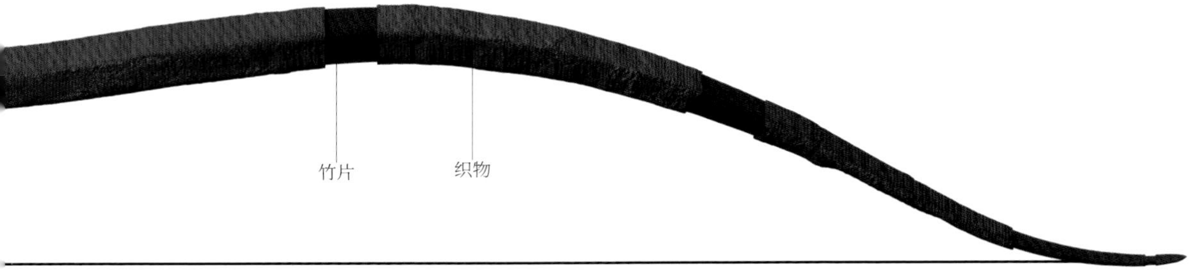

西汉马王堆竹弓（复原）

这把竹弓出自马王堆3号墓，即利苍和辛追之子的墓，推测它并非实用之物，而是一件明器。该弓以两片竹片合夹而成，两竹片之中又加夹竹片，竹片之外用红色丝织物紧紧缠绕捆缚，通体髹黑漆。竹弓整体弯曲成弧形，两端成尖角。

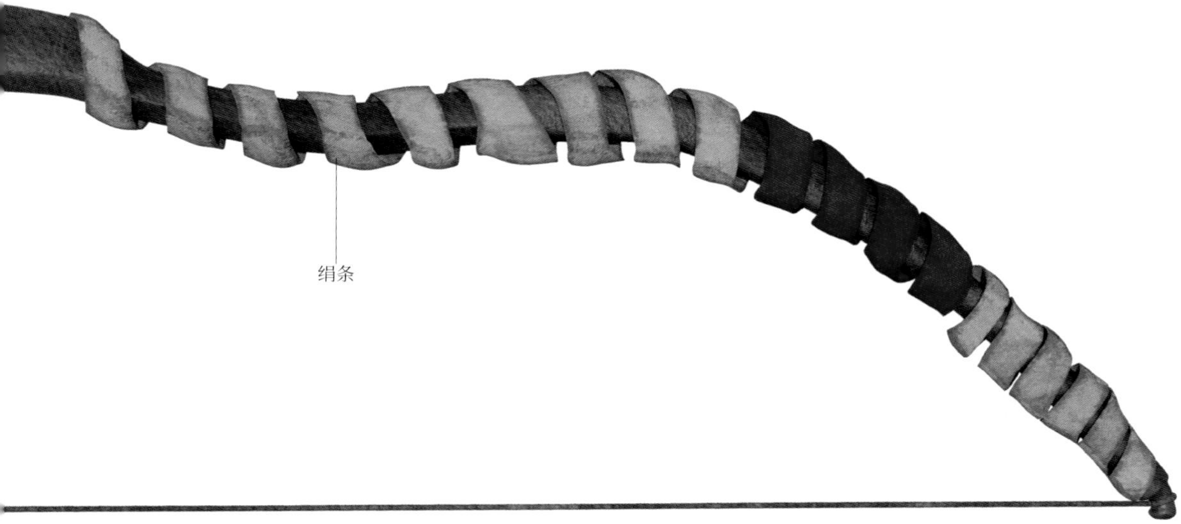

东汉至魏晋时期尼雅弓（复原）

根据新疆民丰尼雅遗址95MNI 号墓地8号墓出土的弓复原而成。该弓以木、角作骨，结合处用筋绳绑接，弓身及弦上缠绕有红、白及黄色绢条。

秦青铜箭镞

秦始皇陵兵马俑坑出土的箭镞有4万余件，大体可分为两类：大型铜镞和小型铜镞。大型铜镞有一根圆柱形长铤和一枚个头较大的三棱锥形镞首，镞首与铤重量大体相等。小型铜镞的出土数量最多，与大型铜镞造型相似，只是铤相对较短，镞首尺寸更小。所有的镞首和铤都接铸为一体，接口清晰。

铁箭镞取代青铜箭镞

在铁镞开始替代铜镞的秦末汉初，铜镞也并没有停止进化。含锡量增加到22.1%后，铜镞的硬度增大了，并且表面经过铬化处理变得不易腐蚀。铜镞上普遍出现了三角形凹坑，推测是用来放置毒药的，以增加杀伤力。其间青铜箭镞依然占据着主要地位，直到汉武帝时期，铜镞、铁镞的地位才发生了剧烈变化。

对比西汉不同时期的考古发现，我们可以得知在汉武帝时期，汉朝开始大量使用铁箭镞，河北满城中山靖王刘胜墓的发现便是证据。刘胜是在汉武帝元鼎四年（公元前113年）去世的，他的墓中，共出土箭镞441枚，其中铁箭镞371枚，其余为铜箭镞，铁镞与铜镞的数量比为5.3 ： 1。可见随着铁器在汉代的普及，铁箭镞也得到了迅速普及。这一点，也能从西汉末年至东汉初期的遗址的考古发现中明显看出，彼时铁镞与铜镞的数量比大约已经拉大到了10 ： 1。

汉代三棱锥形铁镞

这枚三棱锥形铁镞锈蚀不堪，但能看出其有三棱。铤部当已断裂遗失。

东汉至魏晋时期铁镞

古楼兰区域发现的一枚铁镞，镞身为三棱形，截面略呈凹腰三角形。

魏晋至唐代的弓箭

章怀太子墓武士壁画，该武士身穿圆领袍，身体两侧分别佩挂着弓韬和箭箙。

唐三彩绞釉骑马射猎俑。这名骑在马上的武士腰间佩挂着长剑（也可能是横刀）和箭囊，他侧身仰望，双手抬举，俨然一副张弓搭箭仰射的模样。

魏晋南北朝时期，政权分立，战乱频仍。这一时期涌现出了许多由匈奴、鲜卑、羯、氐、羌等少数民族建立的政权，其国民多为游牧民族出身，长期过着逐水草而居的马上生活，他们精于骑射，这使军队的主要作战方式由秦汉时期的步弩为主转变为骑射为主。而隋唐两朝的军事风格很大程度是北朝的延续。

匈奴“士力能弯弓，尽为甲骑”，鲜卑“人人善射，以战为乐，以战死为荣，预战时，族人操弓箭飞身上马，欢呼相应”。他们普遍推行“取士拔材，必先弓马”的选举标准，进一步促进了北方社会骑射风气的盛兴。

为了对抗“控弦之士多达百万”的突厥，李唐王朝从立国之初便强调加强箭术训练的重要性。府兵“居常则皆习射”，并定期考试，如“有教习不精者”，就要将该府兵所属折冲府的军事长官折冲都尉问罪，有时甚至连该府兵所处州的地方长官刺史也要一并问罪。唐代箭术理论的风格，从《射经·马射总法》中“势如追风，目如流电；满开弓，紧放箭”的口诀即可一窥。此外，武周长安二年（702年），武则天创设了与文科科举考试并列的武举，九项考试科目中射箭类独占五项（马射、步射、平射、筒射、长垛），唐代对箭术的重视由此可见。因此唐朝也涌现出了许多射箭的行家里手。“将军三箭定天山，壮士长歌入汉关”诗句中所夸赞的将军薛仁贵便是个中典型。他是唐代出名的善射者，在唐高宗的测试中，曾以劲弓钢镞一箭洞穿五层铠甲，与九姓铁勒（回纥、仆固等九个铁勒部落的总称）在天山作战时，曾依靠“三箭射杀三人”的气势，迫使敌军投降。

弓箭有了更明确的分工

魏晋南北朝乱多治少，实战中使用的各种弓箭逐渐有了更明确的分工，也更具有针对性。及至唐代，实战用弓有了长弓、角弓之别。长弓多以桑木、柘木制成，弓身长大，适合步兵使用；角弓重在筋与角的加强，弓身短小，便于骑兵在马上使用。唐代实战用箭中有一类所谓的“射甲箭”，箭体长大，装有锋利的钢质箭镞，用以破重甲。另有一种箭镞如针的穿耳箭，则是专门对付抗穿刺效果良好的锁子甲的。

唐代建立在强大国力基础上的弓箭制造业十分发达。唐军中，弓箭的装备率几乎为100%，譬如唐军步兵一军的编制通常为12500人，弓箭装备量计有“弓一万二千五百张，弦三万七千五百条，箭三十七万五千支”，即每人1张弓、3根弦、30支箭。

敦煌莫高窟晚唐壁画《降魔变》中的持弓武士。

隋代箭镞

隋唐时期，弓用箭矢的基本形制主要有两种。第一种，箭镞窄而厚，能射穿铠甲；第二种，箭镞薄而宽，主要射击无防护的敌人。

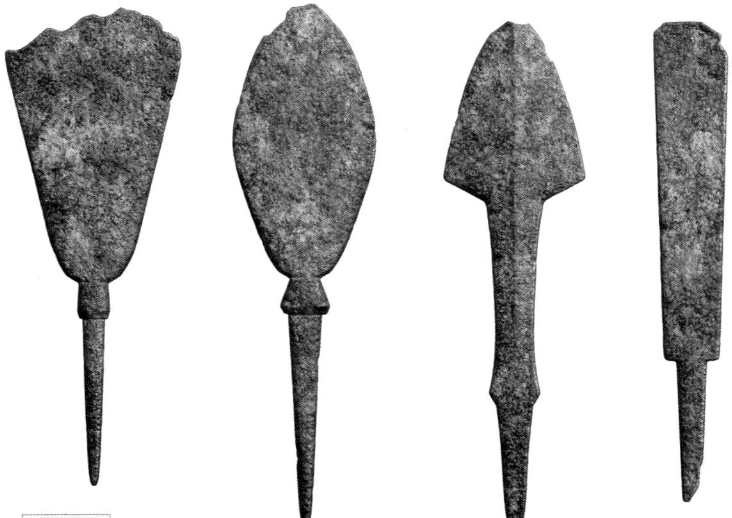

唐代铁镞

这组铁箭镞出自唐代渤海国。渤海国的社会发展深受唐朝影响，其典章制度均仿自唐朝，衣食住行皆有汉风，所用箭矢当与唐朝相去不远。

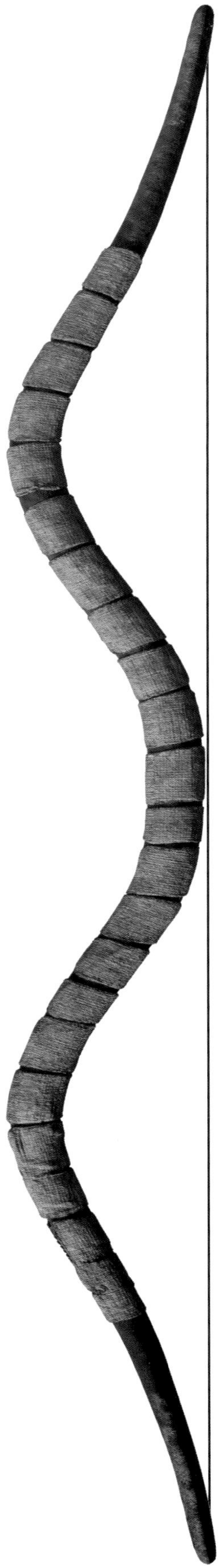

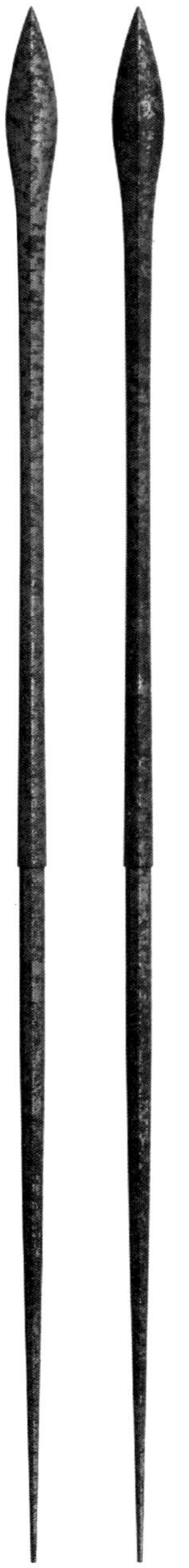

魏晋南北朝鎏金箭镞

这两枚鎏金箭镞，是发现于吉林地区的高句丽遗物。镞身平视呈略柳叶形，横截面近乎菱形。长铤分为两部分，整体上大下小。

唐代角弓（复原）

此弓为室韦人遗物，与蒙古人使用的弓较为相似。

唐代桦树皮箭囊（复原）

此箭囊由桦树皮缝制，背部镶背板，穿皮条，便于斜跨。在呼伦贝尔草原上，上自汉代，下迄辽代，墓葬中均有此类箭囊出土。

宋代弓箭

宋代对箭术的重视，相较唐代似乎更胜一筹，有所谓“军器三十有六，而弓为称首；武艺一十有八，而弓为第一”的说法。北宋神宗元丰二年（1079年）九月，朝廷颁行了《教法格并图像》，其中对步射、马射等各类箭术，以及执弓、发矢之类的细节，均有文字说明和图解，同近现代的军事操典很相似。

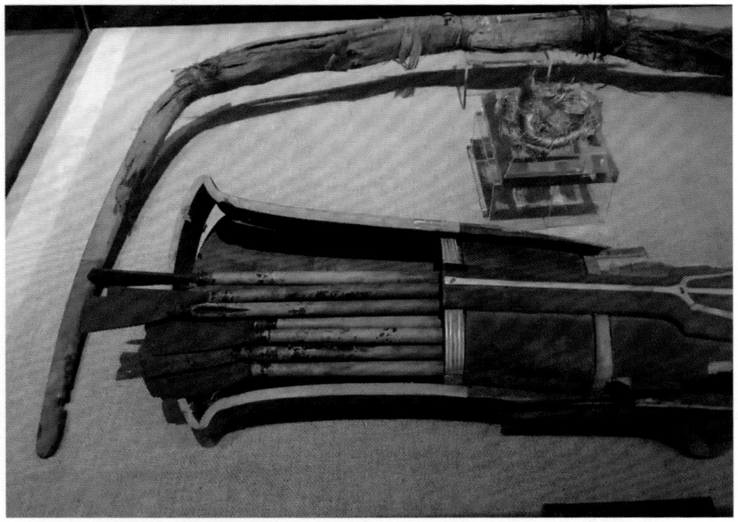

高昌回鹘时期的弓和齐钯箭。

箭镞种类多样化

到了宋代，实战用的黄桦弓、白桦弓、黑漆弓、麻背弓之间并没有多大区别。然而箭的种类却更趋多样，比如箭镞四周带尖刺的狼牙箭，箭镞如鸭嘴的鸭嘴箭，箭镞呈四棱锥体的出尖四棱箭，箭镞如凿子一般的插刃凿子箭，箭镞呈扁平蛇矛状的乌龙铁脊箭，形状各不相同但大都用于破甲的点钢箭与铁骨丽锥箭，在战场上用来传递信号的鸣铃飞号箭……

事实上，箭镞种类丰富的趋势自宋元延续到了明清，一发不可收拾。

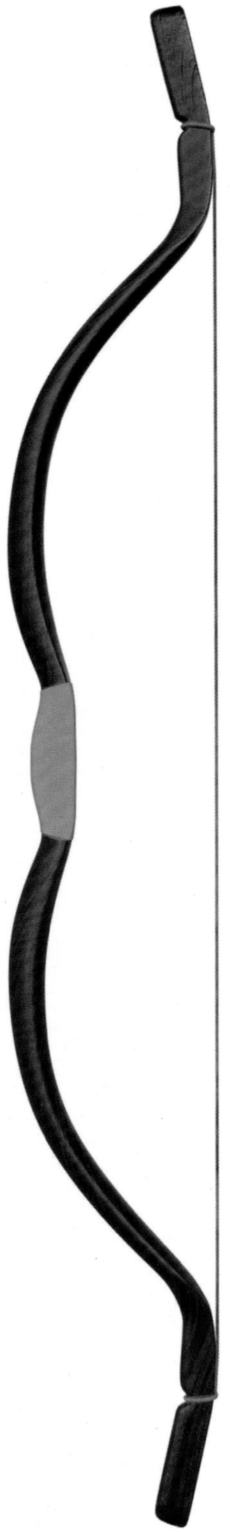

黑漆弓（复原）

《武经总要》收录，宋代“四弓”之一。从排名来看，黑漆弓名列第一，射力最强。黑漆弓弓体粗壮，弓干表面髹黑漆，上下弓渊表面附两层加强材料，背面附一层加强材料，弝部缠绕织物、皮革或藤条。

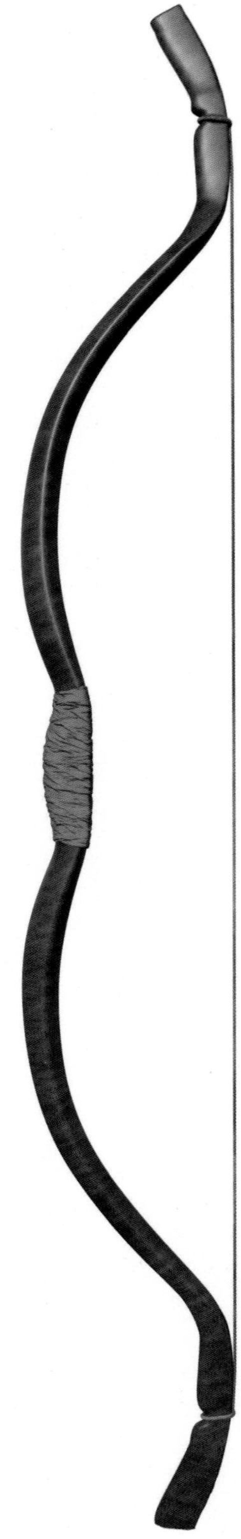

麻背弓（复原）

《武经总要》收录，宋代“四弓”之一。麻背弓名列“四弓”最后，应是其中射力最弱的一种。麻背弓弓体较黑漆弓纤细，弓干颜色较深，上下弓渊表面、背面各附一层加强材料，弝部缠绕织物、皮革或藤条。

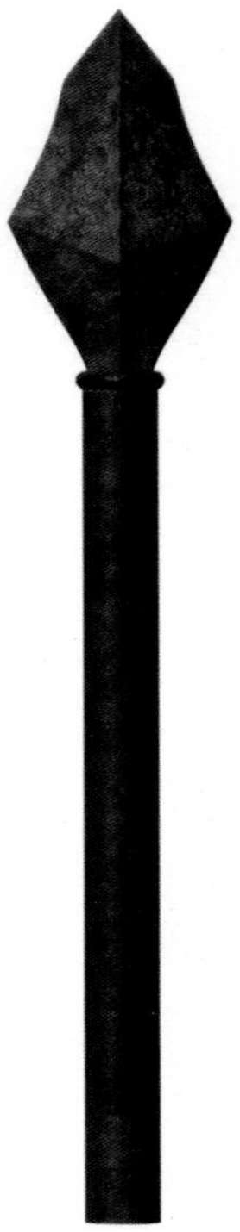

点钢箭（复原）

《武经总要》收录。箭镞略呈菱形，较小而锐，锋刃采用精炼硬钢，是宋代常用箭镞之一。

乌龙铁脊箭（复原）

《武经总要》收录。镞首弯曲呈蛇形，箭杆表面髹黑漆，杆内包容长铁铤，为强弓专用重箭。

南宋画家刘松年绘制的《中兴四将图》。图中所绘人物是韩世忠、刘光世、岳飞、张俊以及他们的侍从。其中，刘光世、岳飞、张俊三人的侍从身上都带着弓箭，足见弓箭在宋军中十分普及。

《清明上河图》中售卖弓箭的商铺，可见宋代弓箭文化在民间十分盛行。在宋代，弓箭几乎成了军事的代名词，当时的民兵被称为“弓箭手”，民间的武装结社被称为“弓箭社”。

箭术成为评判士兵的重要手段

在宋代，衡量一个人的武艺优劣，主要是看他能挽多大弓力的弓与弩（通常弓力越大，射程越远，杀伤力和穿透力越强），以及射击的精准度。因此选拔士兵，尤其是选拔精锐士兵时，对他们的箭术水平自然会有较高的要求。北宋仁宗时期制定的《禁军选补法》规定：“凡入上四军者，捧日、天武，弓以九斗（弓力约68.36千克），龙卫、神卫，弓以七斗（约53.17千克）；天武，弩以二石七斗（约205.09千克），神卫，弩以二石三斗（约174.71千克）为中格。”选补班直（相当于近卫部队）的要求更高，“弓射一石五斗（约113.94千克），弩跖三石五斗（约265.86千克）”才算合格。到了南宋宁宗时，选拔精锐士兵的标准则为穿着甲胄后，“射一石（约75.96千克）力弓，三石（约227.88千克）力弩为上等；射九斗力弓，二石八斗（约212.69千克）力弩为次等”。

同时，宋朝皇帝也时常为军队的教阅、测试制定标准。譬如南宋孝宗时就规定，弓箭手在60步（约90米）开外射8箭，射中5箭为合格。南宋光宗时，对殿、步司诸军的要求则是：“弓箭手带甲，六十步射一石二斗（约91.15千克）力，箭十二，六箭中垛为本等（合格）；弩手带甲，百步（约150米）射四石（约303.84千克）力，箭十二，五箭中垛为本等。”另外，在与敌国接壤的边地、战区，甚至不光要求军人拥有娴熟的箭术，还希望民众也能够精于弓弩，以备不时之需。譬如种家将的第一代核心人物——北宋将领种世衡在陕北与西夏作战时，就曾经使出类似战国时魏国李悝的方法来激励当地民众精熟箭术：“尝课吏民射，有过失，射中者则释其罪；有辞某事，请某事，辄因中否而与夺之。人人自厉，皆精于射，繇（同“由”）是数年敌不敢近环境。”

辽夏金元时期的弓箭

辽代鸣镝

鸣镝是辽代具有代表性的武器之一，主要作用是传递信息和预警。此鸣镝造型像一条小鱼，橄榄形“鱼身”是一枚木哨，上面开有小孔，与共鸣腔相通；分叉“鱼尾”则是一枚铁镞。

受严酷的生存环境影响，游牧民族“人人习骑射，乐战斗”，因此由契丹人建立的辽、党项人建立的西夏、女真人建立的金、蒙古人建立的元都十分重视骑射。

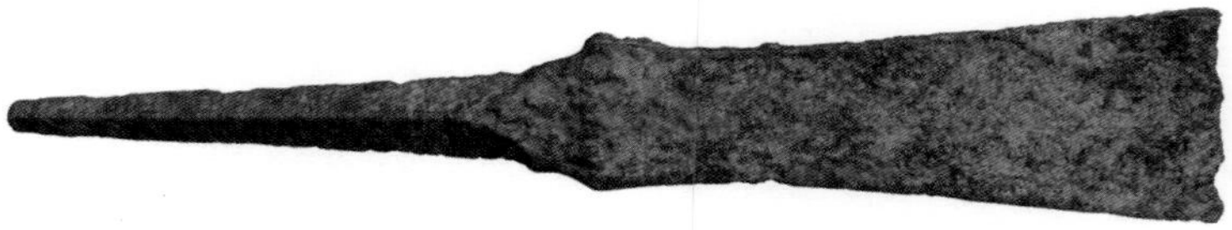

辽金扁刃铁镞

该铁镞锋部扁平呈铲状，两侧直线斜向后收，尾部有扁方锥状铤。

辽金扁刃铁镞

该铁镞镞身扁平近菱形，无起脊，铤部为扁方锥状。

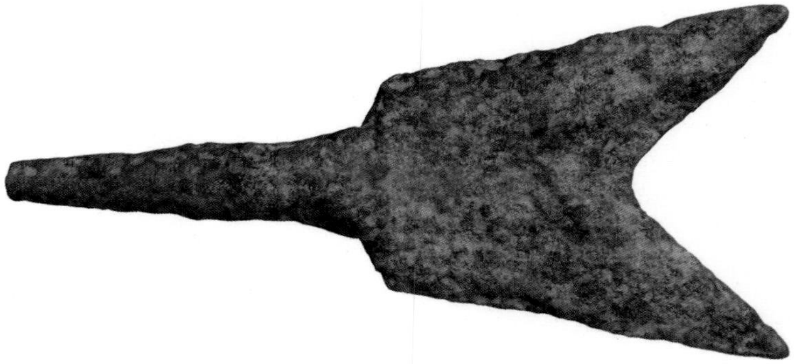

辽代燕尾形铁镞

该铁镞梯形镞身在下底开叉，呈燕尾状，上底接细圆铤。

契丹人崛起时，已是半游牧半农耕民族，但契丹人几乎从小就开始训练骑射。即使建立政权后，契丹人依然把骑射视为根本，从辽军骑兵通常每人携带弓4张、箭400支这一侧面事例即可一窥。与“儿童能走马，妇女亦腰弓”的契丹相比，建立西夏政权的党项人不仅精于骑射，还出产良弓强弩。党项人崛起时，亦是半游牧半农耕民族，但是他们国力相对较弱，人数也相对较少。西夏出产良弓强弩，很大程度上是因为西夏国内盛产牦牛，拥有质地很好的牦牛角等作为制造弓弩的材料。《昨梦录》云：“西夏竹牛（牦牛），重数百斤，角甚长，而黄黑相间，制弓极劲。”要知道，牛角、牛筋的质量对弓弩成品的质量是能够起到决定性影响的。高档角材价值不菲，一只牛角就相当于一头寻常好牛的价格，所以被称为“牛戴牛”。成吉思汗在征讨西夏时，曾对西夏出产的弓给予特别赞扬，并征集不少西夏工匠专门为蒙古帝国制造弓弩。

《获鹿图》，传为辽太祖耶律阿保机长子李赞华绘。画中，一位剽悍英俊的契丹青年正在追赶猎物。他左手挥弓，右手扬起，明显刚刚射出一箭。顺着弓的方向看去，前方一只公鹿跌倒在地，显然被刚才那支箭射中了。

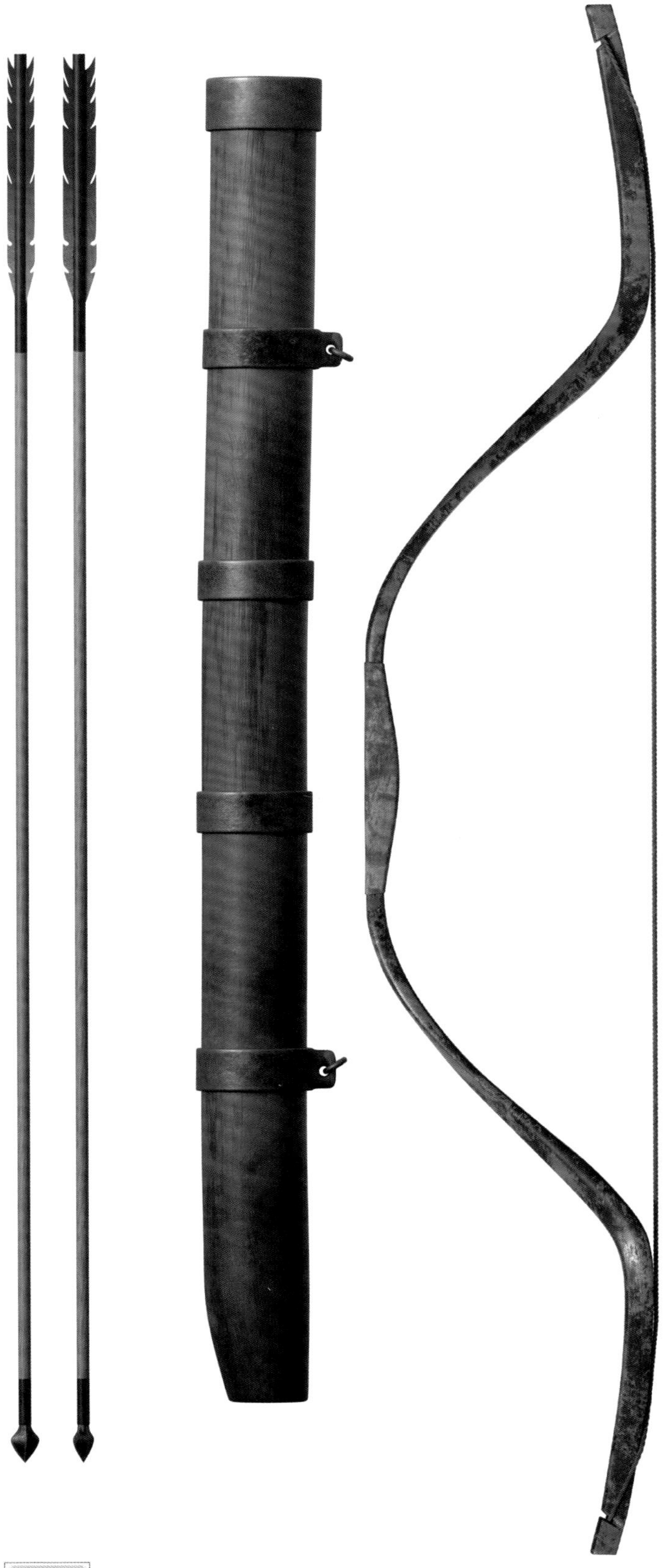

元代弓箭

元朝立国后，弓箭由设在大都的工匠提举司、弓局、箭局、弦局统一制造，地方官府和民间工匠不允许制造。这组元代弓箭配置齐全，弓、箭、箭筒完好无损。

14世纪的蒙古骑兵，出自《史集》插图。《史集》是波斯史学家拉施特（1247～1318年）奉命主编的著名史书，是研究蒙古史的重要资料。

取代辽，与宋对峙的，是女真人建立的金。女真人崛起时，乃是半渔猎半农耕民族，但他们也有如契丹一般重视骑射教育的传统，其具体表现为狩猎在女真人的社会生活中占据着重要地位。金朝对骑射的重视，除了反映在武举考试和一些官员升迁将骑射作为基本考核以外，还反映在文科的科举考试中。譬如金章宗明昌四年（1193年），朝廷曾昭告“敕女直进士及第后，仍试以骑射，中选者升擢之”。女直进士科，创设于金世宗大定十一年（1171年），“初但试策，后增试论”，即所谓策论进士，是专为女真人设立的科举考试科目。然而，这仅仅是选拔文官的渠道，金朝皇帝居然还要在这里面加一道骑射测试，可见其对骑射的重视。

1206年，蒙古乞颜部孛儿只斤氏的铁木真统一蒙古各部，结束了草原上似乎永无宁日的自相残杀。被尊为“成吉思汗”的铁木真以本部落名称为国号，创建了大蒙古国。随后，这个马背上的民族成为一股不可阻挡的力量，连续灭掉西夏、金、大理、南宋，更征服了吐蕃地区，建立起版图辽阔的元朝。而元朝的建立，依仗的正是蒙古军队的强大战斗力。蒙古军队之所以战斗力强大，其主要原因之一，便是蒙古男子从小学习“男子三艺”。

蒙古男子认为立身处世有三项必须掌握的技艺——骑马、射箭和摔跤，是为“男子三艺”。这与蒙古人长期游牧射猎的生活密不可分。残酷的生存环境与频繁的内部战争，迫使蒙古人自幼便得开始学习、掌握骑射技术。在追、围、捕、杀的狩猎中，在判断、进攻、后撤、包围、迂回的实战中，蒙古骑兵练就了非常灵活的骑射战术：或迅速冲到敌军近处，从四面八方暴风骤雨般地放箭袭击，然后忽然遁去；或先在较远距离以强弓攒射，尽可能地杀伤敌人并破坏敌人的阵形，然后依靠自己的快速机动能力巧妙地拉开距离，如此不断往复，直到消灭敌军。

明代弓箭

明朝初年，统治者对骑射能力的重视很大程度是蒙古骑兵余威的体现。然而军人普遍骑射娴熟，文儒之士善射者亦不鲜见的情形，到明中期已不多见了。这主要是火器制造与应用的大发展导致的。虽然弓箭在射击频率上有一定的优势，尚且可以作为与火器互补的兵器留在战争舞台上，而不是像弩一般几乎完全被排挤出去，但弓箭的重要性仍是难以避免地不如以往了。

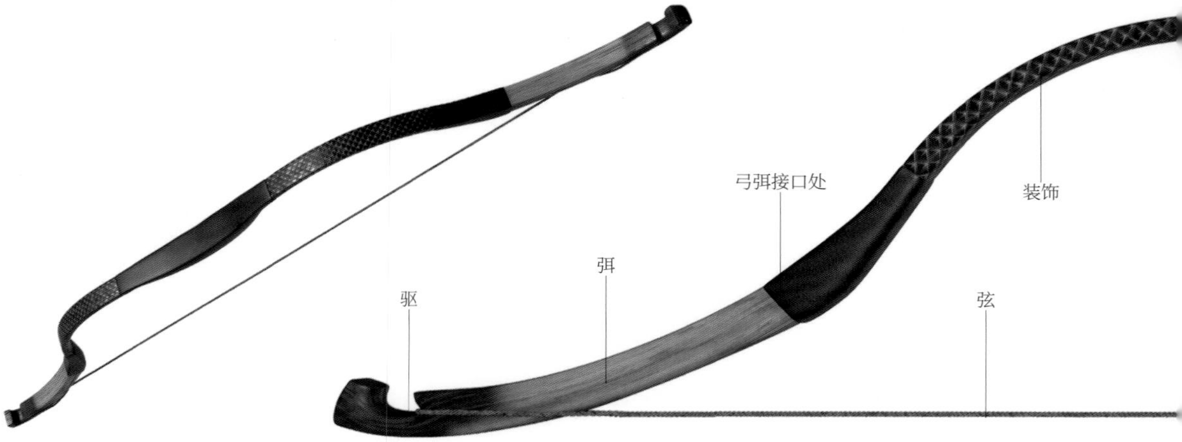

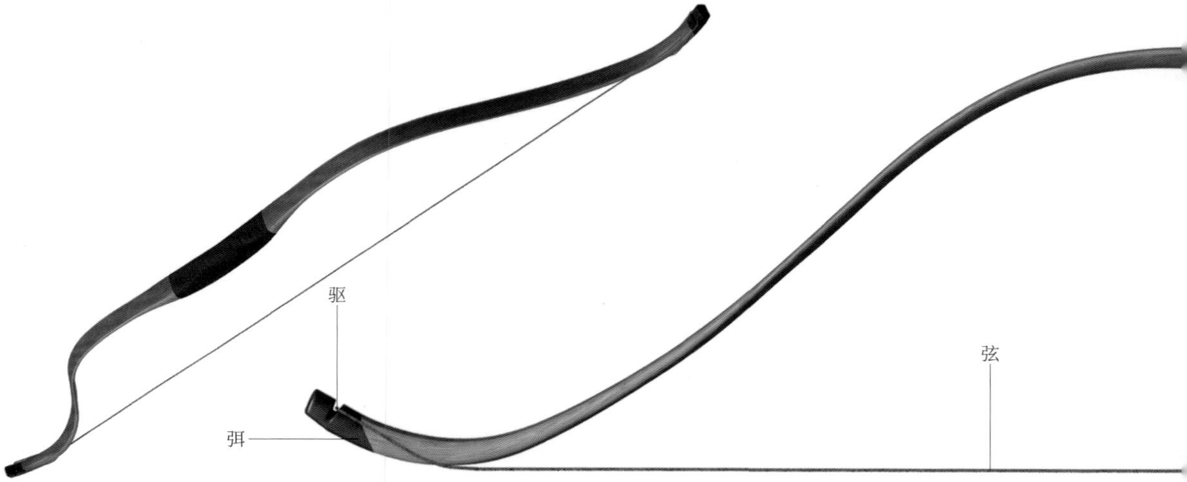

《明宣宗射猎图》。图中朱瞻基身着猎装，下马拾起射获的猎物，不远处一头鹿惊慌窜过，引得他回首张望。

明将戚继光在他的军事著作《练兵实纪》中记载，当时的步兵中大约只有十分之一的人装备弓箭，骑兵装备弓箭的比例略多于二分之一。明军主要装备的远程兵器已变成了各色火器。这样的情形同唐代近乎100% 的弓箭装备率形成了巨大的反差。因此，明代弓箭制造技术不再强调弓力，明代士兵的选拔与训练也不再强调弓力。

不过，明代的射术理论仍有进步，甚至形成了南北两派。当时南派认为软弓（拉感柔和的弓）更为实用，理由是使用硬弓（指弓的拉感生硬）时，刚刚拉满弦就必须发射，无法持久瞄准，命中率反而降低，不如索性持软弓，射长箭。而以边军为代表的北派则偏爱较长大的硬弓，因为硬弓不但稳定性好，而且拉距大（拉距大能让箭获得更高的初速），可以较好地配合重箭。

明代除了继承自宋代的黄桦、黑漆、白桦、麻背等弓，还有开元弓、小梢弓、交趾弓、进贤弓、二意角弓、西番木弓等多种名目的弓。明代箭矢种类多样，光《武备志》就记载了20种：透甲锥箭、菠菜头箭、凿子头箭、两开肩箭、狼舌头箭、月牙箭、艾叶头箭、柳叶箭、三叉箭、菱叶箭、眉针箭、铲子箭、兔叉箭、小朴头箭、铁朴头箭、四扣马箭、攒竹箭、无扣箭、荞麦棱箭、半边扣箭。这些箭多半因其形制而得名。

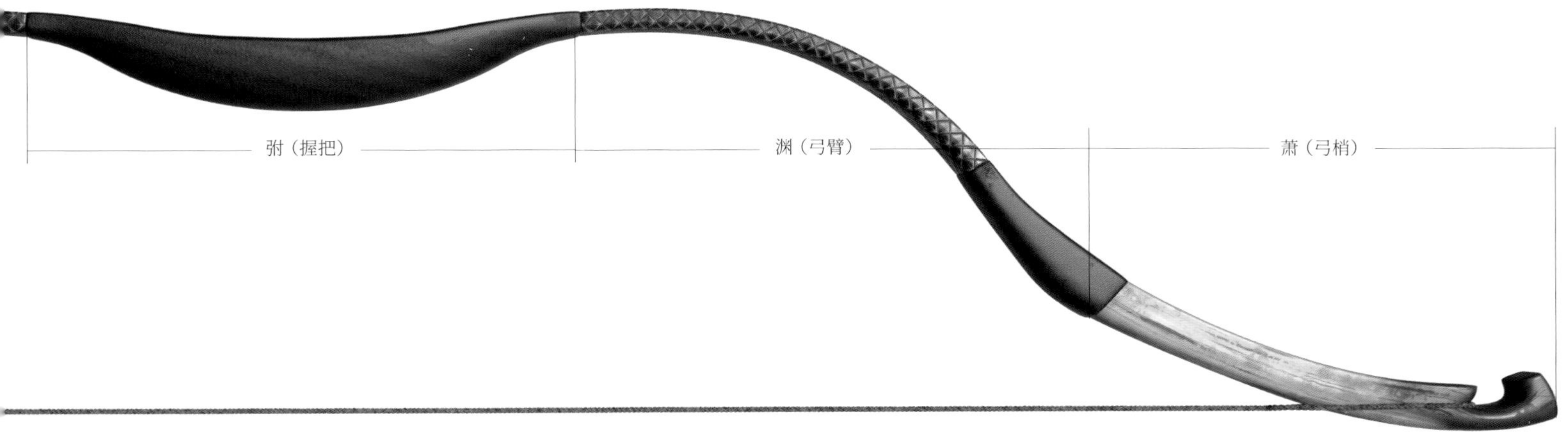

开元弓（复原）

《武备志》记载的明军常用角弓之一，多为长城沿线的守边部队使用。“今开元弓，其制强大耐久，九边将士多用之，最称利器。”明代人制弓，常以竹片削光的一面与牛角片相贴制成弓干，以桑榆木为弓梢，坚木为弓弣，再用鱼胶作为黏合剂进行加固。

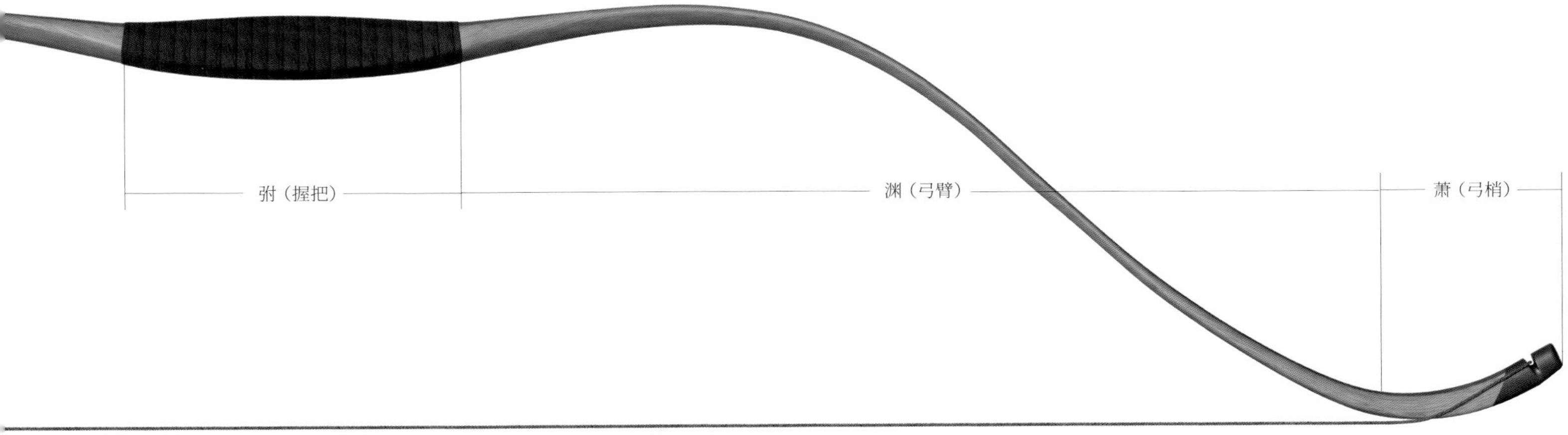

小梢弓（复原）

《武备志》记载的明军常用角弓之一，常为南京、扬州等南方地区的部队使用。这种软弓正面较窄，弓身偏短，天气炎热时容易射偏。

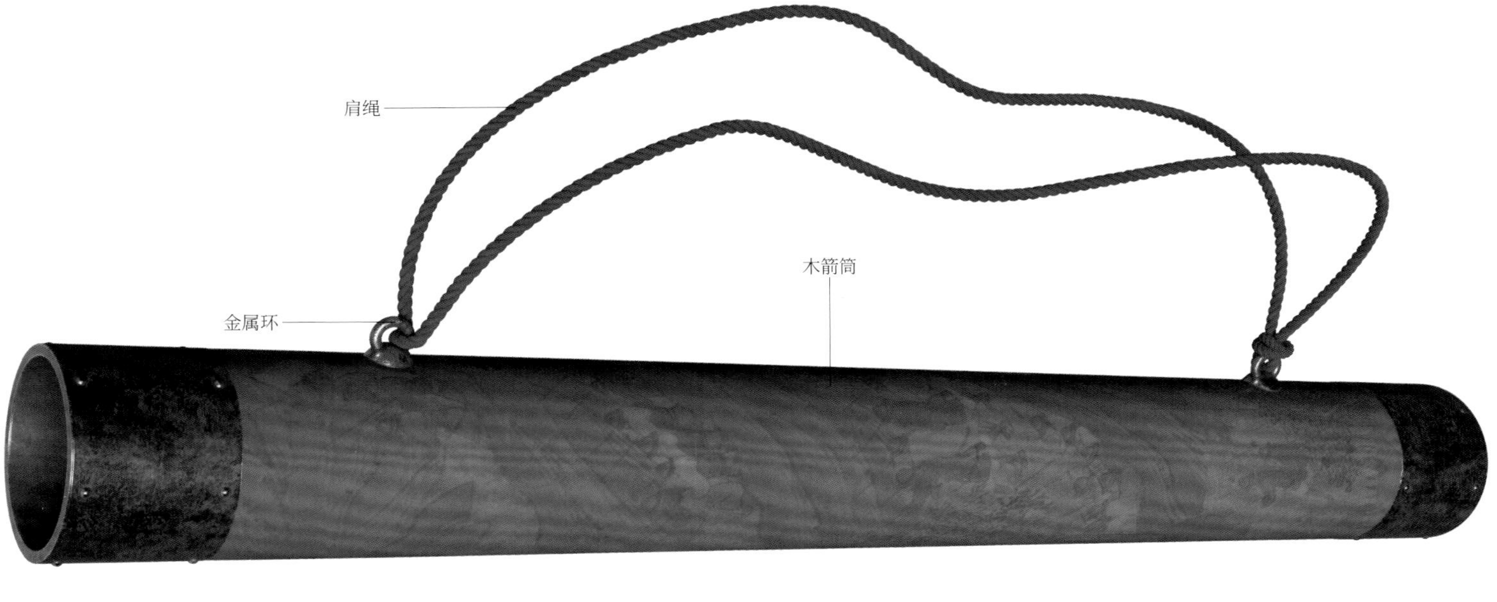

木箭筒

存放箭支的木筒。除了木料以外，还可以用皮革、竹子、金属、纺织物甚至陶瓷来制作箭筒。装备弓的步兵或骑兵通常将箭筒佩于身体右侧，系在挂刀剑的腰带或专门的腰带上，而将装在套子里的弓佩在身体左侧。

清代弓箭

清朝是中国历史上最后一个封建王朝，其创立者女真人作为我国东北地区的少数民族，骑射之风极盛。骑射作为清代军事实力的重要组成部分与满族文化的核心内容，渗透在生活的方方面面。

虽然清政府将骑射当作支撑国家的根本，但弓箭已经落后于世界武器的发展潮流了。

清代箭镞

清军中，有大批士兵装备弓箭，其比例与明初相比，略有反弹。此铁镞镞身呈菱形，铤为圆柱形。

清代箭囊

清代箭囊是由整张皮或布裁制的，仅覆盖了箭的下半部分，箭羽则露在外面。

清朝统治者为保持骑射传统，采取了各种措施，比如规定八旗子弟参加科举，需先考步射、骑射，合格者才可继续参加乡试、会试。又比如武举考试无论乡试、会试、殿试，考试顺序皆为第一场骑射，第二场步射，第三场才是军略，前一场考试不合格者，不能参加接下来的考试。再比如建立考封制度，给没有爵位继承权的宗室通过考试获得一定等级爵位的可能，考试内容为骑射、步射、满汉翻译三项。

然而弓箭毕竟已经落后于世界武器的发展潮流了。特别是从清朝中期开始，军队日益腐化堕落，基层八旗军官与士兵渐渐难以正常维持生计——上不理军务，只知克扣饷银、骄奢淫逸；下不事操练，只知胡作非为、扰乱治安。“射箭，箭虚发；驰马，人坠地”的情况司空见惯，以致嘉庆十四年（1809年）清廷对曾经的精锐部队——健锐营、火器营进行弓箭考核时，27000名士兵，骑射能够挤进头等行列的居然只有区区60人。嘉庆十八年（1813年），当数十名天理教教徒攻进紫禁城大内，“官兵空手遮拦，立被杀害。皆由经年累月不修军器，弓无弦，矢无镞，刀枪钝敝，火药潮湿。日前击贼，皆用瓦砾，言之可羞。军威不振，毫无纪律”。

1840年，中国的大门被西方殖民者以坚船利炮轰开之后，清政府建立的新军队，已经不可能再以弓箭为主要武器了。弓箭，这种在中国军事实战中占据了几千年重要地位的武器，很快就被枪炮等西方近现代兵器所取代。失去了主要需求来源——军事用途，弓箭制造业也就此日薄西山，逐渐衰落了。

成钺箭　矛形钺箭　官兵箭　大礼随侍钺箭　齐钺箭

清代龙形袖箭

这支黄铜袖箭造型精美，配有一枚钢铁短箭。袖箭是藏于袖中的暗器，可趁人不备触发机关弹出暗箭，近距离攻击敌人。

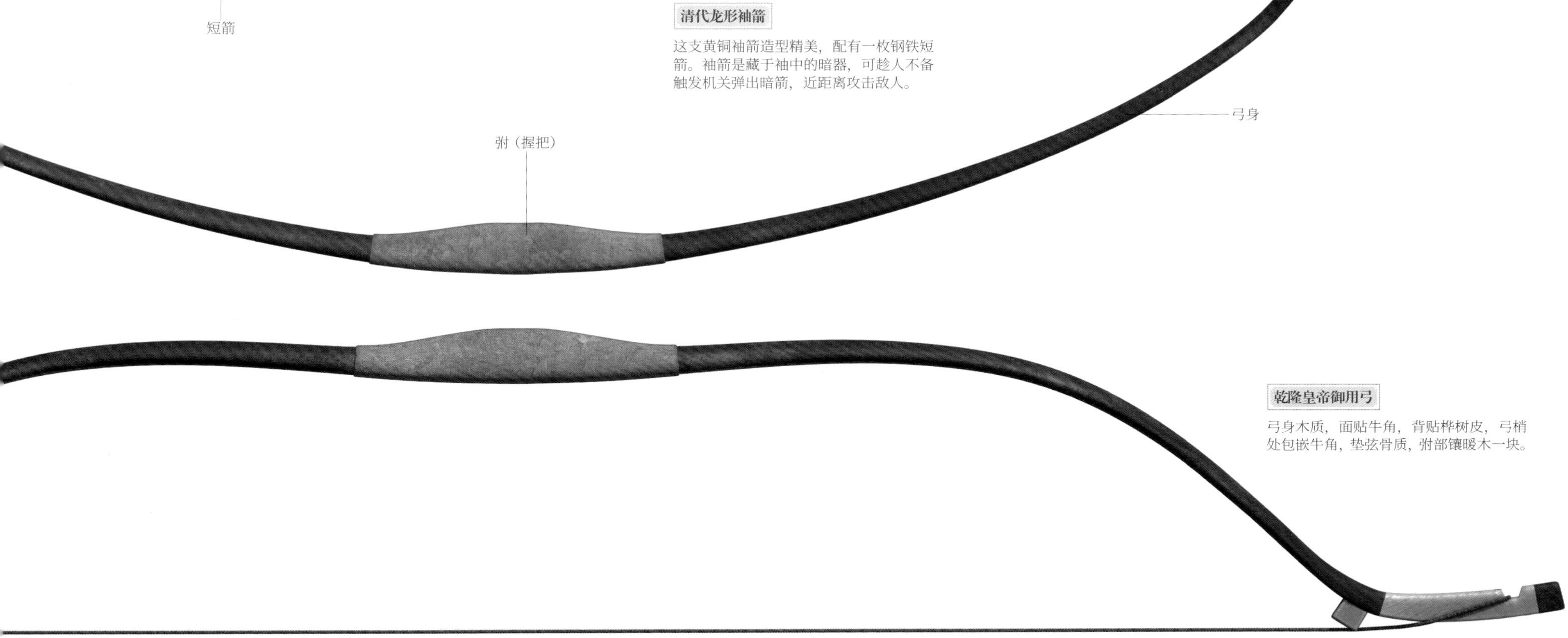

乾隆皇帝御用弓

弓身木质，面贴牛角，背贴桦树皮，弓梢处包嵌牛角，垫弦骨质，弣部镶暖木一块。

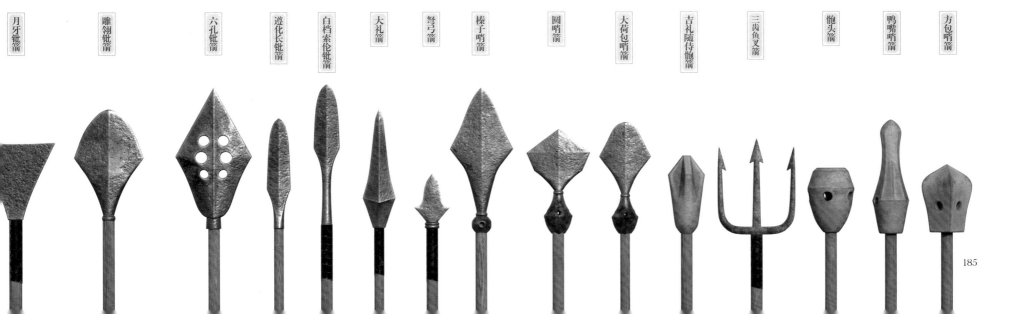

月牙铍箭　雕翎铍箭　六孔铍箭　遵化长铍箭　白档索伦铍箭　大礼箭　弩弓箭　榛子哨箭　圆哨箭　大荷包哨箭　吉礼随侍骲箭　三齿鱼叉箭　骲头箭　鸭嘴哨箭　方包哨箭

弩的起源

“弩生于弓，弓生于弹”，《吴越春秋》上所载的这一说法是有道理的。弩与弓原理相同，实际上它就是一种由弓发展演化而来的兵器。

通过将黎、独龙、景颇、苦聪、哈尼等少数民族使用的木弩上的骨质悬刀（即扳机），与在数个仰韶、龙山文化遗址中发现的骨片做比对，考古学家认定这些骨片就是骨质悬刀。也就是说，中国最原始的弩可能早在4500年前的新石器时代晚期便已诞生。

弓重量轻，所需拉力相对较小，并且使用灵活，构造简单，技术含量与制造成本较低，便于大量制造。使用起来，上箭、张弓、瞄准、发射一气呵成，有较高的射击频率，而且不论马上马下都很方便使用，泛用性强。不过，弓的杀伤力、穿透力、射程都相对有限。而且，张弓瞄准时，需要维持姿势，手不能松劲儿，这需要良好的臂力与训练。在颠簸的马背上进行骑射，则更需要高超的技术，否则难以命中。

相较之下，弩更重，构造更复杂，技术含量与制造成本更高，要想大量制造需要有相应的经济实力和技术实力。使用起来，张弦上弩时的拉力要求较大，而且耗时偏长，当然射击频率也就不会高了。

弩不如弓箭方便，尤其在马背上张弦极为困难，但是杀伤力、穿透力、射程都优于弓箭。而且张弦之后弩不再需要使力，可以从容地专心瞄准，因此命中率通常更高，要想集中火力打击目标，弩比弓更合适。另外，弩的使用不需要太多训练，更便于掌握，有所谓“朝学而暮成”的说法。事先装填好的弩，还可以用来应付突发状况，先下手为强，这也是弓不具备的功能。

东汉壁画《弋射图》。站在台榭上的两名红衣男子正在举弩发射，一名蹲着的男子则在装箭。

东周玉涡纹箭镞

这对箭镞形制趋以流线，双翼对称，无使用痕迹，应为礼仪兵器。

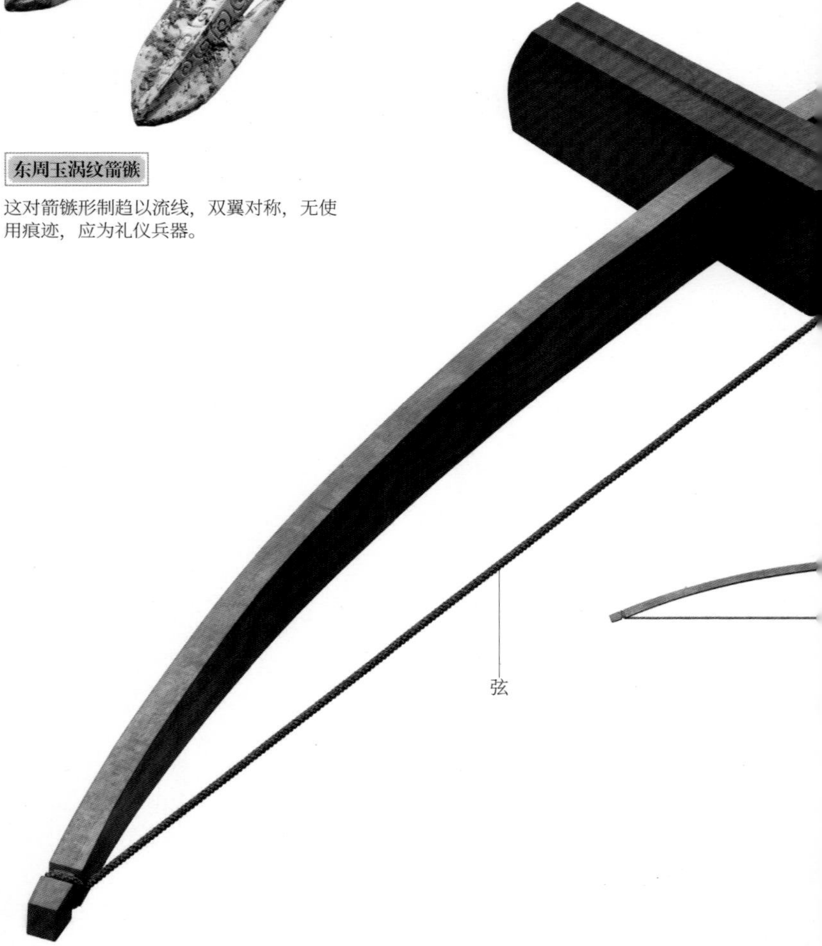

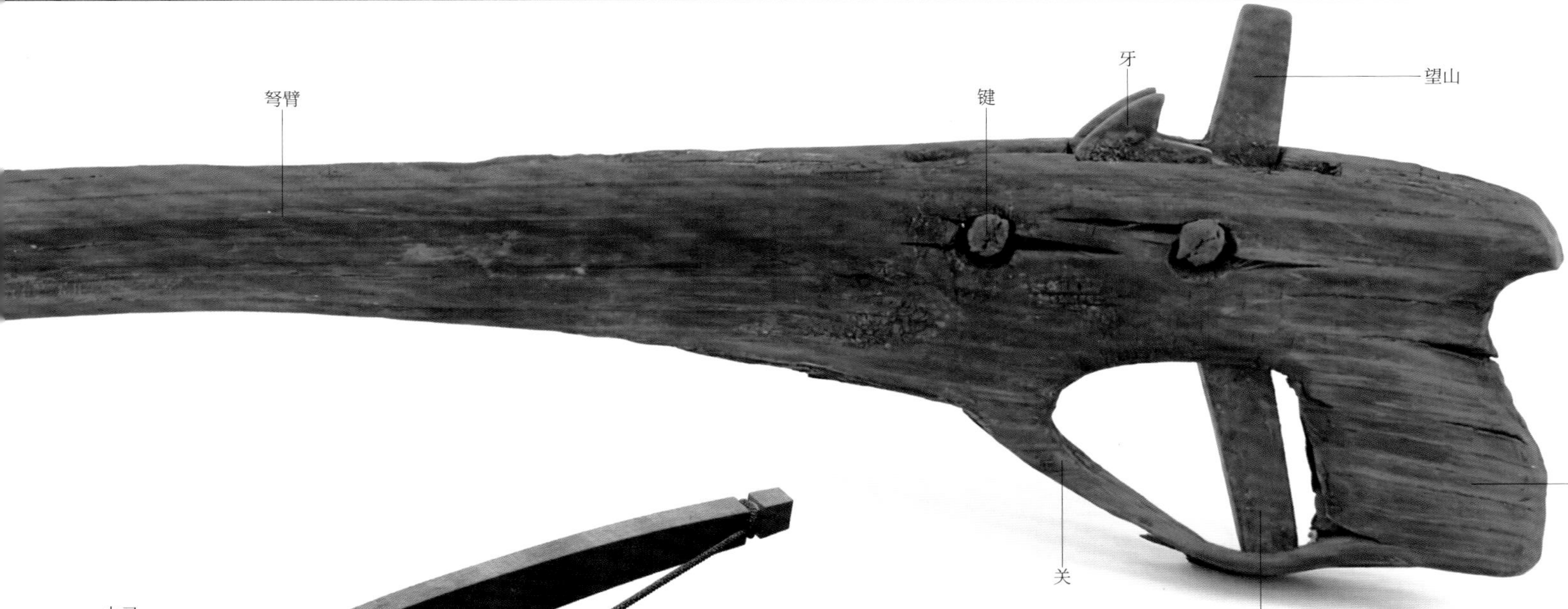

战国晚期至西汉早期木弩臂

这件木弩臂已经严重变形，前方原有的弓身也已缺失。弩臂上的青铜弩机完全锈蚀，无法运转。弩臂后部带有一个握把（托），握把前方有一个尺寸很大的扳机护圈（关），青铜弩机的悬刀就在护圈中。

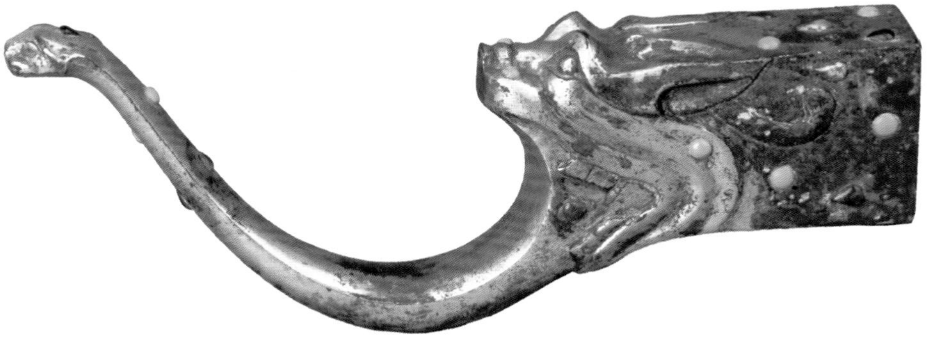

西汉铜承弓器

承弓器是安装在战车上放置弓弩的专用器具。该承弓器后端中空形成方銎，銎内残留朽木；前端呈龙首形，龙口大张，口内吐出一长颈高昂的兽首，兽颈处可承弓。该器通体鎏金，表面多处镶嵌玛瑙和松石。

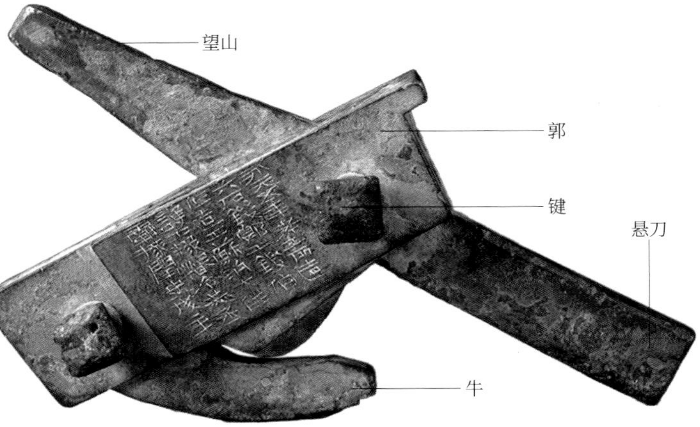

东汉"永元五年"铜弩机

该弩机部件齐全，有郭、望山、悬刀。郭一侧阴刻隶书铭文35字："永元五年（93年），考工所造六石机，郭工锼伯作，造工苏泊，太仆护工掾岷、令恭、丞霸、掾闰、史成主。"另一侧有4字："乙五十四。"铭文提供了刻制时间、弩机强度、监造机构、监造人和制作人姓名及此弩机的编号等信息。

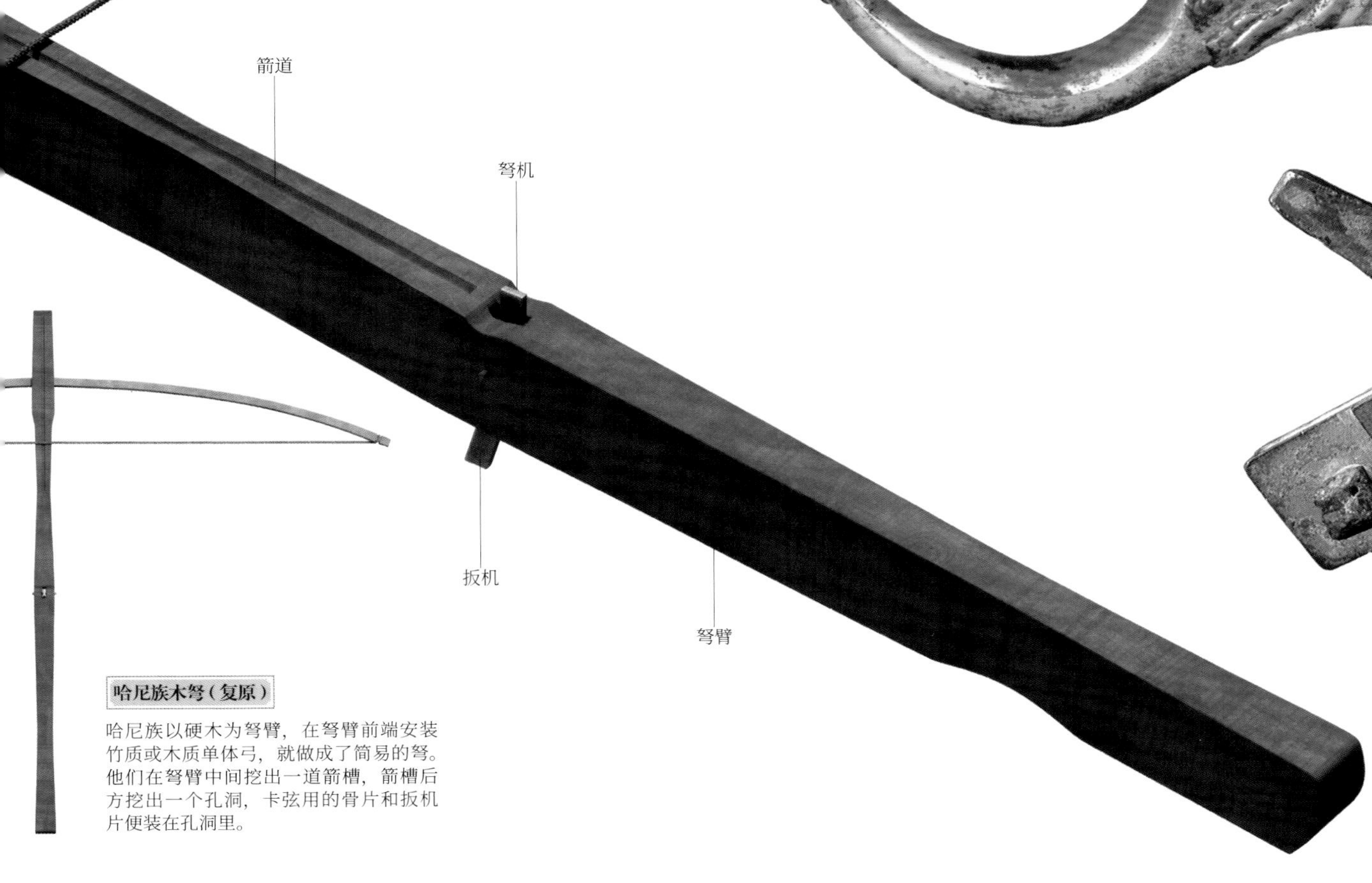

哈尼族木弩（复原）

哈尼族以硬木为弩臂，在弩臂前端安装竹质或木质单体弓，就做成了简易的弩。他们在弩臂中间挖出一道箭槽，箭槽后方挖出一个孔洞，卡弦用的骨片和扳机片便装在孔洞里。

弩机和弩箭

在相当长的时间里，由于条件所限，弩一直只能作为狩猎用具来使用。直到青铜弩机的发明，才使弩的性能有了不小的改善，足以作为兵器投入战场使用。春秋中后期，在青铜弩机渐趋常见的情况下，越来越多的弩开始符合军用标准，各诸侯国军队也因此较多地使用弩了。

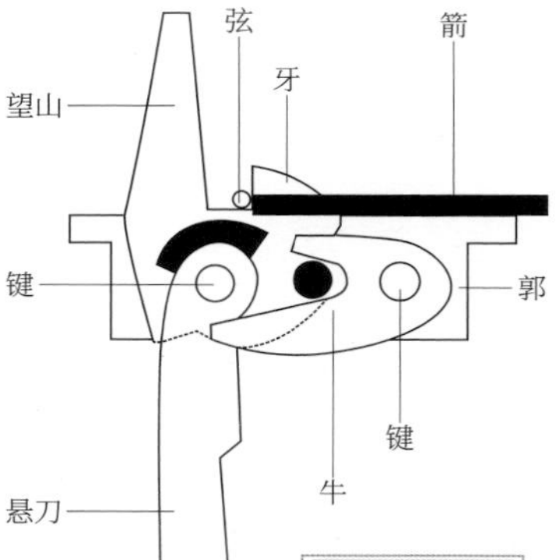

弩机结构示意图

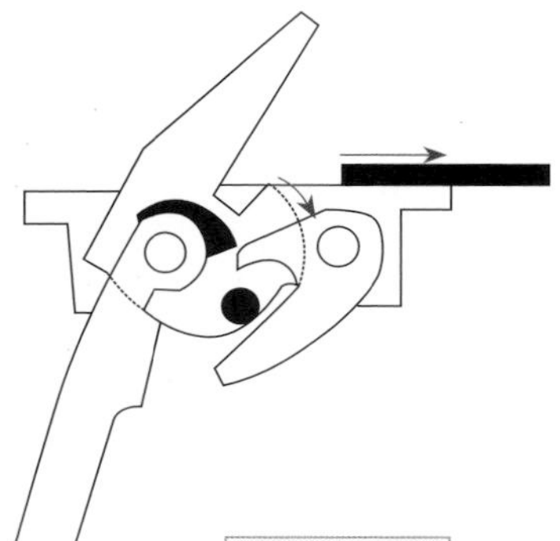

弩箭发射示意图

青铜弩机

弩机是一种转轴联动式装置，一般包括牙、望山、悬刀、牛、键等部分。“牙”为左右对称两片，中间容纳箭栝（箭尾扣弦的部位），用于卡弩弦；“望山”用于瞄准，与“牙”铸为一体；“悬刀”就是扳机；“牛”（又称“钩心”）是用来销住“悬刀”卡口的部件；“键”就是轴销，用来将各部件组成一个整体。

一般认为，弩箭上弦有两种方法：

一是在张弦装箭前，用手扳起望山，使牙上升，与弩臂垂直。在这个过程中，牛被带起，牛的下齿卡入悬刀卡口内，弩机进入待机状态。接着将弩弦张开，扣在牙上。

二是直接拉弦到牙，压倒牙即自动使牛进入悬刀卡口，形成闭锁待发状态。

弦上好后，将箭放入弩臂上方的槽内，箭栝在左右两片牙中间顶在弦上。然后，弩手借助望山、箭镞与目标进行三点一线瞄准，扳动悬刀，牛脱离悬刀卡口，牙前倾下缩，弦瞬间失去阻力，将顶在其上的箭弹射出去。

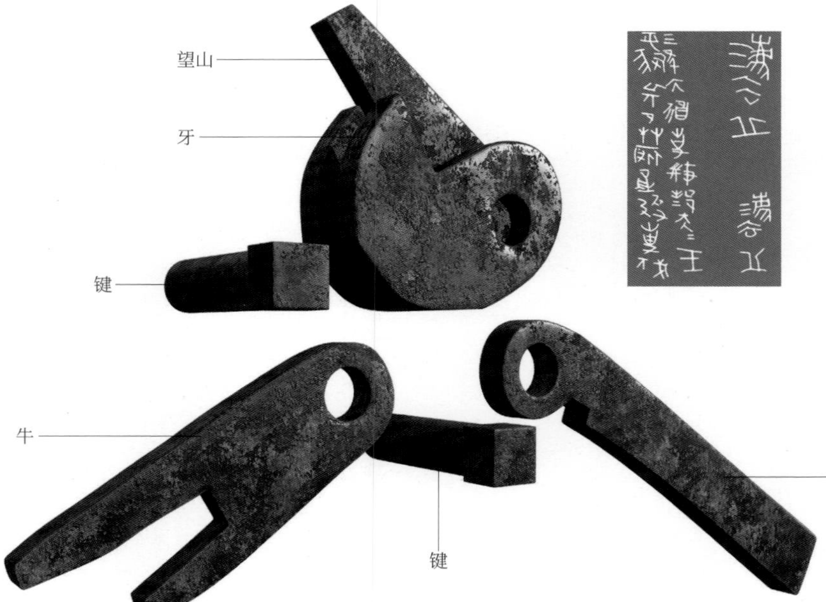

战国三年大将吏弩机

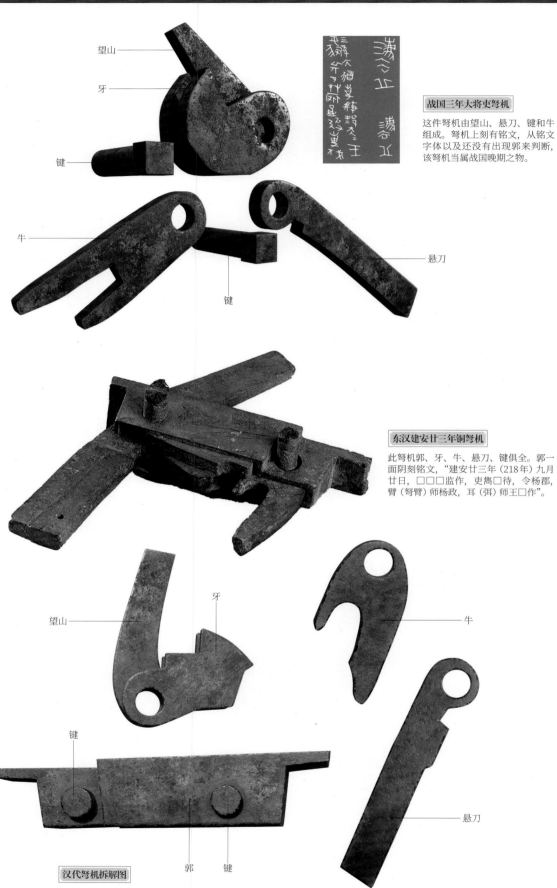

这件弩机由望山、悬刀、键和牛组成。弩机上刻有铭文，从铭文字体以及还没有出现郭来判断，该弩机当属战国晚期之物。

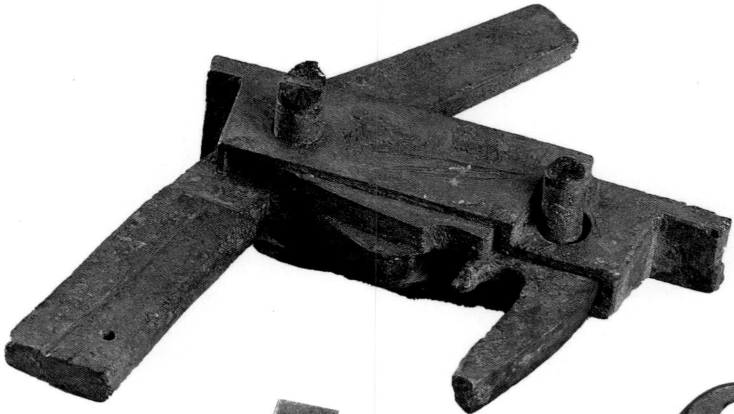

东汉建安廿三年铜弩机

此弩机郭、牙、牛、悬刀、键俱全。郭一面阴刻铭文，“建安廿三年（218年）九月廿日，□□□监作，吏雋□待，令杨郡，臂（弩臂）师杨政，耳（弭）师王□作”。

汉代弩机拆解图

不管多么强力的弩，只要扳动悬刀，立刻便会发射。

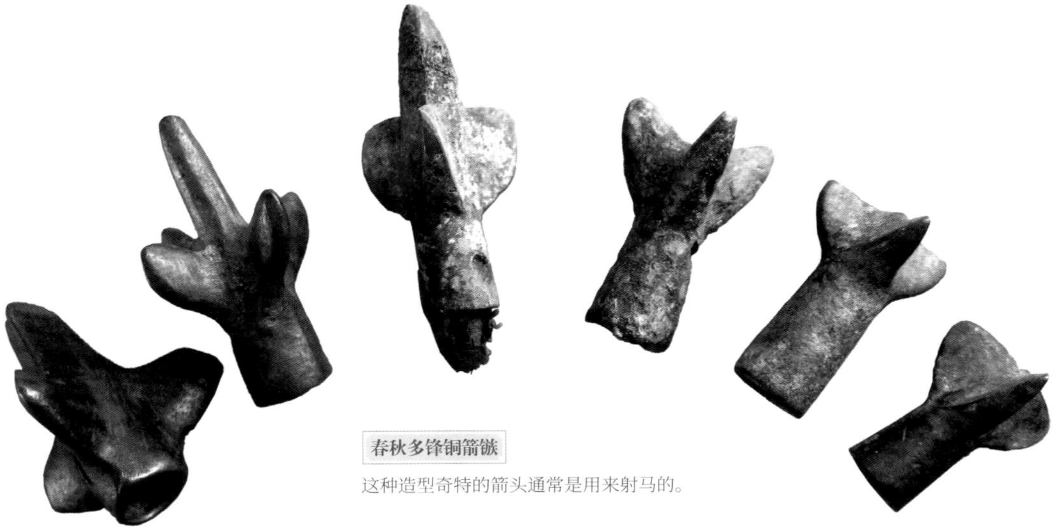

春秋多锋铜箭镞

这种造型奇特的箭头通常是用来射马的。

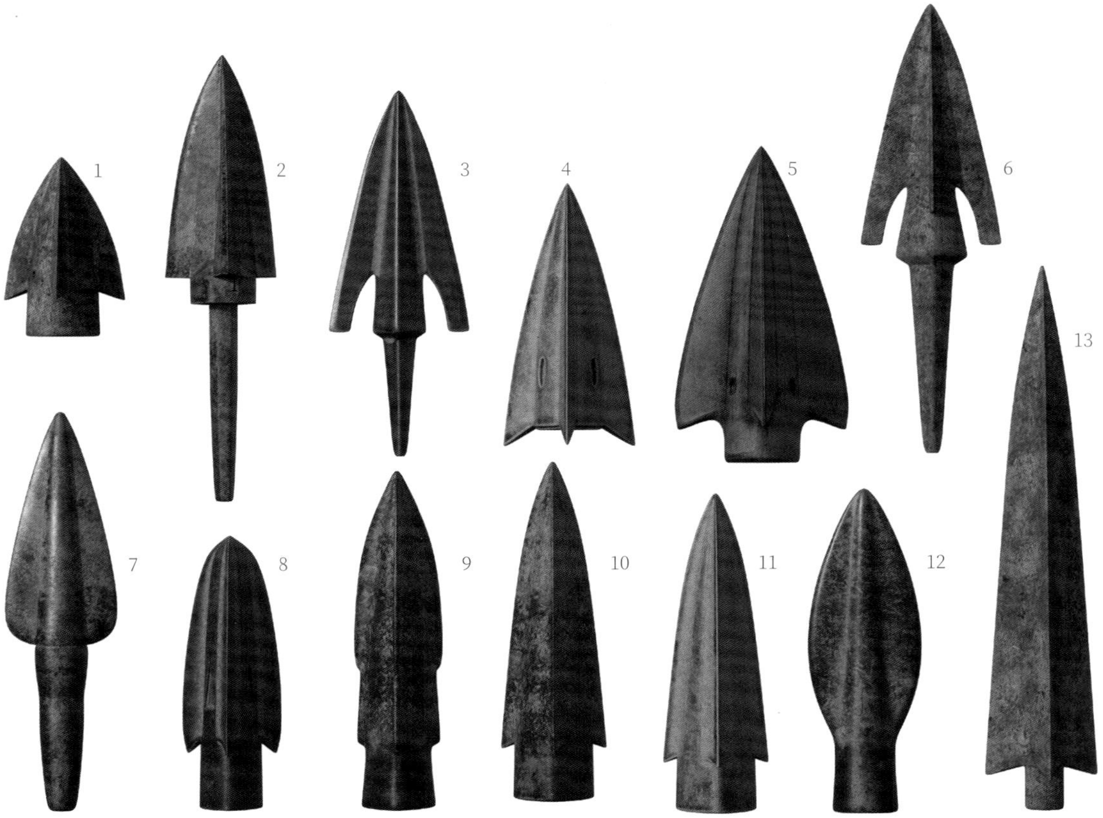

东周铜镞

这批铜镞分为四种类型。第一种（1～7），中脊圆鼓，双翼扁平，铤为圆棍状，其中1、4、5的箭镞铤部已失；第二种（8～11），镞身圆脊，三翼，圆形铤；第三种（12），中脊凸起，双翼，无后锋，短圆状铤，前锋呈矛形；第四种（13），镞身较长，截面呈三角形，有短铤。

弩箭

三棱箭镞装填上弩之后，其中一棱垂直于弩臂，可以起到准星的作用，更方便进行三点一线瞄准。因此，三棱箭镞成了弩箭的一种常见形制。根据实际应用的不同，箭矢不光会有截然不同的外观设计，还会有不同的重量与重心设计，如重箭通常用来破甲，轻箭则可用来射鸟。又比如近战用箭，重心在前三分之一处；守城用箭，重心则在前五分之二处。

由于张弓与张弩的拉距不可相提并论，箭矢的飞行速度也不同，于是弓和弩所使用的箭矢长度一般也不同，弩箭相对要短一些。不过通常情况下，除了一些派特殊用场的军用箭矢外，常见军用箭矢不论是配弓使用还是配弩使用，在杀伤力更高、穿透力更强、中箭后难以拔出处理等方面的要求上都是一致的。

战国至秦汉时期的三棱镞

从战国早期开始，三棱镞逐渐成为箭镞家族的重要成员，一直流行到秦汉时期。在使用的过程中，三棱镞还慢慢增加了凹槽、倒刺等元素。

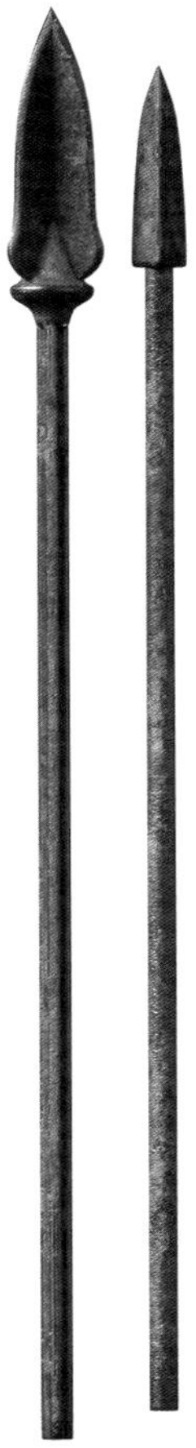

长铤镞

带长铤的箭镞可以使箭的重心前移，提高穿透力。通常认为，这种长铤箭镞主要配合强弓劲弩使用。

战国至秦代的弩

文物考古专家孙机说过："世界上最早将弩装备正规军，并使之在战场上发挥重要作用的国家是中国。"首次展示弩这一新式武器巨大威力的战役，是发生于公元前341年的齐魏马陵之战。齐国孙膑利用魏军向来轻视齐军的弱点，制造齐军士气低落、逃兵众多的假象，引诱魏军追击，终将魏军诱入以大量弩兵设置的伏击圈，"万弩齐发"，给予魏军重创。

易则多其车，险则多其骑，厄则多其弩。

——《八阵》

弩兵从出现到成为主力兵种

战国前期的著名军事家孙膑非常重视弩的应用。《孙膑兵法》经常提及弩:《威王问》一篇里，将"劲弩趋发"列为六种战斗队形的第四种;《八阵》一篇里，又称"易则多其车，险则多其骑，厄则多其弩"，强调在险恶地形中要善于发挥弩的作用；在《兵情》一篇里，更是将士卒与将领的关系，比作矢和弩的关系，说"矢，卒也。弩，将也"。这些记载同时也在一定程度上反映出战国时期战略战术与兵种构成的变化，步弩兵种开始形成。

步弩兵种独立编队的出现，一方面是弩的兵器特点使然；另一方面，也是战国时期战争激烈程度升级，军事水平提高的结果。战争规模的扩大，参战人数的增加，战争持续时间的延长，武器装备的变化，作战形式的丰富，战略战术的复杂化，都促使了新兵种的形成。

在战国时期通常的军队编制中，弩兵的比例提高了不少。阐述战国晚期军事理论与实践的《六韬》，认为万人之军，至少应配备"强弩六千，戟盾二千，矛盾二千，修治攻具、砥砺兵器巧手三百人"，可见当时使用弓弩兵器的士兵在实战中的重要性。

战国彩绘木臂铜弩机

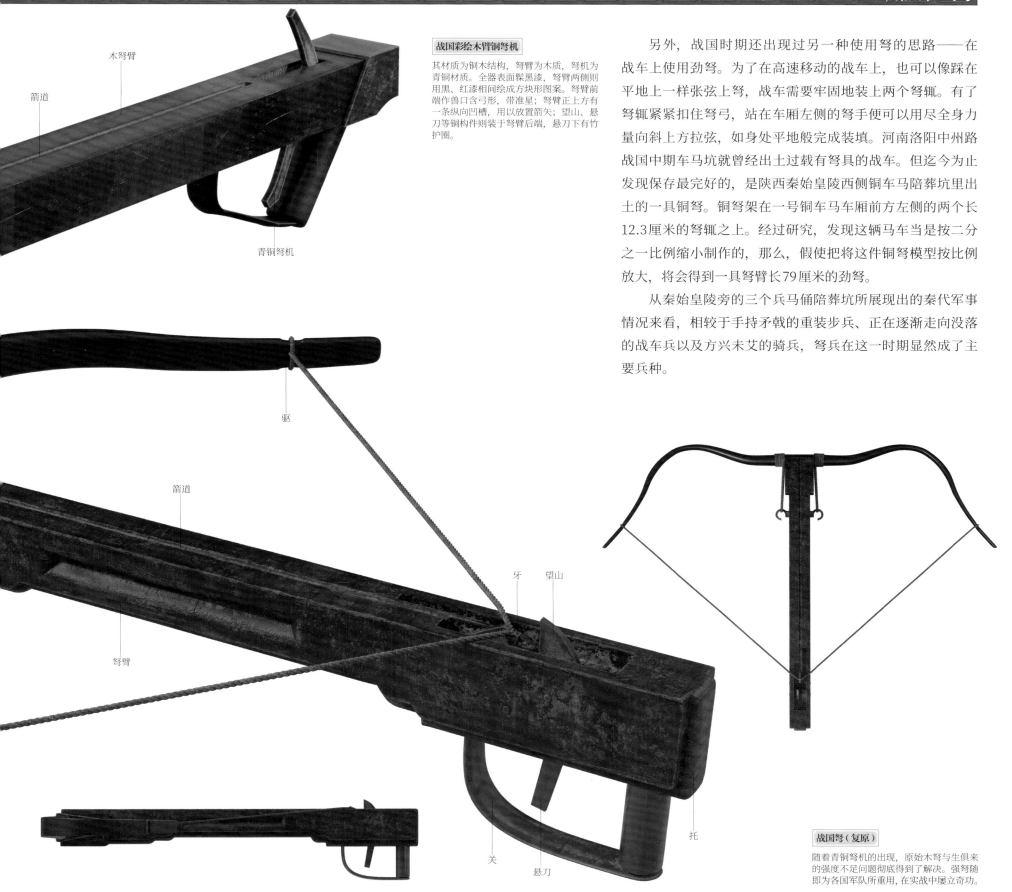

其材质为铜木结构，弩臂为木质，弩机为青铜材质。全器表面髹黑漆，弩臂两侧则用黑、红漆相间绘成方块形图案。弩臂前端作兽口含弓形，带准星；弩臂正上方有一条纵向凹槽，用以放置箭矢；望山、悬刀等铜构件则装于弩臂后端，悬刀下有竹护圈。

另外，战国时期还出现过另一种使用弩的思路——在战车上使用劲弩。为了在高速移动的战车上，也可以像踩在平地上一样张弦上弩，战车需要牢固地装上两个弩辄。有了弩辄紧紧扣住弩弓，站在车厢左侧的弩手便可以用尽全身力量向斜上方拉弦，如身处平地般完成装填。河南洛阳中州路战国中期车马坑就曾经出土过载有弩具的战车。但迄今为止发现保存最完好的，是陕西秦始皇陵西侧铜车马陪葬坑里出土的一具铜弩。铜弩架在一号铜车马车厢前方左侧的两个长12.3厘米的弩辄之上。经过研究，发现这辆马车当是按二分之一比例缩小制作的，那么，假使把将这件铜弩模型按比例放大，将会得到一具弩臂长79厘米的劲弩。

从秦始皇陵旁的三个兵马俑陪葬坑所展现出的秦代军事情况来看，相较于手持矛戟的重装步兵、正在逐渐走向没落的战车兵以及方兴未艾的骑兵，弩兵在这一时期显然成了主要兵种。

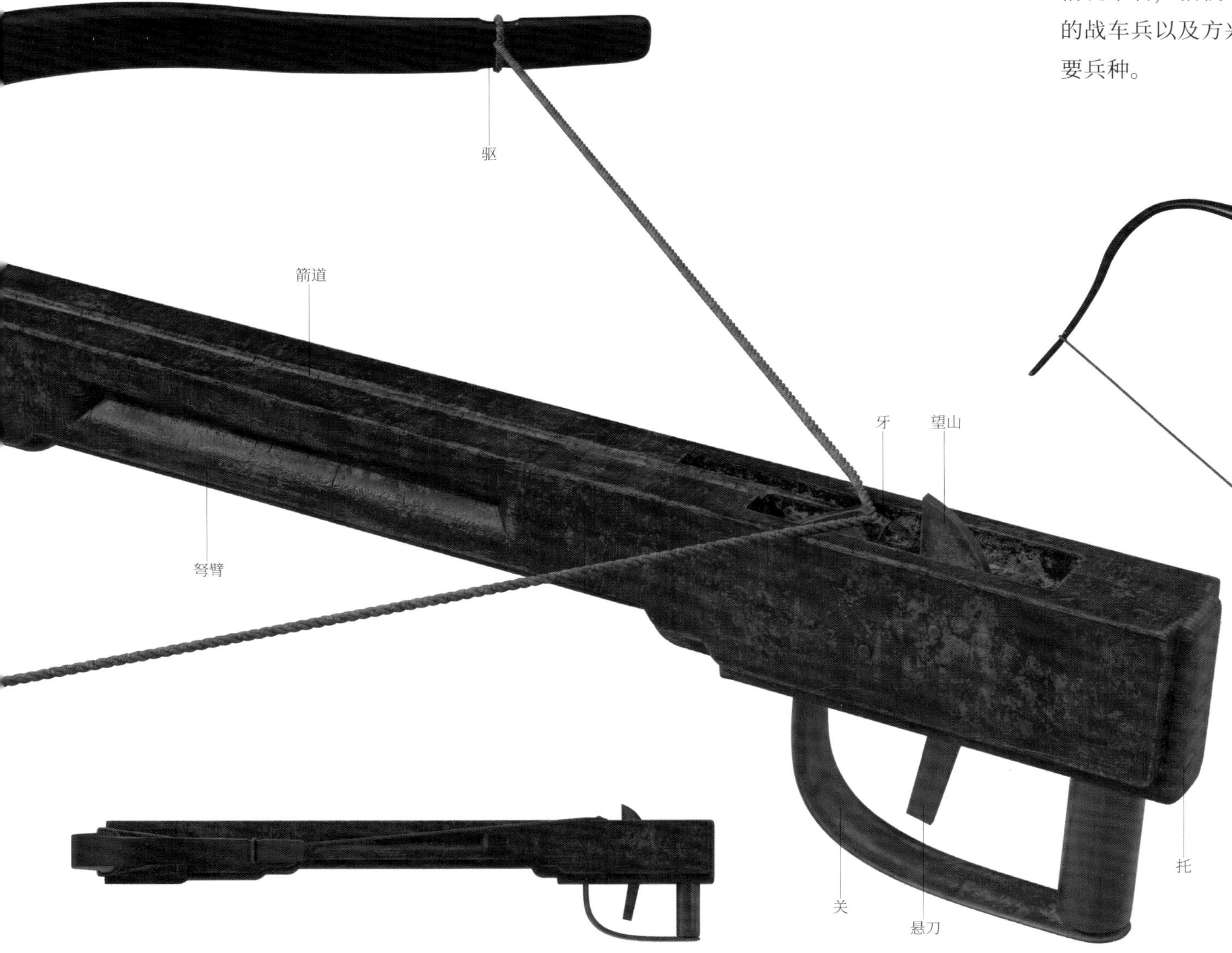

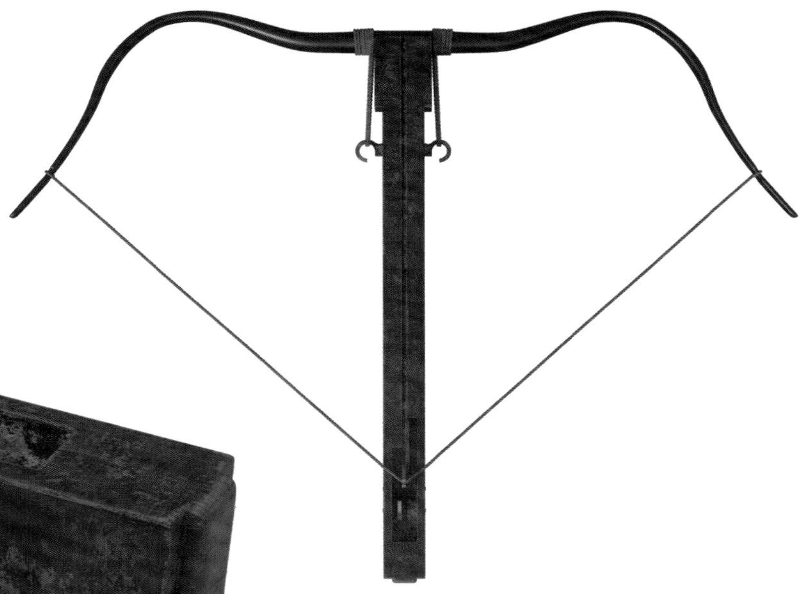

战国弩（复原）

随着青铜弩机的出现，原始木弩与生俱来的强度不足问题彻底得到了解决。强弩随即为各国军队所重用，在实战中屡立奇功。

秦弩——战国制弩技术的集大成者

秦始皇陵兵马俑坑里出土的弩，表明秦弩是战国制弩技术的集大成者。相比各地考古发掘中出土的战国弩，秦弩的弩臂要长十到二十几厘米。弩臂的加长，增大了弩弓的张力，也增加了弩的射程。另外，通过研究秦青铜弩机的铭文，可以看出当时弩的制造生产已具有了一定的标准化水平，虽然还不能做到零件完全互换，但同一零件之间的误差已经缩小到以毫米计了。

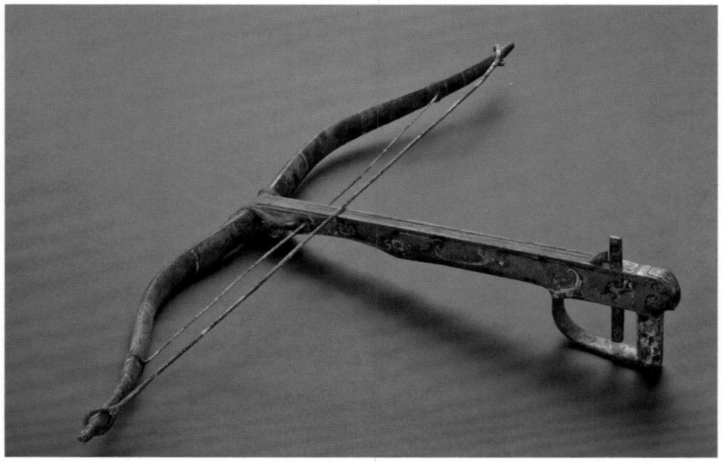

秦青铜弩

这件青铜弩架装在秦始皇陵一号铜车马上，由弩臂、弩机和弓三大部件组成，三者铸为一体。值得注意的是，铜车马作为明器，并没有做成实物大小，而是按照皇帝御用车队的形制缩小了二分之一，车上所有物件一应如此。

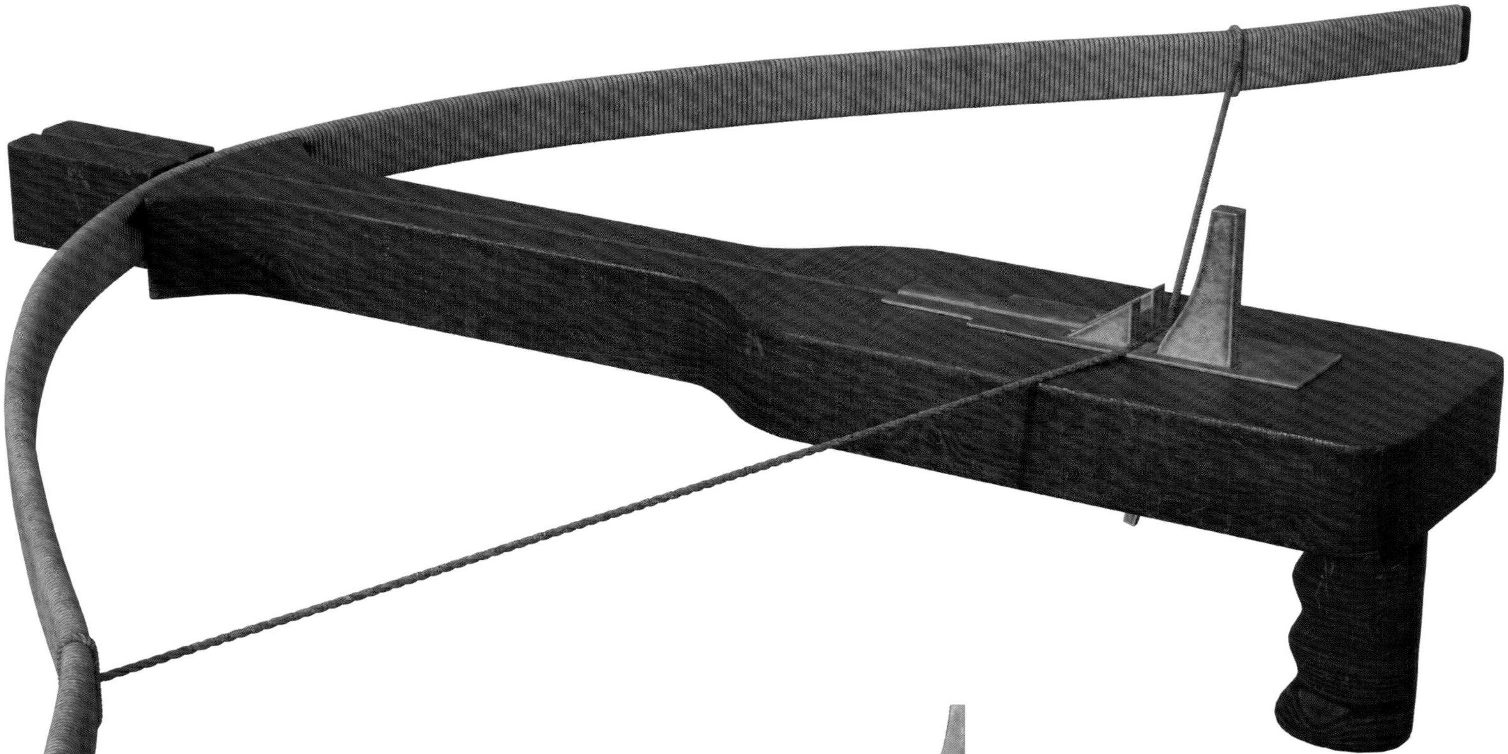

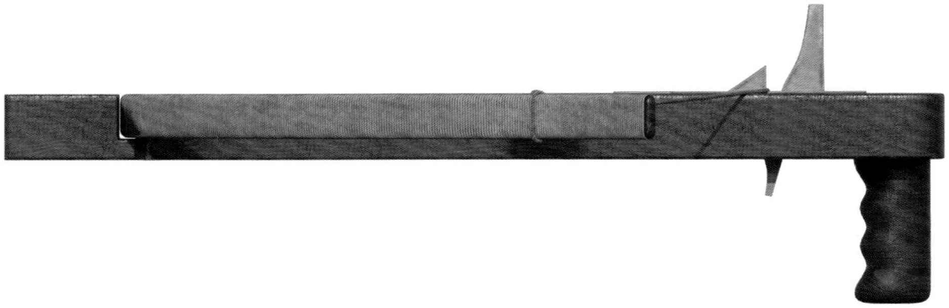

秦弩（复原）

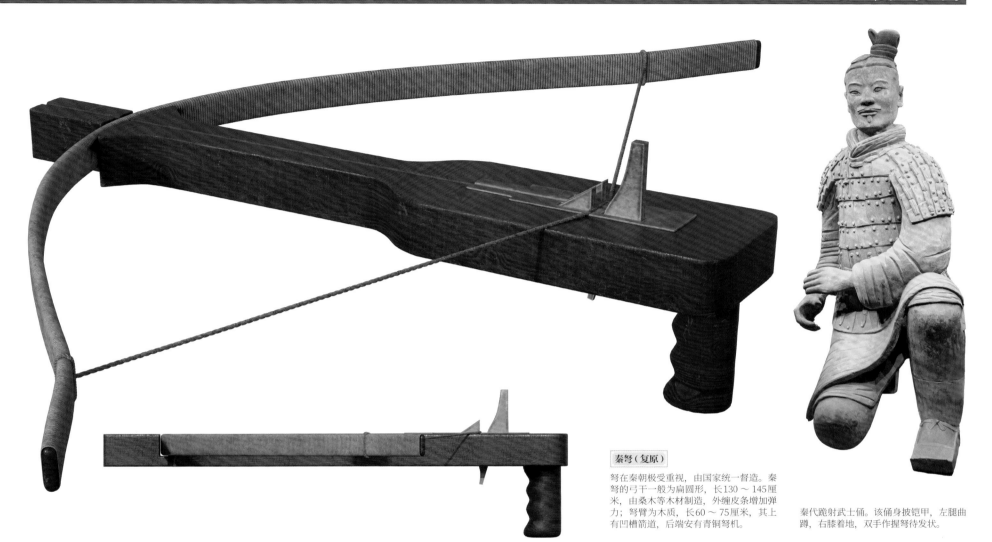

弩在秦朝极受重视，由国家统一督造。秦弩的弓干一般为扁圆形，长130～145厘米，由桑木等木材制造，外缠皮条增加弹力；弩臂为木质，长60～75厘米，其上有凹槽箭道，后端安有青铜弩机。

秦代跪射武士俑。该俑身披铠甲，左腿曲蹲，右膝着地，双手作握弩待发状。

配合弩使用的长铤箭镞

从战国开始，弩的使用变得普及，长铤箭镞的出土也越来越多。这是因为弩的发射力道比弓要大，若继续使用普通箭镞，容易造成箭在飞行过程中因体轻而轨迹弧度过大，命中率不高，或者命中目标时箭杆折断等现象。为克服上述弊端，适当增加铤的长度，提高箭体重量就成了必然选择。秦始皇陵兵马俑坑出土的许多箭镞长度为38.4～41.9厘米，铤长则为33.9～37.7厘米，说明这些箭镞是为了适应弩的使用而制造的。

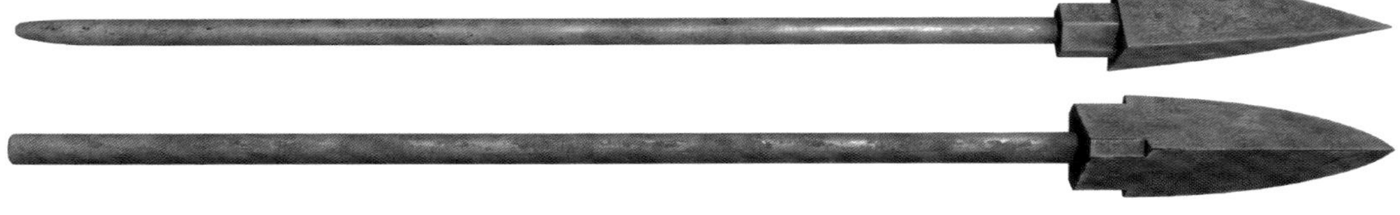

秦长铤青铜箭镞

秦始皇陵兵马俑坑出土的箭镞几乎都是三棱形，其三个棱脊的长度可以说完全相等，每个箭头的箭首与箭铤重量也基本相等，并且表面都进行过铬化处理，提高了箭镞的抗腐蚀能力。

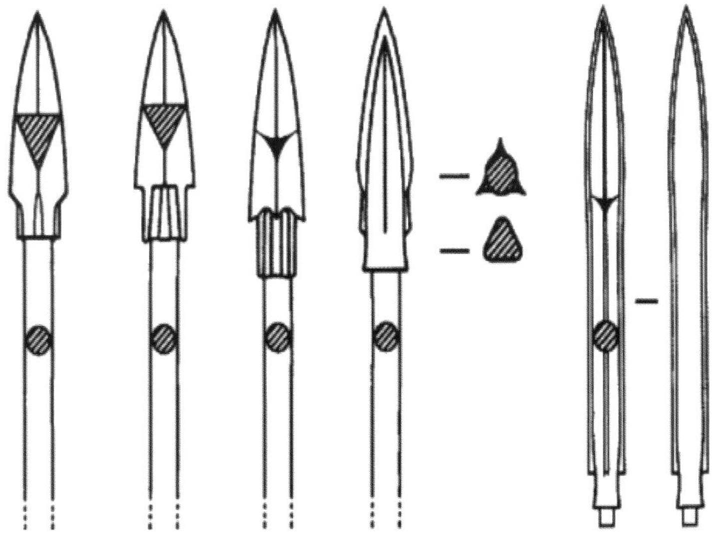

汉弩

随着冶金技术的不断发展，以及频繁战争带来的大量需求，弩在实际应用中的地位持续上升。在汉代，军队中大量装备强弩，这些弩在汉匈战争中发挥了巨大作用，构成了汉军在装备上的明显优势之一。

魏晋时期的李广画像砖。画中骏马奔驰，马上的李广转身回头拉弓欲射，榜题“李广”。

两汉时期，因朝廷试图以骑射对抗骑射，挫败北方游牧民族，弩兵的重要性得到了进一步提升，强弩已然成了国之利器。西汉元狩二年（公元前121年），“飞将军”李广率领的4000骑兵被匈奴4万骑兵包围。在汉军死伤过半，箭矢耗尽的危急时刻，李广亲自操作部下装填的大黄弩（“色黄而体大”的强弩）连续射杀数名匈奴将领，解除了危机。

再如东汉安帝元初二年（115年），虞诩率领汉军与羌人作战。敌众我寡之际，他向部队下令，不许使用强弩，只许使用小弩。羌人误认为汉军弓弩力量很弱，不构成威胁，便蜂拥而上。汉军随即改用强弩射击。陡然上升的威力与命中率让羌人大为震恐，纷纷退下。虞诩乘胜出击，斩获甚多。这两个事例，都可以证明汉代兵器制造技术的发达。

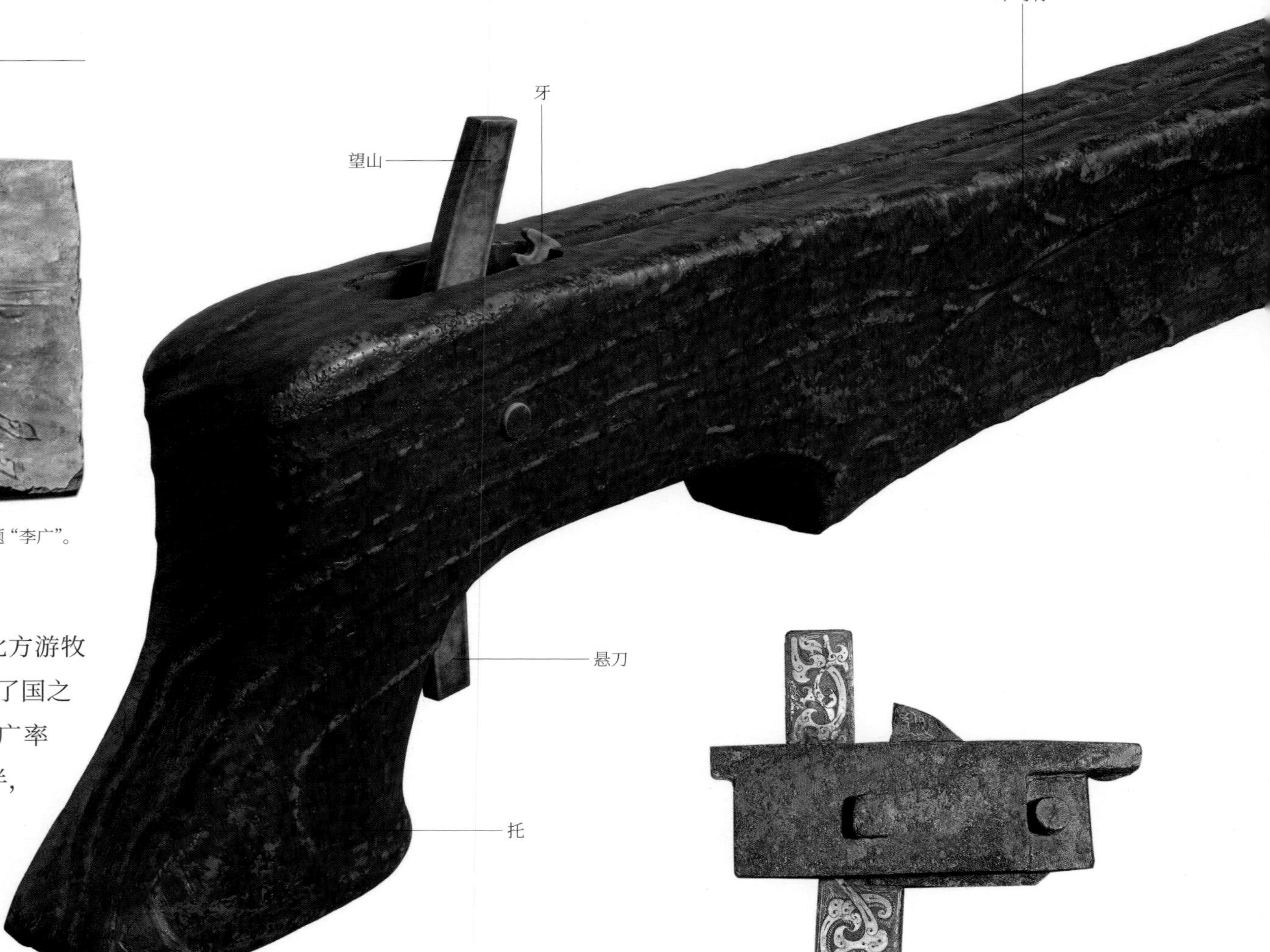

西汉漆弩臂

这是一件明器，木弩臂的两侧锥刻有云纹，表面髹黑漆。在木弩臂的含口上固定上一张弓，就能得到一把完整的弩。

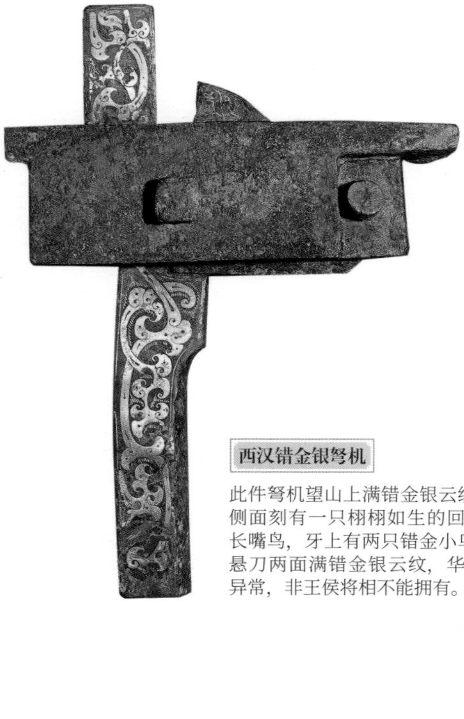

西汉错金银弩机

此件弩机望山上满错金银云纹，侧面刻有一只栩栩如生的回首长嘴鸟，牙上有两只错金小鸟，悬刀两面满错金银云纹，华丽异常，非王侯将相不能拥有。

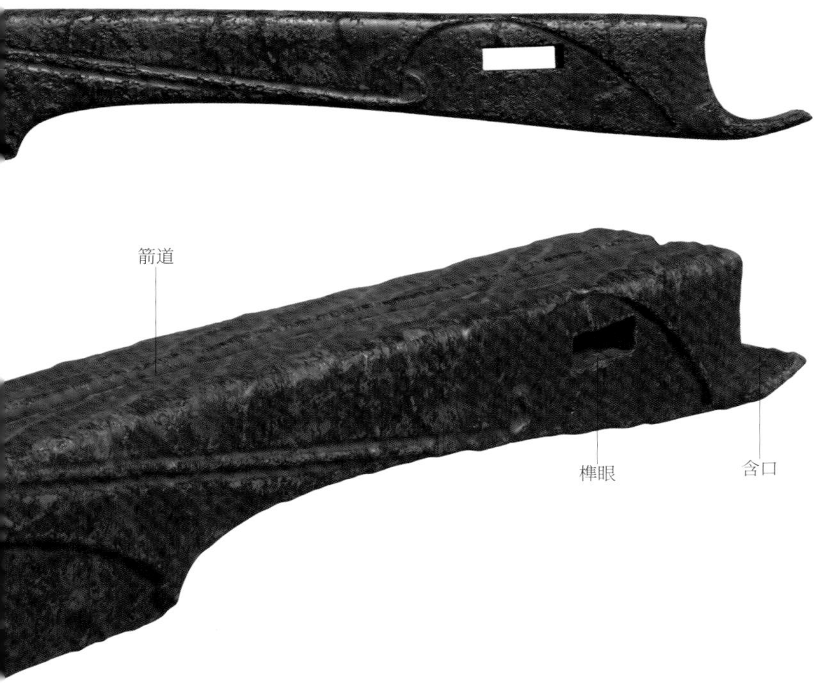

西汉鎏金长铜箭镞

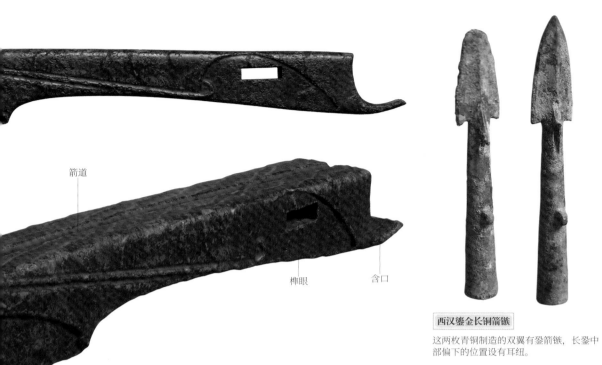

这两枚青铜制造的双翼有銎箭镞，长銎中部偏下的位置设有耳纽。

朝廷对弩的重视

为了保证军事优势，汉朝政府对兵器的贸易与出口进行了严格管理。比如设置“马弩关”，禁止高于五尺六寸（约129.36厘米）的马，以及弓力十石（约297.6千克）以上的弩出关。然而，技术扩散即便在古代亦是难以避免的，先进兵器还是从各种渠道传了出去。西汉成帝时，陈汤与汉成帝谈及此事，说：“夫胡兵五而当汉兵一，何者？兵刃朴钝，弓弩不利。今闻颇得汉巧，然犹三而当一。”随着时间流逝，周边各民族与汉军的军事技术力量差距逐渐缩小。

两汉时期，人们对弩的重视可以从各地出土的汉简中一窥究竟。尤其是汉代边塞烽燧遗址中出土的、记录了武器装备情况的简牍，其记录的内容大体包括：弩的编号、种类、目前的拉力、目前的射程（使用一段时间后，拉力和射程都会有所降低）、损坏情况等等，可见汉军对弩的重视。并且他们还制定了比较严格的管理制度。

汉弩的两大改进

汉弩之所以性能优异，使用广泛，是因为进行了两项重大改进。

第一，汉弩普遍应用铜质“郭”（弩机匣）。战国弩与秦弩的弩机是没有郭的，各个零件直接装到弩臂中去。这样的结构不够牢固，同时削弱了弩机和弩臂的强度，拆装也很不方便。而有了郭之后，就可以先将各个零件牢固地安装在郭中，再将郭整个嵌入弩臂上的弩机槽里。弩机和弩臂的强度因此得到加强，为日后弩的力量和射程不断增加创造了条件，拆装也比以前方便。铜质郭出现后，迅速流传开来，甚至连在西汉同时期的云南滇族墓中发现的弩机都带有郭了。

第二，望山这个弩的瞄准装置得到了改进。从今少数民族使用的木弩来看，原始弩是没有望山这个部件的，直到战国时期的青铜弩机上才有了望山。望山的作用有二：一是用手扳起望山，就能使牙上升与弩臂垂直，并带起牛，让弩机进入待机状态；二是射击时，可以利用高耸的望山进行三点一线瞄准，提高命中率。可实际上，望山瞄准的这项功能是有瑕疵的。由于箭在飞行过程中，不可避免地受到地心引力的作用，运动轨迹会呈抛物线，如果瞄准时完全平视目标，箭每次都会击中目标的下方。距离目标很近时，这种误差可以忽略不计，但距离越远，误差也就越大。这个问题对以射程为卖点的强弩而言是致命的。古人可能很早就发现了这一点，却只能依赖射手丰富的经验在射击时进行临场微调，校正箭的飞行误差。随着使用经验与科学知识的不断丰富，到西汉时这一问题终于得以基本解决：一方面，大幅度增加望山的高度，也就是加大瞄准时的可校正范围，使射击可以在较大距离内达到较高准确性；另一方面，则是在望山上增加刻度，使原来只能依靠经验来进行大致校正的射手，可以按照刻度进行更精确的校正。迄今为止，在望山上增加有刻度的弩机，最早一例样本是在河北满城中山靖王刘胜墓里发现的。但是，这类带有刻度的望山弩机在两汉的出土物中相当少见，显然属于数量稀少的先进器具。

王莽新朝时期汉墓壁画上的弩。

魏晋南北朝时期的弩

魏晋时期的弩，仍沿袭汉弩的形制与结构。西晋灭亡后，北方匈奴、鲜卑、羯、氐、羌等少数民族先后进入中原，建立政权。他们长于骑射，喜欢使用弓箭，不大用弩。因此，在十六国与北朝墓葬的大量考古发掘中，几乎很少见到弩的踪迹。偏安江左的东晋与南朝，则沿袭着秦汉以来的传统，依旧普遍使用弩。

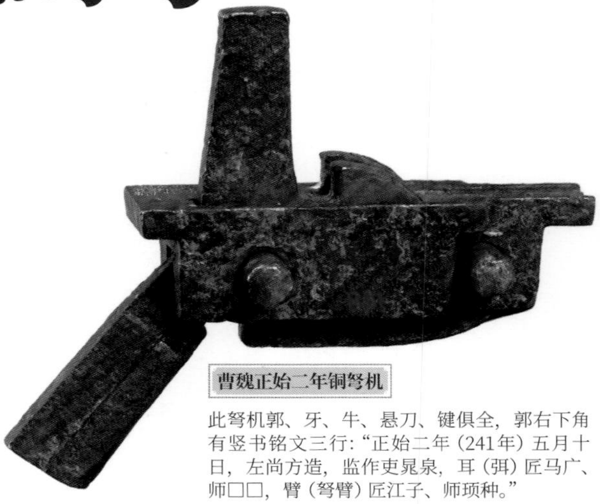

曹魏正始二年铜弩机

此弩机郭、牙、牛、悬刀、键俱全，郭右下角有竖书铭文三行："正始二年（241年）五月十日，左尚方造，监作吏晁泉，耳（弭）匠马广、师□□，臂（弩臂）匠江子、师项种。"

孙吴赵濯私弩

铜质弩机的悬刀两侧刻有"郎史缪曜私弩，将军郑贵私弩，将军赵濯私弩"字样的铭文。从文字记载看，先后有三位将军使用过该弩。其中赵濯应是《三国志·陆逊传》中的"江夏功曹赵濯"。这种武器刻铭特点反映了孙吴的世袭领兵制度。

在东晋与南朝，弩兵的地位并没有下降。为了对抗在北方迅速发展起来的重装骑兵，也就是甲骑具装，弩兵只有加强升级的份儿，而没有多少被削弱的空间。4世纪上半叶，北方各个割据政权在互相争战中，缴获披挂具装铠的马匹尚是以千匹计，到了4世纪末，兼并战争中缴获的披挂具装铠的马匹已经变成以万匹计了。这样的趋势，决定了无论南方的弩箭、弓箭，抑或北方的弓箭，都非有一定的发展进步不可。

弩的体型渐趋巨大化

南北朝时期，出现过威力巨大的大型弩。《宋书·武帝纪》记载，刘裕平定卢循起义时，有使用过"所至莫不摧陷"的万钧神弩（又称"万钧弩""神弩"）。所谓"万钧神弩"，《晋书》《南齐书》多有提及，但恐怕不会真的有1万钧（约66000千克）那么大的弓力。这种弩大约在东汉便已出现，只是到西晋才得到推广，有了"神弩"的称呼，并被列入皇室仪仗。通过在江苏南京秦淮河中出土的一件南朝铜弩机硕大的郭（长39厘米，宽9.2厘米，高30厘米）来推断，这种大型弩的弩臂应有180～226厘米，弩弓则应有430～540厘米。如此巨大的弩，靠个人力量是不可能张弦发射的，而只能利用绞车等机械来张弦发射。此外，《北史·源贺传》记载，北魏文成帝时，源贺都督三道诸军屯漠南，使用的大型强弩，需要6头牛来拉绞车张弦。这也是史籍第一次把"弩"和"床"联系起来，清楚地说明这种弩是安装在床（即发射架）上使用的。

大型重弩最晚到战国后期就应当已经出现了。《墨子·备高临》中提到的"连弩之车"，《六韬》中提到的"绞车连弩"，还有《史记·秦始皇本纪》里始皇帝用来射杀海中巨鱼的"连弩"，应当都是发射巨型箭矢、力道极为强劲的大型重弩。巨型箭矢系有绳索，可以回收。这些弩往往需要多人或多头牲畜一起拉动绞车，才能张弓引弦，以起到在攻坚与城防战中破坏城防结构、攻城器具、大型设施等作用。到了唐代，军队所装备的弩只占弓的五分之一，一大原因恐怕就是因为两晋之后弩的体型渐趋巨大化。

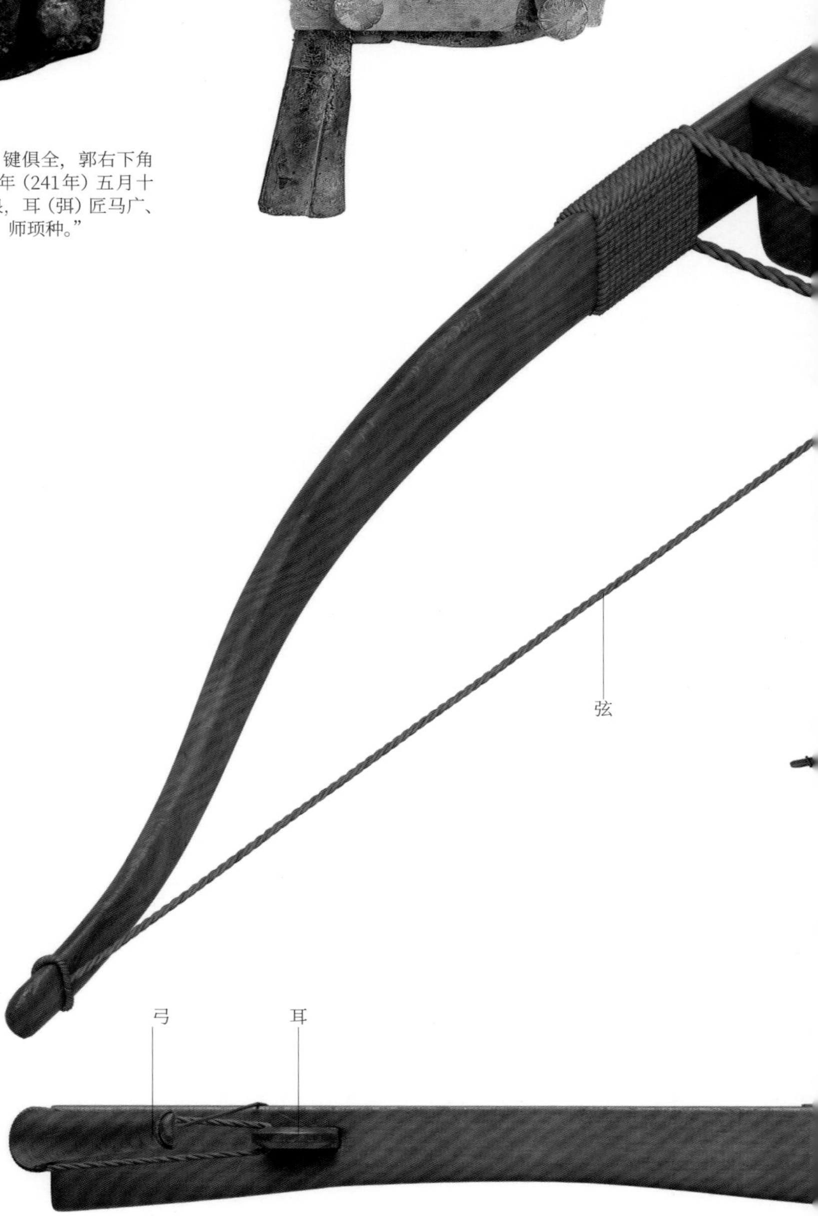

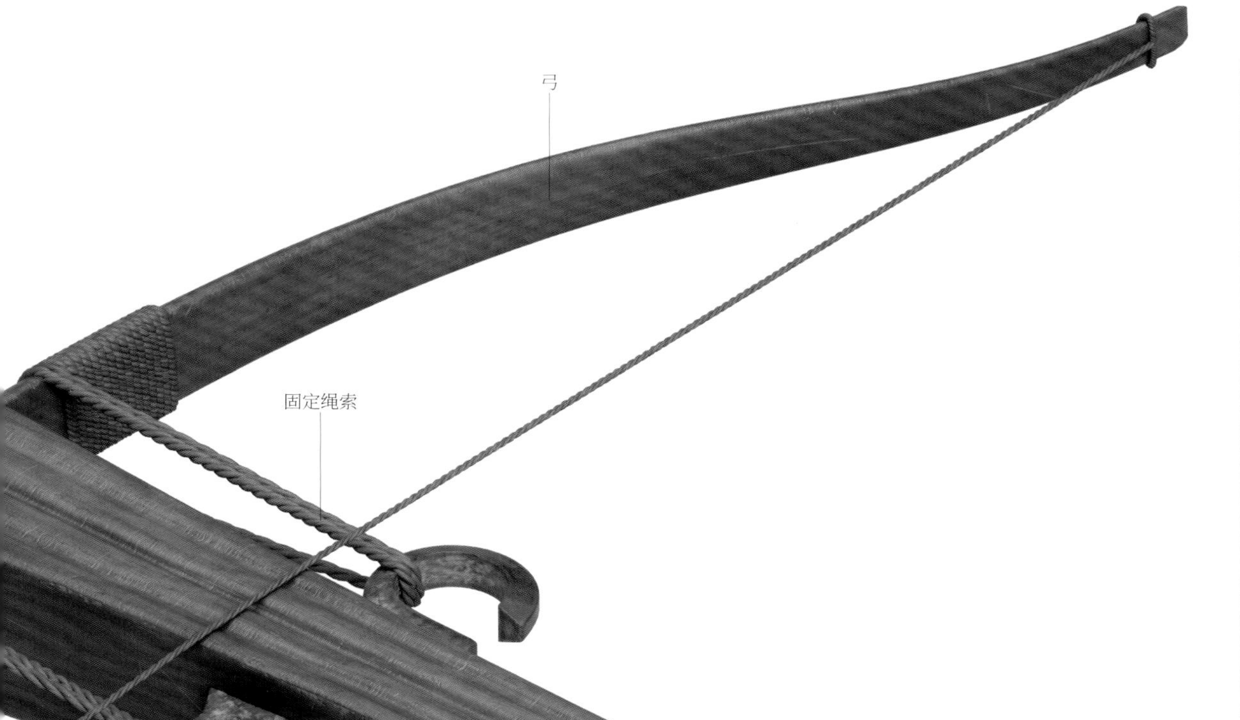

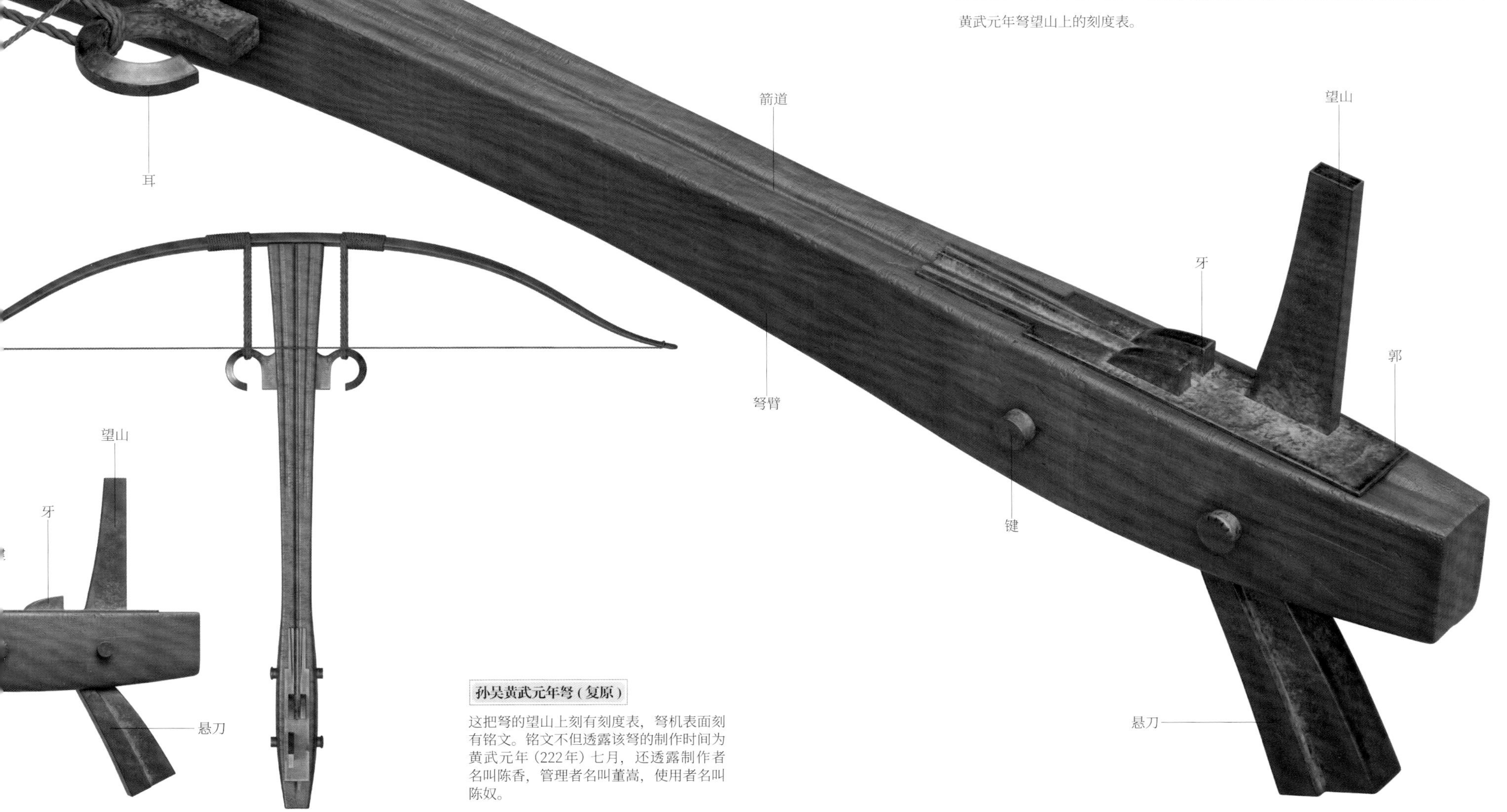

黄武元年弩望山上的刻度表。

孙吴黄武元年弩（复原）

这把弩的望山上刻有刻度表，弩机表面刻有铭文。铭文不但透露该弩的制作时间为黄武元年（222年）七月，还透露制作者名叫陈香，管理者名叫董嵩，使用者名叫陈奴。

唐弩

由于李唐王朝主要是北朝军事制度与战争风格的继承者，再加上对弩兵原有重要地位的现实需求不足，因此在唐代部队中，弩的装备量只有弓的装备量的五分之一，这个比例可能还包括了各种由多人操作的大中型弩具。不过数量上的明显减少，并不意味着质量上的妥协。

《新唐书·兵志》记载，唐玄宗开元十三年（725年），诸军招收弩手，“凡伏远弩自能施张，纵矢三百步（约540米），四发而二中；擘张弩二百三十步（约414米），四发而二中；角弓弩二百步（约360米），四发而三中；单弓弩百六十步（约288米），四发而二中，皆为及第。诸军皆近营为堋，士有便习者，教试之，及第者有赏”。这样的招收标准，无论如何是不算低的。即便单从“及第者有赏”这点来看，合格者的数量想必还是相对有限的。

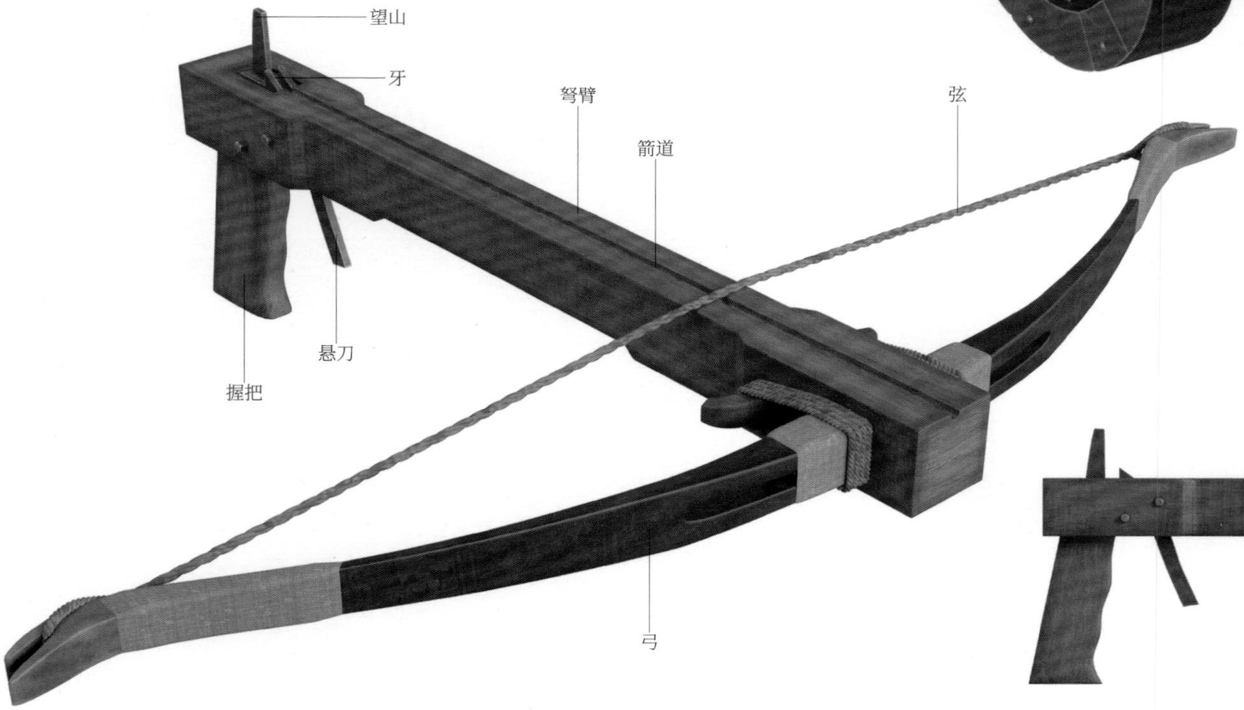

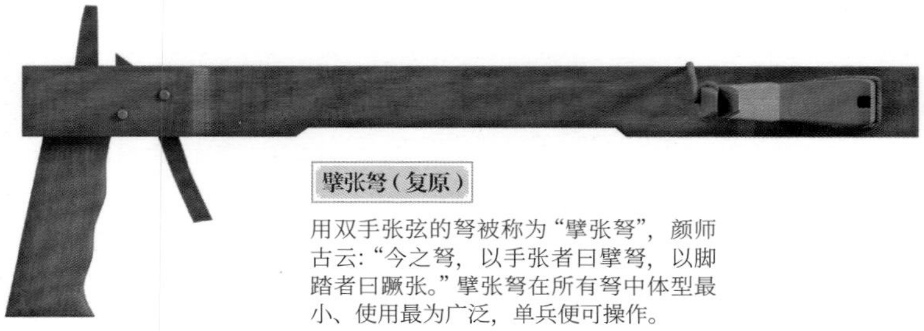

擘张弩（复原）

用双手张弦的弩被称为“擘张弩”，颜师古云：“今之弩，以手张者曰擘弩，以脚踏者曰蹶张。”擘张弩在所有弩中体型最小、使用最为广泛，单兵便可操作。

绞车弩（复原）

唐代文献《太白阴经》记载的一种重型弩，主要用于攻城。这种弩一次可以发射7支箭，其中1支大箭位于中间箭道，其余6支稍短一些的箭位于两侧，每侧各3支。一旦发射，7支箭同时射出，射击距离约为700步。

唐弩的形制与发展

唐代的弩，主要有八种形制：单弓弩、擘张弩、角弓弩、木单弩、大木单弩、竹竿弩、大竹竿弩、伏远弩。其中，比较弱的单弓弩、主要由步兵装备的擘张弩、主要由骑兵装备的角弓弩，属于单兵装备的轻型弩，其余五种皆为大中型弩。譬如大木单弩，需用绞车张弦，箭的尾羽以铁制成，发射时“声如雷吼”。又如伏远弩，射程300步，威力巨大。

此外，还有一次可同时发射7支箭，专用于攻城拔寨的绞车弩（又称“车弩”）。

在大型绞车弩的发展方面，隋末至唐末，可谓按部就班、中规中矩。唐高祖武德四年（621年），秦王李世民围攻洛阳宫城，遭到城中坚决抵抗。王世充的郑政权使用“箭如车辐，镞如巨斧，射五百步”，可同时发射8支箭矢的八弓弩抵御唐军。后梁太祖朱温在汴州做宣武军节度使时，曾选拔剽悍有力的富家子弟组建“厅子都”，使用一种俗称“急龙车”的巨型连弩作战。这其实是以1具巨型重弩和12具大型强弩组合成的联动武器装置，巨型重弩带动12具大型强弩一起发射。一次发射，射出的箭矢好像寒鸦群飞一般，“连珠大箭，无远不及”，令人畏惧。

另外，在唐代，火箭也开始成为一种战术兵器。用弓固然可以发射火箭，但用射程更远的弩来操作，实战效果更佳。比如《太白阴经》中记载：“火矢，以臂张（弩）射及三百步者，以瓢盛火冠矢端，以数百端候中夜，齐射入敌营中，焚其积聚，火发，挥乱乘便急攻。”

张弦上弩的方式

单兵装备的弩，主要有三种张弦上弩的方式——臂开、蹶开、腰开。而弓力更大以及体积更大的强弩，就需要用到滑轮、绞车等机械工具来帮助张弦了。

臂开，靠个人臂力张弦，适用于较弱的弩。蹶开，分为两种方式，一种是膝上上弩，适用于较弱的弩；另一种是脚踏上弩，适用于较强的弩。腰开同样分为两种方式，即上腰开弩和腰绊上弩，都适用于较强的弩。

宋弩

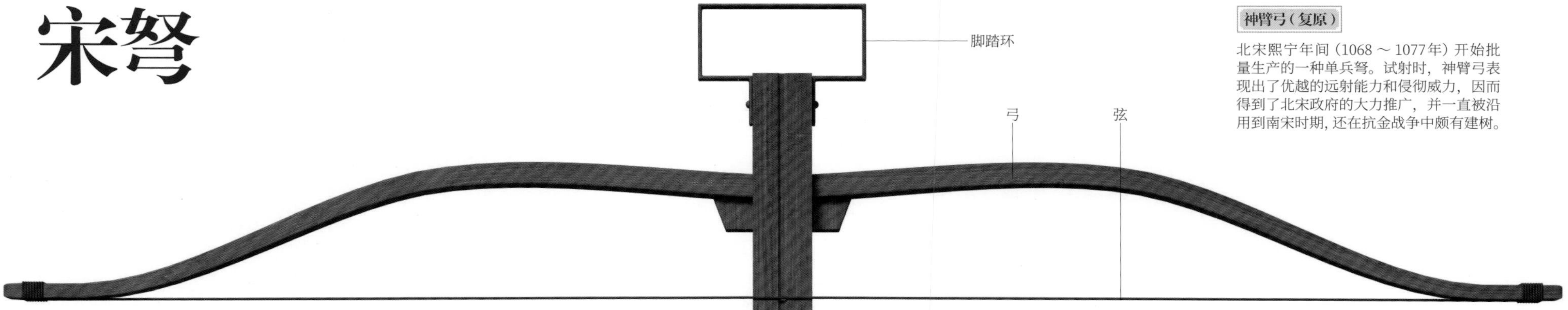

神臂弓（复原）

北宋熙宁年间（1068 ～ 1077年）开始批量生产的一种单兵弩。试射时，神臂弓表现出了优越的远射能力和侵彻威力，因而得到了北宋政府的大力推广，并一直被沿用到南宋时期，还在抗金战争中颇有建树。

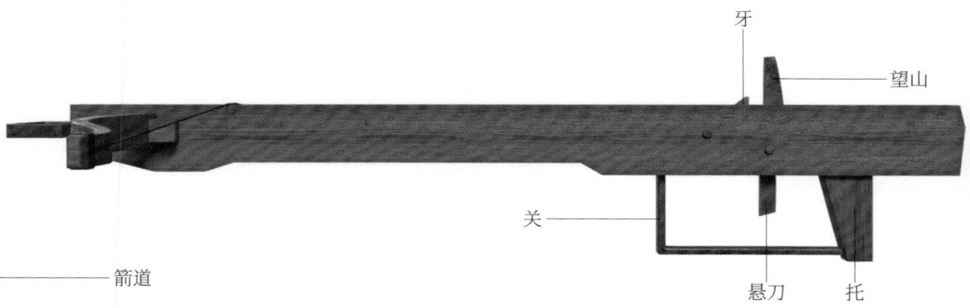

北宋真宗景德元年（1004年）秋，辽圣宗与萧太后亲率大军南下攻宋。在北宋军民的顽强抵抗下，辽宋两军陷入相持局面。在这关头，辽朝名将萧挞凛在澶州城下被宋军床子弩射中，重伤而死，辽军士气受挫。辽派人向宋释放了愿意罢兵息战、进行和谈的意愿，这才有了澶渊之盟，以及此后宋辽两国百余年的整体和平。床子弩的精彩表现恰似大型重弩于两宋发展至顶峰的写照。

单兵弩

宋代单兵装备的弩中，既有臂开的跳蹬弩、木弩等弱弩，也有踏张的黑漆弩、白桦弩、黄桦弩、雌黄桦梢弩、神臂弓等强弩。其中神臂弓特别值得一说。

神臂弓名曰弓，实为弩。弩臂长约98厘米，弩弓长约140厘米，弦长约77厘米，是一种单兵装备的脚踏张弦强弩，由投降宋朝的党项酋长李定（一说李宏）于北宋神宗熙宁元年（1068年）献上。该弩由单兵携带操作，可轻而易举洞穿铠甲，能“入榆木半笴”，即箭杆的一半深透榆木，射程为240余步（超过360米），其威力可想而知。宋神宗立即决定将这种弩量产化，用以装备军队。到了南宋初期，“中兴四将”之一的韩世忠对神臂弓进行了改良，研制出了克敌弓。这依然是一种单兵装备的脚踏张弦强弩。相比神臂弓，其弩臂增长，最大射程可远至360步（约540米），针对骑兵效果更好，向金军的重骑兵发射，敌人每每“一发应弦而倒”。之后，又衍生出威力胜过克敌弓的神劲弓，但由于张弦搭弩的耗时约为神臂弓的三倍，这种弩的泛用性也就相对有限了。总而言之，神臂弓以及由神臂弓改良而成的几种弩，可谓单兵弓弩中威力最大的一系。

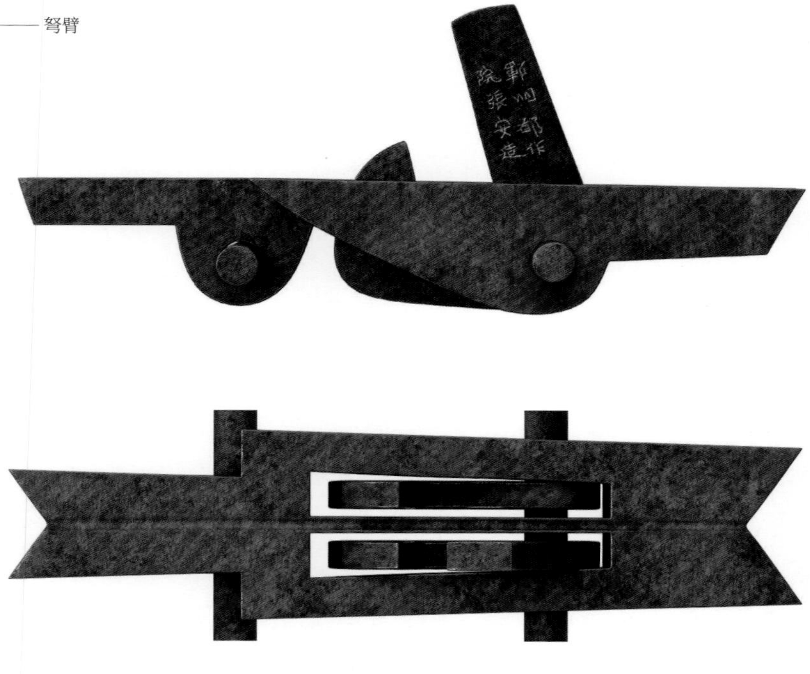

宋代青铜弩机

该弩机郭、牙、望山俱全，不见悬刀。郭前端较窄，有前槽，两侧有两个对穿圆孔。望山上刻有铭文“郓州都作院张安造”。

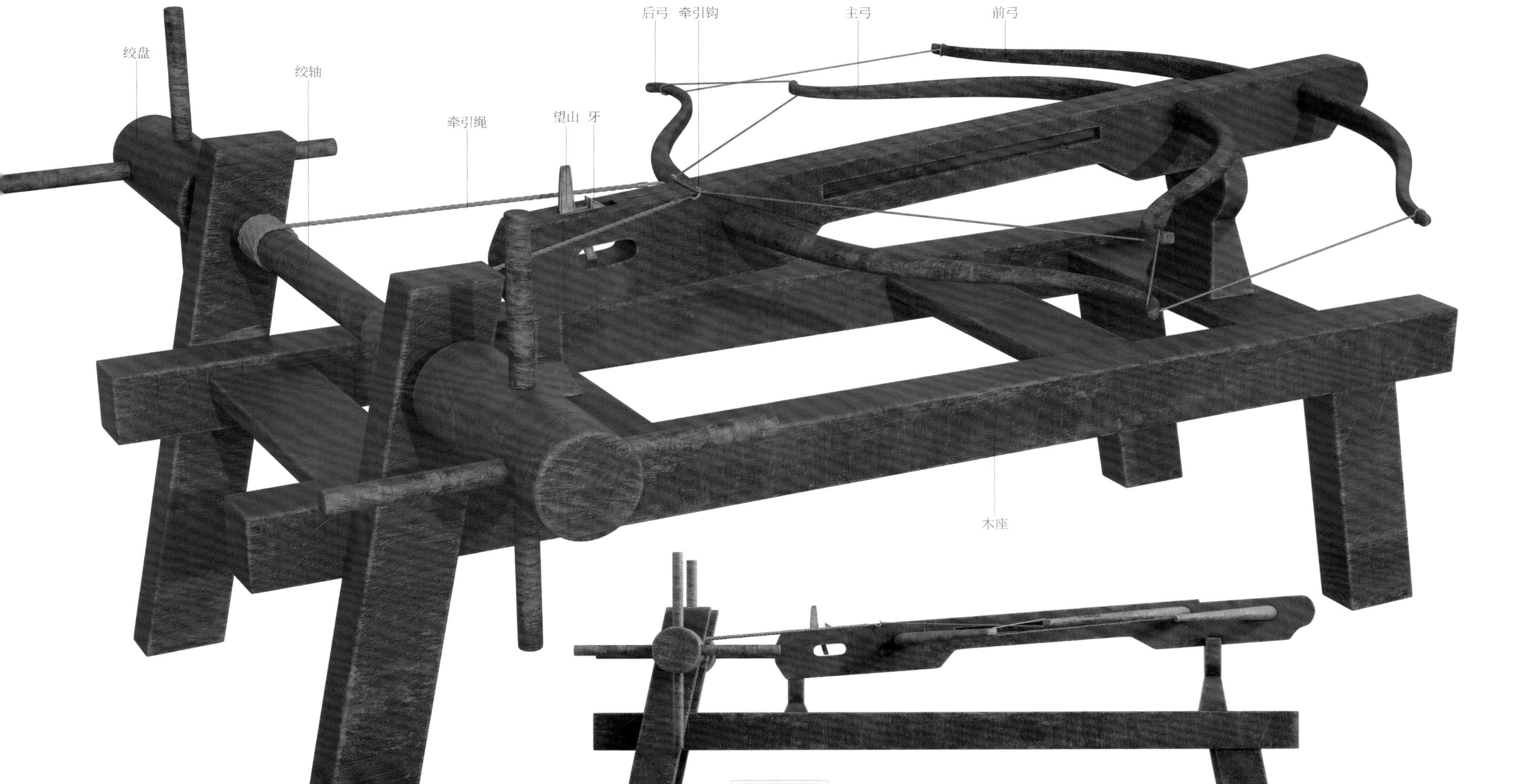

三弓弩（复原）

以三张弓合力发射特种箭的宋代重型弩。《武经总要》记载："三弓床弩，前二弓，后一弓。"除了发射铁羽箭、翎毛羽箭、寒鸦箭之外，士兵还可以在所发射的箭矢上装上火药，用于火攻。不过三弓弩的威力虽然十分巨大，但是它本身非常笨重，不易移动。除此之外，射速过低也是其不容忽视的弱点。

大型重弩

宋代的大型重弩是在唐代的基础上进一步发展而来的，宋人一般统称其为"床子弩"（又称"床弩"）。作为量产的常见形制，各种规格的床子弩都有：轻量级的，如自神臂弓衍生而来的神臂床子连城弩，单人即可操作，同时可发射数支箭；中量级的，如双弓床弩、大合蝉弩、小合蝉弩、斗子弩，都是一正一反装两张弩弓，利用多弓合力发射箭矢，并且需要4～7人转动绞车张弦才能进行操作；重量级的，如手射弩、次三弓弩、三弓弩（又称"八牛弩"），都是两正一反装三张弩弓，力道更是前所未有，需要少则二三十人多则70人转动绞车张弦才能进行操作。这个等级的床子弩，所发射的箭矢也与众不同：有所谓的"一枪三剑箭"，状如大型标枪，箭羽为三片铁翎；有所谓的"踏撅箭"，发射后钉在城墙上，可供攻城方踏脚以攀缘而上。宋太祖时，专司兵器制造的作坊使魏丕，在晋王（即后来的宋太宗）心腹陈从信的帮助下，设计制作了巨型床子弩——千步弩。在一次试射中，箭矢落在了3宋里（约1800米）外，可算是冷兵器时代射程最远的弓弩之一了。后来，制造这些床子弩的工匠，以及擅长使用这些床子弩的床子弩手，有许多在宋蒙战争中被俘后为蒙古人所用。蒙古人第三次西征时，旭烈兀数次用发射火箭的八牛弩攻破阿拉伯城市，于是阿拉伯人直接将各种源自中国的床子弩统称为"牛弩"。至于蒙古人对神臂弓等单兵轻型弩的制造与使用，则是元朝初年通过南宋降将掌握的。

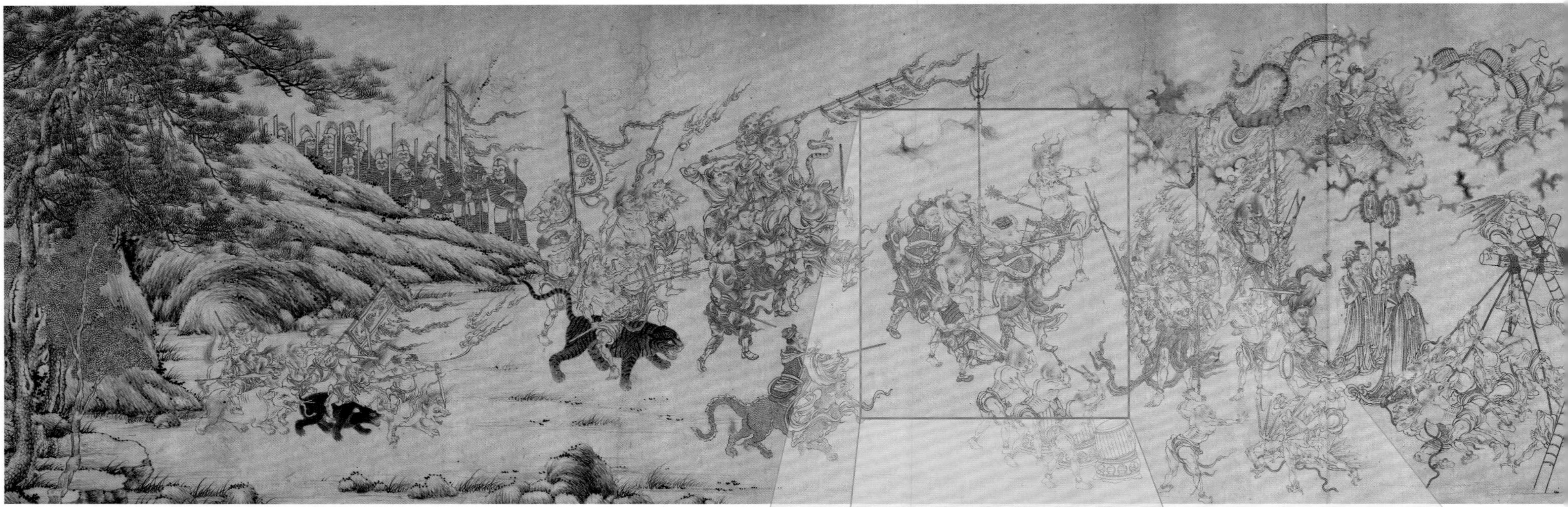

箭矢的制造与消耗

人们常用“箭如雨下”这类的词汇来形容战场上的对射场面，不难想象古代战争中的箭矢如同现代战争中的弹药会大量消耗。西汉将军李陵遭遇匈奴军队围攻时，“一日五十万矢皆尽”，箭矢消耗速度之快令人咂舌。唐代的张巡在安史之乱中守雍丘时，在用完城中储备的箭矢后，在晚间用草人伪装成下城偷袭的部队引诱围城敌军放箭乱射，一夜便得到来自敌方的数十万箭矢补充。在北宋前期，光是有千余工匠专门制造箭矢的中央机构——弓弩造箭院（前身为南造箭库和北造箭库）一处，每年承担的制造箭矢任务就至少是1650余万支，这还不算各州军的作院、都作院等地方兵器工场以及民间造箭作坊每年的产量。就连北宋徽宗政和七年（1117年）这样没有发生较大规模战事的年份，尚需要箭矢5000万支。弓弩作为主要作战兵器使用时，对箭矢的庞大需求由此可知。

弓弩造箭院制造的箭矢中也包括战术兵器——火箭。到了宋代，火箭被运用得异常娴熟。南宋高宗绍兴三十一年（1161年）十月，南宋水军将领李宝在胶西陈家岛附近海域对准备由海路攻向临安的金朝水军发动突然袭击。宋军以轻舟火箭环射金军战船上的油布船帆，并对未起火的金船实施跳帮肉搏，结果烧毁、俘虏敌船数百艘，金军几乎全军覆没。李宝敢于以少击众，率3000人的兵力袭击70000人的金朝舰队，除了事先得知这支部队兵力虽多但普遍不识水性外，更重要的是，他手中掌握着火箭等足以消灭敌军的利兵。当时在诸如火箭、火炮（发射火弹的投石机）之类技术兵器的使用上，宋军相比金军要有经验得多。另外，双方在具体的兵器制造上也存在技术上的差异。

《揭钵图》（元代朱玉摹本）

此卷摹自宋代李公麟《揭钵图》，图中为画卷局部，展现的是使用角弓弩的魔军部众，其中牛头使用的弩用两张弓串联而成。

北宋《大驾卤簿图书》中的弓弩部队。

弩的使用方式

面对北方政权的大量骑兵，宋军最主要的抵御兵器无疑是弓弩，尤其是诸如神臂弓之类的强弩。两宋不仅在弩具的制造技术上获得了不小的进步，在弩具的实际运用上也实现了不小的突破。以守城战为例，宋代的城防工事中建有专门的弩台，它与城齐高，上建有棚，突出城墙立面之外。每个弩台可容纳25名弓弩手，这些弓弩手不但可以射击正面之敌，而且可以射击侧面城墙火力死角处的敌人，大大提高了防守的韧性。

类似《墨子·备穴》记载的转射机那样的重弩应用方法，继续受到宋军青睐。所谓“转射机”，乃是一类将大型弩设在可以进行一定角度旋转的发射架上的防御设施，犹如炮塔一般，可以给过于笨重、难以移动的床子弩带来更宽广的射界。而且只要位置设置巧妙，还能让敌人的还击难以奏效。

就野战来看，考虑弩的实际有效射程和射击频率，训练有素的骑兵可以利用两轮射击之间的装填间隙迅速冲到弩兵面前，破坏弩兵阵形，并完全冲垮弩兵阵列。因此，唐代发展出了“张而复出，射而复入，则弩不绝”的弩兵二段击、三段击轮流射击战法。可这毕竟不是拥有多样化选择的唐军的主要战法。而反过来说，宋军多数时候也不可能像唐军一样，具备实施多样化战法的条件（譬如说由于缺少军马，宋军通常就没有实施大规模步骑协同配合的可能性）。这种情况下，就必须把弩兵的作用发挥到极致。

轮流射击法

轮流射击法作为宋代弓弩兵的主要战法之一，发展出了三种模式：

第一种继承自唐代，弩手排列成若干阵线，张弦、准备、射击，周而复始，变换阵线，进行射击间隔很短的连续强弩攻击。第二种则是将士兵按三人一组编队，最后一人专门负责张弦搭箭，中间一人专门负责传递，前排一人则由射艺较高的弩手专司射击，同样是进行射击间隔很短的连续强弩攻击。第三种乃是南宋名将吴璘创立的叠阵法：“每战，以长枪居前，坐不得起，次最强弓，次强弩，跪膝以俟，次神臂弓。约敌相搏，至百步内，则神臂先发；七十步，强弓并发；次阵如之。凡阵，以拒马为限，铁钩相连，俟其伤则更替之。遇更替则以鼓为之节。骑出两翼以蔽于前，阵成而骑兵退，谓之叠阵”。这不再是单纯的弩兵战法，而是以弓弩为主的多兵种混合协同作战。

以上战法，不论何种模式，都对将领排兵布阵的能力、基层军官的临场指挥能力以及官兵的纪律有较高要求。因此，不论何种模式，都需要长时间的训练，才能保持正常发挥。

两宋是弩箭制造技术与运用能力的巅峰时代。宋亡之后不到300年，弩箭便淡出了多数军事家的视野。此等情状固然有些可叹，却也是历史车轮滚滚向前的正常结果。直到进入现代，弩箭才首先在西方，进而在全世界，作为一类特种用途兵器，重新获得一席之地。

明清时期的弩

明代前期，传承自宋元的神臂弓和克敌弓等单兵轻型弩还能够作为军事装备的重要一环存在，明军也还使用双飞弩之类的轻量级床子弩守城，中、重量级重弩则很少出现在战场上。到了明代中期以后，由于火器制造技术的发展，以及一些先进火器的传入，弩已经很少用于军事用途出现在战场上了。待到戚继光抗倭时，戚家军保留的弩类装备只剩下伏弩（又称“窝弩”“耕戈”）了。而在清代，弩的地位持续下降，笨重的投石机则完全被火器所淘汰。

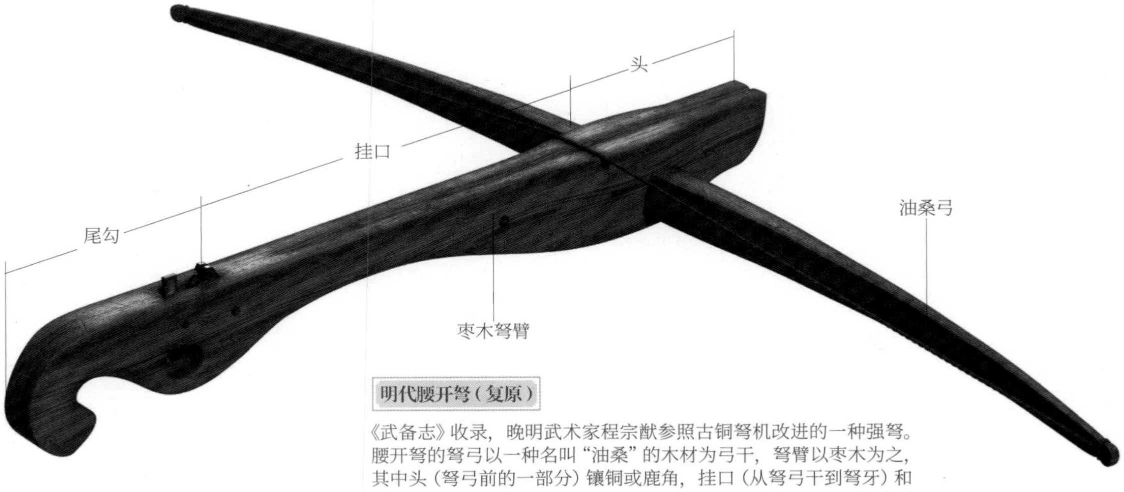

明代腰开弩（复原）

《武备志》收录，晚明武术家程宗猷参照古铜弩机改进的一种强弩。腰开弩的弩弓以一种名叫“油桑”的木材为弓干，弩臂以枣木为之，其中头（弩弓前的一部分）镶铜或鹿角，挂口（从弩弓干到弩牙）和尾勾（弩牙后的一部分）的长度比例是4.4 ： 1，挂口和弓干的比例是1 ： 5。弩弓和弩臂要用钢铁零件紧紧固定，才能保持两者牢固结合而不脱落。

明代蹶张弩（复原）

《武备志》收录。从画面上可以看出，明代蹶张弩与先秦时的蹶张弩不同：弩弓为多层竹弓，最厚达六层，最薄也有三层。弩臂中段靠前有一左右贯通的穿孔，里面穿着一个绳圈；弩臂后段有一上下贯通的机槽，里面装着弩机，上面有望山、弩牙露出，下面的悬刀护圈和握把与弩臂连成一体，悬刀就在护圈内。张弩时，射手将绳甩到弩臂前方，用右足踩住，然后以双手全力拉弦，挂上弩牙。

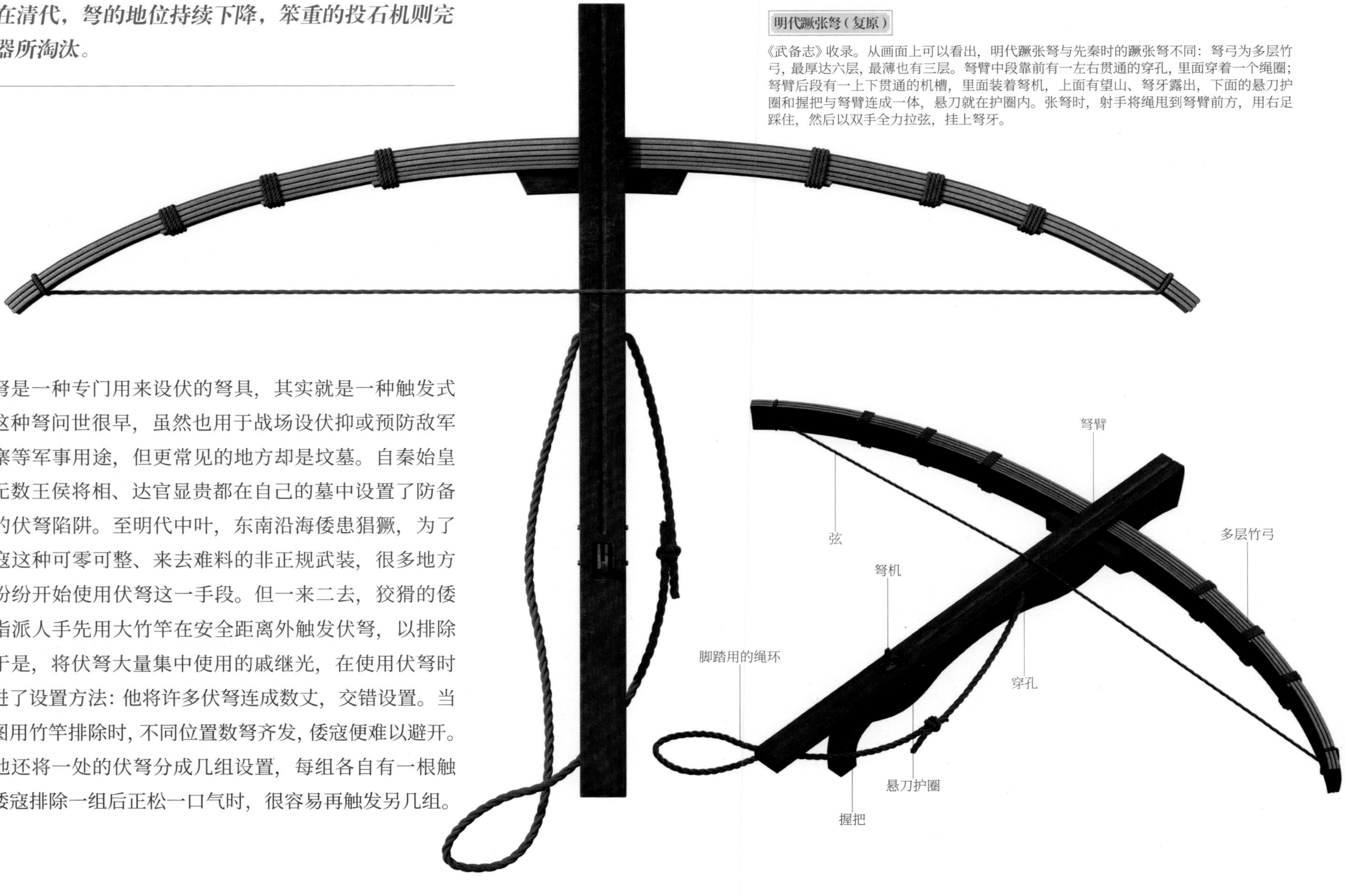

伏弩

伏弩是一种专门用来设伏的弩具，其实就是一种触发式装置。这种弩问世很早，虽然也用于战场设伏抑或预防敌军偷营劫寨等军事用途，但更常见的地方却是坟墓。自秦始皇以降，无数王侯将相、达官显贵都在自己的墓中设置了防备盗墓贼的伏弩陷阱。至明代中叶，东南沿海倭患猖獗，为了对付倭寇这种可零可整、来去难料的非正规武装，很多地方的军民纷纷开始使用伏弩这一手段。但一来二去，狡猾的倭寇开始指派人手先用大竹竿在安全距离外触发伏弩，以排除威胁。于是，将伏弩大量集中使用的戚继光，在使用伏弩时特意改进了设置方法：他将许多伏弩连成数丈，交错设置。当倭寇试图用竹竿排除时，不同位置数弩齐发，倭寇便难以避开。同时，他还将一处的伏弩分成几组设置，每组各自有一根触发线，倭寇排除一组后正松一口气时，很容易再触发另几组。

诸葛弩

明清时期，还有一种极少会派上军事用途的诸葛弩。这是一种连发弩，通过将张弦、触发等功能汇聚到一个大型扳机上，来实现连续发射。中国历史上的所谓“连弩”绝大多数分属两类：一类是发射系有绳索、可以回收的箭矢的连弩，一类是同时可发射数支箭矢的连弩。裴松之曾引《魏氏春秋》注《三国志》，说诸葛亮“损益连弩，谓之元戎，以铁为矢，矢长八寸，一弩十矢俱发”。因此中国民间往往认为连发弩是诸葛亮改进或者发明的，故而将这种连发弩称作“诸葛弩”。奈何就目前的考古出土与研究而言，远不能对诸葛亮改进的连弩是否是连发弩（抑或是同时发射10支箭矢的连弩）下断言。但这种诸葛弩的渊源，倒是已在考古发现中得到了证明。湖北江陵秦家嘴战国楚墓中曾出土了一具可连射20支箭矢的连发弩，它的结构和原理同明清时代的诸葛弩极为相似。由此可见，连发弩的发明至少能够上溯到战国时期。然而，受制于其结构，战国至明清，连发弩一直只有至远20余步的射程和只能用来射鸟的威力，以致在明清时代沦为民众把玩或打猎的玩物。虽然明代的《武备志》认为，可以将箭镞涂上剧毒的诸葛弩，交给骑兵在近身冲突中使用，但这只是一说而已，实战效果到底如何，颇为存疑。

诸葛弩未扳动扳机的状态

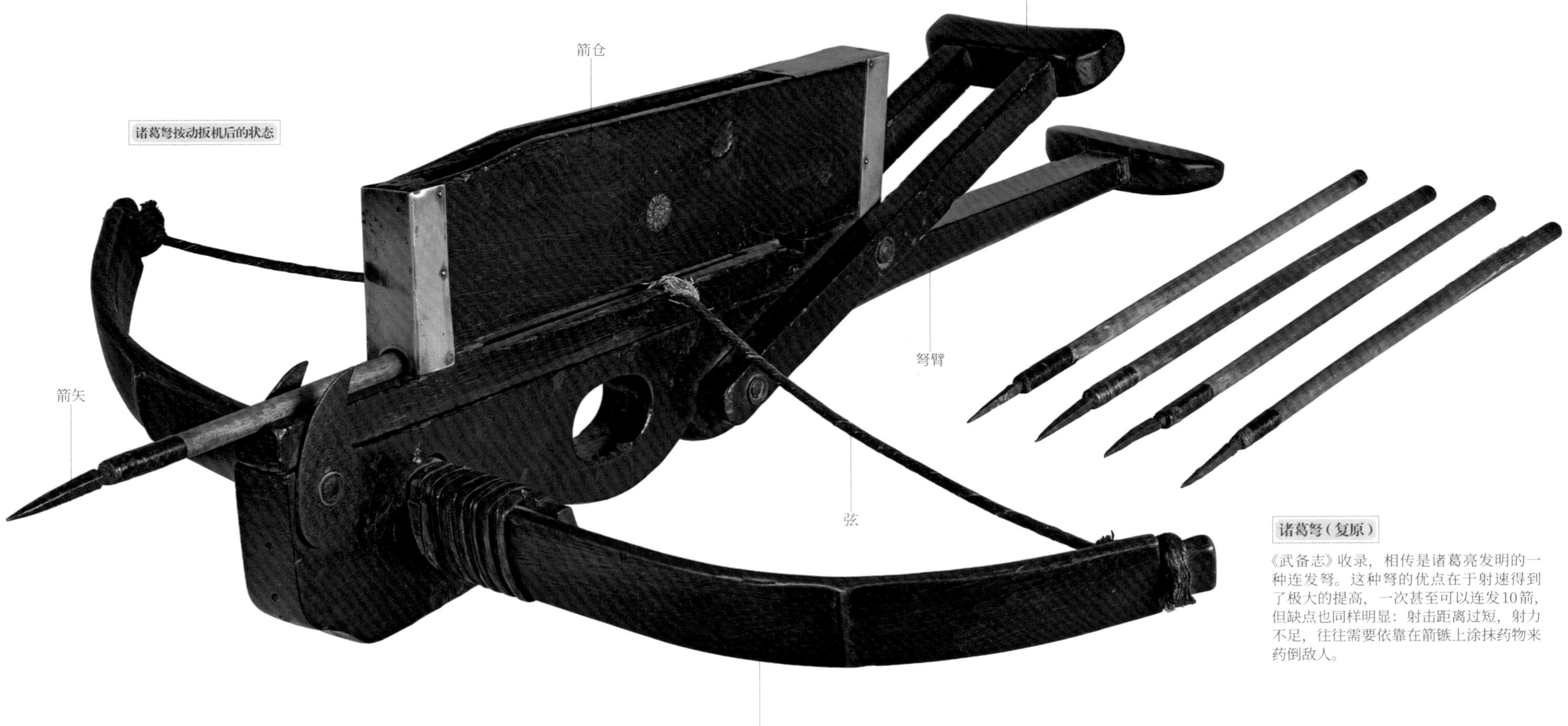

诸葛弩扳动扳机后的状态

诸葛弩（复原）

《武备志》收录，相传是诸葛亮发明的一种连发弩。这种弩的优点在于射速得到了极大的提高，一次甚至可以连发10箭，但缺点也同样明显：射击距离过短，射力不足，往往需要依靠在箭镞上涂抹药物来药倒敌人。

花臺

第五章
Chapter 5: Firearms

火器

文 / 王龙润

火药是中国古代四大发明之一，是古代炼丹方士炼制长生不老丹的意外产物。火药由硝、硫、炭按一定比例制作，因此又被称为“黑火药”或“三组分火药”。

火药的发明对人类的战争方式产生了巨大影响，或者说完全改变了人类的战争模式。军队旧有的编制、组织，战争的规模、强度，乃至于兵法、战术都受到了强烈的冲击。作为第一个发明火药以及第一个把火药运用于战争的国家，中国的战争模式发生了显而易见的变化。

纵火类火器

火药被发明之后，中国人很快就发现了其在军事领域的潜力。不过当时的军人显然是从火药最直观的特性来考虑其军事用途的。众所周知，火药极易燃烧，而且烧起来相当激烈，并会产生大量的氮气、二氧化碳，导致体积突然膨胀，若在密闭的容器内燃烧就会发生爆炸。因此早期火器，都是利用火药燃烧和爆炸性能制成的纵火类和爆炸类火器。

纵火类火器最早的记载见于北宋初始，当时朝廷大力发展军备，军中屡有军官研制火器进献朝廷。比如《宋史·卷一百九十七》记载，开宝三年（970年）五月，“诏：‘京都士庶之家，不得私蓄兵器。军士素能自备技击之器者，寄掌本军之司；俟出征，则陈牒以请。品官准法听得置随身器械。’时兵部令史冯继升等进火箭法，命试验，且赐衣物、束帛”。

30年后的咸平三年（1000年），神卫水军队长唐福进献其研制的火药箭、火球、火蒺藜，并得到朝廷赏赐。“八月，神卫水军队长唐福献所制火箭、火球、火蒺藜，造船务匠项绾等献海战船式，各赐缗钱。”

此后，宋仁宗在宝元三年（1040年）命天章阁曾公亮等人编纂的、于庆历四年（1044年）成书的军事类书籍《武经总要》详细记载了北宋火药类武器。此书共记载了六种火球类火器，分别是烟球、毒药烟球、火球、引火球、蒺藜火球、霹雳火球。它们外观上呈球形或椭圆形，内裹火药，有些火器里面还裹有药物、瓷片或铁蒺藜，外面用厚纸壳封住。使用时，先用火锥烙热至可燃，然后利用投石机抛射出去。除了火球类火器之外，《武经总要》还记载了两种鹞式燃烧性火器——铁嘴火鹞和竹火鹞。铁嘴火鹞主体用木头制成，嘴则用铁制造，火药藏在尾部的干草中，通以火线。作战时，点燃火线，用投石机将其抛至敌阵。竹火鹞用竹片编成，呈长椭球形，内装火药和小卵石，外用纸糊数层，使用时，点燃后用投石机投掷出去。

火球（复原）

火球是一种主要用来燃烧杀敌的球形火器。制作时，先把火药粉末、易燃油料混在一起搅拌均匀，然后将其封在5层厚纸裹成的球形纸壳内，之后用麻绳把纸壳扎紧，将松脂熔成液体涂抹在纸壳表面。使用时，先用火锥烙热火球表面至可燃，然后用投石机抛射出去。它既可以用于野战，也可以用于守城。

烟球（复原）

烟球是一种制造烟雾的火器。制作时，用纸制成球形外壳，球壳内装放火药，球壳表面包一层黄蒿，之后在黄蒿表面涂上厚厚一层易燃油料。作战时，先用火锥将烟球表面的易燃油料烙透，使其发热可燃，之后用投石机投射到敌方位置，可起到遮蔽敌人视线的效果。

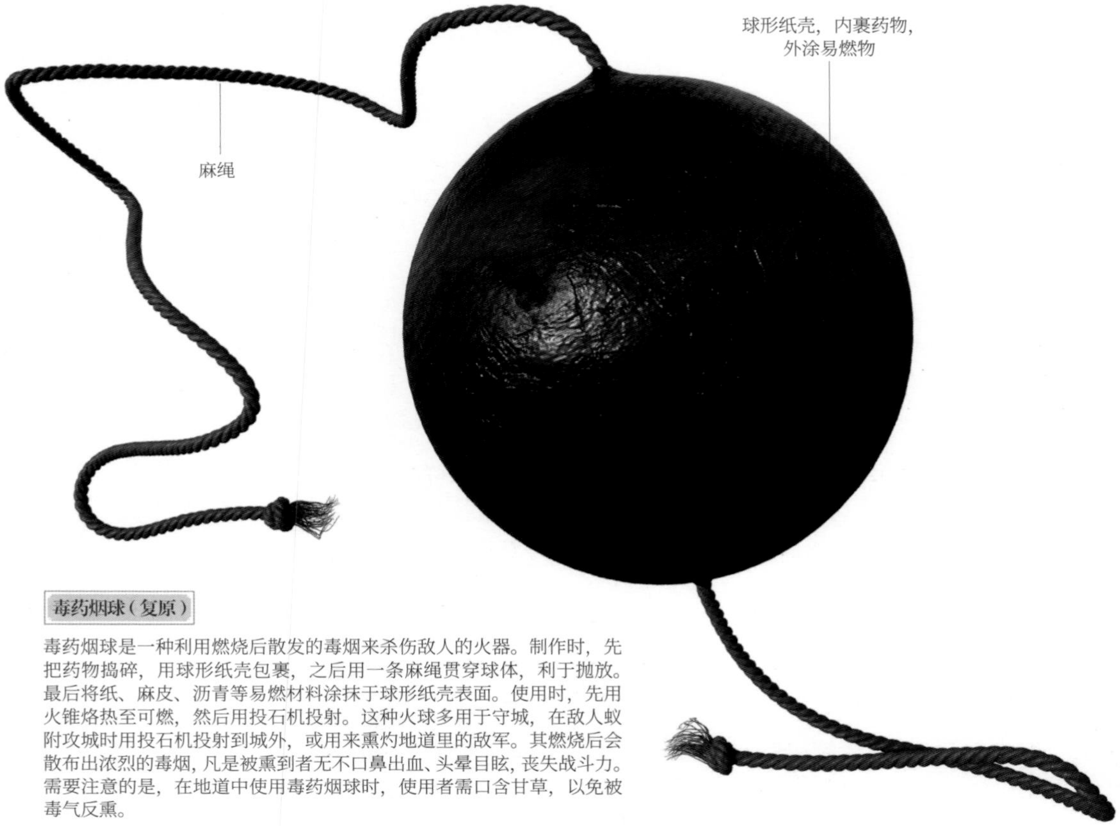

毒药烟球（复原）

毒药烟球是一种利用燃烧后散发的毒烟来杀伤敌人的火器。制作时，先把药物捣碎，用球形纸壳包裹，之后用一条麻绳贯穿球体，利于抛放。最后将纸、麻皮、沥青等易燃材料涂抹于球形纸壳表面。使用时，先用火锥烙热至可燃，然后用投石机投射。这种火球多用于守城，在敌人蚁附攻城时用投石机投射到城外，或用来熏灼地道里的敌军。其燃烧后会散布出浓烈的毒烟，凡是被熏到者无不口鼻出血、头晕目眩，丧失战斗力。需要注意的是，在地道中使用毒药烟球时，使用者需口含甘草，以免被毒气反熏。

引火球（复原）

引火球是用来测试发射距离及精度的火球。其外壳用纸裹成球形，球内装满碎砖屑，球形外壳表面涂满黄蜡、沥青、炭末熬成的泥膏。球体中间用麻绳贯穿，以便携带。使用时用投石机抛出，测试远近和精度，然后根据此数据投放火球。

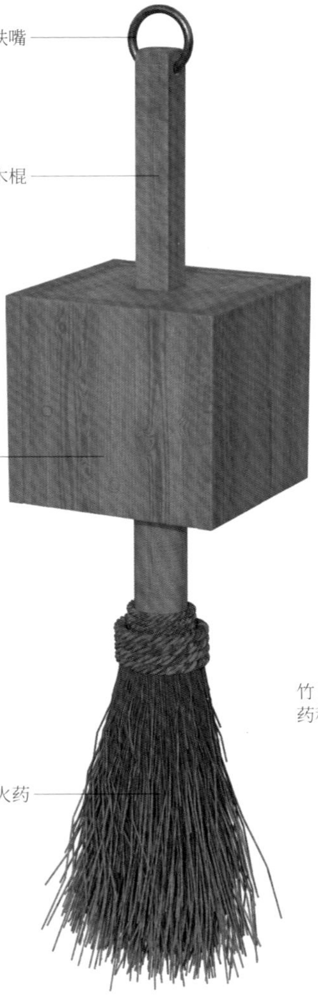

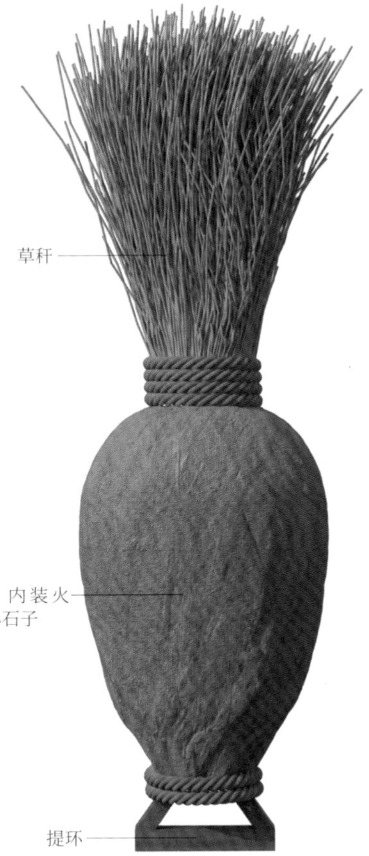

蒺藜火球（复原）

蒺藜火球是一种在爆炸后喷射铁蒺藜的球形火器。制作时，先将3枚有尖刺的铁刃用火药裹成球状，再用纸、麻、黄丹、炭末制成外壳，外壳上涂满沥青、黄蜡熔成的汁液，最后在表面固定上8枚铁蒺藜。球体中间用一条麻绳贯穿，便于携带。使用时，用铁锥烙热使其燃烧，之后用投石机投射出去。

铁嘴火鹞（复原）

铁嘴火鹞是一种外形类似鸟类的火器。其主体由木头制成，中贯一木棍，木棍上方用铁做成铁嘴安上为鸟头，下方在尾部用草秆捆作鸟尾，火药就藏在充作鸟尾的草秆里。该火器可以用投石机抛射。

竹火鹞（复原）

竹火鹞是一种燃烧类火器。它的外壳是用竹片编成的椭圆形竹笼，笼外刷上数层纸浆，再涂成黄色，笼内放置火药和小石子。火器尾部由草秆编成。使用时，可以用投石机抛射，主要用来焚烧敌人的器械、物资，以达到惊扰敌人的效果。

霹雳火球（复原）

霹雳火球是一种具有爆炸性能的球形火器。制作时，选择没有裂缝的两三节干竹，将30枚大小如铜钱的薄瓷片用火药包裹在外面，裹成球形，球体两端冒出约一寸的干竹头，球体外壳用易燃油料、杂药涂遍周身。使用时，用铁锥烙热使其燃烧，之后用投石机投射出去，主要用于守城。

投石机

早期火器除了用人力投掷外，为了打击更远距离的敌人，往往被放在投石机上进行远程投射。除了用于守城以外，这些火器也在野战中被大量使用，不过为了保证机动性，投石机通常被改为投石车随军移动。

单梢炮

单梢炮是一种宋代投石机，配有梯形炮架，炮梢为单根木材。双梢炮、五梢炮、七梢炮同样有梯形炮架，只是炮梢数量不同，分别为2根、5根、7根。单梢炮在投射时需由40人手握炮索，1名炮手负责瞄准指挥。待炮手命令一出，众人便一齐猛拉炮索，使炮梢一端受力利用杠杆原理将石弹抛射出去。其射程可达50步（约75米），所用石弹重2斤，也可以抛射火球。在野战中，可为其添置木轮以便移动。

单梢炮（复原）

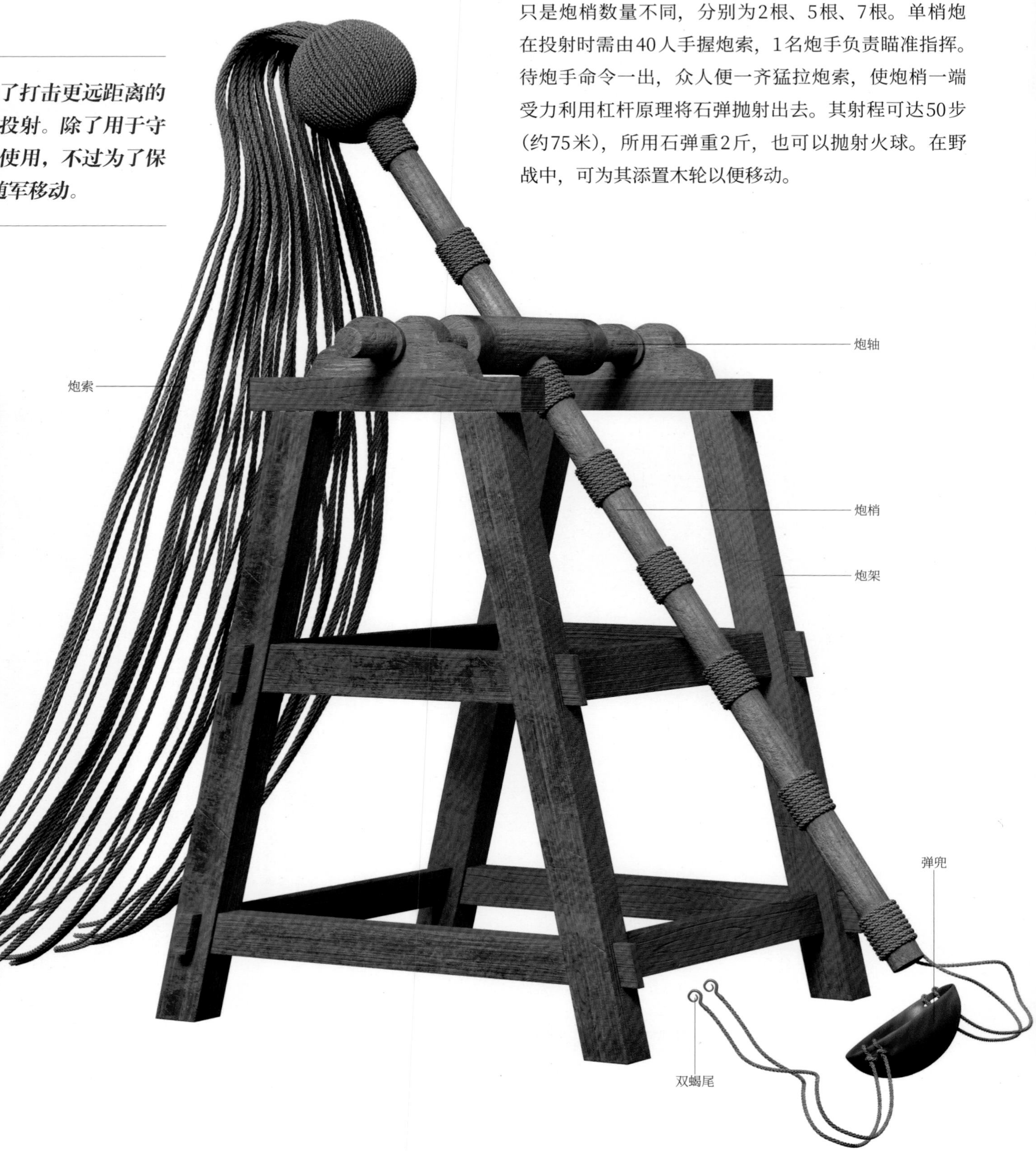

车行炮

宋代移动式投石机，有一个三角形炮架，炮架下方安装有一对木轮。三角形炮架的顶端支撑着炮轴，轴中横贯一炮梢。由于有两个车轮，车行炮可以通过人力推拉移动，并且转向方便，可以及时调整发射方向。这种投石车抛射石弹、火球的方法与其他投石机一样。

车行炮（复原）

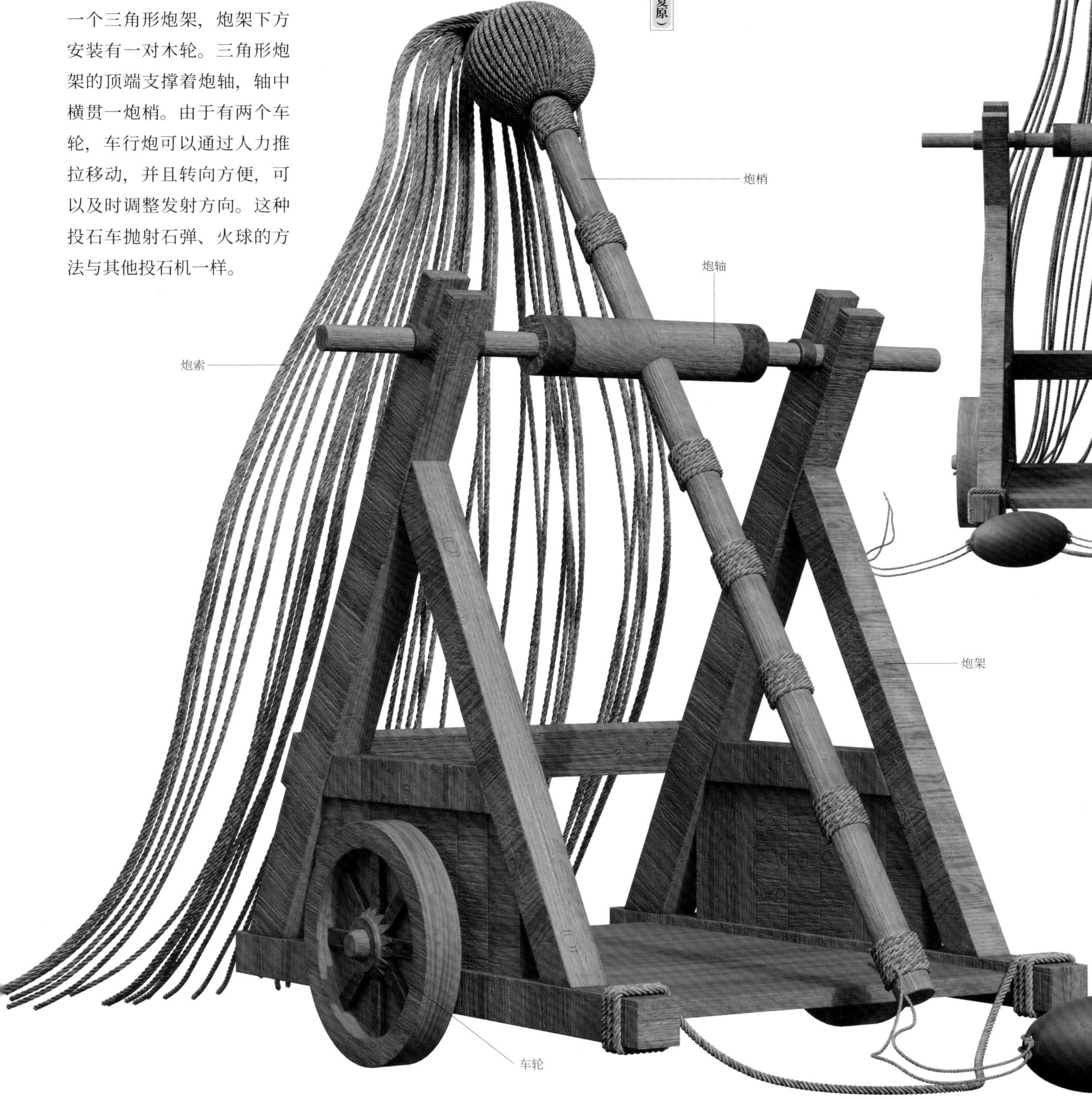

旋风炮（复原）

旋风炮

旋风炮是一种略小型的投石机，其主体为一根大木桩，称为“冲天柱”。此炮用炮手50人，另有1名炮手负责瞄准指挥。其所用大石弹重3斤半，射程可达50步。在使用的时候，先把冲天柱埋入地下5.8寸，两边再用夹木夹紧，这样旋风炮才能稳定受力。守城时，旋风炮主要布置在城墙上战棚旁边；野战时，则用一大木板为车床，四周设木护板，再安上两只大木轮以便于移动。

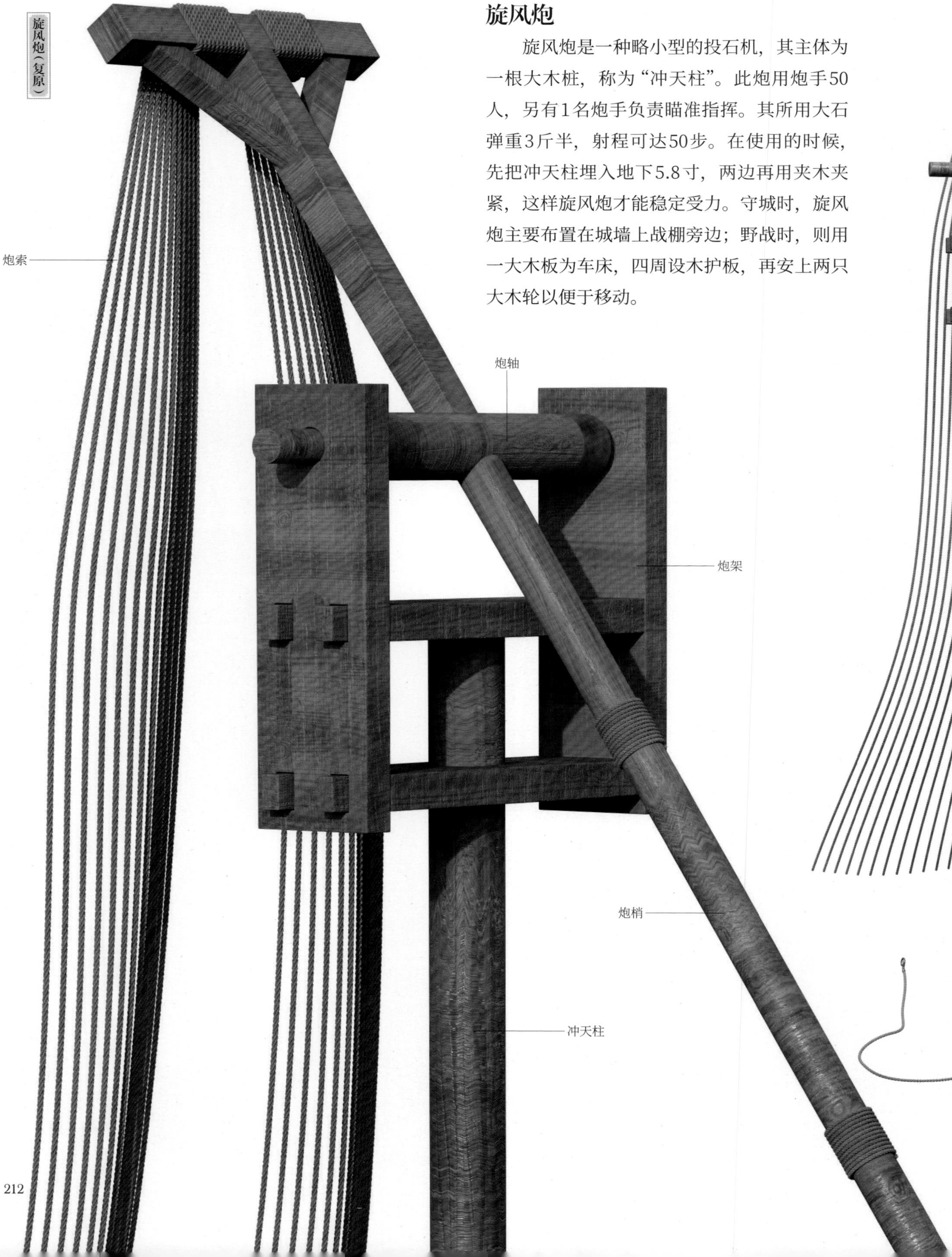

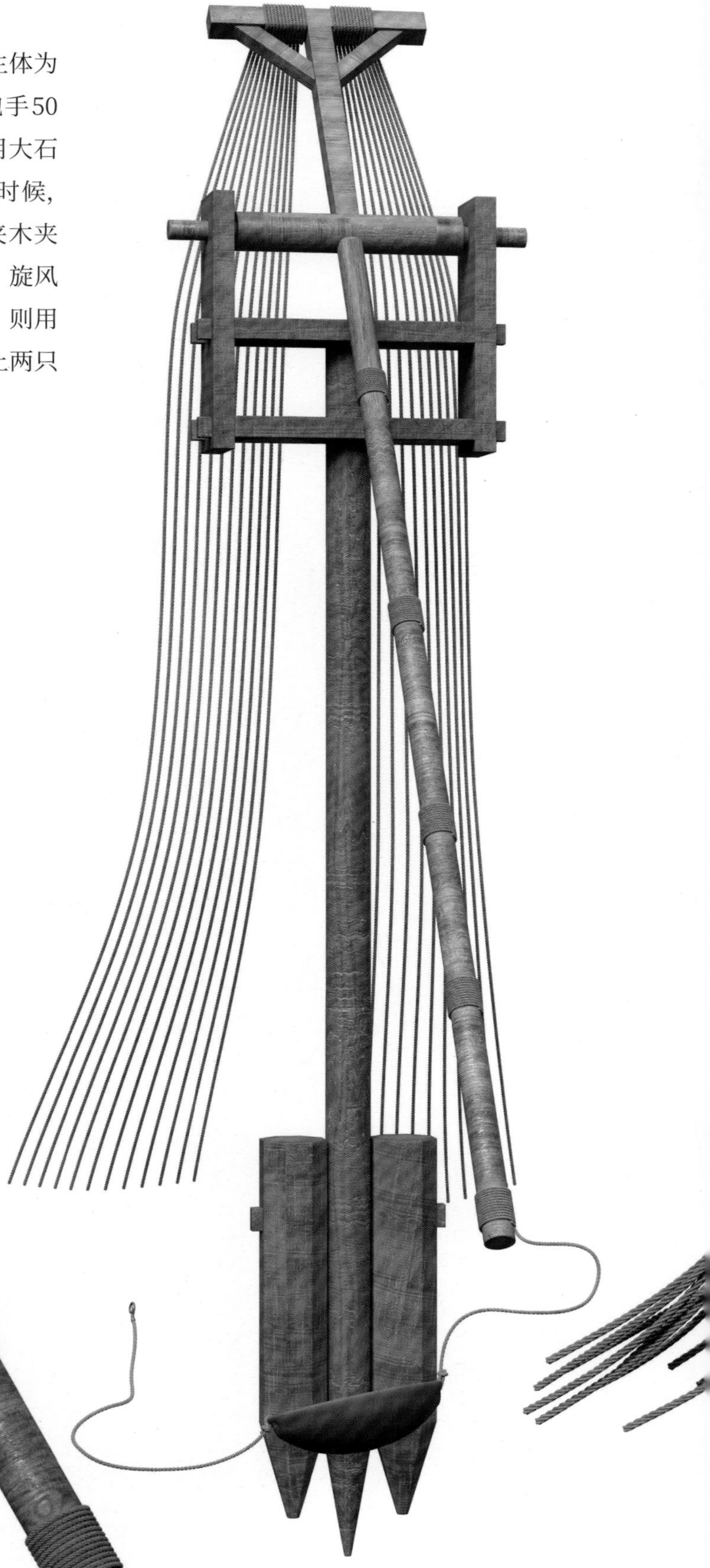

虎蹲炮（复原）

虎蹲炮

宋代投石机，有一个三角形炮架。为加强防护力，炮架上覆盖了一层铁叶子作为保护。虎蹲炮用炮手50人，另有1名炮手负责瞄准指挥。所用大石弹重12斤，火球亦如此，射程可达50步外。虎蹲炮可守城可野战，野战时施以木轮便可移动。

爆炸类火器

《蒙古袭来绘词》中元军使用震天雷的场景。

靖康之役中，金军大量使用火器与宋军对攻，从而在火器的制造、研发方面积累了大量经验，并在此基础上陆续创造出一些新式火器，其中更有爆炸类火器。

爆炸性铁火炮与燃烧性纸火球相比，威力大大增加。

铁火炮

铁火炮是一种由金人发明的爆炸性火器，也是历史上最早的金属火器。南宋嘉定十四年（1221年）金军进攻蕲州，围城25天，其间用投石机发射铁火炮攻城，对宋军造成了很大的杀伤。此种火器的爆炸威力让当时参与守城的司理赵与褰印象深刻。城破后，赵与褰在其所写的《辛巳泣蕲录》中对铁火炮做了详细描述。根据其记载，铁火炮第一次出现是在三月十一日，金军以十三座投石机攻打蕲州西北楼。“十一日，番贼攻击西北楼，横流炮十有三座，每一炮继以一铁火炮，其声大如霹雳。”十三日，金军继续猛攻西北楼，赵与褰亲自登城督军力战，此时金军用投石机投射铁火炮轰击城门。铁火炮的杀伤力，《辛巳泣蕲录》描述为：“其形如匏状而口小，用生铁铸成，厚有二寸，震动城壁。其日，对炮，兵士詹进被炮打死。”

从这些记载中可以看出，金军的爆炸性铁火炮与宋军的燃烧性纸火球相比，威力大大增加。在与宋军的对战中，金军将宋军炮手完全压制，宋军炮手或死或伤，死者头部甚至被炸碎一半，极为骇人。除了宋军炮手外，守城军士也被铁火炮杀伤不少。赵与褰又称：“十四日……四门攻打甚亟，各隅军兵皆有伤重之人。最是暑字楼下与西南隅楼，铁火炮相继及，伤人最多。”铁火炮之威力可见一斑。

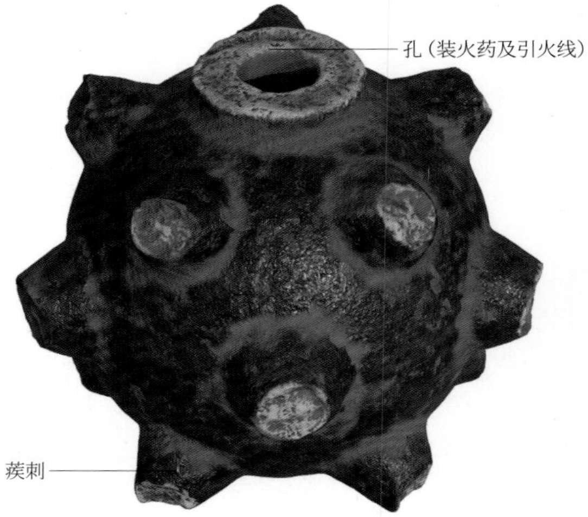

金代瓷蒺藜

这是一种表面布满尖刺的爆炸性火器，以瓷制作，外施酱釉，内装火药。因形如蒺藜果，又名“火蒺藜”。

宋代瓷蒺藜

圆球状器身顶端有一个小孔，用来装置火药和引火线，中间为定心药室，内装有小铁块。整个器形胎质厚重，表面有许多蒺刺。

明代地雷

可以看到，这枚球形地雷的腰腹部有一圈合范铸造法留下的线痕。明军使用的地雷总共有10余种，若按引爆方式区分，有燃发型、拉发型、绊发型等。

托克托出土明代地雷（复原）

2000年春，内蒙古呼和浩特西南托克托县出土了20余枚中空球形铁壳地雷。这些地雷大小不一，出土时锈迹斑斑。

震天雷

后来，铁火炮被进一步改造为威力更加巨大的震天雷，并参与了蒙金战争。绍定四年（1231年），蒙古军攻占河中府（今山西永济市）。金军败将板讹可率领3000名残兵夺船从水路逃跑，而数里外就有蒙古战船阻挡。金军战船遂用投石机连发震天雷，借机逃跑。《金史》载：“板讹可提败卒三千夺船走，北兵追及，鼓噪北岸上，矢石如雨。数里之外有战船横截之，败军不得过，船中有赍火炮名‘震天雷’者，连发之，炮火明，见北船军无几人，力斫横船开，得至潼关，遂入阌乡。”这是震天雷首次出现在文字记载中。

一年后的绍定五年（1232年），蒙古军围攻开封，金军竭力抵抗。在此次围攻战中，震天雷的出现次数逐渐增多。绍定五年三月，蒙古军进逼开封，驱赶汉人俘虏及四处抓获的老弱妇孺背着薪草去填埋开封城外的护城壕，并用投石机日夜不停地攻城。不几日，蒙古军投掷的石弹便几乎跟开封内城等高，而金军的城楼樯橹也被蒙古军投射的火球、火炮所焚烧。除此之外，蒙古军还在开封城外以开封为中心筑起一道围墙，周长150余里。蒙古军在开封西北用攻城器械“牛皮洞子”做掩护，直至城下掘城，攻城甚急。

为了阻止蒙古军掘城，金军用铁绳悬挂震天雷，顺着城墙滑到蒙古军“牛皮洞子”下，火发炮起，人与牛皮皆碎迸无迹。《金史》记载震天雷，“铁罐盛药，以火点之，炮起火发，其声如雷，闻百里外，所爇围半亩之上，火点著甲铁皆透”，可见震天雷威力奇大。蒙古军经过16天的强攻，依然无法攻破开封，不得已，于四月退兵。

震天雷（复原）

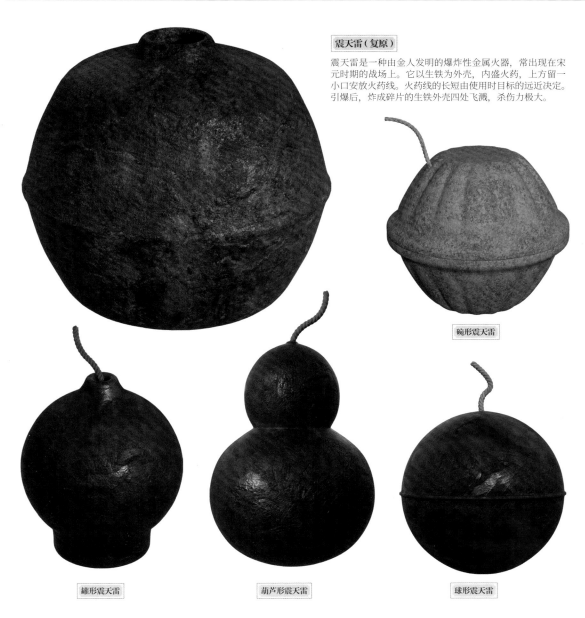

震天雷是一种由金人发明的爆炸性金属火器，常出现在宋元时期的战场上。它以生铁为外壳，内盛火药，上方留一小口安放火药线。火药线的长短由使用时目标的远近决定。引爆后，炸成碎片的生铁外壳四处飞溅，杀伤力极大。

碗形震天雷

罐形震天雷

葫芦形震天雷

球形震天雷

颗粒火药的出现可谓火药发展史上的一大进步。

颗粒火药出现

到了明朝，爆炸类火器的技术与威力得到了更进一步提升。2000年春，内蒙古呼和浩特西南托克托县出土了20余枚中空球形铁壳地雷。其中大地雷直径11厘米，重1.7千克，顶部凸出一根圆锥形管，管高0.6～0.7厘米，底面直径3厘米，顶面直径2厘米，中间有一个直径0.4～0.5厘米的圆孔，为引爆之用；小地雷直径8.5厘米，重0.8千克，其余与大地雷相同。在地雷内发现残留颗粒状黑火药，其形状为均匀的米粒状颗粒。经过研究，其天然黏结的可能性不大，应该是在制造过程中进行了“造粒”工序，而且经过对残留火药的检测，此黑火药中硫黄含量约占20%，实现造粒相对容易。要知道，这可是个重大发明。因为黑火药经过颗粒化之后，和粉末状黑火药相比流动性更好，装填更容易，同时还具有适当的装填密度。这样既不会因为压装过实产生平行层燃烧，造成喷发，又不会因装填过松而造成威力小或哑弹。引爆时，火焰从火药颗粒间的空隙穿过，将地雷内全部火药同时点燃，爆炸威力因此增大。颗粒火药的出现可谓是火药发展史上的一大进步。

经过估算，大地雷壁厚约0.6厘米，可装黑火药约430克；小地雷壁厚0.4～0.5厘米，可装黑火药约200克，杀伤力相当于今天的反步兵地雷。

管状火器出现

伴随着两宋时代激烈的战争，管状火器终于出现了。管状火器自现世以来，常常成为一场战役成败的关键，尤其是金属管状火器。不过在初期，管状火器却是由竹筒或者纸筒制成的。

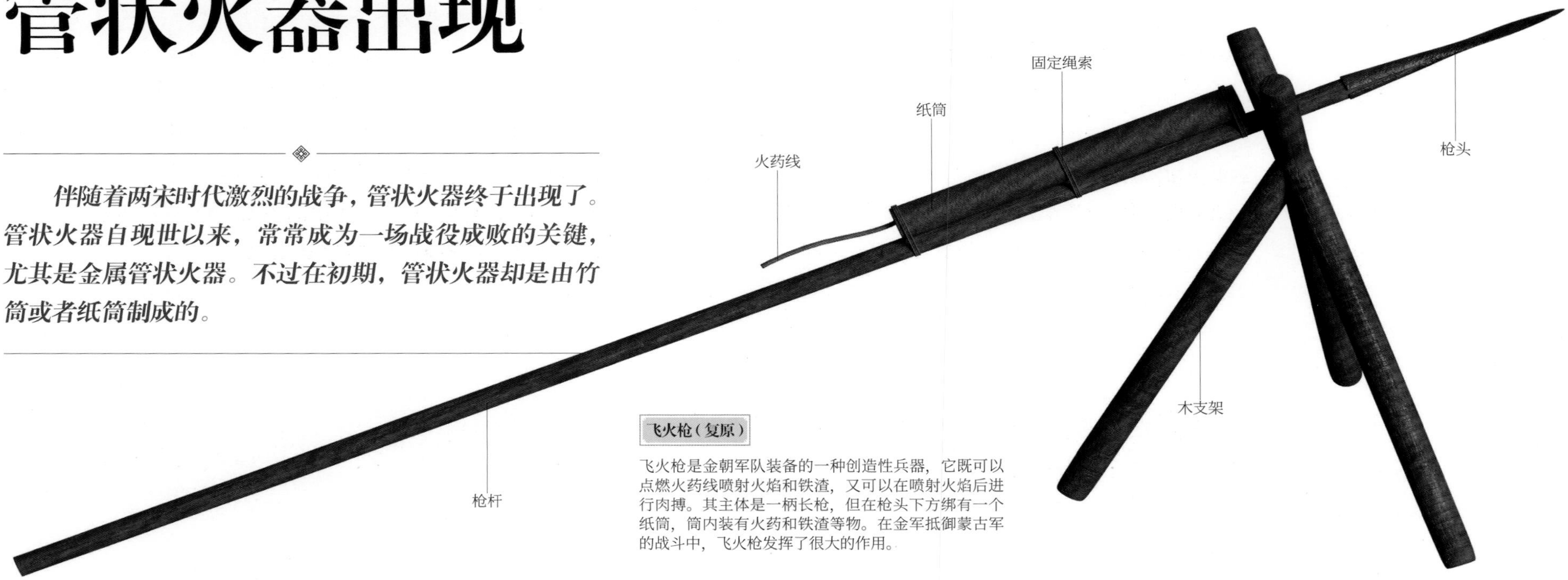

飞火枪（复原）

飞火枪是金朝军队装备的一种创造性兵器，它既可以点燃火药线喷射火焰和铁渣，又可以在喷射火焰后进行肉搏。其主体是一柄长枪，但在枪头下方绑有一个纸筒，筒内装有火药和铁渣等物。在金军抵御蒙古军的战斗中，飞火枪发挥了很大的作用。

陈规火枪

陈规，字元则，密州安丘（今山东安丘）人，建炎元年（1127年）任德安（今湖北安陆）知府，在宋金关系中属于主战派。根据著写其守城机要的《守城录》一书记载，绍兴二年（1132年）开封失陷后，一股以李横为首的乱军进犯德安，攻城长达70余天。在攻城期间，李横招募工匠制造了一种大型攻城器械——天桥。天桥由六个高5尺的脚轮支撑，分上中下三层，下层高3.5～4丈、宽2丈、长6丈，上层宽1丈，并自下向上前伸约1丈长。为了便于移动，天桥底盘上左右各绑两条长20余丈的绳索，每条都有100多人拖拽。为了防御宋军的火箭石炮，天桥正面、侧面、顶部皆搭挂牛皮、厚毡毯、棉被。

陈规为了抵御天桥，除了布置常规防御力量外，创造性地用长竹竿装上火药，制造了20余条火枪，每条火枪需由两名士兵操控。待天桥靠近城墙时，士兵便立即用火枪点火焚烧天桥。

按照这一描述，陈规火枪应该是一种以粗长竹竿做枪身，火药为燃料的喷火性火器。记载中，陈规火枪由两名士兵施放，猜测为一人持枪，一人点放。

《宋史》中说陈规“会濠桥陷，规以六十人持火枪自西门出，焚天桥，以火牛助之，须臾皆尽，横拔砦去”。从这条记载中可以看出，在陈规的时代，火药已经有了较大的发展与改进，其性能比150年前《武经总要》中所记载的火药性能大为提高，否则不足以进行长时间的喷射来烧毁外层有牛皮、厚毡毯、棉被保护的天桥。

飞火枪

在此后的蒙金战争中，也曾出现过一种管状火器，名“飞火枪”。顾名思义，飞火枪与陈规火枪作战方式相同，都是喷射火焰袭击敌人，不过其枪管材质和火药配方却不相同。

绍定六年（1233年）五月五日，金朝忠孝军将领蒲察官奴率忠孝军士450人夜袭王家寺蒙古军。四更时分，两军接战。接战之初，忠孝军寡不敌众渐渐不支，蒲察官奴遂分兵数十人乘小船从背后夹击蒙古军。在金军以飞火枪发起的突袭下，蒙古军大溃，溺水而死者3500余人。《金史》载：“又飞火枪，注药以火发之，辄前烧十余步，人亦不敢近。大兵惟畏此二物云。”之后金军焚烧蒙古军营寨而还，蒲察官奴也因此战被升为参知政事兼左副元帅，并被赐予御马。但这并非飞火枪首次出现，在此战前一年的开封之战中，飞火枪便被金军用来配合震天雷一起守城作战。

《金史·蒲察官奴传》中记载飞火枪：“枪制，以敕黄纸十六重为筒，长二尺许，实以柳炭、铁滓、磁末、硫黄、砒霜之属，以绳系枪端。军士各悬小铁罐藏火，临阵烧之，焰出枪前丈余，药尽而筒不损。盖汴京被攻已尝得用，今复用之。”由此可知，飞火枪主体是一杆长枪，由十六层黄纸卷成长约64厘米的纸筒绑在枪头下方，外形与梨花枪相似，其火药由柳炭、铁滓、磁末、硫黄、砒霜调配而成，比例已不可知。不过这种火器较为轻便，可以单兵使用，而且喷射完火焰后还可以用长枪进行肉搏，很适合步兵装备。

突火枪

按照火器发展的必然规律，当管状纵火类火器发展到一定程度后，出现能够发射弹丸的管状火器就只是时间问题了。这个过程一直缺乏详细的历史记载和证据，但一些历史记述、出土文物以及古代绘画仍能形成一定程度上的证据链。

南宋寿春府（今安徽寿县）军民创制的突火枪是最早的管状喷射武器。《宋史》记载：“开庆元年（1259年），寿春府造筒木弩……又造突火枪，以巨竹为筒，内安子窠（火药弹），如烧放，焰绝然后子窠发出，如炮声，远闻百五十余步。”从记载来看，突火枪由竹枪身、子窠两部分组成，内装火药。当火药点燃后，火药燃烧产生的压力会推动子窠，按竹筒内枪膛轨道直射出去。虽然关于突火枪是纵火类火器，还是依靠子窠的爆炸类火器仍有争论，但这一描述证明此时的南宋火药已经发展到较高水平，较之北宋火药其配方内硝石的比例大大增加，而且其爆炸性能已经能产生足够的压力把管状容器里的子窠推射出去。子窠的飞出未必有多大的实战功能，但这种设计本身却具有划时代的意义。

突火枪（复原）

发明于南宋理宗开庆元年的突火枪是所有现代管状喷射武器的鼻祖。它以巨竹为枪管，内放火药和子窠，枪管上方开有一孔，孔内装有火药线。子窠是纸制的火药弹，借火药燃烧产生的气体推射而出，射击敌人，它开了日后子弹的先河，是火器史上的一项重要发明。

竹柄突火枪

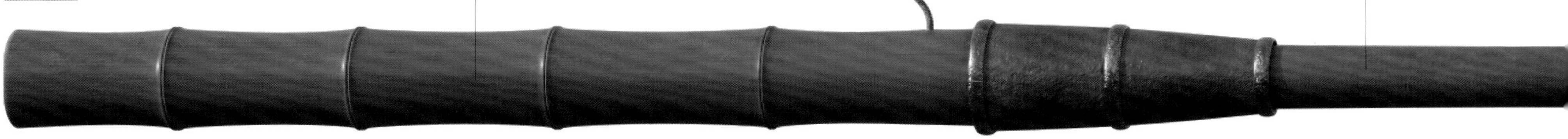

铁柄突火枪

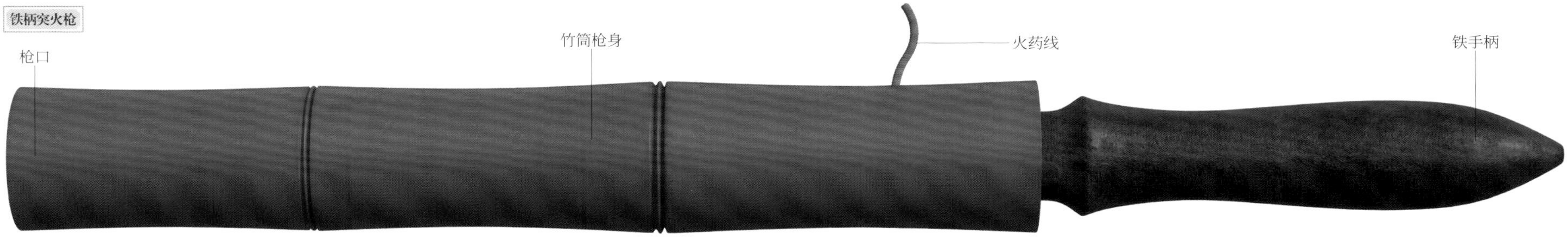

武威铜火铳

1980年5月，甘肃武威针织厂出土了一批文物。其中有一门保存完好的铜火铳，它全长100厘米，内径12厘米，总重108.5千克，由前膛、药室、尾銎三部分组成。该火铳前膛为直筒状，长46.8厘米，有铁箍加固；药室呈椭圆形，上有火门，火门直径为0.2厘米；喇叭形尾銎呈中空状态，两侧各有一个对称方孔，用来安装铁栓。与铜火铳一起出土的还有一枚直径0.9厘米的铁弹丸和0.1千克的黑火药。关于其来历，党寿山先生认为随这门铜火铳一起出土的瓷器多与武威塔儿湾出土的瓷器相同或类似，而塔儿湾出土瓷器上有西夏神宗“光定四年”（1214年）的题款，故判定其为西夏晚期火铳，是迄今为止世界上最早的铜火炮。不过因为这门铜火铳本身无款，这一推论依然存疑。

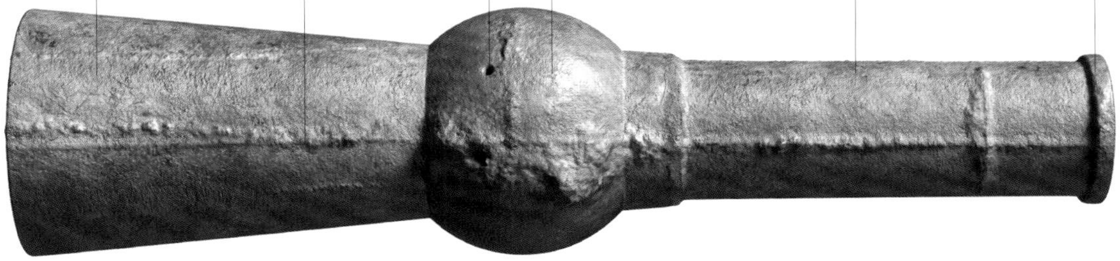

武威铜火铳

这门铜火铳虽然造型简单，制作粗糙，但从出土情况和形制分析，众多权威专家考证其为西夏遗物，认为它是迄今为止发现的最古老的金属管状火器实物。

元代火铳

在宋金火枪的基础上，元代开始采用金属管状射击火器——火铳。这是射击火器发展史上的一个重要里程碑，标志着管状火器得到了极大的发展，火铳成了较为成熟的杀伤性武器。元代火铳普遍用铜铸造，主要有两种类型：一种身管细小，口径也小，装上长木柄手持射击，称为“手铳”；一种身管较粗重，口径较大，安装在木架上发射，称为“碗口铳”。

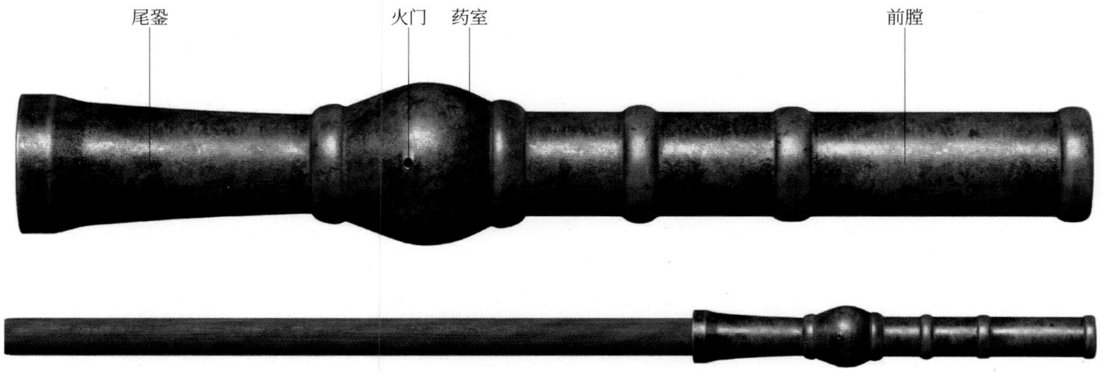

元至正十一年铳

整个铳铸有6圈加强箍，其中铳口外沿及前膛部位铸3圈，药室前后铸2圈，尾銎铸1圈。药室呈球形隆起，尾銎中空可安木柄，以便手持。此铳为单兵使用，铳的前膛、药室、尾銎部位有铭文“射穿百札，声动九天”“龙飞天山”“至正辛卯”。它是现存古老火铳之一。

目前，中国乃至世界公认的有确切制造年代的最早金属管状火器是元大德二年（1298年）铳。该铳是1989年7月在内蒙古锡林郭勒盟正蓝旗元上都遗址东北发现的一尊铜火铳。这门铜火铳锻铸而成，表面呈紫色，略有绿锈。按形制看，它为碗口铳一类，全长34.7厘米，重6.21千克。其铳口外扩呈碗形，外径10.2厘米，内径9.2厘米，壁厚约0.5厘米；膛深27厘米，药室微微隆起呈椭圆形，药室上方开有火门；尾銎中空呈圆形，长6.5厘米，直径7.5厘米。尾銎两侧管壁上有两个对称的直径为2厘米的穿孔，猜测这两个穿孔为对称轴孔，作用是将该火铳安装在木架上后用轴穿入，这样一来只需要在铳身前部下方加垫或抽取垫块就可以抬高或降低铳口，改变射角，其作用相当于后世的火炮耳轴。铳身竖刻两行八思巴字铭文，前人试译为“大德二年于迭额列数整八十”。“大德”是元成宗的年号，“列数整八十”指该炮的锻造序号排到了第80号。

除了大德二年铳以外，铳身上铭刻有年份的元代火铳还有现藏于中国人民革命军事博物馆的至正十一年（1351年）铳以及现藏于中国国家博物馆的至顺三年（1332年）铳。此外，还有一些没有铭文，但专家推测为14世纪左右的元代火器，如1970年7月黑龙江阿城出土的一门铜手铳，1971年内蒙古托克托原黑城公社出土的一门铜火铳，1976年9月江西清江（今樟树市）临江公社李家坊村出土的三门小型单兵铜火铳。

目前，中国乃至世界公认的有确切制造年代的最早金属管状火器是元大德二年铳。

元末起义中的火器对决

元朝末年，各地义军起兵反元，火器因优势明显在元末战争中发挥了重要作用。特别是朱元璋和陈友谅的争霸战中，双方都使用了大量的火器。

1363年4月，陈友谅趁朱元璋出兵救援安丰（今安徽寿县），江南兵力空虚之际，发兵号称60万，围攻洪都。陈友谅一上来便纵兵攻打洪都抚州门，破坏城墙30多丈。抚州门守将邓愈便集结火铳兵在城坏处连放火铳击退陈兵，并在崩坏的城墙上树立木栅栏，最终保住抚州门不失。

除了陆战之外，朱元璋与陈友谅在鄱阳湖还进行了一次规模宏大的水战，这也是中国乃至世界历史上最早的炮舰对攻。《国初事迹》载：“先是三月，徐达领大军攻庐州，老左坚守，不克。围至七月，陈友谅亲率大船进鄱阳湖来侵，徐达弃围援之。上亲领舟师往征，衣甲、铠仗、旗帜、火炮、火铳、火箭、火蒺藜、大小火枪、大小将军筒、大小铁炮、神机箭……白船（明军）往来湖中，仰而射红船（汉军）；红船坚驻，不便转动。一日攻数次，白船轮次而战，红船军力疲倦……比至红船三百步间，箭铳、将军筒、标叉俱发如雨，红船将士无所躲避，仅以板牌遮身，或伏匿，或趋走，无出视者，白船竟过矣。”

此战朱、陈双方都大量使用火器杀伤对方战舰、人员，明军数次凭借火器取胜，陈军亦使用火炮反击，战况极其惨烈，最终陈友谅兵败，本人也被明军射杀。

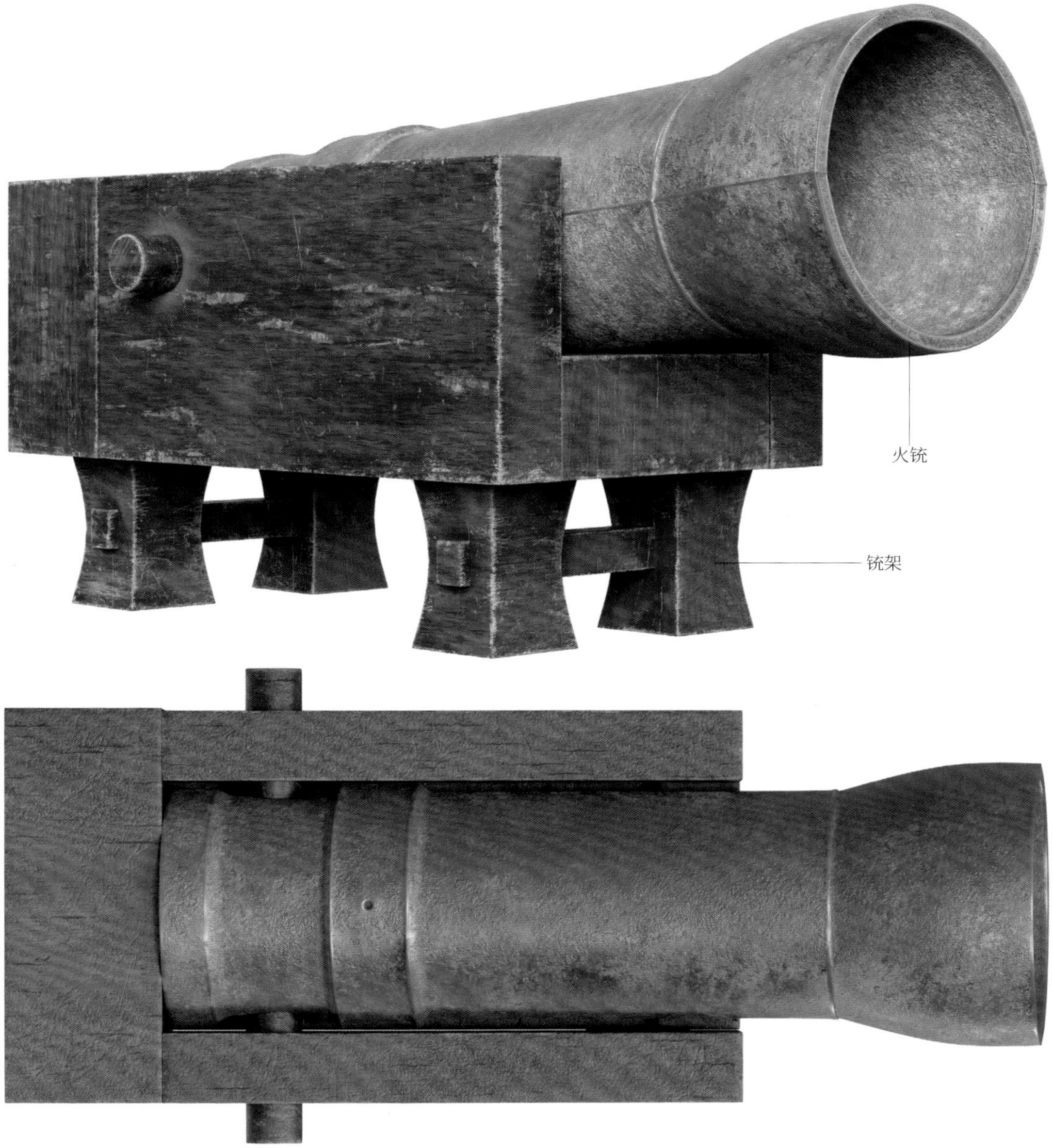

出土元代铜火铳数据表

出土铜火铳	清江铳	大德二年铳	阿城铳	黑城铳	至正十一年铳	至顺三年铳
全长（毫米）	375	347	345	295	435	353
全重（千克）	1.8	6.21	—	—	4.75	6.94
前膛（毫米）	225	—	175	175	—	—
口径（毫米）	25	92	26	25	30	105
管壁厚（毫米）	5	5	15	—	—	—
药室长（毫米）	40	—	65	40	—	—
药室直径（毫米）	—	—	28	—	—	80
火门直径（毫米）	—	—	—	—	—	—
尾銎长（毫米）	110	65	105	80	—	—
尾銎直径（毫米）	—	75	35	—	—	77

元至顺三年铳

炮身直径小于炮口，使用时在内装填铁砂等物。炮身外壁纵向阴刻铭文“至顺三年二月十四日，绥边讨寇军，第三百号，马山”。药室直径大于炮身，正上方有一小孔，室内装填火药，火药线从小孔中穿出。两侧有一左一右对称的轴孔，为使用时固定炮身之用。这类铜炮在使用时应安放在木架槽内，前端不固定，可以适当抬高。

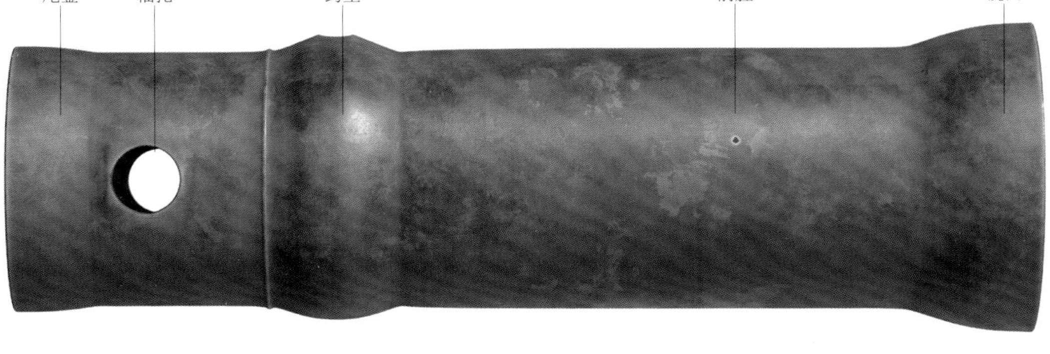

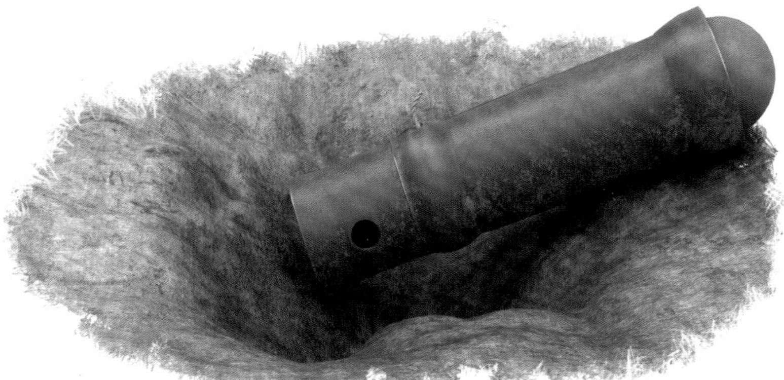

元大德二年铳

这是目前有确切年代记录的最早的火炮，比元至顺三年铳早了34年。

明代火铳

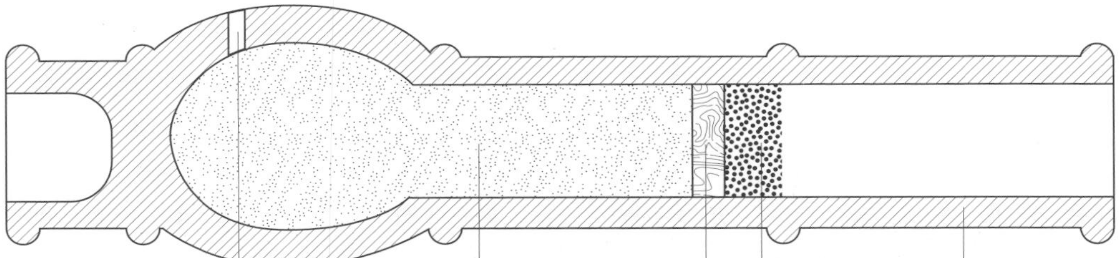

鉴于火器的威力和重要性，朱元璋建立明朝后，于洪武十三年（1380年）下令，每100名士兵中火铳兵要占10人。《大明太祖高皇帝实录·卷一百二十九》记载："罢军需库置军器局，专典应用军器。凡军一百户，铳十、刀牌二十、弓箭三十、枪四十。"

洪武年间，朱元璋大力发展火器，将其威力和重要性推向新的高度。

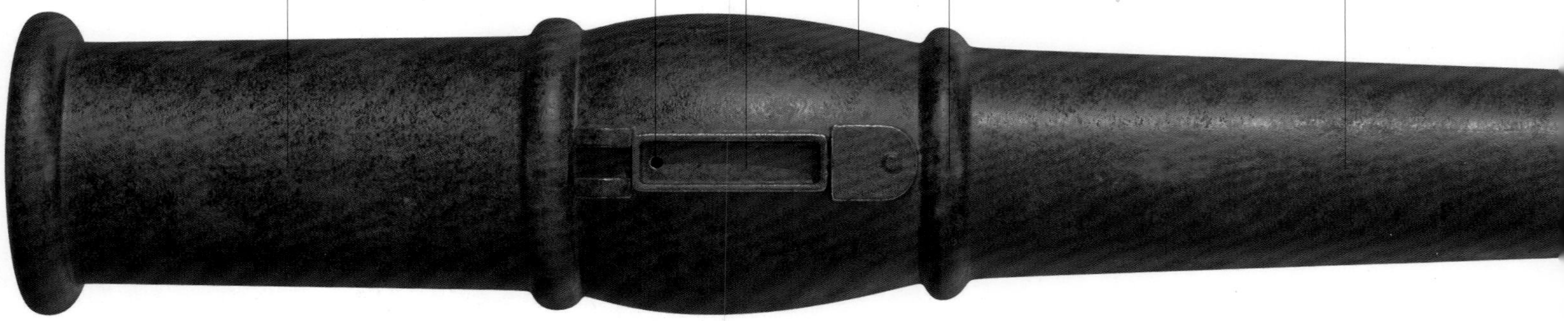

永乐火铳

这门铜火铳带有准星、望山，有一火门孔，尾部呈喇叭状，以插入手柄。铳身錾刻铭文"天字五万一百十五号，永乐十九年（1421年）九月 日造"。

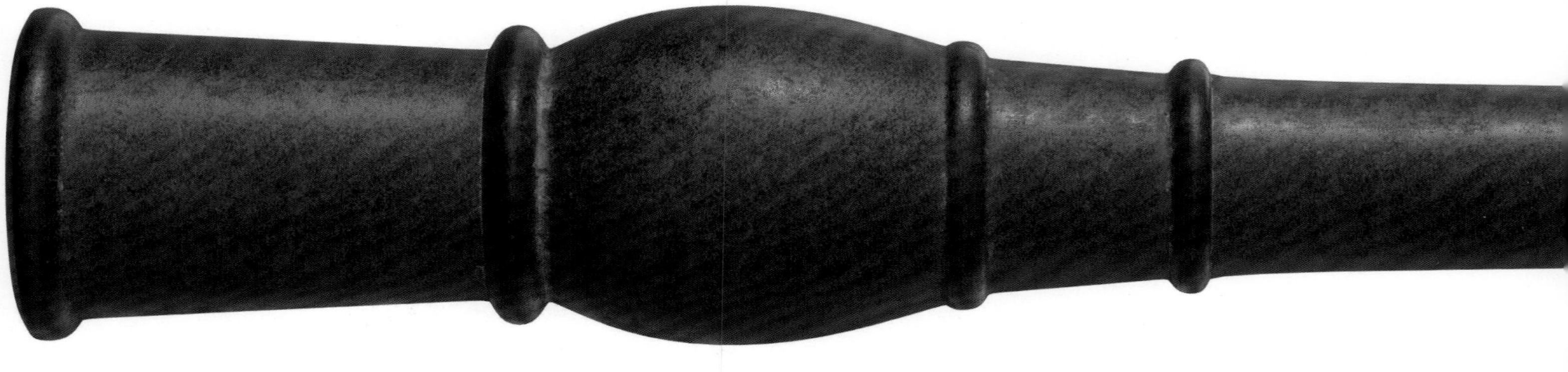

万历火铳

这门铜火铳药室正中开一火门孔，尾部呈喇叭状，通身铸5道箍，铭文现已模糊不清，依稀能辨认出"万历二十年（1592年）"等字样。

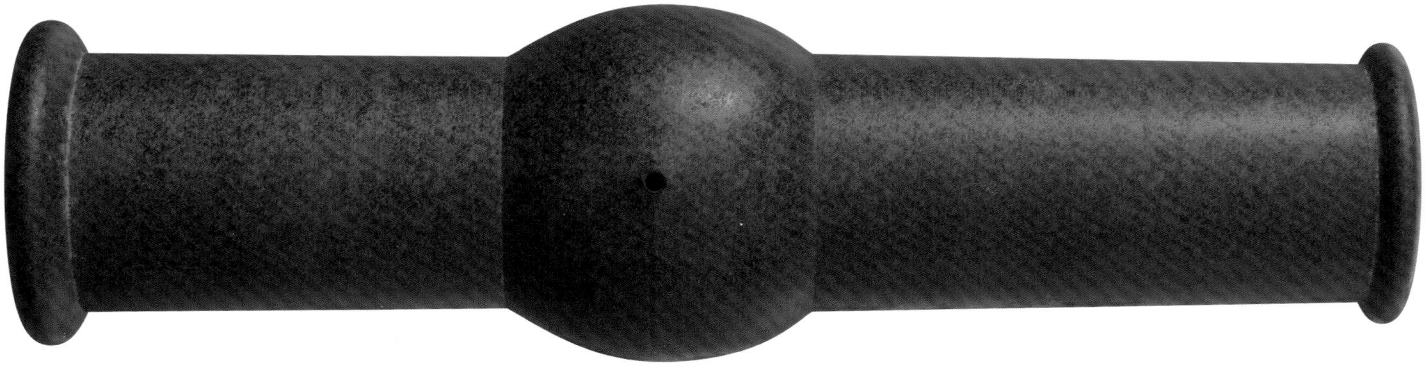

弘治火铳

这门铜火铳药室正中开一火门孔，铳身錾刻铭文“弘治九年（1496年）八月造，神字一百四十九号”。

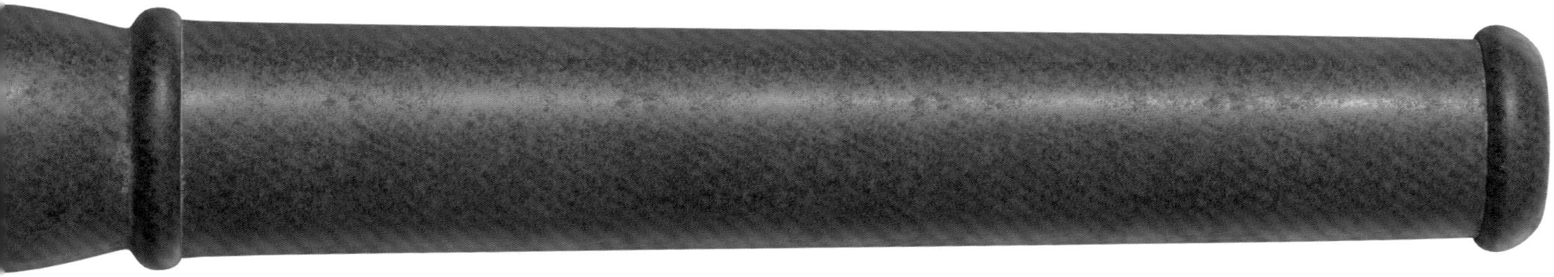

洪武火铳

这门铜火铳在药室正中开一火门孔，尾部呈喇叭状，以便插入手柄。铳身錾刻铭文“吉安守御千户所监局镇抚李荣，军匠马舟，和计三斤八两重，洪武十二年造（1379年）”。

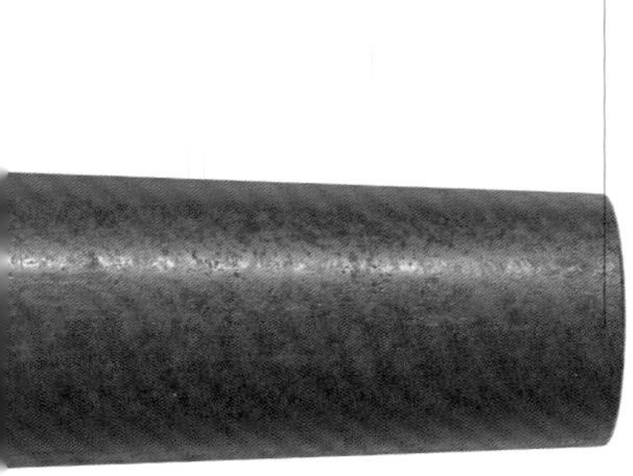

火铳药匙

火铳药匙为明永乐时期改进火铳装备时增配的工具，用来为火铳装填火药。药匙的使用，使火药剂量有了统一的标准，避免了填药过多或过少带来的危险。

铁弹丸

早期火铳装配的弹丸多是石丸和铁丸。使用时，先往火铳内填入火药和火药线，然后再装入一些弹丸。点燃火药线后，铳口的弹丸就会被火药推射出去。

洪武火铳

在明军与麓川土司思伦发的战争中，火器展现出了卓越的战斗力。洪武二十一年（1388年），思伦发率兵“号三十万，象百余只”攻打定边，西平侯沐英得知后挑选精骑3万人与思伦发对垒。

在这场战争中，沐英首次使用了火枪三段击战术：“军中置火铳、神机箭为三行，列阵中，俟象进则前行铳箭俱发，若不退则次行继之，又不退则三行继之。”这是世界上最早有关火枪三段击战术的记载。最终明军大胜，斩首3万余级，俘获万余人，抓获大象37只。

洪武年间的铜火铳长度一般为32～45厘米，口径在2～3厘米之间。2000年春，内蒙古呼和浩特西南的托克托县出土了大量的洪武五年铳、洪武十二年铳以及铁弹丸，这些弹丸直径2～3厘米，重33～110克。此外，明初火铳已经开始考虑火器气密性的问题，使用“合口铁弹丸”了。可见明初的时候火器已经发展得相当成熟了。

沐英是有明确记载的使用火枪三段击战术的第一人。

出土洪武火铳数据一览表

出土铜火铳	全长（毫米）	口径（毫米）	全重（千克）	铁弹重量（克）	铭文
洪武十年铳	435	20	2.1	33	凤阳行府造，重三斤八两，监造镇抚刘聚，教匠陈有才，军匠崔玉，洪武十年 月 日造
洪武十年铳	440	20	2.1	33	凤阳行府造，监造官镇抚孙英，教匠谢阿佛，军匠华孝顺，重三斤半，洪武十年 月 日造
洪武十年铳	430	20	2	33	凤阳府监造镇抚孙英，教匠潘茂，军匠李青，三斤七两，洪武十年 月 日造
洪武十年铳	320	21	2.2	37.8	南昌左卫监造镇抚李龙，中左千户所习学军匠刘善甫，教师王景名，洪武十年 月 日造
洪武十年铳	440	21.5	1.8	40.57	武威卫教师轩原宝，习学军人陈才七，铳筒重三斤二两，洪武十年 月 日造
洪武十年铳	430	31	1.75	121.61	杭州护卫教师吴佳孙，习学军人王宦音宝，铳筒重三斤七两，洪武十年 月 日造
洪武十年铳	443	21	1.8	37.8	杭州护卫教师吴佳孙，习学军人口朝，铳筒重三斤四两，洪武十年 月 日造
洪武十年铳	437	23	1.85	49.66	水师左卫教师沈名二，习学军人阿德，铳筒重三斤八两，洪武十年 月 日造
洪武十二年铳	445	20	1.9	33	袁州卫军器具提调所镇抚何祥，民匠教师徐成远，习学军匠施署，计三斤四两，洪武十二年 月 日造
洪武十二年铳	450	20	1.79	33	吉安守御千户所监局镇抚李荣，军匠马舟和，计三斤八两重，洪武十二年造

永乐火铳

朱棣击败侄子建文帝登上皇位后，明朝火器迎来了一个大发展时期，在数量、质量、战术运用等方面有了长足的进步。

从出土实物来看，永乐“天字”铜火铳数量最多，与洪武火铳相比，它的长度减短在36厘米左右，口径缩小在1.5厘米左右。另外，永乐年间又新出现了“奇字”“英字”“功字”等中型铜火铳，长度为44～55厘米，与洪武火铳相差不远，但口径却增大到5～7厘米，可见其威力在洪武火铳之上。而且，永乐火铳的火门上还新添了火药槽和火门盖。火门盖可以自由开合，这样就防止了火药在风雨天气被吹散、打湿，保证作战时尽量免受环境影响。重要的是，在铭文中可以看到这些铜火铳的生产时间和生产序号，而序号甚至已经排到了6万。可见永乐朝火器生产和装备的数量之大。

出土永乐火铳数据一览表

出土铜火铳	全长（毫米）	口径（毫米）	全重（千克）	铭文
永乐七年铳	345	17	—	天字五千二百三十八号，永乐七年九月二日造（后刻：赤城二边石门墩）
永乐七年铳	352	15	2.5	天字二万二千五十八号，永乐七年九月 日造
永乐七年铳	350	15	2.27	天字二万三千二百八十三号，永乐七年九月 日造
永乐七年铳	355	15	2.5	天字二万三千六百二十五号，永乐七年九月 日造
永乐十二年铳	360	14	2.3	天字三万四千六百六号，永乐十二年三月 日造
永乐十二年铳	300	15	2.2	天字四万五百五十四号，永乐十二年三月 日造
永乐十九年铳	358	15	2.25	天字四万四千八百五十四号，永乐十九年九月 日造
永乐二十一年铳	358	14	2.2	天字六万二百三十一号，永乐二十一年九月 日造
永乐七年“奇字”铳	550	73	20	奇字一千六百十一号，永乐七年九月 日造
永乐十三年“英字”铳	440	52	—	英字一万三千三十四号，永乐十三年九月 日造
永乐十三年“奇字”铳	436	53	8	奇字一万二千四十六号，永乐十三年九月 日造
永乐十三年“功字”铳	440	52	—	功字一万八千五百六十八号，永乐十三年九月 日造

明代快枪

快枪是明代中后期的单兵火枪，属于火门枪，用药线（明代对火药线的称呼）引燃火药。它由铳管、木柄和枪头三部分组成，步兵、骑兵都有装备，守城时用得较多。这种火枪曾被抗倭名将戚继光改进过，此后新式快枪取代旧式快枪装备于明军中。这种新式快枪可投射，可肉搏，是明代火器一物多用的典型代表。

诞生

有人认为快枪出现于嘉靖年间（1522～1566年），因为现存明代兵书多把快枪与鸟铳、佛郎机、子母炮等火器并列。比如《皇明经世文编 · 卷二百五十九 · 唐顺之所奏条陈蓟镇练兵事宜疏》称："国初止有神机火枪一种，天助圣明，除凶灭虏；而佛郎机、子母炮、快枪、鸟嘴铳，皆出嘉靖间。"但事实并非如此，快枪的出现要比唐顺之所说的年代早得多。据《大明会典 · 卷一百九十三·军器军装二火器》记载，兵仗局曾于弘治十三年（1500年）造快枪、飞枪筒两种火器。虽然没有说明具体数量，但也证明最晚于弘治十三年快枪便已出现并被应用于军中。加上中间的正德皇帝，快枪实际出现的年代要比唐顺之所说的嘉靖朝早了两代。

制作工艺与形制

从制作工艺上讲，快枪属于锻铁卷制，具体流程为：

先把生铁炼熟，之后锻打成一块铁片，捶打后把铁片卷成筒状，卷的时候要严丝合缝，不留缝隙。卷好后再用钢钻车磨，务必使枪膛内壁光滑，枪膛内径与口径大小一致。之后在枪膛上用钢钻钻出大小合适的火门。所使用的铅弹也要圆滑，直径与铳口内径大小相同，这样才会使火药燃烧强劲，铅子发而有力。

从形制和工艺上说，快枪、三眼铳、鸟铳三种火器使用的铳管其实都是一样的，只是后期工艺和具体装备略有不同。三种火器中，快枪结构最为简单，就是铳身后接上一根圆直木柄，铳口处备一个可拆卸的锋利枪头。

旧式快枪铳身长1尺3寸（约41.6厘米）；枪膛长1尺（约32厘米）。后来戚继光认为旧式快枪"身短体薄"，且"柄短赘重，将欲兼持战器，则不能两负，将只持此器，则近身无可恃者"，于是将快枪铳管改为2尺（约64厘米），并把木柄改为5尺（约160厘米）。这样除去快枪铳尾与木柄连接处，快枪全长6尺5寸（约208厘米），所用铅弹重3～4钱（约11.1～14.8克），火药重5钱（约18.5克）。每名快枪士兵备铅子300个，火药9斤6两。除此外，快枪手亦装备明盔1顶，甲1副，鞓带1条，快枪1杆，搠杖1根，锥1把，剪1把，药袋1个，药管30个，药线筒1个，药线500根，硫黄蘸2头，铅子袋1个，火绳3根，锋利腰刀1把，铅子模1副，火镰、火石1副，椰瓢1个。

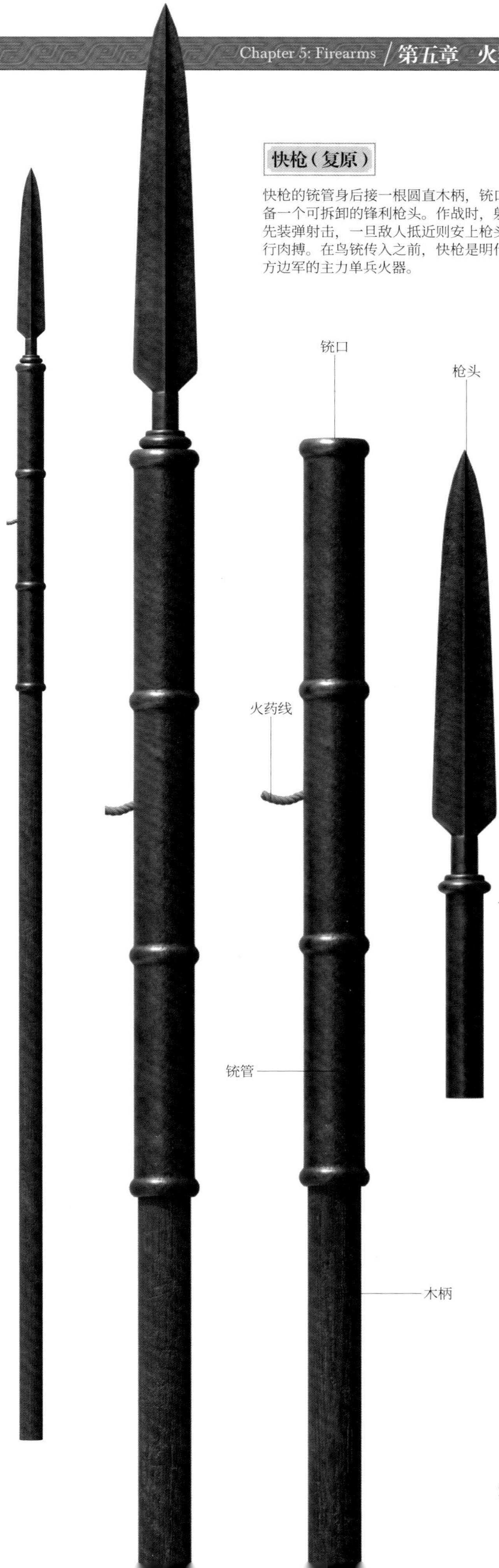

快枪（复原）

快枪的铳管身后接一根圆直木柄，铳口处备一个可拆卸的锋利枪头。作战时，射手先装弹射击，一旦敌人抵近则安上枪头进行肉搏。在鸟铳传入之前，快枪是明代北方边军的主力单兵火器。

明代三眼铳

三眼铳最早可以追溯到宋代发明的梨花枪。

三眼铳自问世以来便迅速风靡明朝各军各镇，守城、野战、骑战、步战、车战等到处都有它的身影。上至京师重镇九边马步，下至村庄乡堡团练民壮，都有它存在的位置。

诞生

明代赵士祯在其所著的《神器谱》中记载了一种叫作“国初三眼枪”的火器，这种火器可以追溯到宋代的梨花枪。它用一根长枪为主体，在靠近枪头部位用细麻绳绑上三个竹筒，每个竹筒内装有一支小火箭，用药线引燃。持枪者待敌人靠近至三四十步时，点燃药线便可发射火箭击打敌人。此外，这种火器还可以在攻城的时候使用。火箭连发时声势骇人，就算敌人躲过飞来的火箭，也难躲开随后跟进攒刺的长枪。

三眼铳很可能就是从这种武器上找到的灵感。据明代何乔远的《名山藏·卷七十八·刘天和》记载：“天和才而廉，所居官必有独创自制，治河道有手制乘沙量水等器，治边则造独轮车及诸火器，三眼枪后来多遵用之。”

除了给战车步卒配置三眼铳外，刘天和也为骑兵装备上了三眼铳这一武器，“凡师出，百车为营，用步兵千、骑兵二百，用火器凡五百、弩二百，骑每队用佛郎机五，三、七眼枪五，强弩十余，弓矢翼之”。这是明军配置三眼铳的最早记载。后来在嘉靖二十三年（1544年），同为右副都御史衔巡抚陕西的翁万达在《置造火器疏》中，称三眼铳为“近者”之火器，因此何乔远所写《名山藏》把三眼铳的发明人归于刘天和还是比较可信的。

刘天和

刘天和，字养和，湖广黄州麻城县人，正德三年（1508年）进士，于嘉靖十五年（1536年）以兵部左侍郎兼都察院右副都御使总制陕西三边军务。他在任时置办车营，制造战车、火器、弓弩。明代雷礼所著的《国朝列卿纪·卷一百二十六·刘天和》还对刘天和及其制造的轻车进行了详细记载：“轻车之为制也，其轮只，其足四，其前二足行悬而住立；前兽面牌一，为孔四，以安诸火器；其傍挨牌左右各一，着裙有枢，战则转前以蔽矢；夹轮箱二，轮后箱一，载战具用具三；牌间建斧枪刀钩诸兵；大辕二，后向一人推之，前设横木，二人翼之，前挽者、车轮推挽者共十人，皆战士……轻车战用佛郎机一，用七眼枪、三眼枪各一，用旋风炮一，用神机箭三十、弩二。”

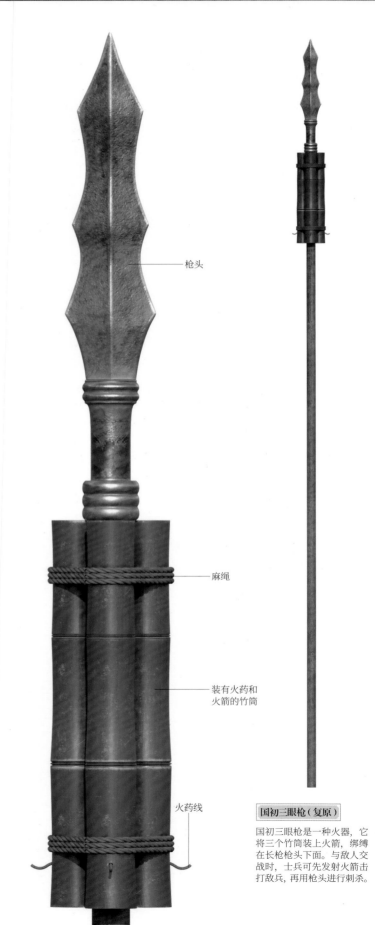

国初三眼枪（复原）

国初三眼枪是一种火器，它将三个竹筒装上火箭，绑缚在长枪枪头下面。与敌人交战时，士兵可先发射火箭击打敌兵，再用枪头进行刺杀。

铅弹

火铳的弹丸。铅弹的大小根据火铳的口径制造，因而大小不一。除了铅弹外，火铳还可以发射石弹、铁弹、铜弹一类的弹丸。使用时，需手动将火药、弹丸填装进火铳里，之后点燃火药线就可将弹丸发射出去。

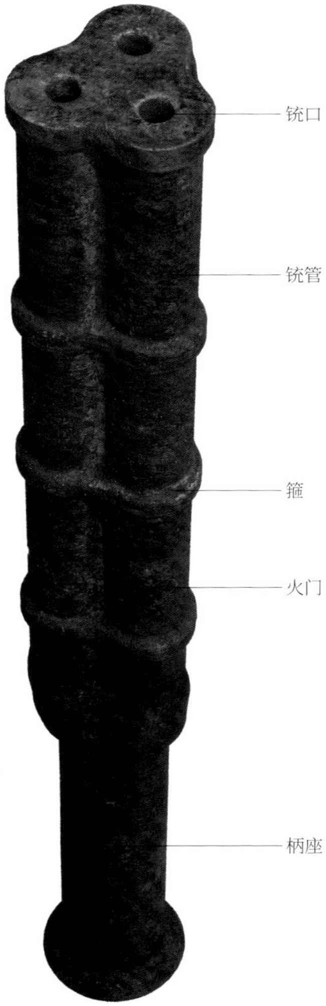

三眼铳

三眼铳是一种流行于明代的火器，由铁、粗钢浇铸或锻造而成，外形上像三管单兵手铳呈品字形箍合在一起。每个铳管外侧都有一个小孔，但共用一个柄座，可安装长度不等的木杆用以持握。使用前，在铳管内添加火药，装填钢球或者铁块等，在小孔处放置火药线。使用时，点燃火药线，引燃火药将弹丸发射出去。三个铳管可轮番射击。

三眼铳，顾名思义由三个铳管组成。由于整体呈品字形，它也被称为“品字铳”。

形制

三眼铳属于火门枪，本质上是三把去掉枪头的快枪的组合。其铳管制造工艺与快枪相同，造好后把三个铳管攒为一处，用三道铁箍把铳管固定连接，只在铳口处加箍一道也可以，最后在铳身后面再造一个柄座，用来装柄。柄座可与铳管整体浇铸，也可分开锻造，再合为一体。柄的尾端还可安装一枚枪头或铁箍，便于近身搏杀。

明代火器大家赵士祯在《神器谱》中对三眼铳做出改良，其改良步兵所用三眼铳全长5尺5寸（约176厘米），铳管长1尺3寸（约41.6厘米）；骑兵所用三眼铳全长4尺4寸（约140.8厘米），铳管长1尺3寸。改良三眼铳木柄顶部加粗，在上面挖出呈品字形的三道凹槽，便于镶嵌柄座，然后用铁箍固定；在木柄底部加一铳刀；可拆卸的铳管底部全部由平底换成螺丝底，方便铳管从柄座上拆卸下来，这样对于清理铳管膛壁的锈迹极为方便。

另外，因为快枪、三眼铳与鸟铳枪管的锻造方法相同，因此也可以将鸟铳改为三眼铳。明代陈仁锡便在《无梦园初集·漫集一》中说：“其鸟枪改为三眼枪者，亦以一炮可发三耳。”

通常，三眼铳管长1尺（约32厘米），每管用火药3钱（约11.1克），所用铅子重量与火药相同，也是3钱，弹、药比为1 ∶ 1。不过三眼铳并非只有一种规格，亦有大小之分，弹药自然也不尽相同。从出土实物看，三眼铳小者长30厘米，大者长44厘米，可见根据铳管长短不同其所用火药、铅子亦不相同，而这也很符合明代火器弹药“量铳管长短、铳口大小酌情加减”的情况。

使用方式与训练

站立射击三眼铳时，把木柄夹于左臂腋下，左手持铳身，头略低看铳尾至铳口照准，右手拿火绳点燃火门上的药线向前打去。马上三眼铳则是挑选身体强壮有力者，作战时五骑一排，冲锋时先用弓箭射击，待快要和敌人接触时突然勒马回转，收弓矢入袋，拿出三眼铳夹在腋下转身射击，意在出其不意。

三眼铳作为火器自然要打远射靶，其训练方式在明代《开原图说》一书中记载较为详细。按书中所说，三眼铳手要先练装放，防止临战时手慌脚乱，装药不细，打放不齐。而早期火铳因精度、威力和火力持续等问题，要想保证对敌时有较大的杀伤力只能结成战阵列为数排，在数十步内由一排火铳手齐放以保证较高命中率，然后前排与后排火铳手替换装药、放铳，以便连续射击，发挥早期火器的最大威力。

因此明军强调“临阵点放得齐，后边装替得快，装不误打，打不误装，更番熟习，如雨不绝，斯为得法”。训练时，三眼铳手编成队伍，由队长指挥。队长鸣号角一声，则第一排士兵点三眼其中一眼齐发，又响一声则第二眼齐发，以此类推。第一排士兵三眼打完后就退后装药，第二排士兵按前法听队长指挥打放，等打完后第一排士兵也装药完毕，如此更迭不停。

除此之外，明军还有射准训练。开原明军选择一堵坚固厚实的土墙，在墙面与人胸口一般高的地方用生石灰划一道横线，这道横线约32厘米长，然后士兵站在离墙80步（约120米）的地方照着土墙射击，这样既训练了士兵打准，铅子打在土墙上还可以回收不至于浪费。

明代鸟铳

与快枪和三眼铳这样的传统火门枪不同，鸟铳是一种新型的火绳枪。它由葡萄牙殖民者于16世纪初带到东南亚和东亚，并在与明军的一系列交锋中传入中国。与中国传统火门枪相比，鸟铳枪管长，有准星和照门，由扳机牵动火绳点火，具有射程远、威力大、射速快、精度高等优点。凭借这些优势，鸟铳大受青睐，在明军中得到广泛装备。

按钮状击锤轴

火绳固定器朝向枪口方向。

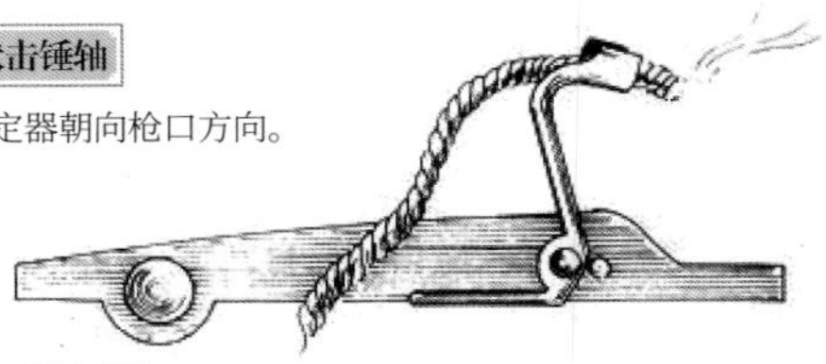

外视图

内视图

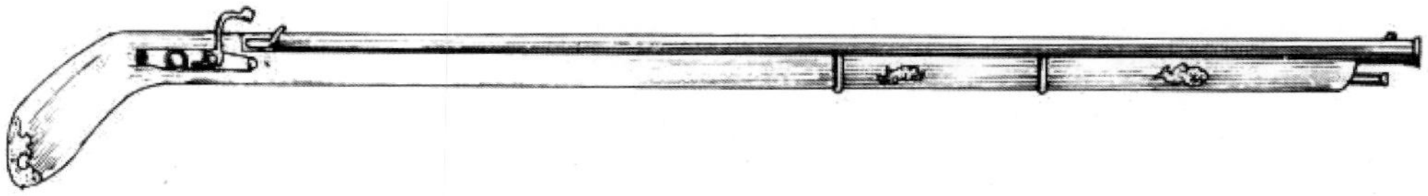

全视图

杠杆状击锤轴

火绳固定器朝向枪托方向。

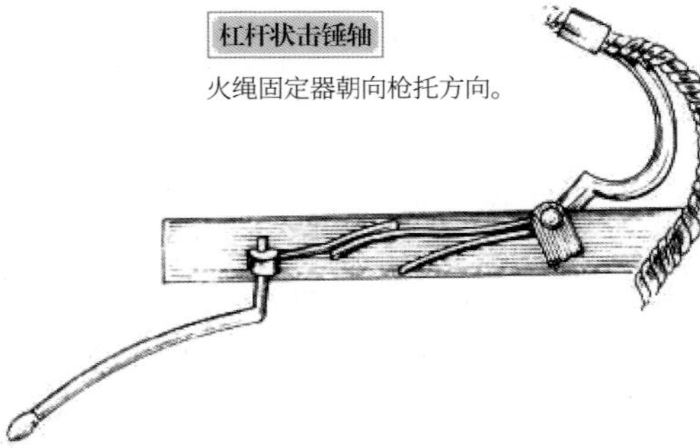

日本火绳枪

1543年，日本引进葡萄牙制造的火绳枪，并于1545年成功仿造出了第一把自产火绳枪，之后开始大量仿制并迅速将其投入战场。明代火绳枪实物稀少，但同样习自葡萄牙，与日本火绳枪之间当能互相借鉴。

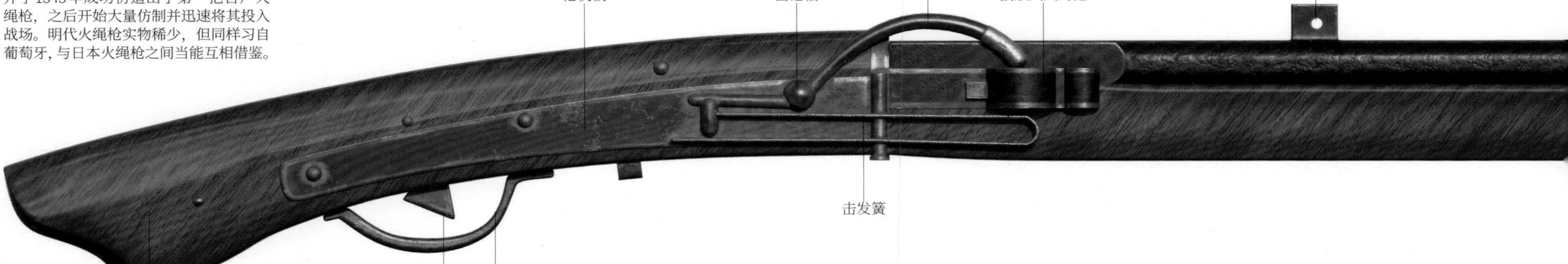

来源

鸟铳的来源有两种说法。一种说法是传自日本，如戚继光所言："此器中国原无，传之倭寇，始得之。"另一种说法是传自番夷，如《筹海图编》："鸟铳之制，自西番流入中国，其来远矣。"

事实上，鸟铳是由葡萄牙人传入中国的，而非日本人。最早在1505年，葡萄牙人阿尔梅达率领船队西来，其所携武器清单有：大铁炮27门，鹰炮18门（铁质14门，铜质4门），配有3枚子铳的佛郎机炮468门（铜质316门，铁质152门），托架大炮53门，火绳枪80支。至此，带有西方设计理念和样式的新式火器出现在明军的视野中。这之中最为人所熟知的就是火绳枪和佛郎机炮了。

日本第一次接触火绳枪是在1543年8月25日，葡萄牙商人在后来的海贼王王直的引领下来到日本种子岛，带去了火绳枪。但在此之前的嘉靖二十年（1541年），明军就已经装备了鸟铳。鸟铳传入中国后，大受朝廷和军队的欢迎，光嘉靖三十七年（1558年）一年，明朝政府便制造了1万把鸟铳装备军队。万历年间，据汪道昆记载，明军新练京军车营共装备鸟铳11760把，其数量之多令人惊叹。乃至于最后，明代鸟铳已经普及到边缘村堡每村装备30把的地步。

据《大明会典·卷二百零八·南京工部》记载："凡南京营操、关用鸟铳鞭铳，每年操备合用火药三千三百四十一斤四两，药线三万一千三百二十条……"可见在火绳枪传入日本的三年前，明军就已经大规模装备鸟铳了，因此鸟铳不可能是从日本传入中国的。

一般认为，在屯门之战（1521年）或西草湾之战（1523年）中，明军缴获了葡萄牙人的火绳枪和长管火炮，并对其进行仿制，最终出现了鸟铳和佛郎机铳。

火绳

火绳是火绳枪的重要配件，它需要用明火引燃，从而点燃火药，射出子弹。这就使火绳枪有了一个致命弱点：在失去点火工具，或是在潮湿环境下，火绳无法被点燃，火绳枪无法发挥作用。在古代，火绳可以用各种材料制造，比如竹纤维、棉花、亚麻等。

火药筒

明军鸟铳手上阵时会携带30个小竹筒，每个筒装有一次用量的火药。填装时，鸟铳手一次使用一筒火药，不用估量剂量，十分方便。一份火药的重量与一枚铅弹的重量相同，为3～4钱。

铅弹

铅熔点低、硬度小、密度大，做成子弹后对人体的伤害非常大，因此成了枪弹的常用材料。而在火器盛行前，铁球常常被用来当作枪弹。

制作与使用

制造鸟铳时，先用三四十斤生铁炼出七八斤熟铁，大约用银7钱到2两不等。然后“不论长短，分为三节；每节分四块，形如瓦样，边薄中厚”。一节铁板长1尺，鸟铳根据型号长度在3、4、5尺不等，于是铁板数量按其长度而定。以3尺长的火铳为例，先把熟铁锻打12块（鸟铳铳管用的是双层复合式锻打法，因此一节铳管就需要4块铁片），为后边锻接铳管做准备。每块铁片都要两边薄、中间厚，边缘薄是为了便于两层铁板的锻打结合。三节铳管锻接成功后再用钢攒车磨内膛，使其光滑洁净。之后“则火门筒应得八分径，口筒应得四分径。各节熠此比例，上下周围厚薄，适均其节。缝合口之处，更要极力煮熟。于将合未合之畸，用铁刷刷去重皮，灰滓镲煮，浑化一体”。

鸟铳使用火药3～4钱，与铅弹的弹药比为1：1。其射靶距离与快枪同为100步，考核士兵时以9发为准，士兵射击9枪后停止。射击时，鸟铳手将脸部贴近枪托，目视照门、准星瞄准目标，然后左手托铳身，右手扣动扳机发射。鸟铳点火装置为一个金属弯钩，弯钩一端固定在枪尾，另一端是一个用来夹火绳的被称为“龙头”的固定器。发射鸟铳时要先将火绳点燃，之后扣动扳机使龙头下落，这样夹在上面的火绳便自动落入药室引燃火药，发射弹丸。

步兵在射击鸟铳时可以半跪射击，也可以站立射击。“放铳之法，先将药预装各小竹桶内，约铳口可容几钱铅子一枚，即每桶装药几钱。药多则铅化，药少则子无力。先装药入铳，用搠杖送实，方下铅子一枚，又搠杖送下，至药际。将火门取开，用另装细火药倾入鸟铳火门内，向上振摇，药入线门，将火门闭之，以火绳安入龙头。前手托铳架中腰，后手开火门，即拿铳架后尾，人面妥架尾之上，用一只眼看后照星对前照星，前照星对所打之人，用右手大食指拨鬼向后，鬼入龙头，落在火门，药燃铳响。”

至于鸟铳兵的常备装备，通常是：“搠杖一根，锡鳖一个，药管三十个，铅子袋一个，铳套一个，细火药六斤，铅子三百个，火绳五根。”

明代佛郎机铳

在明军缴获的葡萄牙火器中，有一种后膛火炮被明军大量仿制和装备，那就是佛郎机铳。佛郎机在铳身后方开一大孔，另用子铳预先装好火药炮弹，用时直接将子铳装在孔内点火射击，使用十分便利，射速也较其他前膛火炮快，因此深受明军喜爱。

最初的佛郎机铳并不特指后膛火炮，而是明朝对佛郎机人，即葡萄牙人所带来的所有火炮的统称。

佛郎机铳在明军装备使用的过程中经历再发展、再创造后，短短十数年间便发展出一系列火器，小型的有骑兵使用的马上佛郎机和单兵使用的万胜佛郎机、百出先锋炮，大型的有无敌大将军炮、神飞炮等。

来源

佛郎机铳最早出现在中国并被仿造是在正德年间，宁王造反时曾派人赴广东学习佛郎机铳制造之法并加以仿制。但随着宁王兵败，佛郎机铳也就没有得到普及，直到正德十六年（1521年）葡萄牙人在屯门与明军发生冲突，时任广东按察司副使巡视海道的汪鋐决定率兵驱逐才发生转机。战前的正德十六年正月，东莞县白沙巡检司巡检何儒报告汪鋐，称其在佛郎机船上遇见过两个叫杨三、戴明的中国人，这两个人跟随佛郎机人时间很长，熟知佛郎机造船铸炮的技艺。汪鋐得此情报后随即命令何儒派人与杨三、戴明接触，接两人回国。

在杨三、戴明的帮助下，明军装备上了仿制的佛郎机铳，在与葡萄牙人的大战中获得了屯门之战的胜利。升为都察院右都御使的汪鋐于嘉靖九年（1530年）九月上书朝廷，建议在北边各军镇墩堡普及佛郎机铳。

嘉靖皇帝阅读奏章后深以为然，嘉奖汪鋐筹边忠虑，对汪鋐所说很是赞同。至此，佛郎机铳开始大量装备明朝边军。

佛郎机铳

16世纪初期，葡萄牙的一种先进后膛火炮传入中国，被明代人称为“佛郎机铳”。它的主要特点是采用子母炮的形式，将子铳纳于母铳后膛的敞口中。通常，一门母铳配备有5～9个子铳，子铳预先装填好弹药，交战时轮流填放，提高了火炮的射速和可靠性。佛郎机铳提高了火炮的性能，传到中国后很快便被朝廷大量仿制，成为明军的重要装备。

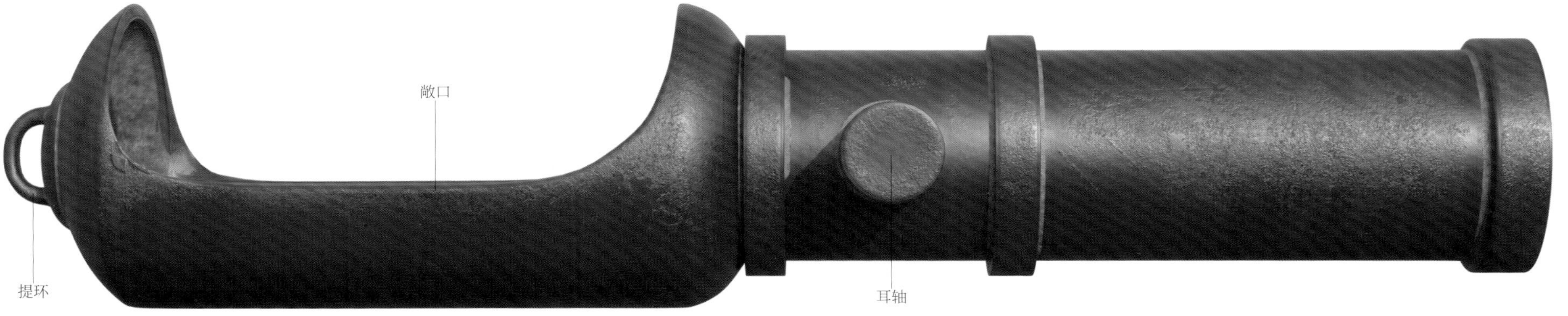

母铳

母铳即炮身，发射时将子铳放入母铳后膛的敞口，这就避免了母铳与火药直接接触从而发生爆炸事故。

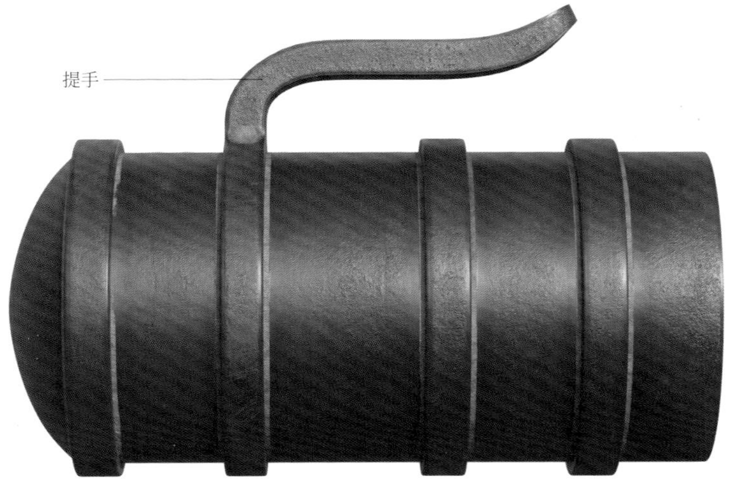

子铳

子铳是预先填好火药和铅子的炮弹，其口径需小于母铳，以便放到母铳中施放。

形制

佛郎机铳造法与鸟铳、快枪、三眼铳相同，为锻打造炮，先将生铁炼成熟铁，再把熟铁分作8块，捶打成瓦片状，每片长约44.8厘米、宽约35.2厘米，中间厚于四边。之所以用8块铁片是因为一段铳管通常由4块铁片双层卷合锻打而成。因此，佛郎机铳身需用8块铁片打作2段铳管，再把2段铳管连接成一根完整的铳管。

佛郎机铳设有照门和准星，打放时“用一目眇看，后照星孔中对前照星，前照星孔中对所打之物”。佛郎机铳的火药铅弹尽放在子铳内，合口大铅弹要比子铳口微大一分，先装火药再隔以木马子，最后装入铅弹。但此法比较麻烦，戚继光对此进行了改造。改造后的子铳不再使用木马子，装药后可直接下铅弹，既节省了时间，又使火药直接作用于铅弹，有效地提高了射程。

明军使用的小型佛郎机有五种型号，每种都用子铳9个，每个备弹10发，总共备弹90发。

明军使用的大型佛郎机铳有无敌大将军炮与神飞炮两种，这两种炮都是嘉靖年间由名将戚继光改造而来。无敌大将军炮一门配3个子铳，弹药以散弹为主，可连续发射，号称“一发五百子”，威力巨大。神飞炮一门备有5个子铳，野战、攻城、海战都可使用，野战时用散弹，攻城、海战时则用大石弹。

明代身管火炮

身管火炮指的是大、中口径的火铳，这种火铳是现代火炮的前身。早在洪武年间，明军就使用了身管火炮，现藏于中国人民革命军事博物馆的洪武五年（1372年）大碗口铳和现藏于山西博物院的三尊洪武十年（1377年）铁炮就是证据。不过身管火炮飞速发展是在明代后期，在日趋严峻的军事形势下，明军不但在旧有基础上创新火炮，还引进并仿制了西方火炮。

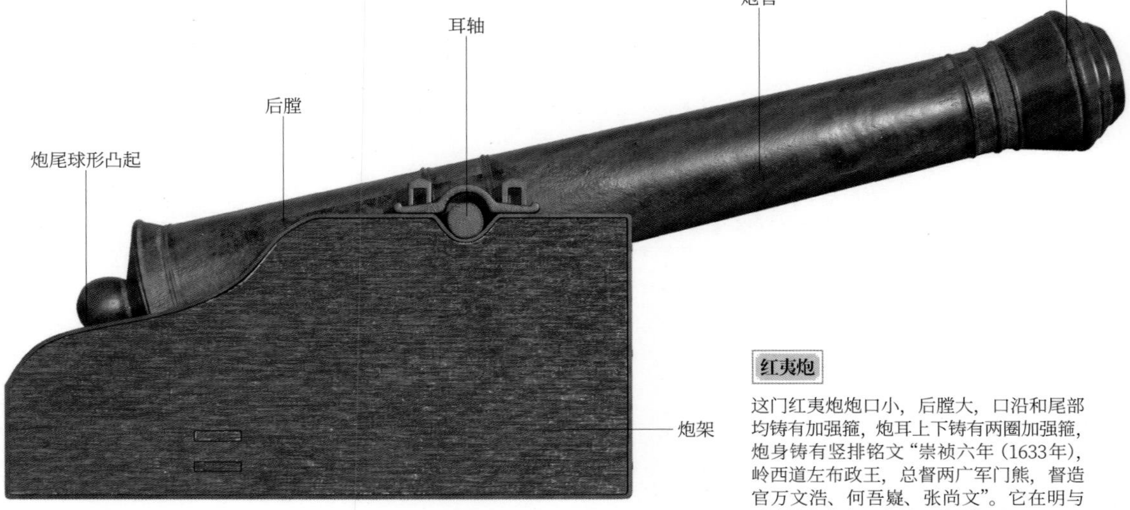

红夷炮

这门红夷炮炮口小，后膛大，口沿和尾部均铸有加强箍，炮耳上下铸有两圈加强箍，炮身铸有竖排铭文“崇祯六年（1633年），岭西道左布政王，总督两广军门熊，督造官万文浩、何吾驺、张尚文”。它在明与后金的作战中，发挥了重要作用。

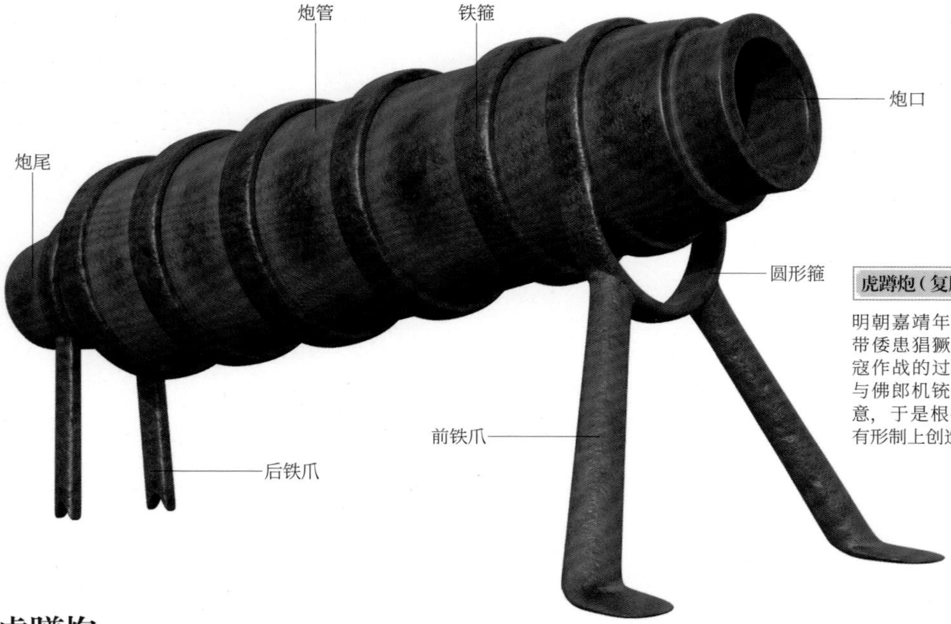

虎蹲炮（复原）

明朝嘉靖年间，东南沿海地带倭患猖獗，戚继光在与倭寇作战的过程中，发现鸟铳与佛郎机铳在使用时并不如意，于是根据实际情况在旧有形制上创造出了虎蹲炮。

虎蹲炮

虎蹲炮因形如一只蹲在地上的猛虎而得名，是戚继光创制的一种野战炮。它以曲射为主，比佛郎机铳更轻，便于携带，机动性极强，适于在山林等有碍大炮机动的地区战斗，是戚继光在东南沿海抗倭时常用的火器。

虎蹲炮是一种熟铁炮。它以一个炮管作为主体，管长2尺（约64厘米），口径2寸（约6.4厘米）有余，重36斤（约21千克），炮管上有数道铁箍以加固炮管。炮管前方安装有一个圆形箍，箍上伸出两只铁爪稳扎在地上，尾部同样有一个圆形箍，箍上伸出两只铁爪。这样一来，后坐力大量作用于地面，解除了后坐力对炮手的威胁。虎蹲炮发射群子弹，对集中的目标有较大的杀伤力，为野战利器。

红夷炮

明代人称荷兰人为“红夷”，于是许多人误以为红夷炮为荷兰所造。事实上，明朝将所有从西方传来的长身管前装式滑膛加农炮都称为“红夷炮”。

明朝朝廷首次引进红夷炮是在泰昌元年（1620年），徐光启派人从澳门辗转购得4门红夷炮。到天启六年（1626年），明朝朝廷先后采购了30门成品炮。其中有2门采购于天启二年（1622年）的红夷炮长期留在北京旧城垣上，现藏于中国国家历史博物馆。它们炮身铁铸，前细后丰，管壁较厚，口径12.5厘米，全长3米，带有准星、照门。中部有耳轴，可架设在炮车上调整射击角度和射击范围，尾部收敛有球形凸起。炮身还铸有盾形徽章和后加的刻款“天启二年总督两广军门胡，题解红夷铁铳二十二门”，左下方另有编号，一为“第六门”，一为“第十四门”。徽章是英国东印度公司的徽记，所以天启二年采购的这22门红夷炮应是英国铸造的。

红夷炮身管长、口径大、装弹多、射程远，是当时威力最大的火炮，因此一传入中国，便受到明朝朝廷的重视，数年之内仿制千余门，成为明末最主要的重型火器，广泛用于野战、攻守城战和海战。但明朝的火炮优势并未保持多久，后金很快仿造了红夷炮，并将其改名为“红衣炮”。

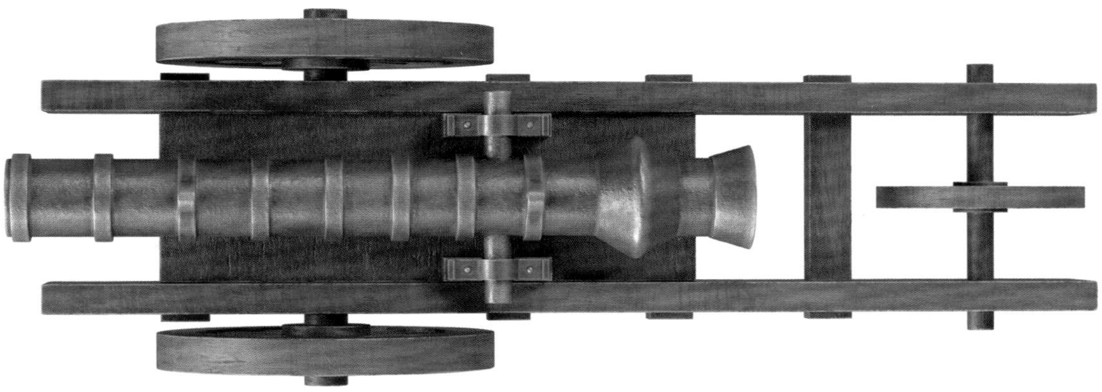

叶公神铳

叶公神铳为叶梦熊所造。叶梦熊乃是明代冷锻造炮第一人，他所创的神铳就属于冷锻炮。此炮由无敌大将军炮的子铳加长改造而成，造价不过10余两，因此叶梦熊刚制造成功便上报朝廷要求大量制造。明朝朝廷很快颁旨同意。

叶梦熊造出的第一批神铳长6尺（约192厘米），重不过250斤（约149千克），炮身可能已经锻打成钢。其一次投射的弹药量十分惊人，《神铳议》描述："大铅弹七斤为公，弹次者三斤为子弹，又次者一斤为孙弹，三钱二钱者二百为群孙弹，名之曰公领孙，尚以铁磁片用班毛毒药煮过者佐之，共重二十斤。"

经过叶梦熊的改造，神铳采用"公领孙"一炮多弹的散弹发射模式，公弹可摧毁主要目标，孙弹可制造大范围伤害，非常适合进行野战和攻城。

在成功的基础上，叶公神铳出现了更多的型号，《武备志》记载，叶公神铳有天、地、玄三种规格。天字号神铳重280斤（约167千克），长3尺5寸（约112厘米）；地字号神铳重200斤（约119千克），长3尺2寸（约102厘米）；玄字号神铳重150斤（约89千克），长3尺1寸（约99厘米）。每炮有三轮炮车一辆，前有两轮，轮高2尺5寸（约80厘米），后有一轮，轮高1尺3寸（约42厘米）。炮车前高后低，火炮装上后炮口昂起。

雷州府明军装备的神铳长度在3尺5寸左右，重350斤（约208千克），一般一队明军（50人）装备一门。此外，《登坛必究》中还记载了一种大神铳，长度在4尺5寸（约144厘米）左右，重1000斤（约595千克），有9道铁箍。

叶公神铳（复原）

明代军事家叶梦熊所造，收录于《武备志》。叶梦熊（1531～1597年），历仕嘉靖、隆庆、万历三朝，曾参与万历三大征之一的平定宁夏哱拜之乱，在改进武备上非常有才能。叶公神铳诞生后，被朝廷大量制造，用于九边拒虏，仅在万历二十一年就造了1000门。

清代火器

清代的火器铸造与使用技术，在前期尤其是康熙时期达到顶峰。频繁的战事促进了火炮的发展，清廷甚至效仿明代神机营，建立了直属火器营。然而在这之后，火炮不但研发变慢，技术长期陷于停滞，连更新换代也变得很慢，并且材质越来越差，以致与西方火炮技术拉开了无法弥补的差距。

源流

明朝万历末期，努尔哈赤在辽东起兵叛明。努尔哈赤此前曾为辽东总兵宁远伯李成梁的家丁，且与其关系不浅，在明军中服役多年，后来更是袭父职被封为龙虎将军。他对明军火器的印象十分深刻，还自主制造并获得了成功，只是数量稀少。

后来在宁远之战中，袁崇焕以红夷炮守城，配合本土火炮交替攻击，成功打退后金军。努尔哈赤死后，继任的皇太极因在宁锦之战中再次被明军以火器击败，便决心制造火器。天命十一年（1626年），正式继位的皇太极开始组织人手制造红夷炮。天聪五年（1631年），后金在佟养性的帮助下终于成功制造出第一门红夷炮。铸炮成功后，皇太极下令编制炮兵，但由于满人不习操炮之术，便任命佟养性为统理官，抽调投降明军为炮兵，至此，后金出现炮兵部队。

在此后的一段时间里，由于明朝孙元化编练的以西洋铳炮为主、由葡萄牙炮手教练的火器新军叛变降金，带去了大量的红夷炮、西洋炮，后金的火器力量得到了极大提升。有了底气的后金军在锦州一度驻守了100门红夷炮，使得明军大为惊恐。之后清军在吴三桂的带领下入关南下，在扬州之战、江阴之战中更是携带大量火炮与明军进行激烈炮战。

清朝统一全国后，火器技术慢慢停滞，全国范围内火器、火药制造技术产生断层。虽然这时候燧发枪已经传入中国，清军在与缅甸作战时也吃了大亏，但清朝并没有选择大量制造装备，而是将其作为御制火枪深藏在宫内把玩或作为官用火枪奖赏官员，普通士兵依然使用老式的火绳枪。

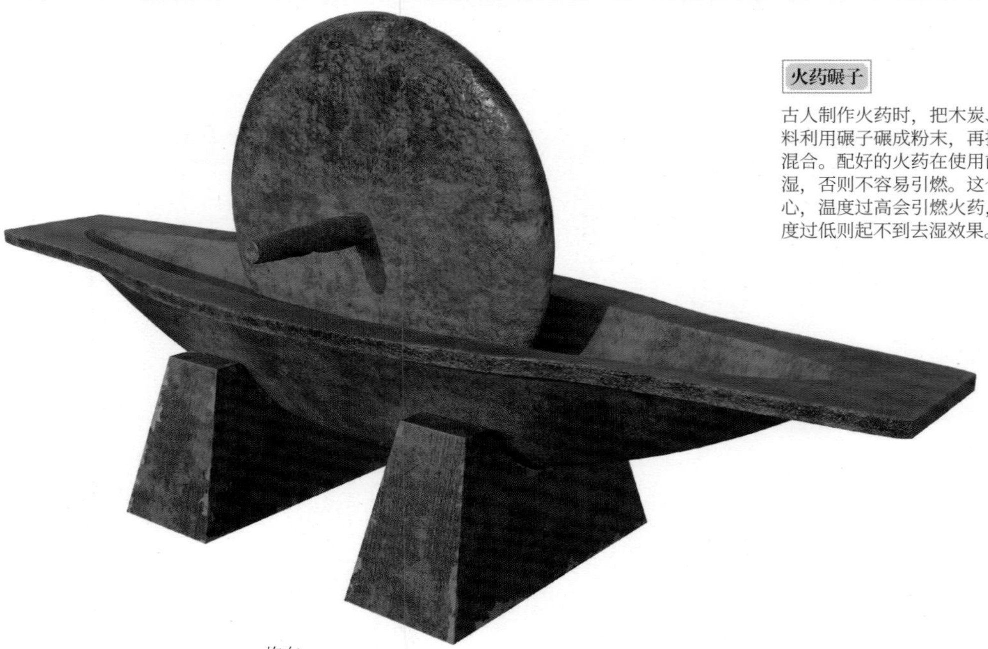

火药碾子

古人制作火药时，把木炭、硫黄、硝等原料利用碾子碾成粉末，再按照一定的比例混合。配好的火药在使用前还要炒一下去湿，否则不容易引燃。这个过程须格外小心，温度过高会引燃火药，发生爆炸，温度过低则起不到去湿效果。

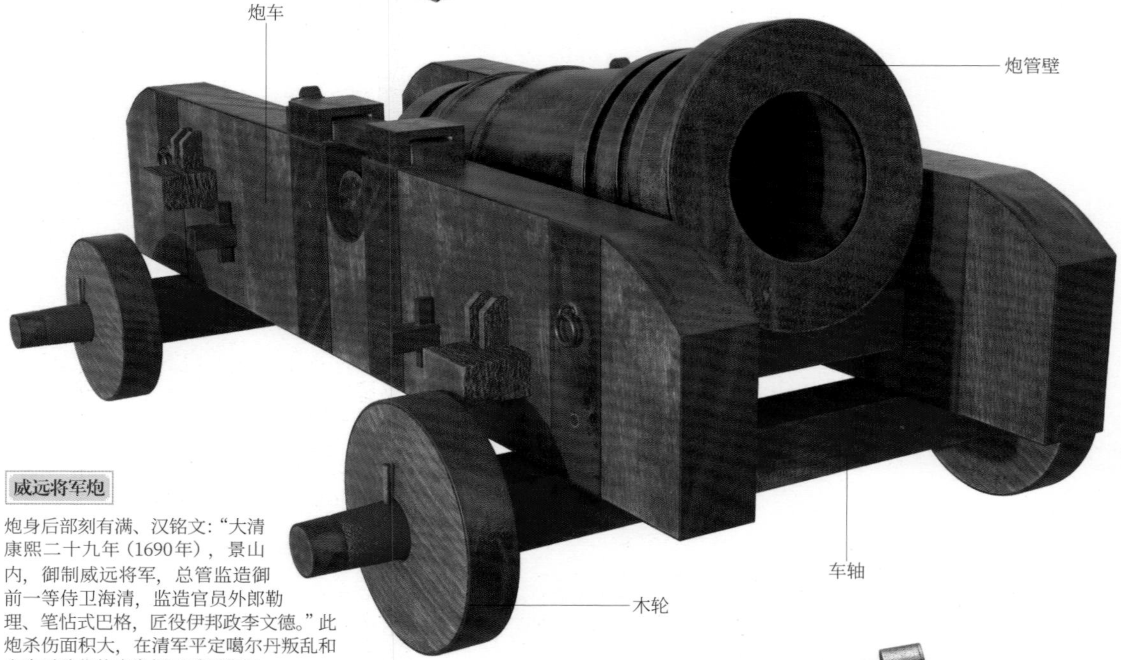

威远将军炮

炮身后部刻有满、汉铭文："大清康熙二十九年（1690年），景山内，御制威远将军，总管监造御前一等侍卫海清，监造官员外郎勒理、笔帖式巴格，匠役伊邦政李文德。"此炮杀伤面积大，在清军平定噶尔丹叛乱和多次对敌作战中发挥了重要作用。

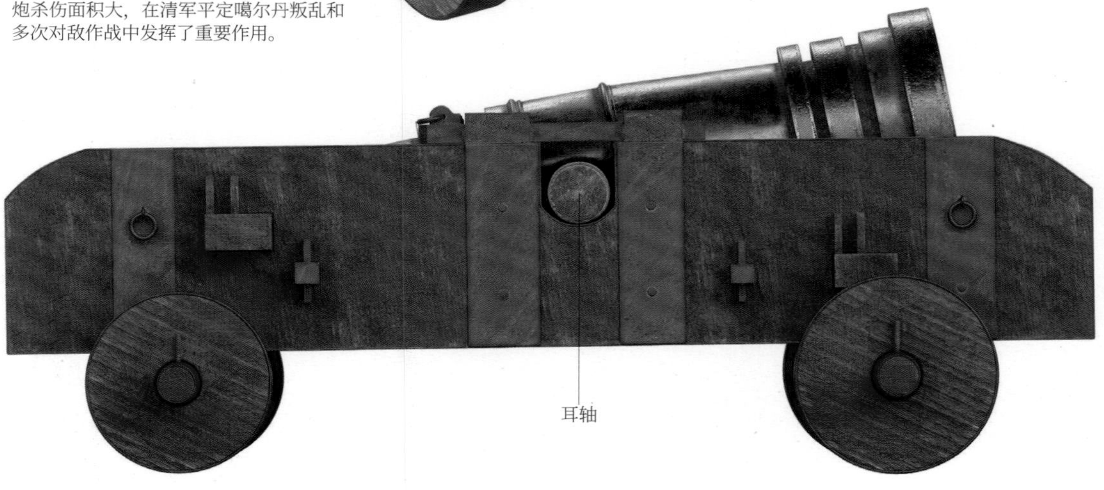

威远将军炮

该炮铜质，炮身隆起4道箍，有双耳、准星。炮身底部錾满、汉铭文：“大清康熙五十七年（1718年），景山内，御制威远将军，总管景山炮鸟枪监造赵昌，监造官员外郎张绳祖，笔帖式张秉义，工部员外郎阿兰泰，笔帖式杨天禄，匠役李文德。”

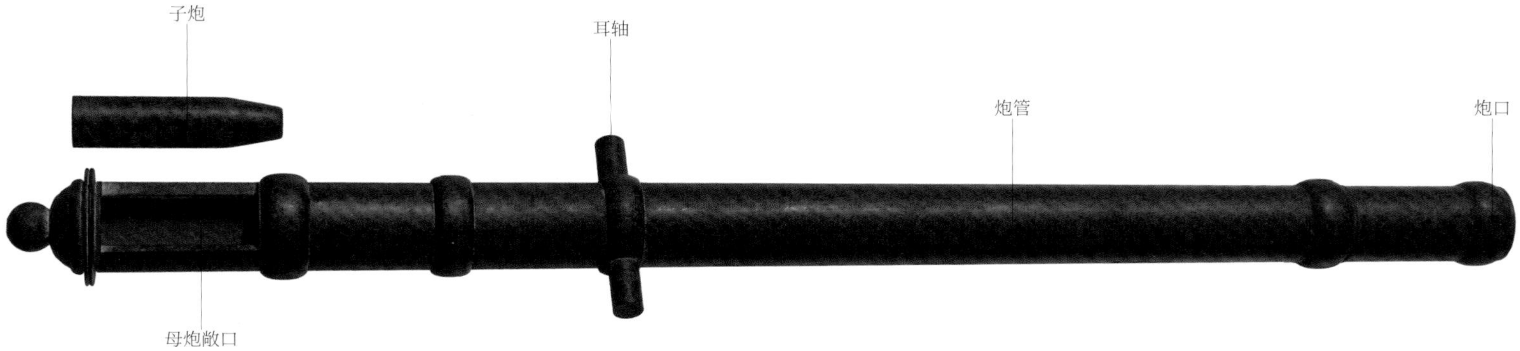

子母炮

母炮铁质，炮身隆起5道箍，旁有双耳轴，炮身开孔，用于填充子炮。子炮填装好后，用螺丝固定。一炮发射完毕，可更换一枚子炮，节约了装药、填弹的时间。

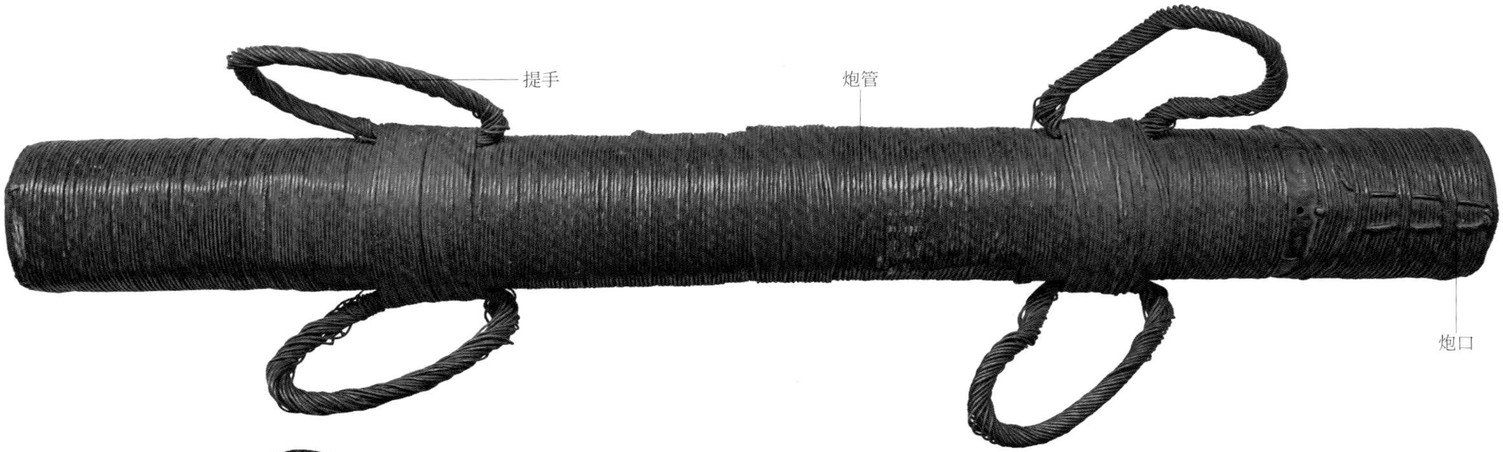

青铜炮

这是一门在第一次鸦片战争中被缴的清代火炮，它由青铜铸造，外裹丝绸，最外面缠满肠线。它的4个提手同样由肠线编织而成，很可能开炮时由4人抬着，可以迅速移动和调整方位。

炮弹

这些圆形铁炮弹均为空心，内里装填炸药，大小根据大炮内口径而定。

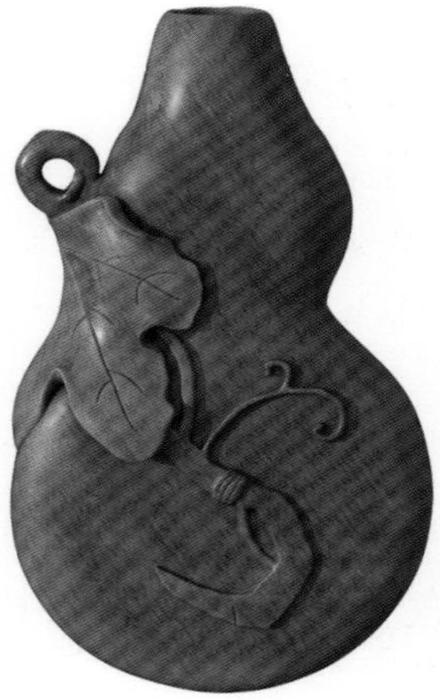

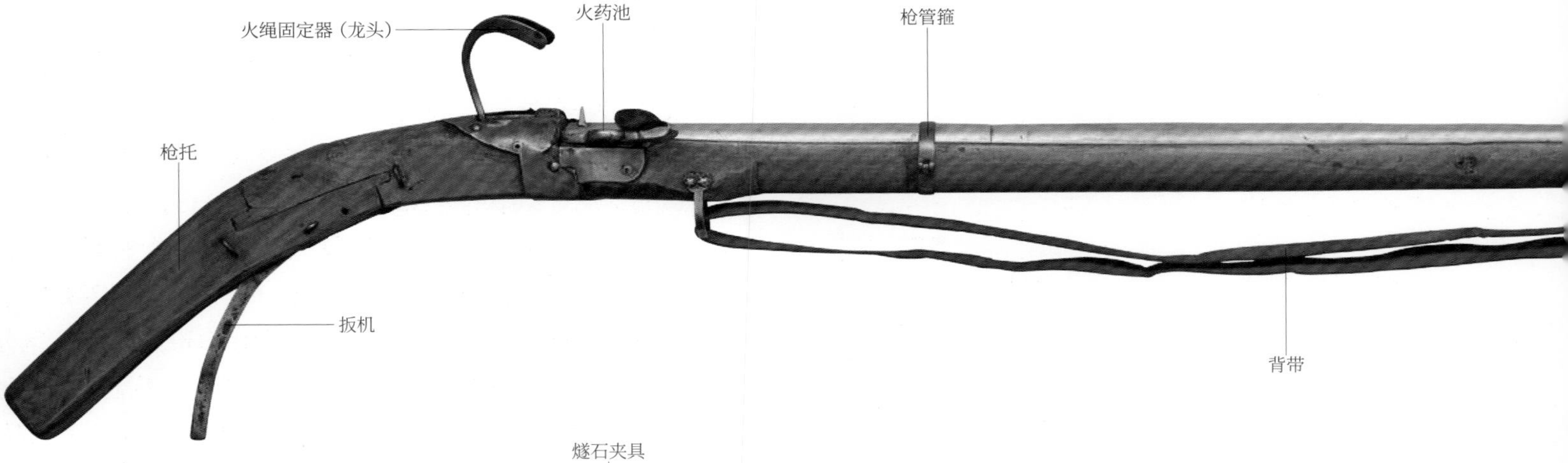

清代火药袋

火药袋是火枪的重要配件。该火药袋做成扁平葫芦形，外刻瓜瓞纹，以“瓜瓞绵绵”寓子孙绵长之意。

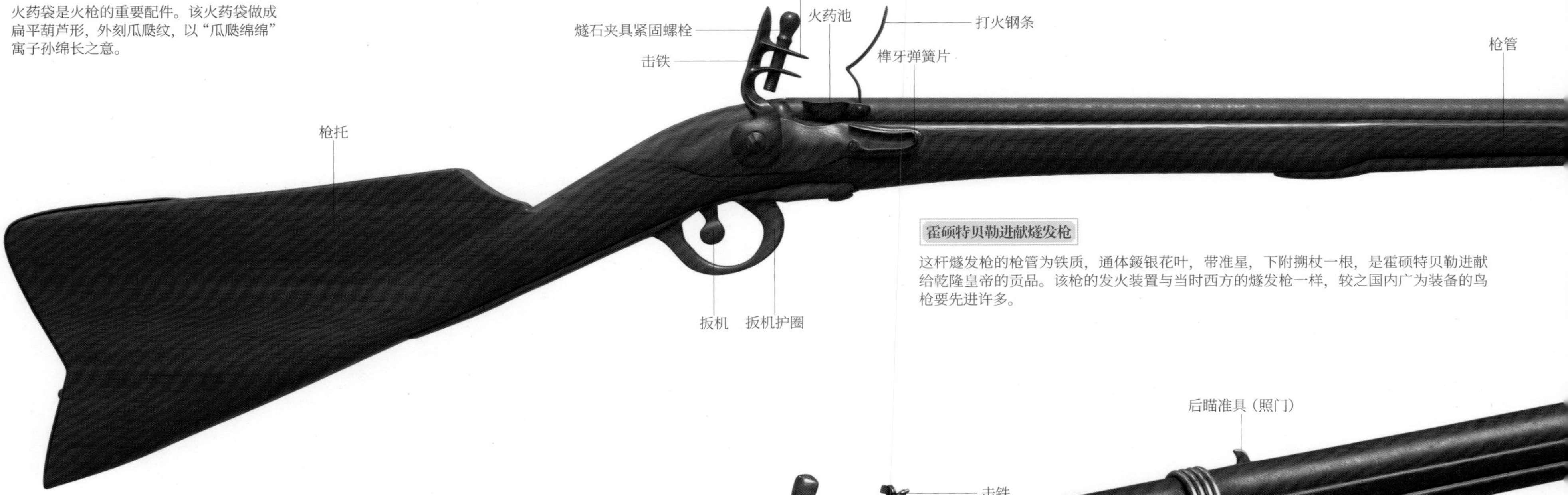

霍硕特贝勒进献燧发枪

这杆燧发枪的枪管为铁质，通体鋄银花叶，带准星，下附捌杖一根，是霍硕特贝勒进献给乾隆皇帝的贡品。该枪的发火装置与当时西方的燧发枪一样，较之国内广为装备的鸟枪要先进许多。

康熙帝御用铁交枪

这把簧轮式燧发枪带有准星和照门，是康熙皇帝的御用枪。发射时，先用钥匙给簧轮处的发条上满弦，然后瞄准目标，扣动扳机。机轮飞转，与火石磨擦生火，从而点燃火药，将弹丸射出。

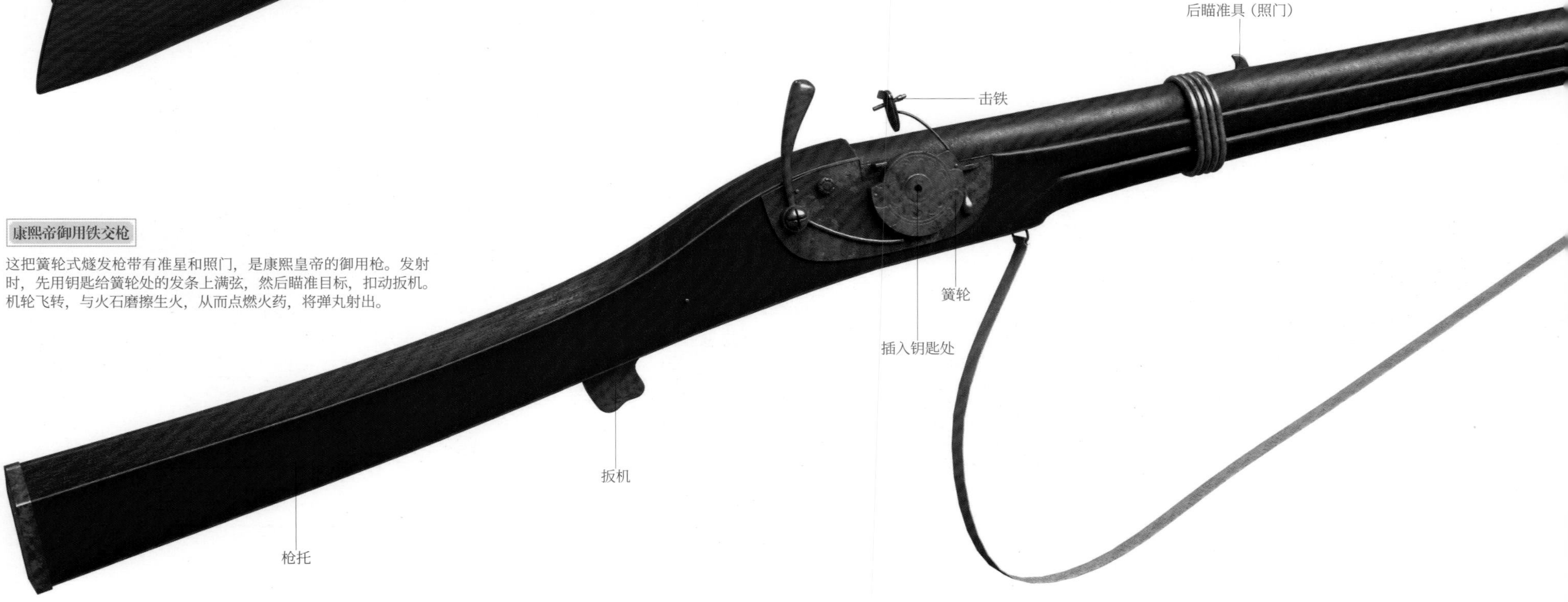

鸟枪

清代鸟枪种类繁多，见于《皇朝礼器图式》的就有53种，其中有图可考的达49种——御制火枪16种、花枪5种、交枪11种、线枪13种、奇枪3种、兵丁鸟枪1种。不过这些多为御制火枪与官用火枪，真正大规模装备士兵的是兵丁鸟枪。沿袭自明代鸟铳的兵丁鸟枪虽然仍是火绳枪，但形制已经发生了变化，比明代鸟铳长将近一倍，达6尺1寸（约195厘米），重6斤（约3.6千克）。其填装火药量与明代相同，为3钱，但装弹量却只有1钱（约3.7克），仅为明代鸟铳装弹量的三分之一。兵丁鸟枪在枪口下方还加装了一个1尺长的双脚叉架，一般满、蒙八旗把木枪托染成黄色，汉八旗染成黑色，普通的绿营士兵则染成红色，便于区分。清代鸟枪的装备率较高，雍正年间下令淘汰三眼铳等火门枪，全部换装鸟枪，这让各省驻军鸟枪装备率一度达到50%，但与同时期已经迈入全火器时代的西方各国相比，依然处在冷热混编的阶段。加上统治者“防汉”思想贯彻始终，因此鸟枪的质量是御制鸟枪优于八旗鸟枪，八旗鸟枪优于绿营鸟枪。

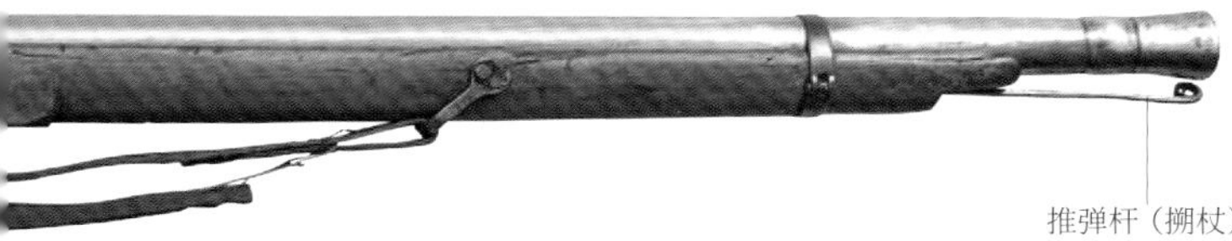

清代鸟枪

这是一把火绳枪，其龙头朝向枪口方向。扳机位置没有护圈，使用时应多加注意，以免触碰走火。枪管上有汉字铭文，能清晰辨认出数字“五十四”。

康熙帝御用铁交枪钥匙

美制加特林机枪

加特林机枪是一种手动操作的多管旋转机关枪，于同治十三年（1874年）前后传入中国。此机枪手柄每转动一圈，各枪管便依次完成装弹、射击、退壳等动作，发射速度可达350发每分钟。光绪十年（1884年），金陵机器制造局开始仿造。这是中国最早装备使用的自动枪械。

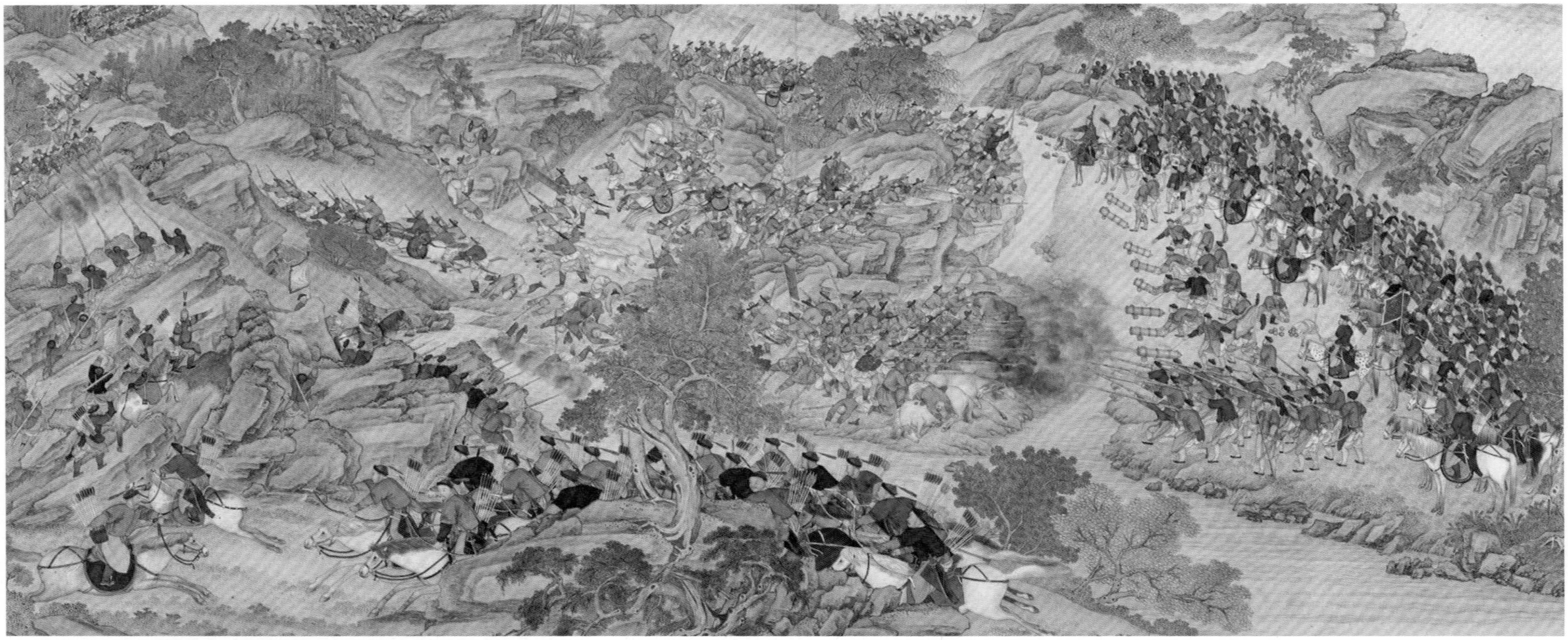

在《平定准部回部得胜图》描绘的伊西洱库尔淖尔之战中，清军使用了火炮与鸟枪。

将军炮

在明末清初大放异彩的红夷炮到了清代出现了许多名为“将军炮”的变种。

把大炮称为“将军”，是从朱元璋开始的。元至正十五年（1355年）朱元璋驻和州（今安徽和县）时，焦玉向他进献了几十条火龙枪。火龙枪的威力很大，朱元璋认为军中装备此枪，夺取天下易如反掌，于是下令“功成当封大将军”，之后又册封了许多“将军”，如二将军、三将军、无敌大将军等。

清代同样称呼一些威力巨大的火炮为“将军”，如神威将军、神威大将军、神威无敌大将军、威远将军、制胜将军、武成永固大将军、神功将军。这些将军炮都收录在乾隆二十四年（1759年）完成的《皇朝礼器图式》中，是清朝中前期倚仗的重要火炮。首批锻造于崇德八年（1643年）的铜质神威大将军炮，就为清军入关创造了有利条件。这些将军炮都是重炮，轻则四五百斤，如神威将军炮、制胜将军炮，重则两三千斤，如神威大将军炮、神威无敌大将军炮，最重的则是武成永固大将军炮，达到了3600～7000斤。

火器衰落

虽然清朝前期或自造或借助南怀仁等传教士铸造了相当数量的重型欧式火炮，但清廷只是将火器技术视为凌驾汉人的专用品，以致鸦片战争前对火器技术的压制、分割使得国内火器水平参差不齐。比如左宗棠收复新疆时挖出明代开花弹感慨不已，言说清朝无此物，却不知他的前辈清军将领年羹尧在100多年前于所著兵书中提到过此物。由此可见清朝对火器技术的分割与限制有多严重。除了火器技术，火药技术也是如此，各地火药质量差异较大，有些地方甚至退化到了使用粉末火药的地步。

到了鸦片战争时，沿海清军所用火炮有很大一部分是清朝开国之初便已经制造装备的火炮，更有相当一部分火炮是明朝遗物，甚至有大臣仿造明代的虎蹲炮、火箭来对英作战。另一方面，当时即便是新炮也同样不堪重用，比如道光十五年（1835年）虎门新造的59门火炮，在试射中炸膛10门、损坏3门，损失率占22%。关天培调查后发现新炮炮身渣滓遍布，炮膛内坑洼不平毫无光滑可言，其中最大的孔洞竟然可以装4碗水。新造火炮质量低劣至此，甚至已经比不上前明遗留的火炮，使用这样的火炮作战其结果不言自明。

1841年，英军进攻虎门，对虎门炮台进行迂回进攻并用舰炮覆盖攻击。清军虽然发炮还击但因为火药掺杂泥沙，因此射程短，威力小，且准度差，所发炮弹能击中英舰的少之又少。此战清军伤亡惨重，前后阵亡士兵527人，受伤560余人，另有1000余人被俘虏，而英军伤亡甚小，几乎可以忽略不计。

于是，在西方殖民者的坚船利炮和屠杀下，中国历史走入了屈辱的近代，而那些中国火器也被近代西式火器取代。

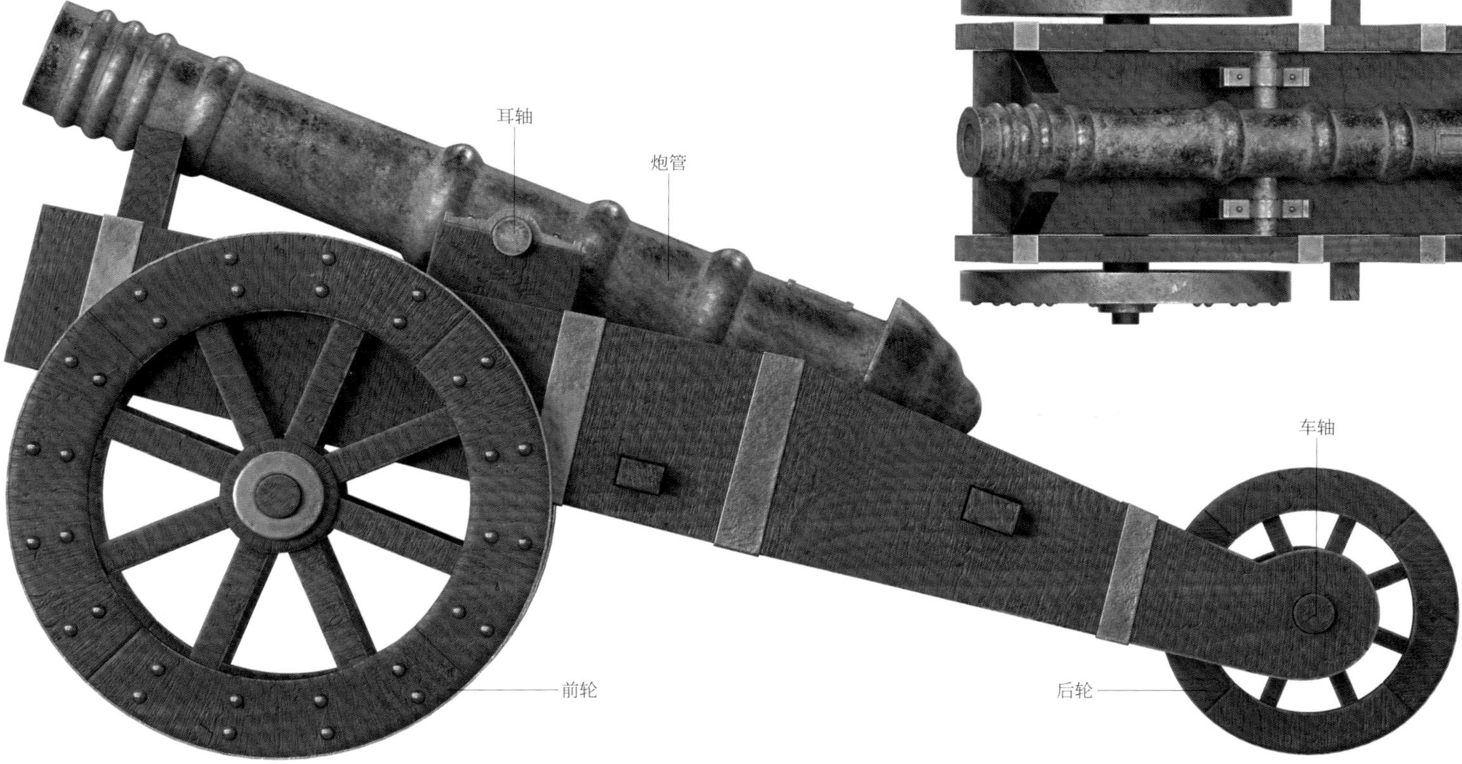

神威无敌大将军炮（复原）

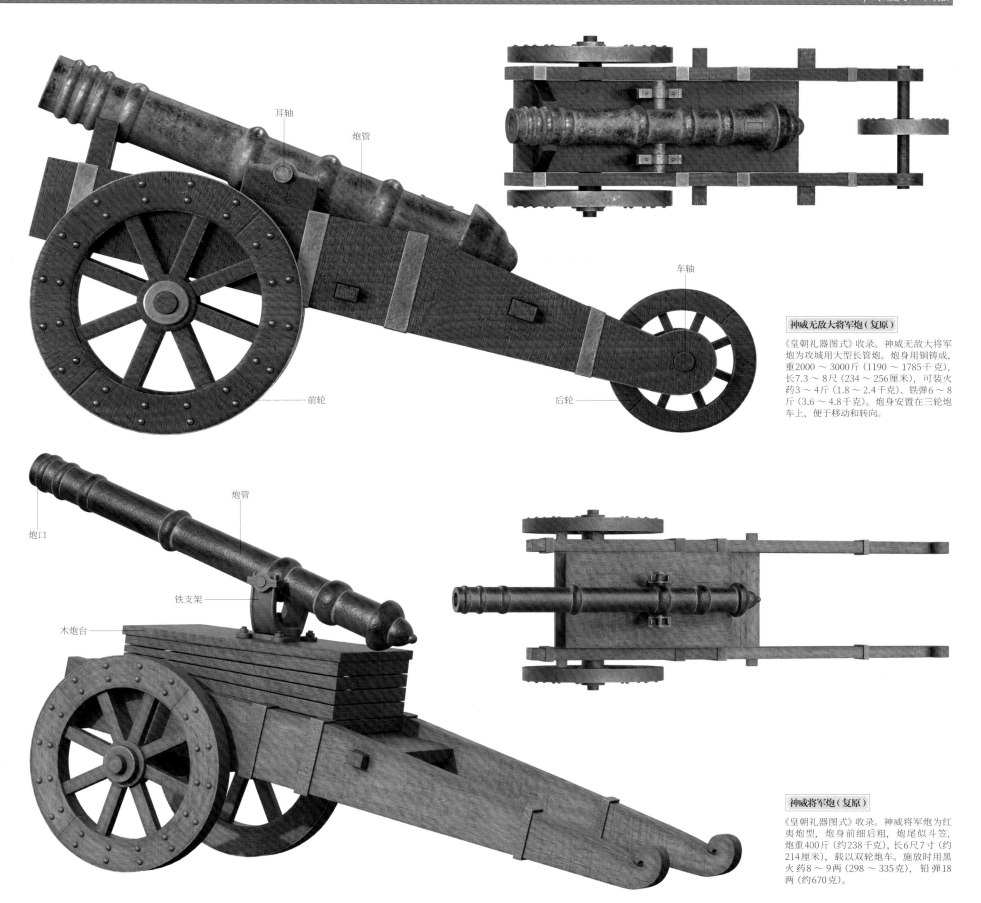

《皇朝礼器图式》收录。神威无敌大将军炮为攻城用大型长管炮。炮身用铜铸成，重2000～3000斤（1190～1785千克），长7.3～8尺（234～256厘米），可装火药3～4斤（1.8～2.4千克）、铁弹6～8斤（3.6～4.8千克）。炮身安置在三轮炮车上，便于移动和转向。

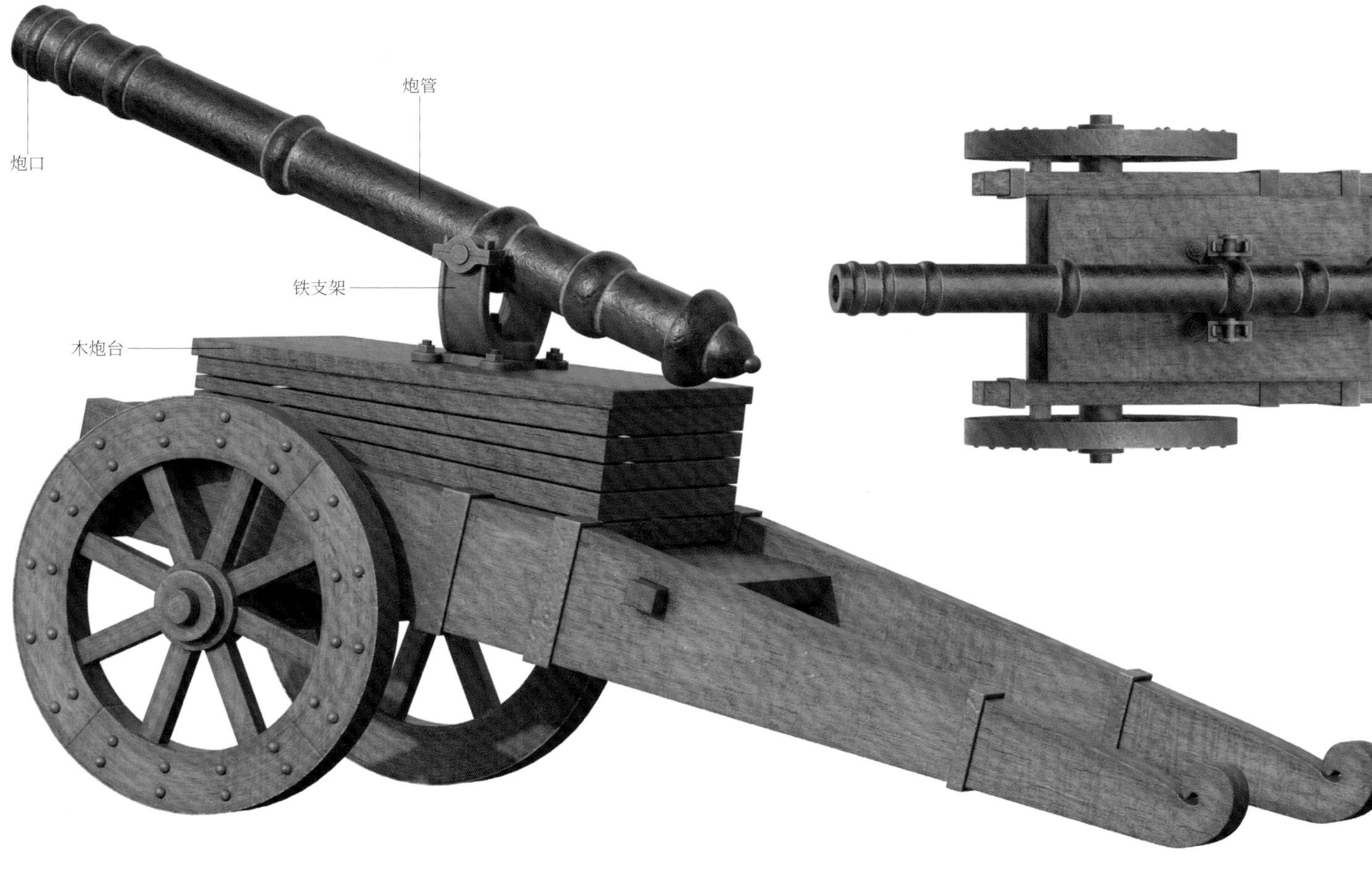

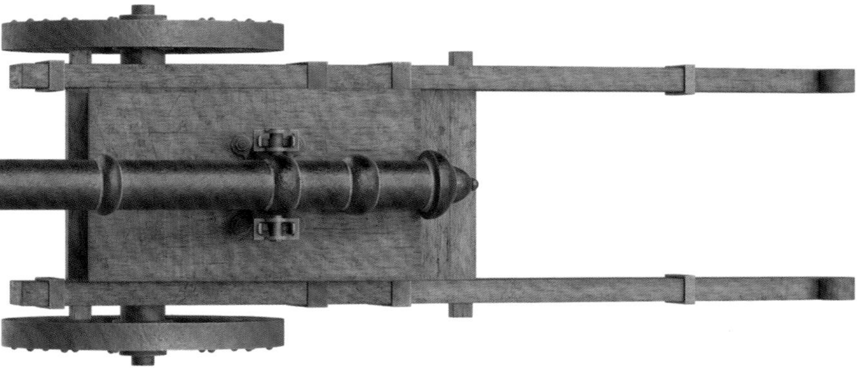

神威将军炮（复原）

《皇朝礼器图式》收录。神威将军炮为红夷炮型，炮身前细后粗，炮尾似斗笠，炮重400斤（约238千克），长6尺7寸（约214厘米），载以双轮炮车。施放时用黑火药8～9两（298～335克），铅弹18两（约670克）。

第六章
Chapter 6: Armor

护具

文 / 虎符　巨侠

在古代，将士们披挂在身上的防护装具分为两个部分：穿在身上保护躯干、四肢的身甲，戴在头上保护头颅的头盔。二者合称甲胄，它们是古代军人在战场上最可靠的伙伴，可以抵御绝大部分利刃伤害。

除此之外，还有一类防护装具不能被忽视，那就是用来手持格挡的盾牌。甲胄与盾牌带来的防护，给士兵的生命上了一道“保险杠”。

商代护具

由于商代之前的历史太过久远，在甲胄方面还未有任何考古发现，因而目前我国最早的甲胄实物均出自商代。从现有考古资料来看，最精锐的商王亲兵部队已经配备了精良的铜胄和彩绘整片皮甲。

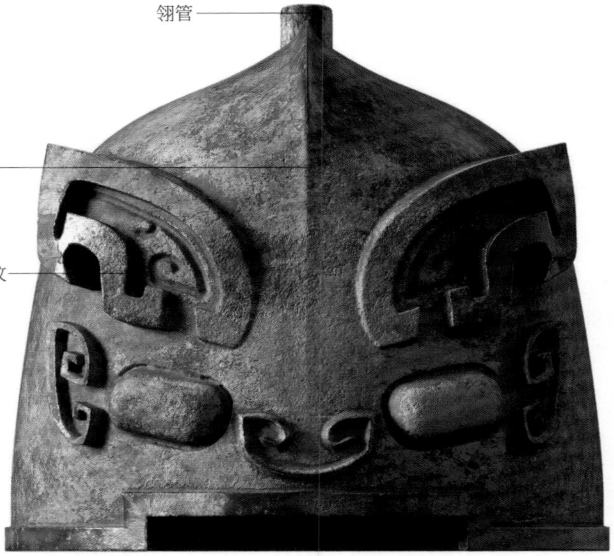

商代兽面纹青铜胄

此胄整体浇铸而成，表面光滑，纹饰精美。由于合范的位置在胄的正中间，因此它有一条凸起的中线将胄分为对称的两部分。正面饰一浮雕兽面纹，胄顶上伸出一段小圆管，用以安插翎饰。

皮甲

在商代，身甲只能保护前胸和后背，形制犹如背心，且胸甲与背甲皆由整张兽皮制成。这种不贴身的整片式皮甲并不利于穿戴者战斗。

在20世纪30年代发掘的殷王廪辛墓中，人们发现了迄今为止年代最早的皮甲朽迹。通过观察得知，该甲直径约40厘米，表面以黑、红、黄、白四色绘有云纹与不明几何图案。根据尺寸分析，这应该是一件便于加工的整片式皮甲，以前后片的形式穿戴，防护胸腹要害。结合当时的皮料材质与生产工具分析，商朝军队装备这种工艺简陋的皮甲属于低生产力条件下的无奈之举。因为青铜打眼工具在面对犀牛皮等坚硬皮革时力不从心，制作小片拼接的札甲并不现实。

商代皮甲（复原）

1935年河南安阳殷墟侯家庄1004号大墓出土的整片式皮甲残迹，是考古发掘中获得的最早的铠甲标本。皮甲仅存皮革腐烂后遗留在泥土上的纹理。观察残痕，人们发现这是两片直径约40厘米的整片皮甲，但其具体结构和穿着方式却不得而知。根据刘永华先生的推测，商代皮甲可能跟云南傈僳族原始皮甲有相似之处，是前后各有一片皮甲、保护腹心的结构。

头盔

目前，我国最早的头盔出自商代墓穴。虽然在商代，冶铁技术尚未发明，所出现的铁器都是简单加工的陨铁，而且通过出土皮甲残迹反推，商代制革工艺并不高超，但是这个时候青铜器制作技术已经非常成熟了，所以整个商代的出土头盔全部都是由青铜浇铸而成的。

如果将江西新干大洋洲青铜盔、殷王廪辛墓青铜盔和殷墟出土的另一顶青铜头盔放在一起，我们可以发现这三顶不同年代的头盔在款式上非常接近。三顶头盔全部在前额装饰有兽面纹，而且汉字中的“胄”字与这三顶头盔惊人地相似——出头的一竖代表盔顶的翎管，上面的田字代表额前的兽面纹，下面的月字代表盔体的护颊。

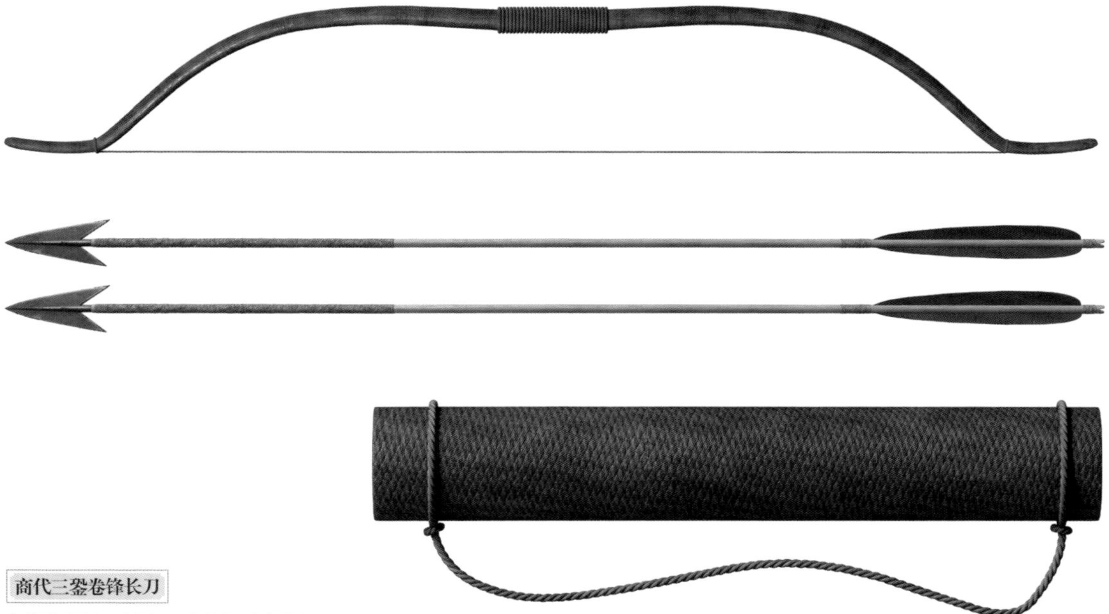

商代武士复原图（刘永华绘）

商代三銎卷锋长刀

商代的青铜刀有短刀、短柄刀和长柄刀三类。中原文化区流行的卷锋长刀属于长柄刀，一开始无銎、多穿，后来逐渐发展成有銎、无穿。这柄青铜刀是商代末期的兵器。从刀身上精美的夔龙纹饰来看，它极有可能兼具仪卫功能。

商代弓箭（复原）

在古代战场上，弓箭是远距离杀伤敌人的最佳兵器。商代的弓选材和制作都比以前精良，而箭镞也不再是石镞、骨镞、贝镞，而是青铜镞。这时的箭杆，后部开始装上箭羽，这样做是为了使箭在空中飞行时克服空气流动的影响，尽可能平稳地射向预定的目标。

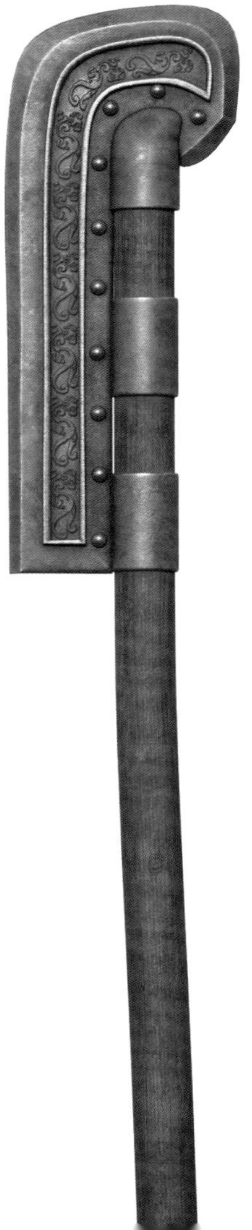

商代步盾（复原）

根据河南安阳小屯167号墓出土的商代晚期盾牌遗迹复原而成。商代的步盾主要由木、革两种材料复合而成，总体呈梯形，正面微微向外凸出，侧面看去有一定的弧度。制作时，选择3根直的竖木、2根微曲的横木，将其组合成梯形框架，接着在表面蒙上牛皮，背面衬以织物。由于该盾牌遗迹与一柄曲内戈在同一位置被发现，且戈柲朽迹略长于盾，因此有专家推测，盾牌和戈平时结合在一起，作战时则一分为二，配合使用。

盾牌

先秦时期，盾牌被称为“干”，通常由木头或皮革制成，很难保存至今。从商代晚期出土的实物来看，该时期的步兵盾以木料为框架，皮革蒙面，多数表面绘有一对大体对称的虎纹，整体呈上小下大的梯形形状。由于车战的兴起，商代除了步兵盾，还有车盾。车盾的结构与步兵盾大体相似，呈正方形或长方形，表面绘有团纹，用来安插在车舆两侧，起到保护车兵下半身的作用。

西周护具

公元前1046年，武王灭商，建立了周朝。这是一个在中国历史上具有深远影响的朝代，它确立了天子概念和宗法制度，《周礼》更是成了后世所有朝代严格奉行的圭臬。可以说，这是一个承前启后的时代。同样，在防护装具的发展史上，周代皮甲亦具有承前启后的作用。

皮甲

西周时期，身甲与商代一脉相承，多以皮革制造，材料通常为牛皮，部分采用犀、兕（犀牛的一种，一说是雌犀牛）的皮，造型仍旧以整片皮甲为主。

虽说是继承自商代，但从考古资料来看这一时期的身甲也有新的变化：开始采用青铜材料来加固皮甲的主要防护部位，出现了铜革复合甲。西安长安区普渡村出土的西周早期铜甲和西安长安区张家坡出土的西周中期铜甲，就是这种铜革复合甲。普渡村铜甲由42片青铜片组成，甲片为长方形，四角各有一个孔，部分甲片的一面留有皮革痕迹。经专业人员复原后，展现在人们眼前的是一件连缀而成的掩护胸腹的革衬铜甲。这种用甲片拼成的甲一般被称为“札甲”。“札”是纸张出现以前古人用来记录文字的木片。顾名思义，札甲是用矩形片状甲材连缀而成的铠甲。这种铜札甲在当时是非常罕见的，但在以后的铁器时代中，札甲将成为最常见的铠甲形制。

头盔

西周时期的青铜头盔摒弃了商代的复杂纹饰，形制简单统一，工艺大为简化，这样的变化或许是为了便于大规模生产装备部队。此时期的出土头盔较为稀少，主要有两种：一种是北京昌平白浮燕国墓地出土的青铜素面胄，一种是山东前掌大村出土的铜革复合胄。这种复合胄不是完全由青铜浇铸而成的，而是在皮胄外装配青铜部件。

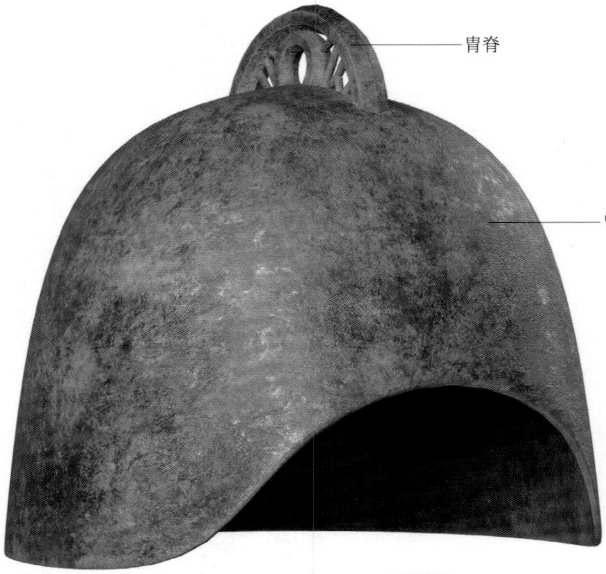

西周昌平白浮青铜胄

这是一顶素面盔，除了顶部有一镂空网状纹长脊，再无其他装饰。盔内应有织物或皮革内饰，以防止头部与头盔直接接触。

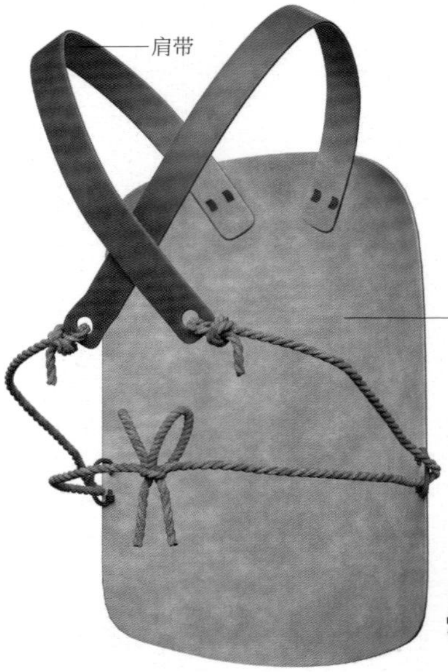

西周普渡村铜甲（复原）

1984年陕西西安普渡村西周墓出土的青铜甲共有42片甲片，均为青铜铸长方体，四角各有一个孔。这些甲片并不是同一规格，而是分成长片和短片两种，其中长片14块，短片28块。部分甲片上有朽坏的皮革痕迹，推测其应是编缀在皮革或织物上。为方便穿戴，它有两条皮肩带。西周甲与商代甲形制基本相同，不同的是，这一时期出土了青铜甲片实物，标志着由金属制成的身甲走上了历史舞台。

商末周初青铜腿甲（复原）

截止到目前，这是国内年代最早的腿部护甲，也是唯一一例先秦时期的腿部护甲。2013年出土于宝鸡石鼓山西周早期墓地，实物残损严重，黄铜色器身外裹了一层青绿色铜锈，外观与古希腊腿甲有趋同进化特征。

周代武士复原图（刘永华绘）

青铜戈与青铜短剑

戈是先秦时代非常流行的武器，从卫体短柄戈到车战长柄戈应有尽有。西周时期，戈类兵器复杂多变，这与车战盛行有着密不可分的关系。但也由于车战盛行，短小的青铜剑在这一时期缺乏用武之地，只能作为卫体兵器使用，维持着少量流行的态势。

盾牌

西周时期，铜木或铜革复合盾牌颇为流行。从陕西宝鸡竹园沟出土的西周早期梯形木盾和西安长安区张家坡出土的西周中期漆盾并结合历史沿革来看，西周盾牌的主体多为木质结构或木革复合结构，造型多为梯形、长方形或正方形，盾牌上半部中央通常还钉有青铜圆护——盾钖。盾钖是指镶嵌在盾牌表面的青铜圆形护片，表面起凸弧，四周扁平，起到加强防护和装饰的作用。

西周虢国盾（复原）

1994年10月，考古工作者在三门峡虢国墓地南部发现了一座西周时期被盗墓葬，在进行抢救性发掘的过程中发现了一组盾牌遗迹。这组盾牌由三件盾牌组成，相互之间有部分叠压。它们由藤条构架，上覆皮革。其上部与下部呈圭首形，两侧边缘略内凹。盾面中央自上而下有明显的外凸棱脊，上髹红色漆，表面装饰两行共六个对称的青铜盾钖。

东周护具

东周时期，频繁的战争让“甲”成了战争和军队的代名词，皮札甲大行其道。

东周时期，诸侯势大，天子式微，列国进入争霸模式，天下战乱不休。在这一时期，“甲”直接成了战争和军队的代名词，如《孙子兵法》以“带甲十万”的描述来特指军队，《荀子·王制》则在“以不敌之威，辅服人之道，故不战而胜，不攻而得，甲兵不劳而天下服，是知王道者也”这句著名论述中，以甲兵指代战争。

皮札甲的制作

宋末元初的学者马端临在《文献通考》中对皮札甲做了详细解释：“一叶为一札。七节、六节、五节其数也……革脆则札短而节多，七属是也。革坚则札长而节少，五属是也。寿之长短亦如之。”即一片甲叶为一札，多以7片、6片或5片之数组成甲衣长度。皮革质脆的，甲叶就只能做短一点，制作甲衣时相应需要的片数就多一些，上下要连缀7片长度才够。皮质坚韧的，则甲片能做得较长，制作甲衣时只要上下5片连缀，长度就够了。甲衣寿命长短亦和皮料的坚韧程度成正比。

头盔

东周时期频繁的征伐，有力地促进了军事技术的发展。春秋时期，青铜胄变得圆润贴合头型，两边护颊加长，以丝绦穿过头顶的纽而后在下颌处打结固定。到了战国时期，皮胄和铁胄开始出现。战国皮胄为多片组合式，曾侯乙墓出土的皮胄是它们的典型代表，共分胄脊、盔体片、护额片、项顿片四大部分，由丝线连缀成一个整体，盔型美观，贴合头部，可以说达到了相当的工艺水准。

1965年在燕下都武阳台丛葬坑中，我国考古学界首次发现了战国铁胄实物。这顶胄由头顶圆片和88枚矩形铁札叶以上压下的方式编缀而成，将穿戴者的整个头部（除面门）全部置于保护之下。它的出土，证明铁甲胄在战国时期就已经达到生产化和实战化的程度。此后数百年里，这种札甲式头盔一直顽强地存在于军队中。

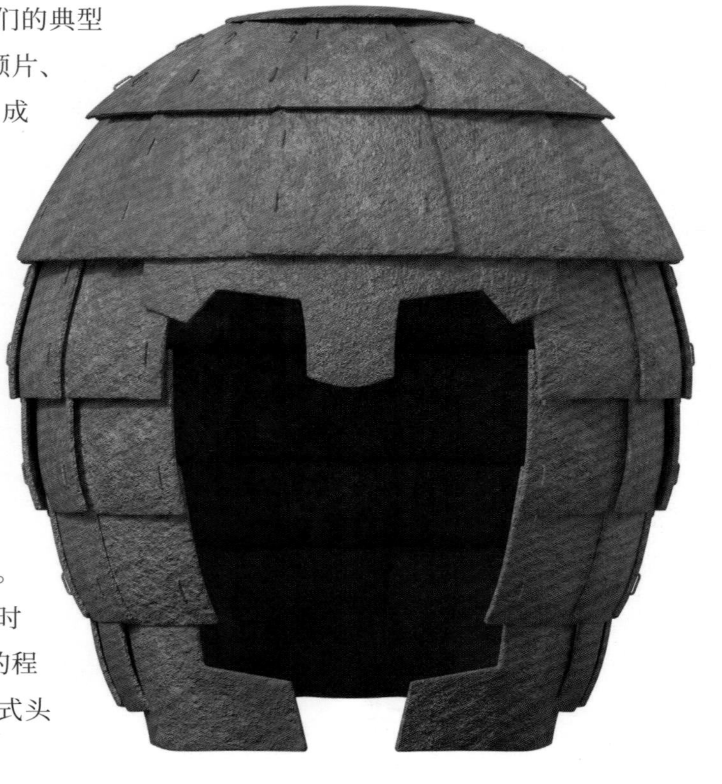

战国铁胄

这顶燕下都铁胄是目前发现的两顶先秦铁胄之一。该胄由89片札叶连缀而成，出土时胄的顶部、脑后及侧面等绝大部分保持原状，内侧有残存的织物痕迹。

九连墩1号墓战国皮甲

九连墩1号墓共出土了30件皮甲，其中28件出自南室，2件出自西室。南室出土的28件皮甲如图所示，与曾侯乙墓出土的皮甲形制基本一致。

皮札甲

东周时期的身甲从文献记载和考古资料来看以皮革材质居多。

作于战国时期的《周礼·考工记》，详细记载了当时皮甲的选材与制作过程。甲匠制甲，一副犀牛皮制作的甲需要7片甲叶连缀，采用兕皮则需要6片，如犀、兕皮合用，则5片即可。犀甲寿命100年，兕甲寿命200年，犀兕复合甲寿命300年。但凡制甲，必先量人体型，而后裁制皮料，称量甲衣、甲裳（腰以上称“甲衣”，腰以下称“甲裳”）重量是否相等。甲衣皮料鞣制不熟，则甲脆不坚；鞣制太熟，则会使皮料桡曲软弱，失去防护力。制作中，应注意观察连缀甲片的穿绳孔，孔眼以小为佳；又看甲片内层，应当平整有光泽；再看甲衣接缝，上下应当对称；甲衣装进口袋，体积要小；举起展开，防护面要大；穿到身上，甲片不会相互摩擦。

这一时期，由于犀、兕的大量繁衍，它们成了皮甲材料的主要来源，并且随着生产力的提高，皮甲片的制作工艺由整块使用向着小片打孔连缀进化。札甲这种在中国乃至世界甲胄史上占有重要地位的铠甲编织形态，正式出现在记载中。而札甲的出现又使皮甲进化出了“上旅”和“下旅”（即甲衣和甲裳）。可见相对殷商时期，周代军人的裆臂部以及下肢防护开始初步得到加强。

20世纪50～70年代，两湖地区出土了大量东周时期的楚系墓葬，随葬品中几乎都有皮甲的身影，这成了今天人们了解周代皮甲最直观的窗口。尤其是1978年湖北随县（今随州）发现了战国初期曾国国君乙的墓葬，其随葬品中出现了大量保存完好的皮甲以及皮胄。这一发现标志着早在东周时期，中国皮甲制造业已经具备了较大规模，在加工水平上达到了一个新高度。这些皮甲胄对比商代同类产品，进化出了保护颈部的立领式“盆领”和保护胳膊的“护膊”，并且制作规范，配件增多，防护面积扩大，奠定了直到两汉时期皮铁甲胄形制的大体雏形。

战国大漆盾

这是一面木胎盾牌，盾牌呈长方形，正面微凸，背面正中安木柄，通体裹麻布，外髹黑漆。

盾牌

春秋时期，用以加固木盾、革盾的青铜盾钖消失了，盾牌重新恢复成木盾或革盾。到战国时期，一种主要装备步兵，尤其是轻步兵的双弧盾成了主流。这种盾牌在长方形盾的基础上改变了造型，其上方不再是两个直角，而是两个圆角，两侧形成对称的双重曲线，下方仍然是两个方角。这种双弧盾使用时间很长，直到汉代依然很流行。

曾侯乙墓战国皮胄（复原）

该胄上有脊梁，下有顿项护颈，由丝线将18片髹漆皮甲片连缀成一个整体，其中胄体3片，护额3片，顿项12片，是战国皮胄的典型代表。

战国高筒靴（复原）

1974年沈阳郑家洼子战国墓出土了一种高筒皮靴，该靴出土时皮质部分已经腐烂，只剩下100余枚铜甲泡。从这些铜甲泡的位置来看，墓主下葬时应是穿着钉满铜甲泡的长筒皮靴。皮靴源自北方游牧民族，自赵武灵王推行胡服骑射才开始用于军中，进而在中原大地推广开来。

曾侯乙墓战国皮甲（复原）

曾侯乙墓出土的皮甲胄是现有实物资料中保存最完整的战国皮甲胄，由胄、甲衣、甲裳、护膊组成。此处展示的是甲衣、甲裳和护膊。甲衣掩护武士躯干上半部，由大尺寸甲片组成，其中胸甲3片，背甲6片，肩甲2片，肋部甲片9片，盆领3片。甲衣的下缘连接着甲裳，甲裳由四排共56片甲片组成，每排14片，用来保护武士躯干的下半部与大腿上部。披膊左右对称，各由四排共52片甲片组成，每排13片，形成一个可掩护武士臂膀的袖筒。全甲表面髹黑漆，用丝线编缀而成。

战国早期铜护臂（复原）

1972年云南江川李家山古墓出土，实物残缺。这是一种筒形护臂，由一片青铜合围而成，开合处两侧有孔，以便穿上系带用以固定。除了青铜，护臂的材质还可以是皮革、金银、骨头、石料、纺织物等。

双弧盾（复原）

双弧盾在东周时期颇为流行，这种流行趋势一直持续到了汉代。这种盾上部为双弧形，下部为长方形，材质通常为木料或木革复合，后面安有把手，表面大多髹漆，绘有艳丽的彩色图案。一般情况下，双弧盾的正面微微凸起，侧面看去具有明显的弧度。

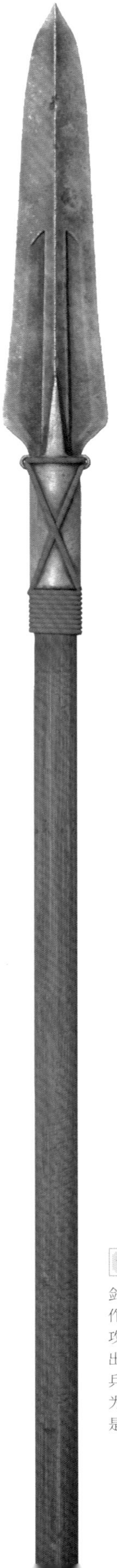

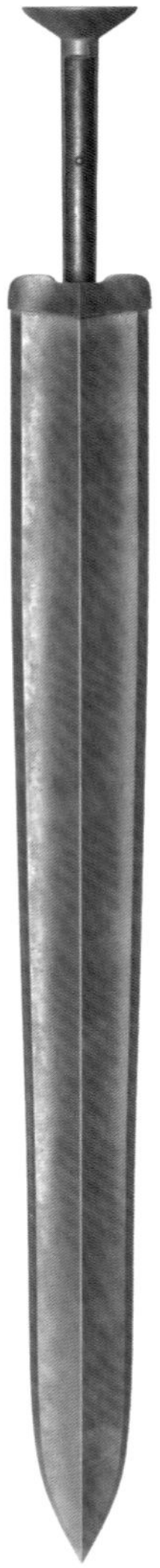

青铜剑与青铜矛

剑在东周时期地位骤然提升，不再只是作为防御性的卫体兵器，而是进入了进攻性兵器的行列。矛是中国古代战场上出现频率最高的长柄兵器，其身影在热兵器占据主导地位前从未消失过，被誉为“百兵之王”。这一长一短两种兵器，是春秋战国时期各国装备的主流兵器。

战国武士复原图（刘永华绘）

秦代护具

“捐甲徒裎以趋敌，左挈人头，右挟生虏。”这是《战国策》中对秦军的描述。由于秦代皮甲没有专门的古籍文字记载，很多人产生了秦军轻视防护的错觉，但随着对秦始皇陵兵马俑的发掘和研究，人们逐步扭转了这种观念。

秦代步兵复原图（刘永华绘）

皮帻（复原）

根据秦始皇陵兵马俑中的骑兵俑、军吏俑头上的冠饰复原而成。帻为包扎头发的头巾。秦军使用的帻有两种：一种由皮革制成，罩在头发上，用丝带系于颔下；另一种由较厚的织物折成。这里展示的是由皮革制成的第一种。

皮甲

考古工作者在秦始皇陵兵马俑坑中发现了多种着甲俑，如将军俑、军吏俑、骑兵俑、步兵俑、弩手俑、驭手俑、车左俑、车右俑。根据这些陶俑可以发现，秦代官兵根据军阶和兵种，所穿铠甲形制各不相同，材质一般为皮革。

将军通常头戴鹖冠，所着皮甲分为两种形制：一种是不带披膊、背片的皮札甲，仅护卫前身，两肩设有背带在背后交叉；一种是带披膊和背片的皮甲，前身较长，下摆呈倒三角形，胸部位置为整片皮革，腰腹和裆部位置为札甲结构。军吏所穿皮甲分为三种形制：无披膊皮札甲，甲裳包边呈明显椭圆形；带披膊皮札甲，身甲较短；带披膊皮札甲，胸部位置为整块皮革，其余位置为札甲结构，右胸留有开合口方便平时穿脱。步兵与弩手所穿皮札甲款式一致，分为披膊、甲衣、甲裳三部分，甲片较大。骑兵为便于马上作战，所穿皮札甲无披膊。车兵的皮甲分为两种：驭手所穿皮札甲带盆领，整个上肢都被披膊完全覆盖，披膊最前端还有马蹄状甲片防护双手，防护最为完善；车左与车右所着皮札甲带披膊，形制与普通步兵接近。

通过观察，我们发现秦代皮甲发生了四点变化：

第一，军阶化。不同军衔的军人所穿皮甲款式各不相同，级别越高者皮甲越精良，防护面积越大。同时，士兵也更容易在战场上识别军官以便行动，有利于加强部队的凝聚力。

第二，专业化。不同兵种的军人，皮甲形制根据实战需要被区别开来，这是秦军从实战中总结出来的宝贵经验。

第三，精细化。为了获得更好的灵活性，皮甲甲片再次缩小，编织更为细致，在实战中更为牢固。并且，在部分皮甲边沿出现了织物包边（一说有织物包边的是铁甲），这使甲片不易磨损和脱落，延长了使用寿命。

第四，轻便化。由于从战国开始车兵逐渐被淘汰，战争形式发生了变化，军队对着甲后的灵活性要求大大提高。皮甲不再以宽大为上，也不再以套头方式穿着，而是通过侧开的方式进行披挂，以绳结进行固定，这样更加适体贴身，便于官兵行动。

这些变化为之后的两汉皮甲发展指明了方向。

头盔

以前，学术界曾有人因为秦军是否有胄而争论激烈。直到1998年秦始皇帝陵园陪葬坑内那些如燕下都铁胄一般，以石片叠压连缀而成的石胄实物现世后，这种争论才告一段落。“秦军无胄”的观点，可能来自战国策士的夸张。至于为何秦始皇陵兵马俑没有戴胄，最可能的解释是，兵马俑的原型是秦始皇的禁卫军，有一定的仪仗和检阅作用，出于礼仪而免胄。

盾牌

由于秦朝国祚在大一统封建王朝中最短，盾牌自然没有发展的机会，流行的样式依然是自战国以来就盛行的双弧盾，秦始皇陵兵马俑一号铜车马舆右栏板内侧前部出土的双弧形青铜盾就是明证。这具青铜盾比正常的盾牌要小许多，显然不是实战护具，而是陪葬品，但它历经2000多年的岁月仍旧完整如初，精美异常，是目前发现的最完整的秦代盾牌，因此非常具有研究意义。

将军皮甲（复原）

根据秦始皇陵兵马俑一号坑出土将军俑复原而成。得益于秦始皇陵兵马俑的现世，秦代铠甲的体系在所有朝代中最为完整和准确。该皮甲最大的特点是甲裳呈三角形，甲衣上部和披膊都由整块皮甲制成，甲衣下部和甲裳由小片皮甲编缀而成。

秦青铜双弧盾

这是一件明器，并非实战用具。盾面上绘有彩色流云图案，正面中间有一条纵脊，脊的左右两侧对称。盾背面的中轴线上有一根贯通上下的纵梁，梁的中部有一桥形握手。

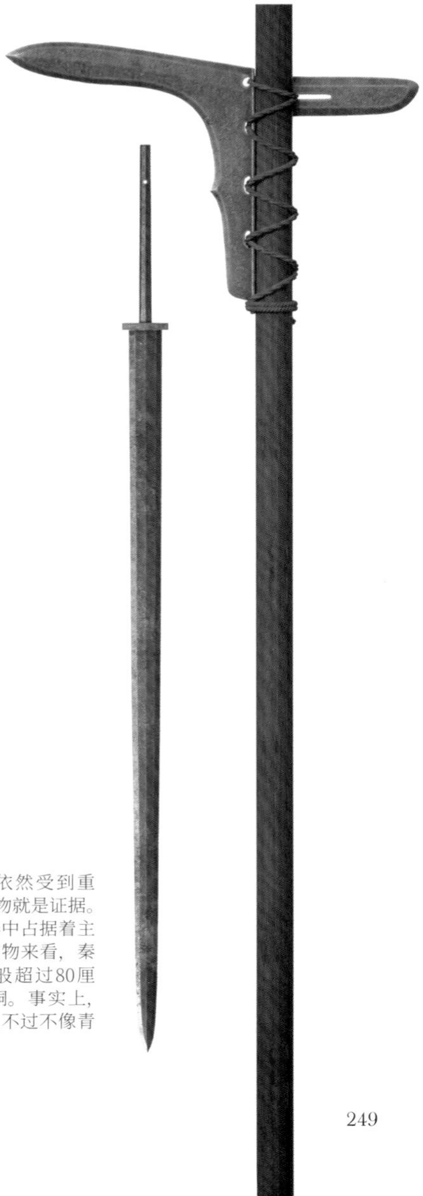

青铜戈和青铜剑

戈类武器在秦代依然受到重用，大量的出土文物就是证据。剑在秦军制式武器中占据着主导地位。从出土实物来看，秦代长剑的长度一般超过80厘米，材质多为青铜。事实上，秦代也有铁器，只不过不像青铜器那样普及。

秦石甲（复原）

这领石札甲为陪葬品，由胸甲、背甲和一对披膊组成，共有甲片612片。从石甲的出土量（可辨认的有87领）和甲片大小来看，该石甲应是皮甲的仿造物。

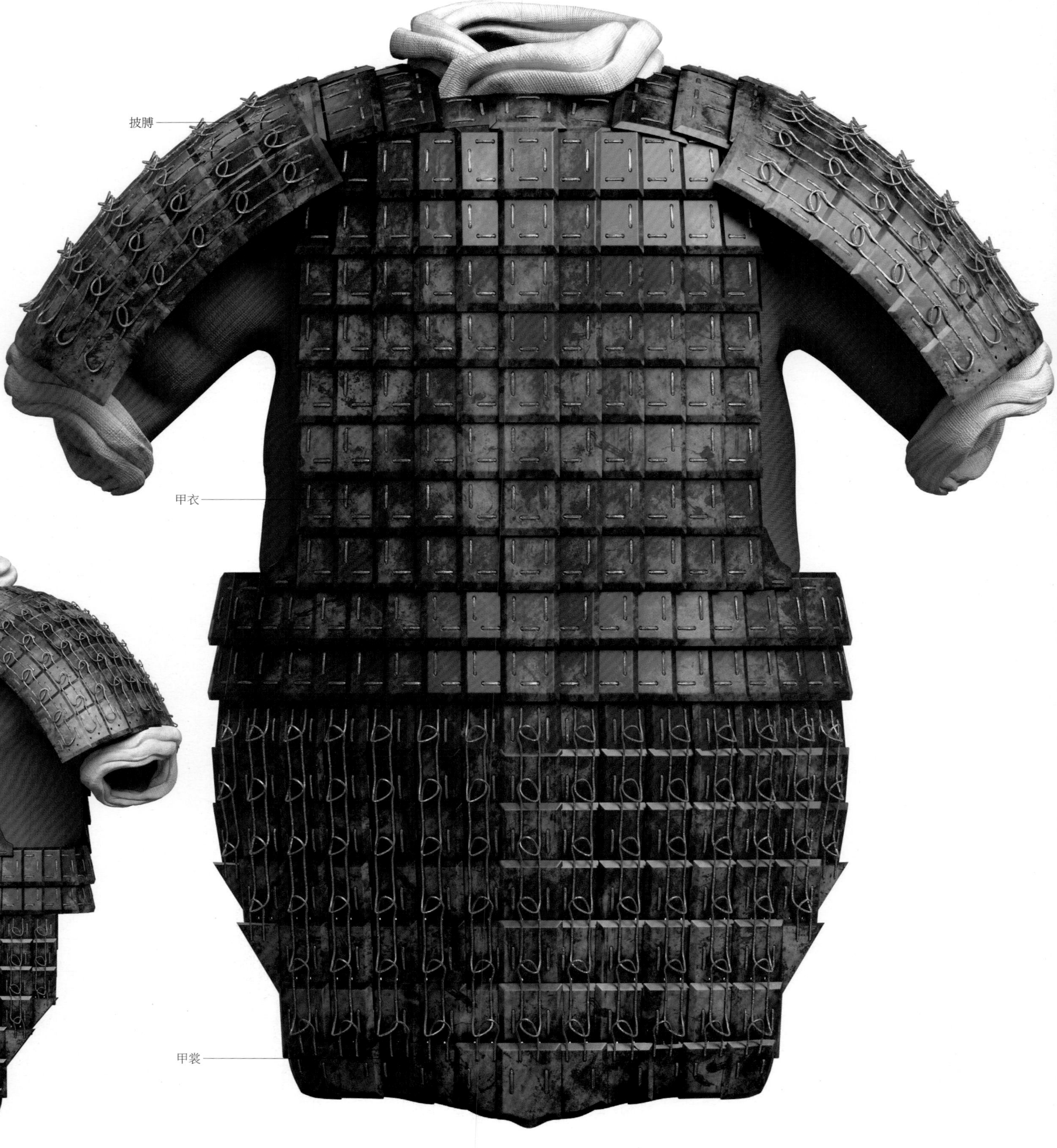

秦石胄（复原）

这是一顶陪葬胄，由一块顶片和若干侧片编缀而成，并非实物。在这批石胄出土之前，史学界普遍认为“秦代无胄”，但石胄实物的出土力驳了这一说法。

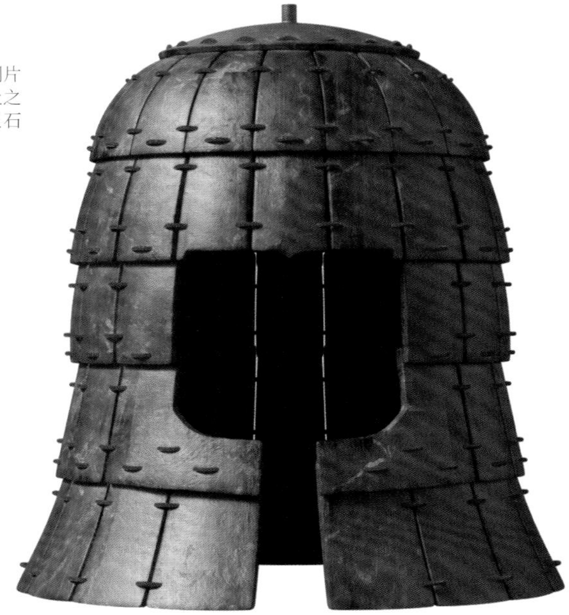

秦代骑兵复原图（刘永华绘）

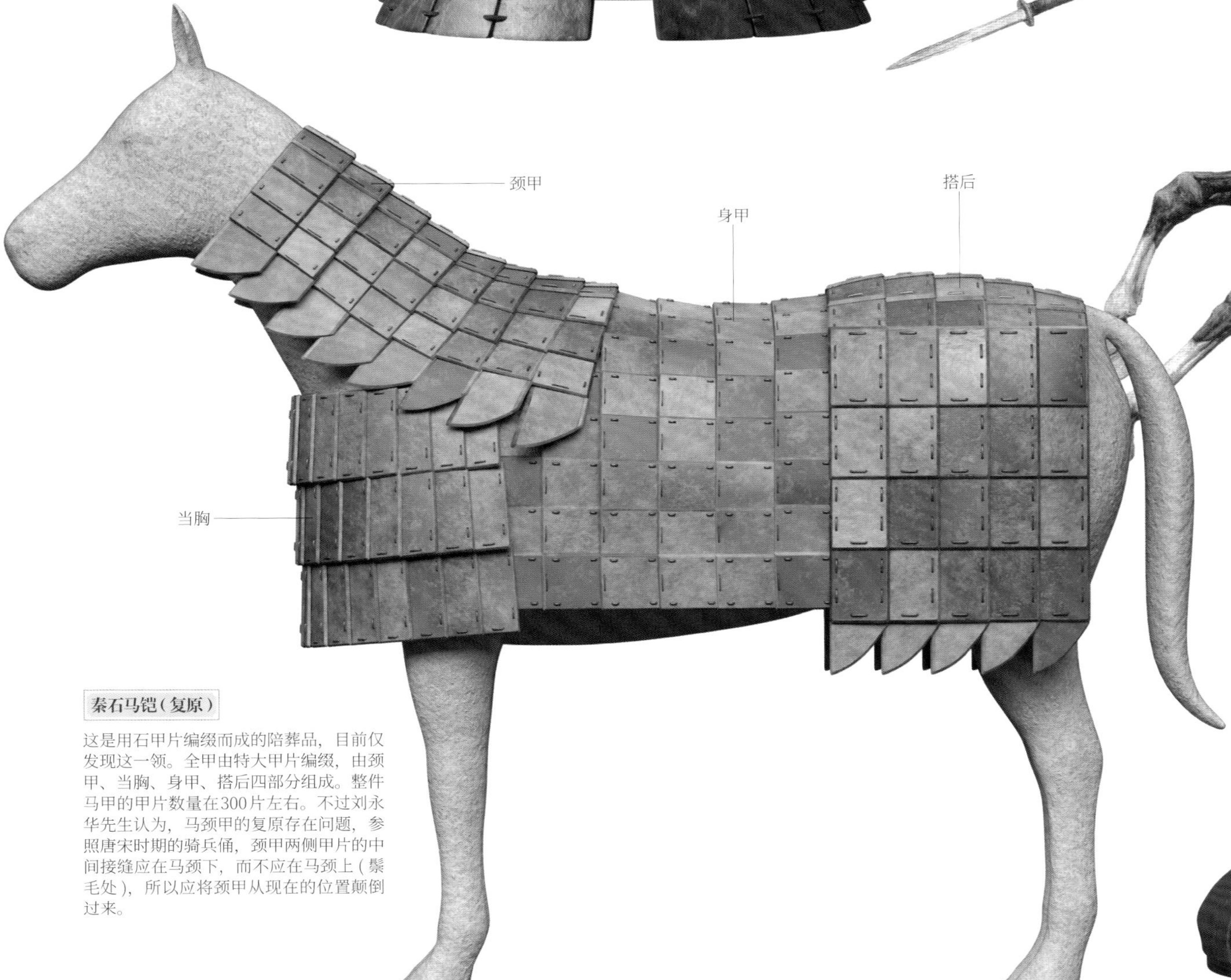

秦石马铠（复原）

这是用石甲片编缀而成的陪葬品，目前仅发现这一领。全甲由特大甲片编缀，由颈甲、当胸、身甲、搭后四部分组成。整件马甲的甲片数量在300片左右。不过刘永华先生认为，马颈甲的复原存在问题，参照唐宋时期的骑兵俑，颈甲两侧甲片的中间接缝应在马颈下，而不应在马颈上（鬃毛处），所以应将颈甲从现在的位置颠倒过来。

高筒靴（复原）

根据秦始皇陵兵马俑中骑兵俑脚上的靴子复原而成。秦代骑兵一般穿靴不穿履，高筒靴由皮革制成，靴头圆滑厚实，用绳带绑在小腿上固定。

汉代护具

从汉代开始，铁铠就在古代军队的甲胄装备史上占据着绝对的统治地位。

司马迁在《史记》中提到，韩魏武卒身穿铁铠，锐不可当。铁铠发端于战国，流行于汉代。虽然铁铠的出现比皮甲稍晚，但凭借出色的可加工性与防护能力，它从汉代开始就在古代军队的甲胄装备史上占据着绝对的统治地位。

铁札甲

汉代是札甲盛行的时代，而札甲是中国铁甲胄中最为普遍的样式，也是实战中使用最多的一种铠甲形制。上到将领，下至士兵普遍都披挂札甲。随着技术进步，札甲发展出了四种主要排列方式：一、左片叠右片；二、右片叠左片；三、上片压下片；四、在织物或皮革表面将甲片排列对齐后，将甲片和内衬缝合固定到一起。

西汉尚武，当时的贵族们有以甲胄随葬的习惯，所以在西汉墓葬中出土铁甲数量很多，研究资料较为丰富。依据目前的出土实物来看，西汉铁甲全部是札甲，披挂形式大体分为前开对襟式、侧开系带式和龟甲吊带式三种，领口一般为方领样式，无防护，部分带有与战国皮甲款式相同的盆领。它们特点鲜明，有三大主要识别特征，可以使人一观即知是汉甲。

第一，样式。汉甲通常是方领造型，无腿裙。西汉铁甲与战国和秦代皮甲一样只有披膊、甲衣和甲裳，对人体下肢防护不够重视。

第二，工艺。汉甲工艺考究，甲片细小。甲片越细，代表这领札甲防护能力和灵活性越好，档次越高。汉代一件只有身甲和披膊的铠甲甲片数量就可达3000片之多。

第三，颜色。汉甲的甲叶一般漆成黑色，以红绦连缀，所以西汉铁甲被称为“玄甲”。在《史记正义》等史籍中到处都有关于这个名词的记载。

西汉札甲为早期铁甲，款式上带有浓重的先秦遗风，对人体下肢的防护相对薄弱。到了东汉末期，由于战乱频仍，札甲样式日臻完善，出现了长度过膝的腿裙，铠甲对军人下肢的防护逐步趋于完善。穿腿裙时，战士需要在穿身甲之前以丝绦在腰间束好腿裙，再以另一根丝绦绕过肩部打结承重，使腿裙不坠，而后如穿坎肩般将前开对襟带盆领的身甲披挂上身，最后用革带紧紧扎束停当。

鱼鳞甲

鱼鳞甲，顾名思义甲片呈鱼鳞状。这种甲本质上属于札甲，但因甲片的不同又有所区别。

鱼鳞甲是一种在鱼鳞形甲片的四个角打孔，并以钢铁环或丝线紧密连缀编织的护甲。因为鳞片交错分布，所以上片鳞甲会将下面两片鳞甲的结合部盖住，整件铠甲看不到任何一根丝线或者铁环，最大限度地减少了连缀点被锐器割断的可能。

鱼鳞甲在汉代已经出现雏形，山东临淄西汉齐王墓中，曾经发现一件鱼鳞札甲。不过那件鱼鳞札甲丝绦外露，因此算是具有鱼鳞甲和札甲的共同属性。在之后的洛阳西晋墓葬中，出现了一尊披着鱼鳞筒袖铠的武士俑，说明在晋代已经有鱼鳞甲出现。但鱼鳞甲片的编织方式决定其在同等防护面积上要重于札甲，而防御力却没有什么提高，因此鱼鳞甲始终没有成为主流。

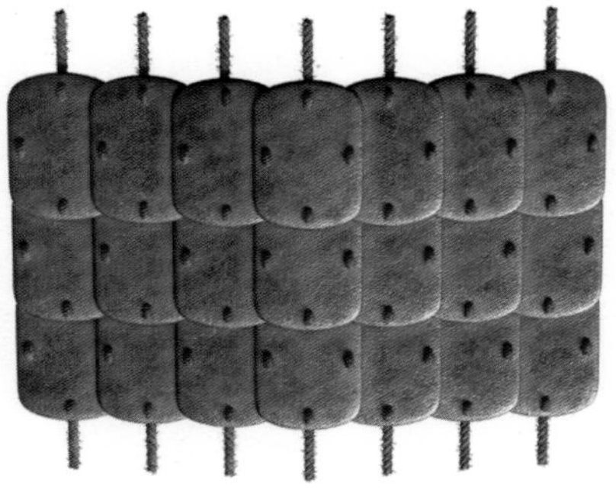

大鱼鳞甲编缀细节

西汉大鱼鳞铁甲

这件狮子山西汉楚王墓出土的大鱼鳞铁甲，属于西汉时期的典型铠甲样式。胸甲和背甲的甲片上平下圆，以上排叠下排的方式排列，再用绳索穿缀固定。甲裳用类似甲片以下排叠上排的方式编缀，活动性较好。

西汉南越王墓铁甲

此领铠甲无袖，无垂缘，形状近似于坎肩，由前身片、后身片和两个肩片组成。领口前低后高，故前身片较短，后身片较长。上图为出土实物，左图为复原铁甲。

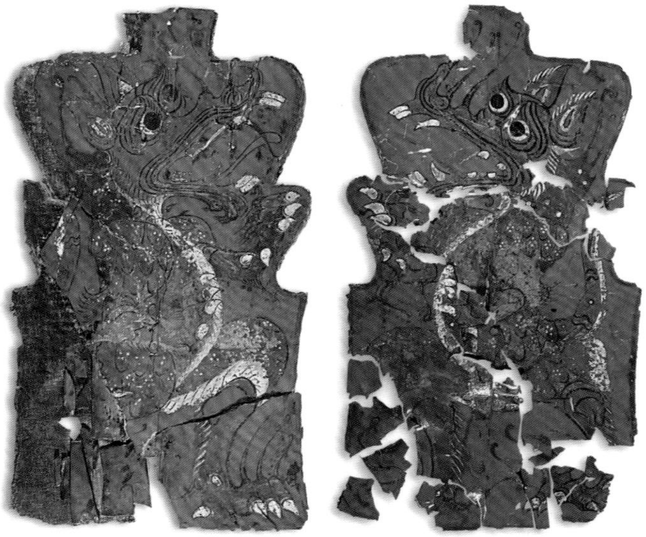

西汉丹画盾

这些双弧盾大小相近，纹饰类似，名为“丹画盾”。“丹”指盾牌的主色调——红色，“画”指在盾牌上面用黑漆和白漆勾勒出的纹饰。

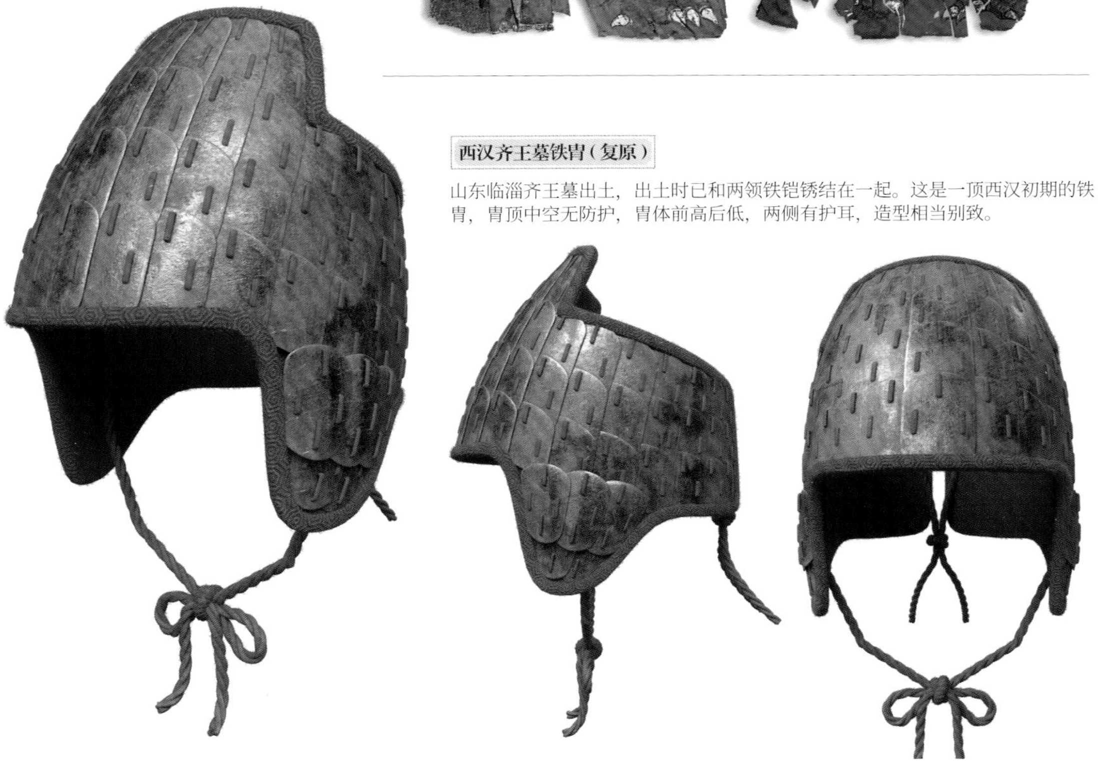

西汉齐王墓铁胄（复原）

山东临淄齐王墓出土，出土时已和两领铁铠锈结在一起。这是一顶西汉初期的铁胄，胄顶中空无防护，胄体前高后低，两侧有护耳，造型相当别致。

皮甲

两汉时期，甲胄的制作和装备规模出现了井喷式发展。这一时期，铁铠已经逐渐占据主流，但皮甲并没有被淘汰，而是依然在生产装备部队，并被称为“革甲”。

汉代皮甲制作工艺基本沿袭秦代，但制作更加精良，一般以黑棕漆皮片为材料，用红革绳穿缀，甲片绝大多数呈方圆形或椭圆形，面积比秦代甲片再次缩小。汉代皮甲普遍采用叠编法进行编织组合，这样的好处是甲片重叠可以达到两层皮革的防护效果，并且方便活动。

头盔

汉代官兵多佩戴铁胄，它们大多数是由各种形状的铁片以札甲方式组装而成的。1979年临淄西汉齐王墓出土的一顶铁胄，胄体全部由矩形铁甲片加工成弧形连缀而成，以丝绦如头巾般在脑后和下颌打结固定，上不封顶，里侧有织物里衬以防磨伤头皮。而在西汉初期徐州汉墓发现的铁胄，则状如一口倒扣的铁桶，在面部眉眼处开有矩形方口，编织方式类似于秦胄。

到了东汉，军人们所佩戴的铁胄有了新的发展。1980年吉林榆树东汉墓出土了一顶铁胄，胄体上半部分以长条锥形铁片弯曲成弧构成一个半球体，下半部分以下缘打磨成弧形的长方形铁片编织成护颊，头顶部位由一杯状铁碗封口。这顶胄形状美观，在工艺上比此前的燕下都胄与齐王胄都有明显进步，而且此后的晋代铁胄也沿袭了它的样式。

除了札甲胄外，汉代同时还出现了一种新式头盔，它不再由小片札甲连接，而是一体成型，主体部分紧贴头部，体积从下到上逐渐缩小，前端带有帽檐状凸出物。别看这种盔其貌不扬，它可是南北朝时期一种流行盔式的雏形，在后来的日本，根据此盔演化出了一种名为“冲角付胄”的盔形，可谓影响深远。

盾牌

盾牌在汉代的使用程度，比以往任何时代都高。西汉初期，官兵们多使用传承自战国、秦代的双弧盾。不过到了东汉时期，部分双弧盾被“狭而长”的步盾所取代。这一时期的盾牌，材质上更为丰富，不仅有木质的、革质的、木革复合的，还有铁质的。值得注意的是，汉代还出现了一种防御性武器——铁钩镶。这种武器很适合与环首刀配合使用，但它功能单一，未能长久发展下去，也不可能取代盾牌。

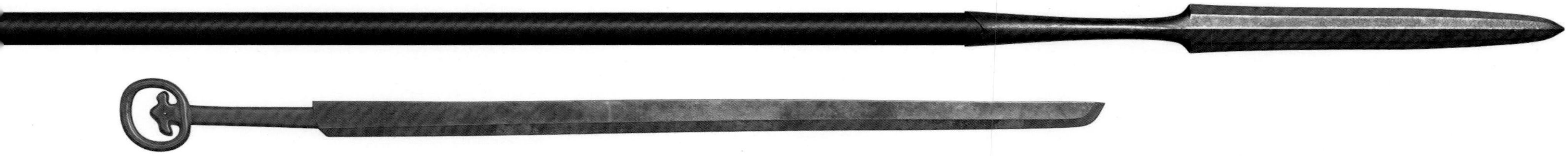

铁矛与环首刀

在汉代，长矛依然盛行，不过此时的主流样式是长宽比很大的窄铁矛，而不再是秦代流行的短小青铜矛。短兵方面，随着骑兵兴起，一面开刃的环首刀因利于劈砍、生产工艺简化、自身强度提高，迅速取代了长剑的地位，成为汉代的主流兵器。

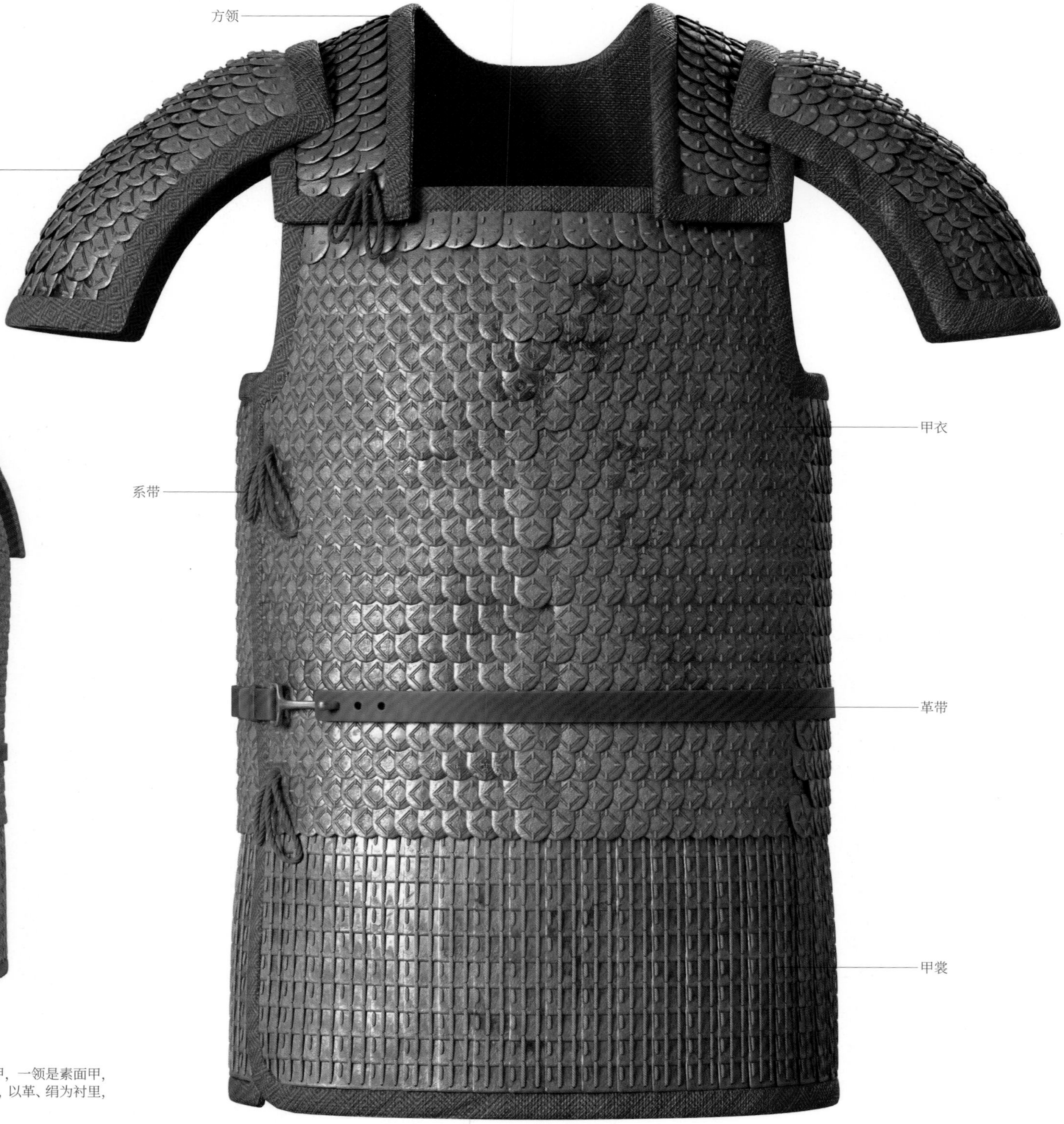

齐王墓铁甲（复原）

山东临淄西汉齐王墓出土了两领铁甲，一领是金银饰铠甲，一领是素面甲，形制十分相似。这种铠甲由甲衣、甲裳、披膊三部分构成，以革、绢为衬里，以麻绳编缀而成，开襟在右肩和右侧腋下。

西汉跽坐甲胄俑。该俑头戴的风字形盔垂至双肩，仅露出面部，形制与狮子山楚王墓出土的铁胄十分相似。

楚王墓铁胄

该铁胄由120片各式铁甲片编缀而成，重达4.7千克，分为三个部分——胄顶、胄体、顿项，其中胄顶1片，胄体47片，顿项72片。

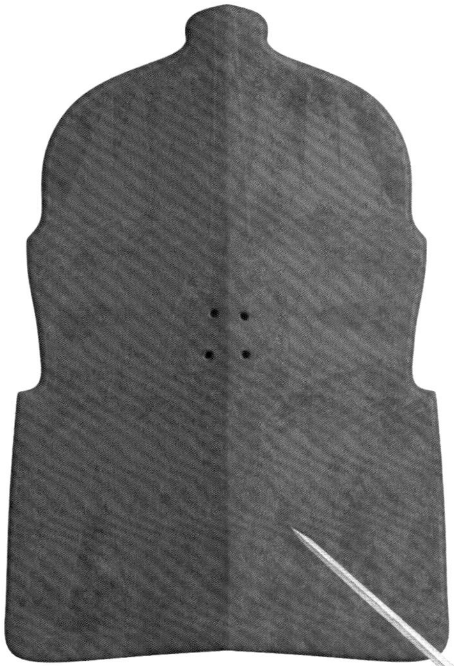

红漆双弧盾（复原）

根据咸阳杨家湾汉代步盾俑手中所持盾牌复原而成。这是一种从战国时期就开始流行的双弧盾，从盾牌与陶俑的比例来看，只能护卫士兵的胸腹位置。不过它的优势也十分明显：重量轻，携带方便，适用于进攻作战。在汉代，盾牌通常搭配长剑或环首刀使用。

刘胜墓铁甲

该铠甲属于筒袖铠，方领，对襟开口，短袖，由2859片甲片连缀而成，重16.85 千克。甲片由纯铁热锻制成，形状分为两种：一种槐叶形，共1589片，编缀成铠甲的前、后身；一种圆角长方形，共1270片，编缀成铠甲的两袖和甲裳。从甲片上的锈迹观察，铠甲有皮革和织锦两层内衬，领口、袖口、衣襟、甲裳下摆也有两层包边。

西汉将帅、骑兵复原图（刘永华 绘）

魏晋南北朝护具

汉亡晋兴后，中国很快进入了南北朝分裂混战时期。各方势力“你方唱罢我登场，城头变幻大王旗”。由于战乱频仍，甲胄在这一时期得到了很大的发展。

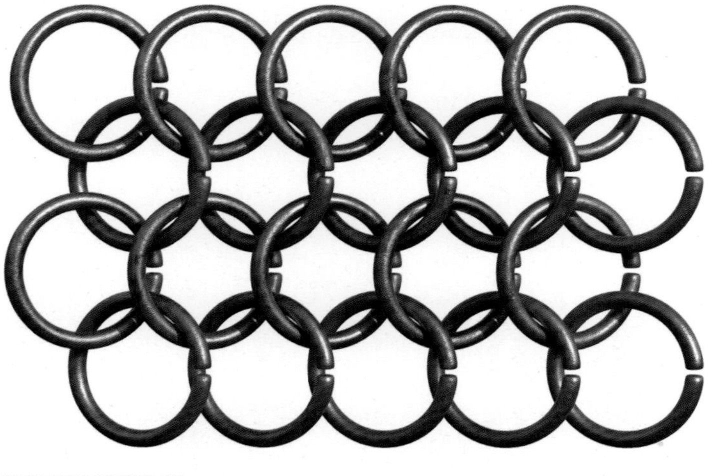

单层锁子甲编织方式

> ### 锁子甲的编织方式
>
> 单层锁子甲在编织时，遵循“二挂一”的原则。具体来说就是先根据甲衣尺寸，预先组装若干三环组，用小于铁环直径的横杆将这些三环组中的两环穿连固定，而后以单个铁环将三环组中未被固定的剩余一环两枚一组连缀，之后再朝单枚铁环上穿两枚铁环，接着又以单枚铁环连缀。如此反复直至锁子甲最终成型。
>
> 双层锁子甲在编织时，则需要遵循“三挂一”的原则，过程也相应要繁复许多。先取一个四环组，以横杆穿过其中三环将之固定。而后暂时忽略剩余未固定环，先以单个铁环将横杆上的左两环扣到一起，再取另一枚单个铁环将横杆上的右两环扣接，相邻两组必须以左压右或右压左的方式呈波浪式交错连接，组成奇妙的双层结构。这样制成的锁子甲网眼细密，防护性能相对单层编织结构大大提高。

筒袖铠

魏晋时期，铠甲的款式大体承袭前朝，其最大的进步就是：在汉代属于高级护具的筒袖铠被大量装备，腿裙也普遍配发。筒袖铠的形制是，胸背的甲片连缀在一起，肩臂续有不长的袖子。这种样式的铠甲，材质既可以是铁又可以是皮革，甲片的造型既可以是札甲也可以是鱼鳞甲。不过这种铠甲流行的时间不长，到了南北朝时期筒袖铠就逐渐被淘汰了。

北魏明堂遗址壁画中身穿筒袖铠的武士。

裲裆铠

裲裆铠是一种防护前胸、后背的铠甲，它以两条肩带将胸甲与背甲连接起来，腰上束带固定，腋下并不相连。“裲裆，其一当胸，其一当背也。”这种铠甲前身是汉代的玄甲，正式有记载是在曹植的《先帝赐臣铠表》中，而盛行却是在南北朝时期。典型的裲裆铠前后防护能力很强，但双肩、上臂无所掩蔽，于是人们又给它加上了披膊。虽然皮甲的防护能力逊色于铁铠，但胜在轻便，因此裲裆铠的材质既可以是铁也可以是皮革。

锁子甲

三国时期，曹植所著的《先帝赐臣铠表》中首次出现了“先帝赐臣铠，黑光、明光各一领，环锁铠一领，马铠一领，今代以升平，兵革无事，乞悉以付铠曹自理”的叙述，在此之前中国从无锁子甲的记录。关于锁子甲的起源目前有两种说法：一说大约在公元前5世纪，斯基泰人就发明了锁子甲；一说锁子甲是由凯尔特人发明的。无论哪种说法正确，总之，锁子甲在东汉年间由胡商通过丝绸之路传入了中国。

锁子甲这种舶来品，顾名思义是一种由铁丝曲环，环环相扣而成的柔性金属铠甲。

锁子甲的结构看似简单，其实制作过程相当繁复。一领锁子甲所耗费的铁环数量不定，但一定与防护面积和编织层数成正比。如果将之分解，我们就可以发现这成千上万的铁环其实由许许多多独立的铁环组构成，锁子甲的层数便由铁环组的环数决定。

锁子甲的优点很明显，铁环连接的锁子甲不同于铁片穿缀的札甲，纺织式的编织结构使其穿着更为舒适，同等重量下，能够防护更多的面积，而且透气性良好，打理保养简便。但舒适轻便的另一面就是防御力不足。

锁子甲应对刀剑劈砍时效果较好，而应对钝器效果最差，对抗锐器穿刺的防御效果也不理想。如果将锁子甲铁环缩小，那么甲面上的网眼会越发细密，防护效果越好，但是这样也就基本等于放弃了锁子甲轻便舒适的优点，而且其防御力依然比不过札甲。

十六国时期头盔

这是一顶铆接札甲盔。盔体由34片长条甲片铆接而成，这些甲片的边缘呈波浪状。盔顶由内外两片圆形铁片和一根缨管组成，两片圆铁片将攒在一起的盔片夹住，缨管则固定在外部的圆形铁片上。盔体下部的顿项由81片小甲片编缀而成，保护耳部和后脑。

南朝画像砖上的武士。可以看出，其中两名士兵右手拿着一面折页形长盾，配合其左手拿着的环首刀使用。

北魏甲骑具装俑。骑在战马上的武士头戴盔帽，身着带盆领的身甲，下穿长裤，左手执缰，右手作持长柄武器状。战马全身披甲，只有四肢和头脸没有保护。

头盔

在头盔的历史中，南北朝是以承上启下的身份出现的。这个时代在头部防护方面建树明显，片状札甲铁胄继续存在，但一体成型的钢铁头盔也不再属于新鲜事物。依据东汉“冲角付胄”发展而来的新式兜鍪大行其道，此盔一般顶带胄脊，前后附带冲角。在钵形盔体的左、右、后方，连接有皮革和札甲复合形制的顿项，其下沿直垂护颈，对人体最脆弱的后脑与脖颈形成防护。这种头盔成了当时的标志性头部装备，几乎所有南北朝武士在考古形象中所戴的都是这种外观独特的头盔。

盾牌

此时，秦汉时期广为流传的双弧盾仍然在使用，但已逐渐不再流行。在《五百强盗成佛图》中，出现了两种盾牌：一种举在手上；一种立在地上，内侧有一个支架。它们外形相似，呈弧曲折页形，上缘呈圭首形，居中有一条凸起的纵线贯穿全盾。轻装步兵的防护全靠盾牌，所以手持盾牌不会太重，而带支架的盾牌是一种大型盾，名叫彭排。这两种盾牌推测为皮盾。此外，该时期的墓葬中还出现了一种长条形盾牌，它通常被镇墓武士俑用手拄在身前。这种盾牌高至腰际，上下皆呈钝三角形，左右缘微外弧，居中有一条凸起的纵线，盾面中央有一浮雕状的兽面纹饰。

甲骑具装

“甲骑，人铠也；具装，马铠也。”甲骑具装是重装骑兵的正式名字，也是我国古代对重骑兵人铠、马铠的统称。

严格说来，在春秋时期，战车挽马就披挂有皮质具装。不过这些具装并没有被应用到骑兵开始兴起的战国时代。秦汉时代，冲击型骑兵虽然出现了，但也没有立刻重装化。不过从汉末开始，我国出现了甲骑具装的雏形。

南北朝时期，伴随着北方游牧民族南迁，防御力强大的铁铠、铁具装正式走向成熟。1957年，河南邓州一座刘宋时期的墓葬中出土了带有具装战马形象的墓砖。砖体正面以浮雕形式模印战马两匹，其中一匹身负具装，可以清晰分辨出当时的标准马铠有六大部分：面帘、鸡颈、当胸、身甲、搭后、寄生。除面帘以整块皮革或金属根据马首尺寸定制而成外，鸡颈、当胸、身甲、搭后全部由札甲组成，甲片以右压左的编织顺序清晰可见。

东魏着裲裆铠陶俑。该陶俑头戴尖顶兜鍪，身披裲裆铠，腰以上露出三排尺寸不小的甲片。东魏（534～550年）是从北魏分裂出来的政权，历时17年。

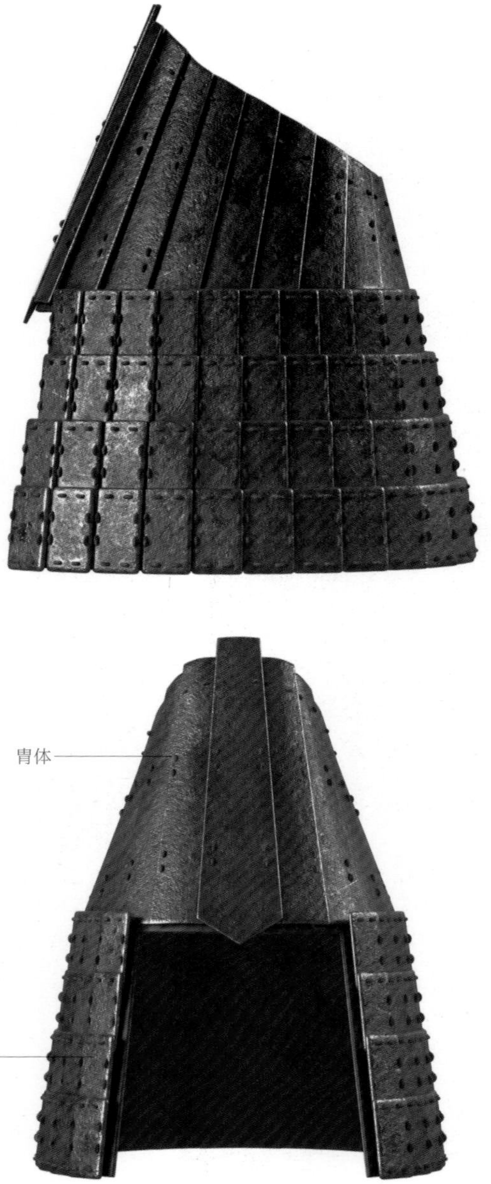

北齐铁胄（复原）

1986年河北临漳邺南城朱明门出土。这是一种上小下大、前高后低的倒桶形头盔，顶部中空不封，后部可开合。胄体由21条长甲片合围成圈，顿项由四排甲片组成，第一排29片，第二排31片，第三排33片，第四排35片。部分甲片上有细密的孔眼，无疑是为方便缝纫内衬、包边而留下的。

裲裆铠（复原）

根据北魏崔鸿墓镇墓武士俑所披裲裆铠复原而成。裲裆铠最好辨认的地方在于，胸甲上方有左右两条肩带，用以连接胸甲与背甲。这领裲裆铠的胸甲与背甲上有数排连缀在一起的铁甲片，下方则是皮质的腿裙，以腰带进行固定。有些裲裆铠还将胸甲、背甲与腿裙连成了一体。

皮革护臂（复原）

早在春秋战国时期，就出现了使用皮革制成的护臂，其作为对铠甲的补充进一步加强了对士兵手臂的防护。随着甲胄配件的逐渐完善，护臂不再可有可无，而是逐渐成为甲胄的一部分。

长筒靴（复原）

魏晋南北朝时期，我国西部和北部的少数民族开始向内地迁移，与汉族杂居。民族大融合对这一时期的服饰产生了很大影响，反映在军鞋上则明显表现出了北方游牧民族的特点。于是，长筒靴成了魏晋南北朝武将的主要戎装之一。

兽头盾牌（复原）

南北朝时期，双弧盾已不再是主流防具，军队常用长条形盾。其中一种盾较为长大，自中间向上下两端收窄，上端和下端较尖，居中隆起一条纵线，中心有兽头形状的装饰物。国内出土过不少手持这种盾牌的陶俑，部分陶俑所持的盾牌上没有兽头装饰，这种没有兽头的盾牌往往较小。

铁刀和铁矛

魏晋南北朝时期，环首刀依然是主流兵器，但此时的刀有了新的变化，出现了后世常见大刀的影子。长矛在此时期达到了发展的高峰，因其强大的威力和良好的实用性，这一时期无论是步战还是骑战，矛都是最适合的武器。

隋唐五代护具

经过南北朝的融合过渡，隋唐五代的甲胄兼收并蓄，呈现出浓厚的多元化色彩，铠甲进入了后札甲时代。总体而言，隋唐甲胄样式越来越精致，工艺越来越复杂，附件越来越完善，装饰越来越华丽，而防护自然也越来越全面。在这一时期，甲胄爆发出了夺目的光彩。

唐代皮甲残片

这件皮甲残片是斯坦因从米兰遗址掠走的文物之一。

五代彩绘浮雕武士石刻。该武士身穿铠甲，手持宝剑，头戴折返顿项盔。

五代彩绘浮雕武士石刻。该武士身穿铠甲，手持宝剑，头戴凤翅盔。

皮甲

隋朝国祚虽短，但是国力极其强大，重骑兵，即甲骑具装就是在隋朝发展成熟的。根据《隋书 · 礼仪志》可知，隋朝重骑兵中，皮甲的装备量相当可观。隋代皮甲呈红、黑二色，饰以虎纹，人马披挂统一，衣甲鲜明。

隋灭后，唐代在颁行的《六典》中明确规定了唐军装备的十三种铠甲的形制，包括明光甲、光要甲、细鳞甲、山纹甲、乌锤甲、白布甲、皂绢甲、布背甲、步兵甲、皮甲、木甲、锁子甲、马甲。说明在唐军中，皮甲依然占有一席之地。

2011年10月12日，韩国在公山城百济时期的畜蓄水设施遗址内出土了一领髹漆皮甲，上有汉字楷书朱漆铭文，依稀可辨为“×× 行贞观十九年四月二十一日”字样。此甲甲片呈牌九状，以右压左形式叠加编缀，属于典型的札甲形制，与唐代绘画中的铠甲形制相同，将当时皮甲的模样直观地呈现在了现代人眼前。

明光甲

明光甲自南北朝出现，于隋唐大成，在后世甲胄爱好者当中极具争议性。有人认为其防御力无双，是板甲的先驱；也有人认为其具有结构上的弱点，盛名之下其实难副；还有人认为史籍中的“明光”跟壁画和雕塑中的“明光”不是一回事，前者是一种抛光的铁札甲，后者是一种装饰性的礼仪甲。

其实最为稳妥的定义应该是杨泓先生所说的：“‘明光铠’是南北朝至唐代流行的胸前有两片板状护胸的铠甲。”此甲得名自胸前两块护板，它们经打磨后在阳光下熠熠生辉，“见日之光，天下大明”，所以谓为“明光”。

总体上，南北朝时期的明光甲属于一种半硬式复合甲，胸部为板式结构，由皮革或金属制作，左右各有一片金属护胸，在胸部以下结合札甲、山纹甲或鱼鳞甲组件构成全铠。对人体防护面积较大，以至于南北朝时期穿着明光甲的武将曾被称为“铁猛兽”。

初唐时期的明光甲样式与南北朝、隋朝基本相同，相对简朴。到唐代中后期，明光甲已经发展得非常成熟了，为了便于活动，胸口板甲和圆护面积缩小，在身甲肩部、腹部出现兽吞、抱肚等配件，甲式也越来越华丽。在各类唐代石像、陶俑中，明光甲的出镜率是最高的。但唐代以后，明光甲就从雕塑和壁画上消失了，其实这种板状护胸加强胸部防御的甲胄设计并没有消失，它只是一直在演化，比如明代齐腰甲和藏军甲胄上那种护胸与护心镜的设计，便是由明光甲演化而来。

唐代渤海国铁盔

该铁盔甲片纵向排列，通过铆钉固定，顶部还有一枚圆形铁球。这一结构与唐代壁画中的头盔略有出入，可能是进一步演化的结果。

榆林窟壁画中的一名唐代骑兵，他身穿札甲，右手持盾，左手持斧。

札甲

唐军甲式多样，共分十三种，且高度制式化，质量管控严格。唐贞观六年（632年），唐廷设立“甲署坊”，该机构下设署令一人、署丞一人、兼作两人，专门领导和管理铠甲生产。

唐甲中，步兵甲根据昭陵陪葬墓群长乐公主墓中的步兵武士壁画推测为札甲。在壁画中，五位持矛武士由一名佩剑军官带领，六人头戴甲片组合式兜鍪，顶饰红缨，项顿过肩，与南北朝开始流行的护项一体式披膊形成完整的颈肩防护；身甲由前襟开合，胸部系有束甲袢，并加强有明光铠标配的金属护心镜，腰部以革带贴身束紧；六人的腿裙长度过膝，甲叶大小适中，上肢前臂有护臂，下配长筒乌皮靴。整领札甲防护全面，朴实但不简陋。值得注意的是，这六名武士不论官职，所披挂的札甲制式一模一样。在敦煌石窟发现的唐代武士壁画中，人物身着的札甲形制也与这六名武士完全相同。这说明在唐代，札甲高度制式化。另外，这种官兵一致性，也印证了唐军披甲率非常高，甲胄确实不是少数军官的专有之物。

头盔

隋代头盔萧规曹随，依然保持着南北朝的样式，不过隋代头盔也并不是全无发展。第一，部分冲角盔顶出现如同菩萨发髻造型的凸起，奠定了唐代部分兜鍪的形制，本文将之称为“发髻盔”。第二，由于和突厥接触增多，开始出现兽首状兜鍪，这是此前头盔所没有过的款式。

皇皇大唐，光耀千古，在这一时期，头盔呈现出爆发式发展，造型多样，工艺精美。唐盔大致分为四种形制：

第一种形制由隋代发髻盔演化而来，上半部分由数枚弧形铁片组成的主盔体和代表佛像发髻的小碗状盔顶组成，下半部分以绢布构成顿项，左右两侧加强有双层护耳，但摒弃了额前冲角。1971年陕西礼泉郑仁泰墓出土的武士俑和1976年湖南长沙出土的唐岳州窑青瓷武士俑佩戴的就是这种盔，而且在散落民间数量众多的唐代武士俑中，这种盔同样大量出现。

第二种形制本文称为“折返顿项盔”，这种盔由左右两片圆护状铁片构成主体，由盔脊相连，顿项以皮或者数层厚绢布制作，共有折耳部分翻起、顿项全部翻起、顿项翻起下返三种小样式。

第三种形制为“狻猊盔”，由一体成型的主盔体以及前额狻猊兽面组成，并且附带希腊样式的护颊，和商代的兽面纹青铜胄非常相似。

第四种形制也是唐盔之中最夸张的一种，本文将其称为“朱雀盔”。这种盔式的顶部站立着神鸟朱雀，或展翅欲飞，或尾羽高耸。

从晚唐到五代十国，朱雀盔取消了完整的朱雀形象，只在护颊两边保留凤翅。折返顿项盔不再有三重折叠，基本上改为折耳部分翻起。折返顿项盔和朱雀盔经过融合，最终演变为宋明两代流行的凤翅盔形象。

盾牌

自南北朝以来，达官显贵的墓葬里往往陪葬有身躯高大的镇墓武士俑，武士身穿明光甲，手扶长条形盾牌，盾牌高至腰处。这种盾牌可能是《唐六典 · 武库》中记载的唐代六种盾牌之一的膝排。另外五种盾牌分别是：团排、漆排、木排、联木排、皮牌。顾名思义，团排是圆形盾牌，漆排是髹漆的盾牌，木排是木盾牌，联木排是将大量木排连接成长列使用，皮排是皮革制成的盾牌。

团牌（复原）

根据新疆库车库木吐喇石窟出土的唐代圆形盾牌复原而成。圆形盾牌在唐代被称为“团牌”。团牌因体型小、灵活度高，多用于骑兵在马上使用，这在敦煌莫高窟壁画《八王争舍利图》中有所展现，不过步兵也是有使用团牌的。

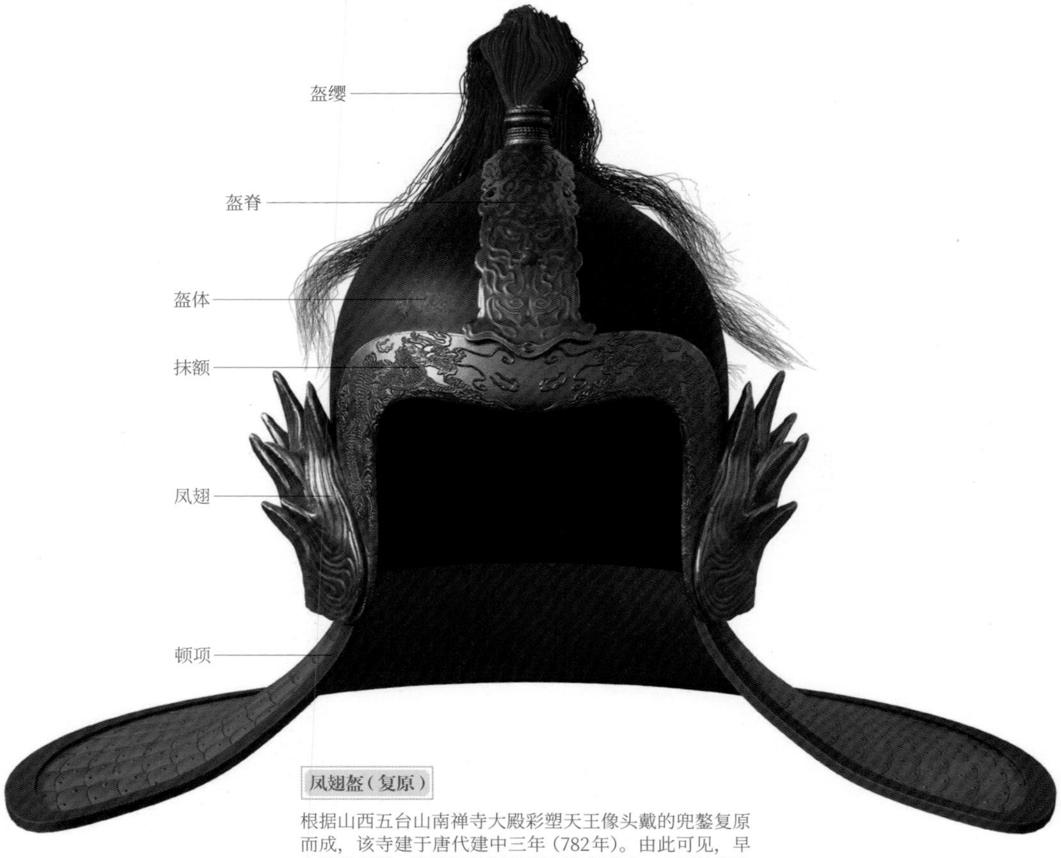

凤翅盔（复原）

根据山西五台山南禅寺大殿彩塑天王像头戴的兜鍪复原而成，该寺建于唐代建中三年（782年）。由此可见，早在晚唐时期，凤翅盔的形象就已经定型了。凤翅装饰是凤翅盔最明显的特征，这种头盔在之后的宋明时期非常流行。

腿甲（复原）

早在西周时期，我国就已经出现了青铜腿甲。然而在之后很长一段时间里，腿甲不再出现，直到在唐代的陶俑身上，我们才再次看到了腿甲的身影。

明光甲（复原）

初唐时，除了护项以外，明光甲的结构、外形与魏晋南北朝时相比变化不大。唐代中期以后，明光甲的外形变得越来越华丽，胸腹位置的金属圆护上出现了各种兽形吞口，失去了原有的反光作用。除此之外，此时的铠甲上多了一些我们熟悉的配件，如围于腰间的抱肚、肩部的吞口等。

唐代彩绘武士俑。该武士头戴折返顿项盔，身穿明光甲，是唐代壁画中典型的军人形象。

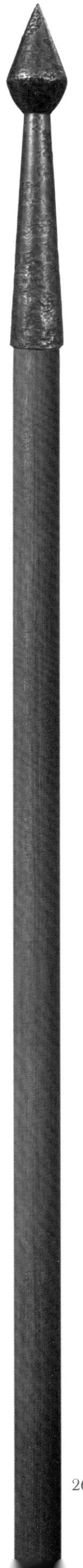

唐刀与长矛（复原）

在唐军中，刀与长矛是士兵优先装备的制式兵器。在唐代，剑与戈戟基本已经退出战场，不再作为实战兵器出现，取代它们的便是刀与长矛。事实上，在之后的冷兵器战争中，这两种武器也是当仁不让的主角。

宋代护具

在四面强敌环伺的情况下，宋朝在军队装备上的投入不遗余力。由于宋军缺少战马，宋军强调以步制骑，因而披甲率奇高，达到了惊人的70%以上，被辽、金评价为“戎具精劲，近古未有”。正是依靠这些精良重甲，两宋军人才有手持长枪、大斧硬撼对手铁骑的底气。

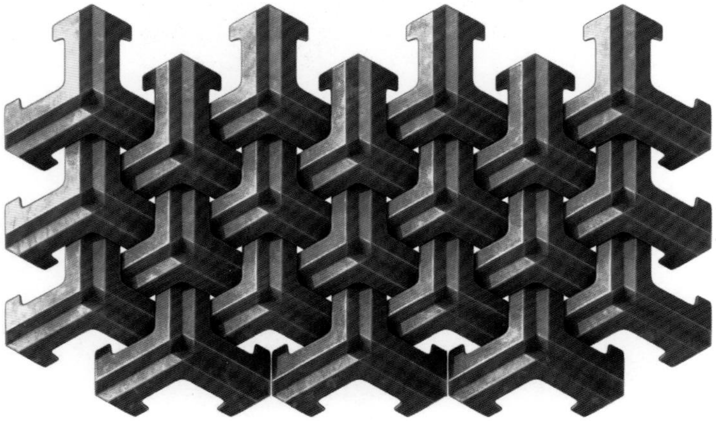

山纹甲编织方式猜想之一

山纹甲

在唐、宋、明三朝的神像、壁画、绘画、石刻中，山纹甲是一种出现率非常高的铠甲，也是中国历史上最为华丽、最为神秘的铠甲。迄今为止，它没有一件实物留存，史籍中也未记载其编织方式。

目前关于山纹甲编织方式的公开猜想有四种：第一种，认为山纹甲是一种布绢甲，而山纹则是这种绢甲的纺织纹理；第二种，认为山纹甲的甲片以丝绳缝缀在织物上；第三种，认为山纹甲由繁体山字形甲片错插编织而成；第四种，认为山纹甲由人字形三棱锥互相咬合而成。虽然现代甲胄爱好者们绞尽脑汁地进行复原，但严谨性和准确性都还值得商榷。

札甲

宋代铠甲以札甲为主，《武经总要》铠甲部分共收录了四类铠甲样式和一类战马具装。这四类铠甲，除山纹甲外，皆为札甲。宋代札甲一般为前开襟式，边缘以锦缎包边。穿着前，先内穿一层皮质或绢布坎肩，而后披挂身甲，在两肩用肩带连接承重。而披膊则变成了坎肩款式，在肩臂结合部出现了兽吞状护肩，加强了披膊的装饰性和防护性能。在胸腹部位，以束腰和抱肚将身甲紧紧扎束在腰间以便活动。有时披挂完全后，将士们还会在甲胄外再穿一件绣衫，这样的打扮英武中透着几分儒雅。

北宋彩绘武士立像。该武士头戴毡帽，身穿红色窄袖袄，外罩贴金裲裆铠，铠甲上整齐排列的甲片以左片压右片的方式编缀在一起。

在宋代，札甲的制作工艺达到了极致，不但做工精良、标准严格，质量管控更是细化到了每一片甲叶。当时的一领步人甲费工、费时、费财，价格相当昂贵。绍兴年间，一套步人甲价值38200文。当时市井小民一天的生活花费40文不到，一套步人甲的价值几乎等于一户普通百姓全家财产（包含房屋、田产、耕牛）的三分之一到二分之一。

另外，当时在工艺上除了旧有的热锻制甲外，冷锻法由吐蕃境内传入，并被运用到了札甲上，还被沈括的《梦溪笔谈》详细收录。能够采用冷锻技术的只有钢，这说明在宋代，钢札甲被普遍装备。而宋甲之所以如此昂贵，与它普遍采用钢片编织不无关系。

总体上，宋式札甲搭配上铁面后，全身弱点只有脚背与腋下两处，所以在宋代枪法中，下刺、挑刺动作尤其之多。

皮甲

到了宋代，皮甲的制作更为规范化。宋代军事百科全书《武经总要》明确点明宋军制式甲胄由铁、皮、纸三种材料制作而成。宋代不仅有皮甲的存在，而且人铠马甲俱全。这是一个装备高度制式化的朝代，铠甲采用流水线方式制造，皮甲工坊被细分为生叶作、漆衣作、造数作、打线作、打磨麻线作，分别负责一领甲胄相应部分的制造，使得皮甲质量十分精良。

总之，在南北朝至唐宋时期，皮甲的组成早已不再是披膊、甲衣、甲裳简单的三部分。随着生产力的进步，钢铁剪裁刀具与打眼工具的广泛使用，一领皮甲的甲片数量大大增加，从而演化出了过膝的腿裙，其款式与铁甲无异。宋代皮甲的防护能力得到了极大的提升，但这也是中国传统样式皮甲最后的辉煌了。

北宋李公麟绘制的《免胄图》局部。可以看到，将士们身上穿的铠甲有山纹甲、鱼鳞甲、札甲，不一而足。

头盔

与豪迈的盛唐不同，两宋不管是在绘画、人文、诗词上，还是在其余方方面面的审美上都偏清丽，这种审美也深刻影响了两宋甲胄的形制发展。因此宋盔精致但不张扬，以细节称王。

要研究宋代甲胄，《武经总要》录入的图样稍嫌粗糙，最好的参考对象是李公麟所绘的《免胄图》。画作虽然是唐代题材，但里面的甲胄样式完全秉承宋制。在此画中，侍卫们总共佩戴有四种兜鍪：

第一种，凤翅盔。该盔型脱胎自唐与五代时期，是折返顿项盔与朱雀盔相融合的产物。该盔由盔缨、盔体、盔脊、抹额、凤翅、顿项六大部分构成，盔脊以祥云浪涛形贴片包边，正前方抹额与盔脊交接处饰以团花，左右凤翅翎毛根根乍起，纤毫毕现。部分此类盔带有凸出盔檐，盔檐样式形同日本当世具足兜，在《武经总要》中有收录图式。

第二种，笠形盔。这种样式的盔于宋朝首次出现，形似倒扣海碗，盔体绘有祥云纹饰，盔下缀顿项，这种盔型在南宋与元代十分流行。

第三种，莲沿笠形盔。在《免胄图》画卷靠近中央位置，有一位身着齐腰甲手牵战马的军人形象，其佩戴的头盔造型十分奇特，边沿翘起形同莲花瓣，不知是否为艺术夸张。

第四种，无名盔型。款式类似唐时步兵甲所配之兜鍪，护颊两侧没有凤翅形装饰，形制在《武经总要》中有收录图式。

“靖康之耻”后的南宋时期，宋军除了装备上述四种盔外，还使用一种形似范阳毡帽，边沿反卷的笠形毡帽或皮帽。在南宋所绘的铁浮屠形象中，金军也有这种盔型，应是缴获自宋军。

由于宋时周边国家汉化程度很高，所以宋盔不但没有受到外来元素影响，反而在同化周边国家的盔型。宋盔前承佛教色彩浓厚的唐盔，下启元盔，所以宋代在我国甲胄兜鍪发展史上是一个重要的时代。

竹立牌（复原）

根据《武经总要》复原而成。竹立牌是一种用于守城的大型盾牌，它高5尺、阔3尺，呈尖顶折页形，内设枪木倚立于地，可以立在城头，为巡视的士兵提供防护，也可以立在城墙的敌棚上。除了竹立牌外，宋军还有一种守城盾牌——木立牌，两者形制相似，只是材质不同。

盾牌

在宋代，盾牌被称为“旁牌”，这一称呼来源于彭排。《武经总要》收录了两种旁牌——步兵旁牌和骑兵旁牌。步兵旁牌以木材为框架，用皮革进行加固，呈尖顶折页形，可以掩护士兵全身，内侧有可收放的把手。行军时，士兵将旁牌的把手收起，当作持握的手柄使用；布阵、驻扎时，士兵撑开旁牌，使其立于平地上。骑兵旁牌同样是木质框架，皮革加固，但外形呈正圆形，防护面积比步兵旁牌小很多。它的正面绘有一只凶兽，背面固定有两道绳环，便于士兵手臂伸入绳环将旁牌揽起。

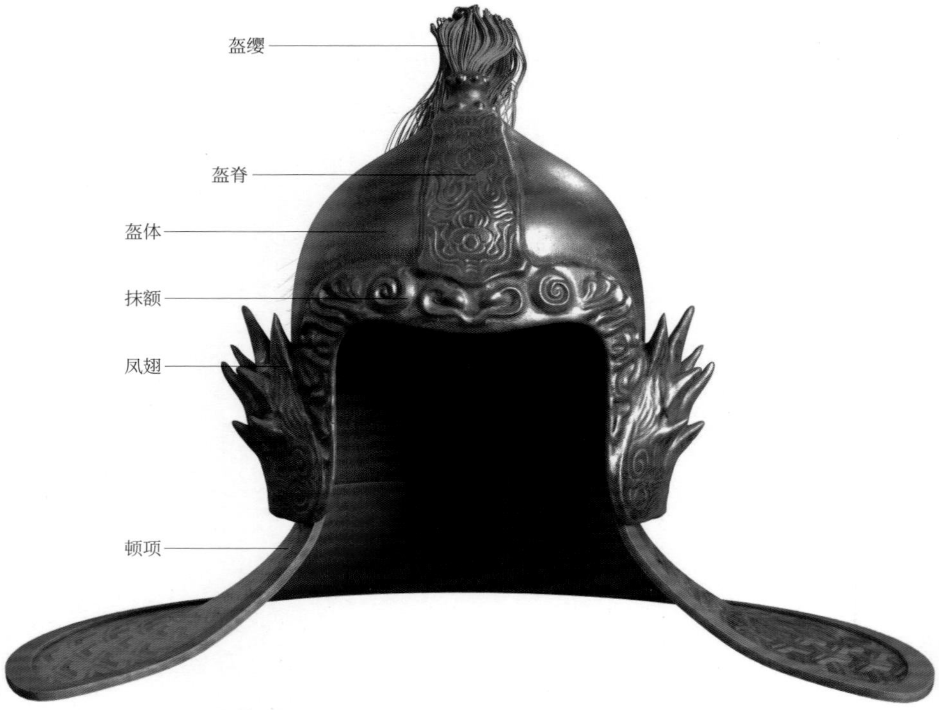

凤翅盔（复原）

宋代凤翅盔的盔形脱胎于晚唐与五代十国，由盔缨、盔体、盔脊、抹额、凤翅、顿项六大部分组成，部分凤翅盔还带有凸出的盔檐。通常情况下，凤翅盔的凤翅装饰相当华丽，翎毛根根乍起，纤毫毕现。《武经总要》中有收录凤翅盔的图样。

护臂（复原）

到宋代，护臂已经成了一副完整甲胄必不可少的配件。它可以是皮质的，也可以是金属质地的，还可以由皮革与金属复合制成。此处展示的便是一对由金属山纹甲片与皮革复合而成的护臂。

山纹甲（复原）

山纹甲名气极大，这主要归因于它过于神秘——至今没有发现一件实物。因此，对山纹甲的复原只能依赖绘图、雕塑以及壁画。宋代铠甲与五代时期相比并无太大变化，基本属于直接继承，主要部件有：披膊、身甲、护臂、抱肚、腿裙与腿甲。

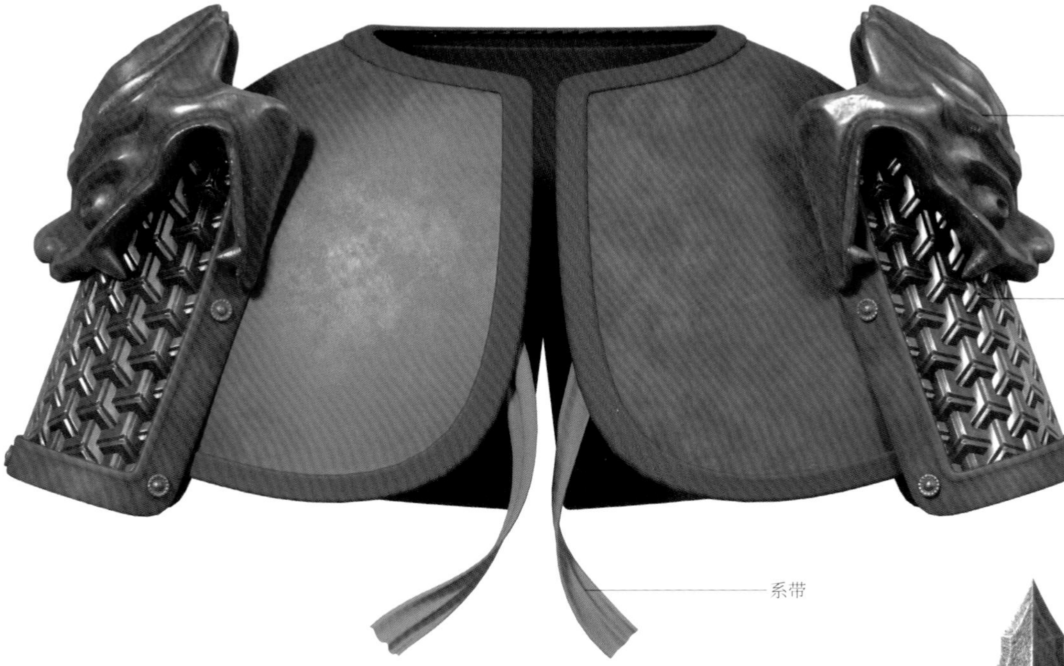

披膊（复原）

宋代披膊基本沿袭了五代时的形制，与护肩连为一体，由左右胳膊和胸背两部分组成。不同的是，一些披膊的两肩上出现了兽首形护肩。通常，披膊的左右胳膊为钢铁甲片编缀而成，胸背则既可以是钢铁甲片，又可以是皮革。

南宋武士石雕

这名镇墓武士头戴凤翅盔，身穿山纹甲，一手持弓，一手持箭，神情不怒自威。

步兵旁排（复原）

根据《武经总要》复原而成。步兵旁排的外形、结构和竹立牌相似，只是尺寸上要小一些。它是宋代步兵使用的盾牌，可以掩护士兵全身，其手柄还可以像伞一样撑开和收起，方便士兵在不同场合下使用。

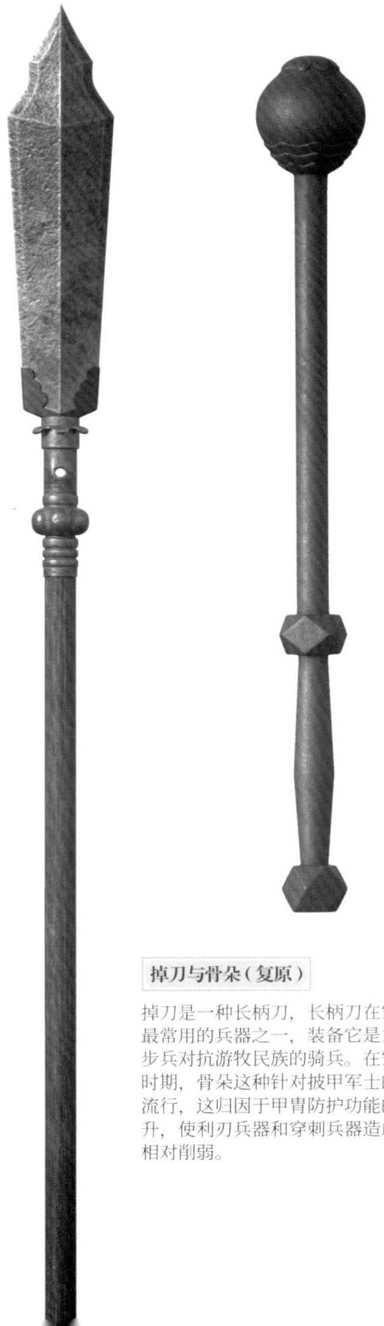

掉刀与骨朵（复原）

掉刀是一种长柄刀，长柄刀在宋代是军队最常用的兵器之一，装备它是为了能以重步兵对抗游牧民族的骑兵。在宋、辽、金时期，骨朵这种针对披甲军士的钝兵非常流行，这归因于甲胄防护功能的进一步提升，使利刃兵器和穿刺兵器造成的伤害被相对削弱。

元代护具

13世纪，蒙古崛起，先后灭亡了西夏、金朝、吐蕃、大理国、南宋。其西征军先灭西辽，再亡花剌子模，接着在阿里吉河战役中击败数万钦察、罗斯联军，兵锋直抵黑海。不过作为草原游牧民族，蒙古人在扩张初期连基本的铁器都无法自给，这种技术上的困窘在甲胄装备上表现得尤为明显。

札甲

蒙古一共发动了三次西征，最远的一次曾杀到匈牙利，这也使中国札甲第二次融入了异域元素。早期蒙古札甲款式不羁，工艺粗放，甲叶中部打孔，以一根皮绳简单连接。为了增加牢固度，每一圈连缀好的甲片上下两端都用皮革包边，以保护甲绳，而后打孔固定，这种铠甲被称为“蒙古罗圈甲”，是初期蒙古札甲最主要的形式。

等蒙古人连续击灭一连串国家后，蒙古铁骑装备的札甲水平得到了质的飞跃。

在中原地区，蒙古札甲主要承袭宋金，依然采用前开对襟或后背对缝的方式穿着，并将披膊分为不相连的左右两片，在身甲披挂完毕后，用布带以左肩右斜与右肩左斜的方式在胸前交叉，固定在腋下。另外，他们在喉部配有兽面形护喉，这也是蒙古札甲的特色之一。元朝时，中原式札甲还有一个最大特点，那就是甲叶极细，每片甲叶只有一指宽、一掌长。铁札甲作为一种金属铠甲，它的可弯折度注定不如非金属甲，甲片越宽大，活动越不便，所以细札甲虽然防护性能不见得有所增强，但灵活性和舒适度肯定得到了提高。

在西域以及欧洲地区，蒙古诸汗国军队的札甲样式则不可避免地受到西方元素影响。这些西式札甲大多前开对襟，无传统披膊，细密的甲叶从肩到腿如现代军大衣般连缀编织，在穿着前需要内穿锁子甲，并在小臂处佩戴护臂，外罩欧式棉坎肩，拜占庭风格非常明显。

明代宝宁寺水陆画《大将军黄幡豹尾白虎金神青羊乌鸦众》局部。画面中，大将军身穿元式札甲，腰缠抱肚。值得注意的是，其护臂也是用札甲编缀而成的，跟以往有很大区别。

元代锁子甲（复原）。锁子甲在元军中被大量装备，尤其是骑兵。步兵同样装备锁子甲，但质量比骑兵的稍次。锁子甲在元代的普及，使中国古代甲胄趋于轻量化。

进攻巴格达的蒙古军，出自《史集》插图。图中，蒙古士兵穿着类似宋步人甲的札甲。

对比唐宋，元代札甲总体呈现倒退趋势，不再规定统一制式，工艺简化，甲叶大小、编织方式五花八门，对人体防护面积也有所降低。

皮甲

蒙古骑兵早期装备的甲胄中，铁甲极少，皮甲占据绝大多数，甚至还有以牛角片连缀而成的骨甲。

早期蒙古皮甲不同于中原样式，以牛皮为材，简单粗放，和精美细致全不沾边，而且不太拘束于固定的制式。总体上，蒙古皮甲在制作上遵循怎么方便怎么来的原则，没有如中原王朝那样详细规范过甲片尺寸、数量、重量等细节。以蒙古甲式中最著名的罗圈皮甲为例，其连缀方式类似日本战国时代当世具足的披膊，以大块皮革横片加工成适当弧形而后简单连接，人铠马甲尽皆如此。加工精细点的罗圈皮甲尚算规整，加工粗放的则连皮革片都七扭八歪，很不美观。

不过，罗圈皮甲再简陋，好歹还经过一系列皮革处理工序后再剪裁编缀。在蒙古皮甲中还有一种更为返璞归真的样式，它直接由整张牛羊皮简单鞣制后缝制而成，皮毛一体，蒙以布帛，本质上就是一件皮大衣。

随着蒙古人的快速扩张，从各国俘虏来的甲匠被充实到军中，蒙古皮甲开始变得精致起来，出现了札甲式和鱼鳞式的皮甲。俄罗斯圣彼得堡留存有一件蒙古鱼鳞甲，甲衣由直径3厘米的鱼鳞状皮革构成，连缀麻线全部隐藏于甲片之下，肩部兽吞带有明显的中原色彩。

绵甲

绵甲是一种在面料、里料之间塞入经过加工的丝绵、棉花等填充物的软甲，其来源可以追溯到秦汉时代的絮衣。秦始皇陵兵马俑中有三分之二的士兵着袍未着甲，杨家湾汉代兵马俑中也有部分士兵着袍未着甲，这种袍子很可能就是文献中记载的“絮衣”。絮衣，即绵衣，是一种填充了丝绵的夹衣，它既能保暖，又能在一定程度上抵御流矢。《汉书·晁错传》：“可赐之坚甲絮衣、劲弓利矢，益以边郡之良骑。”可见汉代骑兵在装备坚甲之外，还要叠穿一层絮衣。

随着棉花在宋代的传入和之后的大规模种植，绵甲夹层里的丝绵有了更加低廉的替代物。于是这种质轻、保暖、价廉的甲胄，因在对付早期火器时有较好的防御力，而在元、明、清三朝流行开来。虽然绵甲有上述优点，但面对冷兵器，其防护力显然是不够的。

关于如何制作绵甲，以棉花夹层为例。第一步，制作棉片。棉片的制作流程是，先将数斤棉絮放入模具，浸水之后反复模压，而后以线网缝制成薄片，以日晒不膨为合格标准。第二步，以成型棉片数张裁剪叠加，分别缝制腿裙、护腋等部件，构成一领全甲，重量为15～20斤。

布面甲

布面甲是在绵甲的基础上发展而来的，分为暗甲和明甲两种。暗甲外观与普通绵甲无异，实则或以泡钉在衬里内缀铁片，或在夹层中内夹锁子铁网以增加防护性能。明甲则将铁片以札甲形式连缀在绵甲表面，或者直接将铁网包覆于绵甲上。清代的布面甲重量通常为35～40斤。

总体上，暗甲和明甲仍属于铁甲范畴。元军在1274年、1281年两次远征日本。根据竹崎季长的绘画，我们能看到元军身上的布面甲采用典型的蒙古侧扣式样，厚重严实，浑身上下布满泡钉。元朝虽说国祚不长，但不管是铁甲、皮甲、绵甲、布面甲都深深地影响着后来的明清两朝。

锁子甲

在元代，蒙古骑兵横扫欧亚大陆。在这个过程中，元军通过各种途径获得了大量锁子甲。为了增加防御力，他们还在要害部位贴附了铜、铁甲片。于是元代成为中国锁子甲的大发展时期。甚至在民间，锁子甲也变得广为人知，在元曲中“锁子甲”一词经常出现。

元代笠形盔

这顶笠形盔的盔体由六瓣盔片组成，顶部有一圆形盖片。帽顶上有一根缨管，帽檐较为宽大。

头盔

深受中亚、西亚元素影响的元代甲胄对中国后世甲胄样式产生了重大影响。元代头盔主要有三种形制，但无论细节装饰如何均万变不离其宗。

第一种，沿袭中原兜鍪样式，由盔缨、盔体、抹额、顿项四部分组成，将头部紧密防护。

第二种，钵胄。早期蒙古骑兵大量使用皮质头盔，盔体以4～5片皮革连接成尖顶深钵状。由此发展而来的胄形被考古学界称为“蒙古钵胄”，深刻影响了后来的明清两朝头盔。这种胄有皮有铁，前额带眉庇，顶饰是被后世戏称为“避雷针”的缨枪。此后的明清两代也大量装备这种形制的头盔，清八旗头盔更是完全以这种蒙古钵胄样式为主。

第三种，笠形盔。这种头盔盔型与南宋笠形盔基本相同，不但作为军用盔，不少蒙古官员、贵族在平时也佩戴款式相同的皮笠。

盾牌

元军使用的盾牌和宋军使用的盾牌区别不大，依然是旁牌和团牌，旁牌呈长方形，团牌呈圆形。不过《元史》中还记载过一种前所未有的盾牌——折叠盾，发明人是孙拱，“至元十一年（1274年），别制叠盾。其制张则为盾，敛则合而易持。世祖以为古所未有，赐以币帛”。然而这种折叠盾并无详细图文描述，又无实物，形制与结构皆已失传。

元代钵胄

钵胄的名称得益于其深钵般的外形，这是一种适合草原作战的设计，整个盔体线条平滑，没有多余的装饰。这种样式的头盔对明清两代影响极大，尤其是清朝，八旗军的头盔完全以这种钵胄样式为主。

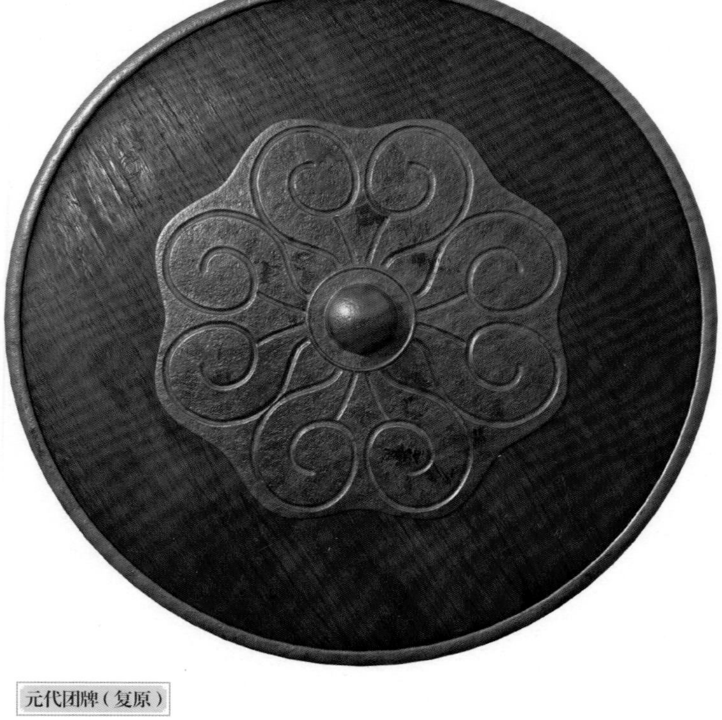

元代团牌（复原）

元代盾牌形制各异，主要有旁牌、团牌等，多用竹、木、皮革、金属等材质制成。团牌是骑兵冲锋时套在手臂上的护盾，小巧灵活，形制大约与宋代骑兵旁牌类似。

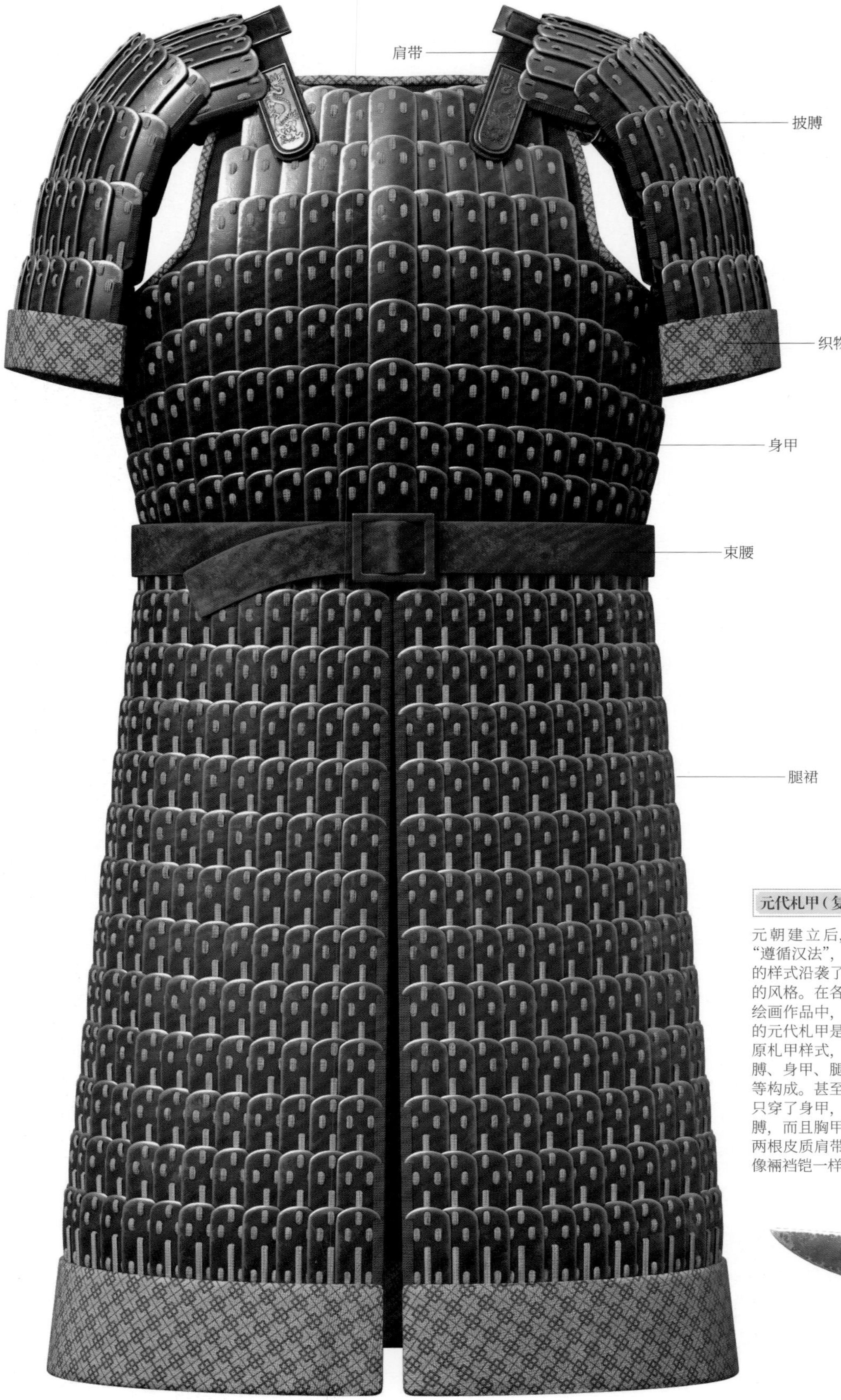

元代札甲（复原）

元朝建立后，各方面“遵循汉法”，于是铠甲的样式沿袭了宋金时期的风格。在各类雕塑与绘画作品中，我们看到的元代札甲是典型的中原札甲样式，主要由披膊、身甲、腿裙、护臂等构成。甚至某些士兵只穿了身甲，并未穿披膊，而且胸甲和背甲靠两根皮质肩带连接，就像裲裆铠一样。

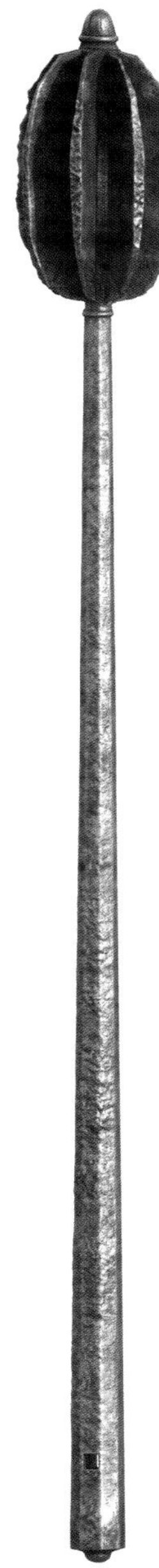

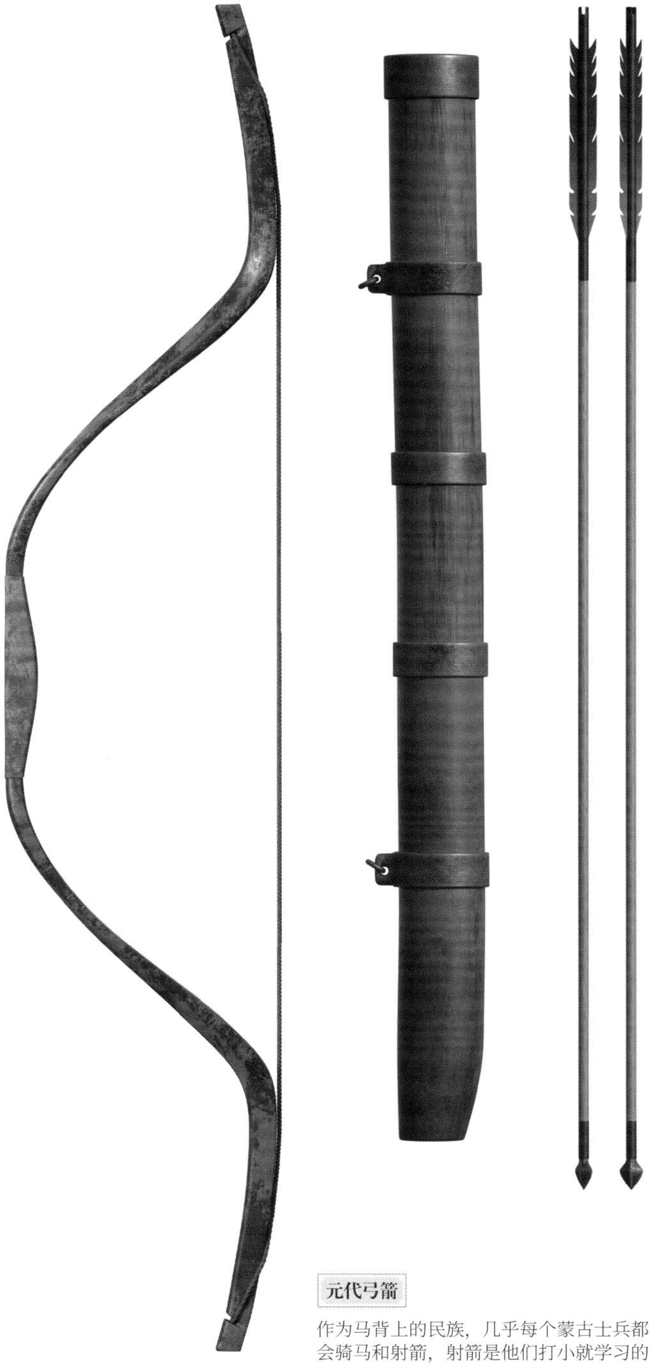

元代武士复原图（刘永华绘）

骨朵

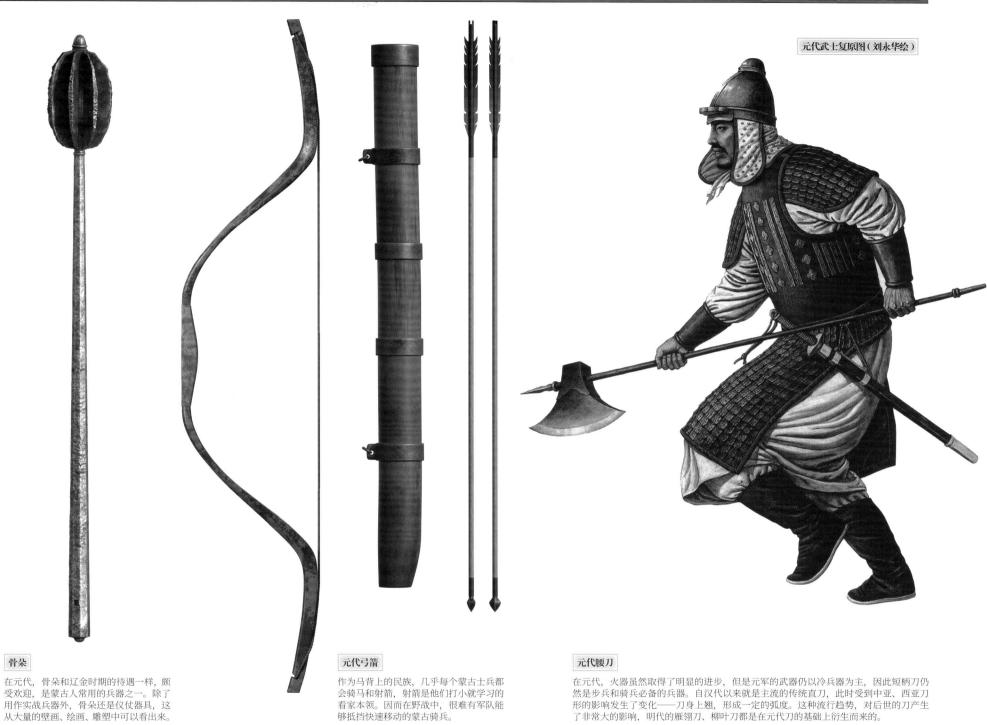

在元代，骨朵和辽金时期的待遇一样，颇受欢迎，是蒙古人常用的兵器之一。除了用作实战兵器外，骨朵还是仪仗器具，这从大量的壁画、绘画、雕塑中可以看出来。

元代弓箭

作为马背上的民族，几乎每个蒙古士兵都会骑马和射箭，射箭是他们打小就学习的看家本领。因而在野战中，很难有军队能够抵挡快速移动的蒙古骑兵。

元代腰刀

在元代，火器虽然取得了明显的进步，但是元军的武器仍以冷兵器为主，因此短柄刀仍然是步兵和骑兵必备的兵器。自汉代以来就是主流的传统直刀，此时受到中亚、西亚刀形的影响发生了变化——刀身上翘，形成一定的弧度。这种流行趋势，对后世的刀产生了非常大的影响，明代的雁翎刀、柳叶刀都是在元代刀的基础上衍生而来的。

明代护具

元朝末年，天灾人祸不断，百姓民不聊生，大规模起义在各地相继爆发。最终，崛起于两淮地区的红巾军在朱元璋的带领下推翻元朝，恢复了汉家衣冠。在明代，护具有了进一步发展。

札甲

明代札甲演化出了不同于传统札甲，也不同于元代札甲的特殊风格。

在明人所绘的《出警入跸图》中，御前大汉将军们所穿札甲全部取消束腰、抱肚，也没有披膊、护臂，取而代之的是新式的铁臂手。这种铁臂手用织物袖子固定铁片，可与身甲扣接在一起，性能更为良好。而且，明代铠甲的式样在元代的基础上大为增加，这在《大明会典》所载兵仗局制造的铠甲种类上便有所体现。

总体上，明军铠甲装备情况呈现“北重南轻”的状态。北方明军备甲率高，而且都是重甲。

《四镇三关志》曾详细记载了蓟镇的兵力和武备情况。其中督抚标下左营、主军和来自辽东、大同的客军共3099人，盔甲却高达6220副；振武营额兵3017人，盔甲2254副。最后，统计蓟镇主兵共73562人，盔甲68398副，备甲率高达93%。

而明末将领卢象升所练标营，兵力10000人，全军备甲。其中骑兵6000人，着铁甲；步兵4000人，着绵甲。

相比北军的高着甲率，南军出于对机动性的追求和便于维护的考虑，备甲率较低。在仇英所作的《倭寇图卷》中，剿倭明军只有将领以及亲随家丁们身穿防护周全的铁札甲，而且款式相对简朴，披膊系带在胸前左右交叉，与元甲基本相同。

待到清王朝完全建立其统治，伴随古代军队走过了2000多年腥风血雨的铁札甲也走到了生命的尽头，被锁子甲和布面甲所取代。

布面甲

明军布面甲蒙古遗风浓重，可以说对比元代基本没有区别，只是将侧扣改为前开对襟以便穿着。研究明代布面甲，可以从三方面入手：

第一，清太祖努尔哈赤号称以十三副铠甲起家，根据努尔哈赤以“七大恨”祭天起兵反明的时间，推测这些铠甲制式应是照搬自明军。北京故宫博物院收藏有一领据说为清太祖努尔哈赤所有的红闪缎面铁叶甲，款式为对襟连体式样，从肩部直到袖口全部覆盖铁叶，腋下带护腋。

第二，在明代画作《出警入跸图》中，有数队参与仪卫的明军身上所穿罩甲布满铜钉，应该是内缀铁片的布面甲。

布面甲

这是一件明末清初的布面甲，表面靛蓝色的布料上绣有精美的四爪蟒纹，内衬上则有规律地缀着多边形铁片。它不像一般暗甲那样，甲片一片叠一片，而是错落有致地分开排列，起到的防护作用实在令人怀疑。

第三，在研究明代布面甲时，我们不妨将目光投向朝鲜半岛的李朝。李朝作为明朝藩属，国内一应制度几乎全盘照搬宗主国，其军队装备更是如此。朝鲜军布面甲装备数量极大，而且有不少实物留存于世。日本东京国立博物馆收藏有一领朝鲜布面甲，款式为中长款，下摆盖到大腿处，形制与《武备志》中收录的明军铠甲款式几乎相同。

明代宫廷画《出警图》局部。画面中，锦衣卫力士身穿蓝色布面甲，头戴朱漆勇字盔；锦衣卫大汉将军身穿铁铠，头戴兜鍪，兜鍪顶饰一面三角小旗。

锁子甲

因深受元代甲胄的影响，再加上掌握了制造四孔拉丝机的技术，明军开始大规模生产并装备锁子甲。据明《武编》记载，当时明军“各边军士役战，身荷锁甲、战裙、臂遮等具，共重四十五斤”。这些锁子甲不同于西方那种套头式样，而是如中国传统札甲般分为披膊、前开对襟式身甲、腿裙三大部分。同元代一样，明代锁子甲往往与札甲相结合形成复合甲。

明代锁子甲（复原）

这领锁子甲采用了经典的圆领套头设计，衣型规整贴身，铁环环环相扣，制作工艺成熟且精良。

明铁盔

这顶明铁盔是典型的笠形盔，盔体由两块铁片合铸而成。

头盔

明军头盔呈现出多元化特征，一部分承袭元代，一部分模仿宋制。

在明军头盔中，元代盔型共有两种：笠形盔与钵胄。

明代笠形盔被称为“明铁盔”，民间又唤“帽儿盔”，由缨枪、盔顶、盔体、顿项四大部 分组成。明代笠形盔与元代笠形盔有两大区别：第一，为了留出发髻空间，盔体加高；第二，盔檐变平。明铁盔属于明军主要的头部装备。明成化四年（1468年），兵仗局监制记录的盔型中各种四瓣、六瓣、八瓣明铁盔占据了绝大多数。以明定陵出土的神宗御用明铁盔为例，它顶饰金珠红缨，由莲台与真武帝君像构成盔顶，盔体由饰有六丁六甲神的六瓣弧形铁片构成，以六条盔脊连接。

钵胄同样是明军大量装备使用的一种盔型。该盔与元代制式基本相同，由缨枪、盔顶、盔体、眉庇、顿项五大部分构成。明代钵胄顿项分为左、右、后三片，而元代钵胄顿项为一体式带护喉的风格，这是二者最大的区别。

明代的仿宋头盔主要装备少数将领和锦衣卫中担负仪卫任务的御前大汉将军，主要以凤翅盔为主。明代凤翅盔由缨枪、盔顶、盔体、抹额、顿项五大部分构成。与宋代凤翅盔不同，明代凤翅盔护颊较浅，形状更为圆润，凤翅较小，盔体除抹额外无其余装饰，多数为金银二色。在头盔凤翅两边或缨枪上安装有代表所属建制单位的小角旗。这是中国汉式盔型最后的代表。到了清代，凤翅盔从军队中完全消失了。

盾牌

在明代，盾牌仍旧被称为“牌”，并且和元代一样分为两大类——长方形盾牌和圆形盾牌。长方形盾牌主要有三种——手牌、燕尾牌、挨牌，圆形盾牌主要有两种——团牌和藤牌。手牌是中间束腰的长方形盾牌，形状有些像沙漏，可以掩护士兵躯干部分。燕尾牌整体平视呈上宽下窄的倒梯形，但其上端并不与下端平行，而是呈燕尾状，也就是V字形，宽度比手牌小。挨牌整体平视呈上窄下宽的梯形，但下端从左右分别伸出一足，防护面积较大，可以立于阵前。团牌是一种髹漆圆盾，使用对象不限于骑兵，主要流行于明初。藤牌是一种用藤条从中心向外编织而成的圆盾，重量较轻，防护效果比木盾更好，主要流行于明代后期，常常与火器配合使用。

朱漆勇字盔（复原）

这是一种笠型盔，形似草帽，下缘有一圈环形帽檐，表面髹红漆，其上用金粉书写“勇”字。这种盔在记载、绘画和出土文物中都有出现，如《大明会典》记载，弘治时期军器局造有“朱红油铁圆盔”，万历时期造有“朱红漆贴金勇字铁盔”；明代《出警入跸图》《徐显卿宦迹图》《真武灵应图》上均有头戴此类头盔的士兵；梁庄王墓出土的髹漆铁盔就是勇字盔。

明清时期的藤牌

藤牌外形为圆形，中间向外凸出，以大藤为骨，用藤条编织而成，轻便坚韧。在明代，牌手是一种专门的兵种，一般配备腰刀，他们有很多称呼，如“刀牌手”“藤牌手”等。牌手负责与敌近战，掩护后队，因此在戚继光所创的鸳鸯阵中，牌手被安排在最前面。

明代布面甲（复原）

身甲为罩甲款式，对襟，无袖，两侧、后摆开叉，以布为表里，外饰泡钉，内缀甲片，周缘包边。披膊和护臂则演化成了另一种形态——铁臂手，它与身甲扣接在一起，防御度、灵活性、舒适度都更进一步。

明代头盔

这顶头盔是现存中国古代头盔中非常少见的样例。头盔主体部分由42片长条金属甲叶组成，用皮绳串联在一起。前檐、盔顶和管柱带有金银二色装饰的花纹和几何图案，制作得相当精美。

明神宗陪葬甲（复原）

截止到目前，定陵出土的这件铠甲是从中国古代皇帝陵墓中获得的唯一铠甲。这件甲为背心样式，对襟，领口近方形，无甲袖或披膊，甲片表面涂黑漆，以粗丝线编缀而成。整甲共用甲片199片，前胸左右各缀一贴金圆护，后背中央也缀一贴金圆护。铠甲内衬使用了名贵的织金锦，表现出皇帝用品的精美华贵。

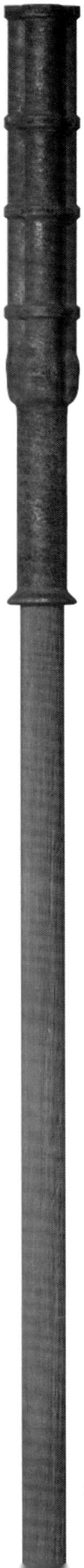

三眼铳（复原）

在明代，火药真正和军事联系到了一起，于是出现了各种各样的火器，它们在战场上发挥了不小的作用。这之中，能提高火铳射速的三眼铳，因出现较早，知名度最高。

虎头木牌（复原）

根据《武备志》的记载复原而成。这是一种木盾与火箭的结合体，正面看去是一面普通的尖顶折页形木盾，高5尺（约1.6米）、宽1尺7寸（约54.4厘米）、厚3分（约1厘米），表面蒙生牛皮，上面画有猛虎图案；背面却藏有4个小匣子，每个匣子长6寸（约19.2厘米）、宽2寸（约6.4厘米），里面藏有2支神机箭，这些匣子严丝合缝地嵌在木盾两边挖出的同尺寸方孔里。遇到敌人时，只需拉动机关使小匣后落，箭头朝外，神机箭便可射出300步远，射完可再行装填。两个虎眼处挖有开孔，后面用铁皮遮挡，可旋转铁皮开合，方便观察。此外，虎头上凿有一圆孔，使用时插入神机枪（类似飞火枪）一杆，没有敌人时可以安营，敌人靠近时可以抽出神机枪御敌。

清代护具

随着火器的广泛使用，传统的个体防护装具在明代后期就出现了衰落的趋势。作为其继承者，清代延续了这一总体趋势。不过由于清代前期冷兵器的发展出现反弹，个体防护装具又存续了一段时间。

《乾隆皇帝大阅图》，郎世宁绘。此图描绘了1739年身穿明黄缎华丽甲胄的乾隆皇帝在京郊南苑举行阅兵式的场景，皇帝身上的布面甲至今仍收藏在故宫博物院。

清代布面甲

这领清代御林军将领布面甲是清代中后期的甲胄，整体看上去华丽异常。头盔是典型的钵胄样式，顶部装饰着红缨，红缨上方的鋈管里插着一根黑色翎羽。四只朝下飞翔、拖着长羽的凤凰形成了头盔的四条棱，而每只凤凰之间则横卧着一条立体雕刻的四爪蟒，眉庇上还盘旋着体型更小的蟒，掐丝镂空工艺在这顶头盔上得到了充分展示。甲衣和甲裳是典型的清代风格，甲衣正面开襟，甲裳左右两片，布料上饰满了金色山纹图案，金色铆钉错落有致地点缀在图案旁边，衣襟、袖口、下摆等处缝有黑色织物包边，内里则连缀着铁甲片。胸口位置还有一枚打磨光滑的护心镜，其装饰非常华丽。

布面甲

从入关立国直到清朝灭亡，清军一直都是布面甲的忠实拥趸。清代布面甲实物留存最多，资料最为丰富。

清朝立国后，布面甲形制逐渐固定下来，部件名称也发生了些许变化，共分为甲衣（身甲）、护肩（披膊）、甲袖（护臂）、前裆、左裆、甲裳（腿裙）、护心镜七大部分，按八旗旗色分为正黄、正白、正红、正蓝、镶黄、镶白、镶红、镶蓝八色。在清代画作《大阅图卷》中，阵形严整、气势凛然的受阅八旗官兵95%以上身披布面甲，乾隆皇帝则身穿一领明黄色布面甲，全身绣满金龙、日月、浪涛。皇帝身上的甲裳以明甲形式排布四列金色札甲片，甲袖细细缠绕金丝，兜鍪饰以金珠貂尾，华丽无比。如果说这套大阅甲没有实战意义，那么故宫博物院还收藏有一领乾隆御用甲，甲身呈宝蓝色，肩臂部带铁臂手，下裙密密缀满大约一指宽的钢质甲片，威仪与实用并重。

到了清代中期，布面甲的实战能力逐渐消失，变得不再受欢迎。绵甲开始大行其道，但它华丽有余而防护能力不足，最终沦为八旗子弟的仪仗道具，随着清王朝一同被时代所淘汰。

清代锁子甲（复原）

在战场上，士兵身披锁子甲，可防御绝大多数箭镞和利刃伤害。

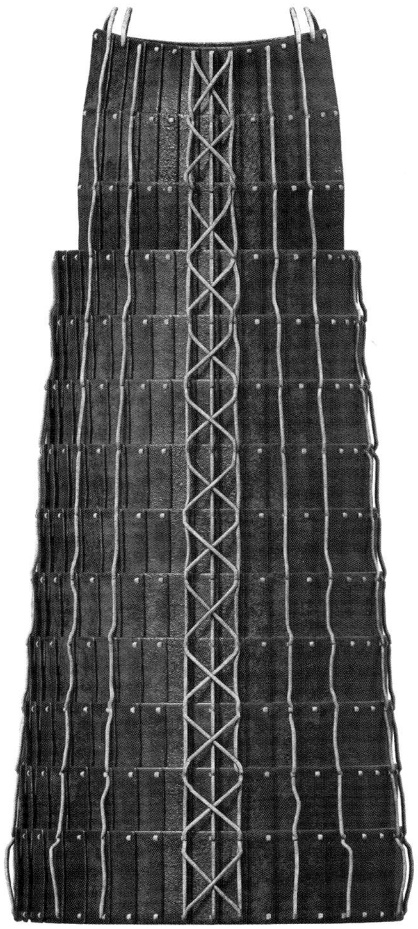

清代官用彩漆皮甲（复原）

这件皮甲无袖，前后左右无开襟，肩部用带子前后连接。

皮胄

这顶明清时期的皮胄胄体由一整块生皮做成，顶部开口，留有一个开了两个孔的翻盖。顿项由皮索串联的四排皮札甲组成，眉庇同样由一排皮札甲组成，双耳位置各有一块阔大的皮甲安装在顿项外面作为挡板，进一步增强了其防御能力。整顶皮胄以棕红和橙黄两色漆为涂料，绘下几何图案，使其更加美观的同时易于保存。

锁子甲

后金刚刚崛起时，后金军各牛录的正丁、余丁就通过缴获与包衣自制，装备了大量锁子甲。清军入关后，锁子甲与布面甲、绵甲一起成了清军的主要甲胄样式。在《清会典》中，清军铠甲共有明甲、暗甲、绵甲、铁甲四种形制，这里的铁甲专指锁子甲。其款式形同满人马褂，前开对襟小圆领，袖口为马蹄袖样式以便遮护手背，为护军营专用。为了轻便减重，清代锁子甲还发展出了另一种简化版本——铁网甲。相对于正规锁子甲，它最大的特点就是眼稀、环细、质轻、价低。此甲柔性相当出色，可与衣物合为一体，乍看确实犹如一张铁网蒙在穿着者身上。在清代紫光阁二十五功臣像中，有三位均穿着相同制式的铁网甲，可以推断此甲在清军中装备数量不小。

皮甲

女真人与蒙古贵族长期联姻，所以在甲胄方面深受蒙古影响。在八旗兵装备的甲胄中，依然有皮甲的一席之地。八旗入关前，各牛录按丁出兵参与作战行动，甲兵需自备铠甲。史载清初摆牙喇兵勇悍无比，常披三层重甲上阵：一层铁甲，一层锁子甲，一层绵甲或者皮甲。在北京故宫博物院，收藏有一领著名的乾隆金银珠云龙纹甲，该甲的材质为黑漆皮胎，在甲衣左右胸部，各有一块棕色皮革。不过，如此华贵的工艺性甲，已经没有多少实战意义，更多是一种礼仪用品，其上的皮甲片，主要用途也是用来装饰。但皮甲依然通过这种方式，顽强地走完了甲胄史上的最后一程。

头盔

也许是出于统一制式的考虑，清军全部佩戴钵胄。和明代一样，清代钵胄也分为缨枪、盔顶、盔体、眉庇、顿项五大部分，但是其缨枪加高，顿项再次变为带护喉的蒙古式样。

清初钵胄沿袭明制，缨枪较短，盔形较圆，如努尔哈赤甲胄所配头盔就是这种类型。清军入关立国后，钵胄缨枪越来越高，装饰也越来越华丽。因清代掐丝镂空工艺水平十分高超，清军高级军官的头盔大量使用该工艺进行装饰。以美国大都会艺术博物馆的清代鎏金铜胄为例，此盔管柱、盔顶莲座、盔体、眉庇上的纹饰全都以掐丝镂空工艺制作，异常精致华丽。乾隆大阅甲所配头盔的缨枪、盔顶、盔体同样采用了掐丝镂空工艺，饰以珍珠、珊瑚珠、红蓝宝石，盔缨缀貂尾，精致程度令人咂舌。

盾牌

清代的盾牌继承了明代的风格和形制，主要有藤牌和木盾（包括蒙皮木盾），只是在具体造型上有些出入。藤牌为圆形盾牌，用来装备八旗汉军麾下的藤牌营和部分绿营兵；木盾为长方形盾牌，全部用来装备由汉人组成的绿营兵。换句话说，清军中使用盾牌的多为汉军。

清代鎏金铜胄

这是一顶清代钵胄式铜盔。胄体上以鎏金工艺细刻着龙形纹和缠枝花。胄顶和眉庇使用了掐丝镂空工艺，但是管柱上空空如也，上面的缨枪或装饰已经遗失。从胄体下方织物上的痕迹来看，这顶头盔原来是有顿项的。

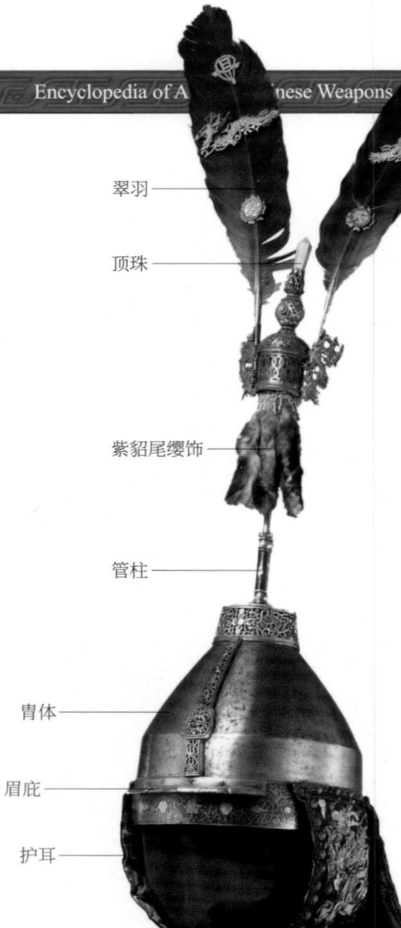

清代藤牌（复原）

藤牌是用藤编成的圆盾，通常表面绘有虎头图案，背部有两个由藤条编成的手环。作战时，士兵左臂穿过其中一环，手抓另外一环。在明末清初的战争中，人们发现藤牌不但可以抵挡传统刀枪，还可以抵挡当时有效杀伤距离在50米左右的火绳枪。清军使用藤牌的最早记录是在康熙二十四年（1685年），约500名福建藤牌官兵被调往遥远的东北，参与进攻雅克萨城的战役。藤牌兵成为建制是在雍正二年（1724年），每旗设100名，组成藤牌营，各附于本旗骁骑营。各省绿营一般每兵千名，置藤牌兵百名左右，分组为队。

清代仪仗布面甲

这是一套清代仪仗布面甲。头盔是钵胄样式，胄体以钢铁制造，打磨得十分光滑，正前方和正后方有一条镂空雕刻的胄脊。胄顶有一根高高的管柱，管柱顶端不但插着两支镶嵌着掐丝珐琅的翠羽、用珊瑚宝石做的顶珠，还挂着紫貂尾巴作为缨饰。护耳和护颈由织物制成，外绣四爪蟒纹，其上排列着整齐的泡钉。圆领对襟式甲衣以藏蓝色织物为底布，外绣四爪蟒纹，其中胸口位置的图案最大，蟒头居中，内里则藏着一层铁甲片。甲衣部分虽然是暗甲，但是甲袖却是明甲，两排铁甲片裸露在外，十分显眼。前后分叉的左右两片式甲裳长及脚踝，上面同样有露在外面的铁甲片。至于马甲，其上的泡钉只是起装饰作用，并不是用来固定里面的暗甲。

清代仪仗绵甲

这是一副清代中期仪仗绵甲。甲衣和甲裳以织金锦缎为面，上缀黄铜泡钉，以黑色织物为包边。甲衣胸前绣有两条环抱成团的蟒，甲裳和护肩上也绣有蟒，区别在于蟒的数量只有一条。从露出的织物内衬来看，这是一副没有铁甲片的绵甲。

长枪与鸟枪

在清代，冷兵器与火器并存。火器与传统冷兵器相比，有着无法比拟的巨大优势：射程远，杀伤力大。鸟枪便是清军装备最多的单兵火器。然而，在许多情况下，白刃突击仍旧是一种非常优秀的杀敌手段，因此枪矛等冷兵器并没有被淘汰，仍然发挥着不可小觑的作用。

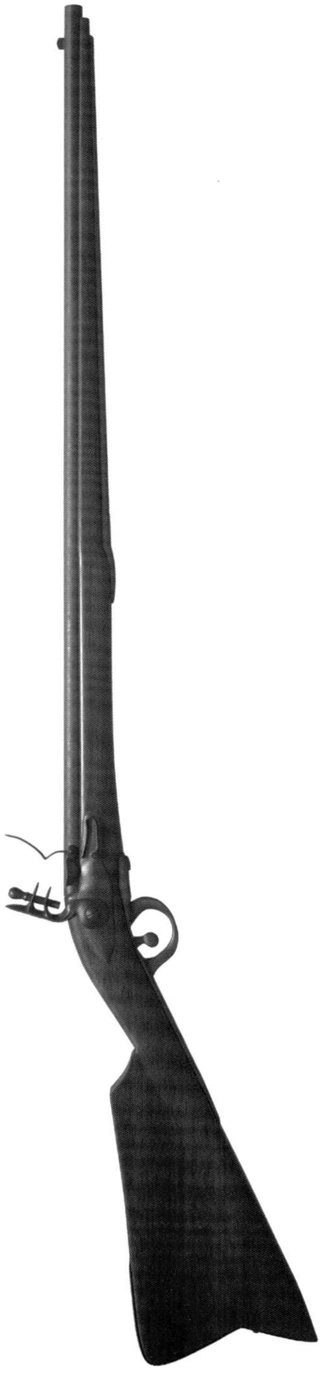

创作团队简介

指文烽火工作室： 由众多历史、战史作家组成，从事古今历史、中外战争的研究，写作与翻译工作，致力于通过严谨的考证、精美的图片、优美的文字、独到的视角为读者理清历史的脉络，目前已经出版军事历史类图书四十余本。

太极白熊： 热衷于唐代中前期的军事历史，对传统武术有较为浓厚的兴趣，一直致力于探索中国武术古典实战技艺在军阵中的作用。

文韬： 古兵器爱好者，长期钻研魏晋及之前时代冷兵器、军用护具的研究与复原。

赵开阳： 修习剑道多年，涉猎多种格斗技艺的学习和研究，擅长古代格斗技巧及剑道研究。

肇英： 传统弓箭爱好者、职业作者、历史研究者，研究主攻方向为中唐至北宋元丰改制前的职官制度、日本政治制度史、国际共运史等。

王龙润： 古代火器和明代军事历史研究者，一直注意发掘古代军事领域武器发展的同源性，用现代科学思维理解中国古代火器的技术水准。

虎符： 前中国人民解放军装甲指挥车车长，从军经历使其对古典军事理论和军事科学，特别是军人防护领域上有着独到的理解。

巨侠： 二十世纪七十年代生人，剑道三段，非著名收藏家。长期从事东西方古代兵器、甲胄的研究。

王涛： 《中国古代兵器大百科》首席建模师、设计师，资深美术编辑，从事图书行业十余年，致力于通过三维数字艺术还原古今战争场景。